Jürgen Zarusky
Politische Justiz, Herrschaft, Widerstand

Schriftenreihe
der Vierteljahrshefte
für Zeitgeschichte

―

Im Auftrag des
Instituts für Zeitgeschichte München–Berlin
herausgegeben von
Helmut Altrichter, Horst Möller,
Margit Szöllösi-Janze und Andreas Wirsching

Redaktion:
Johannes Hürter und Thomas Raithel

Band 122

Jürgen Zarusky

Politische Justiz, Herrschaft, Widerstand

Aufsätze und Manuskripte

Herausgegeben vom
Institut für Zeitgeschichte München–Berlin

ISBN 978-3-11-072789-0
e-ISBN (PDF) 978-3-11-072800-2
e-ISBN (EPUB) 978-3-11-072807-1

Library of Congress Control Number: 2020950230

Bibliografische Information der Deutschen Nationalbibliothek
Die Deutsche Nationalbibliothek verzeichnet diese Publikation in der
Deutschen Nationalbibliografie; detaillierte bibliografische Daten
sind im Internet über http://dnb.dnb.de abrufbar.

© 2021 Walter de Gruyter GmbH, Berlin/Boston
Titelbild: Adolf Reichwein vor dem Volksgerichtshof, 1944; BArch, Bild 151-11-29
Satz: bsix information exchange GmbH, Braunschweig
Druck und Bindung: CPI books GmbH, Leck

www.degruyter.com

Inhalt

Vorwort —— IX

Andreas Wirsching
Jürgen Zarusky. Wissenschaft und Menschlichkeit in der Erforschung der Diktaturen des 20. Jahrhunderts —— 1

Teil I: Politische Justiz und Diktaturen

Vergleichende Untersuchungen zur politischen Justiz in der Sowjetunion und im NS-Staat. Vorstudien —— 13

Die stalinistische und die nationalsozialistische „Justiz". Eine Problemskizze unter diktaturvergleichender Perspektive —— 97

Politische Justiz unter Stalin im Umbruchjahrzehnt 1928–1938 —— 119

Die Diktaturen und das Recht. Politische Justiz und *Transitional Justice* in der Mitte des 20. Jahrhunderts —— 141

Vom Totalitarismus zu den *Bloodlands*. Herausforderungen, Probleme und Chancen des historischen Vergleichs von Stalinismus und Nationalsozialismus —— 154

Teil II: Widerstand und Verfolgung

Russische und deutsche Sozialdemokraten in Widerstand und Exil – Wege zum Antitotalitarismus —— 173

Widerstand als „Hochverrat" 1933–1945. Politische Justiz, Gegnerspektrum und Widerstandsbegriff —— 182

Auf Leben und Tod. Der verlustreiche Kampf der KPD gegen das Dritte Reich —— 195

Sowjetische Häftlinge im KZ Dachau —— 219

Teil III: **Erinnerungspolitik**

„Freiheitliche Erinnerung". Vasilij Grossman und die europäische Erinnerung an Totalitarismus und Zweiten Weltkrieg —— 237

Stalins Verbrechen versus Holocaust. Historische Diskussionen und Erinnerungspolitik in einem teilweise vereinigten Europa —— 261

Kampfplatz Geschichte. Anmerkungen zur europäischen Erinnerungspolitik nach dem Untergang des Kommunismus —— 269

Nachweise und Fundorte der Aufsätze und Manuskripte —— 297

Schriftenverzeichnis —— 298

Abkürzungen —— 307

Personenregister —— 311

Jürgen Zarusky, * 28.4.1958, † 4.3.2019 (Foto: Catherina Hess/Süddeutsche Zeitung Photo)

Vorwort

Der vorliegende Band vereinigt zwölf Beiträge aus der Feder des am 4. März 2019 ebenso früh wie unerwartet verstorbenen Chefredakteurs der Vierteljahrshefte für Zeitgeschichte, Jürgen Zarusky, die allesamt in den letzten beiden Dekaden seines wissenschaftlichen Wirkens entstanden sind. Es handelt sich um sieben Aufsätze, die – zum Teil an entlegener Stelle – bereits veröffentlicht worden sind, sowie um die Texte dreier ungedruckter Vorträge und um zwei nicht publizierte Manuskripte aus dem Nachlass. Die zwölf Beiträge bilden einen Querschnitt der Themen und der politisch-historiographischen Probleme, mit denen sich Jürgen Zarusky auseinandergesetzt hat und die ihn zeitlebens umgetrieben haben. Diese Themen und Probleme lassen sich mit den Schlagworten politische Justiz, Diktaturvergleich sowie Widerstand und Verfolgung umreißen; daran anschließend und ständigen Prozessen der Neuverhandlung unterworfen liegt quer dazu mit der Erinnerungspolitik ein Themenfeld, das für Jürgen Zarusky stets von besonderer Bedeutung gewesen ist, betrachtete er den Beruf des Zeithistorikers doch auch als politische Profession.

Bis zuletzt arbeitete er an einer großen monographischen Studie zur politischen Justiz in der Sowjetunion und im NS-Staat in vergleichender Perspektive. Es war ihm nicht vergönnt, diese Studie zum Abschluss zu bringen, doch die ersten Kapitel, die hier zusammengefasst in Teil 1 präsentiert werden, zeigen deutlich, worauf es dem Autor ankam, welchen Zugriff er favorisierte und welchem Zweck und Ende dieser Vergleich schließlich dienen sollte. Daher war es wichtig, diese Vorstudien in den vorliegenden Band aufzunehmen, obwohl sie Fragment geblieben sind.

Die bereits veröffentlichten Aufsätze wurden für den Wiederabdruck durchgesehen, behutsam korrigiert, vereinheitlicht und den formalen Gepflogenheiten der Schriftenreihe der Vierteljahrshefte für Zeitgeschichte angepasst. Die Texte der ungedruckten Vorträge haben ein eingehenderes Lektorat erfahren, vor allem haben sich die Bearbeiterinnen und Bearbeiter bemüht, den Anmerkungsapparat im Rahmen des Möglichen zu komplettieren. Wo nicht anders vermerkt, stammen Übersetzungen stets von Jürgen Zarusky selbst. Die nicht publizierten Manuskripte – insbesondere die Vorstudien – wurden ebenso intensiv wie behutsam zur Drucklegung vorbereitet, eingedenk der Tatsache, dass es sich um einen wichtigen Teil von Jürgen Zaruskys wissenschaftlichem Œuvre handelt, den der Autor selbst nicht mehr fertigstellen konnte. Wir hoffen, seine Intention bei Straffungen, Umstellungen und stilistischen Interventionen im Sinne der Lesbarkeit stets getroffen zu haben.

Es war vielen Kolleginnen und Kollegen – aus dem Institut für Zeitgeschichte München–Berlin und von außerhalb – ein Bedürfnis, diesen Band zusammenzustellen und zur Publikation zu bringen. Man könnte fast sagen, es handelte sich bei diesem Unternehmen um eine Art gemeinsamer Trauerarbeit, bei der sich Jürgen Zaruskys Umfeld über Textauswahl, Korrektur, Lektorat und Druckvorbereitung an den Autor erinnert und sich von ihm verabschiedet hat. Mein Dank gilt Verena Brunel,

Andreas Hilger, Johannes Hürter, Gabriele Jaroschka, Mirella Kraska, Thomas Raithel, Angelika Reizle, Kira Rettinger, Yuliya von Saal, Barbara Schäffler, Julian Schleissing, Andreas Wirsching und Hans Woller sowie insbesondere Annette Eberle, Jürgen Zaruskys Frau. Wenn der Band zu seinem zweiten Todestag im März 2021 erscheint, trägt er hoffentlich dazu bei, die Erinnerung an Jürgen Zarusky zu bewahren – an den Historiker und an den Menschen.

Thomas Schlemmer, im August 2020

Andreas Wirsching
Jürgen Zarusky

Wissenschaft und Menschlichkeit in der Erforschung der Diktaturen des 20. Jahrhunderts

1 Themen eines Lebens

Jürgen Zarusky, der viel zu früh von uns Gegangene, hat die Arbeit des Instituts für Zeitgeschichte, dem er fast drei Jahrzehnte angehörte, vielfach beeinflusst und geprägt. Seine bescheidene, immer hintergründig humorvolle und stets freundlich-zugewandte Art verband er mit stupendem Wissen und professioneller Akribie. Sein wissenschaftliches Œuvre, das in dem vorliegenden Band postum noch einmal beleuchtet und gewürdigt werden soll, besteht – neben nachgelassenen Manuskripten – aus zahlreichen, zum Teil an abgelegenen Orten erschienenen Schriften. Zugleich aber enthält es einen klaren roten Faden. Den Mittelpunkt seiner ausgedehnten Forschungen bilden die beiden großen Diktaturen des 20. Jahrhunderts, das NS-Regime und die stalinistische Sowjetunion. Je länger desto mehr und desto fruchtbarer verknüpfte er dabei die Erforschung des jeweils Einzelnen mit dem Allgemeineren. Auf der Basis seiner umfassenden Detailkenntnis haben ihn der theoretisch informierte Vergleich und die komplex-abgründigen Beziehungen der beiden Diktaturen untereinander bis zuletzt intensiv beschäftigt.

Quellenmäßig wie auch konzeptionell gewann Jürgen Zarusky bereits mit seiner Dissertation eine feste Basis. 1990 an der Ludwig-Maximilians-Universität München bei Gerhard A. Ritter eingereicht, zeichnet sie sich durch die nüchterne und zugleich unbestechliche Analyse der sozialdemokratischen Haltung gegenüber dem Bolschewismus und dem „sowjetischen Modell" aus.[1] Sie zeigt, wie intensiv und detailliert sich die deutschen Sozialdemokraten mit Lenin und dem Bolschewismus beschäftigten. In der ideologischen Auseinandersetzung mit der Oktoberrevolution und ihren Folgen schwand die Illusion, es könnte sich bei dem sowjetischen Modell um eine adäquate Zukunftsvision für die Arbeiterschaft handeln. Zugleich gelangte die Sozialdemokratie – darunter auch die zurückkehrenden Unabhängigen wie Artur Crispien, Wilhelm Dittmann oder Rudolf Hilferding – zu einem festen demokratischen Standpunkt. Paradigmatisch konzentriert in der Kontroverse Karl Kautskys mit Lenin,[2] aber auch vermittels genauer und differenzierter Kenntnis sowie eines hierauf

---

[1] Vgl. Jürgen Zarusky, Die deutschen Sozialdemokraten und das sowjetische Modell. Ideologische Auseinandersetzung und außenpolitische Konzeptionen 1917–1933, München 1992.
[2] Vgl. Jürgen Zarusky, Demokratie oder Diktatur. Karl Kautskys Bolschewismuskritik und der Totalitarismus, in: Mike Schmeitzner (Hrsg.), Totalitarismuskritik von links. Deutsche Diskurse im 20. Jahrhundert, Göttingen 2007, S. 49–68.

beruhenden kontinuierlichen Lernprozesses benannte die deutsche Sozialdemokratie eindeutig und kompromisslos die Grenzen zwischen Demokratie und Diktatur. Davon, dass diese Grenzen existierten und dass sie bereits Lenin unumkehrbar zugunsten der Diktatur überschritten hatte, war Jürgen Zarusky gemeinsam mit seinen historischen Protagonisten überzeugt. Daraus folgte auch – was damals keineswegs unumstritten war –, dass die persönliche Diktatur Stalins weniger eine qualitative Veränderung in Sowjetrussland war als vielmehr eine „folgerichtige und zwangsläufige Entwicklung".[3]

In der Anschauung des Sowjetkommunismus, seiner historischen Wurzeln und der sozialdemokratischen Auseinandersetzung mit ihm liegt ein wichtiger Schlüssel sowohl für Jürgen Zaruskys wissenschaftliches Werk wie für seine Persönlichkeit. Dass das Theoriegebäude und die politische Praxis Lenins die Diktatur in sich trugen, unterlag für ihn keinem Zweifel. Ebenso wie die spätere brutale Unmenschlichkeit des Stalinismus blieb der diktatorische Charakter des Kommunismus für Zarusky ein unverrückbares, gleichsam unverhandelbares Faktum in der Geschichte des 20. Jahrhunderts. Unterdrückung und Unmenschlichkeit beim Namen zu nennen, gleich mit welcher ideologischen Begründung sie erfolgte, sah er als eine der vornehmsten Pflichten des Historikers an. Schon während seiner frühen Forschungsarbeiten bewies er die ihn kennzeichnende Fähigkeit zur besonderen, historisch begründeten Empathie. Denn wie kaum ein anderer verknüpfte er wissenschaftliche Forschung mit praktischer Anschauung und persönlichem Engagement. Aus eigenem Antrieb lernte er während seines Studiums Russisch, das er bald fließend beherrschte. Zugleich trat er über *Amnesty International* in Verbindung mit einem politischen Häftling in der Sowjetunion und etablierte einen intensiven Briefkontakt mit ihm. Erste Reisen in das damalige Leningrad und nach Moskau brachten ihn in einen unmittelbaren Kontakt mit dem Land und vermittelten ihm eine direkte Anschauung vom dortigen Regime. So legte er schon früh die intellektuellen und persönlichen Grundlagen für eine lebenslange tiefe Verbindung. Historisch geschult und überaus breit informiert, politisch engagiert und mit dem Land durch viele persönliche Freundschaften verbunden, avancierte er zu einem der besten Kenner Russlands.

Nach der Promotion machte Jürgen Zarusky die Geschichte des Nationalsozialismus und des NS-Regimes zum zweiten Schwerpunkt seiner Forschungen. Erneut verband sich dies mit einer lebensweltlichen Dimension. Der gebürtige Miesbacher nahm seinen Wohnsitz dauerhaft in Dachau, wo er sich sehr bald an der Diskussion um das schwierige historische Erbe der Stadt beteiligte. Über viele Jahre hinweg engagierte er sich für die KZ-Gedenkstätte. Die Geschichte des Konzentrationslagers Dachau, deren Abgründigkeit er in einer Vielzahl von Forschungsbeiträgen analysierte,[4] kannte er wie kaum ein anderer.

---

[3] Zarusky, Sozialdemokraten, S. 289.
[4] Vgl. dazu die folgenden Arbeiten von Jürgen Zarusky: Die KZ-Gedenkstatte Dachau. Anmerkungen zur Geschichte eines umstrittenen historischen Ortes, in: Jürgen Danyel (Hrsg.), Die geteilte

2 „Widerstand als ‚Hochverrat'"

1990 an das Institut für Zeitgeschichte gekommen, erstellte er dort zunächst in jahrelanger entsagungsvoller Arbeit die Microfiche-Edition „Widerstand als ‚Hochverrat'". Hierbei handelte es sich um ein groß angelegtes, von der Stiftung Volkswagenwerk gefördertes Unternehmen, dessen Ergebnis ein Monument des deutschen Widerstands gegen den Nationalsozialismus bildet.[5] Tatsächlich schuf Jürgen Zarusky zusammen mit Hartmut Mehringer die bis heute umfangreichste Quellensammlung zur Geschichte von Opposition und Widerstand gegen das NS-Regime. Analytisch ergibt sich ihr besonderer Zuschnitt aus einer formellen und zugleich innovativen Definition des Widerstandsbegriffs, die sich an den strafgesetzlichen Bestimmungen des NS-Regimes selbst orientierte. Der Straftatbestand des „Hochverrats" umfasste im Grunde alle auf den Umsturz des Regimes gerichteten Handlungen, und zwar gleichgültig, von wem und mit welchen Intentionen sie begangen worden waren. Ein solcher Ansatz war zum damaligen Zeitpunkt höchst originell. Denn das gewählte Verfahren vermied eine damals noch häufig vollzogene Verkürzung der Widerstandsforschung auf gruppen-, milieu- oder regionalspezifische Fragestellungen. Indem die Edition eine entsprechende Regimeperspektive einnahm, präsentierte sie – entsprechend dem Tatbestand des „Hochverrats" – ausschließlich Justizakten: mit nicht weniger als 1891 Verfahren gegen 6030 Angeklagte eine ungeheure und vormals unbekannte Breite der Dokumentation. Die Edition bezeugt gleichermaßen den Widerstand von Kommunisten wie den der Verschwörer des 20. Juli 1944. Mitglieder linkssozialistischer Kleinorganisationen oder Gruppen des Jugendwiderstands wurden ebenso erfasst wie nationalrevolutionär, legitimistisch, monarchistisch, christlich oder gewerkschaftlich motivierte Gegner des NS-Regimes. „Die Rechtsprechung in Hochverratssachen", so lautete das Resümee Jürgen Zaruskys,

---

Vergangenheit. Zum Umgang mit Nationalsozialismus und Widerstand in beiden deutschen Staaten, Berlin 1995, S. 187–196; Von Dachau nach nirgendwo. Der Todesmarsch der KZ-Häftlinge im April 1945, in: Spuren des Nationalsozialismus. Gedenkstättenarbeit in Bayern, hrsg. von der Bayerischen Landeszentrale für politische Bildungsarbeit, München 2000, S. 42–63; „... gegen die Tötung der Menschen und die Abtötung alles Menschlichen". Zum Widerstand von Häftlingen im Konzentrationslager Dachau, in: Johannes Tuchel (Hrsg.), Der vergessene Widerstand. Zu Realgeschichte und Wahrnehmung des Kampfes gegen die NS-Diktatur, Göttingen 2005, S. 63–96; Die „Russen" im KZ Dachau. Bürger der Sowjetunion als Opfer des NS-Regimes, in: Dachauer Hefte 23 (2007), S. 105–139; „That is not the American Way of Fighting". Die Erschießungen gefangener SS-Leute bei der Befreiung des KZ Dachau, in: Dachauer Hefte 13 (1997), S. 27–55; Die Gaskammer im KZ Dachau. Eine Anmerkung, in: Stimmen der Zeit 231 (2013), S. 277–279.
5 Vgl. Widerstand als „Hochverrat". Die Verfahren gegen deutsche Reichsangehörige vor dem Reichsgericht, dem Volksgerichtshof und dem Reichskriegsgericht. Mikrofiche-Edition, hrsg. im Auftrag des Instituts für Zeitgeschichte, bearb. von Jürgen Zarusky/Hartmut Mehringer, München 1994–1998.

„bildet den Widerstand in seiner ganzen Vielfalt und Widersprüchlichkeit ab."[6] Vor dem Hintergrund der bis in die 1990er Jahre andauernden Deutungskämpfe um den richtigen, gewissermaßen legitimen Widerstandsbegriff, aus dem linke oder gar kommunistische Motivationen häufig ausgeschlossen wurden, war dies ein bedeutender Forschungsfortschritt. Im vorliegenden Band wird dieser Ansatz durch den Aufsatz über den „verlustreichen Kampf der KPD gegen das Dritte Reich" fruchtbar gemacht. Es gehörte zu Zaruskys Grundüberzeugungen, dass jeder Widerstand gegen die NS-Barbarei für sich genommen zu würdigen war, auch wenn die Akteure – wie die Kommunisten – keineswegs überzeugte Demokraten waren.

Die genannten Themen konstituierten eine im Grunde riesige Forschungsagenda und blieben für Jürgen Zarusky die Gegenstände einer lebenslangen intensiven Beschäftigung. Seine große, in dieser Form singuläre Stärke war der synchrone und zugleich unbestechliche Blick auf das Zeitalter der Diktaturen. Russland, der Sowjetkommunismus und die kritische Auseinandersetzung mit ihm einerseits, die Geschichte des NS-Staates und des Widerstands andererseits gehörten gleichermaßen zu einem adäquaten Verständnis der Geschichte. Seine unerschöpfliche Kenntnis der Geschichte der Sowjetunion und des NS-Regimes prädestinierte ihn so zu einem unbestechlichen Analytiker der Unrechtsgeschichte des 20. Jahrhunderts. Eine irgendwie geartete Relativierung war ihm dabei ebenso zuwider wie eine gegenseitige historische Aufrechnung. Auch manchen publikumswirksamen Großnarrativen des Zeitalters der Diktaturen, deren empirische Grundlage seinen Ansprüchen nicht genügte oder die einer aus seiner Sicht unterkomplexen Analyse entsprangen, begegnete Jürgen Zarusky mit sachlicher, aber zugleich deutlicher Kritik.[7]

Die langjährige Arbeit an dem Editionsprojekt „Widerstand als ‚Hochverrat'" machte aus ihm indes nicht nur einen immer intimeren Kenner der Geschichte des NS-Regimes. Die Breite der vielen untersuchten und dokumentierten Einzelfälle kam auch seiner Neigung entgegen, hinter dem allgemeinen Geschehen stets das Antlitz des Einzelnen, des individuellen, durch die Diktatur und ihre Schergen verfolgten Menschen zu sehen. Tatsächlich verband Jürgen Zarusky akribische Quellenkenntnis und Wissenschaft stets mit engagierter Empathie. Wie kaum ein anderer verfügte er über einen historischen Seismographen für das Leid in der Geschichte. Historische Gerechtigkeit für und gerechte Erinnerung an die Opfer von politischer Verfolgung und Gewalt im Zeitalter der Diktaturen waren ihm ein genuines Anliegen.[8]

---

[6] Jürgen Zarusky, Einleitung, in: ebenda, Erschließungsband zur Mikrofiche-Edition, München 1998, S. 11–44, hier S. 13.
[7] Vgl. Jürgen Zarusky, Timothy Snyders „Bloodlands". Kritische Anmerkungen zur Konstruktion einer Geschichtslandschaft, in: Vierteljahrshefte fur Zeitgeschichte 60 (2012), S. 1–31, sowie unten S. 154–170.
[8] Vgl. Jürgen Zarusky, Europäische Erinnerungskonflikte um den deutsch-sowjetischen Krieg. Geschichtspolitische Spannungsfelder nach 70 Jahren, in: Forum für osteuropäische Ideen- und Zeitgeschichte 16 (2012), H. 1, S. 45–73, und ders., Sowjetische Opfer von Krieg und nationalsozialistischer Verfolgung in der bundesdeutschen Erinnerungskultur, in: Andreas Wirsching u. a. (Hrsg.),

Dementsprechend entwickelte er eine in ihrer Menschlichkeit eigentlich einfache, in der empirischen Realität jedoch höchst komplexe Position. Die wissenschaftliche Erforschung des Gesamtkontexts und die Betrachtung des Einzelnen standen für ihn niemals im Gegensatz. Eine erinnerungskulturelle Hierarchisierung der Opfer lehnte er grundsätzlich ab. Vielmehr ordnete er das Schicksal des einzelnen Menschen stets in das komplexe Wechselspiel der Diktaturen ein. Eine Person wie Vasilij Grossman, der er unter anderem einen hier abgedruckten feinsinnigen Text widmete, fand daher Zaruskys lebhaftes Interesse. Besonders beeindruckte ihn Grossmans bedeutender, in der Sowjetunion verbotener Roman „Leben und Schicksal". In Grossman und seinen Romanen sah er ein Paradigma für die „widerspruchsvolle Dialektik von Befreiung und Unterdrückung in ihren unterschiedlichen Manifestationen". Sie zu verstehen, war für ihn „eine der wichtigsten intellektuellen Herausforderungen für das neue, nach 1989/90 entstandene Europa".[9]

Entsprechend große Bedeutung maß Jürgen Zarusky der Arbeit mit Zeitzeugen bei. Wichtige Gesprächspartner fand er in den von der Geschichte der Diktaturen betroffenen Historikern wie Fritz Stern, Władysław Bartoszewski oder dem Dachau-Überlebenden Stanislav Zámečník. Darüber hinaus aber traf er zahllose bekannte und weniger bekannte Überlebende des „Zeitalters der Extreme". So hat Jürgen Zarusky als Historiker einen unschätzbaren Beitrag zur Verständigung geleistet: zwischen Deutschland und Russland, zwischen der deutschen Nachkriegsgesellschaft und den Verfolgten des NS-Regimes. Stets suchte er voller Neugier und Achtung die Begegnung mit Menschen, deren eigener Beitrag zu dieser Verständigung auf ihrer persönlichen Erfahrung von Unterdrückung beruhte.

3 Politische Justiz

Die Arbeit an dem Projekt „Widerstand als ‚Hochverrat'" hatte Jürgen Zarusky zu einem der wenigen wirklichen Experten für die Geschichte der nationalsozialistischen Justiz werden lassen. Anknüpfend an die lange Tradition, die im Institut für Zeitgeschichte namentlich Lothar Gruchmann verkörperte, analysierte er die für das NS-Regime typische Umformung des Rechts zu systemischem Unrecht.[10] Im Rahmen der

---

Erinnerung an Diktatur und Krieg. Brennpunkte des kulturellen Gedächtnisses zwischen Russland und Deutschland seit 1945, München 2015, S. 227–245.
9 Jürgen Zarusky, „Freiheitliche Erinnerung". Vasilij Grossman und die europäische Erinnerung an Totalitarismus und Zweiten Weltkrieg, in: Forum für osteuropäische Ideen- und Zeitgeschichte 10 (2006), H. 2, S. 81–110, hier S. 85. Vgl. unten, S. 237–260, Zitat S. 240.
10 Vgl. dazu folgende Werke von Jürgen Zarusky: Politische Strafjustiz im nationalsozialistischen Doppelstaat, in: Jürgen Weber/Michael Piazolo (Hrsg.), Justiz im Zwielicht. Ihre Rolle in Diktaturen und die Antwort des Rechtsstaates, München 1998, S. 25–38; Gerichte des Unrechtsstaates. Neuere Untersuchungen zur Rechtsprechung im Dritten Reich, in: Zeitschrift für Neuere Rechtsgeschichte 22 (2000), S. 503–518; Politischer Widerstand und Justiz im Dritten Reich, in: Jahrbuch der Juristi-

oben erwähnten Edition gewann er tiefe Einblicke in die Mechanismen dieses Prozesses und in die aus ihm resultierende terroristische Praxis. In der konkreten Arbeit, der rechtlichen Definition und der Kasuistik, so resümierte er, „stößt man auf eine erstaunliche Präzision, die auf den Einfluß hochqualifizierter Juristen zurückzuführen ist". Ihnen fehlte es „zwar an Rechtsstaatsbewußtsein, nicht jedoch an juristischer Begriffsschärfe [...], soweit die rein instrumentelle Ebene betroffen war".[11]

Jürgen Zaruskys charakteristische Denkweise und analytische Kraft kamen einmal mehr darin zum Ausdruck, dass er über die Analyse des Einzelnen hinaus seine empirischen Schwerpunkte kognitiv miteinander verknüpfte und zu einer vergleichenden Anschauung der politischen Justiz im nationalsozialistischen Deutschland und in der kommunistischen Sowjetunion vordrang. Sein Plan, dieses Thema in einer großen monographischen Abhandlung zu konzipieren und empirisch darzulegen, hat ihn über viele Jahre hinweg und bis zuletzt beschäftigt. Wenngleich das große Werk unvollendet blieb, so sind seine Umrisse doch deutlich erkennbar.[12] Einen Eindruck davon, wohin diese Arbeiten hätten führen können, vermitteln die hier publizierten, bisher ungedruckten Vorstudien zur Herrschafts- und Rechtspraxis in der Sowjetunion und im NS-Staat.[13]

Ein wichtiger analytischer Ausgangspunkt war für Jürgen Zarusky Ernst Fraenkels Theorem des „Doppelstaats". Zwar konnte sich das Regime bei seinen Unrechtsmaßnahmen auf die systemloyale Mitarbeit der Justiz verlassen; aber die Anwendung rechtlicher Mittel stieß immer wieder an normenstaatliche Grenzen. Dabei war Zarusky weit davon entfernt, eine statische Dualität im Rechtssystem des Nationalsozialismus anzunehmen und Fraenkel damit misszuverstehen. Vielmehr verfügte er über ein feines empirisches Gespür für die wechselseitige Durchdringung zwischen der älteren normenstaatlichen Sphäre und der maßnahmestaatlichen Gewalt des Regimes. Was die letztliche Wirkung betraf, schlossen sich beide Sphären keineswegs aus, wie Zarusky am Beispiel Ernst Thälmanns deutlich machte: Gegen ihn legten die Juristen Ende 1934 Beweismaterial vor, das höchstens die Verurteilung zu einer Haftstrafe begründet hätte. Entsprechend wurde das Verfahren gegen Thälmann eingestellt, er selbst aber – im Sinne des Maßnahmestaats – in Schutzhaft genommen, bis er im August 1944 im KZ Buchenwald ermordet wurde.[14] Kennzeichnend für den „Doppelstaat" war es mithin, dass die Rechtsförmigkeit für die

---

schen Zeitgeschichte 1 (1999/2000), S. 36–87; Doppelstaat und Rasserecht. Neue Studien zu Recht und Justiz im Dritten Reich, in: Zeitschrift für Neuere Rechtsgeschichte 25 (2003), S. 95–111.
11 Zarusky, Einleitung, in: Widerstand als „Hochverrat", S. 15.
12 Zuletzt arbeitete Jürgen Zarusky noch an einem u. a. von ihm herausgegebenen Sammelband: Magnus Brechtken, Władysław Bułhak and Jürgen Zarusky (†) (Hrsg.), Political and Transitional Justice in Germany, Poland and the Soviet Union from the 1930s to the 1950s, Göttingen 2019.
13 Vgl. unten, S. 13–96.
14 Vgl. Jürgen Zarusky, Das „Recht" des Unrechtsstaats am Beispiel des Dritten Reichs, in: Rolf Kappel/Hans Werner Tobler/Peter Waldmann (Hrsg.), Rechtsstaatlichkeit im Zeitalter der Globalisierung, Freiburg im Breisgau 2005, S. 77–95, hier S. 84.

„arische" und politisch angepasste Mehrheitsgesellschaft erhalten bleiben sollte, zugleich aber immer größere Gruppen, die politisch-ideologisch und rassisch-biologisch den Herrschaftsansprüchen des Regimes nicht entsprachen, der polizeilichen und rechtlichen Willkür ausgeliefert wurden. Die Exemtion der Herrschenden vom Recht, die grundlegende Tendenz zur allgemeinen Entrechtlichung, schließlich die offene Gewalt waren mithin auch dem aus einem bürgerlichen Normenstaat hervorgegangenen NS-Regime eingeschrieben. Beide Sphären waren „weder gleichberechtigt noch exakt voneinander abgrenzbar, vielmehr verkörpert der Maßnahmestaat die politische Prärogative in der Diktatur, die durch [...] unmittelbare Eingriffe die Entscheidungen des Normenstaats [...] im jeweils gewünschten Sinne lenken oder korrigieren kann".[15]

Anders entwickelte sich die politische Justiz in der Sowjetunion.[16] Nach der Entformalisierung und Entprofessionalisierung der Justiz als typische Begleiterscheinungen des „Kriegskommunismus" etablierte sich im Zuge der Oktoberrevolution eine Art permanenter, der Logik des ideologisch gebogenen Rechts der Bolschewiki folgender Maßnahmestaat. Es gehört zur Originalität des Ansatzes, den Jürgen Zarusky verfolgte, dass er trotz dieser Ausgangssituation das Modell des Fraenkel'schen „Doppelstaats" als Idealtyp und heuristisches Instrument auch auf die Frühgeschichte Sowjetrusslands anzuwenden verstand. Er vertrat die These, dass im Grunde jede Diktatur zur Regelung des Alltags eine „normenstaatliche Sphäre" brauche, „die darüberhinaus auch eine herrschaftslegitimierende Wirkung entfalten kann, und zwar gerade dann, wenn anerkannte justitielle Verfahren auf die Austragung politischer Machtkonflikte übertragen werden". Am Ende komme es auf das „Mischungsverhältnis" von normen- und maßnahmenstaatlichen Elementen an, die sich freilich in den beiden totalitären Diktaturen und in ihren jeweiligen Entwicklungsphasen sehr unterschiedlich darstellten.[17]

In Sowjetrussland brachte bereits die Wendung zur Neuen Ökonomischen Politik (NEP) neue Rechtskodifizierungen und eine neue „revolutionäre Gesetzlichkeit" mit sich. Insofern hatte die Phase der NEP so etwas wie einen sowjetischen „Normenstaat" hervorgebracht, der freilich von einer Rechtsstaatlichkeit im eigentlichen

---

15 Jürgen Zarusky, Die stalinistische und die nationalsozialistische „Justiz". Eine Problemskizze unter diktaturvergleichender Perspektive, in: Leonid Luks/Donal O'Sullivan (Hrsg.), Rußland und Deutschland im 19. und im 20. Jahrhundert. Zwei „Sonderwege" im Vergleich, Köln/Weimar/Wien 2001, S. 163–191, hier S. 165. Vgl. auch unten, S. 97–118, Zitat S. 99.
16 Vgl. Zarusky, Doppelstaat und Rasserecht, in: Zeitschrift für Neuere Rechtsgeschichte 25 (2003), S. 95–111; ders., Politische Justiz unter Stalin im Umbruchjahrzehnt 1928–1938, in: Totalitarismus und Demokratie 8 (2011), S. 53–75, und ders., Von der Autokratie zum Totalitarismus und wieder zurück? Staatsentwicklung und (fehlende) Rechtsstaatlichkeit in Rußland vom Reformzaren Alexander II. bis zu Putins „gelenkter Demokratie", in: Kappel/Tobler/Waldmann (Hrsg.), Rechtsstaatlichkeit, S. 97–132.
17 Zarusky, Stalinistische und nationalsozialistische „Justiz", in: Luks/O'Sullivan (Hrsg.), Rußland und Deutschland, S. 165 f.; vgl. unten, S. 99.

Sinne weit entfernt blieb.[18] So ließe sich Jürgen Zaruskys Ansatz dahingehend weiterdenken, dass die Sowjetunion auf der Basis ihres totalen „maßnahmestaatlichen" Bruchs mit den Rechtsnormen des Zarismus doch aus sich selbst heraus ihren eigenen spezifischen „Normenstaat" schuf. Er trat freilich im offenen stalinistischen Terror mit seinen pseudo-kasuistischen Schauprozessen fast gänzlich zurück und wurde erst im Zuge der Entstalinisierung wiederhergestellt.[19] Anders das NS-Regime, dessen Entwicklung zunächst genau umgekehrt verlief: Das Regime entstand im Schoße des bürgerlichen Rechtsstaats, den es nicht einfach beiseiteschieben konnte, jedoch je länger desto mehr mit seinen ideologiegeleiteten Maßnahmen zerstörte. Der am Ende ebenfalls offene nationalsozialistische Terror, der sich in den letzten Kriegsjahren und -monaten bis hin zur völlig regellosen Erschießung von als „Volksfeinden" ausgemachten Personen radikalisierte, entledigte sich am Ende völlig der Notwendigkeit zur Kasuistik. Insofern glichen sich terroristische Wirkung und Folgen der Justiz in beiden totalitären Diktaturen einander an, wenngleich unter divergenten, nur aus den historischen Bedingungen ihrer Entwicklungsdynamik erklärbaren Formen.

Das Thema Justiz und Politik ist in den letzten Jahren wieder besonders aktuell geworden; zeigen doch die Entwicklungen in Russland, in Polen, aber auch in der Türkei und in Ungarn, wie fragil das rechtsstaatliche Geflecht sein kann, das eine Demokratie braucht, um zu existieren. Und ist erst einmal das Recht verloren, droht auch der Firnis der Zivilisation sehr rasch sehr dünn zu werden. Jürgen Zarusky hat an dieser Problematik wie an jeder Tendenz, in der er eine Gefährdung von Freiheit und Rechtsstaatlichkeit erkannte, leidenschaftlich Anteil genommen. Hatte er die Zeit und innere Ruhe, konnte er ausführlich und detailliert über diese und ähnliche Themen sprechen und diskutieren. Er war im besten Sinne ein historisch geschulter und unbestechlicher Anwalt derer, denen die Staatsmacht Unrecht angetan hatte. Auch in der Praxis stellte er dies regelmäßig unter Beweis, so etwa als er sich der Bewegung anschloss, die auf eine späte, wenngleich wenig mehr als symbolische Genugtuung für überlebende jüdische Arbeiterinnen und Arbeiter in den nationalsozialistischen Ghettos pochte. Zusammen mit anderen wie Jan-Robert von Renesse und Stephan Lehnstaedt trug er zur Erforschung der Materie und damit zur historischen Grundlage für die Zahlung von Ghettorenten bei.[20] Anlässlich der Tagung, die Jürgen Zarusky im April 2008 über die Frage der Ghettorenten veranstaltete,[21] reali-

---

[18] Ebenda, S. 169; vgl. unten, S. 102.
[19] Vgl. ebenda, S. 187.
[20] Vgl. Jürgen Zarusky, Hindernislauf für Holocaustüberlebende. Das „Ghettorentengesetz" und seine Anwendung, in: Tribüne 47 (2008), S. 155–161, und ders., Das Ghettorentengesetz und die Zeitgeschichtsforschung. Einige bilanzierende Überlegungen, in: Jürgen Hensel/Stephan Lehnstaedt (Hrsg.), Arbeit in den nationalsozialistischen Ghettos, Osnabrück 2013, S. 407–420.
[21] Vgl. Jürgen Zarusky (Hrsg.), Ghettorenten. Entschädigungspolitik, Rechtsprechung und historische Forschung, München 2010; hier Zaruskys Einleitung, S. 7–12, sowie sein eigener Beitrag über Arbeit und Zwang unter der NS-Herrschaft. Eine Typologie, S. 51–63.

sierte er die Begegnung mit Noach Flug, dem damaligen Präsidenten des Internationalen Auschwitz Komitees. Für Jürgen Zarusky war es eine Ehre und gleichzeitig auch eine Genugtuung, dass dies wohl – so sagte er zumindest – der erste offizielle Auftritt eines Holocaustüberlebenden im Institut für Zeitgeschichte gewesen war.[22]

Einmal mehr zeigt das Thema der Ghettorenten, wie sehr sich Jürgen Zarusky als Wissenschaftler und als Praktiker zugleich verstand. Dafür, dass er die gewonnenen Ergebnisse stets in den öffentlichen Diskurs einzubringen suchte, steht auch seine phasenweise recht intensive Tätigkeit als Publizist. In seinen Recherchen und Artikeln brachte er das Jahrhundertthema der Diktaturen und des Leids, das diese den Menschen antaten, einem breiteren Publikum nahe. Die für ihn charakteristische kognitiv-intellektuelle Verknüpfung von Strukturanalyse und dem menschlichen Interesse für das historische Einzelschicksal fand hier ein weiteres Betätigungsfeld. Daher war er sich auch niemals zu schade, im kleinen Kreis und auf lokaler Ebene präzise wissenschaftliche Informationen zu vermitteln und den Opfern der Diktatur eine Stimme zu geben. Das Verstummen dieser Stimme ist umso schmerzlicher, wenn wir auf die in unserer Zeit zu beobachtende erneute Verrohung der politischen Sprache und das Anwachsen extremistisch motivierter Gewalt blicken. Die hier versammelten Texte vermitteln einen Eindruck davon, wie gegen beides Stellung bezogen werden kann. Mit Jürgen Zarusky hat uns ein bedeutender Historiker der Geschichte des 20. Jahrhunderts viel zu früh verlassen. Es gilt, ihm ein bleibendes Andenken zu bewahren.

---

22 Vgl. Noach Flug, Shoah und Entschädigung, in: ebenda, S. 79–88.

Teil I: **Politische Justiz und Diktaturen**

Vergleichende Untersuchungen zur politischen Justiz in der Sowjetunion und im NS-Staat

Vorstudien

1 Vorüberlegungen und Fragestellung

Die geplante Studie soll einen Beitrag zur vergleichenden Diktaturforschung leisten und nimmt die beiden Großdiktaturen im Europa des 20. Jahrhunderts in den Blick: die bolschewistisch-stalinistische Sowjetunion und das nationalsozialistische Deutschland. Diese beiden Regime sind häufig unter dem Begriff des Totalitarismus zusammengefasst worden, und ebenso häufig wurden dessen Sinnhaftigkeit und Zulässigkeit bestritten. In dieser Debatte sind (geschichts)politische und geschichtswissenschaftliche Perspektiven nicht immer leicht zu trennen.[1] Der wissenschaftliche Diktaturvergleich[2] wurde (und wird) nicht nur durch die stets präsente Gefahr der Politisierung beeinträchtigt, sondern auch durch die sehr lange Zeit bestehende Unzugänglichkeit sowjetischer Archive für die Forschung. Daraus ergab sich ein beträchtliches und mit dem Fortschritt der NS-Forschung über die Jahrzehnte wachsendes Ungleichgewicht. Seit der sogenannten russischen Archivrevolution, mit der eine sich rasant entwickelnde Stalinismus- und Sowjetunion-Forschung auf breiter Quellenbasis einsetzte, ist dieser Hiatus aber deutlich kleiner geworden und in manchen Bereichen ganz verschwunden. Die Zeit ist damit reif, um auf die in den Diskussionen über die Totalitarismus-Theorien aufgeworfenen Fragen empirische Antworten zu geben, und sie verlangt auch deshalb geradezu danach, weil das Totalitarismus-Paradigma in Zeiten wachsender Spannungen in Europa erneut zum politischen Instrument und Streitobjekt wird.[3] Eine Historisierung ist daher dringend erforderlich.

In jüngerer Zeit haben in der vergleichenden Diktaturforschung Gewaltraum-Konzepte Konjunktur; an erster Stelle zu nennen ist dabei Timothy Snyders internationaler Bestseller „Bloodlands" von 2010. Einer der zentralen Mängel dieses Werks und ähnlich ausgerichteter Publikationen besteht darin, dass sie in hohem Maße

---
[1] Vgl. Abbott Gleason, Totalitarianism. The Inner History of the Cold War, Oxford u. a. 1995; Wolfgang Wippermann, Totalitarismustheorien. Die Entwicklung der Diskussion von den Anfängen bis heute, Darmstadt 1997.
[2] Detlef Schmiechen-Ackermann, Diktaturen im Vergleich, Darmstadt ³2010.
[3] Als Beispiel mag der Verweis auf die umstrittene „Prager Erklärung" von 2008 und die Erhebung des 23.8. – an diesem Tag wurde 1939 der Hitler-Stalin-Pakt geschlossen – zum Erinnerungstag für die Opfer totalitärer Herrschaft durch das Europäische Parlament und das kanadische Parlament im Jahr 2009 genügen. Vgl. dazu S. 165 des vorliegenden Bands.

von den Sinnzusammenhängen der Gewaltausübung abstrahieren und ideologische Weltbilder und daraus abgeleitete Feindbildkonstruktionen weitgehend aus dem Blick verlieren, oder – noch problematischer – diese rückwirkend aus dem synthetisierenden Konzept des Gewaltraums deduzieren, womit grundlegende Unterschiede verwischt werden.[4] Auch wenn sie sich auf die Gewaltgeschichte beschränken und keinen umfassenden Systemvergleich[5] anstreben, leiden sie doch zumeist darunter, dass der sehr weite konzeptionelle Rahmen empirisch und vergleichend-analytisch kaum angemessen auszufüllen ist.

In der geplanten Studie soll ein anderer Weg beschritten werden. Sie ist auf einen begrenzten Gegenstand fokussiert und folgt einem spezifischen Ansatz. Im Zentrum stehen justitielle Herrschaftspraktiken und deren legitimierende Funktionen. Die noch im Einzelnen zu begründende Wahl des Vergleichsgegenstands, nämlich der politischen Justiz, ist bedingt durch a) deren Zugehörigkeit zur Herrschaftssphäre, b) ihr relativ klares und begrenztes institutionelles Profil, c) ihre Stellung zwischen Legitimation, Regelhaftigkeit und Massengewalt sowie d) durch das ihr inhärente *tertium comparationis*, nämlich die Verfahrensgrundsätze des modernen Strafprozesses. Der sich daraus ergebende Forschungsansatz wird im Folgenden eingehender dargelegt.

2 Politische Justiz als Schnittpunkt von Repression und Legitimation

Obwohl politische Justiz gemeinhin vor allem als ein klassisches Merkmal von Diktaturen gilt und Roland Freisler, der Präsident des Volksgerichtshofs, oder Andrej Vyšinskij, der u. a. als Ankläger bei den großen Moskauer Schauprozessen fungierte, geradezu als emblematische Figuren des Totalitarismus gelten, werden ihre Institutionen und Praktiken bei der Analyse diktatorischer Regime und insbesondere in vergleichenden Ansätzen zumeist kaum in Betracht gezogen. Die Ursache dafür ist wahrscheinlich in der alles überschattenden Dominanz exekutiv ausgeübter Willkür

---

4 Timothy Snyder, Bloodlands. Europa zwischen Hitler und Stalin, München 2013; Jörg Baberowski/Anselm Doering-Manteuffel, Ordnung durch Terror. Gewaltexzesse und Vernichtung im nationalsozialistischen und stalinistischen Imperium, Bonn 2006; Jörg Baberwoski, Verbrannte Erde. Stalins Herrschaft der Gewalt, München ³2012; Jürgen Zarusky, Timothy Snyders „Bloodlands". Kritische Anmerkungen zur Konstruktion einer Geschichtslandschaft, in: Vierteljahrshefte für Zeitgeschichte 60 (2012), S. 1–31; ders., Rezension zu: Ordnung durch Terror, in: H-Soz-Kult, 13.03.2007, https://www.hsozkult.de/publicationreview/id/reb-9139 (letzter Zugriff 21.4.2020); ders., Schematische Übertragungen. Stalinismus und Nationalsozialismus bei Jörg Baberowski, in: Osteuropa 4/2012, S. 121–126.

5 Vgl. als Beispiele dafür Alan Bullock, Hitler und Stalin. Parallele Leben, Berlin 1991; Richard J. Overy, Die Diktatoren. Hitlers Deutschland, Stalins Rußland, München 2005; Robert Gellately, Lenin, Stalin und Hitler. Drei Diktatoren, die Europa in den Abgrund führten, Bergisch Gladbach 2009.

und Massengewalt zu sehen. So lautet, um eines der wirkungsstärksten Beispiele anzuführen, das zentrale Postulat über die Struktur „totaler Herrschaft" in Hannah Arendts klassischem Werk: „Die Polizei ist [...] in jedem Sinne das höchste und vornehmste Organ des totalen Herrschaftsapparats; sie verfügt zudem in den Konzentrationslagern über ein in jeder Hinsicht vollkommen ausgestattetes Laboratorium, in welchem die Ansprüche totaler Herrschaft experimentell verifiziert werden sollen."[6] Arendt vertrat die Auffassung, diese neuartige Staatsform, die sie „im Dritten Reich und in dem bolschewistischen Regime" manifestiert sah,[7] habe die traditionellen Begriffe von Verbrechen und Schuld beseitigt und durch die der „Unerwünschten" und „Lebensuntauglichen" ersetzt.[8] Nationalsozialismus und Stalinismus verstünden sich als Vollstrecker der Gesetzmäßigkeiten der Natur beziehungsweise der Geschichte und müssten daher die „Zäune der Gesetze dem Erdboden gleichmachen".[9] Die Polizei sei dabei berufen, „das innenpolitische Experiment der Transformation der Tatsächlichkeit in die Fiktion zu überwachen",[10] womit die Dialektik von Ideologie und Terror angesprochen wurde. Der Justiz räumte Arendt in ihrer Analyse hingegen allenfalls eine marginale Rolle ein.[11]

Aber auch in dem ein halbes Jahrhundert später erschienenen Sammelband „Beyond Totalitarianism", der von Michael Geyer und Sheila Fitzpatrick herausgegeben wurde[12] und eines der ehrgeizigsten diktaturvergleichenden Unternehmen der jüngeren Zeit darstellt, stößt man auf den gleichen Befund: Justizsystem und Gerichte fallen bei der Analyse nicht ins Gewicht. Die einschlägigen Beiträge[13] reproduzierten trotz erklärter methodischer Distanz und einer natürlich unvergleichbar breiteren Quellen- und Materialbasis sogar in gewisser Hinsicht das Arendt'sche Wahrnehmungsmuster: Die Herrschaftsinstitutionen, die in den Fokus gerückt werden, sind Partei, Geheimpolizei, Militär; die Justiz bleibt außen vor – auch jenseits der Totalitarismus-Theorien findet sich der gleiche blinde Fleck.

---

6 Hannah Arendt, Elemente und Ursprünge totaler Herrschaft, München/Zürich 1991, S. 822.
7 Ebenda, S. 16 und S. 629–638; auch das zur Zeit des Erscheinens ihres Buchs noch sehr junge kommunistische China rechnete sie dazu.
8 Ebenda, S. 898.
9 Ebenda, S. 957 f.
10 Ebenda, S. 821.
11 Vyšinskij wird im Register von Arendts Totalitarismus-Buch nur einmal aufgeführt, Freisler gar nicht.
12 Vgl. Michael Geyer/Sheila Fitzpatrick (Hrsg.), Beyond Totalitarianism. Stalinism and Nazism Compared, Cambridge u. a. 2008; der Band enthält Analysen zu zentralen Themenbereichen, die jeweils von Stalinismus- und NS-Experten in Doppelautorenschaft erarbeitet wurden. Auf Vyšinskij wird an zwei Stellen des Buchs verwiesen, auf Freisler – wie bei Arendt – überhaupt nicht.
13 Vgl. Yoram Gorlizki/Hans Mommsen, The Political (Dis)Orders of Stalinism and National Socialism; Christian Gerlach/Nicolas Werth, State Violence – Violent Societies, und Jörg Baberowski/Anselm Doering-Manteuffel, The Quest for Order and the Pursuit of Terror. National Socialist Germany and the Stalinist Soviet Union as Multiethnic Empires, alle Beiträge in: Geyer/Fitzpatrick (Hrsg.), Beyond Totalitarianism, S. 41–86, S. 133–179 und S. 180–230.

Und doch haben die Regime Lenins und Stalins beziehungsweise Hitlers bei der Verfolgung ihrer tatsächlichen oder vermeintlichen Gegner niemals vollständig auf den Einsatz der Justiz verzichtet, auch wenn sie über nahezu allmächtige politische Polizeiapparate verfügten, deren Zugriff oft massenhaft, immer rücksichtslos, nicht selten tödlich war. Wozu diente in einem solchen Umfeld potentiell uneingeschränkter staatlicher Gewalt der prozedurale Aufwand von politischen Prozessen, der sich keineswegs auf wenige spektakuläre Verfahren beschränkte, sondern eine gängige Herrschaftspraxis war? Wozu die vielen langwierigen Untersuchungen, Zeugenanhörungen und Beweiserhebungen, wozu Ankläger und Anklageschriften, Verteidiger, Richter, Beisitzer, wozu das umständliche Zeremoniell der Verhandlungen vor Gericht, wenn in anderen, zum Teil sogar ganz ähnlich gelagerten Fällen ein Befehl oder ein administrativer Akt genügten, um Menschen, die als politisch-ideologische Feinde eingestuft wurden, umstandslos der Freiheit zu berauben oder sie gar ums Leben zu bringen? Diese Fragen bilden den Ausgangspunkt der Studie, deren Gegenstand somit zugleich die spezifischen Funktionen sind, welche die politische Justiz in den betrachteten Regimen erfüllte.

Eine erste grundsätzliche Antwort auf die Frage nach dem wozu lautet: Zur Legitimation! Diesen Gedanken hat insbesondere Otto Kirchheimer in seinem zuerst 1961 in den USA erschienenen, grundlegenden Werk „Politische Justiz" hervorgehoben. Das Gerichtsverfahren, so Kirchheimer, diene „primär der Legitimierung, damit aber auch der Einengung politischen Handelns. [...] Daß sich die Machthaber auf die Festlegung eines Maßstabes einlassen, der, mag er noch so vag oder noch so ausgeklügelt sein, die Gelegenheiten zur Beseitigung wirklicher oder potentieller Feinde einengt, verspricht ihnen ebenso reichen Gewinn wie ihren Untertanen. Die gerichtliche Feststellung dessen, was als politisch legitim zu gelten habe, nimmt unzähligen potentiellen Opfern die Furcht vor Repressalien oder vor dem Liquidiertwerden und fördert bei den Untertanen eine verständnisvolle und freundliche Haltung gegenüber den Sicherheitsbedürfnissen der Machthaber."[14]

In der politischen Justiz gehen demnach Repression und Legitimation Hand in Hand. Wenn aber Regime, für deren Herrschaftspraxis extralegale, rein administrativ durchgeführte Verfolgungsmaßnahmen charakteristisch sind, parallel dazu stets auch auf justitielle Mittel zurückgegriffen haben, ist dies ein klarer Hinweis auf das Vorhandensein spezifischer Legitimationsbedürfnisse. Das heißt allerdings keineswegs, dass die außergesetzliche, etwa durch Polizeiorgane unmittelbar umgesetzte Verfolgung als solche keiner Begründung bedürfte. Aleksandr Solženicyn hat darüber im „Archipel Gulag" reflektiert: „Um Böses zu tun, muß der Mensch es zuallererst als Gutes begreifen oder als bewußte gesetzmäßige Tat. So ist, zum Glück, die Natur des Menschen beschaffen, daß er für seine Handlungen eine *Rechtfertigung* suchen muß. [...] Die Ideologie! Sie ist es, die der bösen Tat die gesuchte Rechtferti-

---

14 Otto Kirchheimer, Politische Justiz. Verwendung juristischer Verfahrensmöglichkeiten zu politischen Zwecken, Neuwied/Berlin 1965, S. 26.

gung und dem Bösewicht die nötige zähe Härte gibt. Jene gesellschaftliche Theorie, die ihm hilft, seine Taten vor sich und vor den anderen reinzuwaschen, nicht Vorwürfe zu hören, nicht Verwünschungen, sondern Huldigungen und Lob."[15] Die moderne Täterforschung[16] hat indes den Stellenwert unmittelbar ideologischer Motivierung bei staatlichen Massenverbrechen relativiert. Als einziger, durchgängiger und entscheidender Beweggrund – das dürfte trotz unterschiedlicher Gewichtungen Konsens sein – kann sie nicht gelten, schon allein deshalb nicht, da es in der Regel um institutionell eingebundenes, oft arbeitsteiliges staatliches Handeln geht. Auch der ideologiegeleitete Herrschaftsdiskurs bedarf der Abstützung durch etablierte und anerkannte Verfahren.

Insbesondere dort, wo die Herrschaft einerseits stark in die Verhältnisse der Untertanen eingreift und andererseits die Ideologie allein als Rechtfertigungsgrund nicht ausreichend ist, kann daher die politische Justiz eine anderweitig schwer zu erzielende legitimierende Wirkung entfalten. Das Verfahren, also die rechtlich geordnete Entscheidungsfindung, nehme, so der Soziologe Niklas Luhmann, einen jeweils „einmaligen Platz in Raum und Zeit" ein. Gerichtsverfahren seien dabei gegenüber politischen Wahlen und Verfahren der Gesetzgebung, die er in seiner Studie „Legitimation durch Verfahren" ebenfalls untersuchte, „die ältere und elementarere Verhaltensordnung".[17] Legale und traditionale Legitimationsfaktoren verbinden sich hier also und können eine mächtige politische Ressource bilden. Die legitimierende Wirkung der politischen Justiz entsteht dabei nicht allein durch ihren Verfahrenscharakter, sondern auch durch einen psychologischen Effekt, den man als amalgamierende Legitimation bezeichnen könnte, nämlich die Vertrauensübertragung von der üblichen Strafjustiz, die mit der Aburteilung von kriminellen Straftätern eine anerkannte gesellschaftliche Funktion ausübt, auf die politische Justiz. Wenn der Staat im Bereich der nichtpolitischen Kriminalität seiner Präventions- und Ahndungsaufgabe nachkommt, wenn es dabei, wie es umgangssprachlich heißt, mit rechten Dingen zugeht, wenn Normalität, das heißt ein an geläufigen Normen orientierter Zustand, gegen Störungen verteidigt wird oder dies jedenfalls von einem grundsätzlich herrschaftsloyalen[18] Großteil der Bevölkerung so empfunden wird, ist mit einer grundsätzlichen Bereitschaft zu rechnen, dass auch die Rechtmäßigkeit politischer Strafverfahren Anerkennung findet.

---

15 Alexander Solschenizyn, Der Archipel Gulag. 1918–1956. Versuch einer künstlerischen Bewältigung, Bd. 1, Bern 1974, S. 172.
16 Vgl. Gerhard Paul, Von Psychopathen, Technokraten des Terrors und „ganz gewöhnlichen" Deutschen. Die Täter der Shoah im Spiegel der Forschung, in: ders. (Hrsg.), Die Täter der Shoah. Fanatische Nationalsozialisten oder ganz normale Deutsche?, Göttingen 2002, S. 13–92; eine Reihe stalinistischer Täter porträtiert Nikita Vasil'evič Petrov, Palači. Oni vypolnjali zakazy Stalina, Moskau 2011.
17 Niklas Luhmann, Legitimation durch Verfahren, Neuwied am Rhein/Berlin 1969, S. 42 und S. 53.
18 Auch im Begriff loyal ist ja die Orientierung an Recht und Gesetz enthalten, vgl. frz. loi = Gesetz.

Vor allem aber ist die über die Ideologie hinausreichende Legitimationswirkung der politischen Justiz darauf zurückzuführen, dass sie – wenn auch nicht selten in verstümmelter oder verfälschter Form – auf Beweisverfahren zurückgreift, die – im Gegensatz zu den für Ungläubige und Skeptiker nicht unmittelbar überzeugenden Postulaten der herrschenden Weltanschauung – als nachvollziehbar und überzeugend erscheinen. In einer weiteren Perspektive, mit Blick auf die generellen Legitimationsversuche von Diktaturen, hat Hermann Heller auf diesen Zusammenhang schon 1930 in seiner Schrift „Rechtsstaat oder Diktatur" hingewiesen:

> „Alle heutigen Diktatoren und alle, die es gern werden möchten, versichern uns, daß sie nichts anderes als die ‚wahre' Demokratie verwirklicht haben oder verwirklichen wollen. Was sollten sie auch andres sagen? Daß die Zeiten der allein echten Gottesgnaden-Monarchie aus sozialen wie religiösen Gründen vorüber ist [sic!], begreift nachgerade auch das Kleinbürgertum. Daß eine Erbaristokratie im Zeitalter des mobilen Besitzes irgend etwas andres sein könnte, als eine gesetzlich anerkannte kapitalistische Klassenherrschaft, wird kaum jemand sich bereit finden zu glauben. Es bleibt also nur übrig, die Demokratie mit der Demokratie zu überwinden, sie immer wieder mit Worten zu bejahen und dem tatsächlichen Inhalt nach zu vernichten."[19]

Einen ähnlichen Gedanken hat Jürgen Habermas 1976 in seinem Aufsatz „Legitimationsprobleme im modernen Staat" entwickelt, in dem er von „Niveaus der Rechtfertigung" sprach, „welche den Legitimationen Wirksamkeit, ihre konsenserzielende und motivbildende Kraft verleihen". Diese „Niveaus" folgten demnach hierarchisch aufeinander, und die Legitimationsgründe einer jeweils überwundenen Stufe verlören ihre Geltungskraft. Eine solche Entwertung sei etwa in den Hochkulturen „bei der Ablösung vom mythischen Denken, in der Moderne bei der Ablösung von kosmologischen, religiösen und ontologischen Denkfiguren eingetreten".[20] Für die Neuzeit gelte, „daß das Niveau der Rechtfertigung reflexiv wird. Die Prozeduren und Voraussetzungen des Legitimitätsprozesses sind nunmehr die legitimierenden Gründe, auf die sich die Geltung von Legitimationen stützt. Die Idee der Vereinbarung, die unter allen, und zwar als Freien und Gleichen zustandekommt, bestimmt den prozeduralen Legitimitätstypus der Neuzeit [...]; hingegen war es die Idee des lehrbaren Wissens von einer geordneten Welt, die den klassischen Legitimationstypus bestimmt hatte".[21] Aber gerade ein solcher Legitimationstypus lag den ideologiegeleiteten Diktaturen in der Sowjetunion und in Deutschland zugrunde. Deren pseudowissenschaftliche Weltanschauungen mussten in Konflikt mit dem überkommenen Recht geraten.

---

19 Hermann Heller, Rechtsstaat oder Diktatur?, Tübingen 1930, S. 19.
20 Jürgen Habermas, Legitimationsprobleme im modernen Staat, in: Peter Graf Kielmansegg, Legitimationsprobleme politischer Systeme, Opladen 1975, S. 39–61, hier S. 44. Der Grundgedanke findet sich bereits in Auguste Comtes in der ersten Hälfte des 19. Jahrhunderts entwickelten „Dreistadiengesetz". Habermas selbst sah eine Analogie zu Lernniveaus, wie sie die Entwicklungspsychologie beschreibt. Vgl. Auguste Comte, Das Drei-Stadien-Gesetz, in: Hans Peter Dreitzel (Hrsg.), Sozialer Wandel, Zivilisation und Fortschritt als Kategorien der soziologischen Theorie, Neuwied u. a. 1967, S. 111–120.
21 Ebenda.

Ungeachtet der politisch-theoretischen Frage, wie exklusiv und umfassend der Geltungsanspruch des prozeduralen Legitimitätstypus einzustufen ist, kann festgestellt werden, dass er sich historisch insbesondere im Anspruch auf Rechtsstaatlichkeit manifestiert, der von den neuzeitlichen konstitutionellen Bewegungen bis hin zur modernen Menschenrechtspolitik verfochten wurde und wird. „Bis zum Ausgang des [Ersten] Weltkrieges war der Rechtsstaat in Europa eine Selbstverständlichkeit gewesen", schrieb Hermann Heller. „Als Forderung war er auch dort kaum bestritten, wo er entweder gar nicht oder nicht voll anerkannt und verwirklicht war. Selbst die marxistische Diktatur des Proletariats verstanden die großen sozialistischen Parteien bis zur bolschewistischen Revolution mehr oder weniger im demokratisch-rechtsstaatlichen Sinne."[22] Mit seinem Postulat, „die bolschewistische Diktatur, im ganzen doch nur eine Reprise der Regierungsform Peters des Großen", sei aus der Betrachtung auszuschließen, weil sie „die Alternative Rechtsstaat oder Diktatur nie gekannt"[23] habe, unterschätzte er allerdings die tatsächliche Entwicklung in Richtung Rechtsstaatlichkeit, die sich in Russland seit der grundlegenden Justizreform von 1864 allen Widerständen, Problemen und Rückschlägen zum Trotz vollzogen hatte. Zudem übersah er deren Bedeutung als politische Zukunftsforderung, die nicht nur von Liberalen, sondern auch von weiten Teilen der nichtbolschewistischen Linken des russischen Reichs vertreten wurde.

Dass sowohl der Bolschewismus[24] als auch der Nationalsozialismus sich nicht vollständig vom modernen Anspruch auf Rechtsstaatlichkeit lösen konnten, wird durch die Tatsache des Rückgriffs auf die politische Justiz in bestimmten Sektoren der Repressions- und Verfolgungspolitik offenkundig. Auch diese Regime konnten hinter das in ihren Ländern einmal erreichte Legitimationsniveau nicht mehr vollständig zurück oder es, wie der voluntaristische Bolschewismus glaubte, mit einem kühnen Sprung in eine allen alten Formen überlegene, proletarische Herrschaftsform hinter sich lassen. Denn tatsächlich stützten diese Regime ihre Macht nicht allein auf Charisma, Gewalt und Ideologie, sondern nutzten in je eigener Weise auch die anderen der drei von Max Weber idealtypisch beschriebenen Legitimitätsquellen zur Herrschaftsstabilisierung, also neben der charismatischen auch die traditionale und insbeson-

---

22 Heller, Rechtsstaat oder Diktatur, S. 3.
23 Ebenda, S. 4.
24 Der Begriff „Bol'ševiki" war von April 1917 bis Oktober 1952 als zugefügter Klammervermerk – (b) – Namensbestandteil der russischen bzw. sowjetischen kommunistischen Partei, die bis März 1918 noch als Russische Sozialdemokratische Arbeiterpartei (b) firmierte. Der Terminus Bolschewismus ist, obwohl er in Deutschland häufig auch von der rechtsextrem-antikommunistischen Propaganda verwendet und pejorativ konnotiert wurde, letztlich eine Selbstbezeichnung, die in der radikalsten Phase des sowjetischen Kommunismus, der Ära von Lenin und Stalin, in Gebrauch war und erst kurz vor dem durch Stalins Tod eingeleiteten Umbruch als solche abgeschafft wurde. Bolschewismus kann daher auch als eine Epochenbezeichnung in der Entwicklung des Sowjetkommunismus verstanden werden. In ähnlichem Sinn: Leonid Luks, Zwei Gesichter des Totalitarismus. Bolschewismus und Nationalsozialismus im Vergleich, Köln/Weimar/Wien 2007.

re die legale.²⁵ In beiden Regimen bildete allen Einschränkungen, Manipulationen und trügerischen Inszenierungen zum Trotz die politische Indienststellung des modernen Strafprozesses kontinentaleuropäischer Prägung²⁶ – und damit eine liberale Errungenschaft des 19. Jahrhunderts – ein unverzichtbares Element im Verfahrensrepertoire der Herrschaft. Das gilt selbst für die juristische Falschmünzerei der stalinistischen Schauprozesse, deren Regie es entscheidend auf eine überzeugende, quasi naturgetreue Nachahmung anerkannter Verfahren und Beweisformen ankam.

Charakteristisch für den modernen Strafprozess ist, dass die Justiz keinen Zweig der Verwaltung mehr bildet, vielmehr im Sinne der Gewaltenteilung Machtausübung und Rechtsfindung voneinander getrennt sind. Außerdem unterliegt sie in deutlicher Abkehr von der früheren bürokratischen Form des Inquisitionsprozesses dem Gebot der Transparenz, welche durch die Bindung an materielle und Verfahrensnormen, richterliche Unabhängigkeit, eine eigenständige Anklagebehörde, die Mündlichkeit des Prozesses und die unmittelbare Beteiligung der Parteien sowie die Öffentlichkeit des Verfahrens sichergestellt werden soll.²⁷ Natürlich wurden diese Grundsätze in der Praxis der beiden hier betrachteten Diktaturen vielfach verletzt. In der Sowjetunion wurde die richterliche Unabhängigkeit überdies auch theoretisch erst mit der Verfassung von 1936 (Art. 112) als Grundsatz festgeschrieben.²⁸ Hitler, der 1933 einer Delegation des Deutschen Richterbunds die Wahrung dieses Prinzips zugesagt hatte, erklärte die richterliche Unabhängigkeit in seinem letzten Auftritt im Reichstag im April 1942 für aufgehoben – wenngleich mit eher atmosphärischen als unmittelbar praktischen Auswirkungen.²⁹ Dennoch blieb das Modell des modernen Strafverfahrens letztlich dominant, weil in seiner Legitimationswirkung alternativlos.

Die Formen der Wahrheitssuche im Prozess ähneln denen wissenschaftlicher Beweisverfahren. Sie zeichnen sich allerdings durch ein kontradiktorisches Vorgehen aus, in dem Anklage und Verteidigung um die Interpretation der zur Beurteilung

---

25 Vgl. Max Weber, Die drei reinen Typen legitimer Herrschaft, in: Johannes Winckelmann, Legitimität und Legalität in Max Webers Herrschaftssoziologie, Tübingen 1952, S. 106–120; zu den Legitimationsstrategien von Stalinismus und Nationalsozialismus vgl. Jürgen Zarusky, Herrschaftsstellung und Herrschaftsstil der Diktatoren, in: ders. (Hrsg.), Stalin und die Deutschen. Neue Beiträge der Forschung, München 2006, S. 237–251.
26 Zur Spezifik der russischen Rechtsentwicklung im kontinentaleuropäischen Rechtskreis vgl. Herbert Küpper, Einführung in die Rechtsgeschichte Osteuropas, Frankfurt a. M. u. a. 2005, S. 140–149.
27 Vgl. Wolfgang Sellert, Art. Strafprozess II (gemeiner, reformierter), in: Adalbert Erler/Ekkehard Kaufmann (Hrsg.), Handwörterbuch zur deutschen Rechtsgeschichte, Bd. 4, Berlin 1990, Sp. 2035–2039.
28 Vgl. Samuel Kucherov, The Organs of Soviet Administration of Justice. Their History and Operation, Leiden 1970, S. 318; vgl. auch Art. 6 des Gerichtsgesetzes vom 16.8.1938, in: Helmut Altrichter/Heiko Haumann (Hrsg.), Die Sowjetunion. Von der Oktoberrevolution bis zu Stalins Tod, Bd. 1: Staat und Partei, München 1986, Dok. 75, S. 201.
29 Vgl. Lothar Gruchmann, „Generalangriff gegen die Justiz"? Der Reichstagsbeschluß vom 26. April 1942 und seine Bedeutung für die Maßregelung der deutschen Richter durch Hitler, in: Vierteljahrshefte für Zeitgeschichte 51 (2003), S. 509–520.

anstehenden Sachverhalte ringen.³⁰ Das Recht, bei dem es sich um die „härteste' normative Grundstruktur handelt, auf die sich individuelles und kollektives Handeln bezieht"³¹ und das den Menschen in wesentlich höherem Maße diszipliniert, „als dies Logik und wissenschaftliche Methode oder systematisches Willenstraining vermögen",³² wirkt in seiner herrschaftlichen Anwendung als politische Justiz im Unterschied zur administrativen Verfolgung, die auf umstandslose Unterwerfung oder Beseitigung von Gegnern zielt, gerade dadurch bindend, dass es mit dem Gerichtssaal einen Raum der Kommunikation und Interaktion zwischen Untertan und Staat eröffnet.³³

Die gegenüber rein administrativer Verfolgung höhere Legitimationswirkung gesetzlich begründeter und von den Gerichten verhängter Strafentscheidungen zeitigt eine erhebliche Bestandskraft. Bezeichnend dafür ist, dass das Problem der Rehabilitierung von Opfern der politischen Justiz beider hier betrachteter Regime bis in unsere Tage virulent geblieben ist. Auch noch im 21. Jahrhundert wurden und werden Debatten über die Legitimität eines Teils der einschlägigen Urteile geführt. So beschäftigte sich etwa Anfang 2010 das Parlament der Ukraine mit dem Gesetz über die Rehabilitierung der Opfer politischer Verfolgungen; weiterhin wird auch die russische Justiz mit Rehabilitierungsbegehren auf der Basis des entsprechenden Gesetzes von 1991 konfrontiert, wenn auch mit nachlassender Intensität; und nach wie vor ist die Rehabilitierung der in Katyn und anderen Erschießungsorten ermordeten polnischen Offiziere und Beamten umstritten.³⁴ Aber auch die langen Schatten der NS-Justiz reichen bis ins 21. Jahrhundert. So hat der Bundestag nach einer längeren,

---

30 Das Streben nach tatsachengestützter Zuverlässigkeit bei der Urteilsfindung ist auch einer der Gründe für das Verbot der Folter, für die der Inquisitionsprozess mit der ihm eigenen besonderen Akzentuierung des Geständnisses und verfahrensmäßigen Geschlossenheit sehr viel anfälliger war.
31 Gerhard Dilcher, Zur Rolle der Rechtsgeschichte in einer Sozialgeschichte des 20. Jahrhunderts. Überlegungen und Thesen, in: Zeitschrift für neuere Rechtsgeschichte 21 (1999), S. 389–407, hier S. 406.
32 Bogdan Kistjakowskij, Zur Verteidigung des Rechts (Die Intelligencija und das Rechtsbewußtsein), in: Wegzeichen. Essays von Nikolaj Berdjaev, Sergej Bulgakov, Michail Geršenzon, Aleksandr Izgoev, Bogdan Kistjakovskij, Petr Struve und Semen Frank, eingeleitet und aus dem Russischen übersetzt von Karl Schlögel, Frankfurt a. M. 1990, S. 212–250, hier S. 212.
33 Vgl. grundsätzlich Stephan Merl, Politische Kommunikation in der Diktatur. Deutschland und die Sowjetunion im Vergleich, Göttingen 2012; die Gerichtsbarkeit bleibt hier allerdings unbeachtet.
34 Vgl. die einschlägigen Pressemeldungen „Na ètoj nedele Rada zajmetsja Černoveckim, šachterami, politrepressijami i pedofilami", http://ru.proua.com/news/2010/02/08/130700.html (Seite nicht mehr erreichbar), „Prokuratura prodolžaet rabotu po reabilitacii žertv političeskich repressij", http://briansk.ru/society/2008327/116321.html (letzter Zugriff 11.3.2020) und „Otkaz rassmatrivat' ‚katynskoe delo' priznan zakonnym", http://www.vesti.ru/doc.html?id=218402 (letzter Zugriff 11.3.2020), sowie Nikita Petrov: Stalinskie prestuplenija – do sich por gostajna in: Novaja gazeta Nr. 78, 20.07.2011, http://www.novayagazeta.ru/data/2011/078/15.html (Seite nicht mehr erreichbar). Die Geschichte der Rehabilitierung begann in Russland bereits mit Stalins Tod; vgl. die dreibändige Edition zur Geschichte der Rehabilitierung der Stalinismus-Opfer von 1953–1991 von Andrej N. Artizov u. a. (Hrsg.), Reabilitacija. Kak èto bylo, 3 Bde., Moskau 2000/2003/2004.

kontroversen Debatte erst am 8. September 2009 – dann allerdings einstimmig – beschlossen, Urteile der nationalsozialistischen Militärjustiz wegen „Kriegsverrats" pauschal aufzuheben.[35]

Da beide hier betrachteten Regime, ungeachtet all ihrer Unterschiedlichkeiten, neben administrativ-polizeilichen Massenverfolgungen unablässig auch politische Strafprozesse zur Verfolgung ihrer vermeintlichen oder tatsächlichen Gegner ins Werk setzten und sich dabei Formen politischer Justiz bedienten, die zumindest äußerlich an rechtsstaatliche Traditionen anknüpften, bildet das Modell des modernen Strafprozesses ein geeignetes *tertium comparationis* für eine vergleichende historische Untersuchung der Herrschafts- und Rechtspraxis des bolschewistisch-stalinistischen und des nationalsozialistischen Regimes, welches zur Beantwortung der eingangs aufgeworfenen Fragen erforderlich ist. Es erfüllte in den Herrschaftsdiskursen und -praktiken der bolschewistischen wie der nationalsozialistischen Diktatur unabdingbare legitimatorische Funktionen und wurde auf je spezifische Weise deren Herrschaftsprämissen angepasst oder unterworfen.[36] Otto Kirchheimer hat die politische Justiz im modernen Sinne als ein Phänomen des Zeitalters der Rechtsstaatlichkeit analysiert. Erst im 19. Jahrhundert sei „politischen Feinden der bestehenden Ordnung ein gewisses Maß an verfassungsmäßig verbürgtem Schutz mehr oder minder konsequent zugestanden" worden.[37] Das eröffnete nicht zuletzt die Möglichkeit, für eine inkriminierte politische Position oder Handlung vor Gericht – mehr oder weniger öffentlich – (Straf-)Freiheit einzufordern. Das Zeitalter der Rechtsstaatlichkeit hat einen politischen Kampfplatz geschaffen, auf dem der Einzelne dem ihn verfolgenden Staat auf der gleichen Ebene gegenübertritt. Die Metapher von David und Goliath ist darauf aber nicht anwendbar, denn anders als in der biblischen Geschichte bestimmt in dieser Arena der Mächtige die Wahl der Waffen und letztlich auch das Reglement des Kampfs. Der Staat ist Kontrahent und Schiedsrichter zugleich. Das Strafprozessrecht ist daher, so ein bekanntes Diktum des bundesdeutschen Strafrechtlers Claus Roxin, ein „Seismograph der Staatsverfassung".[38]

---

[35] Deutscher Bundestag, 16. Wahlperiode, 233. Sitzung am 8.9.2009, S. 26362–26368; Bernard Bode, Einstimmige Entscheidung. Bundestag rehabilitiert „Kriegsverräter", in: Das Parlament vom 14.9.2009, https://www.das-parlament.de/2009/38/Innenpolitik/27027296-302550 (letzter Zugriff 19.2.2020).

[36] Jörg Baberowskis apodiktischem Postulat (Autokratie und Justiz. Zum Verhältnis von Rechtsstaatlichkeit und Rückständigkeit im ausgehenden Zarenreich 1864–1914, Frankfurt a. M. 1996, S. 9), „die Rechtswirklichkeiten Europas und Rußlands [ließen sich] in keinen sinnbehafteten Vergleich einordnen, da der andersartige Kontext stets andere Problemlösungen präjudizierte", sei hier ausdrücklich widersprochen. Der „sinnbehaftete Vergleich" ergibt sich durch die angemessene Berücksichtigung des Kontexts, der im Vergleich gleichermaßen zum Gegenstand der Analyse wird. Für ein durchaus fruchtbares Beispiel einer vergleichenden Perspektive auf die Justiz des späten Zarenreichs vgl. Hiroshi Oda, The Emergence of Pravovoe Gosudarstvo (Rechtsstaat) in Russia, in: Review of Central and East European Law 25 (1999), S. 373–434.

[37] Kirchheimer, Politische Justiz, S. 25.

[38] Claus Roxin, Strafverfahrensrecht. Ein Studienbuch, München [25]1998, S. 9.

Die Untersuchung der politischen Justiz eröffnet somit Möglichkeiten für die vergleichende Analyse der Realverfassungen der hier betrachteten Diktaturen und ihrer spezifischen Entwicklungen und bietet einen wichtigen Ansatz für die Stellung des einzelnen Menschen in diesen Systemen. Denn auch politische Prozesse in Diktaturen kommen ohne das eigentlich systemfremde Element des Dialogs zwischen den Repräsentanten des Staats auf der Richter- und Anklägerbank und den Angeklagten nicht aus. Für die legitimierende Wirkung ist dies unerlässlich, aber es ist keineswegs immer kontrollierbar.

3 Vor Gericht

„Sie gestanden alle, aber es gestand ein jeder auf verschiedene Art: der eine mit einem zynischen Unterton, der zweite mit soldatischer Bravheit, der dritte mit innerem Widerstand, sich windend, der vierte wie ein Schüler, der bereut, der fünfte dozierend. Ein jeder aber mit dem Ton, der Miene, dem Gestus der Wahrheit."[39] So beschrieb der vor den Nationalsozialisten ins französische Exil geflüchtete deutsche Schriftsteller Lion Feuchtwanger in seinem Reisebericht „Moskau 1937" das Verhalten der Angeklagten in dem großen Schauprozess gegen Karl Radek, Georgij Pjatakov und andere sowjetische Funktionäre vom Januar 1937. Trotz leiser Zweifel rechtfertigte Feuchtwanger den Prozess und verteidigte Stalin gegen Kritiker, die ihn als den Regisseur eines riesigen, grausamen Justiztheaters sahen. Er vertraute seinen sowjetischen Gewährsleuten, die die bemerkenswerten Geständnisse mit dem Hinweis erklärten, dass die Angeklagten „während der Voruntersuchung durch Zeugen und Dokumente dergestalt überführt waren, daß Leugnen sinnlos wäre".[40]

Auch beim dritten großen Schauprozess gegen Mitglieder der alten Garde der Bolschewiki, der am 2. März 1938 um 12.00 Uhr im repräsentativen Säulensaal des Moskauer Hauses der Gewerkschaften begann,[41] schien sich das von Feuchtwanger beschriebene Szenario zu wiederholen. Nach Verlesung der Anklageschrift, die den Beschuldigten zur Last legte, 1932/33 den „Block der Rechten und Trotzkisten" gebildet zu haben, um Spionage gegen die UdSSR zu treiben, auswärtige Mächte zu einem Krieg gegen die Sowjetunion zu provozieren und die kapitalistische Ordnung

---
39 Lion Feuchtwanger, Moskau 1937. Ein Reisebericht für meine Freunde, Berlin 1993, S. 94.
40 Ebenda, S. 133. Zu Feuchtwangers Sowjetunionreise vgl. Anne Hartmann, Lost in translation. Lion Feuchtwanger bei Stalin, Moskau 1937. Aufzeichnung der Unterredung des Genossen Stalin mit dem deutschen Schriftsteller Lion Feuchtwanger (8. Januar 1937), in: Exil 2/2008, S. 5–32; dies., Lion Feuchtwanger, zurück aus Sowjetrussland. Selbstzensur eines Reiseberichts, in: Exil 1/2009, S. 16–40; Eva Oberloskamp, Fremde neue Welten. Reisen deutscher und französischer Linksintellektueller in die Sowjetunion 1917–1939, München 2011, S. 124 f.
41 Wladislaw Hedeler (Hrsg.), Chronik der Moskauer Schauprozesse 1936, 1937 und 1938. Planung, Inszenierung und Wirkung, Berlin 2003, S. 374; Fitzroy Maclean, Eastern Approaches, London u. a. 1991, S. 83 (die erste Auflage dieses Werks erschien 1949).

wiederherzustellen, richtete der Gerichtsvorsitzende Vasilij Ul'rich an jeden Angeklagten einzeln die Frage, ob er sich schuldig bekenne. Nikolaj Bucharin, von Lenin in seinem „politischen Testament" einst als „Liebling der Partei" bezeichnet[42] und später zeitweilig Bündnispartner Stalins im Politbüro, bejahte die Frage ebenso kurz und bündig wie der ehemalige Vorsitzende des Rats der Volkskommissare, Aleksej Rykov, und der einstige Volkskommissar für Innere Angelegenheiten und Chef der politischen Polizei, Genrich Jagoda. Doch als Nikolaj Krestinskij, ehemals sowjetischer Botschafter in Deutschland und dann Vizeaußenminister, an die Reihe kam, geriet der Ablauf ins Stocken. Die Anklage warf ihm vor, im Auftrag Trockijs schon 1921 landesverräterische Beziehungen mit Reichswehrchef General Hans von Seeckt und deutschen Spionagediensten aufgenommen zu haben. Krestinskij, den ein Augenzeuge des Prozesses, der britische Diplomat Fitzroy Maclean, als „blasse, elende, dunkle kleine Figur" beschreibt,[43] verweigerte das rituelle Schuldbekenntnis: „Ich bekenne mich nicht schuldig. Ich bin kein Trotzkist. Ich war nie Teilnehmer des ‚Blocks der Rechten und Trotzkisten', von dessen Bestehen ich nichts wußte. Ich habe auch kein einziges der Verbrechen begangen, die persönlich mir zur Last gelegt werden, im besonderen bekenne ich mich nicht schuldig der Verbindungen mit dem deutschen Spionagedienst."[44]

Während Maclean festhielt, es habe daraufhin „eine peinliche Pause" gegeben, wobei auch „der dicke, selbstsichere Ul'rich [...] für einen Moment die Fassung verloren zu haben" schien,[45] ging das Protokoll über den dramatischen Moment hinweg und vermerkte nur die nächste Frage des Gerichtsvorsitzenden: „Bestätigen Sie Ihr in der Voruntersuchung gemachtes Geständnis?" Krestinskij: „Ja, in der Voruntersuchung habe ich ein Geständnis abgelegt, aber ich war nie Trotzkist." Ul'rich: „Ich wiederhole die Frage, bekennen Sie sich schuldig?" Krestinskij: „Ich war bis zur Verhaftung Mitglied der Kommunistischen Partei der Sowjetunion (Bolschewiki) und bleibe es auch jetzt." Ul'rich: „Bekennen Sie sich schuldig der Beteiligung an Spionagetätigkeit und der Beteiligung an terroristischer Tätigkeit?" Krestinskij: „Ich war nie Trotzkist. Ich beteiligte mich nicht am ‚Block der Rechten und Trotzkisten' und habe kein einziges Verbrechen begangen."[46]

---

42 Vgl. Altrichter/Haumann (Hrsg.), Sowjetunion, Bd. 1, S. 79–81, hier S. 80.
43 Maclean, Eastern Approaches, S. 86; sensationalistisch, fehlerhaft und z. T. propagandistisch im Sinne des NS-Regimes verzerrend dagegen der Bericht von Gisela Döhrn, Das war Moskau. Vier Jahre als Berichterstatterin in der Sowjetunion, Berlin/Wien 1941, S. 72–88.
44 Prozessbericht über die Strafsache des antisowjetischen „Blocks der Rechten und Trotzkisten". Verhandelt vor dem Militärkollegium des Obersten Gerichtshofes der UdSSR vom 2.–13. März 1938, hrsg. vom Volkskommissariat für Justizwesen der UdSSR, Moskau 1938, S. 38. Quellenkritisch zu dieser Publikation: Wladislaw Hedeler, Der Moskauer Schauprozeß gegen den „Block der Rechten und Trotzkisten". Von Jeshows Szenario bis zur Verfälschung des Stenogramms zum „Prozeßbericht", Berlin 1998, S. 48–55. Die Möglichkeiten der Manipulation des Prozessprotokolls waren allerdings recht beschränkt, da die Verhandlung für internationale Beobachter zugänglich war.
45 Maclean, Eastern Approaches, S. 86
46 Volkskommissariat für Justizwesen der UdSSR (Hrsg.), Prozessbericht, S. 38.

Nachdem er seine Frage viermal gestellt hatte, ohne die erwartete Antwort zu erhalten, ging Ul'rich zu den weiteren Angeklagten über, die sich durchweg schuldig bekannten, und verfügte dann eine Verhandlungspause von 20 Minuten. Offenbar nutzte man diese Zeit, um die Prozessregie den aktuellen Erfordernissen anzupassen, denn als Ul'rich nach der Pause den Ankläger Vyšinskij fragte, ob er Vorschläge zum Verhandlungsablauf zu machen habe, rief dieser zuerst den in der Liste der 21 Angeklagten an elfter Stelle stehenden Sergej Bessonov zum Verhör auf, der Krestinskij schwer belastete.

Bessonov erklärte, er habe es Krestinskij zu verdanken, dass er vor Gericht stehe, weil dieser ihn als Verbindungsmann zu Trockij benannt habe, wovon nur der im Vorgängerprozess verurteilte und hingerichtete Pjatakov gewusst habe. Im Mai 1933, als er zum Botschaftsrat an der sowjetischen Botschaft in Deutschland berufen worden sei, habe ihm der damalige Vizeaußenminister Krestinskij den Auftrag erteilt, die Normalisierung der deutsch-sowjetischen Beziehungen mit allen Mitteln zu behindern. Im Kreuzverhör bekannte sich Krestinskij dazu, bei einer Gegenüberstellung mit Bessonov während der Voruntersuchung diese Version bestätigt zu haben, bezeichnete die seinerzeitige Aussage aber als unrichtig und beharrte darauf, dem trotzkistischen Zentrum nicht angehört zu haben. Trotzkist sei er seit seinem Bruch mit Trockij Ende 1927 nicht mehr – womit er allerdings seiner im Protokoll festgehaltenen anfänglichen Einlassung, er sei nie Trotzkist gewesen, widersprach. Die Abschrift seines Briefes an Trockij vom 27. November 1927,[47] auf die er sich dabei berief, sei bei einer Hausdurchsuchung beschlagnahmt worden. Vyšinkij erklärte indes trocken, der Brief befinde sich nicht in den Akten. Die Annahme, dass das Dokument, das dem Prozess-Szenario widersprach, unterschlagen wurde, entbehrt gewiss nicht der Plausibilität. Im weiteren Fortgang der Vernehmung erzählte Bessonov ausführlich über ein angebliches Treffen Krestinskijs mit Trockij in Meran im Oktober 1933, eine eigene angebliche konspirative Begegnung mit Trockij und über Krestinskijs Beziehungen zu den angeblichen Trotzkisten Michail Tuchačevskij und Ieronimas Uborevič, den 1937 hingerichteten Hauptprotagonisten einer sogenannten Militärverschwörung. Auch die Angeklagten Arkadij Rozengol'c und Grigorij Grin'ko bezeichneten, von Vyšinskij daraufhin befragt, Krestinskij als Trotzkisten.[48]

Immer wieder kam zudem der Ankläger auf die Diskrepanz zwischen den Aussagen des renitenten Angeklagten in der Voruntersuchung und vor Gericht zurück. Krestinskij erklärte – laut Protokoll –, er habe in der Untersuchung falsche Aussagen gemacht, „weil ich auf Grund meiner persönlichen Erfahrungen zu der Überzeugung gelangt bin, daß es mir bis zur Gerichtsverhandlung, falls eine solche stattfinden wird, nicht gelingen wird, diese meine Aussagen zu desavouieren".[49] Maclean gab

---

[47] Trockij war, ebenso wie Zinov'ev, wegen „parteifeindlicher Aktivitäten" am 14.11.1927 aus der Kommunistischen Partei ausgeschlossen worden; vgl. Altrichter/Haumann (Hrsg.), Sowjetunion, Bd. 1, Dok. 90, S. 235 f.
[48] Volkskommissariat für Justizwesen der UdSSR (Hrsg.), Prozessbericht, S. 41–55.
[49] Ebenda, S. 58.

Krestinskijs Äußerung etwas anders und wohl präziser wieder: „Ich wurde gezwungen, sie [die falschen Aussagen] zu machen. Außerdem wusste ich, dass, wenn ich damals gesagt hätte, was ich jetzt sage, meine Aussage niemals die Führer der Partei und der Regierung erreichen würde."[50] Ein erschrockenes Schweigen, so Maclean, sei auf diese Worte hin im Gerichtssaal eingetreten. „Niemals zuvor war so etwas in der Öffentlichkeit gesagt worden."[51]

Vyšinskij ritt dann aber nichtsdestoweniger weiter auf der Widersprüchlichkeit der Aussagen herum und versuchte dadurch die Glaubwürdigkeit Krestinskijs zu erschüttern. Aber ebenso obstinat wie Vyšinskij ihn immer wieder fragte, ob er denn nun die Wahrheit sage, wenn er es damit doch in der Voruntersuchung nicht so genau genommen habe, beharrte Krestinskij auf der Richtigkeit seiner Unschuldsbeteuerung, bis der Ankläger – offenbar resigniert – seine Attacken einstellte und sich mit anderen Beschuldigten beschäftigte. Erst in der Abendsitzung des folgenden Tages geriet Krestinskij erneut ins Kreuzfeuer. Christian Rakovskij, einst Gefolgsmann Trockijs und Führungsfigur der linken Opposition, belastete ihn schwer. Doch nun widersprach er nicht länger, im Gegenteil: „Ich bitte das Gericht, meine Erklärung festzuhalten, daß ich voll und ganz mich all der äußerst schwerwiegenden Anklagen, die gegen mich persönlich erhoben wurden, schuldig bekenne, und daß ich mich voll für den von mir begangenen Treubruch und Verrat verantwortlich bekenne."[52] Seine Erklärung vom Vortag führte er auf den „Eindruck eines momentanen scharfen Gefühls falscher Scham" zurück, während Vyšinskij sie als „trotzkistische Provokation" einstufte.[53]

Nach neun Verhandlungstagen wurden am 13. März 1938 gegen Krestinskij ebenso wie gegen 17 weitere Angeklagte Todesurteile ausgesprochen.[54] Sein reuevolles Schlusswort mit der demütig vorgetragenen Bitte, sein Leben zu schonen,[55] hatte nicht den ersehnten Erfolg, ebenso wenig sein schriftliches Gnadengesuch vom selben Tag.[56] Am 15. März wurde er erschossen. Ein Vierteljahrhundert später wurde er

---

50 Maclean, Eastern Approaches, S. 87. Dass Macleans Version den Wortlaut von Krestinskijs Aussagen viel präziser wiedergibt als das sorgfältig redigierte Protokoll, ergibt sich aus der Übereinstimmung mit den entsprechenden Zitaten im Rehabilitierungsbeschluss der zuständigen ZK-Kommission vom 19.7.1963, dem Originalquellen zugrunde lagen; vgl. Andrej N. Artizov u. a. (Hrsg.), Reabilitacija. Kak ėto bylo. Dokumenty Prezidiuma CK KPSS i drugie materialy, Bd. 2: Fevral' 1956 – načalo 80-ch godov, Moskau 2003, S. 462–465.
51 Maclean, Eastern Approaches, S. 87.
52 Volkskommissariat für Justizwesen der UdSSR (Hrsg.), Prozessbericht, S. 173.
53 Ebenda.
54 Ebenda, S. 596.
55 Ebenda, S. 544–548.
56 Valentin Kovalev, Dva Stalinskich narkoma [Zwei Stalinsche Volkskommissare], Moskau 1995, S. 281 f. Ob es ein neuerlicher Akt des Widerstands von Seiten Krestinskijs war, dass er in seinem Gnadengesuch bestritt, mittelbar oder unmittelbar an den ihm und den meisten anderen Angeklagten vorgeworfenen terroristischen Plänen und Aktionen beteiligt gewesen zu sein, wie Kovalev meinte, oder ob Krestinskij sich nur an dem Urteil orientierte, das den Angeklagten Dmitrij Pletnev

vom Obersten Gericht der Sowjetunion rehabilitiert und postum auch wieder in die Kommunistische Partei aufgenommen. Im Rehabilitierungsbeschluss wird die Aussage eines Haftgenossen Krestinskijs während der Untersuchungshaft erwähnt, wonach dieser von jedem Verhör „bis zur Bewusstlosigkeit geprügelt" in die Zelle zurückkam.[57] Möglicherweise war Krestinskijs Einlenken am zweiten Prozesstag ebenfalls auf Folter oder Drohungen zurückzuführen, vielleicht hatte er aber auch nur resigniert, weil ihm klar geworden oder weil ihm klar gemacht worden war, dass ihm die öffentliche Desavouierung des vorgesehenen Justiz-Szenarios nicht die erhoffte Rettung bringen würde. Ul'rich und Vyšinskij konnten im Weiteren jedenfalls – von den raffinierten, aber doch allzu subtilen Versuchen Bucharins abgesehen, die Beschuldigungen zu unterminieren – den Prozess gemäß dem maßgeblich von Stalin entworfenen Drehbuch gestalten.[58]

Auch der deutsche Diktator hatte seine eigenen Vorstellungen davon, wie die großen politischen Prozesse abzulaufen hatten. Hitler ging es vor allem darum, dass die Angeklagten „keine Zeit zu langen Reden" erhalten dürften. „Aber der Freisler wird das schon machen. Das ist unser Wyschinski", erklärte er einem Zeugen zufolge kurz nach dem gescheiterten Umsturzversuch vom 20. Juli 1944 mit Blick auf die bevorstehenden Prozesse vor dem Volksgerichtshof.[59] Tatsächlich waren beide, Vyšinskij wie Freisler, willige Justizfunktionäre, die voller Eifer an der Beseitigung politischer Feinde ihrer Diktatoren mitwirkten. Aber es gab hinsichtlich ihrer Rollen und Funktionen doch wesentliche Unterschiede. Die Tatsache, dass Vyšinskij bei den großen Schauprozessen gegen die alte Garde der Bolschewiki als Ankläger und Freisler am Volksgerichtshof als Vorsitzender Richter fungierte, war vielleicht nicht der bedeutsamste. Indes war es bei den stalinistischen Inszenierungen eben der Ankläger und nicht, wie im Fall Freislers, der Richter selbst, der Angeklagte anschrie und beschimpfte und auf diese Weise in eigener Person und unmittelbar die Würde des Gerichts beeinträchtigte.[60]

Freislers Verhandlungen gegen die Verschwörer des 20. Juli wurden filmisch dokumentiert. Das Material wurde in dem erhalten gebliebenen zweiteiligen Propagandafilm „Verräter vor dem Volksgericht" verarbeitet[61] und bietet ein ebenso anschau-

---

und Bessonov wegen Nichtbeteiligung an Terrorakten die Todesstrafe erspart hatte, muss offenbleiben.
57 Artizov u. a. (Hrsg.), Reabilitacija, Bd. 2, S. 462–465, Zitat S. 463; vgl. auch Arkadi Waksberg, Gnadenlos. Andrei Wyschinski – Mörder im Dienste Stalins, Bergisch Gladbach 1991, S. 146–150. Weitere Zeugnisse über die Folterung Krestinskijs finden sich bei Kovalev, Narkoma, S. 280.
58 Vgl. Robert Conquest, The Great Terror. A Reassessment, Oxford u. a. 2008, S. 369–380; Hedeler, Schauprozeß, S. 46–48.
59 Zit. nach Ian Kershaw, Hitler, Bd. 2: 1936–1945, München 2002, S. 901.
60 Zum schlechten Verhältnis zwischen Thierack und Freisler vgl. Konstanze Braun, Dr. Otto Georg Thierack (1889–1946), Frankfurt a. M. u. a. 2005, S. 170–172 sowie S. 174.
61 Vgl. Hans-Gunter Voigt, „Verräter vor dem Volksgericht". Zur Geschichte eines Films, in: Bengt von zur Mühlen/Andreas von Klewitz (Hrsg.), Die Angeklagten des 20. Juli vor dem Volksgerichtshof, Berlin-Kleinmachnow 2001, S. 398–401; Bernd Sösemann, Verräter vor dem Volksgericht – Die

liches wie bedrückendes Bild von Freislers Verhandlungsführung. Der Präsident des Volksgerichtshofs nutzte seine überlegene Machtstellung rücksichtslos aus, um die durch Haft, seelische und oft auch körperliche Qualen und Misshandlungen[62] sowie die drohende Todesstrafe zermürbten Angeklagten zu demütigen, ihre Ausführungen brüsk zu unterbrechen und ihre Motive zu entstellen. Dennoch kam es im Verlauf der Verhandlungen mehrfach zu bemerkenswerten Konfrontationen mit Angeklagten, die sich nicht brechen und einschüchtern ließen. Einer von ihnen war Ulrich Wilhelm Graf Schwerin von Schwanenfeld. Er gehörte zu den frühen Gegnern des Nationalsozialismus unter den Verschwörern des 20. Juli und hatte engen Kontakt zu dem Hitler-Attentäter Claus Schenk Graf von Stauffenberg.[63] Am Tag des gescheiterten Anschlags wurde er im Bendlerblock verhaftet, wo zentrale Dienststellen des Oberkommandos des Heeres ihren Sitz hatten. Sieben Wochen nach dem fehlgeschlagenen Umsturz stand er gemeinsam mit Oberst im Generalstab Georg Alexander Hansen vor den Schranken des Volksgerichtshofs.

Aus der filmischen Dokumentation dieser Verhandlung ist eine markante Sequenz erhalten geblieben: Die Kamera richtet sich auf einen abgehärmten, von Leid gezeichneten und sehr stark in sich gekehrten Mann im Anzug, ohne Krawatte, das weiße Hemd bis oben zugeknöpft. Er spricht sehr leise und langsam, als müsse er um die Worte ringen. Die Aussage indes ist eindeutig. Von Freisler nach seiner Motivation zur Beteiligung am Widerstand gefragt, antwortet Schwerin, er habe „im wesentlichen gedacht an die vielen Morde ..." Mit effektvoll empörter Intonierung fällt Freisler ihm ins Wort „Morde?" „... die im Inland und im Ausland", setzt Schwerin seinen Satz fort, worauf Freisler ihn schreiend unterbricht: „Sie sind ja ein schäbiger Lump! Zerbrechen Sie unter der Gemeinheit?" Sekundenlanges Schweigen Schwerins. „Ja oder nein? Zerbrechen Sie darunter?" „Herr Präsident ..." Den Ansatz Schwerins zu einer Antwort macht Freisler mit der erneut gebrüllten Forderung zunichte: „Ja oder nein? Auf eine klare Antwort!" Auf diesen Versuch, ihn öffentlich zu entehren und zu demütigen, reagiert Schwerin schließlich mit einem knappen, leisen, aber entschiedenen „Nein". Darauf Freisler hasserfüllt: „Nein – Sie können auch nicht mehr zerbrechen, denn Sie sind ja nur noch ein Häufchen Elend, das vor sich selber keine Achtung mehr hat."[64] Die Angeklagten wurden zum Tode verurteilt und noch am selben Tag hingerichtet.

---

denkwürdige Geschichte eines Filmprojekts, in: Manuel Becker/Christoph Studt (Hrsg.), Der Umgang des Dritten Reiches mit den Feinden des Regimes. XXII. Königswinterer Tagung (Februar 2009), Berlin 2010, S. 147–163.
62 Vgl. Arnim Ramm, Der 20. Juli vor dem Volksgerichtshof, Berlin 2007, S. 88–90.
63 Vgl. Detlef Graf von Schwerin, „Dann sind's die besten Köpfe, die man henkt". Die junge Generation im deutschen Widerstand, München/Zürich 1991.
64 In den Transkripten, die Bengt von zur Mühlen und Andreas von Klewitz publiziert haben (Angeklagte des 20. Juli, S. 302), wird Freislers Äußerung offenbar aufgrund eines Hörfehlers mit „das muss sich keiner antun" wiedergegeben. Korrekte Wiedergabe bei Walter Wagner, Der Volksgerichtshof im nationalsozialistischen Staat. Erweiterte Neuausgabe mit einem Forschungsbericht für die Jahre 1974 bis 2010 von Jürgen Zarusky, München 2011, S. 697.

Dass Freisler beim Stichwort „Morde" wie von der Tarantel gestochen reagierte, noch bevor Schwerin dies überhaupt näher erläutern konnte, zeigt, dass ein Nerv getroffen war. Der Gerichtspräsident durfte keinesfalls zulassen, dass der Angeklagte als Ankläger von Hitlers Regime auftrat. Daher brüllte er ihn nieder und versuchte, ihn moralisch zu diskreditieren. Nicht weniger nervös hatte Vyšinskij reagiert, als Krestinskij das erwartete Schuldbekenntnis verweigerte. Ähnlich wie Schwerin hatte er damit an die legitimatorischen Wurzeln des Regimes gerührt, das ihn vor Gericht gebracht hatte. Doch zugleich sind wesentliche Unterschiede unübersehbar: Schwerin war tatsächlich ein entschiedener Gegner des NS-Regimes, der wegen seiner Beteiligung an einem gescheiterten Staatsstreich angeklagt war und seine Haltung vor dem Volksgerichtshof zu begründen versuchte, indem er die Wahrheit über die kriminelle Natur der Hitler-Diktatur aussprach. Dagegen bestand Krestinskij mit seiner Weigerung, die Rolle des trotzkistischen Verschwörers anzunehmen, ganz einfach auf der ihn persönlich betreffenden Wahrheit, *kein* Gegner Stalins zu sein. Wo Schwerin sein Leben im Kampf gegen Hitler einsetzte, versuchte Krestinskij das seine zu retten, wohl in der verfehlten Annahme, er sei Opfer eines Irrtums geworden. Doch beide Männer verkehrten für kurze, aber bleibende Augenblicke das vor großem Publikum inszenierte Legitimationstheater der Prozesse ins Gegenteil.

4 „Doppelstaat", „objektive Feinde" und der Begriff politische Justiz

Die Art, wie die Justizfunktionäre dadurch in die Defensive gerieten und gezwungen waren, Schadensbegrenzung zu betreiben, verdeutlicht, dass der Legitimationsgewinn, den der Rückgriff auf die politische Justiz den Verfolgern versprach, Risiken barg. Dies wiederum verweist auf die bereits angesprochene Frage, ob die Regime solche Risiken aus völlig freien Stücken eingingen oder aber bestimmten Legitimationszwängen unterlagen, die gar keinen anderen Weg zuließen als den – risikobehafteten – gerichtlichen. Damit stellt sich zugleich die Frage nach dem Verhältnis von justitieller und extralegaler Verfolgung.

Die nachhaltigen Legitimationswirkungen der politischen Justiz waren den Führungen der hier betrachteten Regime willkommen, keineswegs aber die Risiken und vor allem nicht die von Kirchheimer benannte Nebenwirkung der „Einengung politischen Handelns".[65] Sie fanden sich keineswegs damit ab, dass die Legitimationswirkung gerichtlicher Verfahren „nicht ohne Abstriche bei der Repression zu haben ist".[66] Die politischen Interessen hatten stets das Primat gegenüber rechtlichen Bin-

---

65 Kirchheimer, Politische Justiz, S. 26.
66 Otmar Jung, Die Urteile des Volksgerichtshofes und der Deutsche Bundestag. Zur Parlamentarischen „Feststellung" vom 25. Januar 1985, in: Zeitschrift für Parlamentsfragen 17 (1986), S. 119–136, hier S. 131.

dungen. Daraus erwuchs eine systematisch-selektive Rechtsanwendung, die Ernst Fraenkel am Beispiel des NS-Regimes analysiert und auf den Begriff „Doppelstaat" gebracht hat. Dieser besteht aus zwei untrennbar zusammengehörigen, idealtypischen Sphären, dem Normen- und dem Maßnahmenstaat. Im Normenstaat wird nach Recht und Gesetz entschieden, aber er ist keineswegs mit dem Rechtsstaat oder der *rule of law* identisch. Denn die Prärogative liegt beim Maßnahmenstaat, jenem Bereich, in dem die politischen Interessen der Herrschenden den Ausschlag geben, auch wenn diesen gesetzliche Regelungen entgegenstehen. Normen- und Maßnahmenstaat sind dabei keineswegs bestimmten Institutionen zuzuordnen, und es handelt sich nicht um fest umrissene institutionelle Strukturen, sondern vielmehr um Entscheidungsmodi. Der maßnahmenstaatliche Modus kann bei Bedarf an jedem beliebigen Punkt des staatlichen und gesellschaftlichen Gefüges zum Einsatz kommen: „Wenn der Maßnahmenstaat die ‚politische' Behandlung privater und nichtstaatlicher Materien fordert, ist das Recht suspendiert. Wenn der Maßnahmenstaat die Zuständigkeit *nicht* an sich zieht, darf der Normenstaat herrschen. Die Grenzen des Maßnahmenstaates werden ihm nicht von außen gesetzt; sie liegen in der Selbstbeschränkung, die sich der Maßnahmenstaat auferlegt."[67]

Fraenkel hat seine analytischen Kategorien in den ersten Jahren der NS-Diktatur gewissermaßen als teilnehmender Beobachter entwickelt. Der Anwalt jüdischer Herkunft und aktive Sozialdemokrat konnte sich als Frontkämpfer des Ersten Weltkriegs auf die Ausnahmeregelung des Gesetzes über die Zulassung zur Rechtsanwaltschaft vom 7. April 1933 berufen und daher trotz seiner Herkunft weiter als Anwalt, ja sogar als Verteidiger politisch verfolgter Gegner des Nationalsozialismus tätig sein. Zugleich unterstützte er den sozialistisch-sozialdemokratischen Untergrund.[68] Den „Doppelstaat", der um die Jahreswende 1940/41 zuerst in englischer Fassung publiziert wurde, hatte er in einer ersten Fassung bereits vor seiner Emigration 1938 geschrieben.[69] Das Buch ist zweifellos eine der brillantesten analytischen Leistungen in der Geschichte des deutschen Widerstands gegen die NS-Herrschaft.[70]

Schon im 1940 verfassten Vorwort zur amerikanischen Ausgabe merkte Fraenkel an, „daß eine vergleichende Lehre der Diktatur unter dem Gesichtswinkel des Doppelstaats aufschlußreich wäre", wofür er sich aber als „nicht ausreichend qualifi-

---

67 Ernst Fraenkel, Der Doppelstaat, 2., durchgesehene Aufl., Hamburg 2001, S. 114.
68 Simone Ladwig-Winters, Ernst Fraenkel. Ein politisches Leben, Frankfurt a. M./New York 2009, S. 88 ff.
69 Ebenda, S. 123–127; Ernst Fraenkel, Der Urdoppelstaat, in: ders., Gesammelte Schriften, Bd. 2: Nationalismus und Widerstand, Baden-Baden 1999, S. 267–473.
70 Fraenkel selbst nannte es ein „Produkt der inneren Emigration" und verweist darauf, dass „jeder Versuch mutmaßlicher Gegner des Nationalsozialismus, die Bewegungsgesetze aufzudecken, die der Verfassungswirklichkeit des Dritten Reichs zugrunde lagen, […] unter dem Verdacht [standen], den Tatbestand der ‚Vorbereitung zum Hochverrat' zu erfüllen". Fraenkel, Doppelstaat, S. 41. Vgl. auch die Würdigung der Angehörigen des Widerstands sowie der äußeren und inneren Emigration, die die Entstehung des Werks und den Schmuggel des Manuskripts aus dem Land unterstützt haben, ebenda, S. 43 ff.

ziert" erachtete.[71] Auf die Tauglichkeit von Fraenkels Kategorien für die Analyse des in vieler Hinsicht anders gestalteten Rechts- und Herrschaftssystems der Sowjetunion unter Stalin hat dann 1977 Robert Sharlet hingewiesen; ihm sind weitere Autoren gefolgt.[72] Die russische Historikerin Elena Serdjuk, die Fraenkels Konzept offenkundig nicht kennt, hat in ihrer Analyse der Funktion des Rechts im sowjetischen totalitären System nichtsdestoweniger doppelstaatliche Strukturen aufgedeckt: Das sowjetische Recht habe durchaus reale Funktionen erfüllt, etwa bei der Regelung von Eigentums-, Arbeits- und Familienstreitigkeiten oder der Strafverfolgung von alltäglicher Kriminalität. In diesem Bereich sei stets strengste Gesetzlichkeit proklamiert worden. „Aber insgesamt, besonders in Fällen, bei denen der eine oder andere Bezug die Herrschaft oder fundamentale Probleme der Gesellschaft betraf, trat das revolutionäre Recht in Kraft, das dem totalitären Regime diente und Ordnungen herstellte, die nicht dem Gesetz und dem Gericht unterlagen."[73] Das ist nichts anderes als eine Beschreibung der sowjetischen Rechtswirklichkeit in den Kategorien von Normen- und Maßnahmenstaat, ohne Rückgriff auf diese Begrifflichkeit. Dass eine russische Autorin unabhängig von Fraenkel ein dem „Doppelstaat" analoges Analysemodell entwickelt hat, bestätigt, dass dessen Konzeption prinzipiell auch auf die Rechtswirklichkeit der Sowjetunion anwendbar ist. Dabei kann es selbstverständlich nicht um eine schematische Übertragung gehen. Der nationalsozialistische und der leninistisch-stalinistische „Doppelstaat" nahmen durchaus unterschiedliche Formen an.

Hinsichtlich der politischen Justiz ist die augenfälligste, wenn auch keineswegs einzige Erscheinungsform des „Doppelstaats" die Koexistenz von justitieller und außerjustitieller politischer Verfolgung, die für beide hier in den Blick genommenen Systeme charakteristisch ist. Das spezifische Nachbarschaftsverhältnis und die Übergänge zwischen justitieller und außerjustitieller Verfolgung bilden daher eine unabdingbare und bedeutsame Komponente der vergleichenden Analyse.

Im Bereich der Gerichtsbarkeit wird anhand vorgegebener Maßstäbe, die öffentlich bekannt sind und somit auch der Abschreckung potentieller Normverletzer dienen, festgestellt, ob und gegebenenfalls in welchem Maße ein bestimmter Tatbestand erfüllt wurde und welche Sanktionen dies nach sich ziehen soll. Die Strafnormen sind ein Instrument der Verhaltenssteuerung, die den ihnen unterworfenen Personen zugleich die Entscheidung eröffnen, ob sie den Vorschriften Folge leisten und das Risiko von Verfolgung vermeiden oder ob sie – aus welchen Gründen

---

71 Ebenda, S. 52.
72 Vgl. Robert Sharlet, Stalinism and Soviet Legal Culture, in: Robert C. Tucker (Hrsg.), Stalinism. Essays in Historical Interpretation, London/New York 1977, S. 155–179; Stefan Plaggenborg, Experiment Moderne. Der sowjetische Weg, Frankfurt a. M./New York 2006, S. 201–220.
73 Elena V. Serdjuk, Pravo v totalitarnom gosudarstve, in: Germanija i Rossija v XX veke: Dve totalitarnye diktatury, dva puti k demokratii. Materialy meždunarodnoj naučnoj konferencii (g. Kemerovo, 19–22 sentjabrja 2000 g.), Kemerovo 2001 (= Germanskije issledovanija v Sibiri), S. 80–87, hier S. 84 f.

auch immer – Regeln missachten und die mögliche Bestrafung riskieren wollen. Dies gilt auch für das politische Strafrecht. Die hier untersuchten Regime beschränkten sich aber keineswegs auf Repressionen gegen Herrschaftsunterworfene, die gegen Vorschriften verstoßen hatten. Beim weitaus größten Teil der Menschen, die den politisch motivierten Verfolgungen durch den Sowjetstaat in der Ära Lenins und Stalins und denjenigen des NS-Staats zum Opfer fielen, handelte es sich nicht um Personen, die aus eigenem Entschluss als Feinde dieser Systeme auftraten. Vielmehr waren sie von den Regimes zu Gegnern erklärt worden, ganz unabhängig von ihrem jeweiligen Selbstverständnis und Handeln.

Für dieses Phänomen hat Hannah Arendt den Begriff „objektiver Gegner" geprägt. In ihrem Totalitarismus-Buch stellte sie fest,

> „daß es zu dem Wesen totalitärer Bewegungen gehört, ihre Feinde in Übereinstimmung mit ihrer bereits vor der Machtergreifung voll entwickelten Ideologie zu definieren, und da diese Definitionen mit freundlichen oder feindlichen Gedanken der Betroffenen nichts zu tun haben, braucht die Polizei auch keine besonderen Erkundigungen, um ‚verdächtige Personen' festzustellen. Die ideologisch definierten Gegner werden aus den natürlichen oder historischen Ablaufgesetzen, deren Exekutor der totalitäre Machthaber zu sein vorgibt, ‚objektiv' errechnet. Rassisch Minderwertige sind ‚objektive Feinde' der Rassegesellschaft, genauso wie die ‚sterbenden Klassen' und ihre Vertreter (die subjektiv sich einbilden mögen, sehr gute Kommunisten zu sein) objektive Feinde der klassenlosen Gesellschaft und objektive Helfer der Bourgeoisie sind. Der ‚objektive Gegner' unterscheidet sich von dem ‚Verdächtigen' früherer Geheimpolizeien dadurch, daß er nicht durch irgendeine Aktion oder einen Plan, dessen Urheber er selber ist, sondern nur durch die von ihm unbeeinflußbare Politik des Regimes selbst zum ‚Gegner' wird. Wer der zu Verhaftende und Liquidierende ist, was er denkt und plant, ist von vornherein entschieden, sein wirkliches Denken oder Planen interessiert keinen Menschen."[74]

Angesichts der Intensität der Bedrohungsvorstellungen und der Härte der Verfolgungen, die solche Personengruppen trafen, scheint es allerdings semantisch angemessener, von „objektiven Feinden" zu sprechen, wie das auch in der ursprünglichen amerikanischen Ausgabe der Fall ist, in der der Ausdruck „objective enemy" verwendet wird.[75]

Die Rolle der politischen Justiz bei der Verfolgung „objektiver Feinde" berührt eine grundsätzliche Frage des Rechtsverständnisses, denn, so der britische Rechtsphilosoph Herbert L. A. Hart: „Das Strafrecht hat eine soziale Funktion, die besteht darin [sic!], gewisse Handlungsweisen zu bestimmen und zu definieren, derer man sich enthalten oder die man – gern oder ungern – tun soll. Die Bestrafung […], die das Recht als Folge an den Bruch eines Strafgesetzes knüpft, bezweckt […], die Unterlassung jener Tätigkeiten zu motivieren."[76] Für „objektive Feinde" jedoch ist charakteristisch, dass sie völlig unabhängig von ihrem Tun oder Lassen zu Zielen politischer Verfolgung werden. Die Frage, inwieweit strafrechtliche Normen und

---

[74] Arendt, Elemente, S. 876 f.
[75] Hannah Arendt, The Origins of Totalitarianism, New York 1951, S. 423.
[76] Herbert L. A. Hart, Der Begriff des Rechts, Berlin 2011, S. 41.

Verfahren auf „objektive Feinde" angewendet und damit Effekte justitieller Legitimation erreicht wurden, ist bei der vergleichenden Untersuchung der politischen Justiz von Bolschewismus und Nationalsozialismus von großer Bedeutung, denn das Spannungsverhältnis zwischen dem ideologisch Behaupteten und dem gerichtlich Beweisbaren und der Grad der Manipulierbarkeit justitieller Verfahren bilden aufschlussreiche Indikatoren für die Verfasstheit der beiden Diktaturen. In beiden Staaten wurde in Situationen, in der der normenstaatliche Zug zu entgleisen drohte, die maßnahmenstaatliche Notbremse gezogen. Beide Regime lernten aus solchen Problemsituationen und waren natürlich auch zu vorausschauenden Maßnahmen zur Vermeidung von Schwierigkeiten in der Lage. Bei der politischen Justiz im „Doppelstaat" geht es daher nicht nur um die „Verwendung juristischer Verfahrensmöglichkeiten zu politischen Zwecken",[77] sondern auch um deren Anpassung zur Erreichung der erwünschten Ziele. Die zuvor geschilderten Anklagen gegen Krestinskij, der als loyaler Diener des Sowjetstaats zum „objektiven Feind" gemacht wurde, und gegen den Widerstandskämpfer Schwerin von Schwanenfeld, exemplifizieren die unterschiedlichen Erscheinungsformen politischer Justiz. Sie weisen insgesamt allerdings eine erheblich größere Variationsbreite auf, als von diesen beiden Beispielen abgedeckt, bis hin zu offenen oder verdeckten maßnahmenstaatlichen Eingriffen – die auf die Legitimierungskraft der Prozesse zurückschlugen. So musste etwa in dem Moskauer Kindermann/Wolscht-Schauprozess im Sommer 1925 gegen drei ausländische Studenten, denen man Attentatspläne gegen Stalin und Trockij zur Last legte, der Ankläger Krylenko eingestehen, es lägen keine konkreten Taten vor. Sein Ausweg, die Behauptung, dass für die proletarische Justiz aber der Maßstab der „sozialen Gefährlichkeit" gelte, die im vorliegenden Fall die Todesstrafe für alle drei Angeklagten erfordere, konnte aber nur bei ideologischen Gefolgsleuten verfangen und keine breitere Legitimationswirkung erzeugen.[78] Die Technik des sowjetischen Schauprozesses ist eben deshalb auf dem Niveau von 1925 nicht stehengeblieben.

In einer ähnlichen Sackgasse befand sich Hitlers Justizminister Franz Gürtner, als in den sogenannten Rasseschandeprozessen, die auf den Erlass des Nürnberger „Gesetzes zum Schutz des deutschen Blutes" folgten, immer wieder das Thema von Blutuntersuchungen aufs Tapet kam. Doch die pseudobiologische Logik des nationalsozialistischen Antisemitismus durfte aus naheliegenden Gründen nicht auf den wissenschaftlichen Prüfstand gestellt und damit der Gefahr der Falsifizierung ausgesetzt werden. Auf einer Tagung des Reichsjustizministeriums über die Rechtsprechung zum „Blutschutz" verkündete Justizminister Gürtner: „Die These von der

---

[77] So der Untertitel von Kirchheimer, Politische Justiz.
[78] GARF (Gosudarstvennyi archiv Rossijskoj Federacii), f. 9474, op. 42, d. 30, Prozess Kindermann, Wolscht, von Dittmar, Bl. 415 f.; zu diesem Prozess vgl. auch Viktor I. Isaev, „Oni choteli ubit' Stalina". OGPU protiv nemeckich studentov v pokazatel'nom protsesse 1925 g., Novosibirsk 2005; ders., Zorkoe oko proletarskoj Femidy. Moskovskij pokazatel'nyj sudebnyj process protiv nemeckich studentov v 1925 g., in: Forum novejšej vostočnoevropejskoj istorii i kul'tury 3 (2006), H. 1, russische Ausgabe, S. 1–26.

Reinheit des deutschen Blutes (...) kann nicht zur Diskussion gestellt werden, denn sie ist ein Grundsatz und Glaubenssatz des neuen Staates und es ist völlig zwecklos, über richtig und unrichtig zu reden."[79]

Im Ganzen bezieht sich daher die vergleichende Untersuchung der politischen Justiz unter Lenin, Stalin und Hitler auf Normen, Institutionen und Verfahren in drei Bereichen, nämlich: erstens die Meinungskontrolle und Bekämpfung von Systemgegnern; zweitens die justitielle Bekämpfung „objektiver Feinde", wobei sich insbesondere die Frage stellt, inwiefern hier Definitionskriterien und -verfahren mit denen der politischen Justiz und ihren normenstaatlichen Residuen kompatibel sind; drittens der kampagnenförmige Einsatz justitieller Verfahren zu politischen Gestaltungszwecken.

5 Systematische Parameter und historische Phasen des Vergleichs

Die hier unternommene vergleichende Untersuchung der politischen Justiz orientiert sich an den herausgearbeiteten Kriterien der Legitimationsfunktion und des doppelstaatlichen Charakters der politischen Justiz sowie ihrer spezifischen Rolle bei der Verfolgung „subjektiver" und „objektiver Feinde" im Kontext der politisch-gesellschaftlich etablierten Sinnsysteme. Historisch konkretisiert verweisen diese Kriterien auf Normen, Verfahren und Institutionen der politischen Justiz, den ihr von den jeweiligen Machthabern zugedachten Kompetenzbereich und das Verhältnis zur außerjustitiellen Verfolgung, die Möglichkeiten und Grenzen der Instrumentalisierbarkeit der Justiz beim Beweis des Unbeweisbaren, weil ideologisch Gesetzten, sowie die ideologischen Sinnsysteme einerseits und tiefer verwurzelte traditionelle Rechtsauffassungen andererseits, deren widersprüchliche Verbindung ein Spezifikum der politischen Justiz bildet.

Vergleichsparameter haben *per definitionem* einen statischen Charakter. Sie bergen allerdings die Gefahr in sich, dass die Untersuchungsgegenstände ihnen angepasst werden. Auf die mangelnde Berücksichtigung spezifischer historischer Wandlungsfähigkeiten und Entwicklungsdynamiken verweisen insbesondere die Kritiker totalitarismustheoretischer Ansätze. Ein prominenter Vertreter dieser Richtung, Wolfgang Wippermann, will dabei diktaturvergleichende Ansätze keineswegs in Bausch und Bogen verwerfen, lässt sich allerdings auch nicht durch die geläufige Formel zufriedenstellen, dass Vergleichen nicht Gleichsetzen bedeute. Seine Kernforderungen an eine „neue Totalitarismustheorie" lautet: „Sie darf keinen idealtypisch statischen Charakter haben, weil sich gezeigt hat, daß auch totalitäre Diktatu-

---

[79] Zit. nach Cornelia Essner, Die „Nürnberger Gesetze" oder die Verwaltung des Rassenwahns 1933–1945, Paderborn u. a. 2002, S. 228.

ren wandlungsfähig sind. Sie muß die unterschiedlichen Voraussetzungen und konträren ideologischen Zielsetzungen der einzelnen ‚totalitären' Regime berücksichtigen. Sie muß der historischen Bedeutung des Holocaust gerecht werden und darf nicht zu aufrechnenden Vergleichen zwischen den Verbrechen der jeweiligen Totalitarismen führen, oder diese begünstigen."[80] Die letzte dieser drei Forderungen geht über eine rein methodische Kritik überkommener Ansätze bereits hinaus und reicht in den Bereich erinnerungskultureller und geschichtspolitischer Probleme hinein. Beschränkt man sich auf den rein analytischen Aspekt, sind jedoch zumindest die ersten beiden Postulate nicht von der Hand zu weisen.

Der Untersuchungsansatz der vorliegenden Studie soll dem mittels eines historischen Phasenmodells Rechnung tragen. Dieses orientiert sich an Zäsuren, die durch die Änderung von Herrschaftsformen und durch abgrenzbare Etappen der politischen Dynamik beider Regime konstituiert werden. Zunächst geht es um die Vorgeschichte, das heißt um die Voraussetzungen, insbesondere um den Stand der Rechtsentwicklung, um Erscheinungsformen der politischen Justiz sowie um die politischen Positionen, die die späteren Diktaturparteien zu Recht und Justiz einnahmen. Anschließend wird die politische Rolle der Justiz in den sehr unterschiedlichen Prozessen von Machteroberung und Machtübernahme in den Blick genommen; hierbei stehen vor allem die Umformung beziehungsweise Neuetablierung des Justizsystems und die damit verfolgten politischen Ziele im Fokus. Es ist zu beobachten, dass sich an die Phase der Machtdurchsetzung in beiden untersuchten Ländern – in Russland die Revolution und der blutige Bürgerkrieg mit seinen Millionen von Opfern, in Deutschland die teils semilegale, teils gewaltsame Machtübernahme und Unterdrückung aller politischen Gegenkräfte bis zum Tod von Reichspräsident Paul von Hindenburg – jeweils eine von einem geringeren Ausmaß politischer Gewalt geprägte Phase anschloss, in der sich die Regime konsolidierten und in der die zwar weniger exzessive, aber doch anhaltende Verfolgungspraxis stärker von der Justiz getragen wurde als etwa von bewaffneten Parteiformationen. In der folgenden Phase lässt sich eine weitere Analogie im Verhältnis von Politik und Gewalt konstatieren, nämlich politische Maßnahmen von äußerster Rücksichtslosigkeit und Brutalität, die Millionen von Todesopfern forderten. In der Sowjetunion bezieht sich dies auf das Jahrzehnt von 1928/29 bis 1938, das mit Stalins Revolution von oben, insbesondere der opferreichen Zwangskollektivierung, begann und mit dem Abschluss des Großen Terrors endete. Im deutschen Fall setzt diese Phase – die erst mit der Zerschlagung des NS-Regimes im Mai 1945 endete – 1938 ein, als bereits der für die folgende Entwicklung charakteristische weitgehende Gleichklang von territorialer und Gewaltexpansion wahrnehmbar war.

Mit dem Sieg der Anti-Hitler-Koalition enden auch die Analogien, die, wohlgemerkt, keine Analogisierung der gesamten Politik der beiden Systeme zum Ziel haben sollen, sondern nur auf einer relativ abstrakten Ebene eine Kategorisierung des

---

80 Wippermann, Totalitarismustheorien, S. 117.

Verhältnisses von Herrschaft, Gewalt und Recht zum Zwecke des Vergleichs von Stellung und Funktion der politischen Justiz ermöglichen. Die Asynchronität der Phasenbildung führt dazu, dass der Zweite Weltkrieg und insbesondere der deutsch-sowjetische Krieg nicht als eigenständiger Vergleichszeitraum erscheinen. Auch wenn er zwar generell einen gemeinsamen Ereignisrahmen konstituiert, ist der Krieg nicht als Vergleichsphase geeignet, denn die Rollen von Angegriffenen und Angreifern in dem Eroberungs-, Versklavungs- und Vernichtungskrieg unterscheiden sich doch grundsätzlich. Für Hitler und das NS-Regime gingen in diesem Krieg Eroberungs- und Gesellschaftspolitik Hand in Hand. Stalin und die Sowjetunion waren in der Position der Reagierenden. Das zentrale gesellschaftspolitische Projekt hatte das stalinistische Regime in wesentlichen Grundzügen unter erheblichem Gewaltaufwand bereits im Jahrzehnt zuvor realisiert und entwickelte es im Folgenden weiter.

6 Voraussetzungen: Strukturen, Traditionen und ideologische Dispositionen

Angesichts des Kanons „großer Prozesse" in der Geschichte[81] gegen Angeklagte wie Sokrates, Jesus, Heinrich den Löwen, Jeanne d'Arc, Thomas Morus und Galileo Galilei, von Ludwig XVI., Alfred Dreyfus bis zu den alten Bolschewiki im Moskau der 1930er Jahre und den Verschwörern des 20. Juli 1944 vor Freislers Volksgerichtshof kann der Eindruck entstehen, politische Justiz sei ein nachgerade zeitloses Phänomen und die Situation des politisch Angeklagten vor Gericht im Wesentlichen unveränderlich und geradezu archetypisch. Doch tatsächlich sind die Erscheinungsformen und Funktionsweisen der politischen Justiz weder dem historischen Wandel entzogen noch unabhängig von spezifischen Entwicklungen der betreffenden Länder. Praktisch in ganz Europa vollzog sich von der Mitte des 18. bis etwa zur Mitte des 19. Jahrhunderts in der Auffassung des politischen Verbrechens ein Wandel. War es seit der frühen Neuzeit als ein Gehorsamsbruch gegenüber dem Monarchen verstanden und dementsprechend schwer bestraft worden, wurden politische Verbrechen, zumindest wenn sie nicht mit unmittelbarer Gewaltausübung einhergingen, später mehr und mehr als eine besondere Kategorie von Rechtsverstößen aufgefasst, die eine eigene und grundsätzlich mildere Behandlung verdienten als gewöhnliche Kriminalität.[82] Dieser Tendenz entspricht Otto Kirchheimers Feststellung, dass die politische Justiz im modernen Sinn eine Erscheinung des Zeitalters der Rechtsstaatlichkeit ist, das einen Teil des politischen Kampfs in den Gerichtssaal

---

81 Angelehnt an Alexander Demandt (Hrsg.), Macht und Recht. Große Prozesse in der Geschichte, München 1996, und Uwe Schultz (Hrsg.), Große Prozesse. Recht und Gerechtigkeit in der Geschichte, München 1996.
82 Vgl. Jonathan Daly, Political Crime in Late Imperial Russia, in: The Journal of Modern History 74 (2002), S. 62–100, hier S. 63–68.

verlagert habe.⁸³ Eine vergleichende Untersuchung der politischen Justiz in Deutschland und der Sowjetunion setzt daher zunächst die Klärung der Frage voraus, in welchem Maße dies auf die Rechtsentwicklung in beiden Länder zutrifft.

Zweifellos liegt derlei Befunden die Vorstellung einer jedenfalls in wesentlichen Charakteristika gleichgerichteten Entwicklung zugrunde, also ein modernisierungstheoretisches Element. In Bezug auf Russland geht damit die verbreitete Auffassung von dessen Rückständigkeit einher, ein Paradigma, das im Zuge des *cultural turn* in die Kritik geraten ist. Manfred Hildermeier hat den Begriff in seiner großen Geschichte Russlands hingegen als eine *„unverzichtbare* analytische Kategorie zum Verständnis der russischen Geschichte" verteidigt.⁸⁴ Er führt dabei das Argument an, dass das politische Handeln vieler Zaren seit Peter dem Großen wesentlich von der Auffassung einer Rückständigkeit ihres Landes gegenüber dem Westen motiviert war.⁸⁵ Dabei ist das Verhältnis der rückständigen zu den fortgeschrittenen Nationen keineswegs als ein lineares zwischen einem überlegen Inhaber und einem unterlegenen Empfänger zivilisatorischer Errungenschaften zu verstehen, vielmehr verweist Rückständigkeit auf vielschichtige und durchaus selbst gesteuerte Aneignungsprozesse, die keineswegs von Inferioritätskomplexen geprägt sein müssen. Als Analysekategorie tauge Rückständigkeit, so Hildermeiers Position in der Interpretation von Lutz Häfner, „wenn man sie vom teleologischen Modell der Modernisierungstheorie abkoppelt, präzise definiert und als sektoral bzw. temporal begrenzte Kategorie verwendet".⁸⁶ Rückständigkeit ist dabei nicht als Wertungs-, sondern als Vergleichskategorie zu verstehen, die natürlich die Akzeptanz eines vorgegebenen Vergleichsmaßstabs voraussetzt.⁸⁷

Mit der Ablösung des traditionellen Inquisitionsprozesses durch den modernen Strafprozess wurde sowohl in Deutschland als auch in Russland ein zentrales Institut der politischen Justiz geschaffen, das zu bedeutsam war, als dass die totalitären Diktaturen auf seine legitimatorische Funktion hätten verzichten können. Dieser Modernisierungsprozess vollzog sich mit grundsätzlich ähnlichen Zielvorstellungen, allerdings unter recht unterschiedlichen geistesgeschichtlichen und verfassungsrechtlichen Voraussetzungen und in der Weise zeitversetzt, dass die russischen Rechtsreformer unter Aleksandr II. auf das Erfahrungspotential der Justiz in Deutschland und anderen europäischen Ländern zurückgreifen konnten, was sie

---

83 Vgl. Kirchheimer, Politische Justiz, S. 25.
84 Manfred Hildermeier, Geschichte Russlands. Vom Mittelalter bis zur Oktoberrevolution, München ²2013, S. 1346.
85 Vgl. ebenda, S. 1323.
86 Lutz Häfner, Rückständigkeit – Zu Geschichte und Nutzen einer umstrittenen Analysekategorie, in: David Feest/Lutz Häfner (Hrsg.), Die Zukunft der Rückständigkeit. Chancen – Formen – Mehrwert, Köln/Weimar/Wien 2016, S. 82–112, hier S. 111.
87 Vgl. Maria Rhode, Rückständigkeit und Osteuropa. Zwei Seiten einer Medaille?, in: ebenda, S. 50–81, hier S. 59.

auch ganz bewusst taten. Die gesamte Entwicklung folgte dem von der Aufklärung initiierten säkularen Trend.

In Deutschland erhielt der Übergang vom alten inquisitorisch-bürokratischen zum modernen, öffentlichen und adversativen Strafprozess mit direkter Beteiligung der Parteien seine entscheidenden Impulse von der Französischen Revolution, durch die napoleonische Herrschaft und den Frühkonstitutionalismus. Er entfaltete sich hier in einem von der Rezeption des Römischen Rechts, Renaissance, Reformation (und Gegenreformation) sowie ersten Toleranzideen (etwa im Augsburger Religionsfrieden) vorbereiteten, gemeineuropäischen historisch-kulturellen Kontext, zu dem derjenige des russischen Reichs deutliche Unterschiede aufweist. Renaissance und Reformation gehörten dort ebenso wenig zum historischen Erfahrungsschatz wie das anschließende konfessionelle Ringen, und die Rezeption des Römischen Rechts setzte in Russland erst im 19. Jahrhundert und nur an den Universitäten ein. Dennoch wirkte sich das Denken der Aufklärung, das Legitimation von Herrschaft nur auf naturrechtlicher Basis für möglich hielt, nicht nur in Deutschland,[88] sondern auch in Russland aus – wiederum unter höchst unterschiedlichen Voraussetzungen.

Die Rezeption der Aufklärung in Russland ist vor allem mit dem Namen Katharinas II. verbunden, die unter anderem mit Voltaire und Denis Diderot in Verbindung stand. Dahinter stand wohl mehr als Koketterie,[89] wie die Einberufung einer gewählten Gesetzbuchkommission[90] und die Gewährung von Adelsprivilegien zeigen. Diese knüpften an Grundsätze der Magna Charta an, schufen Eigentumsrechte und garantierten Rechtssicherheit.[91] Doch trotz liberaler Einstellungen unterdrückte Katharina II., alarmiert durch die Französische Revolution, Kritiker der bestehenden Verhältnisse und vor allem der Leibeigenschaft wie Aleksandr Radiščev gnadenlos. Dessen 1790 erschienenes Werk „Reise von St. Petersburg nach Moskau" war eine, so Manfred Hildermeier, „naturrechtliche[...] Fundamentalkritik an der Gesellschaft und am Staat".[92] Katharina hielt hingegen kompromisslos am autokratischen Herrschaftsverständnis fest, ohne darin oder auch in ihren die Leibeigenschaft verschärfenden Adelsprivilegien[93] einen inneren Widerspruch zu ihren aufklärerischen Neigungen zu erkennen.

Anders als im Westen konnte in Russland die napoleonische Gesetzgebung auf Grund des siegreichen Vaterländischen Kriegs gegen deren Urheber keinen stärkeren Einfluss entfalten. Michail Speranskijs Entwurf eines Bürgerlichen Gesetzbuches

---

88 Vgl. Horst Möller, Vernunft und Kritik. Deutsche Aufklärung im 17. und 18. Jahrhundert, Frankfurt a. M. 1986, S. 189–211.
89 Ein oft gegen ihr Verhältnis zur Aufklärung erhobener Vorwurf; vgl. Valentin Gitermann, Geschichte Russlands, Bd. 2, Frankfurt a. M. 1965, S. 210.
90 Vgl. Hildermeier, Geschichte Russlands, S. 496–506.
91 Die Gnadenurkunde von 1785 ist abgedruckt bei Gitermann, Geschichte Russlands, Bd. 2, S. 470–472.
92 Hildermeier, Geschichte Russlands, S. 655 f.
93 Vgl. Victor Leontovitsch, Geschichte des Liberalismus in Rußland, Frankfurt a. M. 1957, S. 21–38.

von 1810/12, das sich am Code Napoléon von 1804 orientierte, war unter diesen Umständen nicht mehr en vogue,[94] ebenso wenig wie seine konstitutionelle Denkschrift von 1809.[95] Ihr Autor wurde im März 1812 in die Verbannung geschickt. Als er 1816 zurückkehren konnte und erneut in Amt und Würden war, wurde er zum Motor der Kodifizierung der russischen Gesetze. Als deren Resultat erschien 1832 der 15-bändige „Svod zakonov".[96] Keineswegs also unterlag die Rechtsentwicklung in Russland im 19. Jahrhundert einem Stillstand, der jeglichen Vergleich mit dem Westen zu einem exotischen Unternehmen machen würde, zumal mit der Rechtsreform unter Aleksandr II. ein höchst ehrgeiziger und an westlichen Modellen orientierter Schritt erfolgen sollte. Das 19. Jahrhundert war in ganz Europa durch eine dynamische Entwicklung von Rechtssystemen und -kulturen gekennzeichnet.

Für Deutschland haben Wolfgang Sellert und Heinrich Rüping folgende Bilanz gezogen: „So wie staatsrechtlich an seinem Anfang die Leibeigenschaft steht, an seinem Ende das allgemeine und gleiche Wahlrecht, herrscht im Strafrecht zu Beginn der späte gemeinrechtliche Inquisitionsprozeß, am Ausgang der auf das Anklageprinzip, auf Öffentlichkeit und Mündlichkeit bauende reformierte Prozeß mit Laienbeteiligung." Allerdings, so betonen sie, habe sich diese liberal-rechtsstaatliche Tendenz keineswegs widerspruchslos, kontinuierlich und vollständig durchgesetzt.[97]

Legt man die von Sellert und Rüping angeführten Kriterien auf Russland an, ergeben sich bemerkenswerte Übereinstimmungen: Abschaffung der Leibeigenschaft (1861), Einführung von Wahlrecht und parlamentarischer Vertretung (1905/06) sowie Ersetzung des Inquisitionsprozesses durch den modernen Strafprozess finden sich auch hier. Zugleich sind charakteristische Unterschiede festzustellen: Die Bauern waren weiter durch hohe Ablösezahlungen gebunden. Sie waren mit dem Resultat ihrer Befreiung auch deswegen unzufrieden, weil ihnen nur unzureichend kleine Parzellen des Grunds und Bodens zugesprochen worden waren, den sie zuvor bewirtschaftet hatten. Überdies lebten sie überwiegend in der traditionellen Gemeindeordnung des *Mir* ohne Individualbesitz am Land. Das Wahlrecht zur Duma, deren Einrichtung durch die Revolution von 1905 erzwungen worden war, war ein stark abgestuftes Klassenwahlrecht, dem im Deutschen Reich ein allgemeines und gleiches Männerwahlrecht zum Reichstag gegenüberstand. In Preußen allerdings galt ein rigides Dreiklassen-, in anderen Gliedstaaten ein Zensuswahlrecht. Sachsen ging 1896 zur Abwehr sozialdemokratischer Wahlerfolge sogar vom milderen Zensus- zum Dreiklassenwahlrecht über. Und weder in Deutschland noch in Russland waren die Regierungen dem Parlament verantwortlich (von den letzten Tagen des Kaiserreichs abgesehen). Hinsichtlich Gesetzgebungskompetenz und Budgetrecht besaßen

---
94 Vgl. ebenda, S. 143–150.
95 Vgl. ebenda, S. 50–57; Hildermeier, Geschichte Russlands, S. 713–718.
96 Vgl. ebenda, S. 718–720.
97 Vgl. Wolfgang Sellert/Hinrich Rüping, Studien- und Quellenbuch zur Geschichte der deutschen Strafrechtspflege, Bd. 2: Von der Aufklärung bis zur doppelten Staatsgründung, Aalen 1994, S. 39 f., Zitat S. 17.

die deutschen Parlamente nichtsdestoweniger Befugnisse, von denen die Abgeordneten der vier Jahrzehnte später errichteten Duma nur träumen konnten.

Die größte Übereinstimmung der Verfassungsentwicklung zeigt sich bei der Reform des Strafverfahrens, nämlich mit der Einführung moderner Strafprozessordnungen und Geschworenengerichten in beiden Ländern. Freilich vollzog sich dieser Prozess im Osten über einen längeren Zeitraum, unter den restriktiven Bedingungen eines über die Revolution von 1905 fortbestehenden autokratischen Herrschaftsanspruchs und in Konfrontation mit den spezifischen Problemlagen einer sozial und national stark fragmentierten Gesellschaft mit einem deutlich geringeren durchschnittlichen Bildungsniveau als in Deutschland.[98] Der Begrenztheit personeller und institutioneller Ressourcen war es überdies geschuldet, dass in Russland die Erledigung kleinerer Streitfälle in hohem Maße aus dem System der ordentlichen Justiz ausgegliedert und auf die bäuerlichen Volost'-Gerichte, also eine Laiengerichtsbarkeit, verlagert wurde.

Grundsätzlich jedoch hatten sich die Väter der russischen Rechtsreform von 1864 an westlichen und insbesondere an deutschen Vorbildern orientiert, die sie genauestens studiert hatten.[99] Dabei ging es ihnen nicht um eine schematische Nachahmung, sondern um die Ermittlung universeller Prinzipien, „deren unzweifelhafter Wert in der Gegenwart von Wissenschaft und Praxis der europäischen Staaten anerkannt" wurde.[100]

7 Deutschland: Rechtssystem und politische Justiz im Kaiserreich

Das deutsche Kaiserreich – Rechtsstaat ohne Grundrechte

„Das Deutsche Reich von 1871 war ein Rechtsstaat. Das ist ein zentrales Stück seiner Verfassungswirklichkeit", stellt Thomas Nipperdey in seiner Geschichte des Kaiserreichs fest.[101] Die „dynamische Wirtschaftsgesellschaft" sei ebenso auf ein einheitli-

---

98 Beim allrussischen Zensus von 1897 wurde eine Alphabetisierungsrate von 29,3 Prozent bei den Männern und 13,1 Prozent bei den Frauen festgestellt. Dabei war der Analphabetismus vor allem ein ländliches Phänomen, in den Städten konnte nahezu jeder zweite lesen, und die Alphabetisierung schritt stark voran: Unter den 1913 eingezogenen Rekruten waren 68 Prozent des Lesens mächtig. Während in Deutschland, Österreich und Frankreich die Alphabetisierungsrate bei nahezu 100 Prozent lag, war die Quote in Italien vergleichbar mit der in Russland; in Spanien lag sie noch niedriger; vgl. Hildermeier, Geschichte Russlands, S. 1259 f.
99 Vgl. Friedhelm Berthold Kaiser, Die russische Justizreform von 1864. Zur Geschichte der russischen Justiz von Katharina II. bis 1917, Leiden 1972, S. 407–420.
100 So eine Anweisung für die Reformarbeit vom Januar 1862; zit. nach ebenda, S. 411.
101 Thomas Nipperdey, Deutsche Geschichte 1866–1918, Bd. 2: Machtstaat vor der Demokratie, München 1992, S. 182.

ches Recht angewiesen gewesen wie die „obrigkeitlich verfaßte Nation". Die liberale wie die bürokratische Rechtsidee, das bürgerliche Verständnis, dem es um die Sicherung von Freiheit und Eigentum ging, und das obrigkeitsstaatliche, das eine einheitliche und geregelte Herrschaft und Verwaltung anstrebte, wurden in dieser Interpretation gleichermaßen zu Triebkräften der Rechtsentwicklung im Kaiserreich. Die gemeinsame Orientierung der Vertreter beider Positionen auf „ein rationales Recht […], auf System, Berechenbarkeit, Sicherheit"[102] und die Tatsache, dass es sich in der Regel um ausgebildete Juristen mit einem gemeinsamen universitären Bildungshintergrund handelte, habe ein produktives Zusammenwirken von Gesellschaft und Staat begünstigt. Die Beseitigung der letzten Überbleibsel feudaler Gerichtsbarkeiten, die Herstellung der Rechtseinheit, die Sicherung der Unabhängigkeit der Justiz im Sinne der Gewaltenteilung und schließlich die allgemeine Laienbeteiligung führte Nipperdey als wesentliche Leistungen beim Auf- und Ausbau des Rechtsstaats an. „[A]lle Bürger waren rechtsgleiche Subjekte", betonte er.[103] Dass „die deutsche Ordnung eine rechtliche, rechtsbestimmte Ordnung blieb, in der auch der kleine Mann weit mehr als 70 Jahre vorher zu seinem Recht kommen konnte", sei vor allem auf den später so vielgeschmähten Rechtspositivismus zurückzuführen gewesen.[104]

Doch sollte der gute Klang des Begriffs Rechtsstaat nicht dazu führen, über die ambivalenten und problematischen Aspekte der Rechtswirklichkeit des Kaiserreichs hinwegzusehen. So konnte weder der „kleine Mann" noch sonst jemand im Kaiserreich auf seine Grundrechte pochen, weil die Reichsverfassung solche nicht enthielt. Dem wird häufig entgegengehalten, es habe sich hierbei nicht um ein schwerwiegendes Manko gehandelt, da die Landesverfassungen entsprechende Garantien vorgesehen hätten.[105] Der Rechtshistoriker Ernst Rudolf Huber führt überdies das Argument an, da der Bund keine eigene Verwaltungsexekutive besessen habe, hätten die Einzelnen und die Gesellschaft auch keines besonderen Schutzes gegen die Bundesgewalt bedurft.[106] Jedoch waren die Grundrechtsbestimmungen der Landesverfassungen keineswegs einheitlich formuliert. An diesem Punkt scheint das sonst so entschiedene Streben nach Rechtseinheit erlahmt zu sein. Zudem konnte man für die konstitutionelle Absicherung von Freiheitsrechten auch auf der Reichsebene als Pendant zur Gesetzgebungskompetenz des Reichstags durchaus einen Bedarf erkennen.[107]

---

102 Ebenda.
103 Ebenda.
104 Ebenda, S. 193.
105 Vgl. Ernst Rudolf Huber, Deutsche Verfassungsgeschichte seit 1789, Bd. 3: Bismarck und das Reich, Stuttgart 1963, S. 665 f.; Hans Fenske, Deutsche Verfassungsgeschichte. Vom Norddeutschen Bund bis heute, Berlin 1981, S. 16.
106 Vgl. Huber, Verfassungsgeschichte, Bd. 3, S. 665 f.
107 Die Rechtsprechung auf Reichsebene kam hinzu, als das Reichsgericht 1879 seine Arbeit aufnahm.

Gerade darauf hatte Peter Reichensperger, Abgeordneter der katholischen Zentrumspartei, abgezielt, als er bei der Verfassungsdebatte im Deutschen Reichstag am 1. April 1871 die grundrechtliche Absicherung von Pressefreiheit und Vereinswesen forderte. Es gehe darum, die Möglichkeit einer freiheitsfeindlichen Gesetzgebung auch für eine ferne, nicht absehbare Zukunft auszuschließen. Da dem Reich die Gesetzgebung in Presse- und Vereinsangelegenheiten obliege, sei es nur folgerichtig, entsprechende Rechtsgarantien auch in die Reichsverfassung aufzunehmen. Der Hinweis auf die Grundrechte in den Länderverfassungen war auch damals schon Bestandteil der Debatte. Reichensperger konterte ihn mit dem Hinweis auf eine erst kurz zurückliegende Auseinandersetzung im Norddeutschen Bundestag. Dort habe im Dezember 1870 der Abgeordnete Franz Duncker moniert, dass die Erklärung des Kriegszustands preußische Grundrechte tangiere, woraufhin man ihm entgegnet habe, eine solche Beschwerde gehöre in den Preußischen Landtag, da die betroffenen Rechte keine Bundesangelegenheit seien, auch wenn die Erklärung des Kriegszustands eine ausschließliche Bundesangelegenheit sei.[108]

Nicht nur der Aspekt der Freiheitssicherung, auch rechtssystematische Gesichtspunkte hätten also durchaus für eine Verankerung von Grundrechten in der Reichsverfassung gesprochen. Beides spielte in der Verfassungsdebatte im Reichstag indes so gut wie keine Rolle. Die Diskussion fokussierte sich vielmehr auf die katholisch-konfessionellen Motive, die Reichenspergers Antrag zugrunde lagen. Heinrich von Treitschke, als Nationalliberaler ins Parlament eingezogen, konnte vor diesem Hintergrund den Antrag – obwohl er ausdrücklich erklärte, er gehöre nicht zu den „Verehrern der Grundrechte", die er als ein überlebtes Thema der Revolutionsära von 1848 darstellte – der Inkonsequenz zeihen, da zahlreiche andere in der preußischen Verfassung enthaltene Freiheitsrechte, insbesondere die Wissenschaftsfreiheit, nicht zur Übernahme in die Reichsverfassung vorgeschlagen würden.[109]

Der Sozialdemokrat August Bebel monierte in einem fortgeschrittenen Stadium der Debatte nicht ganz zu Unrecht, dass anstelle einer prinzipiellen Auseinandersetzung über die Frage der Grundrechte ausschließlich ein Streit über „Religionsinteressen" stattfinde. Von einem monarchischen System erhoffte er sich indes Freiheitsgarantien ohnehin ebenso wenig wie vom Liberalismus. In dem Moment, wo die revolutionäre Bewegung von diesen Rechten profitiere und eine gewisse Stärke erreichen würde, würden sich die Liberalen wie in Frankreich und anderen Ländern noch mit der „reaktionärsten" Regierung verbünden. Die Debatte habe wenig Sinn, „so lange man nicht entschlossen ist, nöthigenfalls die Grundrechte um jeden Preis auch mit Gewalt durchzuführen".[110] Bebels revolutionäre Position war insofern widersprüchlich, als er letztlich die Möglichkeit der Realisierung der Grundrechte ohne

---

108 Vgl. Stenographische Berichte über die Verhandlungen des Deutschen Reichstages, I. Legislaturperiode, I. Session 1871, Bd. 1, 9. Sitzung am 1.4.1871, Berlin 1871, S. 87–110, hier S. 104 f
109 Vgl. ebenda, S. 107 f., Zitat S. 107.
110 Vgl. Stenographische Berichte, 10. Sitzung am 3.4.1871, S. 111–136, hier S. 129–132, Zitate S. 130.

vorausgegangene Revolution bestritt, obwohl die Entwicklung der deutschen sozialistischen Arbeiterbewegung nur auf der Grundlage der Spielräume politischer Entfaltung möglich gewesen war, wie sie in Deutschland in einem beträchtlichen und sicherlich ganz anderen Ausmaß als in Russland bestanden. Was der Entzug dieser Aktionsmöglichkeiten bedeutete, sollte die Sozialdemokratie nur sieben Jahre später schmerzlich zu spüren bekommen.

Eine prinzipiell grundrechtliche Position vertrat nur eine kleine Gruppe Linksliberaler, als deren Sprecher Leopold Sonnemann auftrat, der Begründer der „Frankfurter Zeitung" und einige Abgeordnete der fast ausschließlich in Süddeutschland verankerten linksliberalen Deutschen Volkspartei (DVP). Um ihren Standpunkt überhaupt zu Gehör bringen zu können, musste sie sich eines Verfahrenstricks bedienen: Sie schlug Amendments zu dem Zentrumsantrag über den Schutz der Presse- und Vereinsfreiheit vor, die die Presse-, Versammlungs- und Vereinsfreiheit wortgleich mit den entsprechenden Bestimmungen der Frankfurter Paulskirchenverfassung von 1849 definierten. Man hätte gerne deren gesamten Grundrechtekatalog als Antrag eingebracht, erklärte Sonnemann. Da man als kleine Minorität aber nicht über ein entsprechendes Antragsrecht verfüge, sei nur der Weg über das Amendment mit den damit verbundenen Einschränkungen übriggeblieben.[111] Das ist bezeichnend dafür, wie treffend von Treitschkes Einschätzung war: Grundrechtsdebatten gehörten einer vergangenen Epoche an – jedenfalls unter machtpolitischen Gesichtspunkten. Die Anträge von Zentrum und DVP wurden denn auch abgelehnt, die Reichsverfassung blieb, wie schon jene des Norddeutschen Bunds, an die sie sich eng anlehnte, ein „straffes Organisationsstatut"[112] und verkörperte damit geradezu den Verfall des materiellen Rechtsstaatsgedankens, der dem Staatsrechtler Hermann Heller und anderen zufolge schon mit dem Scheitern der Revolution von 1848 eingesetzt hatte.[113]

Ausdruck dessen war nicht zuletzt der fehlende Grundrechtskonsens im Reichstag. Aus Ablehnung, Gleichgültigkeit oder Attentismus, die die Haltung der Majorität kennzeichneten, sowie einem von Gruppeninteressen geleiteten Grundrechtsverständnis wie dem der katholischen und sozialistischen Abgeordneten war keine gemeinsame Basis für eine Grundrechtsinitiative zu generieren. Auch der alles dominierende Eindruck der endlich vollzogenen deutschen Einigung und des vorausgegangenen Siegs im Krieg gegen Frankreich war einer Grundrechtsdebatte nicht förderlich. So erklärte der nationalliberale Abgeordnete – und einstige Fortschrittler – Eduard Lasker: „Ich meine, daß jede Nation einmal eines Ruhepunktes bedarf, in dem sie sich freut der Dinge, die sie vollendet hat, besonders Deutschland, das so lange gerungen hat, um überhaupt eine Verfassung zu erhalten". Wohl weise diese

---

111 Vgl. Stenographische Berichte, 11. Sitzung am 4.4.1871, S. 137–163, hier S. 150.
112 Fenske, Deutsche Verfassungsgeschichte, S. 15.
113 Vgl. Hermann Heller, Rechtsstaat oder Diktatur?, Tübingen 1930, S. 8. Im selben Sinne, ohne jeglichen Bezug auf Heller: Hiroshi Oda, The Emergence of Pravovoe Gosudarstvo (Rechtsstaat) in Russia, in: Review of Central and East European Law 25 (1999), S. 373–434, hier S. 375–381.

Mängel auf wie alles Menschenwerk, aber sie seien nun nicht auf einmal vollkommen zu beseitigen. „Während wir gegenwärtig an die Frucht der großen Thaten der Nation, an die Frucht der Staatsweisheit, welche gewußt hat, diese Thaten zu Gunsten der Nation zu verwerthen, den Maßstab anlegen, da geziemt es der Nation, einige wenige Tage wenigstens sich zu erholen, den Streit ruhen zu lassen und sich dessen zu freuen, was sie kraft ihres inneren Geistes trotz der äußeren Hindernisse zu erreichen gewußt hat, durch Festigkeit und Bescheidenheit." Er wolle sich daher jeder materiellen Debatte über die Verfassung enthalten und sich auf eine strikte Redaktion des vorliegenden Texts beschränken.[114] Lasker ließ sich dabei von seiner Überzeugung leiten, jeder Fortschritt hin zu einer konstitutionellen Einheit sei in Deutschland zugleich ein Schritt zu größerer Freiheit.[115] Im Endeffekt jedenfalls votierten die beiden Flügelmänner der Nationalliberalen, der überhaupt schwerlich liberal zu nennende von Treitschke und Lasker, ein Liberaler von altem Schrot und Korn, gleichermaßen gegen eine Grundrechtsdebatte.

Statt einen Verfassungskonsens zu stiften, brachte die Debatte zutage, welche Gruppierungen in den Herrschaftskompromiss des Kaiserreichs nicht oder nur schwer zu integrieren waren: die Polen, die sich gegen die Eingliederung der von Preußen beherrschten Teilungsgebiete in das Deutsche Reich im Namen der polnischen Nationalität verwahrten,[116] die Katholiken, die ihre institutionelle Basis sichern wollten und sich gegen die Ablösung althergebrachter Prärogativen durch das zivile Recht des Staats wehrten, und die Sozialdemokraten, die die monarchische Ordnung prinzipiell ablehnten. Die massiven Integrationskonflikte, die das Kaiserreich prägten, zeichneten sich hier klar ab. Da es sich aber um einen Rechtsstaat handelte, wurden diese Integrationskonflikte in einem erheblichen Maße mit rechtlichen Mitteln und nicht zuletzt vor den Schranken der (politischen) Justiz ausgetragen.

Liebknecht und Bebel vor Gericht: Ein Gründungs-Prozess

Der Hochverrats-Prozess gegen Wilhelm Liebknecht, August Bebel und Adolf Hepner vor dem Leipziger Schwurgericht vom 11. bis 26. März 1872 bildete hier den Auftakt. Er ist nicht nur als ein Gründungs-Prozess des deutschen Kaiserreichs von Interesse, sondern vor allem deshalb, weil die juristischen Interpretationsprobleme des Hochverrats-Tatbestands, die in diesem Verfahren eine zentrale Rolle spielten, von grundsätzlicher Bedeutung sind, mit Auswirkungen bis hin zur Etablierung der politischen Justiz des NS-Staats. Den Anstoß zu dem Prozess gab die selbst in der Sozialdemo-

---

[114] Stenographische Berichte, 9. Sitzung am 1.4.1871, S. 95.
[115] Vgl. James F. Harris, Eduard Lasker and Compromise Liberalism, in: The Journal of Modern History 42 (1970), S. 342–360, hier S. 345.
[116] Vgl. Stenographische Berichte, 9. Sitzung am 1.4.1871, S. 97 (Joseph von Zoltowski).

kratischen Arbeiterpartei Deutschlands (SDAP) nicht unumstrittene Enthaltung der Parteiführer Bebel und Liebknecht bei der Abstimmung über die Kriegskredite für den deutsch-französischen Krieg im Norddeutschen Reichstag im Juli 1870. Diese „vaterlandslose" Haltung rief weithin Empörung hervor und führte zu massiven Repressionen gegen die SDAP. Der Braunschweiger Ausschuss der Partei mit Wilhelm Bracke an der Spitze wurde im September 1870 verhaftet, Bebel und Liebknecht nach dem Auslaufen der kriegsbedingt verlängerten Legislaturperiode des Norddeutschen Reichstags Ende Dezember ebenfalls. Sie blieben bis Ende März 1871 in Untersuchungshaft.[117]

Mit der Gründung des deutschen Kaiserreichs ging also die Verfolgung der „Reichsfeinde" von links Hand in Hand. Im Leipziger Prozess wurden die Grenzen des erlaubten Eintretens für grundsätzliche politische Alternativen verhandelt und abgesteckt. Anders als im Kölner Kommunistenprozess rund 20 Jahre zuvor spielten gefälschte Beweise keine Rolle mehr.[118] Der Leipziger Staatsanwalt Hoffmann berief sich ausschließlich auf öffentliche Aussagen wie Reden, Parteistatuten und -beschlüsse sowie Artikel des Parteiorgans, die in der Anklageschrift ausführlich zitiert wurden. Dabei griff er bis zur Gründung der Internationalen Arbeiterassoziation 1864 zurück. Er bezog aber auch noch die Solidarisierung der Sozialdemokratie mit der Pariser Kommune mit ein, die in die Zeit nach der Entlassung Bebels und Liebknechts aus der Untersuchungshaft fiel.[119] Der zentrale Anklagepunkt war das Bestreben, die Monarchie gewaltsam durch die republikanische Staatsform zu ersetzen, nicht die sozialistische Programmatik in toto. Ausdrücklich heißt es zu Beginn der Anklageschrift, Anhänger des republikanischen Prinzips agierten „theils aus rein politischen, theils zugleich aus sozialen Gründen".[120] Letztere waren in der Anklage nachgeordnet, weil es im Kern – die ebenfalls vorgebrachten Vorwürfe der Majestätsbeleidigung waren nicht entscheidend – um das Delikt der Vorbereitung zum Hochverrat gemäß des Strafgesetzbuchs (StGB) für das Deutsche Reich,[121] das heißt der gewaltsamen Veränderung der Staatsverfassung ging. Dabei schuf der Begriff

---

117 Vgl. Hugo Friedlaender, Interessante Kriminal-Prozesse von kulturhistorischer Bedeutung. Darstellung merkwürdiger Strafrechtsfälle aus Gegenwart und Jüngstvergangenheit, Bd. 3, Berlin 1911, S. 134.
118 Vgl. Jürgen Herres, Der Kölner Kommunistenprozess von 1852, in: Geschichte in Köln 50 (2003), S. 133–156.
119 Vgl. Der Hochverrats-Prozeß wider Liebknecht, Bebel, Hepner vor dem Schwurgericht zu Leipzig vom 11. bis 26. März 1872. Mit einer Einleitung von W. Liebknecht und einem Anhang, nach der 2. Aufl. unveränderter Neudruck, Berlin 1911, S. 79–91.
120 Ebenda, S. 79.
121 Das Strafgesetzbuch für den Norddeutschen Bund vom 31.5.1870 wurde zum 1.1.1872 vom Reichsstrafgesetzbuch (RStGB) abgelöst, das sich allerdings nur durch redaktionelle Änderungen abhob. Die Anklage im Leipziger Prozess erging am 21.7.1871, als das RStGB zwar schon verkündet, aber noch nicht in Kraft gesetzt war. Das Urteil bezog sich auf das RStGB sowie das StGB für das Königreich Sachsen; vgl. Hochverrats-Prozeß, S. 637.

der Gewaltsamkeit in Kombination mit dem der Vorbereitung ein äußerst breites Spektrum möglicher Auslegungen.

Belege für unmittelbare gewaltsame Umsturzvorbereitungen lagen nicht vor. Die Angeklagten hatten weder entsprechende geheime Verschwörungen organisiert noch etwa versteckte Waffenlager angelegt. Sie betonten vor Gericht, dass es vielfältige Wege zu dem von ihnen angestrebten Ziel gebe und revolutionäre Gewalt keineswegs ein Selbstzweck sei. Liebknecht erklärte, vom Gerichtspräsidenten Ritter von Mücke befragt, ob er für die Republik in den Kampf gehen würde: „Ja, wenn die Republik da wäre, würde ich [...] für sie kämpfen." Darauf der Präsident: „Nicht blos [sic!], wenn sie da wäre, sondern auch, um sie zu erringen?" Liebknecht: „Auch dies würde unter Umständen meinerseits geschehen, wenn etwa gegen ein Parlament, welches sich in seiner Majorität für die Republik ausspräche, Gewalt zur Verhinderung ihrer Einführung gebraucht würde, dann würde ich die Flinte von der Wand nehmen, um gegen die Fürsten und ihre Armeen zu kämpfen, geradeso, wie ich es 1849 gethan habe, als die Nationalversammlung in Frankfurt Deutschland eine Verfassung gab, deren Einführung sich die Fürsten mit Gewalt widersetzten." Das Protokoll verzeichnet ein „Bravo!" und die Replik des Vorsitzenden: „Eine offenere Erklärung kann ich nicht verlangen."[122] Bebel schloss sich ihr vollständig an. Gerichtspräsident von Mücke zog unter Verweis auf die verfassungsgebenden Kompetenzen der Fürsten aus der Erklärung den Schluss, dass „die infolge eines Parlamentsbeschlusses ohne Zustimmung des Fürsten versuchte gewaltsame Einführung einer Republik in der von den Angeklagten eben angegebenen Weise stets eine Revolution involvieren wird". Liebknecht nahm dies auf und spitzte den aus der 1848er Revolution überkommenen Legitimitätskonflikt mit der Feststellung zu: „Ich würde die deutschen Fürsten, die sich einem Parlamentsbeschlusse für die Einführung der Republik widersetzen würden, als Rebellen ansehen und behandeln, so gut wie die preußische Regierung sich der Rebellion schuldig machte, als sie 1849 die Reichsverfassung brach und deren Vertheidiger niedermetzeln ließ."[123] Dies revolutionäre Bekenntnis trug ihm erneute Bravorufe aus dem Zuschauerraum ein. Liebknecht übersah dabei aber eine Schwachstelle der Argumentation des Präsidenten, der die theoretische Möglichkeit der resignierenden Akzeptanz der Ausrufung einer Republik durch die Fürsten, wie sie dann 1918 Realität wurde, von vorneherein ausgeschlossen und so jegliche Bemühungen um einen demokratischen Beschluss zur Republikanisierung in den Bereich der Gewaltsamkeit gerückt hatte.

Die zentrale juristische Frage bestand aber darin, ob und unter welchen Voraussetzungen eine Einstellung, wie die Angeklagten sie vertraten, bereits als Vorbereitung zum Hochverrat zu werten war. Die Verteidigung[124] ging in ihrem Plädoyer auf

---

122 Ebenda, S. 372.
123 Ebenda, S. 373.
124 Die Angeklagten wurden von den Leipziger Rechtsanwälten Otto und Bernhard Freytag verteidigt, die zum politischen Umfeld der Sozialdemokratie gehörten; vgl. Annelies Laschitza, Die Liebknechts. Karl und Sophie. Politik und Familie, Berlin 2007, S. 19.

diesen Punkt ausführlich ein. Damit der Tatbestand des Hochverrats erfüllt sei, müssten die Angeklagten einen bestimmten Entschluss zu einem gewaltsamen Angriff und zu dessen Ausführung in einer bestimmten Weise gefasst haben. Die Verteidigung bezog sich ausdrücklich auf die Position des Wolfenbütteler Oberstaatsanwalts in der Berufungsverhandlung, die Bracke und andere Braunschweiger Sozialdemokraten angestrengt hatten, nachdem sie in erster Instanz der Hochverratsvorbereitung für schuldig befunden worden waren. Der Wolfenbütteler Ankläger hatte darauf verwiesen, dass das Braunschweigische Kriminalgesetzbuch „dem Thatbestande dieses Verbrechens [der Vorbereitung zum Hochverrat] einen allgemeinen Charakter gibt und sogar so weit geht, unter diesen Thatbestand die Verabredung mit Anderen zur Verbreitung von Grundsätzen, durch welche die Existenz des Staates gefährdet wird, sowie die Verbreitung von Schriften, welche zu hochverrätherischen Zwecken aufreizen, zu subsumieren". Demgegenüber setze Paragraph 83 des Strafgesetzes des Deutschen Bunds eine bestimmte, konkrete Unternehmung für die Erfüllung des Tatbestands voraus. Dies hatte der Wolfenbütteler Oberstaatsanwalt im Fall der Braunschweiger Sozialdemokraten nicht als gegeben angesehen. Das Verfahren war daraufhin eingestellt worden. Die Verteidigung führte weitere auf dieser Linie liegende Rechtsmeinungen an und unterstrich, dass es in Wolfenbüttel um dieselben Sachverhalte gegangen sei, die nun in Leipzig zur Verhandlung stünden.[125]

An der juristischen Definition der Vorbereitung zum Hochverrat, insbesondere an der Frage, welchen Grad an Bestimmtheit Handlungen erreicht haben müssten, um diesen Tatbestand zu erfüllen, biss sich die Verhandlung in der Endphase fest. Staatsanwalt Hoffmann berief sich in seinem Plädoyer auf Paragraph 86 des StGB, der mit der Bestimmung „jede andere ein hochverrätherisches Unternehmen vorbereitende Handlung wird bestraft", die in den vorausgegangenen Paragraphen nicht erfassten Sachverhalte pauschal einbezog. Allerdings, das räumte auch der Staatsanwalt ein, rechtfertige es diese Bestimmung keineswegs, „etwa beliebig jede verwegene Aeußerung oder Handlung als Hochverrath" zu bezeichnen.[126] Dass aber die Verfolgung der Ziele der Angeklagten ganz bestimmte Vorbereitungen voraussetzten, führte er unter anderem auf das Bestreben zurück, „daß in allen zivilisierten Staaten durch eine gleichzeitige Erhebung die monarchische Staatsform in eine republikanische umgewandelt wird".[127] Die Entscheidung des Wolfenbütteler Obergerichts wollte er als Präzedenz nicht anerkennen. Die Geschworenen könnten die Behauptung, der Braunschweiger Fall sei gänzlich analog gewesen, nicht überprüfen. Auch im sächsischen Strafgesetzbuch habe es, wie die Verteidiger richtigerweise angeführt hätten, eine Bestimmung gegen die Verbreitung staatsgefährdender Lehren gegeben, die nicht in das Reichsstrafgesetzbuch aufgenommen worden sei. Darauf

---

125 Hochverrats-Prozeß, S. 589–593, Zitat S. 590.
126 Ebenda, S. 615.
127 Ebenda, S. 616.

komme es aber nicht an, denn wenn solche Lehren zum Zweck der Änderung der monarchischen Staatsverfassung verbreitet würden, seien sie als Vorbereitung zum Hochverrat zu behandeln.[128] Die Verteidiger beharrten demgegenüber einmal mehr darauf, dass den Angeklagten kein „bestimmtes Unternehmen" nachgewiesen worden sei,[129] konnten aber mit dieser Position nicht durchdringen. In der Rechtsbelehrung der Geschworenen folgte Gerichtspräsident Ritter von Mücke weitestgehend der extensiven Deutung der Anklage. Die letzten Interventionen der Verteidiger, die kritisierten, er verwechsle dabei „Vorhaben" und „Unternehmen", und darauf pochten, das „Vorhaben" setze einen konkreten Beschluss voraus, erzielten ebenfalls nicht die erhoffte Wirkung: Die Geschworenen erklärten die Angeklagten Liebknecht und Bebel für schuldig und stuften damit – entsprechend der Anklage – praktisch deren gesamte politische Tätigkeit des vergangenen Jahrzehnts als hochverräterisch ein. Eine Schuld des politisch weniger bedeutenden Hepner verneinten die Geschworenen.[130] Liebknecht und Bebel wurden zur Höchststrafe von zwei Jahren Festungshaft verurteilt, wobei zwei Monate Untersuchungshaft angerechnet wurden.[131] Die beiden Verurteilten erklärten unmittelbar nach dem Prozess: „Der Wahrspruch der Herren Geschwornen [sic!] ist nicht wahr. Was wir gewollt und gethan, haben wir ohne Hehl bekannt; ein hochverrätherisches Unternehmen im Sinne des Strafgesetzbuchs haben wir nicht vorbereitet. Wenn wir schuldig sind, ist jede Partei schuldig, die nicht gerade am Ruder ist. Indem man uns verurtheilt, ächtet man die freie Meinungsäußerung."[132]

Da die Anklage sich tatsächlich ausschließlich auf öffentliche Bekundungen der Angeklagten und ihrer Partei stützte, ist dieser Vorwurf nicht ohne weiteres von der Hand zu weisen. Für die Auslegung des Hochverrats-Tatbestands gab es – das machte der Prozess deutlich – keine feste Grenze. Schon die Propagierung politischer Überzeugungen konnte in den Rang eines Staatsverbrechens erhoben werden, was bei einer verfassungsmäßigen Absicherung der Meinungsfreiheit wahrscheinlich schwieriger gewesen wäre. Die liberalere Auffassung des politischen Strafrechts, die das StGB des Norddeutschen Bunds sowie des Deutschen Reichs von überkommenen Bestimmungen verschiedener Länder unterschied, wurde durch die weite Auslegung unterlaufen. Zwar ließ der Paragraph 82 des am 1. Januar 1872 in Kraft getretenen Reichsstrafgesetzbuchs an Deutlichkeit nichts zu wünschen übrig. Er lautete: „Als ein Unternehmen, durch welches das Verbrechen des Hochverraths vollendet wird, ist jede Handlung anzusehen, durch welche das Vorhaben unmittelbar zur Ausführung gebracht werden soll."[133] Davon konnte aber bei keinem der Angeklag-

---

128 Vgl. ebenda, S. 619–622.
129 Ebenda, S. 623.
130 Vgl. ebenda, S. 629–634.
131 Vgl. ebenda, S. 634–638.
132 Zit. nach ebenda, S. 639.
133 Strafgesetzbuch für das Deutsche Reich vom 15.5.1871, 1.1.1872–2.5.1934, § 82; https://www.lexetius.com/StGB/82,8 (letzter Zugriff 29.4.2020).

ten die Rede sein, denn von irgendwelchen direkten Umsturzaktionen waren sie weit entfernt. Doch in der Tat gab der Paragraph 86, der „[j]ede andere, ein hochverräterisches Unternehmen vorbereitende Handlung" unter Strafe stellte (bis zu drei Jahren Freiheitsentzug),[134] die Möglichkeit einer extensiven Auslegung.[135] Diese Formulierung wiederum war wörtlich aus dem preußischen Strafgesetzbuch übernommen. Sie hatte etwa 1853 die Verurteilung des Schneidergesellen Tietz wegen Zugehörigkeit zu einer Fraktion des Bunds der Kommunisten ermöglicht. Der Rechtshistoriker Peter Collin spricht in diesem Zusammenhang von einer „generalklauselartige[n] Auffangnorm des § 66 des preußischen Strafgesetzbuches".[136]

Diese im deutschen Staatsschutzrecht traditionell tief verankerte gleitende Skala konnte nach Bedarf neu justiert werden. So sollte es denn auch in den Jahren 1933/34 geschehen, als der überkommene Hochverrats-Paragraph ohne großes Aufhebens an die Bedürfnisse des NS-Regimes angepasst wurde und damit zum zentralen Instrument der justitiellen Bekämpfung des politischen Widerstands – von den Kommunisten bis hin zu den Männern des 20. Juli – wurde.

Im Leipziger Urteil kam ein autoritärer Zug der Rechtskultur des Kaiserreichs zur Geltung, der für die Verurteilten umso desillusionierender war, als der Spruch von einem Geschworenengericht gefällt wurde. Gerade die Geschworenengerichte hatten noch Mitte des 19. Jahrhunderts als „Palladium der bürgerlichen Freiheit" gegolten, während Bismarck die Meinung geäußert hatte, ihren Befürwortern gehe es um die Verhinderung der Bestrafung politischer Verbrecher.[137] Zu diesen Befürwortern hatten ausdrücklich auch Bebel und Liebknecht gezählt. Im Programm der von ihnen im August 1866 mitgegründeten Sächsischen Volkspartei, einer Vorläuferorganisation der 1869 ins Leben gerufenen Sozialdemokratischen Arbeiterpartei, wurde in Punkt 7 die Forderung nach „Geschworenengerichte[n], namentlich auch in politischen und Preßprozessen" erhoben.[138] Liebknecht zeigte sich noch mehr als 20

---

134 Ebenda, 1.1.1872–7.10.1931, § 86; https://www.lexetius.com/StGB/86,13 (letzter Zugriff 29.4.2020).
135 Im Kölner Kommunistenprozess, wo ebenfalls keine unmittelbaren Umsturzhandlungen bewiesen werden konnten, auch wenn ein vom Ermittler Stieber vorgelegtes gefälschtes Protokollbuch dies belegen sollte, erfolgte die Verurteilung durch das Geschworenengericht aufgrund des aus der napoleonischen Gesetzgebung übernommenen Tatbestands des Komplotts, der ohne den Nachweis einer unmittelbaren Vorbereitungshandlung auskam; vgl. Herres, Kölner Kommunistenprozess, in: Geschichte in Köln 50 (2003), S. 147.
136 Peter Collin, Der Kampf gegen die Schwurgerichte Preußens, in: Zeitschrift für Neuere Rechtsgeschichte 23 (2001), S. 195–219, hier S. 213. Zur Genese vgl. auch Friedrich-Christian Schroeder, Der Schutz von Staat und Verfassung im Strafrecht. Eine systematische Darstellung, entwickelt aus Rechtsgeschichte und Rechtsvergleichung, München 1995, S. 77.
137 Dirk Blasius, Der Kampf um die Geschworenengerichte im Vormärz, in: Hans-Ulrich Wehler (Hrsg.), Sozialgeschichte heute. Festschrift für Hans Rosenberg zum 70. Geburtstag, Göttingen 1974, S. 148–151, hier S. 150.
138 Zit. nach Das Eisenacher Programm, beschlossen auf dem Parteitag des Allgemeinen Deutschen sozialdemokratischen Arbeiterkongresses zu Eisenach am 7., 8. und 9. August 1869, Offenbach 1947, S. 122.

Jahre später in seinem Vorwort zu dem 1894 von ihm herausgegebenen Prozessprotokoll zutiefst enttäuscht von der Rolle des Leipziger Gerichts und der Schwurgerichte generell, die er nun als Organe einer bürgerlichen Klassenjustiz einstufte. Einem letzten Endes rechtsnihilistischen Manichäismus verfiel er dennoch nicht, sondern verstand seinen Kampf wohl auch als einen Kampf um das Recht, wie sein folgendes Argument belegt: „Selbst sächsische Richter waren empört über unsere Verurtheilung, und mehr als einer sprach sich dahin aus, daß Berufsrichter uns nicht verurtheilt hätten. Was damals vielleicht ja noch möglich war."[139] Die Schlussbemerkung weist auf eine weitere Verfestigung autoritärer Haltungen der Richterschaft hin, die aus der Rechtskultur des Kaiserreichs ebenso wenig wegzudenken sind wie dessen eingangs angesprochenen bedeutenden rechtlichen Errungenschaften.

Kulturkampf und politische Justiz

Mit dem Hochverrats-Prozess gegen Bebel und Liebknecht war ein klares Zeichen gegen die Linke gesetzt worden, dem noch schärfere Repressionen folgen sollten. Doch zunächst trat das junge Kaiserreich mit einer anderen Gruppe sogenannter innerer Feinde in den Clinch, nämlich mit den Katholiken. Der Kulturkampf, der die 1870er Jahre stark prägt, hatte viele Dimensionen: religiös-konfessionelle ebenso wie internationale, er berührte Fragen des Schulwesens ebenso wie solche der Eheschließung, die Stellung der Priesterschaft und der Orden, insbesondere des 1872 in Deutschland verbotenen Jesuitenordens, und der katholischen Presse. Während vom Ersten Vatikanischen Konzil 1870 unter dem konservativen Pius IX. der Unfehlbarkeitsanspruch des Papstes verkündet wurde, wollten Bismarck und seine Unterstützer die Kirche „auf ihr ureigenstes Gebiet, die Seelsorge" einschränken.[140]

Dabei zeichnete sich der Kulturkampf durch eine eigentümliche Ambivalenz aus. Einerseits setzte der säkulare Staat hier seine Prärogative auf einer Reihe von Feldern durch, die in einer pluralen Gesellschaft schwerlich als ausschließliche Vorrechte der Kirche behandelt werden konnten: Dies galt etwa für die Zivilehe oder die Forderung von bestimmten Qualifikationen für Religionslehrer, die auch in staatlichen Schulen tätig waren. Diese neue Ausbalancierung des „Verhältnis[ses] von politischem Herrschaftssystem und christlichen Amtskirchen" war, so Hans-Ulrich Wehler, eine Aufgabe, die jeder westliche Staat im Verlauf des neuzeitlichen Modernisierungsprozesses bewältigen musste.[141] Andererseits ging das mit massiven Verfolgungsmaßnahmen einher, darunter auch mit Formen politischer Justiz. Unterstützung fand Bismarck mit dieser Politik vor allem bei den Liberalen. „Die deutschen

---

139 Hochverrats-Prozeß, S. 19; Hervorhebung durch Jürgen Zarusky.
140 Manfred Scholle, Die preußische Strafjustiz im Kulturkampf 1873–1880, Marburg 1974, S. 21.
141 Hans-Ulrich Wehler, Deutsche Gesellschaftsgeschichte, Bd 3: Von der „Deutschen Doppelrevolution" bis zum Beginn des Ersten Weltkriegs 1849–1914, München 1995, S. 892.

Liberalen trieben im Kulturkampf die Entstehung moderner Staatlichkeit voran – eine Entwicklung, die sich auch in anderen Ländern vollzog –, sie taten es jedoch in einer Weise, die den Verfassungsstaat im gleichen Augenblick, als sie ihn ausbauten, bereits wieder aushöhlte."[142] So wurde schon in der Frühphase des Kulturkampfs, im Dezember 1871, mit dem Kanzelparagraphen eine Bestimmung in das Strafgesetzbuch aufgenommen, die ein reines Meinungsdelikt definierte. Der neue Paragraph 130a bedrohte Priester oder „Religionsdiener", die in Kirchen oder anderen religiösen Zwecken gewidmeten Versammlungsorten staatliche Angelegenheiten „in einer den öffentlichen Frieden gefährdenden Weise zum Gegenstande einer Verkündigung oder Erörterung" machten, mit bis zu zwei Jahren Festungshaft oder Gefängnis. Am 20. März 1876 wurde der Kanzelparagraph um einen zusätzlichen Tatbestand erweitert. Mit der gleichen Strafe bedroht wurden nun auch Geistliche oder „Religionsdiener", die in beruflicher Eigenschaft Schriftstücke ausgaben oder verbreiteten, die dem oben genannten Zweck dienten.[143]

Dieser, der politischen Disziplinierung des Klerus dienenden Vorschrift wurde im Strafgesetzbuch bezeichnenderweise ein Platz in unmittelbarer Nachbarschaft zu einer Klausel zugewiesen, die jeden mit Strafe bedrohte, „der in einer den öffentlichen Frieden gefährdenden Weise verschiedene Klassen der Bevölkerung zu Gewalttätigkeiten gegen einander öffentlich anreizt" (Paragraph 130). Sozialistische Klassenkämpfer und katholische Kirchenkämpfer standen somit im Strafgesetzbuch Seite an Seite. Obwohl sie in ideologischer Hinsicht Welten trennten, führte die gemeinsame Verfolgungserfahrung doch zu einer Art negativer Solidarisierung, deren bedeutsamste Ausprägung die spätere (mehrheitliche) Ablehnung des Sozialistengesetzes durch das Zentrum war.

Die Konfrontation zwischen Staat und Kirche erreichte ihren Höhepunkt mit dem Verbot des Jesuitenordens 1872 – das von dem nationalliberalen Eduard Lasker übrigens mit der Begründung abgelehnt wurde, Gesetze hätten sich gegen spezifische Handlungen und nicht Organisationen oder Gruppen zu richten[144] – und den Maigesetzen der Jahre 1873 bis 1875.[145] Hierbei war das Gesetz vom Mai 1874, auch „Expatriierungsgesetz" genannt, besonders weitreichend, denn es eröffnete die

---

142 Dieter Langewiesche, Liberalismus in Deutschland, Frankfurt a. M. 1988, S. 184. Allerdings empfanden manche Vertreter des Liberalismus durchaus die Zwiespältigkeit ihrer Politik, wie der Brief Karl Biedermanns an Eduard Lasker über das Jesuitengesetz und seine bürgerrechtlichen Defekte vom 12.6.1872 zeigt (abgedruckt in: Im neuen Reich 1871–1890. Politische Briefe aus dem Nachlaß liberaler Parteiführer, ausgewählt und bearb. von Paul Wentzcke, Bonn/Leipzig 1926, S. 53 f.).
143 Strafgesetzbuch für das Deutsche Reich vom 15.5.1871, 20.3.1876–1.10.1953, § 130a; https://www.lexetius.com/StGB/130a,7 (letzter Zugriff 27.2.2020).
144 Vgl. Harris, Lasker, in: The Journal of Modern History 42 (1970), S. 354. Beim Sozialistengesetz sollte er diesem Grundsatz allerdings nicht mehr die Treue halten.
145 Vgl. Wehler, Gesellschaftsgeschichte, Bd. 3, S. 894–896; Heinrich August Winkler, Der lange Weg nach Westen, Bd. 1: Deutsche Geschichte vom Ende des Alten Reiches bis zum Untergang der Weimarer Republik, München 2000, S. 223–226. Ein eigenwilliger historischer Zufall hat den deutschen Kirchenkampfgesetzen die gleiche Bezeichnung eingebracht wie den in vieler Hinsicht ana-

Möglichkeit, gegen Priester, die aufgrund staatlicher Verfügung ihr Amt verloren hatten, es aber dennoch weiter ausübten, nicht nur Aufenthaltsverbote innerhalb des Reichs zu verfügen, sondern ihnen sogar die Staatsbürgerschaft und das Aufenthaltsrecht zu entziehen. Entscheidungen darüber trafen die staatlichen Gerichtshöfe für kirchliche Angelegenheiten beziehungsweise in Bundesstaaten, in denen solche nicht existierten, die höchsten Strafgerichte. Betroffene, die die Maßregel gerichtlich anfechten wollten, mussten den Beweis führen, dass sie die ihnen vorgeworfenen Handlungen nicht begangen hatten. Die Beweislast wurde also umgekehrt.[146] Insgesamt war das eine extreme Zuspitzung; noch im Jesuitengesetz von 1872 hatte man sich auf die Möglichkeit von Aufenthaltsverboten beschränkt, die Ausweisung aus dem Bundesgebiet war nur bei ausländischen Staatsbürgern möglich.[147] Das „Expatriierungsgesetz" blieb bis zum Mai 1890 bestehen, die Ausweisungsregel des Jesuitengesetzes bis 1904.[148] Ersteres hatte zwar zum Zeitpunkt seiner Abschaffung seine praktische Bedeutung längst verloren, seine Anwendung jedoch zahlreiche Gemeinden zeitweilig ihrer Seelsorger beraubt.

Auch der hohe Klerus wurde, wenn er nicht bereit war, die neuen staatskirchenrechtlichen Regelungen zu akzeptieren, von Verfolgung nicht verschont. Im Falle des Erzbischofs von Gnesen und Posen, Mieczysław Kardinal Halka Ledóchowski, führte die Kombination von kulturkämpferischen und antipolnischen Motiven zu einem besonders hohen Verfolgungsdruck. Der Erzbischof hatte vor dem Kulturkampf ein durchaus vertrauensvolles Verhältnis zur preußischen Regierung unterhalten, widersetzte sich aber mit einem Rundschreiben vom 23. Februar 1873 der Anordnung, der Religionsunterricht sei auch an den polnischen Gymnasien seiner überwiegend von Polen bewohnten Diözesen in deutscher Sprache zu halten. Da er überdies, entgegen dem ersten Maigesetz, kirchliche Ämter ohne Anzeigen bei den staatlichen Behörden besetzte und dem Religionslehrer Otto Schröter, der eine Loyalitätsadresse an den Kaiser unterschrieben hatte, mit Kirchenstrafen gedroht hatte, kam es zu einem scharfen Konflikt. Seine Absetzung durch das preußische Kirchengericht akzeptierte er nicht. Wegen dieser und weiterer Verstöße wurde er zu insgesamt zwei Jahren Haft verurteilt. Während der Gefangenschaft wurde Ledóchowski vom Papst zum Kardinal ernannt. Nach seiner Entlassung ging er nach Rom in den

---

logen österreichischen, die schon 1868 vom Reichsrat verabschiedet wurden; vgl. www.austria-forum.org/af/AEIOU/Maigesetze (letzter Zugriff 27.2.2020).
146 Vgl. Deutsches Reichsgesetzblatt (RGBl.), S. 43 f.: Gesetz, betreffend die Verhinderung der unbefugten Ausübung von Kirchenämtern vom 4.5.1874. https://de.wikisource.org/wiki/Gesetz,_betreffend_die_Verhinderung_der_unbefugten_Aus%C3%BCbung_von_Kirchen%C3%A4mtern (letzter Zugriff 29.4.2020).
147 Vgl. RGBl., S. 253: Gesetz, betreffend den Orden der Gesellschaft Jesu vom 4.7.1872; https://de.wikisource.org/wiki/Gesetz,_betreffend_den_Orden_der_Gesellschaft_Jesu (letzter Zugriff 29.4.2020).
148 Vgl. Jan Ziekow, Über Freizügigkeit und Aufenthalt. Paradigmatische Überlegungen zum grundrechtlichen Freiheitsschutz in historischer und verfassungsrechtlicher Perspektive, Tübingen 1997, S. 246, Anm. 202. Das Jesuitengesetz als solches hatte bis 1917 Bestand.

Vatikan und entkam so der Vollstreckung weiterer Strafurteile, unter anderem wegen Majestätsbeleidigung und Aufforderung zum Ungehorsam. In seine Diözesen sollte er nie mehr zurückkehren.[149]

Die Anwendung des Kanzelparagraphen erreichte ihren Höhepunkt, als der Paderborner Bischof Konrad Martin im März 1874 mit einem Hirtenbrief gegen den Kulturkampf und den von ihm als dessen Werkzeug eingestuften Altkatholizismus auftrat. Martin wurde wegen Nichtbeachtung der Maigesetze zu einer Gefängnisstrafe verurteilt. Er floh, weil er seine Absetzung durch den Staat nicht anerkannte, nach deren Abbüßung in die Niederlande.[150] Überdies wurden die Staatsanwälte angewiesen, Priester, die den Hirtenbrief verlasen, wegen „Kanzelmissbrauchs" zu verfolgen. Es kam zu einer Welle von Verfahren gegen 150 Priester aus der Diözese Paderborn. Zwar blieb eine solche massenhafte Verfolgung „einmalig in der Geschichte des an sich wenig bedeutsamen Kanzelparagraphen".[151] Jedoch sollte sich das freiheitsfeindliche Potential dieses Gesetzes nach einem „halben Dornröschenschlaf" von rund 50 Jahren nach Beendigung des Kulturkampfs darin zeigen, dass es unter der nationalsozialistischen Herrschaft erneut gegen die Kirche in Stellung gebracht wurde.[152]

Erheblicher Druck wurde auch auf die katholische Presse ausgeübt. Der katholische Publizist Eduard Hüsgen schrieb darüber in der Rückschau: „Nicht einmal die Rechtsprechung, deren Unabhängigkeit bis dahin Preußens Stolz gewesen war, blieb vom Kulturkampfe ganz unberührt. Der Justizminister hatte die Oberstaatsanwälte unterm 15. Juli 1874 durch eine besondere Verfügung angewiesen, den Blättern der Zentrumspartei eine erhöhte Aufmerksamkeit zuzuwenden und mit Beschlagnahme und Anklage überall da vorzugehen, wo der Tatbestand einer strafbaren Handlung zu finden sei. Welchen Erfolg eine solche Aufforderung an eine Behörde haben mußte, die ohnehin gewissermaßen von Amts wegen geneigt ist, Handlungen strafbar zu finden, läßt sich denken. Die Preßprozesse gegen die ‚ultramontane' Presse mehrten sich in auffälligster Weise, und die untergeordneten Organe der Justiz und der Polizei ließen sich in vielen Fällen offenbare Gesetzesverletzungen bei Beschlagnahmen und Haussuchungen zuschulden kommen. Selbst liberale Blätter gestanden ein, daß auf solche Weise alle Preßfreiheit vernichtet werden könne. In manchen Fällen wurden die Blätter der Zentrumspartei für Artikel bestraft, die in den liberalen Blättern desselben Ortes straflos zum Abdruck gelangt waren."[153]

---

[149] Vgl. Scholle, Strafjustiz im Kulturkampf, S. 59–71; Bernhard Stasiewski, Ledóchowski, Mieczysław Graf, in: Deutsche Biographie; http://www.deutsche-biographie.de/sfz49683.html (letzter Zugriff 27.2.2020).
[150] Vgl. Karl Hengst, Konrad Martin, Deutsche Biographie; http://www.deutsche-biographie.de/sfz58648.html (letzter Zugriff 27.2.2020).
[151] Scholle, Strafjustiz im Kulturkampf, S. 83.
[152] Vgl. Stephan Schmidl, Gestapo, Strafjustiz und „Kanzelmissbrauch" in Südbayern 1933 bis 1939, München 2002.

Der Rechtshistoriker Uwe Wilhelm präsentierte zum Kampf Bismarcks mit der „reichsfeindlichen" Presse folgende Bilanz: „Die für gewöhnlich gut informierte ‚Frankfurter Zeitung' zählte bis zum 1. November 1874 insgesamt 784 Bismarcksche Strafanträge gegen Redakteure ‚reichsfeindlicher' Blätter, in deren Folge 610 Verurteilungen in einer Gesamthöhe von 39 Jahren und 9 Monaten Gefängnis ergangen seien (Geldstrafen nicht mitgerechnet). Damit wären auf jeden Verurteilten durchschnittlich 23 Tage Gefängnis entfallen. Insgesamt wird man für die 70er Jahre von mehr als 1.000 Anträgen ausgehen dürfen."[154] In Bayern fanden zwischen 1874 und 1879 insgesamt 302 Presseprozesse statt, von denen hauptsächlich die Blätter der konservativ-katholischen Patriotenpartei betroffen waren.[155] In Preußen wurden 1875 allein von Januar bis April 135 Redakteure verurteilt, die fast ausschließlich den 89 katholischen Zeitungsredaktionen angehörten.[156] Unter dem Propaganda- und Verfolgungsdruck litt die Rechtssicherheit katholischer Bürger generell; sie wurden nicht selten wegen Bagatellen verurteilt.[157]

Das katholische Milieu hielt dem Verfolgungsdruck stand und verfestigte sich, was zugleich eine verstärkte Isolation von anderen Gesellschaftskreisen nach sich zog. Als am 7. Februar 1878 Pius IX. starb, begünstigte das die Abkehr vom Kulturkampf, ohne dass die grundlegende staatskirchenrechtliche Wende aufgegeben worden wäre. Schrittweise abgebaut wurden jedoch die in der Praxis zu diesem Zeitpunkt schon weitgehend bedeutungslos gewordenen Verfolgungsgesetze. Inwieweit der Kirchenkampf eine politische Niederlage Bismarcks war oder nicht, ist in unserem Zusammenhang ohne Belang. Staatsrechtliche Modernisierungen wie vor allem die Zivilehe sollten dauerhaften Bestand haben und konnten insbesondere bei Liberalen auf der Habenseite verbucht werden. Zugleich waren im Kulturkampf mit Unterstützung der Liberalen freiheitsfeindliche Normen und Praktiken etabliert worden, die der Glaubwürdigkeit ihrer freiheitlichen Bekenntnisse entgegenstanden. Ein erheblicher Teil von ihnen zeigte sich in der Folge bereit, auch bei Bismarcks Versuch, die seit 1875 in der Sozialistischen Arbeiterpartei Deutschlands (SAPD) organisatorisch zusammengeschlossene Sozialdemokratie zu vernichten, ähnliche rechtsstaatsfeindliche Maßnahmen zu unterstützen.

---

153 Zit. nach Das Deutsche Kaiserreich 1971–1914. Ein historisches Lesebuch, hrsg. und eingeleitet von Gerhard A. Ritter, Göttingen ⁵1992, S. 199–201, hier S. 200 f.
154 Uwe Wilhelm, Das Deutsche Kaiserreich und seine Justiz. Justizkritik, politische Strafrechtsprechung, Justizpolitik, Berlin 2010, S. 175.
155 Vgl. ebenda, S. 177 f.
156 Vgl. Scholle, Strafjustiz im Kulturkampf, S. 267.
157 Vgl. ebenda, S. 268 f.

Das Sozialistengesetz: Ausnahmerecht gegen die Sozialdemokratie 1878 bis 1890

Im Jahr 1878 wurden zwei Attentate auf Kaiser Wilhelm I. verübt. Das erste beging der psychisch labile Klempnergeselle Max Hödel mit einem „völlig unbrauchbaren Revolver"[158] am 11. Mai in Berlin Unter den Linden. Der Anschlag scheiterte vollständig, niemand wurde verletzt. Hödel hatte 1877 in Leipzig zeitweilig als Zeitungsausträger für die Sozialdemokratie gearbeitet, bis man sich wegen Unterschlagungen von ihm trennte. Zwei Tage vor seinem Attentat war er offiziell aus der Partei ausgeschlossen worden, nachdem er sich zuvor schon den Christlich-Sozialen des antisemitischen Hofpredigers Adolf Stoecker angeschlossen hatte.[159] Bismarck ergriff ohne Zögern die Chance, sich diesen Vorfall für seinen Kampf gegen die Sozialdemokratie nutzbar zu machen, und regte beim preußischen Innenminister Botho Graf zu Eulenburg eine sofortige Vorlage „gegen Sozialisten und deren Presse" an.[160] Die Sozialdemokratie, aber auch die Christlich-Sozialen distanzierten sich von Hödel.[161] Selbst ein bürgerliches Berliner Blatt stufte Hödels Tat als „ein an Wahnwitz streifendes Verbrechen eines wirren Kopfes" ein.[162] Dennoch wurde Hödel wegen Hochverrats zum Tode verurteilt und am 16. August 1878 hingerichtet. Darüber hinaus lag schon eineinhalb Wochen nach dem Attentat ein erster Entwurf eines Gesetzes zum Verbot sozialdemokratischer Vereine und Presseorgane vor, der maßgeblich aus der Feder Bismarcks stammte.[163] Er wurde vom Reichstag aber am 24. Mai mit großer Mehrheit abgelehnt.[164]

Doch nur etwas mehr als eine Woche später, am 2. Juni 1878, folgte ein zweites Attentat, bei dem der Kaiser durch einen Schuss aus einer Schrotflinte erheblich verwundet wurde. Täter war der Agronom Dr. Karl Nobiling, der aus dem Fenster eines Hauses in Unter den Linden schoss. Vor der Festnahme fügte er sich selbst eine schwere Schussverletzung zu. Er konnte nicht mehr vernommen werden und starb drei Monate nach der Tat im Gefängnis. Seine Motive blieben im Dunkeln. In einer unter Bismarcks Einfluss zustande gekommenen Depesche von Wolffs Telegraphischem Bureau wurde indes noch in der Nacht vom 2. auf den 3. Juni verbreitet, Nobiling habe sich zum Sozialismus bekannt.[165] Der Reichskanzler bediente sich hier ei-

---

[158] Wolfgang Pack, Das parlamentarische Ringen um das Sozialistengesetz Bismarcks 1878–1890, Düsseldorf 1961, S. 29.
[159] Vgl. ebenda; Ignaz Auer, Nach zehn Jahren, Material und Glossen zur Geschichte des Sozialistengesetzes, Nürnberg 1913, S. 19.
[160] Zit. nach Wolfgang J. Mommsen, Das Ringen um den nationalen Staat. Die Gründung und der innere Ausbau des Deutschen Reiches unter Otto von Bismarck 1850 bis 1890, Berlin 1993, S. 467.
[161] Vgl. Auer, Zehn Jahre, S. 20–23.
[162] Ebenda, S. 50.
[163] Vgl. ebenda, S. 31.
[164] Vgl. Pack, Sozialistengesetz, S. 48–50.
[165] Vgl. ebenda, S. 54 f.

ner Methode, die in der Geschichte der politischen Justiz immer wieder anzutreffen ist: Ein bedrohlicher Gewaltakt wird genutzt, um weitreichende Ausnahmeregelungen durchzusetzen. Die Wirkmächtigkeit ergibt sich aus der Schuldextension von einem tatsächlichen Täter auf eine zu inkriminierende Gruppe, die als Bedrohung dargestellt wird. Das Manöver erwies sich als erfolgreich: Über die Sozialdemokratie brach der zu erwartende Sturm des Hasses herein.[166]

Ignaz Auer berichtete von einer Welle von Provokationen und Denunziationen. Sehr beliebt sei es damals unter den Gegnern der Arbeiterbewegung geworden, deren Versammlungen aufzusuchen, sich unvermittelt zu erheben und ein Hoch auf den Kaiser auszubringen. Wer dann sitzenblieb oder seine Kopfbedeckung nicht abnahm, musste eine Anzeige wegen Majestätsbeleidigung gewärtigen.[167] Bei der Behandlung der Flut entsprechender Klagen ließen die Gerichte „die erforderliche Rationalität vermissen".[168] Dabei war die massive Justizkritik von rechts nicht ohne Bedeutung. Der um Zuspitzungen nie verlegene Historiker und Publizist von Treitschke beschwor die Gegenpole einer „schlaffe[n], gefühlsselige[n] Philanthropie" und des „alten guten Geist[es] preußischer Strenge".[169] Dieser „gute Geist" schien sich sehr schnell einzustellen, wie etwa das von Auer angeführte Beispiel einer Frau aus Brandenburg an der Havel illustriert. Sie hatte unmittelbar nach dem Attentat vom 2. Juni geäußert, der Kaiser sei wenigstens nicht arm, er könne sich pflegen lassen. Sie wurde wegen Majestätsbeleidigung zu eineinhalb Jahren Gefängnis verurteilt.[170]

Der Anstieg der Strafmaße war markant, auch wenn der justitielle Verfolgungsdruck auf die Sozialdemokratie schon vor 1878 erheblich gewesen war. Nach Erhebungen des sozialdemokratischen Blatts „Frankfurter Volksfreund" wurden zwischen dem Zeitpunkt der Reichsgründung und Mitte 1877 reichsweit rund 2200 politische Prozesse gegen Sozialdemokraten geführt, von denen wiederum drei Viertel auf die Zeit nach 1874 entfielen.[171] Erheblichen Anteil daran hatte der Ende 1873 zum Ersten Staatsanwalt am Berliner Stadtgericht berufene Hermann Tessendorf mit seiner scharfen und tendenziell auch über die Grenzen Preußens hinaus beispielgebenden Verfolgungspraxis.[172]

Die Abkehr von der von ihm kritisierten, angeblichen „allzu milde[n] Anwendung der Gesetze"[173] war dem vielgelesenen und einflussreichen von Treitschke nicht genug. In seinem Aufsatz „Der Socialismus und der Meuchelmord" in den

---

[166] Vgl. Stephan Resch, Das Sozialistengesetz in Bayern 1878–1890, Düsseldorf 2012, S. 40.
[167] Vgl. Auer, Zehn Jahre, S. 42 f.
[168] Wilhelm, Kaiserreich und Justiz, S. 206.
[169] Heinrich von Treitschke, Der Socialismus und der Meuchelmord, in: Preußische Jahrbücher 41 (1878), S. 637–647, hier S. 642.
[170] Vgl. Auer, Zehn Jahre, S. 43.
[171] Vgl. Wilhelm, Kaiserreich und Justiz, S. 203.
[172] Vgl. ebenda, S. 201.
[173] Von Treitschke, Socialismus, in: Preußische Jahrbücher 41 (1878), S. 642.

„Preußischen Jahrbüchern" vom 10. Juni 1878 rief er nicht nur die Großunternehmer dazu auf, „dem Beispiele einiger ihrer tüchtigsten Genossen" zu folgen und sozialdemokratische Arbeiter zu entlassen.[174] Auch eine Reihe bürgerlicher Blätter brachte einen entsprechenden Aufruf, der durchaus Folgen zeitigte.[175] Treitschke, der als Abgeordneter bereits dem ersten Entwurf von Bismarcks Sozialistengesetz zugestimmt hatte, sah sich nun bestätigt und erklärte: „Es wird die höchste Zeit, daß der Staat für längere Zeit die Vereine der Socialdemokratie schließt, ihre Zeitungen verbietet, ihre Agenten aus den großen Mittelpunkten der Arbeiterbevölkerung ausweist." Man dürfe vor Ausnahmegesetzen nicht zurückschrecken.[176]

Das entsprach Bismarcks Auffassung, der allerdings zunächst, ungeachtet der Bereitschaft der liberalen Parteien, nun einem Sozialistengesetz zuzustimmen, den Reichstag auflöste. Aus den Wahlen vom 30. Juli 1878 ging zwar die Rechte deutlich gestärkt hervor, während die liberalen Parteien sowie die Sozialdemokratie empfindliche Verluste erlitten. Die angestrebte konservative Wende trat dennoch nicht in dem erwünschten Ausmaß ein. Vor allem war es nicht gelungen, die Sozialdemokratie aus dem Reichstag zu verdrängen, die zwar ein Viertel ihrer Mandate verloren hatte, aber immer noch mit neun Abgeordneten vertreten war.[177]

Dem Sozialistengesetz aber stand grundsätzlich nichts mehr im Wege. Am 18. August lag ein Regierungsentwurf vor, jedoch gab es Differenzen über seine Ausgestaltung. Die Nationalliberalen, die ihre prinzipielle Ablehnung aufgegeben hatten, verlangten die Berücksichtigung rechtsstaatlicher Bedenken, für die allerdings der rechte Flügel der Partei nur noch wenig Verständnis aufbrachte. Die wichtigsten Debatten hierüber fanden in der 21-köpfigen Reichstagskommission statt, die den Regierungsentwurf intensiv bearbeitete. Die SAPD war in ihr nicht vertreten. Wolfgang Pack hat in seiner Untersuchung des parlamentarischen Ringens um das Sozialistengesetz drei neuralgische Punkte identifiziert, um die die Auseinandersetzung vor allem kreiste, nämlich „um eine schärfere Definition der zu verfolgenden Bestrebungen und Agitationsmethoden, um die Schaffung einer unabhängigen Berufungsinstanz und die Zeitbegrenzung des Gesetzes".[178] Erreicht wurde vor allem die Ersetzung des zuerst vorgesehenen Begriffs „Untergrabung der bestehenden Staats- und Gesellschaftsordnung" durch „Umsturz",[179] die Bildung einer Reichskommission mit richterlicher Beteiligung als Beschwerdeinstanz anstelle der alleinigen Zuständigkeit des Bundesrats sowie die Bindung von Aufenthalts- und Gewerbeverboten in den nicht unter dem – gleich noch zu erläuternden – Kleinen Belagerungszustand

---

174 Ebenda, S. 640. Zu den „tüchtigsten Genossen" zählte etwa Friedrich Krupp, der schon 1877 die Entfernung aller sozialdemokratischen Arbeiter aus seinen Betrieben verfügt hatte; vgl. Mommsen, Ringen, S. 459.
175 Vgl. Auer, Zehn Jahre, S. 69–71.
176 Von Treitschke, Socialismus, in: Preußische Jahrbücher 41 (1878), S. 640.
177 Vgl. Pack, Sozialistengesetz, S. 73.
178 Ebenda, S. 95.
179 Zit. nach ebenda.

stehenden Gebieten an eine vorausgegangene gerichtliche Verurteilung. Dabei ging es nicht zuletzt um den Schutz gewerblicher Existenzen vor polizeilicher Willkür.[180] Ferner wurde das Gesetz auf zweieinhalb Jahre befristet, was zur Folge hatte, dass es in kurzen Abständen immer wieder zum Gegenstand parlamentarischer Beratungen wurde.[181]

Die Uneinigkeit der Nationalliberalen, die unter dem Druck Bismarcks von ihrem linken Flügelmann in der Kommission, Eduard Lasker, abrückten, verhinderte weiterreichende Ergebnisse. Lasker wurde durch heimliche Verabredungen von Bismarck und dem Fraktionsvorsitzenden der Nationalliberalen, Rudolf von Bennigsen, überspielt. Am 19. Oktober 1878 wurde das Sozialistengesetz mit einer soliden Mehrheit von 221 gegen 149 Stimmen verabschiedet. Befürworter waren die beiden konservativen Fraktionen, die Nationalliberalen und die von der Deutschen Fortschrittspartei abgespaltene Gruppe Löwe-Berger. Zentrum, Fortschrittspartei und DVP, Sozialdemokraten sowie die Vertreter der Polen, Elsässer und Dänen stimmten dagegen.[182]

Das am 21. Oktober verkündete „Gesetz gegen die gemeingefährlichen Bestrebungen der Sozialdemokratie" umfasste 30 Paragraphen, deren erster lautete: „Vereine, welche durch sozialdemokratische, sozialistische und kommunistische Bestrebungen den Umsturz der bestehenden Staats- oder Gesellschaftsordnung bezwecken, sind zu verbieten. Dasselbe gilt von Vereinen, in welchen sozialdemokratische, sozialistische oder kommunistische auf den Umsturz der bestehenden Staats- oder Gesellschaftsordnung gerichtete Bestrebungen in einer den öffentlichen Frieden, insbesondere die Eintracht der Bevölkerungsklassen gefährdenden Weise zu Tage treten. Den Vereinen stehen gleich Verbindungen jeder Art."[183] Das bedeutete praktisch ein totales politisches Organisationsverbot. Allerdings gab es Einschränkungen hinsichtlich der genossenschaftlichen Unterstützungsvereine, die man zunächst nicht verbieten, sondern nur unter staatliche Kontrolle stellen wollte. Das Damoklesschwert des Verbots bei Zuwiderhandlungen gegen Anordnungen der Kontrollbehörden oder bei Auftreten der verbotenen Bestrebungen hing indes auch über diesen. Einzelbestimmungen regelten unter anderem die Auflösung von Versammlungen sowie das Verbot und die Beschlagnahme von Druckschriften.

Gegen die Vereins- und Druckschriftenverbote gab es keine gerichtliche Beschwerdemöglichkeit, vielmehr sahen die Paragraphen 26 und 27 des Sozialistengesetzes die Bildung einer Reichskommission als Appellationsinstanz vor. Diese Kommission war personell eine eigentümliche Mischinstanz aus Vertretern der Exekutive und der Judikative. Ihre Mitglieder wurden vom Bundesrat gewählt, der Vertretung

---

[180] Vgl. Auer, Zehn Jahre, S. 78 f.
[181] Vgl. Pack, Sozialistengesetz, S. 119–235.
[182] Vgl. ebenda, S. 111.
[183] Die verschiedenen Entwurfsstufen sowie der endgültige Gesetzestext sind abgedruckt in: ebenda, S. 242–263; der Gesetzestext ist online verfügbar unter: https://de.wikisource.org/wiki/Gesetz_gegen_die_gemeingef%C3%A4hrlichen_Bestrebungen_der_Sozialdemokratie_%28Sozialistengesetz%29#.C2.A7._1 (letzter Zugriff 27.2.2020).

der Gliedstaaten, deren Vorsitz der Reichskanzler innehatte, und zwar vier aus den eigenen Reihen und fünf aus den Richtern der höchsten Gerichte des Reichs beziehungsweise der Bundesstaaten. Die Kommission entschied in der Besetzung von fünf Mitgliedern, von denen drei Richter sein mussten. Ihre Beweiserhebungsrechte entsprachen denen der Gerichte.

Paragraph 28 des Sozialistengesetzes schließlich definierte den Kleinen Belagerungszustand. In Orten oder Gebieten, in denen die sozialistische Arbeiterbewegung besonders stark auftrat, konnte die Durchführung von Versammlungen generell von polizeilicher Genehmigung abhängig gemacht, der Vertrieb von Druckschriften pauschal verboten, gegen Personen, die der potentiellen Gefährdung der öffentlichen Sicherheit und Ordnung verdächtigt wurden, ein Aufenthaltsverbot verhängt und schließlich der Besitz und das Tragen von Waffen eingeschränkt werden.

Das Ziel des Sozialistengesetzes, nämlich die sozialistische Arbeiterbewegung vollständig zu unterdrücken und nach Möglichkeit zu vernichten, ganz so, wie das von Treitschke als Sprachrohr breiter Kreise von Adel und Bürgertum gefordert hatte, war unverkennbar. Allerdings wäre Bismarck gerne noch weiter gegangen, bis hin zum Entzug von Wahlrecht und Wählbarkeit der „gesetzlich als Sozialisten erweisbaren Staatsbürger".[184] Da die Verfassung des Kaiserreichs keinen Grundrechtsschutz kannte, gab es keinen institutionalisierten Normenkonflikt, allerdings kollidierte das Gesetz mit manchen bundesstaatlichen Bestimmungen wie dem bayerischen Heimatrecht, das die Ausweisung in bestimmten Fällen unmöglich machte.[185] Die Milderungen des Regierungsentwurfs, die vor allem auf Eduard Lasker zurückgingen, waren nicht völlig unbedeutend, aber doch nicht so substantiell, dass sie den Charakter des Gesetzes entscheidend verändert hätten.

Die Repression setzte unmittelbar mit seiner Verabschiedung ein. Die Betroffenen wurden von einem „Gefühl absoluter Rechtlosigkeit"[186] erfasst. „Sobald das Gesetz verkündet und in Kraft getreten war, fielen die Schläge hageldicht", schrieb August Bebel in seinen Erinnerungen. „Binnen wenigen Tagen war die gesamte Parteipresse mit Ausnahme des ‚Offenbacher Tageblatts' und der ‚Fränkischen Tagespost' in Nürnberg unterdrückt. Das gleiche Schicksal teilte die Gewerkschaftspresse mit Ausnahme des Organs des Buchdruckerverbandes, des ‚Korrespondenten'. Auch war der Verband der Buchdrucker, abgesehen von den Hirsch-Dunckerschen Vereinen, die einzige Gewerkschaftsorganisation, die von der Auflösung verschont blieb. Alle übrigen fielen dem Gesetz zum Opfer. Ebenso verfielen der Auflösung die zahlreichen lokalen sozialdemokratischen Arbeitervereine, nicht minder die Bildungs-, Gesang- und Turnvereine, an deren Spitze Sozialdemokraten standen".[187]

---

184 Manfred Scharrer, Organisation und Vaterland. Gewerkschaften vor dem Ersten Weltkrieg, Köln 1990, S. 27; Mommsen, Ringen, S. 471.
185 Vgl. Resch, Sozialistengesetz, S. 60.
186 Auer, Zehn Jahre, S. 94.
187 August Bebel, Aus meinem Leben, Dritter Teil, hrsg. von Karl Kautsky, Stuttgart 1941, S. 20.

Schon Ende November 1878 wurde über Berlin der Kleine Belagerungszustand verhängt und die Ausweisung gegen 67 sozialdemokratische Aktivisten angeordnet, unter ihnen auch Ignaz Auer, der spätere erste Historiograph des Gesetzes. 24 der prominentesten von ihnen verfassten einen Aufruf, dessen Losung „An unserer Gesetzlichkeit müssen unsere Feinde zugrunde gehen!" zur Maxime der sozialdemokratischen Strategie im Kampf gegen die Verfolgung wurde.[188] Die Absage an die früher nicht selten gepflogene radikale Revolutionsrhetorik und die Mahnung an die Anhängerschaft, sich nicht zu Unbesonnenheiten hinreißen zu lassen, dienten der Sicherung der noch verbliebenen legalen Spielräume. Parteizeitungen und sozialdemokratische Vereine gingen dazu über, den expliziten Bezug zur als umstürzlerisch eingestuften sozialdemokratischen Programmatik zu vermeiden. Ob dieser gegeben war oder nicht, war häufig die Streitfrage bei Verbotsverfahren. Die Handhabung des Sozialistengesetzes, die regional und im Zeitverlauf recht unterschiedlich war, kann hier nicht im Einzelnen dargestellt werden. Seine Bilanz umfasst das Verbot von 318 Vereinen, 608 periodischen Druckschriften und 1241 nicht periodischen Druckschriften; insgesamt wurden 2167 Verbote ausgesprochen. In etwa einem Siebtel der Fälle wurden Beschwerden an die Reichskommission gerichtet, die zu etwas mehr als einem Fünftel positiv beziehungsweise zu nahezu 80 Prozent negativ beschieden wurden.[189] Franz Mehring, der Historiker der frühen Sozialdemokratie, kommt zu ähnlichen Angaben, führt aber auch die Zahlen der gegen Personen gerichteten Repressionen an: „Nach einer ungefähren Statistik waren unter dem Sozialistengesetze 1300 periodische oder nicht periodische Druckschriften und 332 Arbeiterorganisationen der einen oder der anderen Art verboten worden. Ausweisungen aus den Belagerungsgebieten waren gegen 900 erfolgt, von denen über 500 die Ernährer von Familien betroffen hatten; auf Berlin fielen 293, auf Hamburg 311, auf Leipzig 164, auf Frankfurt 71, auf Stettin 53, auf Spremberg 1 [...]. Die Höhe gerichtlich verhängter Freiheitsstrafen belief sich auf etwa 1000 Jahre, die sich auf 1500 Personen verteilten."[190]

Die nackten Zahlen der Statistik geben allerdings kaum eine Vorstellung von der Intensität der Repression.[191] Dort, wo die Behörden den Rückzug in den vorpolitischen Raum – etwa bei gewerkschaftlichen Vereinigungen, die sich wie der Verband deutscher Buchdrucker zu Unterstützungsvereinen umdeklarierten[192] – nicht überzeugend fanden oder wo sie Umstürzlerisches witterten, stand ihnen ein ganzes

---

188 Vgl. Auer, Zehn Jahre, S. 96. Ein Faksimile des Flugblatts mit dem Aufruf der Ausgewiesenen bei Scharrer, Organisation und Vaterland, S. 29–31.
189 Vgl. Der Kampf der deutschen Sozialdemokratie in der Zeit des Sozialistengesetzes 1878–1890. Die Tätigkeit der Reichs-Commission, hrsg. von Leo Stern, in: Archivalische Forschungen zur Geschichte der Deutschen Arbeiterbewegung, Bd. 3/1, Berlin 1956, S. 10.
190 Franz Mehring, Geschichte der deutschen Sozialdemokratie, Bd. 4: Bis zum Erfurter Programm, 6. und 7. Aufl., Stuttgart 1919, S. 325 f.
191 Umfangreiche Schilderungen bei Auer, Zehn Jahre, S. 207–370.
192 Vgl. Scharrer, Organisation und Vaterland, S. 40 f.

Maßnahmenpaket zur Verfügung. So war beispielsweise Johann Heinrich Wilhelm Dietz, der Ende 1881 in Stuttgart als private Vertrauensperson den Parteiverlag und eine Druckerei übernommen hatte, dort schon am 11. Januar 1882 mit einer Hausdurchsuchung konfrontiert und wurde, obwohl er als Hamburger Reichstagsabgeordneter Immunität genoss, sogar kurzzeitig verhaftet. Im Oktober 1884 steigerte sich das polizeiliche Interesse an Dietz' Tätigkeit so sehr, dass er praktisch täglich Besuch bekam. Da das immer wieder mit Beschlagnahmen von Geschäftsunterlagen einherging und auch seinem Renommee schadete, gab er den Stuttgarter Druckereibetrieb schließlich auf und verlagerte ihn in die Schweiz.[193]

Die Schweiz war der wichtigste Rückzugsraum für die deutschen Sozialdemokraten. Auf Schloss Wyden im Kanton Zürich fand im Jahr 1880 ein Parteitag der illegalisierten SAPD statt. Schon im Herbst 1879 war dort die erste Nummer des Untergrund-Parteiblatts „Der Sozialdemokrat" erschienen, das es auf zwölf Jahrgänge und auf eine Auflage von über 10 000 bringen sollte. 1883 fand ein weiterer Kongress in Kopenhagen statt, 1887 noch einmal in der Schweiz, in St. Gallen. Allerdings waren diese Aktivitäten den staatlichen Behörden nicht entgangen. Schon nach dem Kongress von Wyden hatten sie Untersuchungen wegen Teilnahme an einer geheimen Verbindung eingeleitet, die jedoch eingestellt wurden. Erst Ende September 1885 wurde vor dem Chemnitzer Landgericht gegen führende Sozialdemokraten, unter ihnen auch Dietz, Anklage erhoben. Der Prozess endete mit einem Freispruch. Das Landgericht stellte fest, es fehlten die eine Vereinigung bestimmenden äußeren Merkmale, insbesondere der spezielle Beitritt, mit dem die Unterordnung unter den Willen der Gesamtheit erklärt werde. Zwar sei das Fortbestehen einer Organisation der Sozialdemokratischen Arbeiterpartei bekannt, doch könne nicht nachgewiesen werden, dass es sich dabei um eine Verbindung im Sinne der Paragraphen 128 und 129 des StGB handele. Die vom Staatsanwalt eingelegte Revision führte jedoch zur Aufhebung des Chemnitzer Spruchs durch das Reichsgericht und zur Neuverhandlung vor dem Landgericht Freiberg, die im Oktober 1886 mit einem anderen Ergebnis endete. Ausschlaggebend dafür war die „extensive[...] Deutung des Verbindungsbegriffs" durch das Reichsgericht, wonach zur Bildung einer geheimen Verbindung keine Willenserklärung der Mitglieder nötig war, sondern „konkludente Handlungen" genügten.[194]

Zwar blieb es beim Freispruch hinsichtlich des Paragraphen 128 („geheime Verbindung"), jedoch verurteilte das Gericht sechs Angeklagte, unter ihnen Auer, Bebel und Georg von Vollmar, zu neun, weitere drei, unter ihnen Dietz, zu sechs Monaten Gefängnis wegen Verstoßes gegen Paragraph 129. Dieser inkriminierte „die Teilnahme an einer Verbindung, zu deren Zwecken oder Beschäftigungen [es] gehört, Maß-

---

[193] Vgl. Christof Rieber, Das Sozialistengesetz und die Sozialdemokratie in Württemberg 1878–1890, 1. Teilbd., Stuttgart 1984, S. 173–178.
[194] Wilhelm, Kaiserreich und Justiz, S. 289.

regeln der Verwaltung oder die Vollziehung von Gesetzen durch ungesetzliche Mittel zu verhindern oder zu entkräften".[195]

Das Urteil bezog sich unter anderem auf die Verteilung des „Sozialdemokrat" in Deutschland, mit der das Verbot sozialistischer Schriften unterlaufen wurde, und die Tatsache, dass diese Zeitung während der Kongresse auf Schloss Wyden und in Kopenhagen zum offiziellen Organ der Partei erklärt worden war. Eine unmittelbare Beteiligung der Angeklagten an dessen Verbreitung hatte das Landgericht allerdings nicht beweisen können. Die sozialdemokratische Fraktion des Reichstags, die als faktische Parteileitung fungierte, hob als Reaktion auf das Urteil im Oktober 1886 den Charakter des „Sozialdemokrat" als offizielles Parteiorgan auf. Handelte es sich dabei um eine Formalie, waren andere Folgen des Urteils weitreichender, denn es lieferte die Anregung zu weiteren Prozessen. Den Staatsanwaltschaften wurden entsprechende Ermittlungen nahegelegt.[196] Franz Mehring sprach von einer „Flut von Geheimbundprozessen". Von der Einführung des Sozialistengesetzes bis zum Freiberger Prozess, also in etwa sechs Jahren, seien nur 24 entsprechende Verfahren durchgeführt worden, von denen sechs mit Freisprüchen und zehn mit Einstellung des Verfahrens geendet hätten. Von Anfang August 1886 bis Ende Januar 1889 habe es hingegen 55 Geheimbundprozesse gegeben, von denen nur zehn mit Verfahrenseinstellung und acht mit Freisprüchen geendet, hingegen 33 zur Verurteilung von insgesamt 236 Personen geführt hätten.

Den Höhe- und zugleich Endpunkt markierte der Elberfelder Geheimbundprozess des Jahrs 1889, ein Massenprozess mit 87 Angeklagten. Trotz der Verurteilung von 44 Personen zu insgesamt zehn Jahren – 43 Beschuldigte wurden freigesprochen – erreichte der Prozess sein politisch wichtigstes Ziel nicht. Es misslang „trotz ‚schwerer Verdachtsmomente'" der gerichtsfeste Nachweis einer unter Leitung der sozialdemokratischen Reichstagsfraktion bestehenden allgemeinen Verbindung in Deutschland, die Mehring zufolge bei einem anderen Ausgang das nächste Angriffsziel gewesen wäre.[197] Die Geheimbundprozesse, die mit dem Elberfelder Verfahren endeten, zogen nicht nur Kritik von Seiten der Sozialdemokraten auf sich, die sie als Ausdruck einer allgegenwärtigen Klassenjustiz betrachteten, sondern auch von liberaler Seite, die eine freiheitsfeindliche Überdehnung des Strafrechts befürchtete.[198] Uwe Wilhelm betrachtete den Chemnitzer Geheimbundprozess als einen Wendepunkt in der Praxis des Sozialistengesetzes. „Mit dem Jahr 1885 endete die Schonfrist für die Justiz. Die Ursache lag in der Erfolglosigkeit der bisherigen Strategie: Nach anfänglichem Zusammenbruch konnte sich die Sozialdemokratie weitgehend reorganisieren, so daß der Versuch einer mit ausnahmerechtlich-polizeistaatlichen Mitteln betriebenen Eliminierung der Partei als gescheitert gelten mußte. Zwangsläufig

---

195 Strafgesetzbuch für das Deutsche Reich vom 15.5.1871, 1.1.1872–31.8./1.9.1951, § 129; https://www.lexetius.com/StGB/129,11 (letzter Zugriff 15.5.2020).
196 Vgl. Auer, Zehn Jahre, S. 14.
197 Mehring, Geschichte der Sozialdemokratie, Bd. 4, S. 286.
198 Vgl. ebenda, S. 286 f.; Auer, Zehn Jahre, S. 141.

gerieten das gemeine Strafrecht und damit die Gerichte wieder in den Blick der maßgebenden Stellen. Ihre verstärkte Inanspruchnahme zeichnete sich in der zweiten Hälfte des Jahres 1885 ab, als zur gleichen Zeit die erste Runde der Diätenprozesse und der Chemnitzer Geheimbundsprozeß stattfanden."[199]

Die erwähnten Diätenprozesse richteten sich gegen die materielle Unterstützung von Abgeordneten der Sozialdemokratie, aber auch der der Fortschrittspartei durch die jeweiligen Partei- und Fraktionskassen. Laut Artikel 32 der Reichsverfassung durfte die Abgeordnetentätigkeit nicht entlohnt werden. Der preußische Fiskus klagte auf dieser Basis in einer Reihe von Fällen auf Rückzahlung. In etlichen Fällen wurde solchen Klagen in der zweiten Instanz stattgegeben.[200] Die Diätenlosigkeit der Abgeordneten hatte Bismarck bei der Entstehung der Reichsverfassung eingefordert, „weil er", wie in einem zustimmenden Kommentar der nationalliberalen Zeitschrift „Die Grenzboten" zu den Diätenprozessen zu lesen ist, „in dieser das unentbehrliche Korrektiv für die Gefahren des allgemeinen Wahlrechts erblickte".[201] Zur Zeit der Errichtung des Norddeutschen Bunds, aus dessen Verfassung das Diätenverbot stammte, waren mit Ausnahme der Kleinstaaten Anhalt und des Fürstentums Reuß älterer Linie Diäten aus der Staatskasse für gewählte Volksvertreter durchgängige Praxis gewesen.[202] Auf diesem Wege hätte die materielle Abhängigkeit der Reichstagsabgeordneten von Parteien und Wählergruppen, die von Befürwortern der Diätenprozesse als Gefahr für die Gewissensfreiheit des Abgeordneten heraufbeschworen wurde, vermieden werden können. Dass dies nicht geschah, verweist auf die eigentliche Absicht, nämlich die ärmeren Schichten vom politischen Willensbildungsprozess faktisch auszuschließen. Die fiskalisch begründeten Diätenprozesse gehörten somit tatsächlich zu dem Verfassungskampf, der mit dem Sozialistengesetz eingeleitet worden war.

Dass es um einen solchen und um die Eliminierung einer ganzen politischen Bewegung ging, machte der Regierungsentwurf für die Verlängerung des Gesetzes von 1888 noch einmal deutlich, mit dem eine weitere Radikalisierungsstufe erreicht wurde. Er sah vor, das Strafmaß für die Verbreitung sozialdemokratischer Schriften von einem halben Jahr Freiheitsstrafe auf ein Jahr zu erhöhen, wobei schon das Auslegen oder Bereithalten einer solchen Schrift an einem dem Publikum zugänglichen Ort wie etwa einer Schankwirtschaft den Tatbestand erfüllen sollte. Auch der Strafrahmen für sogenannte Agitatoren sollte auf das Doppelte, bis zu zwei Jahre, erhöht werden. Die Teilnahme an Versammlungen, die den vom Sozialistengesetz inkrimi-

---

199 Wilhelm, Kaiserreich und Justiz, S. 289.
200 Vgl. C. Fuchs, Die Diätenprozesse in Preussen, in: Archiv des öffentlichen Rechts 2 (1887), S. 123–146.
201 „Zur Frage der Diätenprozesse", in: Die Grenzboten 44 (1885), H. 3, S. 393–395, hier S. 393. Zur Gesamtproblematik vgl. Hermann Butzer, Diäten und Freifahrt im Deutschen Reichstag. Der Weg zum Entschädigungsgesetz von 1906 und die Nachwirkung dieser Regelung bis in die Zeit des Grundgesetzes, Düsseldorf 1999.
202 Vgl. Fuchs, Diätenprozesse, in: Archiv des öffentlichen Rechts 2 (1887), S. 127.

nierten Zwecken dienten, sollte mit Freiheitsstrafe bedroht werden. Vor allem aber sah der Entwurf die Möglichkeit vor, auch Taten im Ausland zu bestrafen und Verurteilten die Staatsangehörigkeit zu entziehen. Der solchermaßen Ausgestoßene sollte bei eigenmächtiger Rückkehr ins Bundesgebiet mit Gefängnis bestraft werden. Auf diese Weise hoffte man, wenigstens teilweise der unerwünschten Nebenwirkung der Ausweisungen zu begegnen, die darin bestand, dass die aus ihren Wohnorten Verbannten am neuen Aufenthaltsort ihre politische Werbungsarbeit fortsetzten. Dazu kam eine grundsätzliche Erwägung, die für das dahinterstehende Verfassungsverständnis aufschlussreich ist, nämlich die, „dass diejenigen, welche die Existenzbedingungen des Staates verneinen und für die Herbeiführung des gewaltsamen Umsturzes der bestehenden Staats- und Gesellschaftsordnung berufsartig ihre Kräfte einsetzen, nicht den Anspruch darauf erheben dürfen, noch weiter Angehörige des Staates zu sein. Wenn daher der Staat derartige Personen aus seiner Gemeinschaft ausscheidet, so wird hierin ein berechtigter Grund zur Klage nicht gefunden werden können."[203] Der Gesetzentwurf, der an das „Expatriierungsgesetz" aus der Zeit des Kulturkampfs anknüpfte, fand im Reichstag indes nur die Zustimmung einiger Konservativer, und es blieb bei der Verlängerung des überkommenen Gesetzes.[204]

Dieses war damit zum vierten Mal verlängert worden. 1880 war das für den Zeitraum von 1881 bis 1884 nahezu mit einer Zweidrittelmehrheit geschehen, zu der damals eine ganze Reihe Abgeordneter des Zentrums beitrugen, 1884 erfolgte eine zweijährige Verlängerung mit einer Mehrheit von 189 gegen 157 Stimmen, die weitere Verlängerung 1886 galt fast schon als Selbstverständlichkeit.[205] 1888 wurde entsprechend verfahren, auch wenn die Verschärfungen der Regierungsvorlage nicht durchdrangen. Es werde „auch in Zukunft aller Voraussicht nach wieder verlängert werden", schrieb Ignaz Auer im Jahre 1889. Diese Vorhersage sollte sich aber als unzutreffend erweisen, da sich bei den entsprechenden Verhandlungen eine eigenartige Konfliktkonstellation ergab. Die Nationalliberalen waren nur zu einer weiteren Verlängerung bereit, wenn der Ausweisungsparagraph gestrichen wurde. Der junge Kaiser Wilhelm II. akzeptierte die Milderung, um das Gesetz als Ganzes zu retten. Bismarck kam jedoch der Aufforderung der Konservativen, die Änderung durch eine Reichstagsrede zu sanktionieren, nicht nach. Daher stimmten am 25. Januar 1890 nur 98 Nationalliberale und Freikonservative für das Gesetz, während 169 Abgeordnete von Zentrum, Freisinn, Sozialdemokratie, Elsass-Lothringern und der nationalen Minderheiten sowie der aus ganz anderen Motiven so votierenden Deutschkonservativen gegen die Vorlage stimmten.[206] Die Geltung des Sozialistengesetzes

---

203 Stenographische Berichte über die Verhandlungen des Reichstages, 7. Legislaturperiode, II. Session 1887/88, Bd. 3, 1. Anlagebd., Berlin 1888, S. 386–389, hier S. 388.
204 Vgl. Auer, Zehn Jahre, S. 168.
205 Vgl. ebenda, S. 126, S. 129 und S. 153.
206 Vgl. Winkler, Weg, Bd. 1, S. 259.

endete folglich mit dem 30. September 1890, ein Ereignis, das von Anhängern der sozialistischen Arbeiterbewegung landauf, landab feierlich begrüßt wurde.[207]

Das Sozialistengesetz war die weitreichendste politische Verfolgungskampagne in der Geschichte des Kaiserreichs. Da es zwölf Jahre lang über fünf Abstimmungen hinweg von einer Mehrheit des Reichstags – wenn auch keineswegs stets einmütig – getragen wurde, wird man ihm einen erheblichen Einfluss auf die deutsche Rechtskultur hinsichtlich des Umgangs mit einer Systemopposition nicht absprechen können. Es handelte sich um ein Ausnahmegesetz, das sowohl justitielle als auch administrative Sanktionen gegen sozialdemokratische, sozialistische und kommunistische Bestrebungen vorsah. Nipperdeys Postulat, das Kaiserreich sei ein Rechtsstaat gewesen, wird durch das Sozialistengesetz nicht widerlegt, aber doch erheblich relativiert. Manfred Scharrer argumentiert, beim Versuch der Unterdrückung der Sozialdemokratie hätten sich „auch die Grenzen des autoritären Obrigkeitsstaates im Rahmen der Verfassung des Deutschen Reiches" und die „relative Macht, die das Rechtsstaatsprinzip im öffentlichen Bewusstsein erreicht hatte", gezeigt. „Allein, dass die Exekutive glaubte, für die Unterdrückung der Sozialdemokratie einer gesetzlichen Grundlage zu bedürfen, ist dafür ein Indiz. [...] Das Sozialistengesetz bedeutete auch, dass die Behörden ihre Unterdrückungsmaßnahmen gegen Sozialdemokraten legitimieren mussten und dass es gegen ihre Maßnahmen eine rechtliche Einspruchsmöglichkeit gab, die von den Sozialdemokraten konsequent genutzt wurde."[208] Eine eingehendere Analyse bringt allerdings vor allem die rechtsstaatlich problematischen Aspekte des Gesetzes zutage, insbesondere seine rechtliche Unbestimmtheit, die Eröffnung weiter Handlungsspielräume für die Polizeibehörden und die Dominanz der Exekutive bei seiner Handhabung.

Was die Frage der Legitimation betrifft, ist zunächst vor allem festzuhalten, dass das Gesetz mittels einer politischen Zwecklüge durchgesetzt wurde, nämlich der unzutreffenden Unterstellung, bei den Kaiserattentätern Hödel und Nobiling handele es sich um Sozialdemokraten, womit der Sozialdemokratischen Arbeiterpartei gewaltfördernde Tendenzen, wenn nicht gar eine entsprechende Strategie unterstellt wurden. Tatsächlich bot die sozialdemokratische Revolutionsrhetorik jener Zeit Anknüpfungspunkte für einen solchen Vorwurf, so etwa Bebels Unterstützung der Pariser Kommune im Mai 1871.[209] Und erst unter dem Sozialistengesetz, beim Wydener Parteitag von 1880, trennte sich die SAPD von dem ins Londoner Exil gegangene Linksradikalen und späteren Anarchisten Johann Most und dem ihm gesinnungsmäßig nahestehenden Wilhelm Hasselmann. Dieser hatte im Mai 1880 die russischen „Nihilisten" gepriesen und erklärt, dass die Zeit parlamentarischer Reden vorüber

---

[207] Vgl. den Augenzeugenbericht von einer feierlichen Arbeiterversammlung im Harz, in: Gerhard A. Ritter/Jürgen Kocka (Hrsg.), Deutsche Sozialgeschichte. Dokumente und Skizzen, Bd. 2: 1870–1914, München 1974, S. 401–403.
[208] Scharrer, Organisation und Vaterland, S. 26.
[209] Vgl. Wehler, Gesellschaftsgeschichte, Bd. 3, S. 903.

und die Zeit der Taten angebrochen sei.[210] Auch Eduard Bernstein, der Redakteur des „Sozialdemokrat", musste sich scharfe Kritik gefallen lassen, als er im März 1881 das tödliche Attentat auf Zar Aleksandr II. voller Genugtuung als „Hinrichtung" pries.[211]

Doch abgesehen davon, dass es sich hierbei lediglich um radikale Rhetorik handelte, zeigen die Diskussionen um das Sozialistengesetz, dass es seinen Initiatoren um weitreichendere Ziele als die Abwehr gewaltsamer Umsturzbestrebungen ging. Im Regierungsentwurf für das Sozialistengesetz wurde ja der sehr viel weitere Begriff „Untergrabung" der bestehenden Ordnung verwendet, dessen mögliche Spannweite in einer Stellungnahme der bayerischen Regierung deutlich wurde. Ins Begriffsverständnis einbeziehen wollte sie: „Beschimpfung, Verhöhnung und Entstellung von Gesetzen und Staatseinrichtungen; Verhöhnungen von Polizeibeamten, zumal in Versammlungen, Angriffe auf die Religion, Angriffe auf die Institute der Familie, der Ehe oder des Eigentums; Aufreizung verschiedener Volksklassen gegeneinander, Erregung von Unzufriedenheit, Hass und dergleichen Leidenschaften."[212]

Vor diesem Hintergrund ist die von Lasker erreichte Ersetzung des Begriffs der „Untergrabung" durch den des „Umsturzes"[213] sicherlich als Präzisierung und Eingrenzung zu sehen, doch entscheidender war, dass die Gesetzeskommission die Ersetzung des Begriffs „Umsturz" durch „gewaltsame Änderung" als Ziel zu verbietender Organisationen mit 13 zu acht Stimmen ablehnte.[214]

Damit blieb aufgrund der Dominanz der Exekutive bei der Umsetzung des Gesetzes gerade den Polizeibehörden ein großer Interpretationsspielraum. Dies entsprach der politischen Absicht seiner Initiatoren, wie die Diskussion um die Beschwerdeinstanz zeigt. Die vom Gesetz als solche vorgesehene Reichskommission übernahm im Grunde verwaltungsgerichtliche Funktionen. Die Verwaltungsgerichtsbarkeit war seinerzeit durchaus schon so weit entwickelt, dass ihre Einschaltung möglich gewesen wäre. Davon zeugt ein Antrag Laskers, demzufolge Beschwerden gegen Vereinsverbote von dem jeweiligen obersten Landesverwaltungsgericht behandelt werden sollten. In Bundesstaaten, wo solche nicht existierten, sollte die Beschwerde an das Reichsoberhandelsgericht gehen.[215] Einen grundsätzlichen Einwand führte dagegen der Zentrumsabgeordnete Ludwig Windthorst an: „Gestattete Willkür kann man nicht unter das Urteil richterlicher Behörden bringen."[216] Eher technisch-taktischer Art war das in der Reichstagskommission gegen Laskers Vorschlag vorgebrachte Argument, dass es sich beim Sozialistengesetz um ein Reichsgesetz handele

---

210 Vgl. Paul Kampffmeyer, Unter dem Sozialistengesetz, Berlin 1928, S. 192.
211 Ebenda, S. 193.
212 Zit. nach ebenda, S. 57.
213 Pack, Sozialistengesetz, S. 95.
214 Kampffmeyer, Sozialistengesetz, S. 59.
215 Vgl. Karl-Alexander Hellfaier, Die Sozialdemokratie unter Ausnahmegesetz 1878–1890, Berlin 1956, S. XXXIII.
216 Zit. nach ebenda, S. XXXV.

und die Beschwerdeinstanz ebenfalls auf Reichsebene angesiedelt sein müsse, um eine reichsweit einheitliche Behandlung sicherzustellen.[217] Als aber bei den Verhandlungen über die Verlängerung des Gesetzes 1880 das im Jahr zuvor gegründete Reichsgericht als eine solche Instanz ins Spiel gebracht wurde, traten Regierungsvertreter und eine Reihe von Mitgliedern der Kommission, die den Antrag behandelte, dem entgegen. Die „ganze Natur dieses Gesetzes" schließe seine „streng richterliche Würdigung der Handhabung" aus; es handele sich nicht um ein „reines Rechtsgesetz", vielmehr müssten „Gesichtspunkte der Angemessenheit und Zweckmäßigkeit vielfach die Entscheidung beherrschen". Insbesondere spreche der „einer streng juristischen Auffassung sich entziehende eigenthümliche Thatbestand, wie er im §. 1 des Gesetzes normiert ist, gegen die Entscheidung durch ein förmliches Richterkollegium". Außerdem solle es, „im Interesse des Reichsgerichts selbst, vermieden werden, [...] demselben Aufgaben zu stellen, welche über die reine Rechtsprechung hinausgehen und in das politische Gebiet hinübergreifen".[218]

Es ist bemerkenswert, mit welcher Deutlichkeit die Verfechter dieser Position, die die Oberhand behalten sollte, politische Zweckmäßigkeitsbelange formulierten und Aspekte der Rechtsstaatlichkeit desavouierten. So oblag dem Reichsgericht immerhin die erstinstanzliche Rechtsprechung in Fällen von Hoch- und Landesverrat, es war also schon per definitionem kein unpolitisches Gericht. Es war allerdings nicht zuletzt deshalb in Leipzig angesiedelt worden, weil man seine Unabhängigkeit von der Regierung unterstreichen wollte.[219] Wohl gerade deshalb hielt man es als „Ausnahmebehörde zur Handhabung eines Ausnahmegesetzes", wie Leo Stern die Reichskommission treffend charakterisiert hat,[220] nicht für geeignet, auch wenn sich erweisen sollte, dass dessen einschlägige Rechtsprechung mit den Intentionen des Gesetzes durchaus konform ging. Es war die „streng juristische Auffassung", die als Hindernis für die Intention des Gesetzes verstanden wurde. Oskar Muser, ein linksliberaler Rechtsanwalt aus dem badischen Offenburg, zeigte in seiner weit verbreiteten Broschüre „Sozialistengesetz und Rechtspflege" aus dem Jahr 1889, wie die ohnehin weiten Interpretationsspielräume des Gesetzes nicht nur von badischen Behörden, sondern auch von der Reichskommission zu Ungunsten der Inkriminierten überdehnt wurden, und benannte den daraus resultierenden Widerspruch mit den Worten: „Wer die Respektierung der Gesetze durch Andere verlangt, sollte sie vor Allem selbst respektieren und in einem wirklichen und wahren Rechtsstaate dürfte die gewissenhafte und gerechte Anwendung eines Gesetzes niemals durch politische Rücksichten irgend welcher Art beeinträchtigt werden. [...] die Gesellschaftsordnung, in welcher die feste Basis des gleichen Rechtes für Alle in's Schwanken gebracht wird und politische Gewaltmaßregeln an die Stelle der strikten Anwendung

---

[217] Vgl. ebenda, S. XXXIV.
[218] Stenographische Berichte über die Verhandlungen des Reichstags, 4. Legislaturperiode, III. Session 1880, Bd. 4, Berlin 1880, S. 625.
[219] Vgl. Das Reichsgericht, hrsg. vom Stadtgeschichtlichen Museum Leipzig, Leipzig 1995.
[220] Kampf der deutschen Sozialdemokratie, Bd. 3/1, S. VII.

der Gesetze treten, läuft Gefahr, in sich selbst einzustürzen und braucht nicht erst von Außen ‚umgestürzt' zu werden."[221]

Tatsächlich stellten das Sozialistengesetz und mehr noch die damit einhergehenden, nicht verwirklichten Absichten und Pläne die rechtsstaatlichen und liberalen Züge des Kaiserreichs massiv in Frage. So hätte Bismarcks Idee, Sozialisten das aktive und passive Wahlrecht zu entziehen, die 1879 von der Preußischen Staatsregierung erörtert, allerdings nicht durchgesetzt wurde,[222] auf Reichsebene zu einer noch stärkeren Deklassierung von Anhängern der sozialistischen Arbeiterbewegung geführt, als dies in Preußen durch das dortige Dreiklassenwahlrecht geschah.

Die Unduldsamkeit der Initiatoren des Sozialistengesetzes hatte durchaus auch dessen nichtsozialistische Kritiker im Visier, wie ein Schreiben Kaiser Wilhelms I. an Bismarck vom Oktober 1878 bezeugt. Hierin regte er als Reaktion auf die kritischen Ausführungen des Reichstagsabgeordneten Leopold Sonnemann eine Klausel an, die es erlauben sollte, solchen Rednern für längere Zeit das Wort zu entziehen.[223] Eine extreme Zuspitzung bildete die bereits erwähnte „Expatriierungsvorlage" von 1888. Aus heutiger Perspektive lesen sich manche Formulierungen dieses Entwurfs wie ein früher Vorgeschmack auf Feindbilder und Ausbürgerungspraxis des NS-Regimes.

Dass das sehr repressive Sozialistengesetz, bei dessen Umsetzung ja auch andere Straftatbestände herangezogen wurden, nicht zu einem noch weiterreichenden Unterdrückungsinstrument wurde, lag vor allem an den Einschränkungen, die die parlamentarischen Beratungen und die Diskussionen in der Öffentlichkeit den radikalen Sozialistenfeinden auferlegten. Ein ganz entscheidender Faktor waren dabei die allen Verfolgungen zum Trotz zunehmenden Wahlerfolge der Sozialdemokratie. Abgesehen von einem Einbruch im Jahre 1881, erlebte sie bei den Reichstagswahlen einen stetigen Aufstieg. Zwischen 1878 und 1890 wuchs die Zahl der für sozialdemokratische Kandidaten abgegebenen Stimmen von 437 000 auf 1 427 000 an, was einem Wähleranteil von 7,6 Prozent beziehungsweise 19,7 Prozent entsprach.[224] Ein eindeutigerer Beweis dafür, dass das Sozialistengesetz seine Wirkung verfehlte, hätte kaum erbracht werden können. Zugleich kam dem Reichstag damit eine – wenn auch sehr begrenzte – Integrationsfunktion zu, denn immerhin boten sich hier den Sozialdemokraten ein institutioneller Ansatz und eine öffentliche Bühne für ihr politisches Wirken.

Selbst der Reichskommission kann man nicht völlig absprechen, in einem, wenn auch recht geringen Maße als eine Instanz rechtlicher Auseinandersetzung um die politischen Spielräume der Sozialdemokratie fungiert zu haben. Funktion

---

221 Oskar Muser, Sozialistengesetz und Rechtspflege. Theorie und Praxis, Karlsruhe 1880, S. 50.
222 Vgl. Kampffmeyer, Sozialistengesetz, S. 170 f.
223 Vgl. ebenda, S. 74 f.
224 Vgl. Peter Steinbach, Die Entwicklung der deutschen Sozialdemokratie im Kaiserreich im Spiegel der historischen Wahlforschung, in: Gerhard A. Ritter (Hrsg.), Der Aufstieg der deutschen Arbeiterbewegung. Sozialdemokratie und Freie Gewerkschaften im Parteiensystem und Sozialmilieu des Kaiserreiches, München 1990, S. 1–36, hier S. 5.

und Tätigkeit der Reichskommission waren ambivalent: Es handelte sich um eine durch den Auswahlmodus ihrer Mitglieder und in ihrer Zusammensetzung stark durch die Exekutive bestimmte Körperschaft. Nur ein kleiner Teil der behördlichen Verbotsverfügungen wurde vor der Reichskommission angefochten, und nur zu einem sehr kleinen Teil hatten diese Beschwerden Erfolg. Dennoch ist das Gremium ein Ausdruck eines Bewusstseins dafür, dass es einer Korrektivinstanz bedurfte. Mit einigen ihrer Entscheidungen trug sie dazu bei, die Wählerrechte von Sozialdemokraten und ihrer Anhängerschaft zu schützen. Zu einer absoluten Entrechtung der Sozialisten kam es nicht. So konnten von ihrer Seite Parlamente, aber auch Gerichte oder die gerichtsähnliche Reichskommission trotz aller Vorbehalte als Arenen verstanden werden. Damit entfalteten diese überwiegend rudimentär rechtsstaatlichen und demokratischen Institutionen eine – wenn auch begrenzte – Integrationswirkung bei den Sozialdemokraten.

Es darf aber auch nicht übersehen werden, dass sich der Rechtsschutz auf Organisations- und Schriftenverbote beschränkte, also auf jene Bereiche, in denen die Gefahr bestand, dass politische und Organisationsrechte tangiert werden könnten, die auch für andere politische Kräfte von grundsätzlicher Bedeutung waren. Aus diesem Grund verweigerte sich der Reichstag auch mit großer Mehrheit dem auf Bismarck und den preußischen Innenminister zu Eulenburg zurückgehenden Ansinnen, die Verhaftung der aus Berlin ausgewiesenen Reichstagsabgeordneten Fritzsche und Hasselmann zu genehmigen, als diese zur Reichstagssession Anfang 1879 in die Stadt zurückkehrten.[225] Im Allgemeinen aber bestanden gegen den Kleinen Belagerungszustand und die behördliche Ausweisungspraxis keinerlei Rechtsgarantien, und in manchen Fällen wuchsen sich Kettenausweisungen zu regelrechten Hetzjagden aus.[226] Dass all diese Maßnahmen mit einer intensiven behördlichen Überwachung, oder, wie die Betroffenen es nannten, einer „Spitzelwirtschaft",[227] einhergingen, muss nicht eigens betont werden.

Konkret lassen sich dem Historiker Karl-Albrecht Hellfaier zufolge in der Tätigkeit der Kommission drei Phasen ausmachen: 1878/79 erfolgte eine Welle von Verbotsbestätigungen. Da die Sozialdemokratie danach kaum noch Beschwerden – die ohnehin als aussichtslos galten – einlegte, stagnierte die Tätigkeit der Kommission 1880 bis 1885. Danach wiederum resignierte angesichts des Erstarkens der Sozialistischen Arbeiterpartei Deutschlands die Kommission selbst. So finden sich mehr als ein Drittel aller Entscheidungen der Kommission und circa ein Viertel ihrer Sitzungen in der Zeit von Ende Oktober 1878 bis zum Jahresende 1879.

Von 318 Beschwerden, die während des Bestehens der Kommission bei ihr eingingen, wurden 40 aus formellen Gründen und 209 als „sachlich unbegründet" zu-

---

225 Vgl. Kampffmeyer, Sozialistengesetz, S. 164–168.
226 Vgl. die Beispiele in: Ursula Schulz (Hrsg.), Die Deutsche Arbeiterbewegung. 1848–1919 in Augenzeugenberichten, München ³1976, S. 228 f. und S. 241 f.; Auer, Zehn Jahre, S. 169–172.
227 Vgl. ebenda, S. 186–192, Zitat S. 188.

rückgewiesen, nur 69 Beschwerden, also 21,7 Prozent wurden positiv beschieden. Dabei hat die Kommission nicht zuletzt dem Übereifer von Polizeibehörden entgegengewirkt, die sozialdemokratische Wählervereinigungen kriminalisierten. „Schon zu wiederholten Malen hat sich die Reichs-Commission dahin ausgesprochen, daß ein Verein, dessen statutenmäßiger Zweck es ist, auf Entsendung von sozialdemokratischen Vertretern in öffentliche Körperschaften hinzuwirken, dadurch nicht schon sich als ein solcher darstelle, auf den die Voraussetzungen des §1 Abs. 1 des Sozialistengesetzes zuträfen, daß sich derselbe vielmehr, insofern er für die sozialdemokratische Partei die Gewinnung von Mandaten und bzw. [sic!] der Majorität in den gesetzgebenden Körperschaften des Reichs oder der Bundesstaaten anstrebe, geradezu auf den Boden des Gesetzes stelle", heißt es in einer Entscheidung vom September 1889, in der das Verbot des Lüneburger Vereins für volkstümliche Wahlen aufgehoben wurde. Anders lägen die Dinge, wenn der statutenmäßige Zweck nur der Tarnung sozialrevolutionärer Ziele diene,[228] was die Kommission wenig später etwa dem Mainzer Verein zur Förderung des Volkswohls und volkstümlicher Wahlen attestierte.[229] In gewisser Weise wurden so Auseinandersetzungen über Organisationsverbote zu Bestimmungen der Regeln des Sagbaren.

Bei den Reichstagswahlen im Februar 1890, kurz nach dem Fall des Sozialistengesetzes, errangen die Sozialdemokraten einen großen Erfolg: Sie konnten ihren Stimmanteil nahezu verdoppeln, von 10,1 Prozent auf 19,7 Prozent, und die Zahl ihrer Reichstagsmandate von 11 auf 35 sogar mehr als verdreifachen. Da auch die Freisinnigen zulegten und 66 statt bisher 32 Sitze gewannen, hatte Bismarck im Reichstag keine Mehrheit mehr. Er war in dieser Situation zu einem verschärften Kampf gegen die Sozialdemokratie entschlossen, bis hin zu Staatsstreichplänen, die letztlich am Kaiser scheiterten und zu Bismarcks Entlassung führten.[230]

Politische Justiz nach dem Sozialistengesetz

Das unerwartete Ende des Sozialistengesetzes bedeutete keineswegs ein Ende der Verfolgung sozialdemokratischer Bestrebungen, auch wenn es zunächst für ein tiefes Aufatmen bei den Betroffenen sorgte. Mit den Worten: „Heute endlich, nach mehr als 13 Jahren sind wir zum ersten Male wieder in Deutschland unter der Herrschaft des allgemeinen Rechts versammelt", gab August Bebel dem auf dem Parteitag in Halle im Oktober 1890 Ausdruck.[231] Das Ausnahmerecht war eine schwere Be-

---

228 Zit. nach Der Kampf der deutschen Sozialdemokratie in der Zeit des Sozialistengesetzes 1878–1890. Die Tätigkeit der Reichs-Commission, hrsg. von Leo Stern, in: Archivalische Forschungen zur Geschichte der Deutschen Arbeiterbewegung, Bd. 3/2, Berlin 1956, S. 953f.
229 Vgl. ebenda, S. 958–967.
230 Vgl. Winkler, Weg, Bd. 1, S. 259–261.
231 Zit. nach Das Deutsche Kaiserreich 1971–1914, S. 239–242, hier S. 239 (August Bebel, Oktober 1890).

lastung gewesen, jedoch konnte auch das „allgemeine Recht" durchaus repressiven Zwecken dienen. Tatsächlich war es das erklärte Ziel der Reichsregierung, den Wegfall der Ausnahmebestimmungen möglichst durch gerichtliche Mittel zu kompensieren.[232] So forderte am 29. Juli 1893 der preußische Innenminister zu Eulenburg die Regierungspräsidenten vor dem Hintergrund weiterer Stimmenzuwächse der Sozialdemokraten bei den Reichstagswahlen zu energischerer Aktivität auf und hob insbesondere hervor: „Bei der Bekämpfung der Sozialdemokratie darf zunächst der Ansicht nicht Raum gegeben werden, daß es auf die Anwendung des gemeinen Rechts, weil vermeintlich wirkungslos, nicht ankomme." Es sollte vielmehr möglichst umfassend von den repressiven Möglichkeiten des Presse-, Vereins- und Versammlungsrechts Gebrauch gemacht werden.[233] Die Voraussetzungen für die politische Verwendbarkeit des „allgemeinen Rechts" waren durch das Sozialistengesetz geschaffen worden, dessen weiter reichende Wirkungen Uwe Wilhelm zufolge weniger durch die „ausnahmerechtliche[n] Tatbestände" bedingt waren, als vielmehr durch den „korrumpierenden Einfluß, den das Gesetz auf die Handhabung des gemeinen (formalen wie materiellen) Strafrechts ausübte". Eine Schlüsselfunktion sei dabei dem Reichsgericht zugekommen, dessen vorwiegend konservative Richterschaft „die Tendenz zu einer ausdehnenden Rechtsprechung" befördert habe.[234]

Ein bedeutsames justitielles Instrument der Sozialistenbekämpfung war das Delikt der Majestätsbeleidigung, das, ähnlich wie unmittelbar vor der Durchsetzung des Sozialistengesetzes nach dessen Ende eine Hochkonjunktur erlebte. Den Gipfel bildete das Jahr 1894 mit 829 Anklagen, die in 622 Fällen zu Verurteilungen führten.[235] Der 70-jährige Liebknecht wurde 1897 wegen Äußerungen auf dem Breslauer Parteitag der SPD 1895 vom Reichsgericht zu einer viermonatigen Haftstrafe wegen Majestätsbeleidigung verurteilt.[236] Rosa Luxemburg ereilte 1904 ähnliche Unbill. Sie wurde zu drei Monaten Haft verurteilt, weil sie auf die Behauptung Kaiser Wilhelms II., er verstehe mehr von den Problemen der deutschen Arbeiterschaft als jeder Sozialdemokrat, mit der Bemerkung reagiert hatte: „Der Mann, der von der guten und gesicherten Existenz der deutschen Arbeiter spricht, hat keine Ahnung von den Tatsachen."[237]

Ungeachtet der herrschaftsloyalen Judikatur scheint es bei den Herrschaftseliten des Kaiserreichs einen gewissen Phantomschmerz gegeben zu haben, der zu einigen Anläufen führte, mit denen Ersatz für das Sozialistengesetz geschaffen werden sollte. Der wichtigste davon war die „Umsturzvorlage", die die Regierung Hohenlohe

---

[232] Vgl. Wilhelm, Kaiserreich und Justiz, S. 325.
[233] Zit. nach Das Deutsche Kaiserreich 1971–1914, S. 284–286, hier S. 284 f. (Botho Graf zu Eulenburg, 29.7.1893).
[234] Wilhelm, Kaiserreich und Justiz, S. 296.
[235] Vgl. ebenda, S. 335.
[236] Vgl. Laschitza, Die Liebknechts, S. 81 f.
[237] Zit. nach Peter Nettl, Rosa Luxemburg, Köln/Berlin 1967, S. 197.

am 5. Dezember 1894 in den Reichstag einbrachte.[238] Im Gesetzeswortlaut wie in der Begründung, wiewohl diese ausdrücklich an das Sozialistengesetz anknüpfte, wurde der Eindruck eines neuerlichen Spezialgesetzes gegen die Sozialdemokratie sorgfältig vermieden. Die Begründung beschwor vielmehr die – in Deutschland tatsächlich nie sehr virulente – anarchistische Gefahr, um zugleich zu betonen, die neuen Strafbestimmungen sollten für jedermann gelten, und es komme darauf an, „auch nicht den Schein eines willkürlichen Ermessens bei ihrer Anwendung entstehen zu lassen".[239] Ins Zentrum gestellt wurde die Abwehr „des gewaltsamen Umsturzes der bestehenden Staatsordnung",[240] unter der nicht nur die politische Verfassung, sondern auch Institutionen wie Familie und Eigentum verstanden wurden. Die Strafbarkeit sollte gegeben sein, wenn die Absicht des Handelnden auf eben jenen gewaltsamen Umsturz gerichtet war. Die Zuständigkeit sollte ausschließlich bei den ordentlichen Gerichten liegen. Der Entwurf setzte an den Bestimmungen des StGB zum Widerstand gegen die Staatsgewalt und zu Verbrechen und Vergehen wider die öffentliche Ordnung an und enthielt überdies eine presserechtliche Bestimmung, die die polizeiliche Beschlagnahme von Druckerzeugnissen erleichtern sollte. Der Strafrahmen für die Aufforderung zu einer Straftat vor einer Menschenmenge (Paragraph 111) sollte von einem auf drei Jahre erweitert werden, um der rechtswidrigen Gesinnung des Täters und der von ihm hervorgerufenen Gefahr besser zu entsprechen. Zudem sollte auch unter Strafe gestellt werden, politische Gewaltakte zu loben oder zu verharmlosen. Paragraph 112 sollte im Hinblick auf die Verleitung von Militärangehörigen zu Umsturzaktivitäten reformiert werden. Unter anderem sollte damit die Verteilung von Flugschriften in Militäreinrichtungen unterbunden werden. Im reformierten Paragraph 126 sollte die Störung des öffentlichen Friedens durch Androhung eines Verbrechens unter Strafe gestellt werden, ohne dass spezifiziert wurde, auf welche Verbrechen Bezug genommen wurde. Im Zusammenhang mit Umsturzabsichten sollte diese nicht sehr klar definierte Handlungsweise mit bis zu fünf Jahren Zuchthaus bestraft werden können, womit auch Unterstützer getroffen werden sollten. Mit dem neuen Paragraphen 129a wurden Verbindungen kriminalisiert, „welche zur Vorbereitung von Verbrechen irgend welcher Art dienen",[241] sofern diese auf den Umsturz der Staatsordnung zielten. Paragraph 130, der die Aufreizung zu Klassenhass unter Strafe stellte, sollte durch eine Bestimmung erweitert werden, die auch beschimpfende Äußerungen gegen die Religion, die Monarchie, die Ehe und das Eigentum kriminalisierte. Meinungsäußerungen, die keine friedensstörende Absicht verfolgten, würden davon keineswegs betroffen sein, beteuerte die

---

238 Vgl. hierzu und zum Folgenden Stenographische Berichte über die Verhandlungen des Reichstages, 9. Legislaturperiode, III. Session 1894/95, Bd. 1, 1. Anlagebd., Berlin 1895, S. 224–232; https://daten.digitale-sammlungen.de/0001/bsb00018726/images/index.html?fip=193.174.98.30&seite=1&pdfseitex= (letzter Zugriff 29.4.2020).
239 Ebenda, S. 226.
240 Ebenda.
241 Ebenda, S. 229.

Regierung. Die Abwehr der Verächtlichmachung öffentlicher Einrichtungen durch erdichtete oder entstellte Tatsachen durch Paragraph 131 StGB sollte dahingehend erweitert werden, dass derjenige, der sich der Unwahrheit bewusst war, demjenigen gleichgestellt werden sollte, „der die Unwahrheit den Umständen nach annehmen mußte".[242] Der Paragraph, so unterstrich die Begründung, enthalte „keine unbillige Beschränkung der Rede- und Preßfreiheit",[243] da der Tatbestand ja nur im Zusammenhang mit der Absicht der Herabwürdigung strafbar sein sollte. Die heilsame Wirkung, die sich die Regierung von der Reform des Paragraphen 131 erhoffte, mochte sie freilich nicht verschweigen: „Dem Treiben untergeordneter Preßorgane, welche sich kein Gewissen daraus machen, durch kritiklose Veröffentlichungen das allgemeine Urtheil irre zu führen, wird die Vorschrift eine wohlthätige Schranke ziehen."[244] Die Presse sollte auch die Ausdehnung der Zulässigkeit polizeilicher Beschlagnahmen von Druckschriften betreffen, für die insbesondere die Paragraphen 111, 112 und 126 zusätzliche Gründe liefern sollten, während die Einschränkung besonderer Gefährlichkeit bei schon im Gesetz vorgesehenen Gründen wegfallen sollte. Eine Anlage, die verwandte Strafbestimmungen aus Frankreich, Österreich und Italien sowie einer Reihe von Bundesländern enthielt, sollte offenkundig die Verbreitung, Gebräuchlichkeit und Normalität des Regierungsvorschlags unterstreichen.

Das war eine ganz andere Legitimationsstrategie, als Bismarck sie für sein Sozialistengesetz angewandt hatte, auch wenn die Stoßrichtung kaum verhohlen dieselbe war. Doch tatsächlich trug die Vorlage Züge eines weit gefassten Gesinnungsstrafrechts. Der Reichstag lehnte sie daher am 11. Mai 1895 in allen ihren Teilen ab.[245] Dem sogenannten Kleinen Sozialistengesetz in Preußen von 1897 und der gewerkschaftsfeindlichen „Zuchthausvorlage" von 1899 war kein besseres Schicksal beschieden.[246]

Mit dem 19. Jahrhundert endete auch die Serie entsprechender Vorstöße. Da sie grundlegende Freiheitsrechte gefährdeten, die auch Anhänger anderer politischer Überzeugungen nicht aufgeben wollten, und weil der offenbar unaufhaltsame Aufstieg von Sozialdemokratie und Gewerkschaften die Unzweckmäßigkeit derartiger Versuche belegten, unterblieben entsprechende neue Gesetzesvorlagen. Dabei war der Aufstieg der Arbeiterbewegung selbst eine wichtige Bedingung dafür, dass sie nicht mehr ohne Weiteres unter Ausnahmerecht gestellt werden konnte.

---

242 Ebenda, S. 230.
243 Ebenda.
244 Ebenda.
245 Vgl. Stenographische Berichte über die Verhandlungen des Reichstags, 9. Legislaturperiode, III. Session 1894/95, Bd. 3, Berlin 1895, S. 2244.
246 Vgl. Langewiesche, Liberalismus, S. 191 f.; Winkler, Weg, Bd. 1, S. 270.

Das Kaiserreich und die internationale Sozialdemokratie

Allerdings musste die Sozialdemokratie in Deutschland erfahren, dass sie ihre Gesamtprogrammatik einschließlich der grenzüberschreitenden Solidarität unter den Bedingungen des Kaiserreichs und angesichts der internationalen Konstellationen auch weiterhin nicht umstandslos verfolgen konnte. Dies zeigte 1904 der Königsberger Prozess.

Er richtete sich gegen neun Angeklagte, von denen acht Sozialdemokraten waren, einer von ihnen der spätere preußische Ministerpräsident Otto Braun. Mit Hugo Haase und Karl Liebknecht war unter den Verteidigern auch sozialistische Prominenz vertreten. Im Zentrum des Prozesses stand der Schmuggel sozialdemokratischer Schriften über Ostpreußen ins Zarenreich, wo eine strikte Zensur herrschte. In dem Verfahren verschränkten sich daher Aspekte der russischen und deutschen Verfassungswirklichkeit und politischen Justiz. Unterstützung beim Druck und Transport sozialistischer Literatur gewährten die deutschen ihren russischen Genossen in vielfacher Weise.[247] Als Gegenspieler sahen sie sich dabei sowohl den deutschen Behörden wie Agenten der russischen Geheimpolizei gegenüber. Verschiedentlich wurden deutsche Staatsbürger, die der Unterstützung russischer Revolutionäre innerhalb des Reichs verdächtigt wurden, in Russland verhaftet.

Die Sozialdemokraten, denen die russische Autokratie wegen der inneren Verhältnisse im Land und der in der Geschichte wiederholt eingenommenen Rolle des reaktionären Gendarmen Europas seit jeher verhasst war,[248] thematisierten diese Vorfälle und die Tätigkeit russischer Agenten in Deutschland im Januar 1904 im Reichstag.[249] In einer Interpellation der sozialdemokratischen Fraktion wurde auf das russische Agenten- und Provokateurwesen in Deutschland hingewiesen und gefragt, wie die Reichsregierung dem entgegentreten wolle. Zugleich wurde die Frage gestellt, wie es dazu komme, dass in Königsberg gegen deutsche Reichsangehörige wegen angeblichen Hochverrats gegen das russische Reich ermittelt werde, obwohl der dafür erforderliche russische Strafantrag noch gar nicht vorliege. Hugo Haase, Abgeordneter für Königsberg und Rechtsanwalt, schilderte in seiner Begründung Übergriffe wie illegale Hausdurchsuchungen und Verletzungen des Briefgeheimnisses bei in Deutschland lebenden Russen, die sich russische Polizeiagenten mit Hilfe bestochener Hauswirte und Postbeamter hätten zuschulden kommen lassen. Auch von Seiten der deutschen Polizei seien ähnliche Übergriffe zu beklagen. Haase sprach von einer „Russifizierung unserer öffentlichen Zustände" in Deutschland. So habe die preußische Regierung wiederholt Russen als „lästige Ausländer" über die russische Grenze geschafft und damit statt einer Ausweisung eine Auslieferung voll-

---

247 Vgl. Jürgen Zarusky, Die deutschen Sozialdemokraten und das sowjetische Modell. Ideologische Auseinandersetzung und außenpolitische Konzeptionen 1917–1933, München 1992, S. 21.
248 Vgl. ebenda, S. 19–21.
249 Vgl. Kurt Eisner, Der Geheimbund des Zaren. Der Königsberger Prozeß wegen Geheimbündelei, Hochverrat gegen Rußland und Zarenbeleidigung vom 12. bis 25. Juli 1904, Berlin 1904.

zogen. Vehement kritisierte er den Umgang mit den im Zuge des Königsberger Verfahrens Festgenommenen, die teilweise schon mehr als zehn Wochen in Untersuchungshaft seien, ohne dass Fluchtgefahr bestehe, nur wegen des Verdachts der Verdunkelung. Die gegen die Beschuldigten erhobenen Vorwürfe seien absurd. Angesichts der Tatsache, dass sie die aus der Schweiz erhaltenen Schriften zum Teil geöffnet auf dem Zollamt hätten liegen lassen, weil sie sie für legal gehalten und im Übrigen in Ermangelung von Russischkenntnissen auch nicht hätten lesen können, könne von Geheimbündelei und Beihilfe zum Hochverrat keine Rede sein.[250]

Der Staatssekretär des Auswärtigen Amts, Oswald Freiherr von Richthofen, antwortete denkbar schroff auf Haases Rede. Der Reichsregierung sei nicht nur bekannt, dass ein Mitarbeiter der russischen Botschaft die Tätigkeit russischer Anarchisten auf deutschem Boden beobachte, sondern dies liege auch durchaus im Interesse des Reichs. Von den von Haase angeführten Gesetzesverletzungen wisse man hingegen nichts. Die Information der russischen Regierung über die Königsberger Ermittlungen sei von der preußischen Regierung über das Auswärtige Amt erfolgt und entspreche gesetzlichen Pflichten. Die Ausweisung von russischen Anarchisten – Richthofen benutzte konsequent diesen von Haase als unzulässig verallgemeinernde Zuschreibung kritisierten Begriff – sei von Preußen aus nirgendwohin anders möglich als nach Russland, weil man von keinem Nachbarstaat erwarten könne, solche Personen dem Deutschen Reich abzunehmen. Allerdings übersah der Staatssekretär dabei, dass etwa in der Schweiz, Frankreich oder Großbritannien zahlreiche politische Opponenten des Zarismus Zuflucht gefunden hatten. „Sentimentalität" sei hier nicht am Platze. „Wir fassen die Leute an, wo sie uns unbequem werden, und werden sie über die Grenze bringen, die wir für die richtigste halten." Richthofen ging so weit, den „Anarchisten" einen Hang zu sexuellen Ausschweifungen zu unterstellen, was ihm Pfui-Rufe von sozialdemokratischen Abgeordneten eintrug.[251]

August Bebel wies in seiner Antwort an Richthofen die Unterstellung zurück, bei den angesprochenen Fällen handele es sich um Anarchisten, und bezeichnete die Äußerungen über die Auslieferungspraxis als Barbarei. In seine Anklage gegen die russischen Verhältnisse schloss er auch die Vorschrift ein, wonach deutsche Juden, sofern sie nicht in Firmenregistern eingetragene Kauf- oder Geschäftsleute seien, entsprechend den russischen Passvorschriften nur mit spezieller Genehmigung des russischen Innenministeriums in das Land reisen dürften.[252] Auch wenn die Tonlage der weiteren Wortmeldungen zurückhaltender war als die flammenden Anklagen Haases und Bebels, zeigten insbesondere der linksliberale Abgeordnete Karl Schrader und der Zentrumspolitiker Peter Spahn durchaus Verständnis für deren

---

[250] Stenographische Berichte über die Verhandlungen des Reichstags, XI. Legislaturperiode, I. Session, erster Sessionsabschnitt 1903/04, Bd. 1, Berlin 1904, S. 371–378, Zitate S. 373 und S. 375.
[251] Ebenda, S. 378–380, Zitate S. 380.
[252] Vgl. ebenda, S. 380–385.

Anliegen und wenig Sympathie für Russland, während die Konservativen sich auf die Zustimmung zu Richthofens Ausführungen beschränkten.[253]

Der Königsberger Prozess hatte also einen recht wirkungsvollen politischen Auftakt, und zugleich zeugte das Meinungsbild im Reichstag davon, dass das Sympathiepotential für Russland begrenzt war. Politisch wie juristisch hatte der Prozess eine internationale Dimension, die nicht nur in seinem Gegenstand, sondern bereits in seiner Entstehungsgeschichte angelegt war. Im Herbst 1903 hatte der Angeklagte Max Nowagrotzki eine Sendung mit 30 russischsprachigen Druckschriften in 2000 Exemplaren erhalten, die beim Poststeuerbüro in seinem Beisein geöffnet und dann der Polizei zur Kontrolle übergeben worden waren. In Ermangelung eines Dolmetschers, wie es offiziell hieß, übergab ein Kriminalkommissar die Schriften dem russischen Konsul zur Prüfung. Dieser fertigte eine Inhaltsangabe einer der Broschüren an, die revolutionäre Propaganda enthielt. Diese wurde daraufhin beschlagnahmt, der Rest auf eigene Verantwortung an den Empfänger ausgehändigt. Der mit der Angelegenheit befasste Kriminalkommissar erstattete allerdings in der Folge eine Anzeige, die das Strafverfahren ins Rollen brachte. Die Anklage lautete auf Hochverrat gegen Russland, Zarenbeleidigung und Geheimbündelei. Der Paragraph 102 des RStGB stellte im Deutschen Reich begangene Handlungen von Deutschen und Ausländern, die gegen ausländische Landesherren gerichtet waren und, wenn sie gegen deutsche Bundesstaaten oder Bundesfürsten begangen worden wären, als Hochverrat qualifiziert würden, unter Strafe, soweit mit den betroffenen Ländern Gegenseitigkeit vereinbart war. Paragraph 103 regelte die Strafbarkeit der Beleidigung ausländischer Staatsoberhäupter ebenfalls nach dem Gegenseitigkeitsprinzip. Die Verfolgung trat nur auf Antrag der auswärtigen Regierung ein. Am 5. Dezember 1903 und am 17. Januar 1904 stellte die russische Botschaft in Berlin entsprechende Strafanträge, versehen mit der Versicherung einer vollständigen Gegenseitigkeit in analogen Fällen.[254]

Der Prozess erregte Aufsehen über die Grenzen Deutschlands hinaus. Er entglitt seinen Urhebern allerdings zunehmend, weil die Kooperation mit zaristischen Behörden schwerfällig war und ihnen zugleich falsche Auskünfte nachgewiesen werden konnten. Im Zuge des Prozesses wurde offenbar, dass ihm wesentliche Rechtsgrundlagen fehlten. Zugleich förderte die Verhandlung ein höchst unvorteilhaftes Bild der politischen und gesellschaftlichen Verhältnisse im Zarenreich zutage. Zu den maßgeblichen Wendepunkten im Prozess gehörte die Vernehmung des russischen Generalkonsuls Artemij Vyvodcev,[255] den Karl Liebknecht mit seinen Verfälschungen bei der Inhaltsangabe der von ihm geprüften Broschüre konfrontierte.

---

253 Vgl. ebenda, S. 385–390.
254 Dokumente abgedruckt bei Eisner, Geheimbund, S. 150 f.
255 Vgl. ebenda, S. 277 f. In Eisners Prozessbericht und dem von ihm auszugsweise publizierten Prozessprotokoll wird sein Name fälschlich in der Umschreibung „Wymodzeff" wiedergegeben. Die korrekte Schreibweise findet sich bei Ju. V. Kostjašov, Rossijskie konsul'skie učreždenija v Vostočnoj Prussii vo konce XIX – načale XX veka.

Dem Vorwurf, dass er terroristische Aussagen erfunden hatte, die in der geprüften Broschüre gar nicht enthalten waren, begegnete er mit der wenig überzeugenden Replik: „Ich habe nie behauptet, daß ich eine Übersetzung geliefert habe; es sollte nur eine flüchtige Wiedergabe sein."[256] Liebknecht wiederum empörte sich darüber, dass die entstellte Übersetzung der Regierung im Reichstag die Grundlage für schwere Vorwürfe an die Adresse der Sozialdemokratie gegeben habe.

Schwerer aber wog ein anderer Übersetzungsfehler, der auf Antrag der Verteidigung festgestellt wurde. Ihr gelang der Nachweis, dass die ebenfalls vom Königsberger Generalkonsulat angefertigte Übersetzung einschlägiger Paragraphen des russischen Strafgesetzbuchs, die den Strafanträgen des Botschafters beigefügt war, im Hinblick auf die Gegenseitigkeit ebenfalls nicht korrekt waren.[257] Der Auftritt des Zeugen und Sachverständigen Michael von Reußner am 18. Juli, dem sechsten Verhandlungstag, wurde zu einem Wendepunkt der Verhandlung. Bei von Reußner handelte sich um einen in Deutschland ausgebildeten Strafrechtler, der kurz zuvor seine Professur in Tomsk hatte aufgeben müssen, weil er als Urheber einer Beschwerde des Senats der Universität gegen die Verprügelung und Auspeitschung von protestierenden Studenten durch die Polizei galt.[258] Von Reußner gab auf Befragen durch Liebknecht eine sehr präzise Darstellung der Verfassungsstruktur des Zarenreichs und der Praxis des politischen Strafrechts. Von besonderer Bedeutung für den Prozessverlauf war seine Auskunft, dass der Gegenseitigkeitsparagraph 260 des russischen Strafrechts ein publiziertes Gesetz oder einen Staatsvertrag zur Voraussetzung habe, jedoch keines von beiden existiere.[259]

Von Reußners juristische Darstellung der absolutistischen Herrschaft wurde am selben Tag durch die Aussage des Zeugen Buchholz plastisch illustriert, dessen Frau bei einem Verwandtenbesuch in Russland verhaftet worden war, weil sie in Berlin einige Nummern des Parteiorgans der russischen Sozialdemokraten „Iskra" an russische Studenten verkauft hatte. Einige Ausgaben hatte sie auch nach Russland eingeschmuggelt. Ihre Verhaftung sei jedoch mit den Vorgängen in Charlottenburg begründet worden, die offenbar von einem Spitzel beobachtet worden waren. Um seiner Frau, die auf dem Etappenwege, also mit Gefängnissen als Zwischenstation und gemeinsam mit gewöhnlichen Kriminellen, nach Deutschland verbracht werden sollte, diese Strapaze zu ersparen, habe er, so erklärte Buchholz, sich an das Auswärtige Amt gewendet und eine von den russischen Behörden für einen Reisetransport verlangte Summe überwiesen. Die russische Regierung habe ihre Zusage gegenüber dem Auswärtigen Amt aber nicht erfüllt und seine Frau doch auf den Etappentransport geschickt.[260] Dies und die Tatsache, dass die Verhaftung in Russland wegen einer in Deutschland vorgenommenen Handlung stattgefunden hatte, war eine weitere

---
256 Eisner, Geheimbund, S. 277.
257 Vgl. ebenda, S. 292, S. 305–308 (Auszüge aus dem Verhandlungsstenogramm) und S. 310.
258 Vgl. ebenda, S. 316–321.
259 Vgl. ebenda, S. 317.
260 Vgl. ebenda, S. 322 f.

bezeichnende Enthüllung über die Willkür, die im Zarenreich herrschte. Eine weitere Illustration russischer Rechtsverhältnisse gab ein nach langer Wartezeit eingetroffenes Telegramm aus Riga, in dem die beantragte Vernehmung eines Zeugen für den 5. August genehmigt wurde – der Königsberger Prozess endete, *nota bene*, nach zwölf Verhandlungstagen am 25. Juli. Außerdem wollte Riga die Teilnahme der Verteidiger an der Zeugenvernehmung nicht gestatten, während es den Angeklagten freistehe, sich einzufinden. Die Bekanntgabe dieser Mitteilung löste im Gerichtssaal, so der Berichterstatter, „langanhaltende ironische Heiterkeit" aus.[261]

Der Prozess rückte nicht nur die politischen Verhältnisse in Russland in ein sehr kritisches Licht, sondern auch die beflissene Amtshilfe von Vertretern deutscher Behörden gegenüber der russischen Autokratie, deren konkretes Verhalten im Umfeld des Prozesses ihre deutschen Unterstützer in eine recht peinliche Lage brachten. Dass Fehler, Fälschungen und Widersprüche ans Tageslicht kamen, war daher vor allem der ebenso engagiert wie professionell agierenden Verteidigung, insbesondere Haase und Liebknecht zu verdanken. Die Staatsanwaltschaft erkannte zwar an, dass für eine Verurteilung wegen Majestätsbeleidigung die rechtlichen Grundlagen fehlten, beantragte jedoch gegen alle Angeklagten Haftstrafen zwischen sechs Monaten und eineinhalb Jahren, weil man den Vorwurf der Geheimbündelei und des Hochverrats für erwiesen ansah. Bei letzterem berief sich der Staatsanwaltschaftsrat Dr. Caspar ausdrücklich auf die Ausführungen des Zeugen und Gutachters von Reußner. Welcher politischen Richtung die eingeführten Schriften zugehörten, sei irrelevant. „Wie", so fragte Caspar, „kann man in Russland auf friedlichem Wege die erstrebte Republik herbeiführen wollen, wenn es dort nicht einmal ein Petitionsrecht gibt? Da ist von vornherein nur Kampf möglich. [...] Es kann in Rußland nur die Frage sein, wer der Stärkere ist."[262] Mit seiner Feststellung, sämtliche Angeklagte seien schuldig, die Verfassung des russischen Reichs zu ändern gewollt zu haben, verteidigte er so im Grunde das Recht des Stärkeren, ganz abgesehen davon, dass das zaristische Russland zwar autokratisch verfasst war, aber genau aus diesem Grunde keine Verfassung besaß. Der von Seiten der Sozialdemokratie immer wieder erhobene Vorwurf, viele Amtsträger wünschten sich im Grunde russische Verhältnisse in Deutschland, war zwar vielleicht überspitzt, aber er traf durchaus den Kern eines in dem staatsanwaltschaftlichen Plädoyer zum Ausdruck kommenden autoritären Staatsverständnisses, das sich um Legitimitätsfragen nicht kümmerte. Der Prozessberichterstatter Kurt Eisner drückte es polemisch so aus: „Kein preußischer Richter fühlt eine andere Pflicht, als jeden Staat, und wäre es der russische, zu retten."[263] Dennoch wurden am Ende drei der Angeklagten, unter ihnen Otto Braun sowie ein weiterer Sozialdemokrat und der Schmuggler Martin Kögst freigesprochen. Die übrigen sechs wurden zu Haftstrafen bis zu drei Monaten verurteilt.

---

[261] Ebenda, S. 371 f.
[262] Zit. nach ebenda, S. 415 f.
[263] Ebenda, S. 452.

Insgesamt unterzogen die gerichtlichen Ausführungen mehrfach das deutsche strafrechtliche Verständnis des Hochverrats einer eingehenden Erörterung. So findet sich über eine gewaltsame Verfassungsänderung die Anmerkung, hier sei „nicht etwa die Verfassungs-Urkunde der konstitutionellen Staaten zu verstehen. Gemeint sind vielmehr nur die Fundamentaleinrichtungen des Deutschen Reiches oder eines Bundesstaates". Auch den Begriff der Gewalt verstand das Oberlandesgericht Königsberg nicht im unmittelbaren Wortsinne, sondern erklärte „das Unternehmen der gewaltsamen Aenderung der Verfassung" als ein solches, „welches auf eine wenigstens im letzten Augenblicke der Entscheidung, durch physische Gewalt zu bewirkende Umwälzung der Staatsverfassung abzweckt".[264] Das Urteil verwies dementsprechend darauf, dass etwa das „Hinbringen von Paketen mit Druckschriften, welche eine Aufforderung zum Hochverrat enthielten, zur Post behufs Versendung" als Vorbereitung zum Hochverrat einzustufen sei.[265] Auf dieser Grundlage wäre eine Verurteilung aufgrund Paragraph 102 wegen Hochverrats gegen die zaristische Autokratie per Schriftenschmuggel möglich gewesen, jedoch kamen die Richter aufgrund einer ausführlichen Erörterung der entsprechenden Bestimmungen des russischen Strafrechts zu der Feststellung, dass die Gegenseitigkeit nicht gegeben sei.[266] Den Verurteilungen lag daher allein der Vorwurf der Geheimbündelei zugrunde. Der entsprechende Paragraph 128 stellte die „Theilnahme an einer Verbindung, deren Dasein, Verfassung oder Zweck vor der Staatsregierung geheim gehalten werden soll, oder in welcher gegen unbekannte Obere Gehorsam oder gegen bekannte Obere unbedingter Gehorsam versprochen wird", unter Strafe von bis zu sechs Monaten.[267] Diese Bestimmung zielte auf keinen bestimmten politischen Zweck, sondern brachte nur einen absoluten Kontrollanspruch des Staats über jegliche Form gesellschaftlicher Organisation zum Ausdruck. Das Argument, der Schriftenschmuggel sei öffentlich bekannt gewesen und die für Russland bestimmten Sendungen sogar von den Steuer- und Polizeibehörden geprüft worden, wurde im Urteil mit dem Argument zurückgewiesen, dass dies für die Behörden Einzelfälle geblieben seien. Erst das Königsberger Strafverfahren habe gezeigt, dass ein räumlich weit verzweigter Personenkreis organisiert zusammengewirkt habe. Ein Indiz für die Geheimhaltungsabsicht sahen die Richter ausgerechnet darin, dass unter Mitwirkung des Angeklagten Friedrich Wilhelm Pätzel die Räumlichkeiten der Vorwärts-Buchhandlung zu einem, vielleicht sogar dem größten inländischen Depot für die zu schmuggelnden Schriften gemacht worden waren. Zur Last gelegt wurde den Verurteilten ferner, dass sie sich der Tatsache bewusst hätten sein müssen, dass „die Wogen einer in Rußland sich erhebenden Umsturzwelle auch über die Grenze in das Deutsche Reich hinein-

---

[264] Ebenda, S. 470.
[265] Ebenda, S. 471.
[266] Vgl. ebenda, S. 473–478.
[267] Strafgesetzbuch für das Deutsche Reich vom 15.5.1871, 1.1.1872–5.9.1964/12.9.1964, §128; https://www.lexetius.com/StGB/128,3 (letzter Zugriff 13.5.2020). Der Paragraph wurde 1964 reformiert und 1968 abgeschafft.

fluten und dessen öffentliche Angelegenheiten beeinflussen würden".[268] Nicht nur in derlei Überlegungen, die direkt auf das Urteil Einfluss hatten, kann man eine gerichtliche Kompensation für das Wegfallen der Hochverratsklage sehen. Erinnert sei hier auch daran, dass dem Angeklagten Nowagrotzki die lange Untersuchungshaft kaum angerechnet wurde. Faktisch saß er sogar das Dreifache der eigentlichen Verurteilungszeit ab und damit auch einen halben Monat länger als das im Paragraph 128 vorgesehene Höchststrafmaß.

Dennoch, das belegt nicht zuletzt das Presseecho,[269] konnten die Sozialdemokraten sich als moralische Sieger fühlen. Große Teile der Anklage brachen unter dem Beschuss der Verteidiger zusammen, und die Schilderung der politischen und gesellschaftlichen Missstände in Russland war durchaus geeignet, Sympathie für die russischen Revolutionäre zu wecken. Das etablierte Rechtsverständnis, wonach die Unterstützung der antizaristischen Opposition jeglicher Richtung und in jeglicher Form als Hochverrat zu bewerten sei, wurde damit zumindest moralisch in Frage gestellt.

Der Königsberger Prozess offenbarte, weil er sich auf das autokratische Russland und nicht auf das konstitutionelle Deutschland bezog, in besonderer Weise das autoritäre Rechts- und Verfassungsverständnis der preußischen Justizbehörden. Für die Vertreter der Anklage waren die russischen politischen Verhältnisse für immer in Stein gemeißelt und in dieser Form zu schützen. Mit den Richtern teilten sie ein letztlich vorkonstitutionelles Verfassungsverständnis, das sich besonders deutlich in der Erörterung des Hochverratsbegriffs im Urteil offenbarte. Die Relativierung und Entwertung der geschriebenen Verfassung zugunsten eines abstrakt-autoritären Staatsbegriffs und die überzogene Ausdehnung des Gewaltbegriffs gehörten zum Traditionsbestand der deutschen politischen Justiz. Die russische Entwicklung der Folgejahre gab in gewisser Weise beiden Seiten Recht – den Staatsanwälten, nach deren Meinung jeder Versuch einer Veränderung der Autokratie nur auf revolutionärem Wege geschehen konnte, und dem Verteidiger Hugo Haase, der meinte, es sei nicht auszuschließen, dass ein Zar einmal dazu kommen würde, „die notwendigen Forderungen der Zeit zu erfüllen".[270] Man könnte das infolge der Revolution von 1905 erlassene Oktobermanifest mit der Errichtung einer Duma auf der Basis eines allgemeinen Wahlrechts und der Gewährung von Bürgerrechten als eine dialektische Synthese beider Positionen betrachten.

Für die Beteiligten am Königsberger Prozess im Sommer 1904 war das indes nicht absehbar. Die Ankläger unternahmen im Grunde den Versuch, die Sozialdemokraten, deren Bekenntnisse zu einer gewaltfreien Politik im Rahmen der Gesetze sie nicht von der Hand weisen konnten, über den Hebel der Paragraphen 102 und 103 StGB an der russischen Verfassungswirklichkeit zu messen. Das war ein ganz ande-

---

268 Eisner, Geheimbund, S. 492.
269 Vgl. ebenda, S. 500–512.
270 Ebenda, S. 420.

rer Hintergrund als die zwar keineswegs demokratischen, aber doch deutlich freiheitlicheren Verhältnisse im Kaiserreich. Vor der russischen Folie nahm das Profil der gesetzestreuen deutschen Sozialdemokraten die Züge gewaltbereiter Revolutionäre an. Doch auch sie beherrschten dieses politische Schattenspiel und erzielten einen letztlich überzeugenderen Effekt damit, dass sie die russischen politischen und rechtlichen Verhältnisse mit den in Deutschland verbürgten Freiheiten kontrastierten. Das Zarenreich indes gab sich – zum Pech der Königsberger Gerichtsbehörden – wenig Mühe, seine antirevolutionären Maßnahmen mit den deutschen gesetzlichen Normen zu synchronisieren. Und das hatte seine guten Gründe, wenngleich diese wohl nicht unbedingt reflektiert wurden. Denn selbst bei einer grundsätzlich günstigen Gesetzeslage und in Anbetracht von Juristen, die bereit waren, die russische Staatlichkeit unhinterfragt vor deutschem Hochverrat zu schützen, waren für das Zarenreich unerwünschte Nebenwirkungen bei einer allzu engen Verzahnung der Rechtssysteme nicht auszuschließen. Das Beispiel der unterbliebenen Vernehmung in Riga zeigte das überdeutlich. Advokaten, zu denen mit Hugo Haase ein sozialdemokratischer deutscher Reichstagsabgeordneter und mit Karl Liebknecht ein Vertrauensmann verfolgter russischer Emigranten[271] zählten, wollte das Zarenreich nicht ins Land lassen. Überhaupt erwecken das Agieren der russischen Seite im Königsberger Prozess ebenso wie die für diesen so entscheidende russische Gesetzeslage den Eindruck, dass man sich in Fragen der politischen Justiz lieber auf die eigenen Methoden verließ.

Einen lebendigen Eindruck der russischen Verfassungs- und Rechtswirklichkeit vermittelte im Königsberger Prozess vor allem der Sachverständige von Reußner. Aufgrund seiner soliden Sachkenntnisse und der Tatsache, dass er keineswegs ein Revolutionär, sondern sogar Ritter des Annenordens dritter Klasse, einer hohen kaiserlich-russischen Auszeichnung war, wirkten seine Auskünfte besonders überzeugend.[272] Über die bereits in anderem Zusammenhang diskutierten Rechtsauskünfte führte er aus, dass der Herrschaftsalltag des Zarenreichs durch eine weithin willkürliche und straf- wie zivilrechtlich kaum zur Verantwortung zu ziehende Bürokratie geprägt sei. Es gebe keine wirkliche Religionsfreiheit, was sich an dem Rechteverlust bei Austritt aus der orthodoxen Kirche – selbst das Recht auf Erziehung der eigenen Kinder werde in diesem Falle entzogen – und der Verfolgung evangelischer Sekten wie der Stundisten zeige.[273] Von Reußner verwies während der Befragung des Weiteren auf die Einschränkung der Freizügigkeit der russischen Juden, die sich auf den Ansiedlungsrayon im Westen des Reichs beschränke, die fehlende Presse- und Ver-

---

271 Vgl. Laschitza, Die Liebknechts, S. 82–87.
272 Vgl. Eisner, Geheimbund, S. 309 f.
273 Vgl. ebenda, S. 318. Zum Verlust des Erziehungsrechts vgl. Paul W. Werth, Empire, Religious Freedom, and the Legal Regulation of „Mixed" Marriages in Russia, in: The Journal of Modern History 80 (2008), S. 296–331, hier S. 323. Zur Verfolgung der evangelischen Sekten vgl. Alexander Polunov, The Problem of Religious Freedom in Late Imperial Russia. The Case of Russian Baptists, in: Journal of Eurasian Studies 3 (2012), S. 161–167.

sammlungsfreiheit, Einschränkungen der Unverbrüchlichkeit des Rechts sowie auf Praktiken zur Unterlaufung der richterlichen Unabhängigkeit. Zudem skizzierte er das rigide Streik- und Demonstrationsverbot, das nach dem Scheitern von Versuchen des „hohen Ministerialbeamten" Sergej Zubatov, die Arbeiterbewegung in staatsloyale Bahnen zu lenken, wieder verschärft durchgesetzt wurde.[274] In puncto Rechtsprechung betonte von Reußner die verbreitete Praxis der administrativen Verbannung in entlegene Landesteile, die nicht zuletzt bei politischen Verbrechen vielfach das gerichtliche Verfahren ersetze.[275]

„Die Verteidigung will offenbar nachweisen, dass es ein Rechts- und Geistesleben in Rußland nicht gibt", interpretierte der Vorsitzende auf die wiederholte Nachfrage des Ersten Staatsanwalts, wozu die Befragung diene, deren Motivation – zutreffend, wie Liebknecht bestätigte: „Es liegt mir in der Tat außerordentlich viel daran, alles dies festzustellen."[276] Lässt man das zivilisatorische Pathos beiseite, ging es im Grunde um einen kontrastiven Vergleich, bei dem auf das Fehlen von vielem, was inzwischen in der deutschen Rechtskultur selbstverständlich verankert war, in Russland verwiesen wurde. Damit wurde nicht nur die Berechtigung der sozialdemokratischen Propaganda unterstrichen, sondern auch die gemeinsame Basis von Gericht und Angeklagten als Zugehörige zur vermeintlich zivilisierten Welt. Tatsächlich zeigte der Königsberger Prozess nachdrücklich, dass das deutsche Kaiserreich und seine sozialistischen Gegner ihre Kämpfe inzwischen in einem rechtlichen Rahmen austrugen, der letztere nicht automatisch zum Scheitern verurteilte. Dass der sogenannte Rechtskampf nicht aussichtslos war, stellte, so paradox es zunächst klingen mag, ein integratives Element der politischen Justiz dar. Das war, wie der Prozess ebenfalls gezeigt hatte, in Russland zum gleichen Zeitpunkt ganz anders.

8 Russland: Rechtssystem und politische Justiz von den Großen Reformen bis zur Revolution von 1905

Politische Justiz alten Stils: Die Prozesse gegen die Dekabristen und Petraševcy

Die Konfrontation zwischen dem Staat und einer im weitesten Sinne sozialistischen Bewegung war auch in Russland das wichtigste Thema der politischen Justiz, jedoch nahm sie in vieler Hinsicht ganz andere Formen an als in Deutschland. Dass die Autokratie im Prinzip der Gesellschaft nahezu jeglichen politischen Spielraum verwei-

---

[274] Eisner, Geheimbund, S. 319. Zu Zubatovs Aktivitäten vgl. Jonathan W. Daly, Autocracy under Siege. Security Police and Opposition in Russia 1866–1905, Illinois 1998, S. 72–74.
[275] Vgl. Eisner, Geheimbund, S. 319 f.
[276] Ebenda, S. 319.

gerte, war im Königsberger Prozess vielfach zur Sprache gekommen, ebenso wie das Problem des Terrorismus, der in Russland seit den 1860er Jahren auftrat und für mehr als fünf Jahrzehnte das politische Leben des Landes mitbestimmen sollte: Das gescheiterte Pistolenattentat des psychisch labilen Dmitrij Karakozov auf Zar Aleksandr II. im April 1866 und die tödlichen Schüsse des Sozialrevolutionärs Dmitrij Bogrov auf den russischen Ministerpräsidenten Petr Stolypin am 5. September 1911 in Kiev markieren die Eckpunkte dieser blutigen Entwicklung.

Bei der Auseinandersetzung des Staats mit der revolutionären Herausforderung spielte die Justiz umso mehr eine wichtige Rolle, als zu dem reformerischen Aufbruch, mit dem Aleksandr II. die durch die Niederlage im Krimkrieg zutage getretenen Schwächen und Gebrechen seines Imperiums überwinden wollte, auch eine grundlegende Neugestaltung des Gerichtswesens gehörte. Diese Justizreform war zweifellos eines der tiefgreifendsten Reformprojekte, weil sie nicht nur die Judikatur, sondern grundsätzlich das Verhältnis zwischen Staat und Gesellschaft neu justierte. Die Einführung des modernen Strafprozesses und des Geschworenengerichts schuf Grundlagen einer politischen Justiz im Sinne Kirchheimers – einen Ort öffentlicher Auseinandersetzung um die Legitimität von Herrschaft und Opposition, die sich von zuvor praktizierten Formen grundlegend unterschied, wenngleich sie bald massiven Einschränkungen unterliegen sollte.

Eine Systemopposition im modernen Sinne, die sich von den Aufständen und Palastrevolten durch die Orientierung an alternativen Verfassungsvorstellungen[277] unterschied, die unter dem Eindruck der Erfahrung des Westens entstanden waren, war die Bewegung der Dekabristen; die Bezeichnung leitet sich vom Termin ihres unglückseligen, schon im Ansatz gescheiterten Offiziersaufstands im Dezember 1825 ab. Die Schwächung der Autokratie durch den Tod Aleksandrs I. und die schlecht organisierte Nachfolge hatten sie nicht wirklich nützen können.[278] Der Herrschaftsantritt von Nikolaj I. fiel mit der Vorbereitung des „ersten großen politischen Prozess[es] Russlands"[279] zusammen. Insgesamt wurden infolge des Aufstands mehr als 500 Offiziere und 2500 Soldaten verhaftet. Viele der Soldaten wurden grausam ausgepeitscht.[280]

---

277 Vgl. das Verfassungsprojekt des Dekabristen Nikita M. Murav'ev, auszugsweise in deutscher Übersetzung abgedruckt bei Gitermann, Geschichte Russlands, Bd. 2, S. 515–520.
278 Vgl. Hildermeier, Geschichte Russlands, S. 751–763. Dieses Projekt skizzierte eine konstitutionelle Monarchie mit relativ weitgehenden Grundrechtsgarantien. In Punkt 18 war die Einführung des Geschworenengerichts vorgesehen. Mit ähnlicher Ausrichtung der Entwurf eines Manifests aus den Papieren des Dekabristen Fürst Sergej P. Trubeckoj bei Gitermann, Geschichte Russlands, Bd. 2, S. 520 f. Diesen „girondistisch" geprägten Vorstellungen des „Nordbundes" mit dem Schwerpunkt Sankt Petersburg standen die deutlich radikaleren, jakobinischen Vorstellungen des „Südbunds" um Pavel I. Pestel' gegenüber; vgl. Hildermeier, Geschichte Russlands, S. 755–759.
279 Ebenda, S. 762.
280 Vgl. Aleksandr M. Larin, Gosudarstvennye prestuplenija. Rossija XIX v. vzgljad čerez stoletie, Tula 2000, S. 38.

Die Ermittlungen gegen die Offiziere wurden von einem eigens eingerichteten Geheimkomitee geführt, das unter genauer Kontrolle des Zaren agierte. Dessen Einwirkung reichte bis hin zu eigenständigen Vernehmungen und zur Anordnung von Misshandlungen gegen Beschuldigte.[281] Der Dekabristen-Prozess, „der nicht etwa als forensischer Kampf gleichberechtigter Parteien, sondern als einseitiges Inquisitorialverfahren (ohne Mitwirkung von Anwälten, ohne Plädoyers usw.) durchgeführt wurde",[282] bot ein Musterbeispiel für die Möglichkeiten, die das Inquisitionsverfahren der Anklage bot, der es vor allem darum ging, Geständnisse zu erhalten. Abgesehen davon, dass Gefangene in Eisen geschlagen und zeitweilig auf Wasser und Brot gesetzt wurden, arbeiteten die Ermittler mit Täuschung und Einschüchterung und der Ausnutzung ihrer Informationshoheit. Sie bestimmten, über welche Aussagen anderer die Beschuldigten informiert wurden und über welche nicht. Das Inquisitionsverfahren kannte kein Stadium, in dem das so erarbeitete Bild der Tat in adversativer Weise hätte hinterfragt werden können. In den abschließenden Bericht der Untersuchungskommission erhielten die Beschuldigten keinen Einblick. Er wurde allerdings zum Zweck der Beeinflussung der öffentlichen Meinung publiziert.[283] Da damals in Russland keine Strafprozessordnung existierte, wurde ein Ad-hoc-Gericht berufen, dessen Struktur sich an Präzedenzfällen orientierte, die Michail Speranskij, der spätere Kodifikator des russischen Rechts, ausgewertet hatte. Dem Gerichtshof sollten Vertreter des Staatsrats, des regierenden Senats und des Heiligen Synod sowie einige der höchsten militärischen und zivilen Würdenträger angehören. Er beriet über die Ermittlungsergebnisse, ohne Beteiligung von Angeklagten oder Anklägern. Die Angeklagten kamen erst ins Spiel, als ihnen die aus den Reihen des Gerichthofs gewählte Revisionskommission jeweils drei vorgeschriebene Fragen vorlegte: Ob sie die Aussagen gegenüber der Untersuchungskommission erstens eigenhändig und zweitens freiwillig unterschrieben und ob sie drittens die Möglichkeiten zu Gegenüberstellungen gehabt hätten. Die Urteile erfolgten auf einer von Speranskij erarbeiteten Gesetzesgrundlage. Diese legte drei Delikte, nämlich Zarenmord, Aufstand und militärische Meuterei sowie drei Formen der Beteiligung – Mitwisserschaft, Einverständnis und Aufforderung zur Begehung der Tat, die noch weiter differenziert wurde –, fest. Die Klassifikationskommission des für den Fall der Dekabristen eingerichteten Obersten Gerichts stellte auf dieser Grundlage Listen zusammen, in denen die Angeklagten nach dem Grad ihrer Schuld klassifiziert wurden. Nach Überprüfung und geringfügiger Korrektur durch den Zaren befand der Gerichtshof über die Strafmaße. Das Mitglied des Staatsrats, Admiral Nikolaj Mordvinov, sprach sich dabei konsequent gegen die Todesstrafe für die Hauptschuldigen aus. Zarin Elisabeth habe sie abgeschafft, und Katharina II. habe diese Entscheidung ebenso bestätigt

---

281 Vgl. ebenda, S. 65 f.
282 Valentin Gitermann, Geschichte Russlands, Bd. 3, Frankfurt a. M. 1965, S. 18.
283 Vgl. Larin, Gosudarstvennye prestuplenija, S. 78.

wie Zar Paul. Er konnte damit jedoch bei den Abstimmungen des Gerichts nicht durchdringen.

Das Ergebnis wurde dem Zaren in Gestalt eines Berichts und eines Verurteiltenregisters mit je einer kurzen Notiz über die zur Last gelegten Taten vorgelegt. Am 10. Juli 1826 bestätigte Nikolaj I. das Urteil und ordnete seine Vollstreckung an. Von den 121 Angeklagten wurden fünf zum Tode verurteilt. Die vom Gericht vorgeschlagene Vierteilung ersetzte der Zar durch die Strafe des Erhängens. Es erfolgten ferner 31 Verurteilungen zu lebenslänglicher und 17 zu zwanzigjähriger *Katorga* – Deportation zur Zwangsarbeit –, ferner zahlreiche, meist langjährige Verbannungsstrafen sowie eine Reihe von Zwangsverpflichtungen zum Soldatendienst in entlegenen Garnisonen; vier Angeklagte wurden freigesprochen.[284]

Den Schlussakt des Prozesses bildete ein Manifest des Zaren, in dem er die Dekabristen, die ihre gerechte Strafe erhalten hätten, als eine in Russland im Grunde fremde Erscheinung darstellte. „Nicht in den russischen Eigenschaften und Sitten war diese Absicht. [...] Das Herz Russlands war für sie und wird für sie immer unzugänglich sein."[285] Ausschließlich auf das „Herz Russlands" wollte sich der Zar allerdings nicht verlassen. Anfang Juli rief er die „Dritte Abteilung Seiner Majestät höchsteigenen Kanzlei" ins Leben, die sich schnell zu einem berüchtigten, omnipräsenten Überwachungsorgan der Gesellschaft entwickelte.[286]

Der Dekabristen-Prozess war ein politischer Prozess an der Schwelle zur Moderne. Die Verschwörer forderten das autokratische Regime mit republikanischen, zum Teil jakobinischen Zielen heraus und waren gewissermaßen entfernte Erben der Französischen Revolution. Die Autokratie reagierte darauf mit einem Prozess, der dem alten Inquisitionsmodell folgte, dessen konkrete prozessuale und strafrechtliche Grundlagen aber mangels entsprechender Regelungen erst eilig – unter Rückgriff auf russische Traditionen – konstruiert werden mussten. Der Rechtsmodernisierer Speranskij war nicht nur hier federführend, er verfasste auch das Manifest des Zaren, gewissermaßen den legitimatorischen i-Punkt des Dekabristen-Prozesses. Zugleich war der Prozess gegen die gescheiterten Verschwörer und Zarenmörder infolge der Verfahrenshoheit und aufgrund der zahlreichen Einwirkungen Nikolajs I. alles andere als frei von Motiven persönlicher Rache und folgte damit archaischen Herrschaftsmustern.

Diese finden sich auch noch im Prozess gegen die Petraševcy von 1849. Diese Bezeichnung rührt davon, dass Michail Petraševskij diesen mehr oder weniger offenen Petersburger Intellektuellenzirkel initiiert hatte. Er befasste sich mit der Verbreitung aufklärerischen, liberalen und frühsozialistisch-fouriristischen Gedankenguts. Dem Kreis gehörte auch der junge Fedor Dostoevskij an. Petraševskij, der eine

---

[284] Vgl. ebenda, S. 79–88; Bericht, Register und Weisungen des Zaren abgedruckt in: ebenda, S. 93–124.
[285] Vgl. ebenda, S. 124–126, Zitat S. 124.
[286] Vgl. Hildermeier, Geschichte Russlands, S. 776–778.

umfangreiche Bibliothek mit – nach den Maßstäben der Zeit – linker Literatur besaß, die er ständig ausbaute, machte sie über ein organisiertes Verleihsystem Gesinnungsgenossen zugänglich. Seit 1845 hielt er regelmäßige Treffen eines Gesprächszirkels in seiner Wohnung ab.[287] 1848 strebte er die Wahl zum Sekretär der Petersburger Adelsvertretung an und warb für sich mit einem Pamphlet, in dem unter anderem die Leibeigenschaft und das russische Gerichtswesen kritisiert wurden und verschiedene weitreichende Reformvorschläge enthalten waren. Das vom Zaren erlassene Verbot der Schrift und die folgende gerichtliche Auseinandersetzung resultierten darin, dass der bereits unter heimlicher polizeilicher Überwachung stehende Petraševskij-Kreis aufgerollt und ein Strafverfahren eingeleitet wurde. In der Nacht vom 22. auf den 23. April 1849 und in den folgenden Tagen wurden insgesamt 38 Personen von den Gendarmen der III. Abteilung verhaftet und in die Peter-und-Paul-Festung gebracht, wo sie in Einzelhaft festgehalten wurden.[288]

Auch ein Vierteljahrhundert nach dem Dekabristen-Prozess hatte die politische Justiz in Russland noch keine festen Formen angenommen. Die Untersuchungskommission und das Gericht wurden vom Zaren *ad hoc* berufen. Die Untersuchung stützte sich neben beschlagnahmtem Schriftgut auf Agentenberichte und Verhöre. Bemerkenswert ist, dass die Untersuchungskommission der Deutung Ivan Liprandis nicht folgen wollte, der als Beamter des Innenministeriums seit Frühjahr 1848 die geheime Überwachung des Petraševskij-Kreises geleitet hatte und behauptete, es handele sich um eine Verschwörung, die aktive, auf die Massen gerichtete Umsturzpropaganda betreibe. Liprandi, der 1826 selbst einige Wochen unter dem Verdacht der Zugehörigkeit zu den Dekabristen verhaftet gewesen, dann allerdings vollständig rehabilitiert und entlassen worden war, hätte sich wohl gerne als Entlarver und Verhinderer einer zweiten Umsturzverschwörung gesehen, doch die Verhöre ergaben ein anderes Bild. Die Petraševcy waren keine Revolutionäre; das blutige Beispiel der Französischen Revolution schreckte sie ab. Sie setzten auf Aufklärung, ohne dass es dabei aber zu Versuchen einer systematischen Massenpropaganda gekommen war.[289] „Das Suchen nach Fakten reduzierte sich somit für die Untersuchungsrichter auf das Sammeln von Meinungsäußerungen", stellte Manfred Alexander in seiner Studie über den Petraševskij-Prozess fest.[290] Mehr als das gemeinschaftliche Nachdenken über die politischen und gesellschaftlichen Gebrechen Russlands und über Wege, dem abzuhelfen, konnte den Beschuldigten nicht zur Last gelegt werden, auch nicht die Bildung einer Geheimgesellschaft.[291]

---

287 Vgl. Larin, Gosudarstvennye prestuplenija, S. 146 f.
288 Vgl. Manfred Alexander, Der Petraševskij-Prozess. Eine „Verschwörung der Ideen" und ihre Verfolgung im Russland von Nikolaus I., Wiesbaden 1979, S. 13.
289 Vgl. Larin, Gosudarstvennye prestuplenija, S. 156 f.; Alexander, Petraševskij-Prozess, S. 237 und S. 246.
290 Ebenda, S. 27.
291 Vgl. Larin, Gosudarstvennye prestuplenija, S. 158.

Die Reform des Gerichtswesens, die ein wichtiger Aspekt dieser Diskussionen gewesen war, versuchte Petraševskij noch in das Verfahren selbst, quasi als Bestandteil seiner Verteidigung einzubringen. Da es keine festgelegten Zuständigkeiten gab, schlug er eine öffentliche Verhandlung vor einem Geschworenengericht vor, bei dem die Richterbank aus dem Regierenden Senat rekrutiert werden sollte. Auch wenn das natürlich „Wunschvorstellungen"[292] waren, enthielten sie doch ein visionäres Moment, denn 15 Jahre später brachte die Rechtsreform ganz ähnliche Formen der Judikatur hervor. Tatsächlich wurden die Petraševcy nach Abschluss der Untersuchungen durch eine gemischte, siebenköpfige Militärgerichtskommission, in das hohe Militärs und Senatoren berufen wurden, abgeurteilt.[293]

Wie beim Dekabristen-Prozess handelte es sich um ein nichtöffentliches Inquisitionsverfahren ohne Beteiligung der Parteien, also im Grunde um eine bürokratische Prozedur. Diese hatte ihre eigenen Schwierigkeiten. Das Gericht zeigte sich nicht in der Lage, das 9000 Seiten umfassende Untersuchungsmaterial zu bewältigen, zumal der Zar auf Eile drängte. Man beschloss daher folgende Vorgehensweise: Die Angeklagten wurden zunächst aufgefordert, in einer schriftlichen Erklärung ihre Aussagen zu bestätigen und auf Hinzufügungen zu verzichten, was die meisten auch taten. Michail Petraševskij allerdings nutzte die Gelegenheit, um schriftlich erneut seine und seiner Mitgefangenen Unschuld zu erklären und gegen die grausamen Haftbedingungen und Untersuchungsmethoden zu protestieren. Tatsächlich war einer der Verhafteten, der 19-jährige Vasilij Katenev, in der Haft wahnsinnig geworden.

Die Militärgerichtskommission ließ sich von der Beschwerde nicht sehr beeindrucken. Der Vorsitzende, General Perovskij, sprach die Sache zwar beim Kommandanten der Peter-und-Paul-Festung, Nabokov, an – der übrigens nicht nur für die Haftbedingungen verantwortlich, sondern auch Mitglied der Untersuchungskommission war –, gab sich aber mit dessen Auskünften zufrieden und erklärte die Beschwerden Petraševskijs für grundlos.[294]

Im weiteren Gang des Verfahrens führte die Gerichtskommission nur in einigen wenigen Fällen Verhöre durch. Die am 30. September 1849 begonnene Tätigkeit endete bereits am 16. November 1849 mit einem drakonischen Urteil: Von 21 für schuldig Befundenen wurden 15 zum Tod durch Erschießen und sechs zu *Katorga* und Verbannung verurteilt. Danach wurde die Sache an das Generalauditoriat, die höchste militärgerichtliche Instanz, zur Überprüfung weitergeleitet. Dieses kassierte den Spruch der Kommission und sprach gegen alle 21 Angeklagten die Todesstrafe aus, versah dieses Urteil aber zugleich mit Hinweisen auf Möglichkeiten der Begnadigung.[295] Ausschlaggebend dafür war mit ziemlicher Sicherheit der Hinweis des Za-

---

292 Alexander, Petraševskij-Prozess, S. 57.
293 Vgl. ebenda, S. 16 und S. 57 f.
294 Vgl. Larin, Gosudarstvennye prestuplenija, S. 160 f.
295 Abgedruckt in: ebenda, S. 167–174.

ren, er wünsche nicht durch milde Urteile in der Ausübung seines Gnadenrechts beeinträchtigt zu werden.[296] Die den Urteilen zugrundeliegenden Taten standen in einem geradezu absurden Verhältnis zu den dafür ausgesprochenen Strafen: Fedor Dostoevskij etwa wurde verurteilt wegen „Beteiligung an verbrecherischen Vorhaben, Verbreitung eines Privatbriefes voller frecher Ausdrücke gegen die orthodoxe Kirche und die oberste Herrschaft und für den Versuch der Verbreitung von gegen die Regierung gerichteten Werken mittels häuslicher Lithographie", Ivan Jastržembskij für die „Beteiligung an verbrecherischen Vorhaben und das Vorlesen seiner in anstoßerregendem Geiste verfassten Werke auf Versammlungen bei Petraševskij".[297] Im Grunde wurden hier bestimmte Geisteshaltungen und die Kommunikation in einem kaum als öffentlich zu bezeichnenden Rahmen zu todeswürdigen Verbrechen erklärt – eine Denk- und Handlungsweise, die auf entsprechende justitielle Praktiken unter totalitären Regimen vorausweist.

Der Gnadenerweis des Zaren war nichts anderes als eine durchinszenierte Scheinhinrichtung: Am Morgen des 22. Dezember 1849 wurden die Verurteilten zum Exerzier-Platz des Semenovskij-Regiments gebracht. Tausende von Menschen, die in der Kälte auf dem Weg zur Arbeit waren, wurden Zeugen, wie die Delinquenten auf ein hohes, mit schwarzem Tuch verkleidetes Schafott geführt wurden, neben dem sich drei in die Erde gerammte Erschießungspfähle befanden. Man verlas das Urteil, ein Priester waltete seines Amts, und man führte die ersten drei mit übergestülpten Kapuzen zu den Pfählen, vor denen das Hinrichtungspeloton Aufstellung genommen hatte. Erst in diesem Augenblick raste ein Wagen auf den Platz und überbrachte einen versiegelten Brief, der die Begnadigung des Zaren enthielt und die Todesstrafen durch Verbannungs- und Katorgastrafen verschiedener Länge – bei Petraševskij lebenslänglich – ersetzte.[298]

„Die peinliche Strafe ist auch als ein politisches Ritual zu verstehen. Sie gehört auf ihre Weise zu den Zeremonien, in denen sich die Macht manifestiert", heißt es in Michel Foucaults bekanntem Werk „Überwachen und Strafen".[299] Der Prozess und die Scheinexekution der Petraševcy waren kein offenes „Fest der Martern", wie Foucault es für das 17. und 18. Jahrhundert beschrieb, aber eine Marter und eine öffentliche Demonstration der Macht waren sie doch. Ihren Hintergrund bildete die tiefe Beunruhigung der russischen Autokratie durch das europäische Ereignis der 1848er Revolution. Die ungewöhnliche Härte des Urteils gegen Männer,[300] denen nicht

---

296 Vgl. ebenda, S. 162 f.
297 Ebenda, S. 170.
298 Vgl. ebenda, S. 163 f.; Geir Kjetsaa, Dostojewskij. Sträfling, Spieler, Dichterfürst, Wiesbaden 1992
299 Michel Foucault, Überwachen und Strafen. Die Geburt des Gefängnisses, Frankfurt a. M. 1994, S. 63.
300 Frauen waren zu den Gesprächstreffen nicht zugelassen, was den Petraševskij-Kreis von anderen gesellschaftlichen Zirkeln unterschied; vgl. Alexander, Petraševskij-Prozess, S. 220.

mehr zur Last gelegt werden konnte als eine „Verschwörung der Ideen",[301] und die öffentliche Inszenierung von Scheinexekution sowie die Demonstrativbegnadigung deuten darauf hin, dass es hier weniger um den Fall als solchen als vielmehr um die Disziplinierung der russischen Intelligenz im Allgemeinen ging.[302] Die Dramatik des ganzen Geschehens wird noch deutlicher, wenn man sich vor Augen hält, dass die Todesstrafe von der russischen Justiz damals mit relativ großer Zurückhaltung gehandhabt wurde. Zwischen 1845 und 1875 verhängten die regulären Gerichte Russlands insgesamt 50 Todesurteile, von denen 15 vollstreckt wurden.[303]

Der Petraševskij-Prozess zeigt sich in diesem Licht noch deutlicher als ein auf Abschreckung kalkuliertes Straf- und Disziplinierungstheater, dessen zentrale Voraussetzung die starke Abhängigkeit der Justiz vom Herrscher war. Über eine Gerichtsbarkeit, deren Formen und Verfahren wenig ausdifferenziert und nachgiebig waren, konnte dieser in hohem Maße verfügen. Diese Unbestimmtheit der Gestalt der Rechtsprechung bildete zugleich die Grundlage für den in der Rechtsgeschichte wohl eher außergewöhnlichen Fall, dass ein Angeklagter im Zuge des Verfahrens mit Vorschlägen zur Reform des für ihn zuständigen Gerichtswesens auftrat, wie Petraševskij dies tat.

Die Rechtsreform

Das russische Rechtswesen gehörte zu den Erscheinungen, die regelmäßig die Kritik von Liberalen und Modernisierern auf sich zogen. Die russische Justiz mit ihren allzu vielen aufgesplitterten Zuständigkeiten und Instanzen war bis zur Rechtsreform von 1864 ein Zweig der Verwaltung. Eine Gewaltenteilung existierte nicht; sie hätte auch dem autokratischen Herrschaftsanspruch der Zaren widersprochen. Die Justiz war vierzügig und in den beiden unteren Instanzen ständisch gegliedert, wobei es unterschiedliche gerichtliche Zuständigkeiten für freie Bauern, für Stadtbewohner, für Adlige und für die vorwiegend durch Nichtzugehörigkeit zu anderen Ständen definierte Gruppe der Raznočincy[304] der Hauptstädte gab. Die dritte Instanz war eine einheitliche Straf- und Zivilkammer, die *palata graždanskogo i ugolovnogo suda*, die vierte und höchste bildete der Senat,[305] der als Beschwerdeinstanz aber nur Adeligen zugänglich war.[306] Zeugenaussagen waren nicht gleichwertig, sondern wurden nach Standes- und Geschlechtszugehörigkeit gewichtet. Geurteilt wurde im Inquisitionsverfahren, bei dem ohne Beteiligung der Parteien nach Aktenlage entschieden wur-

---

301 Vgl. den Untertitel von ebenda.
302 Vgl. ebenda, S. 7.
303 Vgl. Daly, Autocracy under Siege, S. 15.
304 Vgl. Elise Kimerling Wirtschafter, Problematics of Status Definition in Imperial Russia. The Raznočincy, in: Jahrbücher für Geschichte Osteuropas 40 (1992), S. 319–339.
305 Vgl. Kaiser, Justizreform, S. 12.
306 Vgl. ebenda, S. 66.

de und das Geständnis als der „beste Beweis der Welt" galt.[307] Diese Prozedur war ebenso schwerfällig wie korruptionsanfällig.[308] Manche Prozesse schleppten sich über Jahrzehnte dahin.[309] Samuel Kucherov führte für das Jahr 1842 die frappierende Zahl von 3,3 Millionen unentschiedener Fälle an.[310] Zehntausende Untersuchungsgefangene warteten ungebührlich lange auf Entscheidungen, und oft kam es noch nicht einmal am Ende eines Prozesses dazu. Im Strafverfahren bestand nämlich die Möglichkeit, dass man einen Beklagten, der nicht überführt werden konnte, „im Verdacht beließ". Kriminelle profitierten davon, Unschuldige waren benachteiligt. In den 1830er Jahren endete die weit überwiegende Mehrzahl der Verfahren mit solchen Entscheidungen.[311]

Die Patrimonialgerichtsbarkeit, der die Leibeigenen unterworfen waren, bestand gesondert vom übrigen Rechtssystem und kann eigentlich nicht als Justiz bezeichnet werden. Der Gutsherr vereinigte richterliche und Exekutionsbefugnisse auf sich und hatte hinsichtlich der in Anwendung zu bringenden „Rechtsnormen" einen weiten, kaum kontrollierten Ermessensspielraum.[312] Zwar war die Jurisdiktion der Grundherren an sich auf geringere Verbrechen beschränkt, doch konnten sie immerhin Körperstrafen bis zu 40 Rutenschlägen oder Arrest bis zu sechs Monaten und darüber hinaus die Abordnung zu den Rekruten verfügen. Letzteres bedeutete einen 25-jährigen Militärdienst, den Verlust der Kontakte zu Familie und Dorf, also letztlich eine Form des bürgerlichen Tods.[313] Da es keinerlei Beschwerderecht für die Leibeigenen bei einer anderen Instanz gab, war in der Praxis Tür und Tor für Willkür und Misshandlung geöffnet.[314] Diese „praktische Gesetzlosigkeit in den Beziehungen zwischen den Leibeigenen und ihrer Herrschaft"[315] hatte generell prägenden Einfluss auf die gesellschaftlichen Beziehungen.

In seinen Memoiren führte Petr Kropotkin, Fürstensohn und nachmaliger Anarchist, ein bezeichnendes Beispiel für die gutsherrliche Justiz gegenüber Leibeigenen an. Sein Vater, der 1200 Seelen sein Eigen nannte, war bei einem der sommerlichen Aufenthalte auf seinem Gut bei Kaluga über scheinbare Fehlbestände im Haushalt in Rage geraten: „Doch Vater will sich nicht besänftigen lassen. Er ruft Makar, den Klavierstimmer und Unterkellermeister, herein und hält ihm seine Sünden neueren

---

307 Samuel Kucherov, Courts, Lawyers and Trials under the Last Three Tsars, New York 1953, S. 2.
308 Vgl. Kaiser, Justizreform, S. 9 und S. 29.
309 Vgl. ebenda, S. 63.
310 Vgl. Kucherov, Courts, S. 3.
311 Kaiser, Justizreform, S. 81.
312 Baberowski, Autokratie und Justiz, S. 15.
313 Vgl. Roger Bartlett, Serfdom and State Power in Imperial Russia, in: European History Quarterly 33 (2003), S. 29–64, hier S. 51 f.
314 Kaiser, Justizreform, S. 17: „Jede Beschwerde eines Leibeigenen gegen seinen Herrn wurde als Auflehnung gegen dessen Autorität angesehen und nach dem Strafgesetzbuch von 1845 [...] mit Leibesstrafe bedroht, gleichgültig ob die Beschwerde begründet war oder nicht. So waren Mißhandlungen der Leibeigenen weit verbreitet."
315 Bartlett, Serfdom, in: European History Quarterly 33 (2003), S. 46.

Datums vor. Vergangene Woche hat er sich betrunken, und gestern muß er wieder betrunken gewesen sein, denn er hat ein Dutzend Teller zerbrochen. [...]. Auf einmal tritt eine Stille im Sturm ein. Mein Vater setzt sich an den Tisch und schreibt etwas auf ein Papier. ‚Nimm Makar mit diesem Schreiben zur Polizeistation und laß ihm hundert Hiebe mit dem Birkenstock aufzählen.'" Die Vollstreckung fand außerhalb des Gesichtskreises der adeligen Familie statt, aber Kropotkin schildert die Beschämung, die ihn als Knaben ob dieser willkürlichen und demütigenden Bestrafung ergriff. Indes sei sie nur ein Beispiel für eine weit verbreitete, alltägliche Praxis gewesen: „Dabei gehörte Vater keineswegs zu den schlimmsten Grundbesitzern; im Gegenteil, die Leibeigenen wie die Bauern hielten ihn für einen der besten. Was wir in unserm Hause sahen, geschah allenthalben und oft noch in viel erbarmungsloserer Weise. Das Auspeitschen von Leibeigenen gehörte zu den regelmäßigen Aufgaben der Polizei und Feuerwehr."[316]

Es waren aber nicht so sehr humane Erwägungen, die letztlich zu einer Änderung solcher Zustände führten. Vielmehr legte die Niederlage im Krimkrieg, die schmerzvoll als Demütigung erfahren wurde, strukturelle Defizite der überkommenen Gesellschaftsordnung offen. Mit den Großen Reformen unter Zar Aleksandr II. sollte der Modernitätsrückstand gegenüber den anderen europäischen Mächten aufgeholt werden. Die Einführung der allgemeinen Wehrpflicht, die Beseitigung von Standesschranken im Bildungswesen und die Schaffung von Selbstverwaltungskörperschaften in den Städten und auf dem Land waren wichtige Modernisierungsmaßnahmen. Die Befreiung der Bauern aus der Leibeigenschaft und die Justizreform brachten jedoch noch viel tiefgreifender Veränderungen.[317]

Einen ersten Anlauf zu einer Rechtsreform im 19. Jahrhundert bildeten bereits die im Auftrag Nikolajs I. durchgeführten aufwendigen Kodifizierungsarbeiten Michail Speranskijs, die 1833 in die 15-bändige Gesetzessammlung „Svod zakonov Rossijskoj imperii" („Gesetzessammlung des Russischen Reiches") mündeten. Der „Svod zakonov" enthielt die gültigen Gesetze und baute auf der 45-bändigen „Polnoe sobranie zakonov Rossijskoj imperii", der „Vollständigen Sammlung der Gesetze des Russischen Reiches" auf, die an die „Sbornoe uloženie" („Gesetzessammlung") des zweiten Romanov-Zaren Aleksej Michailovič von 1649 anschloss und die bis 1825 dazugekommenen Gesetzesakte ergänzte. Die „Polnoe sobranie" diente als Interpretationshilfe für den „Svod", der im 19. Jahrhundert das maßgebliche Grundlagenwerk blieb und trotz mancherlei Widersprüchlichkeiten „für die russische Rechtskultur ein großer Schritt nach vorne" war.[318]

Die Kodifizierungsarbeit war ein im Grunde konservatives Projekt, das nur auf die Ordnung und Erschließung des Bestehenden abzielte. Die Rechtsreform in der Mitte des 19. Jahrhunderts wurden dagegen von einem anderen, liberalen Geist getra-

---

316 Peter A. Kropotkin, Memoiren eines Revolutionärs, Berlin 2019, S. 54.
317 Zu den Reformen vgl. Hildermeier, Geschichte Russlands, S. 884–940.
318 Herbert Küpper, Einführung in die Rechtsgeschichte Osteuropas, Frankfurt a. M. 2005, S. 147.

gen. Die Impulse für die Justizreform kamen vom progressiven Teil der hohen Beamtenschaft. Die Reformer studierten vorbereitend gründlich die westlichen Justizsysteme mit dem Ziel, aus ihren Befunden universelle Prinzipien einer modernen Justiz herauszudestillieren.[319] Politisch gab vor allem das Marineministerium unter Großfürst Konstantin Nikolaevič den Reformern Rückhalt, die übrigens keineswegs alle dem in Russland noch sehr schmalen Juristenstand entstammten. Der geistige Vater der Reform, Sergej Zarudnyj, etwa war Mathematiker und juristischer Autodidakt.[320] An ausgebildeten Juristen herrschte Mangel; die wichtigste russische Einrichtung der Juristenausbildung, die Kaiserliche Rechtsschule, war erst 1834 gegründet worden.[321]

Neben der Aufhebung der Leibeigenschaft 1861 stellte die Rechtsreform gewiss das weitreichendste und ehrgeizigste Reformprojekt von Aleksandr II. dar. Ob zwischen beiden Reformen ein unmittelbarer Zusammenhang bestand, ist eine vieldiskutierte Frage.[322] Für den bäuerlichen Rechtsalltag, aus dem die feudalen Gerichtskompetenzen der Grundherren verschwanden, waren die Volost'(Gemeinde)-Gerichte von größter Bedeutung. Sie knüpften an Vorläufer von 1839 an. Die Kompetenzen der Volost'-Gerichte waren stark beschränkt und erstreckten sich auf zivilrechtliche Fälle mit geringem Streitwert sowie auf kleinere Delikte, von geringfügigen Diebstählen über das Verbreiten falscher Gerüchte bis zum Fischen in fremden Gewässern. Derlei Alltagskriminalität machte indes wie überall einen erheblichen Anteil an den generell anfallenden Strafsachen aus. Die Gemeindegerichte bestanden aus jeweils vier gewählten Bauern, sie waren also eine Form der Standes- und Laienjustiz. Häufig wird angenommen, dass sie aufgrund bäuerlichen Gewohnheitsrechts geurteilt hätten,[323] neuere Studien verweisen aber – insbesondere in den späteren Jahren – auf einen relativ hohen Grad von Formalität und Gesetzeskenntnis.[324] Die Volost'-Gerichte konnten mehrtägige Arrest- oder geringe Geldstrafen verhängen. Seit 1889 unterstanden die Volost'-Gerichte den Landhauptleuten, also Staatsbeamten, die zugleich als Ersatz für die erst seit 1912 wieder per Wahl bestimmten Friedensrichter fungierten – zum Unmut liberaler Kritiker, die darin eine Unterstellung eines Zweigs der Judikative unter die Exekutive sahen.[325]

---

319 Vgl. Kaiser, Justizreform, S. 407–420.
320 Vgl. ebenda, S. 444 und S. 448.
321 Vgl. Hildermeier, Geschichte Russlands, S. 916.
322 Vgl. Kaiser, Justizreform, S. 421.
323 Vgl. Jörg Baberowski, Europa in Rußland. Justizreformen im ausgehenden Zarenreich am Beispiel der Geschworenengerichte 1864–1914, in: Dietrich Beyrau/Igor' Čičurov/Michael Stolleis (Hrsg.), Reformen im Rußland des 19. und 20. Jahrhunderts. Westliche Modelle und russische Erfahrungen, Frankfurt a. M. 1996, S. 151–174, hier S. 165, der in diesem Zusammenhang auf die Volost'-Gerichte überhaupt nicht einging.
324 Vgl. Jane Burbank, Russian Peasants Go to Court. Legal Culture in the Countryside, 1905–1917, Bloomington/Indianapolis 2004.
325 Vgl. Jane Burbank, An Imperial Rights Regime. Law and Citizenship in the Russian Empire, in: Kritika. Exploitations in Russian and Eurasian History 72006, S. 397–431, hier S. 424; Kaiser, Justizreform, S. 488 f.

Mit dem Verlust an Autonomie ging für die Volost'-Gerichte aber zugleich eine gewisse Professionalisierung einher, denn es hatten nicht nur die Landhauptleute auf die Einheitlichkeit der Rechtsprechung zu achten, Bauernrichter erhielten nun auch eine Entschädigung für ihre Tätigkeit.[326] Die Volost'-Gerichte waren mit den durch die Rechtsreform geschaffenen neuen Strukturen institutionell nicht verbunden und werden in der Literatur über diese meist nur am Rande behandelt. Sie beschäftigten die bedeutenden russischen Rechtsdenker und -praktiker nicht, die in hohem Maße auch den Rahmen für die historiographische Diskussion der Rechtsreform und ihrer Folgen bestimmt haben.[327]

Hinsichtlich der Justizreform selbst hieß der Zar – der sich mit diesem Reformwerk allerdings nicht sehr intensiv befasste – ihre Grundprinzipien 1862 gut. Am 20. November 1864 wurde das komplexe Gesetzeswerk beschlossen. Es sollte im Verlaufe von vier Jahren im ganzen Zarenreich umgesetzt werden. Tatsächlich zog sich die Implementierung über einen wesentlich längeren Zeitraum hin. Die Zentren, die für unsere Thematik entscheidend sind, gingen jedoch voran.

Kernpunkte der Reform waren die Unabhängigkeit der Justiz inklusive der weitgehenden Unabsetzbarkeit der Richter, die nur noch infolge eines richterlichen Urteils ihres Amts enthoben werden konnten,[328] die Mündlichkeit und Öffentlichkeit der Gerichtsverhandlung sowie die Ablösung des inquisitorischen durch das akkusatorische Prinzip im Strafverfahren mit Anklage und Verteidigung als gleichberechtigten Parteien.[329]

Der Gerichtsaufbau begann auf der lokalen Ebene ursprünglich mit den Friedensrichtern, die von den Zemstva, den neugeschaffenen Selbstverwaltungskörperschaften, gewählt wurden. Die Wählbarkeit war an einen Besitzzensus gebunden. Die Rechtsprechung der Friedensrichter erstreckte sich auf geringfügige Zivil- und Strafsachen. Es folgte der Instanzenzug der ordentlichen Justiz, mit Kreisgerichten (okružnyj sud) und Gerichtskammern (sudebnaja palata) als Berufungsgerichten in den 14 größten Städten und den Zivil- und Strafkassationsdepartments beim Senat. Der 1711 von Peter dem Großen geschaffene Senat war zunächst ein Beratungsorgan des Zaren gewesen, hatte aber im 19. Jahrhundert immer mehr Gerichtsfunktionen übernommen und unter Zar Aleksandr I. seine anderen Kompetenzen an andere Organe abgegeben. Mit der Rechtsreform wurde er zur obersten Kassationsinstanz der ordentlichen Gerichtsbarkeit.[330] Die ebenfalls von Peter eingeführte Prokuratur wurde zur Anklagebehörde, und es schlug die – auch politisch bedeutsame – Geburts-

---

326 Vgl. Jane Burbank, Legal Culture, Citizenship, and Peasant Jurisprudence. Perspectives from the Early Twentieth Century, in: Peter H. Solomon jr. (Hrsg.), Reforming Justice in Russia, 1864–1996. Power, Culture, and the Limits of Legal Order, New York 1997, S. 82–106, hier S. 89.
327 Vgl. ebenda, S. 84.
328 Vgl. Kaiser, Justizreform, S. 412.
329 Vgl. Kucherov, Courts, S. 26–42.
330 Vgl. Küppers, Rechtsgeschichte Osteuropas, S. 128.

stunde der freien Advokatur. Für Strafverfahren wurden Geschworenengerichte eingeführt.[331]

Das war ein geradezu revolutionärer Schritt, denn das Geschworenengericht galt in ganz Europa mindestens bis zur Jahrhundertmitte, als Garant bürgerlicher Freiheit und liberale Errungenschaft.[332] Es eröffnete nun auch breiten Schichten der russischen Gesellschaft essentielle Partizipationsmöglichkeiten an einer sie selbst unmittelbar betreffenden, bis dahin herrschaftlichen Prärogative. Wie die Rechtsreform insgesamt zielten die Regelungen über das Geschworenengericht auf mehr staatsbürgerliche Gleichheit ab und enthielten insbesondere keinerlei Einschränkungen für Juden, die ansonsten zahlreichen diskriminierenden Bestimmungen unterlagen. Das Geschworenengericht war, wie Kucherov mit Berufung auf Alexis de Tocqueville feststellte, eine politische Institution, eine Ausdrucksform der Volkssouveränität. Gerade das machte sie zu einem permanenten Angriffsziel konservativer Kritiker.[333] Zu den umwälzenden Neuerungen, die die Rechtsreform mit sich brachte, gehörte, dass sie den Gerichtssaal zu einem Raum offener Kommunikation machte. Das hieß, dass sie nicht nur Fällen der klassischen politischen Justiz, sondern auch in Kriminalfällen mit entfernteren politischen Implikationen einen in der Autokratie so nicht vorgesehenen politischen Kommunikationsraum eröffnete, und dies umso mehr als Protokolle von Gerichtsverhandlungen unzensiert abgedruckt werden durften. Sie bereicherten die Presse um ein beim Publikum höchst beliebtes Genre.[334]

Allerdings waren diejenigen unter den Reformern, die auch die Aburteilung von Staatsverbrechen den Geschworenengerichten überantworten wollten, in der Minderheit. Die Mehrheit, und vor allem der Zar, wollten so weit nicht gehen. Dabei gab es zunächst durchaus die Erwartung, dass gerade das Geschworenengericht eine wirksame Waffe gegen die revolutionäre Bewegung sein könnte. So argumentierte etwa die Kanzlei des Reichsrats, wenn Revolutionäre von einem von der Gesellschaft getragenen Gericht verurteilt würden, werde sie dies der gesellschaftlichen Solidarität berauben, die sich sonst bei einer Verfolgung durch reine Staatsbehörden einstelle.[335] Doch die schließlich verwirklichte Strafprozessordnung sah die Behandlung von Staatsverbrechen durch die Gerichtskammern ohne Beteiligung von Geschworenen, aber unter Beiziehung von Ständevertretern, das heißt von Adelsmarschällen, Stadtoberhäuptern und Gemeindevorstehern, vor.[336] In besonders schweren Fällen

---

331 Detailliert zur Entstehung und Durchführung der Reform vgl. Kaiser, Justizreform, S. 407–446; Baberowski, Autokratie, S. 39–93.
332 Vgl. Blasius, Kampf um die Geschworenengerichte, in: Hans-Ulrich Wehler (Hrsg.), Sozialgeschichte heute, S. 148–161, hier S. 150; Collin, Kampf, in: Zeitschrift für Neuere Rechtsgeschichte 23 (2001), S. 218.
333 Vgl. Kucherov, Courts, S. 72 f.
334 Vgl. Baberowski, Autokratie, S. 88; Hildermeier, Geschichte Russlands, S. 1261 f.
335 Vgl. Konstantin P. Krakovskij, Rossijskoe samoderžavie i političeskaja justicija, Moskau 2011, S. 106 und S. 108.
336 Vgl. Marina V. Nemytina, Sud v Rossii. Vtoraja polovina XIX–načalo XX vv, Saratov 1999, S. 86.

war das Oberste Strafgericht zuständig.³³⁷ Es setzte sich aus Vertretern von Reichsrat und Senat zusammen und wurde fallweise vom Zaren einberufen. Auch wenn sich darin ein Element der politischen Justiz alten Stils wiederfindet, so überwogen doch die Unterschiede, insbesondere da es nun ein geregeltes Verfahren gab und der Grundsatz der Öffentlichkeit auch bei Prozessen wegen politischen Straftaten beibehalten wurde,³³⁸ wenn auch nicht durchgängig.³³⁹

Allerdings brach sich der progressive Impetus der Justizreform vielfach nicht nur an der widersprüchlichen Verfassungsrealität Russlands, sondern nicht selten auch an den lebensweltlichen Umständen.³⁴⁰ Die russischen Justizreformer waren allerdings keineswegs so weltfremd, wie sie manchen ihrer Kritiker unter den Zeitgenossen und den modernen Historikern erscheinen. Dass angesichts des Stands der Rechtsentwicklung und der Landesentwicklung ein flächendeckendes Netz moderner Gerichtsbarkeit noch nicht erreicht werden konnte, war ihnen durchaus klar. Die Volost'-Gerichte zeigen, dass vor diesem Hintergrund im russischen Rechtswesen des Spätzarismus dem Element der Laienjustiz eine ganz erhebliche Bedeutung zukam. Diese Entwicklung bietet auch eine Folie für die sowjetische Rechtsprechung, bei der das Laienelement ebenfalls eine wichtige Rolle spielte, wenn auch unter ganz anderen politischen Rahmenbedingungen.

Überwindung der Rückständigkeit oder verfehlte Modernisierung? Russische Rechtsentwicklung im 19. Jahrhundert als Gegenstand historiographischer Kontroversen

Während die deutsche Rechtsentwicklung im 19. und frühen 20. Jahrhundert unter Historikern ein – vielleicht zu Unrecht – derart unumstrittenes Thema ist, dass etwa dem bedeutenden Sozialhistoriker Hans-Ulrich Wehler erst durch den Einspruch des Verfassungsrechtlers Dieter Grimm bewusst wurde, dass er sie in seiner „Deutschen Gesellschaftsgeschichte" vernachlässigt hatte,³⁴¹ ist die russische Rechts- und Justizgeschichte des späten Zarismus ein Forschungsfeld, das nicht nur von der Historiographie beackert wird, sondern auch mit durchaus kontroversen Deutungen bedacht wird. Sie haben ihre Wurzeln zum Teil – wie das nicht selten vorkommt – schon in den Auseinandersetzungen der Zeitgenossen.

---

337 Vgl. Krakovskij, Političeskaja justicija, S. 117.
338 Vgl. ebenda, S. 112.
339 Vgl. Nemytina, Sud v Rossii, S. 125.
340 Das ist das Grundthema von Baberowski, Autokratie, der die Reform als ideologisches, den russischen Verhältnissen nicht angemessenes Projekt liberaler Eliten einstufte; vgl. ders., Law, the Judicial System and the Legal Profession, in: Dominic Lieven (Hrsg.), The Cambridge History of Russia, Bd. 2: Imperial Russia, 1689–1917, Cambridge 2006, S. 344–368, hier S. 346 f.
341 Vgl. Hans-Ulrich Wehler, Deutsche Gesellschaftsgeschichte, Bd 4: Vom Beginn des Ersten Weltkriegs bis zur Gründung der beiden deutschen Staaten 1914–1949, München 2003, S. XVII f.

Die Justizreform trug ausgesprochen westlich-liberale Züge, war sie doch von einer Gruppe von Modernisierern in der hohen Beamtenschaft getragen, die sich explizit an westlichen Modellen orientierten. Auf Opposition waren sie dennoch zunächst nicht gestoßen. Anatolij Koni, einer der bedeutendsten Juristen des späten Zarenreichs, gab dafür in seiner Studie über die „Väter und Kinder der Justizreform" eine einfache Erklärung: Das überkommene Justizsystem sei einfach so schlecht gewesen, dass es keine Verteidiger gefunden habe. Nach und nach seien aber Kritiker der neuen Justiz vernehmbar und immer lauter geworden. Die einen hätten sich am Prinzip der Öffentlichkeit gestört, für die anderen sei die nicht nur nominelle, sondern tatsächliche Gleichheit vor dem Gericht unverdaulich gewesen, und die dritten schließlich hätte das Auftreten eines neuen, selbstbewussten Beamtentyps, das mit der Reform einherging, erzürnt. Die Reaktion gegen die neue Gerichtsverfassung sei nicht mit einem Mal aufgetreten, sondern habe sich nach und nach entwickelt. Die Auseinandersetzung habe, so Koni, die Form eines kräftezehrenden „Partisanenkriegs" angenommen. Dabei habe sich niemand grundsätzlich gegen die neue Justiz ausgesprochen; eine solche Position wäre unhaltbar gewesen. Es seien vielmehr die bei der Umsetzung der Reform auftretenden Probleme, unglücklich verlaufene Prozesse etc. aufgebauscht und gegen die Reformer in Anschlag gebracht worden.[342] Diese Einschätzung bestimmte lange Zeit die Forschung.[343] Das Narrativ ist in jüngerer Zeit vermehrt in Frage gestellt worden, und zwar mit Blick auf die – ebenfalls verstärkt wahrgenommene – große Heterogenität der Gesellschaft des Zarenreichs, die die Schaffung eines einheitlichen Rechtsraumes erschwert und die Reformansätze vielfach zur Dysfunktionalität verurteilt habe.[344] Am vehementesten hat Jörg Baberowski in seiner Dissertation und einer Reihe von Aufsätzen diese Richtung eingeschlagen. Er machte nicht nur auf die Grenzen aufmerksam, die die Diversität des Zarenreichs der Reform setzte, sondern sprach von einer „fehlgeleiteten Modernisierungsstrategie".[345] Diese These geht einher mit dem apodiktischen Postulat, „die Rechtswirklichkeiten Europas und Russlands [ließen sich] in keinen sinnbehafteten Vergleich einordnen, da der andersartige Kontext stets andere Problemlösungen präjudizierte".[346] Auch wenn hier der sehr weite Begriff der „Rechtswirklichkeit" verwendet wird – der im Grunde die Kontexte bereits mit umfasst – muss sich auch ein auf die politische Justiz beschränkter sektoraler Vergleich mit dieser Behauptung auseinandersetzen.

---

342 Vgl. Anatolij F. Koni, Otcy i deti sudebnoj reformy. K pjatidesjatiletiju Sudebnych ustavov. 20 nojabrja 1864–1914, Moskau 1914, S. 158 f.
343 Vgl. vor allem Kucherov, Courts. Kucherov war selbst noch als Anwalt im vorrevolutionären Russland tätig gewesen. Mit einem weniger starken Impetus vgl. auch Kaiser, Justizreform; ferner Richard S. Wortman, The Development of a Russian Legal Consciousness, Chicago/London 1976 und Oda, Emergence.
344 Vgl. Jörg Baberowski, Das Justizwesen im späten Zarenreich 1864–1914. Zum Problem von Rechtsstaatlichkeit, politischer Justiz und Rückständigkeit in Rußland, in: Zeitschrift für Neuere Rechtsgeschichte 13 (1991), S. 156–172; Burbank, Imperial Rights Regime, S. 427–431.
345 Baberowski, Europa in Rußland, in: Beyrau/Čičurov/Stolleis (Hrsg.), Reformen, S. 173 f.
346 Baberowski, Autokratie, S. 9.

Die stalinistische und die nationalsozialistische „Justiz"

Eine Problemskizze unter diktaturvergleichender Perspektive[1]

1 Symbolfiguren

Wenige Tage nach dem gescheiterten Attentat vom 20. Juli 1944 skizzierte Adolf Hitler bei einer Lagebesprechung seine Vorstellungen über die Abrechnung mit den Verschwörern: Er wollte sie alle „ausmerzen und ausrotten"; sie sollten nach dem Urteil „sofort hängen ohne jedes Erbarmen". Dabei vertraute er dem Präsidenten des Volksgerichtshofs. Roland Freisler werde „das schon machen! Das ist unser Wyschinski."[2] Die Gleichsetzung des Volksgerichtshofspräsidenten mit dem Chefankläger der großen Moskauer Schauprozesse ist angesichts der Todfeindschaft zwischen Nationalsozialismus und Kommunismus durchaus bemerkenswert. Sie zeigt, dass diese Feindschaft jedenfalls nicht auf der Ablehnung bolschewistischer Herrschaftsmethoden beruhte. Vielmehr scheint es ein gewissermaßen „fachmännisches" Verständnis füreinander gegeben zu haben. So stellte etwa auch Stalin bei einem Bankett am Rande der Konferenz von Jalta Roosevelt den NKVD-Chef Lavrentij Berija ganz ungeniert als „unseren Himmler" vor.[3]

Doch man sollte sich von der Jovialität der Diktatoren niemals täuschen lassen. Mögen sie auch eine gewisse Verwandtschaft treffend beschrieben haben, für ein historisches Verständnis ist die Gleichsetzung jedoch allzu einfach; sie macht aus dem einen Regime das Abziehbild des anderen und verführt zu dem Schluss, wenn man das eine verstanden habe, kenne man auch das andere. Roland Freisler und Andrej Vyšinskij hatten gewiss manches gemeinsam: eine grausame Intelligenz, die Entschlossenheit, dem Führer beziehungsweise dem vožd' bedingungslos zu Diensten zu sein. Mitbedingt vielleicht durch den Makel, in Frühzeiten einmal auf der „falschen Seite" gestanden zu haben: Freisler einige Zeit als Lagerkommissar eines Kriegsgefangenenlagers im bolschewistischen Russland, Vyšinskij als Mitglied der menschewistischen Partei. Vor allem aber waren beide vom gleichen hasserfüllten Vernichtungswillen gegenüber politischen Gegnern des jeweiligen Regimes beses-

---

[1] Geringfügig überarbeitete Fassung meines Vortrags im Rahmen der Ringvorlesung „Russland und Deutschland im 19. und 20. Jahrhundert: zwei Sonderwege im Vergleich" an der Katholischen Universität Eichstätt, 13.7.1999.
[2] Zit. nach Ian Kershaw, Hitler 1936–1945, Bd. 2, München 2013, S. 901 f.
[3] Andrej Gromyko, Unser Himmler, in: Wladimir F. Nekrassow (Hrsg.), Berija. Henker in Stalins Diensten. Ende einer Karriere, Berlin 1992, S. 274 f.

sen, in dessen Dienst sie die ihnen zu Gebote stehenden Mittel stellten.[4] Dazu gehörten auch plumpe Beleidigungen und lautstarke Schmähungen der zuvor bereits mürbe gemachten Opfer. Aber wenn das Mutigste, das ein Angeklagter in einem der Moskauer Schauprozesse tun konnte, die Widerrufung eines unter der Folter erpressten Geständnisses war – so handelte etwa Nikolaj Krestinskij im Prozess der 21 von 1938 –,[5] so entsprach dem im Dritten Reich das entschiedene Bekenntnis zur Beteiligung am Widerstand wegen der „vielen Morde" des Regimes – so Ulrich Wilhelm Graf Schwerin von Schwanenfeld vor dem Volksgerichtshof – oder weil Hitler – so Hans-Bernd von Haeften vor demselben Tribunal – ein „großer Vollstrecker des Bösen" sei.[6] In dem einen Fall ging es also darum, sich einem grausam inszenierten Justiztheater zu verweigern, im anderen darum, zum tatsächlichen eigenen Handeln zu stehen – eine durchaus fundamentale Differenz, die weiterreichende Unterschiede zwischen der stalinistischen und der nationalsozialistischen Justiz vermuten lässt. Die einzige Möglichkeit, diesen auf die Spur zu kommen, ist der Vergleich.

2 Vergleichsmaßstäbe: Ernst Fraenkels Modell des „Doppelstaats"

Der Vergleich erfordert Maßstäbe, einen umfassenden begrifflichen Rahmen. Bislang unübertroffen scheint mir hier Ernst Fraenkels Modell vom „Doppelstaat", welches aus der Beobachtung der Rechtspraxis und -lehre des nationalsozialistischen Regimes entwickelt wurde, aber von Forschern wie Robert Sharlet und Falco Werkentin auch bei ihren Untersuchungen der stalinistischen Rechtskultur beziehungsweise der politischen Justiz in der DDR als fruchtbringend empfunden wurde.[7] Auch

---

[4] Zu beiden Personen liegen Lebensbeschreibungen vor, die aber das Desiderat wissenschaftlicher Biographien nicht erfüllen können: Gert Buchheit, Richter in roter Robe. Freisler – Präsident des Volksgerichtshofs, München 1968; Helmut Ortner, Der Hinrichter. Roland Freisler. Mörder im Dienste Hitlers, Wien 1993; Arkadi Waksberg, Gnadenlos. Andrei Wyschinski – Mörder im Dienste Stalins, Bergisch Gladbach 1991.

[5] Vgl. die entsprechende Aussage Krestinskijs bei Theo Pirker (Hrsg.), Die Moskauer Schauprozesse 1936–1938, München 1963, S. 209 f. Am folgenden Prozesstag widerrief Krestinskij seinen Widerruf, offenkundig nachdem er hinter den Kulissen des Prozesses unter physischen Druck gesetzt worden war; vgl. ebenda, S. 34–40, und Manfred Hildermeier, Geschichte der Sowjetunion 1917–1991. Entstehung und Niedergang des ersten sozialistischen Staates, München 1998, S. 459.

[6] Theodore S. Hamerow, Die Attentäter. Der 20. Juli – von der Kollaboration zum Widerstand, München 1999, S. 399.

[7] Ernst Fraenkel, Der Doppelstaat, Frankfurt a. M. 1974; Robert Sharlet, Stalinism and Soviet Legal Culture, in: Robert C. Tucker (Hg.), Stalinism. Essays in Historical Interpretation, London/New York 1977, S. 155–179; Falco Werkentin, Instrumentalisierung der Strafjustiz durch die SED: Methoden – Ziele – Fälle, in: Jürgen Weber/Michael Piazolo (Hrsg.), Justiz im Zwielicht. Ihre Rolle in Diktaturen und die Antwort des Rechtsstaates, München 1998, S. 191–212.

Fraenkel selbst war sich bewusst, dass seine Kategorien für eine generelle Analyse von Diktaturen geeignet waren. Er beschränkte sich aber aufgrund seines Erfahrungshintergrundes und Materialzugangs auf die nationalsozialistische Diktatur.[8]

Fraenkel unterschied idealtypisch zwei Sphären des diktatorischen Staates, jene des Maßnahme- und jene des Normenstaates. Diese beiden Sphären sind jedoch weder gleichberechtigt noch exakt voneinander abgrenzbar, vielmehr verkörpert der Maßnahmestaat die politische Prärogative in der Diktatur, die durch eigens geschaffene Instanzen aber auch durch unmittelbare Eingriffe die Entscheidungen des Normenstaats – jener Sphäre, die nach bekannten und überprüfbaren Normen geregelt ist – im jeweils gewünschten Sinne lenken oder korrigieren kann. Auch eine Diktatur braucht zur Regelung des Alltags eine solche normenstaatliche Sphäre, die darüber hinaus eine herrschaftslegitimierende Wirkung entfalten kann, und zwar gerade dann, wenn anerkannte justitielle Verfahren auf die Austragung politischer Machtkonflikte übertragen werden. Otto Kirchheimer hat in seiner großen Studie „Politische Justiz" hierzu festgestellt:

> „Das Gerichtsverfahren dient primär der Legitimierung, damit aber auch der Einengung politischen Handelns. [...] Daß sich die Machthaber auf die Feststellung eines Maßstabes einlassen, der, mag er noch so vag oder noch so ausgeklügelt sein, die Gelegenheit zur Beseitigung wirklicher oder potentieller Feinde einengt, verspricht ihnen ebenso reichen Gewinn wie ihren Untertanen. Die gerichtliche Feststellung dessen, was als politisch legitim zu gelten habe, nimmt unzähligen potentiellen Opfern die Furcht vor Repressalien oder vor dem Liquidiertwerden und fördert bei den Untertanen eine verständnisvolle und freundliche Haltung gegenüber den Sicherheitsbedürfnissen der Machthaber."[9]

Legitimierung und Einengung politischen Handelns gehen also miteinander einher. Für ideologiegeleitete Diktaturen ist dieser Zusammenhang indes problematisch. Sie leiten die Legitimation ihres politischen Handelns ausschließlich aus der Ideologie ab, andere gesellschaftliche und staatliche Instanzen werden als rein instrumentell betrachtet. Den Ausweg aus der Misere bietet die Hintertür des maßnahmestaatlichen Eingriffs. Das „Mischungsverhältnis" von Normen- und Maßnahmestaat stellt sich in den beiden hier betrachteten Systemen recht unterschiedlich dar. Ein wesentlicher Grund hierfür sind ihre unterschiedlichen Ausgangsbedingungen und Grundlagen.

---

[8] So trug auch die englischsprachige Erstausgabe seines Buches von 1941 den Untertitel: „A Contribution to the Theory of Dictatorship"; vgl. auch Fraenkel, Doppelstaat, S. 24.
[9] Otto Kirchheimer, Politische Justiz. Verwendung juristischer Verfahrensmöglichkeiten zu politischen Zwecken, Neuwied/Berlin 1965, S. 26.

3 Ausgangsbedingungen I: Sowjetrussland

Am Anfang der sowjetischen Rechtsprechung steht ein fundamentaler Bruch mit der überkommenen Ordnung. „Bereits die Februarrevolution", so Helmut Altrichter, „hatte die innere Ordnung des zaristischen Rußland aus den Angeln gehoben. Polizeistationen wurden gestürmt, Gefängnisse geöffnet und die alten Gerichte hörten auf, über Recht und Unrecht zu entscheiden."[10] Oktoberrevolution, Bürgerkrieg und Kriegskommunismus beschleunigten den Verfall der alten Rechtsinstitutionen, waren aber ihrerseits nicht in der Lage, stabile Alternativen zu schaffen. Im Gerichtsdekret Nr. 1 vom November 1917 wurden alle bestehenden Gerichte aufgehoben und ihre Neubildung aufgrund demokratischer Wahlen angekündigt. Übergangsweise sollten Ortsgerichte vom jeweiligen Sowjet bestellt werden. Bestehende Gesetze bildeten weiterhin eine wesentliche Rechtsquelle, jedoch ausdrücklich unter dem Vorbehalt, dass ihre Anwendung dem „revolutionären Gewissen" und dem „revolutionären Rechtsbewußtsein" entsprechen und dem sozialdemokratischen und sozialrevolutionären Parteiprogramm – wir befinden uns in der Phase der Koalition von Bolschewiki und Linken Sozialrevolutionären – nicht widersprechen durfte.[11]

Hier wird *expressis verbis* die Maxime des „Doppelstaats" aufgestellt. Der Kampf gegen die Konterrevolution sowie der Schutz der revolutionären Ordnung gegen Plünderung, Raub, Sabotage und Amtsmissbrauch lag in den Händen der Revolutionären Tribunale, mit ihren stark verkürzten Verfahrensfristen und eingeschränkten Rechtsmitteln. Die Durchführung der Ermittlungen wurde wenig später der Tscheka übertragen, die ihre Befugnisse sehr bald bis zur Selbstjustiz ausdehnte. Der Justizkommissar Isaac Štejnberg von den Linken Sozialrevolutionären, der bei seinen Reformen an die liberalen Impulse der Justizreform von 1864 anknüpfte, versuchte dieser Entwicklung entgegenzutreten, konnte sich aber nicht durchsetzen.[12] Ein Grundelement der sowjetischen Justiz in der Ära von Lenin und Stalin, dass nämlich neben der ordentlichen eine Polizeijustiz existierte, die insbesondere in den Phasen des Terrors eine Hauptrolle spielte, war damit etabliert.

Die Ende 1918 geschaffenen Volksgerichte sollten ausschließlich nach den sowjetischen Dekreten Recht sprechen und – wo solche fehlten – gemäß sozialistischem Rechtsbewusstsein. Hierbei ging es keineswegs um einen Notbehelf angesichts eines noch nicht voll entwickelten Rechts, denn die Anwendung vorrevolutionärer Gesetze war ausdrücklich verboten.[13] Die Ausfüllung von Gesetzeslücken durch politische Gesinnungs- und Stimmungsmaximen ist typisch für

---

[10] Helmut Altrichter, Staat und Revolution in Sowjetrußland 1917–1922/23, 2. erweiterte Aufl., Darmstadt 1996, S. 141.
[11] Ebenda, S. 143.
[12] Vgl. Nicolas Werth, Ein Staat gegen sein Volk, in: Stéphane Courtois u. a. (Hrsg.), Das Schwarzbuch des Kommunismus. Unterdrückung, Verbrechen und Terror, München/Zürich 1998, S. 51–294, hier S. 76.
[13] Altrichter, Staat und Revolution, S. 149.

eine antiliberale Rechtsauffassung. Auch das neue Strafgesetzbuch von 1922 sah vor, im Falle fehlender Rechtsbestimmungen analog zum nächstliegenden Gesetz zu urteilen,[14] eine eindeutige Verletzung des liberalen Rechtsgrundsatzes nulla poena sine lege, der die Verhängung einer Strafe von der Existenz eines Gesetzes abhängig macht, das den Straftatbestand definiert. Auch im Dritten Reich wurde das sogenannte Analogieverbot aufgehoben. Eine Neuformulierung des Paragraphen 2 des Strafgesetzbuches vom 28. Juni 1935 sah vor, dass Taten bestraft werden konnten, die vom Gesetz „für strafbar erklärt oder die nach dem Grundgedanken eines Strafgesetzes oder nach gesundem Volksempfinden Bestrafung verdient".[15]

Entformalisierung und Entprofessionalisierung waren die charakteristischen Grundzüge der Justizentwicklung des Kriegskommunismus. Ausgebildete Juristen bildeten im Rechtswesen die Ausnahme, zumeist verfügten Angehörige der Gerichte noch nicht einmal über einen höheren Bildungsabschluss. Ein bezeichnendes Beispiel für die Revolutionsjustiz ist der Fall des Admirals der baltischen Flotte Alexius Ščastnyj. Er wurde von Lev Trockij der Sabotage beschuldigt und vom Ende Mai/Anfang Juni 1918 gegründeten Obersten Revolutionstribunal zum Tode durch Erschießen verurteilt, obwohl die Todesstrafe vom zweiten Rätekongress Ende des Vorjahres abgeschafft worden war. Binnen weniger Stunden wurde das Urteil vollstreckt.[16] Der Ankläger Nikolaj Krylenko, der spätere Justizkommissar unter Stalin, der 1938 selbst den Säuberungen zum Opfer fiel, soll auf den Hinweis, die Todesstrafe sei doch abgeschafft, zynisch geantwortet haben, Ščastnyj sei ja nicht zum Tode, sondern zur Erschießung verurteilt worden.[17]

Julij Martov, der Führer der Menschewiki, prangerte in einem vor Empörung vibrierenden Pamphlet unter dem Titel „Nieder mit der Todesstrafe!" – eine alte, ehedem gegen die zaristische Justiz gerichtete Parole – den Fall Ščastnyj und generell die grassierende Exekutionspraxis an, die in erster Linie auf das Konto der extralegal agierenden Tscheka ging. Bezeichnend für den Populismus und die Institutionenfeindlichkeit der linken *Intelligenzija* ist indes, dass auch Martov seinen Protest in die Parole münden ließ: „Mögen die kannibalischen Exekutoren vom Volk gerichtet werden!"[18]

---

14 Hildermeier, Sowjetunion, S. 227.
15 Otto Schwarz, Strafgesetzbuch, Nebengesetze, Verordnungen, Kriegsstrafrecht, 11. verbesserte und vermehrte Ausgabe, München u. a. 1942, S. 17. Zur Abschaffung des Analogieverbotes vgl. Lothar Gruchmann, Justiz im Dritten Reich 1933–1940. Anpassung und Unterwerfung in der Ära Gürtner, München 1988, S. 847–863.
16 Sergej Kobjakov, Krasnyj sud. Vpečatlenija zaščitnika v revoljucionnych tribunalach, in: Michail Geller (sost.), Zarja sovetskogo pravosudija, London 1991, S. 9–61, hier S. 19–21; Martow, L. [Julij Osipovič], Down with Executions!, London o. J. [1918], S. 4 f. Rechtfertigend und ohne die juristische Problematik zu berühren: Isaac Deutscher, Trotzki, Bd. 1: Der bewaffnete Prophet 1879–1921, Stuttgart 1962, S. 390.
17 Kobjakov, Krasnyj sud, S. 20.
18 Martow, Down with Executions, S. 8.

Die Periode der Neuen Ökonomischen Politik, die NEP, brachte auch in der Justiz wesentliche Änderungen mit sich. Die Beruhigung der Verhältnisse, aber auch die Zulassung eines begrenzten privaten ökonomischen Sektors erforderten größere Rechtssicherheit. Als entsprechende Maßnahmen beschloss die Sowjetregierung die Kodifizierung von Straf-, Zivil- und Verfahrensrecht sowie die Einführung eines einheitlichen Gerichtssystems, wozu auch die Auflösung der Revolutionären Tribunale gehörte. An die Stelle des „revolutionären Rechtsbewußtseins" sollte nun die „revolutionäre Gesetzlichkeit" treten. So hatte es der X. Parteitag von 1921 beschlossen. Auch wenn die Revolutionären Tribunale verschwanden, die ČK formell aufgelöst und 1922 als GPU[19] vorübergehend dem Volkskommissariat des Innern eingegliedert sowie 1922 ein Zivil- und ein Strafgesetzbuch verabschiedet wurden, fand keineswegs eine Wende zur Rechtsstaatlichkeit im eigentlichen Sinne statt.[20] Die Unterdrückung der politischen Opposition, insbesondere der noch verbliebenen Reste nichtkommunistischer linker Organisationen wurde im Gegenteil noch verstärkt und die Justiz in den Dienst der Unterdrücker gestellt.[21] Einen deutlichen Markstein hierbei bildete der Prozess gegen die Sozialrevolutionäre (SR) von Juni bis August 1922. Er richtete sich gegen die Führungsriege der in den Untergrund getriebenen Sozialrevolutionären Partei.[22] Zentrales Ziel des Prozesses war, den Sozialrevolutionären die Verantwortung für den Bürgerkrieg anzulasten. Dementsprechend lautstark war die propagandistische Begleitmusik. Jedoch auch Menschewiki und Sozialrevolutionäre in der Emigration machten auf den Prozess aufmerksam. In Verhandlungen zwischen der II. Internationale, der linkssozialdemokratischen Wiener Union und der Komintern, die kurz vor dem geplanten Prozessbeginn stattfanden, war es den Sozialdemokraten gelungen, der kommunistischen Delegation unter Karl Radek zwei Zugeständnisse abzuringen: Westliche sozialistische Verteidiger sollten zur Verhandlung zugelassen werden, und es dürften keine Todesurteile gefällt werden. Dies veranlasste Lenin zu dem öffentlichen Kommentar: „Wir haben zu teuer bezahlt."

Die 34 Angeklagten teilten sich in zwei Gruppen. Zwölf von ihnen zeigten sich höchst reumütig und ergingen sich während des Prozesses in Selbstbezichtigungen. Die Mehrheit unter Führung des SR-Veteranen Abram Goc indes war zu keinerlei Konzessionen bereit und versuchte, den rein politischen Charakter des Prozesses zu entlarven. Dieser liegt nicht nur wegen der schrillen propagandistischen Begleitmu-

---

[19] Ob''edinennoe gosudarstvennoe političeskoe upravlenie, üblicherweise abgekürzt zu GPU, war seit 1922 die Bezeichnung der Geheimpolizei der Sowjetunion. Sie ging 1934 im Volkskommissariat für innere Angelegenheiten auf. Die GPU war die Nachfolgeorganisation der Tscheka und eine Vorläuferin des KGB.
[20] Altrichter, Staat und Revolution, S. 157 ff.
[21] Richard Pipes, Die russische Revolution, Bd. 3: Rußland unter dem neuen Regime, Berlin 1993, S. 639 ff.
[22] Wilhelm Ziehr, Die Entwicklung des „Schauprozesses" in der Sowjetunion. Ein Beitrag zur sowjetischen Innenpolitik 1928–1938, (Diss.) Tübingen 1970, S. 46; Marc Jansen, A Show Trial under Lenin. The Trial of the Socialist Revolutionaries, Moscow 1922, The Hague u. a. 1982.

sik, sondern auch wegen der Merkwürdigkeiten des Verfahrens für den historischen Betrachter deutlich auf der Hand. So wurde eine allgemeine politische Amnestie vom Februar 1919 auf die Vergehen, die den SR angelastet wurden, nicht angewendet; die strafrechtlichen Bestimmungen, unter denen sie angeklagt wurden, traten erst eine Woche vor Prozessbeginn in Kraft; vier menschewistische Verteidiger wurden nicht zur Verhandlung zugelassen und verhaftet; während des Prozesses wurde die Anhörung von Entlastungszeugen verweigert; den Angeklagten und ihren Verteidigern wurde der Zugang zu wesentlichen Prozessunterlagen nicht gewährt und die Anfertigung stenographischer Aufzeichnungen über den Prozessverlauf untersagt. Goc entband schließlich wenige Tage nach Prozessbeginn die drei westlichen Verteidiger, den belgischen Sozialisten Emile Vandervelde sowie die USPD-Politiker Kurt Rosenfeld und Theodor Liebknecht von ihrem Mandat, da sie „diese Parodie der Justiz", wie er sagte, nicht länger durch ihre Anwesenheit aufwerten sollten. Nachdem Generalstaatsanwalt Krylenko Abgeordnete einer Massendemonstration, die ein hartes Urteil für die Sozialrevolutionäre forderte, offiziell im Gerichtssaal empfangen hatte, legten Anfang Juli auch die russischen Verteidiger mit Zustimmung der Angeklagten ihre Mandate nieder. Trotz aller Proteste westlicher Linksintellektueller und sozialistischer Parteien wurden schließlich zwölf Todesurteile gefällt. Ihre Vollstreckung wurde unter der Bedingung aufgeschoben, dass die Sozialrevolutionäre Partei im Untergrund keine Attentate verübte. Goc und seine Schicksalsgenossen wurden somit zu Geiseln gemacht.[23]

Dieser Prozess, dem der niederländische Historiker Marc Jansen eine Studie mit dem Titel „Show Trial under Lenin" gewidmet hat, wies in der Tat bereits viele Merkmale auf, die in den späteren stalinistischen Schauprozessen zur vollen Blüte gebracht wurden. Allerdings nötigte die Unbeugsamkeit der Mehrheit der Angeklagten der Regie eine Fülle von Verfahrensverstößen ab, die die legitimatorische Wirkung des Prozesses – zumindest im Hinblick auf das Ausland, wo sie in der sozialistischen Öffentlichkeit ausgiebig thematisiert wurden – beeinträchtigte.

Zwiespältig an der sowjetischen Justiz der NEP-Phase waren nicht nur ihre weitreichende politische Verfügbarkeit und das Fortbestehen einer immerhin etwas gemilderten Polizeijustiz, zwiespältig war auch die vorherrschende Tendenz der sowjetischen Rechtstheorie, die sich mit dem Namen von Evgenij Pašukanis verbindet. Nach dessen marxistisch-ökonomistischer Theorie erreicht das Recht seine höchste Blüte in der bürgerlichen Gesellschaft, die durch Warentausch gekennzeichnet ist. In der sozialistisch-kommunistischen Gesellschaft verschwindet der Warencharakter der Produktion, die nunmehr durch bewusste Planung gesteuert wird. Dementsprechend, so Pašukanis, sterbe auch das Recht ab, das durch rein technische Regelungen wie etwa Pläne ersetzt werde. Pašukanis und seine Anhänger strebten daher,

---

[23] Vgl. Jansen, Trial; Jürgen Zarusky, Die deutschen Sozialdemokraten und das sowjetische Modell. Ideologische Auseinandersetzung und außenpolitische Konzeptionen 1917–1933, München 1992, S. 153 ff. und S. 160 ff.

wie es Robert Sharlet ausdrückt, „eine sich selbst liquidierende rechtliche Übergangskultur an, die auf flexiblen gesetzlichen Regelungen, vereinfachten rechtlichen Rollen und volkstümlichen rechtlichen Institutionen basierte".[24] Im Bereich der Juristenausbildung führte diese Tendenz dazu, dass ganze Rechtszweige wie etwa das Prozessrecht vernachlässigt oder – wie das Familienrecht – lange Zeit gar nicht gelehrt wurden. Die ohnehin starke Entprofessionalisierung der Justiz durch das Prinzip, das Justizpersonal durch die Räte ausschließlich aus den Reihen der Werktätigen berufen zu lassen, brach somit auch in die formalisierte Juristenausbildung ein. Im Bereich der politischen Justiz fand die von Pašukanis vertretene Tendenz unter anderem Ausdruck in den sehr breit und dehnbar formulierten Bestimmungen des Artikels 58 im Strafgesetzbuch von 1926, der Alexander Solženicyn zu der Charakterisierung veranlasste: „Wo immer das Gesetz ist, kann auch das Verbrechen gefunden werden."[25]

4 Ausgangsbedingungen II: NS-Deutschland

Die Etablierung der NS-Diktatur in Deutschland unterschied sich fundamental von der Machtergreifung der Bolschewiki. Die Nationalsozialisten kamen in einer Koalition mit Kräften der traditionellen Rechten an die Macht. Letztere hofften die NS-Bewegung als Massenbasis für ihre autoritären Staatsvorstellungen nutzen zu können, während die Hitler-Bewegung wiederum auf die Kooperation mit den traditionellen Machteliten, insbesondere der Wehrmacht angewiesen war. Aber nicht nur aus Koalitionsrücksichten, sondern auch, weil die NSDAP trotz aller sozialistischen Rhetorik die gesellschaftliche Schichtung keineswegs so grundlegend umstürzen wollte, wie die Bolschewiki, blieb das Justizsystem weitgehend unangetastet. Die überwiegende Mehrheit der Richter und Staatsanwälte war überdies durchaus kooperationsbereit; sie hatte sich nie mit der Republik identifiziert und begrüßte die vermeintliche Rückkehr zu einem autoritären Staatswesen – spätestens seit Hitler im März 1933 die Unabsetzbarkeit der Richter garantiert hatte. Dass wenig später durch das sogenannte „Gesetz zur Wiederherstellung des Berufsbeamtentums" gerade gegen dieses Prinzip verstoßen und jüdische und politisch unliebsame Richter aus dem Dienst entfernt wurden, nahm man in Kauf. Die Personifizierung dieser Einstellung war Justizminister Franz Gürtner; von 1933 bis zu seinem Tod Anfang 1941 hatte er dieses Amt in Hitlers Kabinett inne, das er zuvor auch schon unter Franz von Papen und Kurt von Schleicher sowie als Vertreter der Deutschnationalen seit 1924 im bayerischen Kabinett ausgeübt hatte.[26]

---

24 Sharlet, Legal Culture, in: Tucker (Hrsg.), Stalinism, S. 163.
25 Zit. nach ebenda, S. 164.
26 Vgl. den biographischen Abriss bei Gruchmann, Justiz im Dritten Reich, S. 9–83.

Die Ära Gürtner war geprägt durch beständige Kompetenzkämpfe mit der bald zur Gestapo ausgebauten politischen Polizei, die sich zunehmend justitielle Funktionen anmaßte. Die Basis hierfür lieferte die Aufhebung der meisten Grundrechte, insbesondere der persönlichen Freiheit, durch die sogenannte Reichstagsbrandverordnung vom 28. Februar 1933, die Fraenkel als die Verfassungsurkunde des Dritten Reichs bezeichnet hat. Diese von Reichspräsident Paul von Hindenburg erlassene Notverordnung bildete die juristische Grundlage für die „Schutzhaft", mit der die Polizei praktisch unbegrenzte Freiheitsentziehungen verfügen und die richterliche Haftkontrolle unterlaufen konnte. Sie steht somit an der Wiege des KZ-Systems. Auch alle möglichen anderen Zwangsmaßnahmen bis hin zur Beschlagnahme von katholischen Jugendheimen stützte die Gestapo auf diese zur Abwehr kommunistischer Umsturzbestrebungen erlassene Verordnung. Doch selbst von dieser fragwürdigen rechtlichen Legitimation löste sie sich zunehmend, bis schließlich 1940 in einem Rundschreiben des Reichssicherheitshauptamtes darauf hingewiesen wurde, die Rechtsgültigkeit staatspolizeilicher Anordnungen sei nicht vom Rückbezug auf diese Verordnung abhängig, da „sich die Befugnis der Geheimen Staatspolizei zur Durchführung aller Maßnahmen, die zur Erfüllung ihrer Aufgaben erforderlich sind, nicht aus einzelnen Gesetzen und Verordnungen, sondern aus dem Gesamtauftrag herleitet, der der Deutschen Polizei im allgemeinen und der Geheimen Staatspolizei im besonderen im Zuge des Neuaufbaues des nationalsozialistischen Staates erteilt worden ist".[27] Der Gesamtauftrag war nichts anderes als der Vollzug des „Führerwillens", der im NS-Staat die letzte und entscheidende Rechtsquelle bildete und dem sich auch die Justiz immer wieder zu beugen hatte: bei der von einigen mutigen Staatsanwälten in der Frühphase des Regimes initiierten, aber gescheiterten Verfolgung von Morden in Konzentrationslagern, beim sogenannten Röhmputsch, als Hitler mindestens sieben Dutzend SA-Führer und eine Reihe konservativer Oppositioneller ermorden und die Ereignisse am 3. Juli in Bausch und Bogen als Staatsnotwehr für rechtens erklären ließ, bei den rund 100 im Rahmen der sogenannten Reichskristallnacht verübten Morden, deren Verfolgung das Oberste Parteigericht (!) mit der Begründung niederschlug, die Täter hätten in dem Glauben gehandelt, den Willen der Parteiführung zu vollziehen, oder bei der Euthanasie, über die sich die Oberlandesgerichtspräsidenten und Generalstaatsanwälte widerspruchslos in Kenntnis setzen ließen.[28]

---

[27] Zit. nach Günther Kimmel, Das Konzentrationslager Dachau, in: Martin Broszat/Elke Fröhlich (Hrsg.), Bayern in der NS-Zeit, Bd. 2: Herrschaft und Gesellschaft im Konflikt, München u. a. 1979, S. 349–413, hier S. 353, Anm. 19. Vgl. auch den inhaltlich korrespondierenden Spruch des Hamburger Verwaltungsgerichts vom 7.10.1935, zit. bei Ralph Angermund, Deutsche Richterschaft 1919–1945, Krisenerfahrung, Illusion, politische Rechtsprechung, Frankfurt a. M. 1990, S. 175 f.
[28] Zu den genannten Vorgängen vgl. ausführlich Gruchmann, Justiz im Dritten Reich, S. 320–534, ferner Helmut Kramer, Oberlandesgerichtspräsidenten und Generalstaatsanwälte als Gehilfen der NS-„Euthanasie"-Selbstentlastung der Justiz für die Teilnahme am Anstaltsmord, in: Redaktion Kri-

Im Justizalltag spielte die Frage der Überführung von Untersuchungshäftlingen der Gestapo in gerichtliche Untersuchungshaft eine wichtige Rolle. Es scheint sich die Praxis durchgesetzt zu haben, dass die Gestapo in allen Fällen, in denen sie über ausreichendes Belastungsmaterial verfügte, Beschuldigte an die Justiz weiterleitete. Die Möglichkeit der Gestapo, Freisprüche durch Einweisung in Konzentrationslager zu „korrigieren", bestand indes weiterhin.

Es war überdies in den 1930er Jahren weithin gängige Praxis, verurteilte politische Oppositionelle nach Abbüßung ihrer Haftstrafe für weitere Jahre in Konzentrationslager zu verbringen. Die Justiz verpflichtete sich sogar, die Gestapo rechtzeitig über Entlassungstermine zu informieren.[29]

Neben den Rahmenbedingungen änderte sich auch die innere Organisation des Justizwesens. Am bedeutsamsten war die Einrichtung von Sondergerichten in jedem Oberlandesgerichtsbezirk. Sie waren vor allem für sogenannte „Heimtücke"-Delikte zuständig. Diese umfassten gegen das NS-Regime gerichtete, im Grunde unpolitische Unmutsäußerungen und Schmähkritik. Obwohl es sich hier um eine originär politische Justiz handelte, spielten politische Aspekte bei der personellen Besetzung der Sondergerichte letztlich eine nachgeordnete Rolle. Da die Sondergerichte in Schnellverfahren urteilten, in denen die Rechte der Angeklagten stark eingeschränkt waren, und gegen die Entscheidungen der Sondergerichte keine Rechtsmittel möglich waren, hielt man es seitens der Justizverwaltung für erforderlich, möglichst erfahrene Landgerichtsdirektoren mit deren Leitung zu betrauen. Das Potential alter Parteigenossen, die zugleich die professionellen Kriterien erfüllten, war jedoch ziemlich gering, so dass zumeist die berufliche und nicht die politische Qualifikation den Ausschlag gab.[30]

Auch bei der Strafverfolgung der politischen Opposition standen die Zeichen zunächst weitgehend auf Kontinuität. Allerdings wurde der Tatbestand des Hochverrats 1933/34 in einer Serie von Novellierungen und zum Teil in unmittelbarer Reaktion auf neuentwickelte Widerstandsstrategien so modifiziert, dass jegliche politische Opposition gegen das NS-Regime davon erfasst werden konnte. Zuständig für die Aburteilung von Hochverrätern war das Reichsgericht in Leipzig. Dort fand von September bis Dezember 1933 auch der Reichstagsbrandprozess statt, in dem neben dem jungen holländischen Rätekommunisten Marinus van der Lubbe auch der kommunistische Reichstagsabgeordnete Ernst Torgler und die drei bulgarischen Kommunisten Georgi Dimitroff, Blagoi Popoff und Wassil Taneff angeklagt waren. Die Reichsregierung unter Hitler hatte die Brandstiftung als Fanal für einen kommunistischen Aufstand eingestuft. Der aufwendige und spektakuläre Prozess vor dem Reichsgericht bestätigte diese Version indes nicht. Verurteilt wurde lediglich van

---

tische Justiz (Hrsg.), Die juristische Aufarbeitung des Unrechtsstaats, Baden-Baden 1998, S. 413–439.
29 „Im Namen des Deutschen Volkes". Justiz und Nationalsozialismus. Katalog zur Ausstellung des Bundesministers der Justiz, Bonn 1989, S. 261.
30 Angermund, Richterschaft, S. 138.

der Lubbe, alle anderen Angeklagten wurden freigesprochen. Am 10. Januar 1934 wurde van der Lubbe in Leipzig guillotiniert. Diese Hinrichtung, die erst durch ein rückwirkendes Gesetz vom 24. März 1933, die sogenannte „lex van der Lubbe" ermöglicht wurde, kompensierte die Enttäuschung der NS-Führung über den Ausgang des Verfahrens nicht. Sie drängte auf die Schaffung eines neuen, „volksnahen" Gerichts zur Aburteilung politischer Vergehen. Am 14. Juli 1934 wurde in Berlin der Volksgerichtshof (VGH) eröffnet, dem die erstinstanzliche Zuständigkeit für Hoch- und Landesverrat übertragen wurde. Die „Volkstümlichkeit" – ähnlich wie bei den Bolschewiki auch bei den Nationalsozialisten ein wichtiger Anspruch an die Justiz – sollte dadurch gewährleistet werden, dass die Senate des VGH neben zwei Berufsrichtern mit drei Laienrichtern besetzt waren, die aus NS-Organisationen, aber auch von der Wehrmacht und sogar der Polizei stammen konnten. Trotz dieser Neuerungen bestand auch beim Volksgerichtshof eine hohe Kontinuität zur vorausgegangenen Rechtsprechung. Die juristische Argumentation in den Urteilen des Volksgerichtshofs war nicht weniger sorgfältig als die des Reichsgerichts. Die Federführung blieb in den Händen professioneller Juristen, die keineswegs überwiegend als fanatische Nationalsozialisten ausgewiesen waren und überdies an die Rechtsprechung des Reichsgerichts anschließen konnten. Denn bereits dieses hatte den Begriff der Verfassung, das Angriffsziel des Hochverrats, dahingehend interpretiert, dass er die Herrschaft Hitlers und nicht die geschriebene und niemals aufgehobene Weimarer Verfassung meinte. Und schon durch das Reichsgericht war auch die SPD als hochverräterische Organisation in eine Reihe mit der KPD gestellt worden. Die vom Volksgerichtshof gegen die vorwiegend linken, vor allem kommunistischen Oppositionellen verhängten Strafen waren zwar höher als die des Reichsgerichts, bewegten sich aber in einem – verglichen mit der späteren Sanktionspraxis – gemäßigten Rahmen. Der Schwerpunkt lag noch bis in den Krieg hinein bei Haftstrafen bis zu zehn Jahren. Auch die Zahl der verhängten Todesstrafen war noch verhältnismäßig gering. 1937 etwa fällte der VGH gerade zehn Todesurteile. Der Einbau eines Laienelements in die politische Justiz wurde im Übrigen in gewisser Weise durch die fortbestehende Möglichkeit konterkariert, weniger schwere Fälle von Hoch- und Landesverrat an bestimmte Oberlandesgerichte abzugeben, wovon in hohem Umfang Gebrauch gemacht wurde.[31] In einer so hochdifferenzierten und gesetzesgläubigen Gesellschaft wie der deutschen hätte ein politisierendes Laientribunal letztlich wohl auch kaum den Respekt gefunden, der für die legitimatorische Wirkung der politischen Justiz erforderlich ist.

Indes hat die Bindung an bestimmte Gerichtsverfahren, wie Otto Kirchheimer dargelegt hat, auch einengende Wirkung. Dies zeigte sich deutlich beim Fall Ernst

---

31 Zur Rechtsprechung in Hochverratssachen und zum institutionellen Verhältnis von Reichsgericht, Volksgerichtshof und Oberlandesgerichten zusammenfassend: Jürgen Zarusky, Einleitung zu Widerstand als „Hochverrat" 1933–1945. Erschließungsband zur Mikrofiche-Edition, München 1998, S. 11–44, hier S. 23–36.

Thälmann. Der Vorsitzende der KPD war unmittelbar nach dem Reichstagsbrand verhaftet worden, und ein Prozess gegen ihn wurde vorbereitet. Es herrschte die Erwartung, in der Verhandlung gegen Thälmann könne man die Schlappe aus dem Reichstagsbrandprozess wettmachen und weitgespannte, gefährliche Umsturzpläne der deutschen Kommunisten öffentlich enthüllen. Im Dezember 1934 lag die Anklageschrift des Oberreichsanwalts beim Volksgerichtshof vor. Thälmann selbst bereitete sich darauf vor, eine ähnlich kämpferische Rolle zu spielen wie Dimitroff im Reichstagsbrandprozess. Der Showdown fand jedoch nicht statt. Im Februar 1935 traten im Berliner Justizministerium Vertreter verschiedener Ministerien zu einer „kommissarischen Besprechung über die Pressebehandlung des Thälmann-Prozesses" zusammen. Angesichts des mageren Ergebnisses der Anklageschrift, die auf kaum mehr als eine Fülle wortradikaler Aufrufe und Reden verweisen konnte, beschloss man, den Prozess abzublasen. Hans Bernd Gisevius, Referent im Innenministerium und späterer Mitverschwörer des 20. Juli erklärte, wenn man das Haupt der KPD nur zu 15 Jahren Zuchthaus verurteilte, würde das die Größe der kommunistischen Gefahr und die Verdienste schmälern, die sich der Nationalsozialismus durch ihre Abwendung auch für die anderen europäischen Staaten erworben und auf die sich der Führer wiederholt berufen habe. Thälmann wurde im November 1935 außer Verfolgung gesetzt, aber zugleich erging ein Schutzhaftbefehl gegen ihn. Bis zu seiner von Hitler im August 1944 angeordneten Ermordung im KZ Buchenwald wurde er in verschiedenen Justizvollzugsanstalten festgehalten.[32]

Der Fall Thälmann zeigt die Grenzen der politischen Verfügbarkeit der Justiz im Dritten Reich auf. Zwar verurteilte sie in geradezu seriellen Prozessen mit kaum je veränderter Argumentation Tausende von Oppositionellen zu immer höheren Strafen, für einen Schauprozess aber war sie untauglich. Zu tief war trotz aller Aufweichungsversuche seitens des Regimes ein bestimmter Standard justitieller Prozeduralität in der deutschen Rechtskultur verankert.

Der Fall Thälmann zeigt zweitens aber auch den Zynismus des „Doppelstaats" auf: Das Rechtssystem hätte seine legitimatorische Wirkung für das Regime verfehlt und vielleicht sogar im entgegengesetzten Sinne gewirkt, hätte es den Fall nach den üblichen Regularien behandelt. Also wurde Thälmann diesem System kurzerhand entzogen. Das war allerdings nicht möglich ohne einen Systembruch: Um ihn der Polizeijustiz überantworten zu können, wurde Thälmann außer Verfolgung gesetzt, obwohl eine Anklageschrift vorlag, die nach den damaligen Maßstäben eine Verurteilung zu einer mehrjährigen Haftstrafe zur Folge hätte haben müssen.

---

32 Peter Przybylski, Mordsache Thälmann, Berlin (Ost) 1986, S. 44 und S. 78 f.; Günther Wieland, Das war der Volksgerichtshof. Ermittlungen, Fakten, Dokumente, Berlin (Ost) 1989, S. 29.

5 Massenterror und Justiz im Stalinismus

Solche Finessen haben die stalinistische Justiz nicht beeinträchtigt. Neben der rücksichtslosen und zum Teil mit massiver Gewalt durchgesetzten Umgestaltung der sowjetischen Gesellschaft durch Industrialisierung und Kollektivierung der Landwirtschaft, der Terrorkampagne der Jahre 1936 bis 1938 und dem Führerkult um Stalin sind die Schauprozesse gegen grausam zur Selbstbezichtigung dressierte Angeklagte eines der Elemente, die es erfordern, vom Stalinismus als einer ganz spezifischen Epoche des sowjetischen Kommunismus zu sprechen, wenngleich dessen totalitäre Wurzeln weitaus tiefer reichen. Eine erste Serie von Schauprozessen fand gewissermaßen als Begleitmusik zur Industrialisierung und Kollektivierung statt. Sie hatten die doppelte Stoßrichtung, einerseits Schuldige für ökonomische Misserfolge zu präsentieren und andererseits Gegner des neuen Stalin'schen Kurses auszuschalten und einzuschüchtern. Der Prozess gegen Ingenieure und Techniker der Kohlebergwerke von Šachty im Donezbecken im Mai 1928 eröffnete den Reigen. Den 53 Angeklagten wurde vorgeworfen, mit dem Ziel der Wiederherstellung der alten Eigentumsverhältnisse und in engem Benehmen mit ausländischen Stellen systematische Sabotage betrieben zu haben. Mit wenigen Ausnahmen – dazu zählten auch vier der fünf deutschen Angeklagten – bekannten sich die Angeklagten schuldig. Von den fünf Deutschen wurden alle bis auf den, der sich selbst bezichtigt hatte und eine milde Strafe erhielt, freigesprochen. Die Aussetzung der laufenden deutsch-sowjetischen Wirtschaftsverhandlungen, das große Interesse der deutschen Presse und der diplomatische Druck, den Botschafter Ulrich von Brockdorff-Rantzau ausübte, werden das Ihrige dazu beigetragen haben. Von den russischen Angeklagten wurden elf zum Tode durch Erschießen verurteilt. Der Prozess enthielt die klare Botschaft an die technische Intelligenz, dass die Nichteinhaltung der maßlosen Vorgaben von Stalins Industrialisierungsplänen als politische Unbotmäßigkeit gedeutet werden würde. Begleitet wurde der von Vyšinskij als Gerichtspräsident und Krylenko als Ankläger inszenierte Prozess mit einem immensen Propagandaaufwand. Er bildete das Flaggschiff einer ganzen Flotte nachgeordneter weiterer „Schädlingsprozesse".[33]

Die nächsten Schläge richteten sich gegen Spezialisten in der Administration, die fachliche Kritik an der Kollektivierung und den Vorgaben des ersten Fünfjahresplans angemeldet hatten. Für den 1930 durchgeführten Prozess gegen die sogenannte Bäuerliche Arbeitspartei, in dem neben anderen der bekannte Agrarökonom Nikolai Kondrat'ev angeklagt war, liegen uns direkte Zeugnisse über Stalins Regie vor. Am 6. August 1930 schrieb er an Molotov: „Kondratjew, Groman und einige andere Halunken müssen unbedingt erschossen werden."[34] Am 2. September 1930 hieß es

---

[33] Ziehr, Die Entwicklung des „Schauprozesses", S. 73–133; Kurt Rosenbaum, The German Involvement in the Shakhty-Trial, in: The Russian Review 21 (1962), S. 238–260.
[34] Lars T. Lih/Oleg Naumow/Oleg Chlewnjuk (Hrsg.), Stalin. Briefe an Molotow 1925–1936, Berlin 1996, S. 217.

in einem weiteren Brief an denselben Adressaten: „Wahrscheinlich wird es nur schwerlich ohne Gericht abgehen. Übrigens: Wie wäre es, wenn die Herren Angeklagten ihre *Fehler* zugeben, sich politisch ordentlich selbst besudeln und damit zugleich die Festigkeit der Sowjetmacht und die Richtigkeit der Kollektivierungsmethode anerkennen? Das wäre nicht schlecht."[35] Am 25. September teilte die OGPU mit, alle 48 Angeklagten dieses Prozesses seien erschossen worden.

Wenige Wochen später fand der Prozess gegen die sogenannte Industriepartei mit einem analogen Ergebnis statt. Er hatte sich vor allem gegen Mitarbeiter der staatlichen Planungsbehörde gerichtet, denen unter anderem Konspiration mit dem französischen Ministerpräsidenten Raymond Poincaré vorgeworfen wurde. Bei Gosplan hatte auch eine Reihe ehemaliger Menschewiki Positionen gefunden, die sich aus der Politik verabschiedet hatten und rein praktische Aufbauarbeit leisten wollten. Zusammen mit weiteren ehemaligen Mitgliedern der Sozialdemokratie wurden sie im März 1931 im sogenannten Menschewiki-Prozess angeklagt. Ihnen wurde zur Last gelegt, sie hätten 1928 ein Unionsbüro mit dem Ziel gegründet, systematische Sabotage zu betreiben, eine ausländische Intervention vorzubereiten und die Sowjetregierung zu stürzen. Zur Gründung des Unionsbüros, so hieß es, sei der Exilpolitiker Rafail Abramovič 1928 illegal eingereist.

Dessen sofortige Replik, dass er zur fraglichen Zeit auf dem Kongress der Sozialistischen Arbeiterinternationale in Marseille von Hunderten von Zeugen gesehen worden sei, ließ die Ankläger unbeeindruckt. Dabei war unter den 14 Angeklagten nur einer, der tatsächlich illegale Arbeit für die menschewistische Partei geleistet hatte, Vladimir Ikov, der 1928 aus der Emigration nach Moskau zurückgekehrt war. Er genoss unter seinen Parteifreunden einen guten Ruf als mutiger und zuverlässiger konspirativer Aktivist. Dass auch er sich selbst der offenkundig fabrizierten Anschuldigungen bezichtigte, schockierte die Menschewiki im Exil.[36]

Als Stalin in den Schauprozessen der Jahre 1936 bis 1938 mit der alten bolschewistischen Elite abrechnete, erregten die Selbstbezichtigungen der Angeklagten großes Aufsehen und riefen Irritationen hervor. Das tatsächlich Neue bestand jedoch darin, dass jetzt die Revolution ihre eigenen Kinder fraß. Die hierbei angewendeten „justitiellen" Methoden waren freilich schon lange zuvor entwickelt worden. Den Ausgangspunkt der neuen Welle politischer Verfolgung bildeten vage Anzeichen einer innerparteilichen Opposition gegen Stalin auf dem 17. Parteitag von 1934 und die Ermordung des Leningrader Parteisekretärs Sergej Kirov am 1. Dezember dieses Jahres. In einer allerdings nicht ganz unumstrittenen Deutung wird Kirov als potentieller Konkurrent Stalins gesehen. Noch am selben Tag wurden die Untersuchungs-

---

35 Zit. nach ebenda, S. 228.
36 Al'ter L. Litvin (Hrsg.), Menševistskij process 1931 goda, 2 Bde., Moskau 1999, Bd. 1, S. 7; André Liebich, From the Other Shore. Russian Social Democracy after 1921, Cambridge, Mass. u. a. 1997, S. 213. Allgemein ferner: Simon Wolin, The „Menshevik Trial" of 1931, in: Leopold H. Haimson (Hrsg.), The Mensheviks. From the Revolution of 1917 to the Second World War, Chicago u. a. 1974, S. 394–402; Ziehr, Die Entwicklung des „Schauprozesses", S. 176–190.

organe angewiesen, die Fälle der wegen Vorbereitung oder Ausführung von Terrorakten Angeklagten beschleunigt zu behandeln, die Gerichte sollten Todesurteile in solchen Fällen nicht im Hinblick auf mögliche Begnadigungen aufschieben, da solche Gesuche aussichtslos seien, und der NKVD erhielt die Weisung, Todesurteile sofort zu vollstrecken.[37]

Als Organisatoren des Mordes an Kirov wurden Stalins ehemalige Kontrahenten Grigorij Zinov'ev, Lev Kamenev und ihre Anhänger verdächtigt.

Es begann die Aufdeckung angeblicher weit gespannter konspirativer Netze,[38] deren zentrale Knotenpunkte in den drei großen Schauprozessen der Jahre 1936 bis 1938 gegen das „Trotzkistisch-sinowjewistische" und das „Antisowjetische trotzkistische Zentrum" sowie den „Antisowjetischen Block der Rechten und Trotzkisten" öffentlichkeitswirksam vorgeführt wurden. Nicht wenige westliche Beobachter, wie etwa der deutsche Exilschriftsteller Lion Feuchtwanger, ließen sich von dem pseudoprozeduralen Aufwand täuschen.[39] Umso mehr ist anzunehmen, dass auch in der sowjetischen Bevölkerung die Beschuldigungen weithin Glauben fanden. Die Versuche von Beschuldigten, sich gegenüber Stalin mit Argumenten und Beweisen zu rechtfertigen, sind ebenso ein Indiz hierfür wie die mehrfach bezeugten Äußerungen loyaler stalinistischer Kommunisten, die ihre Verhaftung als tragischen Fehler in einer ansonsten durchaus begründeten und gerechtfertigten Aktion gegen antisowjetische Gefahren einstuften. Und schließlich ist die Eigendynamik, die der Terror entwickelte und die nach heute als gesichert geltenden Zahlen zur Erschießung von mindestens 680 000 Menschen und zur Verhaftung von etwa zweieinhalb Millionen führte,[40] schwerlich ohne die Annahme erklärbar, dass ein nicht unerheblicher Teil der Denunzianten und Verfolger an den tatsächlichen Gehalt der Verdächtigungen und Beschuldigungen geglaubt hat. Manchen werden die Augen erst aufgegangen sein, als der Terror sie selbst einholte, wie etwa den ehemaligen NKVD-Chef Genrich Jagoda, der den ersten großen Schauprozess mit vorbereitet hatte, um dann weniger als zwei Jahre später im dritten Prozess angeklagt und zum Tode verurteilt zu werden. Die Schauprozesse und der Terror der 1930er Jahre dokumentieren einen fundamentalen – und im Hinblick auf die Bedrohung durch das nationalsozialistische Deutschland – fatalen Wirklichkeitsverlust. Voraussetzung für dieses tragische Ergebnis war aber nicht allein der unzweifelhafte Manipulationswille des Diktators Stalin, sondern vor allem die vorausgegangene Entwertung und Auflösung von Institutionen und Verfahren, die der Willkür Grenzen gesetzt hatten. War schon das Mili-

---

37 Robert Conquest, Am Anfang starb Genosse Kirow. Säuberungen unter Stalin, Düsseldorf 1970, S. 67.
38 Die willkürliche Politisierung des Mordes an Kirov belegt Jurij Žukov, Der Mord an Kirov. Aus den Ermittlungsakten, in: Forum für osteuropäische Ideen- und Zeitgeschichte 3 (1999), H. 2, S. 119–151.
39 Karl Kröhnke, Lion Feuchtwanger – der Ästhet in der Sowjetunion: ein Buch nicht nur für seine Freunde, Stuttgart 1991.
40 Zu den Opferzahlen vgl. Hildermeier, Sowjetunion, S. 453–456.

tärtribunal beim Obersten Gericht zu beliebigen Zwecken verfügbar, so galt dies umso mehr für die in allen Gebieten und Regionen eingerichteten Dreiergerichten (trojki), denen der jeweilige Chef der NKVD-Verwaltung, der Parteisekretär und der oberste Staatsanwalt angehörten; sie tragen die Verantwortung für einen erheblichen Teil der rund 700 000 Erschießungen im Zuge des Großen Terrors. Das Politbüro genehmigte solche Massenmorde kontingentweise, aber auch auf diesem Sektor kam es zu Übererfüllungen des Plans. Die Quoten mussten erfüllt werden; so konnte jeden Beliebigen der Schuldspruch treffen.

6 Die rassistische Repressionspyramide der NS-Justiz

Die nationalsozialistische Justiz spielte trotz ihrer überaus blutigen Bilanz im Gesamtkomplex des Terrors eine geringere Rolle als die stalinistische. Terroristische Züge nahm die NS-Justiz vor allem während des Krieges, insbesondere in der zweiten Hälfte an. Das Reichsjustizministerium erklärte die Richter in einem Rundschreiben vom 12. September 1939 zu „Soldaten der inneren Front",[41] und auf die innere Front kam es dem NS-Regime ganz besonders an: dahinter steckt die Dolchstoßlegende, der zufolge Deutschlands Niederlage im Ersten Weltkrieg nicht eine Folge militärischer Unterlegenheit, sondern hinterhältiger Sabotage durch Sozialisten und Juden war. Innere Auflösungserscheinungen, politische Unzufriedenheit und natürlich politische Opposition sollten daher entschieden bekämpft werden. In vielen Urteilen der NS-Justiz aus der Kriegszeit – wie etwa im Urteil gegen die Geschwister Scholl und Christoph Probst[42] – findet man die formelhaft wiederholte Feststellung, die Angeklagten seien strengstens zu bestrafen, da es kein zweites 1918 geben dürfe. Zu Kriegsbeginn traten neue Strafbestimmungen in Kraft: Die neuen Tatbestände des Rundfunkverbrechens und der Wehrkraftzersetzung erhöhten die Meinungskontrolle und ermöglichten für die Verbreitung unliebsamer Information und für unspezifische politische Unmutsäußerungen die Verhängung der Todesstrafe. Fatal war hierbei, dass die Rechtsprechung mit einem völlig überdehnten Begriff der „Öffentlichkeit" arbeitete, der es erlaubte, selbst Äußerungen in einem ganz persönlichen Gespräch zu inkriminieren.[43] Besonders folgenreich aber war die sogenannte Volksschädlingsverordnung vom 5. September 1939, die für jegliche Ausnutzung von Fol-

---

[41] Angermund, Richterschaft, S. 201.
[42] Anklageschrift und Urteil (8J 35/43 B 1H 47/43) finden sich in: Jürgen Zarusky/Hartmut Mehringer (Bearb.), Widerstand als „Hochverrat" 1933–1945. Die Verfahren gegen deutsche Reichsangehörige vor dem Reichsgericht, dem Volksgerichtshof und dem Reichskriegsgericht. Mikrofiche-Edition und Erschließungsband, München 1994–1998. MF 0177/0481.
[43] Vgl. dazu Gerhard Werle, Justiz-Strafrecht und polizeiliche Verbrechensbekämpfung im Dritten Reich, Berlin/New York 1989, S. 210 ff. und S. 214 ff.

gen des Kriegszustandes für Straftaten eine pauschale Strafverschärfung einführte: Mindeststrafmaß waren 15 Jahre Zuchthaus, Höchststrafe der Tod. Diese Sanktionen wurden nicht von bestimmten Delikten abhängig gemacht, sondern davon, ob das sogenannte „gesunde Volksempfinden" eine besonders schwere Bestrafung nahelegte.[44] Unmutsäußerungen über die Kriegsbelastungen hatten in großer Anzahl Todesurteile zur Folge. Die Aburteilung erfolgte vor allem durch die Sondergerichte, deren Zahl und Zuständigkeit seit Kriegsbeginn stark vergrößert worden war. Staatsanwälte konnten nunmehr prinzipiell jedes Delikt vor einem Sondergericht anklagen. Eine vollständige Übersicht, inwieweit davon Gebrauch gemacht wurde, gibt es nicht, aber die vorliegenden Angaben für einzelne Gerichtsbezirke bewegen sich zwischen 40 und 70 Prozent aller Strafverfahren.[45] Von den über 16 500 Todesurteilen, die zwischen 1933 und 1944 auf dem Gebiet des Großdeutschen Reiches gefällt worden sind, entfallen rund 11 000 auf die Sondergerichte,[46] davon der größte Teil auf Delikte, bei denen die Volksschädlingsverordnung angewendet wurde. Die soziale Devianz verdrängte die politische Abweichung als Verfolgungsursache vom ersten Rang.

Auch der Volksgerichtshof verzeichnete eine steigende Todesstrafenquote, insbesondere seit 1942, wobei neuere Untersuchungen festgestellt haben, dass die Steigerung schon vor dem Amtsantritt Roland Freislers als VGH-Präsident am 20. August 1942 einsetzte. Die Kriegsgesetze, die Verlagerung eines immer größeren Teils der Rechtsprechung auf die Sondergerichte und Freislers Bemühungen, beim Volksgerichtshof einen „volkstümlichen" Verhandlungs- und Urteilsstil einzuführen, wirkten in ein und dieselbe Richtung, nämlich den weiteren Abbau von Verfahrensgarantien. Mit seinem Versuch, die herkömmliche juristische Argumentation durch eine den Angeklagten abwertende Vernichtungsrhetorik zu ersetzen, stieß Freisler jedoch an die Grenzen der Anpassungsfähigkeit seiner Richterkollegen.[47] Justizminister Otto Georg Thierack, Freislers Amtsvorgänger, übte in Einzelfällen Kritik am Urteilsstil seines Nachfolgers. So wies er Anfang 1943 die Parteikanzlei auf ein Todesurteil hin, in dem keinerlei Bezug auf gesetzliche Bestimmungen genommen wurde, und fügte durchaus maliziös hinzu: „Das Urteil erinnert an den früheren gescheiterten russischen Versuch, ohne gesetzliche Bestimmung Recht zu sprechen."[48] Derselbe Thierack jedoch hatte vier Monate zuvor mit Heinrich Himmler eine Übereinkunft getroffen, der zufolge alle im justitiellen Strafvollzug befindlichen Juden, „Zigeuner", Russen und Ukrainer, sowie alle Polen mit Strafen über drei und Tsche-

---

[44] Ebenda, S. 233 ff.
[45] Angermund, Richterschaft, S. 205; Christine Oehler, Die Rechtsprechung des Sondergerichts Mannheim 1933–1945, Berlin 1997, S. 223 ff. und S. 251; Wolf-Dieter Mechler, Kriegsalltag an der „Heimatfront". Das Sondergericht Hannover 1939–1945, Hannover 1997, S. 153 ff.
[46] Vgl. die statistische Übersicht in Horst Möller/Volker Dahm/Hartmut Mehringer (Hrsg.), Die tödliche Utopie. Bilder, Texte, Dokumente, Daten zum Dritten Reich, München 1999, S. 198.
[47] Holger Schlüter, Die Urteilspraxis des nationalsozialistischen Volksgerichtshofs, Berlin 1995.
[48] Im Namen des deutschen Volkes, S. 210.

chen und Deutsche mit Strafen über acht Jahre, zur – so wörtlich – „Vernichtung durch Arbeit" in Konzentrationslager überführt werden sollten. Überdies, so notierte er, bestehe Übereinstimmung darüber, dass „in Zukunft Juden, Polen, Zigeuner, Russen und Ukrainer nicht mehr von den ordentlichen Gerichten, soweit es sich um Strafsachen handelt, abgeurteilt werden sollen, sondern durch den Reichsführer SS erledigt werden sollen".[49]

Dies war bezeichnend für den Charakter der NS-Justiz. Während der in pseudojustitiellen Formen ausgeübte Terror im Stalinismus egalitär war und es außer Stalin selbst praktisch niemanden gab, der sicher sein konnte, davon nicht erfasst zu werden, stufte der Nationalsozialismus seine Herrschaftsobjekte in eine nach rassistischen Kriterien gegliederte Hierarchie ein – allerdings nicht etwa durch einen einmaligen, geordneten Gesetzgebungsakt, sondern in der für den NS-Staat typischen, von Uneinheitlichkeit, Kompetenzchaos und institutionellen Konkurrenzkonflikten geprägten Weise. Ungefähr seit 1941 wurden Arbeitsdelikte polnischer Zwangsarbeiter durch die Gestapo geahndet, während andere Verbrechen von Gerichten abgeurteilt wurden, die in ihrer Sanktionspraxis gegen sogenannte Fremdvölkische deutlich schärfer waren. In nachweislich Hunderten von Fällen wurden Polen wegen Geschlechtsverkehrs mit deutschen Frauen hingerichtet. Die Exekutionen wurden vom Reichssicherheitshauptamt angeordnet. In Fällen, wo Gutachten über die Rassemerkmale der Beschuldigten ein „positives" Ergebnis erbrachten, konnten die Betroffenen mit KZ-Haft „davonkommen". Im Dezember 1941 wurde eine „Verordnung über die Strafrechtspflege gegen Polen und Juden in den eingegliederten Ostgebieten" erlassen, die sogenannte „deutschfeindliche" Taten bis hin zu mündlichen Äußerungen mit der Todesstrafe bedrohte, den Betroffenen das Recht auf Privatklage und Nebenklage entzog und die Möglichkeit schuf, Standgerichte einzurichten. Ab 1. Juli 1943 wurden Juden der Gerichtsbarkeit generell entzogen und der Strafverfolgung durch die Polizei überantwortet.[50] Dieser Erlass legitimierte allerdings nur eine längst schon bestehende Praxis, denn schon zwei Jahre zuvor hatte mit dem Einmarsch in die Sowjetunion die systematische Ermordung der Juden im deutschen Machtbereich begonnen. Generell waren die besetzten Gebiete der Sowjetunion eine Zone minderen Rechts. Insbesondere war dort der Verfolgungszwang bei Straftaten von Wehrmachtsangehörigen gegen einheimische Zivilisten aufgehoben. Über die Justizpraxis in den besetzten Gebieten der Sowjetunion wissen wir bislang noch viel zu wenig.

Selbstverständlich war auch die deutsche – im Wesentlichen den sogenannten Ariern vorbehaltene – Justiz nicht rechtsstaatlich. Verfahrensgarantien und Verteidigungsrechte waren weitgehend eingeschränkt, viele Strafen unverhältnismäßig

---

49 Ebenda, S. 268 f.
50 Allgemein zur rassistischen Stufung des Rechtswesens: Diemut Majer, „Fremdvölkische" im Dritten Reich. Ein Beitrag zur nationalsozialistischen Rechtssetzung und Rechtspraxis in Verwaltung und Justiz unter besonderer Berücksichtigung der eingegliederten Ostgebiete und des Generalgouvernements, Boppard am Rhein 1981.

hoch. Aber sie gewährte doch immerhin noch einen Restbestand an Rechtssicherheit. Sanktioniert wurden nur tatsächlich verübte Taten. Ein Indiz hierfür ist etwa die Tatsache, dass sich beim Volksgerichtshof während der ganzen Zeit seines Bestehens die Freispruchquote zwischen fünf und zehn Prozent bewegte.

7 Entwicklungstendenzen im Vergleich

Man könnte sagen, das nationalsozialistische Regime versuchte, Loyalität durch Normalität zu erreichen, indem es die Angelegenheiten der deutschen nichtjüdischen Bevölkerung durch einen freilich recht ramponierten normenstaatlichen Sektor regeln ließ. Der Anteil des Maßnahmestaats wuchs umso mehr, je niedriger die Stufen in der rassistischen Hierarchie wurden, und für die vom Nationalsozialismus zu Todfeinden erklärten Juden galt die völlige Rechtlosigkeit, was gleichbedeutend mit Versklavung und Vernichtung war. Der stalinistische Terror hingegen war unspezifisch und zielte nicht auf Loyalität, die ja nur auf der Basis einer eigenen gefestigten oder scheinbar gefestigten Rechtsbasis entstehen kann, sondern auf die vollständige Verfügbarkeit der Herrschaftsunterworfenen.

Beide Systeme waren indes in sich widersprüchlich und produzierten auch entgegengesetzte Tendenzen. In dem Maße, wie sich der Glaube an den Endsieg als Illusion erwies, richtete sich der nationalsozialistische Terror zunehmend auch gegen die eigene Bevölkerung, bis er am Ende in die völlig formlose Erschießung politischer Gegner und eine wilde Standrechtjustiz gegen die vielerorts auftretenden verantwortungsvollen oder auch nur kriegsmüden Kräfte mündete, die nicht bereit waren, in einem Nibelungenkampf unterzugehen.

Die Rechtsentwicklung im Stalinismus war hingegen in gewisser Hinsicht paradox. So wurde 1936 – nach dem ersten Schauprozess und während Nikolaj Ežov als neuer NKVD-Chef bereits daran arbeitete, seinen Namen auf ruchlose Weise zu verewigen – die Stalin'sche Verfassung verabschiedet, die fundamentale Rechtsgarantien enthielt.[51] Kurz darauf wurde Pašukanis' Einfluss ausgeschaltet – in typisch stalinistischer Manier, indem man den Mann selbst ausschaltete. Er wurde im Januar 1937 verhaftet und verschwand.[52] Die Stelle des Doyen der sowjetischen Jurisprudenz übernahm daraufhin niemand anderer als Vyšinskij, der sich auch gegen den Justizkommissar Krylenko durchsetzen konnte, welcher lange Zeit ähnliche Standpunkte vertreten hatte wie Pašukanis und wohl zu spät versucht hatte, den neuen Forderungen des Tages noch gerecht zu werden. 1938 wurde Krylenko in nichtöffentlicher Verhandlung verurteilt und hingerichtet. Vyšinskij erklärte im selben Jahr,

---

51 Sharlet, Legal Culture, in: Tucker (Hrsg.), Stalinism, S. 168.
52 Zu Pašukanis' Biographie vgl. den Eintrag bei Michael Stolleis (Hrsg.), Juristen. Ein biographisches Lexikon. Von der Antike bis zum 20. Jahrhundert, München 1995, S. 475–477 (Verf. Norbert Reich).

vordringlichste Aufgabe sei es nun, ein System des sowjetischen sozialistischen Rechts auf der Basis der Verfassung Stalins zu schaffen. Die rechtsnihilistischen Tendenzen verschwanden aus den juristischen Ausbildungsstätten; es begann die Arbeit an einer neuen Kodifizierung von Zivil- und Strafrecht – ein Prozess, der erst Jahre nach Stalins Tod zum Abschluss kam. „Die Entwicklung der heutigen sowjetischen Rechtskultur", so schrieb Robert Sharlet 1977, „und die daraus folgende Expansion des Nach-Stalinschen Normenstaats erhielt ihren Hauptimpuls paradoxerweise im Stalinismus."[53] Inwiefern diese Entwicklung damit korrespondiert, dass nach dem Krieg zwar weiterhin Repressionswellen und politische Geheimprozesse – etwa gegen das Jüdische Antifaschistische Komitee[54] – stattfanden, jedoch keine öffentlichen Schauprozesse, ist eine offene Frage. Immerhin schien die antisemitische Kampagne gegen die „Mordärzte" auf einen Schauprozess alten Musters hinzusteuern, der jedoch durch Stalins Tod verhindert wurde.[55]

Zwar wurde die Sowjetunion mit der Entstalinisierung nicht zu einem Rechtsstaat, aber die Zumutungen der Diktatur wurden für die Untertanen doch kalkulierbarer. Die Lager leerten sich. „,Pauschale' Gewaltandrohung wich selektiver Maßregelung" – mit dieser treffenden Formulierung beschreibt Manfred Hildermeier den Charakter der Veränderung.[56]

Der normenstaatliche Sektor war gewachsen, aber die UdSSR blieb ein diktatorischer „Doppelstaat", in dem die Grundrechte unter einen politischen Vorbehalt und die Justiz in den Dienst politischer Verfolgung gestellt wurden. Und obwohl die Rechtsprechung nach wie vor der Politik gefügig war, behielt auch die nachstalinistische Sowjetunion Praktiken außerjustitieller politischer Verfolgung bei, wie ein Zitat aus einem Bericht von *Amnesty International* aus dem Jahr 1980 schlaglichtartig verdeutlicht: „Für politische Gefangene in der UdSSR ist es charakteristisch, daß sie praktisch alle aufgrund von Strafgesetzen verhaftet, vor Gericht gestellt, verurteilt und nach Ablauf der vom Gericht verhängten Strafe freigelassen werden. Eine umfangreiche Kategorie von Ausnahmen zu dieser Regel sind die politischen Gefangenen, die in psychiatrischen Anstalten interniert sind."[57]

---

53 Sharlet, Legal Culture, in: Tucker (Hrsg.), Stalinism, S. 179.
54 Vgl. die Edition von Vladimir P. Naumov (Hrsg.), Nepravednyj sud. Poslednij stalinskij rasstrel. Stenogramma sudebnogo processa nad členami Evrejskogo Antifašistskogo Komiteta, Moskau 1994.
55 Zu diesen Tendenzen des Spätstalinismus vgl. Leonid Luks, Zum stalinschen Antisemitismus. Brüche und Widersprüche, in: Jahrbuch für historische Kommunismusforschung 1997, S. 9–50.
56 Hildermeier, Sowjetunion, S. 787.
57 Politische Gefangene in der UdSSR, hrsg. von Amnesty International, Frankfurt a. M. 1980, S. 116.

8 Zusammenfassung

Die sowjetische und die nationalsozialistische Justiz weisen eine ganze Reihe ähnlicher Züge auf, unter anderem: eine Tendenz zur Entformalisierung und zum Abbau von Verfahrensgarantien, die weitgehende Bedeutungslosigkeit der Verteidigung, die Aufhebung des Analogieverbots, die Durchsetzung rechtlicher Normierungen mit politischen Gesinnungs- oder besser Stimmungsqualitäten wie des „revolutionären Bewußtseins" oder des „gesunden Volksempfindens" und die Indienstnahme der Justiz zur Verfolgung politischer Gegner. Das waren Bedingungen, in denen die sich gleichenden forensischen Talente von Vyšinskij und Freisler gedeihen konnten. Doch gerade an diesen beiden Personen lassen sich auch die fundamentalen Unterschiede festmachen. Musste Freisler sich von Justizminister Thierack vorwerfen lassen, er praktiziere eine Rechtsprechung, die an den gescheiterten russischen Versuch einer Justiz ohne Gesetze erinnere, so wurde Vyšinskij zum Architekten einer Rekodifizierung des sowjetischen Rechts. Dass dies gleichzeitig mit seinen großen Auftritten in den Schauprozessen gegen die alte Garde der Bolschewiki geschah, war insofern kein Widerspruch, als es bei den Reformen nicht um die Rechtssicherheit des Individuums, sondern um den Aufbau einer funktionellen Herrschaftsstruktur zur Stabilisierung der Ergebnisse von Stalins „Revolution von oben" ging. Aber auch das setzte voraus, dass der Einzelne als juristische Person mit Rechtsfähigkeit, *pravosposobnost'*, definiert wurde.[58] Man kann angesichts dessen das von Sharlet vor über 20 Jahren formulierte Paradox, dass die Grundlagen der nachstalinistischen Rechtskultur in der terroristischsten Phase des Stalinismus gelegt wurden, heute in einen noch größeren Spannungsbogen einfügen: Man kann in den in den 1930er Jahren eingeleiteten Reformen den Beginn einer Tendenz sehen, die in der Perestrojka zu einer weitgehend unblutigen Überwindung des sowjetischen Systems führte. Die sowjetische Geschichte könnte so als eine Erfahrungsgeschichte verstanden werden, die vom Rechtsnihilismus über verschiedene Stadien des instrumentellen Verhältnisses zum Recht zur Rekonstruktion und Entwicklung von Rechtsstaatlichkeit führt, wobei das letzte Stadium zwangsläufig ein postsowjetisches ist – das allerdings noch keineswegs als abgeschlossen betrachtet werden kann.

Das Verhältnis des Nationalsozialismus zu Recht und Justiz und die von ihm eingeleitete Entwicklungstendenz unterscheiden sich hiervon deutlich. Der Nationalsozialismus fand bei seiner Machtübernahme ein weitgehend gefestigtes Justizsystem vor, dem er wegen seiner Koalition mit der traditionellen Rechten und wohl auch mangels eigener Alternativen nichts Eigenes gegenüberstellte. Das Verhältnis des Nationalsozialismus zur Justiz blieb stets opportunistisch und parasitär.[59] Der Nationalsozialismus vollbrachte die totalitäre Quadratur des Kreises, die Ausnutzung der

---

[58] Sharlet, Legal Culture, in: Tucker (Hrsg.), Stalinism, S. 171.
[59] Martin Broszat, Der Staat Hitlers. Grundlegung und Entwicklung seiner inneren Verfassung, München 1978, S. 403 f.

legitimierenden Funktion der politischen Justiz ohne Einengung der politischen Handlungsfreiheit, indem er die Anwendung rechtlicher Verfahren immer stärker auf die Spitze der von ihm konstituierten rassistischen Hierarchie beschränkte, während deren untere Ränge weitgehend polizeistaatlichen und terroristischen Herrschaftsmethoden ausgesetzt waren. Das konnte aber nicht ohne erhebliche Auswirkungen auf das normenstaatliche „Obergeschoß" bleiben. Diese Faktoren summierten sich zu einer starken Erosion, und anders als in der sowjetischen Entwicklung ist im nationalsozialistischen Deutschland kein Wiedererstehen von Verrechtlichungstendenzen zu verzeichnen. Die „Wiederherstellung der Majestät des Rechts" blieb ohnehin ein exklusiver Programmpunkt des Widerstands, aber auch systemkonforme Neukodifizierungsversuche wie etwa die von Gürtner betriebene Strafrechtsreform scheiterten am Unwillen Hitlers.[60] Die Erfahrung der Dysfunktionalität der fortschreitenden Entrechtlichung hat der Nationalsozialismus bis zu seinem Untergang erfolgreich verdrängt. Er zehrte parasitär von dem hohen Grad der Verrechtlichung der deutschen Gesellschaft, wich den Widersprüchen durch Expansion aus und war ohnehin aufgrund des Mangels einer kohärenten theoretischen Tradition und der ungleich größeren Führerfixierung generell weniger erfahrungsfähig als der sowjetische Kommunismus. Ein Nationalsozialismus nach Hitler, in dem ein Epigone in der Manier Chruščevs terroristische Herrschaftsmethoden und Personenkult anprangert und die Rückkehr zu althergebrachten Grundsätzen fordert, ist schwerlich vorstellbar. Zum Mangel an Erfahrungsfähigkeit gehört aber vor allem auch, dass die Führungsschicht des Nationalsozialismus aufgrund der rassistischen Hierarchisierung nicht direkt vom eigenen Terror bedroht wurde. Die Entwicklung des NS-Regimes war indes nicht weniger zerstörerisch und selbstzerstörerisch.

Als Ernst Fraenkel Ende 1940 sein Buch „Dual State" in den Vereinigten Staaten veröffentlichte, stand das Regime jedoch auf dem Gipfel des Erfolgs. Fraenkel, der die Kombination von Willkür und Effizienz für das Charakteristikum von Hitlers Staat hielt, machte sich keine Hoffnung auf ein Ende der Diktatur. In der Annahme, es werde ohnehin nie in Deutschland veröffentlicht, hatte er das deutsche Schlussmanuskript nicht aufbewahrt; so musste sein Buch für die deutsche Ausgabe von 1974 aus dem Englischen rückübersetzt werden. Und doch scheint er sich einen Funken des Zweifels oder der Hoffnung bewahrt zu haben, denn er stellte dem ersten Teil ein Sokrates-Zitat als Motto voran. Es lautet: „Glaubst du, daß ein Staat, in dem die Urteile der Gerichte keinen Anspruch auf Gültigkeit erheben können, vielmehr von einzelnen Personen abgeändert und außer Kraft gesetzt werden können, weiterbestehen kann oder nicht vielmehr zugrunde gehen muß?"[61]

Heute, nach dem Untergang der Sowjetunion, scheint es mir eine wichtige und lohnende Aufgabe für Historiker, dieser uralten Frage in vergleichenden Untersuchungen der deutschen und der russisch/sowjetischen Erfahrung nachzugehen.

---

[60] Gruchmann, Justiz im Dritten Reich, S. 821.
[61] Fraenkel, Doppelstaat, S. 25.

Politische Justiz unter Stalin im Umbruchjahrzehnt 1928–1938

1 Einleitung

Das Bild der politischen Justiz zur Zeit Stalins ist geprägt von den drei großen Moskauer Schauprozessen der Jahre 1936 bis 1938, von den atemberaubenden Selbstbezichtigungen alter Bolschewiki, die sich hier im Vollbewusstsein der tödlichen Konsequenzen zu jahrzehntelanger konterrevolutionärer Tätigkeit bekannten, und von der gnadenlosen Anklagevertretung durch den Staatsanwalt der UdSSR, Andrej Vyšinskij. Die vor großem Publikum durchgeführten Prozesse, deren Protokolle in mehreren Sprachen publiziert wurden, lösten eine weltweite Debatte besonders in Kreisen der politischen Linken aus. So hatte sich Lion Feuchtwanger als Zuschauer des zweiten Prozesses gegen Karl Radek, Georgi Pjatakov und andere vom Januar 1937 davon überzeugen lassen, dass es sich um ein legitimes Strafgericht handelte. Er legte dies ausführlich in seinem noch im gleichen Jahr erschienenen Reisebericht dar.[1] Dagegen fand noch im April desselben Jahres in Lev Trockijs mexikanischem Exilort Coyoacán eine Art „Gegenprozess" statt. Eine Kommission unter der Leitung des amerikanischen Philosophen John Dewey, einem der führenden Vertreter des Pragmatismus, deckte zahlreiche Widersprüche in den ersten beiden Moskauer Prozessen auf und kam zu dem eindeutigen Schluss, dass diese manipuliert waren.[2]

Eine prinzipielle Bestätigung dieser Einschätzung aus erster Hand ging aus Nikita Chruščevs „Geheimrede" auf dem XX. Parteitag der KPdSU vom 25. Februar 1956 – fast drei Jahre nach dem Tod Stalins – hervor, die erschreckende Einblicke in die Manipulationstechniken der stalinistischen Prozesse gab. Die Dokumente, die er zitierte, belegen brutale Folterungen zur Erzwingung von Geständnissen und monatelange Dressuren von Angeklagten, die unter Todesdrohung dazu gezwungen wurden, vorgeschriebene Rollen in Schauprozessen zu spielen.[3] Allerdings vermied der neue Parteichef es tunlichst, direkt auf die großen Moskauer Schauprozesse einzugehen. Er führte ausschließlich Beispiele loyaler Stalinisten an, die dem stalinistischen

---

[1] Vgl. Lion Feuchtwanger, Moskau 1937. Ein Reisebericht für meine Freunde. Mit einem Nachwort von Josef Pischel, Berlin 1993, S. 86–104. Zu Feuchtwangers Russlandreise: Anne Hartmann, Lost in translation. Lion Feuchtwanger bei Stalin, Moskau 1937. Aufzeichnung der Unterredung des Genossen Stalin mit dem deutschen Schriftsteller Lion Feuchtwanger (8. Januar 1937)), in: Exil 2/ 2008, S. 5–32; dies., Lion Feuchtwanger, zurück aus Sowjetrussland. Selbstzensur eines Reiseberichts, in: Exil 1/2009, S. 16–40; dies., Lion Feuchtwangers Dolmetscherin. Die Rapporte der Dora Karawkina, in: Exil 1/2010, S. 28–51.
[2] Vgl. The Case of Leon Trotsky. Report of Hearings on the Charges made against him in the Moscow Trials, London 1937.
[3] Deutscher Text der Rede in den 100(0) Schlüsseldokumenten: http://www.1000dokumente.de/index.html?c=dokument_ru&dokument=0014_ent&l=de (letzter Zugriff 12.12.2019).

Terror zum Opfer gefallen waren. Überdies hatten sich Chruščev und seine politischen Weggefährten in der ersten Etappe der Entstalinisierung selbst teilweise stalinistischer Methoden bedient, wie insbesondere die Verurteilung Lavrentij Berijas, des langjährigen Chefs des NKVD und Präsidiumsmitglieds der KPdSU, als „ausländischer Spion" zeigt.[4] In seiner Geheimrede behandelte Chruščev diese Beschuldigungen als reale Tatsachen. Obwohl im Zuge des Tauwetters mit derartigen Praktiken und auch mit Massenverfolgungen, wie sie für das Stalinregime charakteristisch gewesen waren, endgültig gebrochen wurde und sich die politische Verfolgung nunmehr im Wesentlichen auf tatsächliche Oppositionelle beschränkte, war Chruščev zu sehr Teil des stalinistischen Regimes gewesen, als dass er dessen Verbrechen schonungslos hätte offenlegen können.

So dauerte es noch einmal 32 Jahre, bis die Angeklagten der Moskauer Schauprozesse der 1930er Jahre im Zuge von Gorbačevs Perestrojka rehabilitiert wurden.[5] Die Welle der Rehabilitierungen seit den späten 1980er Jahren wurde durch eine Flut von Enthüllungen über die jahrzehntelang verschwiegene und verfälschte Geschichte der Sowjetunion ausgelöst, die mit der russischen „Archivrevolution"[6] von 1991 enorme Zuflüsse aus reichlich sprudelnden und trotz regressiver Tendenzen der letzten Jahre nicht zum Versiegen gebrachten Quellen erhielt. Einiges von diesem Informationsreichtum ist in eine Reihe großer Editionen zu einzelnen Komplexen der umfangreichen Verfolgungsgeschichte des Stalinismus eingeflossen. Hervorzuheben sind die großen Dokumenteneditionen zur „Tragödie des sowjetischen Dorfes",[7] des Gulag,[8] zu Stalins Arbeit mit den politischen Polizeiorganen zwischen 1922 und 1953[9] sowie zur Rehabilitierung der Opfer dieser Arbeit in der Sowjetunion von 1953 bis 1991, die ebenfalls aufschlussreiche Befunde über die Mechanismen der Verfolgung zu bieten hat;[10] in allerjüngster Zeit sind bedeutsame Editionen zur Geschichte des Großen Terrors der Jahre 1937/38 hinzugekommen, die auf maßgebliche Initiative deutscher Historiker entstanden sind, darunter eine, die erstmals zentrale

---

4 Viktor Knoll/Lothar Kölm (Hrsg.), Der Fall Berija. Protokoll einer Abrechnung. Das Plenum des ZK der KPdSU Juli 1953. Stenographischer Bericht, Berlin ²1999; Amy Knight, Beria. Stalin's First Lieutenant, Princeton 1993, S. 217–224.
5 Vgl. die entsprechenden biographischen Einträge in Andrej N. Artizov u. a. (Hrsg.), Reabilitacija. Kak ėto bylo, Bd. 3: Seredina 80-ch godov – 1991, Moskau 2004.
6 Vgl. Stefan Creuzberger/Rainer Lindner (Hrsg.), Russische Archive und Geschichtswissenschaft. Rechtsgrundlagen, Arbeitsbedingungen, Forschungsperspektiven, Frankfurt a. M. u. a. 2003.
7 Vgl. Viktor Danilov/Roberta Manning/Lynne Viola (Hrsg.), Tragedija sovetskoj derevni. Kollektivizacija i raskulačivanie. 1927–1939. Dokumenty i materialy, 5 Bd., Moskau 1999–2006.
8 Vgl. Aleksandr I. Kokurin/Nikita Petrov (Hrsg.), GULAG (Glavnoe upravlenie lagerej) 1918–1960, Moskau 2002, Istorija stalinskogo Gulaga. Konec 1920-ch – pervaja polovina 1950-ch godov, 7 Bde., hrsg. von Jurij N. Anfanas'ev u. a., Moskau 2004/05.
9 Vgl. Vladimir N. Chaustov/Vladimir P. Naumov/N. S. Plotnikova (Hrsg.), Lubjanka. Stalin i VČK-GPU-OGPU-NKVD, 4 Bde., Moskau 2003–2007.
10 Vgl. Andrej N. Artizov u. a. (Hrsg.), Reabilitacija. Kak ėto bylo, 3 Bde., Moskau 2000–2004.

Quellen zum Stalin'schen Terror den deutschsprachigen Lesern zugänglich macht.[11] Dazu kommen zahlreiche Dokumentenpublikationen auf regionaler Ebene sowie im Internet, die aufzuzählen hier zu weit führen würde. Alle genannten Editionen enthalten zahlreiche Dokumente, die die Thematik der politischen Justiz betreffen. Anders als etwa Zwangskollektivierung, Gulag, Großer Terror oder der politische Polizeiapparat ist diese allerdings nicht zu einem Schlüsselthema der Forschung geworden. Das bedeutet aber natürlich keineswegs, dass nicht auch wichtige Werke zu dieser Problematik entstanden wären,[12] doch kann von einem intensiven, an zentralen Fragen orientierten Forschungsdiskurs anders als bei den genannten Themen jedenfalls bisher nicht die Rede sein. Das gilt auch für die einst so sensationellen großen Moskauer Schauprozesse.[13]

Im Folgenden soll ein knapper Abriss über Erscheinungs- und Funktionsweisen der politischen Justiz unter Stalin in den zehn Jahren zwischen 1928 und 1938 gegeben werden, in denen dieser die Sowjetunion fundamental umgestaltete. Unverzichtbare Mittel dieser Politik waren Schauprozesse und Massenterror, die Instrumentalisierung der Justiz für politische Zwecke und viele Hunderttausende durch Organe der geheimpolizeilichen Administrativjustiz verhängte Verbannungs-, Haft- und Todesurteile.

---

11 Vgl. Mark Junge/Gennadij Bordjugov/Rol'f Binner (Hrsg.), Vertikal' bol'šogo terrora. Istorija operacii po prikazu NKVD No. 00447, Moskau 2008; Rolf Binner/Bernd Bonwetsch/Marc Junge, Massenmord und Lagerhaft. Die andere Geschichte des Großen Terrors, Berlin 2009.
12 Hier seien nur einige zentrale genannt: Grundlegend zur Strafjustiz im Allgemeinen: Peter H. Solomon jr., Soviet Criminal Justice under Stalin, Cambridge 1996; eine juristisch-sachthematische Analyse präsentieren Vladimir Kudrjavcev/Aleksej Trusov, Političeskaja justicija v SSSR, Moskau 2000; zu nennen ist ferner die gründliche und kenntnisreiche Regionalstudie über die politische Justiz in Westsibirien von Žanna Rožneva, Političeskie sudebnye processy v zapadnoj Sibiri v 1920–1930-e gody, Tomsk 2008; eine einschlägige französisch-russische Konferenz konzentrierte sich nicht nur auf die UdSSR, sondern bezog die Problematik der politischen Prozesse in den kommunistischen Ländern Europas mit ein: Sergej Krasil'nikov/Alain Blum, Sudebnye političeskie processy v SSSR i kommunističeskich stranach Evropy. Sravnitel'nyj analiz mechanizmov i praktik provedenija. Sbornik materialov rossijsko-francuzskogo seminara (Moskva 11–12 sentjabrja 2009 g.), Novosibirsk 2010. Eine Darstellung der justitiellen, außergerichtlichen Vollmachten der Organe der Staatssicherheit bzw. der politischen Polizei gibt Oleg Mozochin, Pravo na repressii. Vnesudebnye polnomočija organov gosudarstvennoj bezopasnosti (1918–1953), Moskau 2006.
13 So auch Ž. V. Artamonova, Otkrytyj Moskovskij process 1936 kak mobilizacionnaja političeskaja kampanija, in: Rossijskaja Istorija, 6/2010, S. 161–170, hier S. 161. Vgl. aber Wladislaw Hedeler, Der Moskauer Schauprozess gegen den „Block der Rechten und Trotzkisten". Von Ješhows Szenario bis zur Verfälschung des Stenogramms zum „Prozeßbericht", Berlin 1998; ders., Chronik der Moskauer Schauprozesse 1936, 1937 und 1938. Planung, Inszenierung und Wirkung, Berlin 2003.

2 Voraussetzungen

Die Voraussetzungen für die politische Justiz des Stalinismus wurden bereits geschaffen, bevor Stalin Ende der 1920er Jahre sein Machtmonopol erreicht und seine „Revolution von oben" (Robert C. Tucker) der forcierten Industrialisierung und Zwangskollektivierung der Landwirtschaft begonnen hatte. Mit dem Gerichtsdekret vom 5. Dezember (22. November alter Zeitrechnung[14]) 1917 hatten die Bolschewiki quasi mit einem Federstrich die alte Rechtsordnung beseitigt. Die justitielle Verfolgung politischer Delikte wurde zur Angelegenheit der Revolutionstribunale, die aber auch einen erheblichen Anteil an der sonstigen Rechtsprechung usurpierten, während die eigentlich zuständigen Ortsgerichte in den Hintergrund gedrängt wurden und allgemein als Gerichte für weniger wichtige Sachen galten.[15] Die Rechtsprechung hatte sich an den überkommenen Gesetzen nur insoweit zu orientieren, als sie „durch die Revolution nicht aufgehoben" waren und „dem Revolutionsgewissen und dem revolutionären Rechtsbewusstsein nicht widersprachen".[16] Das Personal der Gerichte bestand ganz überwiegend aus juristischen Laien, die demokratisch gewählt werden sollten. Tatsächlich oblag ihre Bestimmung den Sowjets und damit letztlich der Kommunistischen Partei, die ihr Machtmonopol in den Räten mit allen Mitteln behauptete. Das Fehlen von Gesetzeskodices, der Mangel an juristischer Bildung beim Justizpersonal und die nicht selten auftretende politische Einflussnahme örtlicher Machtorgane behinderten eine einheitliche Rechtsprechung, aber auch ihre Steuerung durch die politische Führungsspitze. Von Anfang an stand die Justiz, jedenfalls soweit es im weitesten Sinne politische Strafverfahren betraf, in einem Konkurrenzverhältnis zur politischen Polizei, der Tscheka,[17] die über weitreichende Urteilsbefugnisse verfügte und das wichtigste Exekutionsorgan des Roten Terrors war.

Mit dem Ende des Bürgerkriegs und des Kriegskommunismus und seiner Ablösung durch die Kompromisslösung der Neuen Ökonomischen Politik, die in begrenztem Maße erneut wirtschaftliche Selbstständigkeit zuließ, wurde auch eine Reform des Justizwesens erforderlich. Die Revolutionstribunale wurden 1922 abgeschafft,

---

[14] Bis zum 31.1. (13.2.) 1918 galt in Russland der in der orthodoxen Kirche gebräuchliche julianische Kalender, dann wurde auf die gregorianische Version umgestellt.
[15] Vgl. Solomon, Criminal Justice, S. 22; Dmitrij B. Pavlov, Tribunal'nyj ėtap sovetskoj subebnoj sistemy. 1917–1922 gg, in: Voprosy istorii, 6/2007, S. 3–16, hier S. 6f.
[16] Vgl. Über das Gericht. Dekret des Rates der Volkskommissare, 5. Dezember 1917, in: Helmut Altrichter (Hrsg.), Die Sowjetunion. Von der Oktoberrevolution bis zu Stalins Tod, Bd. 1: Staat und Partei, München 1986, S. 98–100.
[17] Offizielle Abkürzung: VČK oder auch Vsečerzkom = Vserossijskaja črezvyčajnaja komissija po bor'be s kontrrevoljuciej, sabotažem i prestuplenijami po dolžnosti, deutsch: Allrussische außerordentliche Kommission für die Bekämpfung von Konterrevolution, Sabotage und Dienstverbrechen. Nach wie vor grundlegend zur Geschichte der Tscheka: George Leggett, The Cheka: Lenin's Political Police. The All-Russian Extraordinary Commission for Combating Counter-Revolution and Sabotage (December 1917 to February 1922), New York/Oxford 1981.

und es wurde ein Strafgesetzbuch erlassen. In Russland bestand forthin ein dreistufiges Gerichtssystem (Volksgerichte, Gouvernementsgerichte, Oberstes Gericht der Russischen Sozialistischen Föderativen Sowjetrepublik [RSFSR]), daneben Militärtribunale und zeitweilig Militärtransporttribunale als Sondergerichtsbarkeit.

Die Grundstruktur der drei Ebenen blieb mit Bildung der Sowjetunion im Prinzip erhalten, allerdings wurden die mittleren Gerichtsbezirke mit der 1924 erfolgten Ersetzung der Gouvernements durch die größeren Gebietseinheiten *Oblast'* und *Kraj* ebenfalls größer, und es kam eine weitere Instanz hinzu – das Oberste Gericht der UdSSR.[18] Es diente der Rechtsvereinheitlichung, als Entscheidungsinstanz bei Streitigkeiten zwischen Unionsrepubliken oder der Union und einzelnen Republiken sowie als Strafgericht, insbesondere in Fällen von Dienstvergehen höherer Beamter der Union.[19] Große Bedeutung kam dem Militärkollegium des Obersten Gerichts zu. Es leitete unter anderem die Reorganisation der Militärtribunale, die nicht nur für Militärangehörige zuständig waren, sondern in wichtigen Fällen auch für Verbrechen von Zivilpersonen.[20] Das betraf insbesondere die politische Strafjustiz, die – übrigens in Anknüpfung an die Praxis des Zarenregimes – in erheblichem Maße auf die Militärjustiz übertragen wurde.

Ein weiterer wesentlicher Bestandteil der Justizreform im Zuge der Neuen Ökonomischen Politik war die Kodifizierung des Rechts. 1922 wurden ein Straf- und ein Zivilgesetzbuch verabschiedet, das 1926 reformierte Strafgesetzbuch der RSFSR wurde zum Muster für das Strafrecht aller Sowjetrepubliken.[21] Gegenüber der Fassung von 1922 wurde das Strafmaß für Staatsverbrechen erhöht und die Definition der „konterrevolutionären Verbrechen" im Artikel 58 systematisiert, der diese in 18 Unterpunkten in allen nur denkbaren Varianten beschrieb. „Wo ein Gesetz ist, da findet sich auch das Verbrechen", hat Aleksandr Solženicyn diese legislative Leistung treffend kommentiert.[22]

Auch die politische Polizei war reformiert worden: Die Tscheka war 1922 in die beim Innenkommissariat angesiedelte GPU[23] übergegangen, die einen Teil ihrer umfangreichen Urteilskompetenzen hatte bewahren können. Die Koexistenz von gerichtlicher und außergerichtlicher, polizeilich-administrativer Aburteilung politischer Vergehen ist ein konstitutives Element der Ära Lenins und Stalins. Untrennbar davon ist die Provokation und Konstruktion zahlreicher „Verschwörungen" durch die politische Polizei, ein Verfahren, dass sie von der zaristischen *Ochrana* übernom-

---

18 Zur Gerichtsorganisation vgl. Samuel Kucherov, The Organs of Soviet Administration of Justice. Their History and Operation, Leiden 1970, S. 78–92 und S. 101–108.
19 Vgl. ebenda; Helmut Altrichter, Staat und Revolution in Sowjetrußland 1917–1922/23, Darmstadt ²1996, S. 161 f.
20 Ebenda, S. 89 und S. 91.
21 Vgl. Manfred Hildermeier, Geschichte der Sowjetunion 1917–1991, München 1998, S. 227–229.
22 Vgl. Alexander Solschenizyn, Der Archipel Gulag. 1918–1956. Versuch einer künstlerischen Bewältigung. Bd. 1, Bern 1974, S. 76.
23 Gosudarstvennoe političeskoe upravlenie = Staatliche politische Verwaltung.

men hatte, das aber unter den sowjetischen Bedingungen endemisch wurde.[24] Dabei entglitt die politische Polizei nichtsdestoweniger zu keinem Moment der Kontrolle der Partei.

Diese installierte auch eine engmaschige Kontrolle über die politische Justiz. Einen wichtigen Ansatzpunkt dafür bildete das mit der Justizreform von 1922 eingeführte Institut des Prokurators, das staatsanwaltliche mit Aufsichtsfunktionen über die Verwaltung verband und damit auf Vorbilder aus der Zarenzeit zurückgriff.[25] Die Prokuratoren auf Gouvernements- und *Oblast'*-Ebene wurden von den entsprechenden Parteikomitees kontrolliert, ohne deren Zustimmung keine Ernennung erfolgen konnte und denen sie regelmäßig zu berichten hatten.[26] Politische Gerichtsprozesse im Lande waren kontinuierlich Gegenstand der Beratungen im Politbüro. Mit der Verordnung über die Kommission für politische Fälle vom 23. September 1926 wurde die Aufsicht des Politbüros systematisiert und zugleich zentralisiert. Die Kommission bestand demnach aus drei vom Politbüro ernannten Mitgliedern und war ohne Ausnahme für das gesamte Gebiet der Sowjetunion zuständig. Die Sowjet- und Parteiorgane vor Ort mussten der Kommission alle Anklagen zu allen Fällen zusenden, denen sie gesellschaftlich-politische Bedeutung beimaßen oder von denen sie glaubten, dass sie in Schauprozessen verhandelt werden müssten. Die örtlichen Parteikomitees durften in solchen Fällen den Gerichts- und Untersuchungsorganen vor deren Behandlung im Politbüro keinerlei Direktiven erteilen. Die Kommission für politische Fälle war verpflichtet, dem Politbüro über alle Fälle zu berichten, denen sie politische Bedeutung beimaß, um entsprechende Direktiven zu erhalten und den Gerichtsorganen vor Ort zu übermitteln.[27] Die Entscheidungen des Politbüros betrafen die Form der Verhandlung, etwa die Frage ob eine Sache „v nesudebnom porjadke", also außergerichtlich durch administratives Urteil der Geheimpolizei oder im Gegenteil als Schauprozess („pokazetel'nyj process") durchgeführt werden sollte, wobei in solchen Fällen oft auch gleich Hinweise für die gewünschte Presseberichterstattung gegeben wurden.[28] Außerdem erteilte das Politbüro Anweisungen über zu verhängende Strafen. Dass dabei im Falle einer Todesstrafe auch die Begnadigung von vornherein ausgeschlossen wurde, war nur folgerichtig.[29]

---

24 Vgl. Leggett, The Cheka, S. 301–303; Aleksej Tepljakov, „Bazarovsko-naznamenskoe delo" 1923 g.: technologija fal'sifikacii i propagandistskogo obespečenija, in: Krasil'nikov/Blum (Hrsg.), Sudebnye političeskie sudebnye processy, S. 100–110, hier S. 100 f.
25 Vgl. Solomon, Criminal Justice, S. 41 f.
26 Vgl. das entsprechende Rundschreiben des Politbüros vom 5.12.1922, abgedruckt bei Rožneva, Poličeskie sudebnye processy, S. 208 f.
27 Rossijskij Gosudarstvennyj archiv social'no-političeskoj istorii (RGASPI), Moskau, fond 17-162-3, pr. 55, os. 42. Vgl. auch Oleg V. Chlevnjuk u. a. (Hrsg.), Stalinskoe Politbjuro v 30-e gody. Sbornik dokumentov, Moskau 1995, S. 58–66.
28 Vgl. stellvertretend für zahlreiche ähnliche z. B. die Beschlüsse vom 21.4.1927 zu den Fragen der Kommission für politische Fälle, RGASPI, 17-162-4, os. pr. 74.
29 Vgl. z. B. den Politbürobeschluss in der Sache Dobrovol'skij vom 2.2.1928, RGASPI, 17-162-6 pr. 8 (os. 8).

Hervorzuheben ist, dass das System der Justizlenkung schon etabliert worden war, bevor Stalin zum unangefochtenen Führer der sowjetischen kommunistischen Partei aufstieg. Zum Zeitpunkt des Beschlusses über die Bildung der Kommission für politische Fälle gehörten dem Politbüro noch die späteren Stalinopfer Nikolaj Bucharin, Jan Rudzutak, Aleksej Rykov und Lev Trockij als Vollmitglieder an, ferner Michail Tomskij, dessen Leben 1936 durch Suizid endete. Trockij und der Politbüro-Kandidat Lev Kamenev wurden allerdings kurz darauf abberufen.[30]

3 Die Rolle der Justiz in Stalins Revolution von oben

Zum Ende der 1920er Jahre war es Stalin gelungen, eine unangefochtene Führungsstellung an der Spitze der kommunistischen Partei zu erringen. Bei der Lösung der drängenden ökonomischen Probleme des Lands wählte er nun die radikalste Variante, obwohl er in den Fraktionskämpfen der Jahre zuvor keineswegs als scharfer Verfechter solcher Positionen hervorgetreten war.[31] Es ging um die Industrialisierung des Lands und die damit eng zusammenhängende Kontrolle über die landwirtschaftliche Produktion. In Stalins Verständnis war dafür nicht ein Modernisierungsprogramm, sondern ein umfassender politischer Feldzug vonnöten. Alle Kritiker seiner Vorstellungen forcierter Industrialisierung und der Kollektivierung der Landwirtschaft wurden als politische Feinde eingestuft, ebenso die „alten" Spezialisten in der Industrie und natürlich all jene Bauern, die sich gegen die Kollektivierung wehrten oder von denen man annahm, dass sie dies tun würden.

Der Delegitimierung von Kritikern seiner ökonomischen Politik, der Abwälzung der Verantwortung für deren Defekte und der Mobilisierung von Partei und Bevölkerung diente eine Serie von Schauprozessen zwischen 1928 und 1933, an deren Beginn die sogenannte Šachty-Affäre stand, benannt nach einem Gebiet im ukrainischen Don-Becken, einem der Hauptfördergebiete für Steinkohle in der UdSSR. In den dortigen Bergwerken, so teilten die sowjetischen Medien im Frühjahr 1928 mit, sei es zu systematischen Sabotageakten von Ingenieuren gekommen, die schon seit vorrevolutionärer Zeit dort arbeiteten. Sie hätten absichtlich Schäden und Unfälle herbeigeführt und stünden im Bunde mit den früheren Grubenbesitzern, die in ihrem französischen Exil auf die Intervention ausländischer Mächte hinwirkten und durch die Untergrabung der Industrieproduktion einer militärischen Intervention ausländischer Mächte Vorschub leisten wollten. Auch fünf deutsche Techniker der Firmen AEG und Knapp

---

30 Vgl. Grant M. Adibekov/Kirill M. Anderson (Hrsg.), Politbjuro CK RKP(b)-VKP(b). Povestki dnja zasedanij. 1919–1952. Katalog, Bd. 1: 1919–1929, Moskau 2000, S. 751 f.
31 Überblicke bei Hildermeier, Geschichte der Sowjetunion, S. 367 ff., und Leonid Luks, Geschichte Russlands und der Sowjetunion. Von Lenin bis Jelzin, Regensburg 2000, S. 252 ff.

wurden im März 1928 in diesem Zusammenhang verhaftet.[32] Von Anfang an war die Šachty-Affäre Chefsache, für deren Behandlung am 8. März 1928 das Politbüro eine eigene Kommission bildete, der neben Stalin und Vjačeslav Molotov, der Volkskommissar für Schwerindustrie, Sergo Ordžonikidze, der Vorsitzende des Rats der Volkskommissare, Aleksej Rykov, und der Vorsitzende des Obersten Volkswirtschaftsrats, Valerian Kujbyšev, angehörten.[33] Auf dem vereinten Plenum des Zentralkomitees und der Zentralen Kontrollkommission schwor Stalin die höchsten Funktionäre auf seine Sicht der Sache ein: Es handele sich um „eine ökonomische Konterrevolution [...], angezettelt von einem Teil der bürgerlichen Spezialisten, die die Kohleindustrie früher beherrschten". Diese hätten „auf Anweisungen kapitalistischer Organisationen des Westens" gehandelt und „unsere Industrie zu zerstören" versucht. Die Affäre zeige, dass die Sowjetunion auch weiterhin in einem scharfen Kampf mit den kapitalistischen Mächten stehe, die sich Verbündeter im Inneren des Lands bedienten. Um dieser „ökonomischen Intervention"[34] zu begegnen, müssten die bürgerlichen Spezialisten durch proletarische ersetzt werden, die sich deren technische Fähigkeiten anzueignen hätten.[35] Mit der Warnung „es braucht nicht betont zu werden, dass diese und ähnliche Vorstöße sowohl von innen als auch von außen sich wiederholen können und wahrscheinlich wiederholen werden", beendete Stalin seine Ausführung zur Šachty-Affäre.[36] Seine Rede wurde umgehend in der „Pravda" veröffentlicht. Nachdem der maßgebliche Mann im Staat in aller Öffentlichkeit einen Schuldspruch gefällt hatte, konnte die spätere Gerichtsentscheidung nur noch eine Formsache werden; dennoch blieb nichts dem Zufall überlassen. Die Politbürokommission lenkte die Sache aufs Genaueste.[37] Die diplomatischen Verwerfungen mit Deutschland, das die Verhandlungen über ein neues Handelsabkommen einfror, und Frankreich, dem Interventionsabsichten vorgeworfen wurden, nahm die sowjetische Führung dabei in Kauf. Sollte sie eventuell sogar außenpolitische Ziele damit verfolgt haben, wird man allerdings kaum von einer erfolgreichen Strategie sprechen können.[38]

---

32 Ein guter Überblick auf der Basis zeitgenössischer veröffentlichter Quellen: Wilhelm Ziehr, Die Entwicklung des „Schauprozesses" in der Sowjetunion. Ein Beitrag zur sowjetischen Innenpolitik 1928–1938, Diss., Tübingen 1970, S. 73–133.
33 Vgl. Chaustov u. a. (Hrsg.), Lubjanka, Bd. 1, S. 147.
34 Dies bezieht sich auf die militärische Intervention der alliierten Mächte im russischen Bürgerkrieg.
35 Susanne Schattenberg, Stalins Ingenieure. Lebenswelten zwischen Technik und Terror in den 1930er Jahren, München 2002, S. 89 ff., spricht in diesem Zusammenhang von der „Vernichtung der alten technischen Intelligenz".
36 Josef W. Stalin, Über die Arbeiten des vereinigten Aprilplenums des ZK und der ZKK, in: ders., Werke, Bd. 11, Berlin (Ost) 1954, S. 22–39, zur Šachty-Affäre S. 33–38.
37 Vgl. Oleg Mozochin (Hrsg.), „Zamečannych nemcev arestovat' ... Angličan ne trogat'". Dokumenty Archiva Prezidenta Rossijskoj Federacii o roli Politbjuro CK VKP(b) vorganizacii „Šachtinskogo dela". 1928 g., in: Otečestvennye archivy 6 (2008), S. 84–96.
38 Vgl. Kurt Rosenbaum, The German Involvement in the Shakhty Trial, in: The Russian Review 21 (1962), S. 238–260; Jürgen Zarusky, Die deutschen Sozialdemokraten und das sowjetische Modell.

Der eigentliche Prozess, der vom 18. Mai bis zum 6. Juli 1928 dauerte, war ein wahres Mammutunternehmen: 53 Angeklagte standen vor Gericht, genauer vor der für besonders wichtige Fälle vorgesehenen Spezialkammer des Obersten Gerichts der Sowjetunion unter Leitung von Andrej Vyšinskij. Die Verhandlungen fanden im Säulensaal des Hauses der Gewerkschaften in Moskau statt, der 1500 Zuschauer aufnehmen konnte. Ein erheblicher Teil der Angeklagten zeigte sich geständig, es gab aber auch solche, die alle Vorwürfe zurückwiesen, darunter zwei der drei letztlich angeklagten deutschen Beschuldigten. Zahlreiche kritische zeitgenössische Beobachter erkannten auf Anhieb, dass der ganze Prozess ein durchinszeniertes Justizspektakel war und die Anklage jeglicher Grundlage entbehrte.[39] Während die diplomatisch heikle Sache der deutschen Angeklagten durch Freisprüche beziehungsweise eine Bewährungsstrafe für den Geständigen gelöst wurde, wurden die meisten der sowjetischen Beschuldigten zu harten Strafen verurteilt, elf sogar zur Todesstrafe, der nur sechs aufgrund von Begnadigung entgingen.

Im Šachty-Prozess wurden erstmals alle Ingredienzien des stalinistischen Schauprozesses komponiert: Eine manipulierte, auf willkürlichen Zuschreibungen beruhende Anklage, in der die fiktionale Reinszenierung des Bürgerkriegstraumas von äußerer Intervention und innerer Verschwörung die tragende Komponente bildete, das Geständnis als einziges ausschlaggebendes Beweismittel, Selbstbezichtigungen der Angeklagten (hier jedenfalls ihrer Mehrzahl), die groß angelegte Aufführung mit Massen von Zuschauern und einer umfangreichen Presseberichterstattung. Die manipulierten Prozesse könnten als surreale Veranstaltungen erscheinen, wenn man nicht ihre innenpolitischen Funktionen in Betracht zieht. In welchem Maße die groß angelegten Schauspiele der Manipulation und Mobilisierung der Bevölkerung für die Ziele der politischen Führung dienten, wird nicht zuletzt aus den inzwischen zugänglichen Politbüro-Unterlagen ersichtlich. So erließ das Politbüro im Zusammenhang mit einem weiteren „Schädlingsprozess", dem gegen die sogenannte Industriepartei (*Prompartija*), einem anderen künstlichen Verschwörungskonstrukt, Anweisungen an die nachgeordneten Parteikomitees, in denen erklärt wurde:

> „Im Zusammenhang mit dem am 25.11. beginnenden Prozess soll Aufklärungsarbeit in den breiten Arbeitermassen und in der Roten Armee entfaltet werden über die Entlarvung der interventionistischen Pläne der Imperialisten, insbesondere Frankreichs, der weißen Emigranten und ihrer bourgeoisen Schädlingsagenten in der UdSSR. Dabei muss die Mobilisierung der Massen gegen die militärische Intervention und für die Stärkung der Verteidigung des Landes im Zentrum stehen. In dieser Aufklärungsarbeit muss die konterrevolutionäre Schädlingsrolle einiger Elemente aus der Führungsebene des alten, bourgeoisen Ingenieurwesens und der Ei

---

Ideologische Auseinandersetzung und außenpolitische Konzeptionen 1917–1933, München 1992, S. 235–240; Sabine Dullin, Rol' meždunarodnogo voprosa v političeskich processach v SSSR. „Šachtinskoe delo" i sovetskaja vnešnjaja politika, in: Krasil'nikov/Blum, Sudebnye političeskie processy, S. 66–74.

39 Vgl. u. a. den Bericht des Russland-Korrespondenten Theodor Seibert, Das rote Russland. Staat, Geist und Alltag der Bolschewiki, München ⁴1932, S. 201–215.

gentümer entlarvt werden, wobei keine Verfolgung und wahllosen Beschuldigungen der Masse der Ingenieure im allgemeinen zugelassen werden dürfen."

Das Politbüro gab für diesen Propagandaauftrag entsprechende Losungen aus, deren grundlegende lauteten: „Auf die hinterhältigen Angriffe der Klassenfeinde, ausländischen Interventionisten, weißen Emigranten, Schädlinge und Kulaken antworten wir mit einer gnadenlosen Abrechnung mit den Agenten der militärischen Intervention und entfalten die Offensive des Sozialismus auf der ganzen Front unseres wirtschaftlichen Aufbaus. Auf die Drohung der Intervention antworten wir mit der Stärkung der Verteidigungsfähigkeit unseres Landes."[40]

Deutlich zum Ausdruck kommen die Mobilisierungsabsichten. Und so unrealistisch auch die hier gezeichneten Bedrohungsszenarien gewesen sein mögen, lag ihnen wohl doch eine Einkreisungsfurcht zugrunde, die als realer Faktor in Anschlag zu bringen ist. Bei der Inszenierung der Prozesse waren aber die politisch vorgegebenen Szenarien entscheidend. Dabei ging es nicht zuletzt darum, die von Stalin als wichtige Gegner betrachteten Personen zu diskreditieren. Über zwei führende nichtstalinistische marxistische Ökonomen, die er beseitigen wollte, schrieb Stalin am 6. August 1930 an Molotov: „Kondratjew [Kondrat'ev], Groman und einige andere Halunken müssen unbedingt erschossen werden." Am 2. September 1930 hieß es in einem weiteren Brief an denselben Adressaten: „Wahrscheinlich wird es nur schwerlich ohne Gericht abgehen. Übrigens: Wie wäre es, wenn die Herren Angeklagten ihre *Fehler* zugeben, sich politisch ordentlich selbst besudeln und damit zugleich die Festigkeit der Sowjetmacht und die Richtigkeit der Kollektivierungsmethode anerkennen? Das wäre nicht schlecht."[41] Nikolaj Kondrat'ev wurde im Prozess gegen die sogenannte Bäuerliche Arbeitspartei zu acht Jahren Haft verurteilt, allerdings durch das Kollegium der OGPU, also durch ein Organ der Administrativjustiz und – entgegen Stalins ursprünglicher Absicht – nicht in einem Schauprozess. Am 17. September 1938, in der Zeit des Großen Terrors, wurde er vom Militärkollegium des Obersten Gerichts erneut verurteilt, diesmal zur Todesstrafe, und noch am gleichen Tag erschossen.[42] Vladimir Groman[43] hingegen figurierte tatsächlich als Angeklagter in einem Schauprozess, dem sogenannten Menschewiki-Prozess von 1931, dessen Angeklagte zu einem Großteil frühere Menschewiki, also Sozialdemokraten, waren, die aber bis auf eine Ausnahme seit langem mit ihrer Partei gebrochen hatten. Die Ausnahme, Vladimir Ikov, der tatsächlich im verschwindend kleinen menschewistischen Untergrund aktiv war, ist insofern besonders aufschlussreich, als die Ermittler der OGPU auf diese Tatsache keinen besonderen Wert legten. Entscheidend war es

---

40 Politbürobeschluss vom 25.11.1930, RGASPI, 17-162-9 – 53/53, S. 81, pr. 16. Zum Prozess gegen die „Prompartija" vgl. Ziehr, Die Entwicklung des „Schauprozesses", S. 148–175.
41 Vgl. Lars T. Lih/Oleg Naumow/Oleg Chlewnjuk (Hrsg.), Stalin. Briefe an Molotow 1925–1936, Berlin 1996, S. 217 und S. 228.
42 Vgl. http://www.hrono.info/biograf/bio_k/kondratev_nd.php (letzter Zugriff 25.1.2020)
43 Vgl. Naum Jasny, A Soviet Planner. V. G. Groman, in: The Russian Review 13 (1954), S. 52–58.

vielmehr, Ikov dazu zu bringen, dass er die völlig irrealen Taten „gestand", die ihm das Prozess-Szenario zuschrieb.[44] Erneut ging es um eine internationale Verschwörung, deren Fiktionalität unter anderem dadurch offenkundig wurde, dass dem menschewistischen Exilpolitiker Rafail Abramovič eine konspirative Reise nach Russland zugeschrieben wurde, die zu einem Zeitpunkt stattgefunden haben sollte, als er sich unter den Augen zahlreicher Zeugen auf einem Kongress der Sozialistischen Arbeiterinternationale (SAI) in Marseille befand. Dies wurde unter anderem mit einem Foto dokumentiert, das den Titel einer Broschüre der SAI zierte, die von der SPD in einer Auflage von 10 000 Stück vertrieben wurde.[45] Von der Verurteilung der Angeklagten ließ sich die sowjetische Justiz dennoch nicht abhalten. Auch in diesem Prozess wurden ausschließlich Freiheitsstrafen verhängt. Groman starb indes im Gefängnis, die meisten anderen zu Zeitstrafen Verurteilten wurden im Zuge des Großen Terrors 1937/38 ermordet. Die groß aufgezogenen „Schädlingsprozesse" gingen im Übrigen mit zahlreichen kleineren analogen Verfahren in der ganzen UdSSR einher.

Die Schaufunktion dieser Prozesse wird auch dadurch unterstrichen, dass Martem'jan Rjutin, Revolutionsteilnehmer, ehemaliger ZK-Kandidat und Chef des Moskauer Parteibezirks Krasnaja Presnja, der als einer der entschiedensten kommunistischen Gegner von Stalins Politik 1932 tatsächlich versucht hatte, eine Plattform mit dem Ziel von dessen Entmachtung zu organisieren, nicht in einem öffentlichen Verfahren verurteilt wurde, sondern auf administrativem Wege durch das Kollegium des OGPU. Auch konnte Stalin sich damals noch nicht mit seiner Forderung nach einem Todesurteil durchsetzen. Die Hinrichtung von Kommunisten ging vielen seiner Genossen zu weit. Binnen Kurzem sollte sich das ändern, und wie viele Angeklagte der Schädlingsprozesse wurde auch Rjutin während des Großen Terrors erneut angeklagt und hingerichtet.[46]

Nicht zuletzt an der Zwangskollektivierung der Landwirtschaft hatte sich Rjutins Opposition entzündet. Er hatte wie eine Reihe anderer diese Politik von vornherein für abenteuerlich gehalten, und die riesige Anzahl von Menschenopfern, die sie forderte, bestätigte die Kritik. Dabei entfiel der kleinere Teil dieser Opfer auf unmittelbare Verfolgungsmaßnahmen, der größte mit mindestens fünf, eher aber sieben Millionen Todesopfern auf die durch die Kollektivierungsmaßnahmen, Getreide-

---

44 Vgl. Natal'ja Borisovna Bogdanova, Sudebnyj process „Sojuznogo Bjuro CK RSDRP (men'ševikov)" v 1931 godu, in: Otečestvennaja istorija 2 (2001), S. 44–61, hier S. 53–55; die Verhörprotokolle Ikovs sind publiziert in Al'ter L. Litvin (Hrsg.), Men'ševistskij process 1931 goda, 2 Bde., Moskau 1999, S. 466–492.
45 Vgl. Zarusky, Deutsche Sozialdemokraten, S. 268–272.
46 Vgl. Schauprozesse unter Stalin: 1932–1952. Zustandekommen, Hintergründe, Opfer, Berlin 1990, S. 21–44; Annette Vogt, Eine bestechende Analyse, eine fundierte Kritik, aber... Die Tragik des Martemjan Nikititsch Rjutin, in: Mario Keßler/Theodor Bergmann (Hrsg.), Ketzer im Kommunismus – Alternativen zum Stalinismus, Mainz 1993, S. 140–161; Sorja Serebrjakowa, Die Heldentat von Martemjan Nikititsch Rjutin, in: Utopie kreativ, 81/82/1997, S. 103–107; Ivan A. Anfert'ev, „Delo M. N. Rjutina" v sud'be G. E. Zinov'eva i L. B. Kamen'eva. Oktjabr' 1932 g, in: Istoričeskij archiv 2006, H. 1, S. 64–94, H. 2, S. 11–32, H. 3, S. 3–19.

quirierung und zwangsweise Sesshaftmachung der kasachischen Nomaden hervorgerufene Hungersnot der Jahre 1932/33.[47] Inwieweit das massenweise Hungersterben den Intentionen der politischen Führung entsprach oder ebenso auf „political misjudgement" beruhte, wie der Journalist und Historiograph der chinesischen Hungersnot der Jahre 1958 bis 1961, Yang Jisheng, deren zentrale Ursache benennt,[48] ist eine geschichtspolitisch und -wissenschaftlich sehr umstrittene Frage, die hier indes nicht zu diskutieren ist. Jedenfalls war die Kollektivierung von Beginn an mit direkter Repression verbunden. Der vom Politbüro am 30. Januar 1930 gebilligte Maßnahmenplan für die Systematisierung der schon im Herbst 1929 begonnenen Kollektivierung sah vor, dass das „konterrevolutionäre Kulakenaktiv", dessen Stärke auf 60 000 Personen geschätzt wurde, durch Verbringung in Konzentrationslager (so wörtlich) oder im Falle von Gegenwehr durch Erschießung vom OGPU liquidiert werden sollte. Weitere 150 000 „Kulaken" sollten in entlegene Gebiete verbannt werden.[49] Als Straforgane im Rahmen der „Entkulakisierungskampagne" fungierten Anfang Februar 1930 geschaffene Trojki, also Dreimännerkollegien, die bei den jeweiligen regionalen bevollmächtigten Vertretern der OGPU eingerichtet wurden und aus diesen sowie einem Vertreter der entsprechenden Ebene der Kommunistischen Partei und der Prokuratur bestanden.[50] Allein im Jahr 1930 verurteilten diese 179 620 Menschen, darunter 18 966, das heißt 10,6 Prozent, zum Tode und fast 100 000 zu Lagerhaft.[51]

Die Bauern, die im Bürgerkrieg zum Teil noch Formen militärisch organisierter Gegenwehr gegen Übergriffe der Bolschewiki auf ihr Eigentum und ihre Lebensweise zuwege gebracht hatten, waren der Stalin'schen Offensive nicht mehr gewachsen. Es gab zwar nicht wenig Protest bis hin zu regelrechten Aufständen, die sich aber im lokalen oder im engeren regionalen Rahmen hielten und vergleichsweise leicht niedergeschlagen werden konnten.[52] Dort, wo die Kollektivierungskampagne aus dem Ruder zu laufen drohte, konnte durchaus auch Staatsfunktionären justitielle Verfolgung drohen. So wurden im Mai 1930 der Vorsitzende des Exekutivkomitees des Gebiets Pitelino, sein Stellvertreter, ein Volksrichter und der Chef des regionalen OGPU wegen illegaler und exzessiver Anwendung von Gewalt bei der Kollektivierung zu

---

[47] Für einen Überblick vgl. Nikolaj A. Ivnickij, Golod 1932–1933 godov v SSSR. Ukraina, Kazachstan, Severnyj Kavkaz, Povolž'e, Central'no-černozemnaja oblast', Zapadnaja Sibir', Ural, Moskau 2009, ferner das Themenheft der Zeitschrift Osteuropa, 12/2004: Vernichtung durch Hunger. Der Holodomor in der Ukraine und der UdSSR.
[48] Vgl. Ian Johnson, Finding the Facts About Mao's Victims, Interview mit Yang Jisheng, http://www.nybooks.com/blogs/nyrblog/2010/dec/20/finding-facts-about-maos-victims/ (letzter Zugriff 15.1.2020).
[49] Vgl. Nikolaj N. Pokrovskij (Hrsg.), Politbjuro i krest'janstvo: vysylka, specposelenie 1930–1940. Bd. 1, Moskau 2005, S. 70 f.
[50] Vgl. Mozochin, Pravo na repressii, S. 126.
[51] Vgl. Danilov u. a. (Hrsg.), Tragedija sovetskoj derevni, Bd. 2, Nr. 279.
[52] Ein Beispiel behandelt Tracy McDonald, A Peasant Rebellion in Stalin's Russia. the Pitelinskii Uprising, Riazan 1930, in: Journal of Social History 35 (2001), S. 125–146.

mehrjährigen Gefängnisstrafen verurteilt, wobei es natürlich nur darum ging, die rebellische Bevölkerung durch die Opferung von Sündenböcken zu besänftigen.[53] In erster Linie richteten sich die Aktivitäten der Justiz gegen die ländliche Bevölkerung selbst. Auf Beschluss des Politbüros vom 13. Februar 1931 waren von den regionalen OGPU-Bevollmächtigten Sondertrojkas gebildet worden, die über „konterrevolutionäre Verbrechen" zu urteilen hatten, mit Ausnahme einiger besonders schwerer Tatbestände. Neben den OGPU-Funktionären gehörten den Trojki der Chef der entsprechenden Gebietsorganisation der KP und der jeweilige Prokurator an. Sie waren ausdrücklich als außergewöhnliche Einrichtung zur Unterdrückung des Widerstands gegen die Kollektivierung gedacht und hatten schon bis Mitte 1931 über 50 000 Urteile gesprochen.[54]

Das mit einer exzessiven Strafandrohung versehene sogenannte Drei-Ähren-Gesetz vom 7. August 1932, das dem „Schutz des sozialistischen Eigentums" dienen sollte und schon kleinste Diebstähle („Drei Ähren") mit zehnjähriger Haft oder gar der Todesstrafe bedrohte und die Verurteilten von jeglicher Amnestie ausschloss,[55] war unter den Bedingungen der eben zu jener Zeit um sich greifenden Hungersnot nichts anderes als die Bedrohung des Mundraubs mit dem Tode. Die sowjetischen Gerichte zeigten sich zwar zurückhaltend bei der Umsetzung dieser Vorschrift und blieben oft sogar hinter dem vorgeschriebenen Strafmaß zurück, doch ergingen allein bis zum 31. Dezember 1931 mehr als 400 000 Urteile, von denen mindestens 14 000 auf die Todesstrafe lauteten; dazu kamen noch mehr als 27 000 Urteile durch Instanzen der OGPU, die in mehr als zehn Prozent der Fälle Todesurteile fällten – ein bemerkenswert höherer Anteil als bei der ordentlichen Justiz.[56] Deren unerwünschter Milde wirkten im März 1933 Politbüro und Sowjetregierung entgegen, indem sie die Staatsanwälte aufforderten, die strengsten der gesetzlich vorgesehenen Maßnahmen anzuwenden.[57] Auf Initiative Andrej Vyšinskijs, des Prokurators der UdSSR, kam es im Laufe des Jahrs 1936, nachdem sich die Verhältnisse auf dem Land stabilisiert hatten, zu einer generellen Revision der Fälle der bis zum 1. Januar 1935 Verurteilten. Von 122 000 Häftlingen wurden 40 000 entlassen, bei 53 000 wurde die Haftzeit verkürzt.[58] Bei den meisten dieser Fälle dürfte, anders als bei den „Schädlingsprozessen", keine offenkundige Fälschung vorgelegen haben, auch wenn eine Kommission der Unionsprokuratur zu dem Ergebnis kam, in 70 Prozent der von ihr überprüften mehr als 37 000 Fälle seien falsche Subsumptionen zu be-

---

53 Vgl. ebenda, S. 129 f.
54 Vgl. Danilov u. a. (Hrsg.), Tragedija sovetskoj derevni, Bd. 3, Nr. 88.
55 Ebenda, Nr. 160.
56 Vgl. Michael Ellman, Stalin and the Soviet Famine of 1932–33 Revisited, in: Europe-Asia Studies 59 (2007), S. 663–693, hier S. 669.
57 Vgl. Nikolja Vert (Nicolas Werth)/Sergej Mironenko (Hrsg.), Massovye repressii v SSSR = Istorija stalinskogo Gulaga, t. 1, Moskau 2004, S. 202 f.
58 Ebenda, S. 203 f.; Gábor T. Rittersporn, Police politique, magistrats, terreur. Justice et violence institutionalisée en URSS, in: Vingtième Siècle 107 (2010), S. 21–37, hier S. 27.

mängeln.⁵⁹ Nichtsdestoweniger ist davon auszugehen, dass es bei diesen Massenverurteilungen nicht um Inszenierungen ging, sondern vor allem darum, die Verstaatlichung der landwirtschaftlichen Produktion rücksichtslos durchzusetzen. Sobald dieses Ziel erreicht war, konnte man dementsprechend auch „Milde" walten lassen.

4 Justiz im Großen Terror

Nachdem das Stalinregime mit Terror und Massendeportationen die Kollektivierung durchgesetzt und dabei das millionenfache Hungersterben zumindest billigend in Kauf genommen hatte, schien eine vorübergehende Beruhigung einzusetzen. Schon im Mai 1932 hatte das Politbüro in einem Beschluss „Über die sozialistische Gesetzlichkeit" die willkürliche Anwendung von Zwangsmaßnahmen im Zuge der Kollektivierung kritisiert, ohne allerdings über konkrete Maßnahmen zur Abhilfe zu verfügen.⁶⁰

Andrej Vyšinskij bemühte sich als stellvertretender beziehungsweise erster Prokurator der UdSSR – einer erst 1933 geschaffenen Instanz –, die Rechtsordnung zu stabilisieren und die in der Kollektivierungsära endemisch gewordenen Verstöße gegen diese einzudämmen. Dazu dienten die erwähnten Revisionen sowie die Stärkung der Aufsicht durch die Prokuratoren, die die Gesetzestreue von Justiz und Verwaltung zu überwachen hatten.⁶¹ In dieselbe Richtung wirkten die Reorganisation der OGPU und ihre Integration in das 1934 geschaffene Allunions-Volkskommissariat für Innere Angelegenheit (NKVD). Die Urteilsbefugnisse der politischen Polizei wurden erheblich eingeschränkt, die Trojki abgeschafft, und nur die Sonderversammlung (*Osoboe soveščanie* – OSO) des NKVD durfte künftig außergerichtlich Repressionen verhängen, deren Strafmaß auf fünfjährige Verbannung oder Lagerhaft beschränkt war.⁶² In normalen Zeiten könnten Klassenfeinde durch die Gerichte abgeurteilt werden, und man müsse nicht wie bisher auf außerjustitielle Repression zurückgreifen, deutete Lazar' Kaganovič diese Reorganisation.⁶³ 1934 setzten auch Bemühungen ein, das klägliche professionelle Niveau der sowjetischen Justizjuristen zu heben, von denen nicht einmal die Hälfte irgendeine Form juristischer Ausbildung genossen hatte.⁶⁴ Diese Zustände waren nicht zuletzt auf die vorherrschende, von Evgenij Pašukanis formulierte Theorie zurückzuführen, wonach mit dem Absterben des Staates im Sozialismus auch das Absterben des Rechts einhergehe.⁶⁵ In sei-

---

59 Vgl. Vert/Mironenko (Hrsg.), Massovye repressii, S. 204 f.
60 Vgl. Paul Hagenloh, Stalin's Police. Public Order and Mass Repression in the USSR, 1926–1941, Baltimore 2009, S. 96.
61 Vgl. Solomon, Criminal Justice, S. 161–164.
62 Vgl. Mozochin, Pravo na repressii, S. 137–139.
63 Vgl. Solomon, Criminal Justice, S. 166.
64 Ebenda, S. 170 und S. 183–191.
65 Vgl. Kucherov, Soviet Administration of Justice, S. 270–273.

nem Rechenschaftsbericht vor dem XVIII. Parteitag im März 1939 erklärte Stalin das marxistische Dogma vom absterbenden Staat für richtig, aber nur unter der Voraussetzung, dass bereits überall der Sozialismus herrsche, „dass keine Gefahr eines Überfalls von außen mehr besteht und die Stärkung der Armee und des Staates nicht mehr nötig ist".[66] Als Ausdruck der Stärkung der Rechtsordnung kann auch die Stalin'sche Verfassung des Jahrs 1936 aufgefasst werden, die nicht auf die propagandistische Funktion, die sie zweifellos auch hatte, reduziert werden kann.[67] Schließlich ist auch die Bildung eines Unions-Justizkommissariats im Sommer 1936 mit Nikolaj Krylenko an der Spitze Ausdruck dieser Verrechtlichungstendenz.[68] Diese dürfen keinesfalls mit einem Zug zur Rechtsstaatlichkeit verwechselt werden. Nicht um das Recht des Einzelnen ging es hier, sondern um das Recht als ein staatliches Regelungssystem.

Zugleich gab es starke gegenläufige Tendenzen. Dazu gehörten insbesondere die Verfolgung sozial Randständiger, durch die Kollektivierung ihrer sozialen Verankerung Beraubter und anderer Unerwünschter, die mittels Aufenthaltssperren für bestimmte Großstädte und der Ausgabe von Inlandspässen seit Anfang 1933 unter starken Druck gerieten; dazu gehörte auch eine damit zusammenhängende groß angelegte, aber unter schrecklichen Umständen gescheiterte Deportationsaktion.[69] Unmittelbar nach der NKVD-Reform, am 1. Dezember 1934, wurden in Leningrad der dortige Parteivorsitzende, das Politbüromitglied Sergej Kirov, von Leonid Nikolaev erschossen. Es spricht vieles dafür, dass es sich bei dem wenig später selbst unter fragwürdigen Umständen ums Leben gekommenen Täter wohl um einen geistig gestörten Einzeltäter handelte;[70] andere Deutungen indes wollen in ihm ein Werkzeug Stalins sehen. Die Debatte erinnert stark an die um den Reichstagsbrand, und unstrittig ist, dass in beiden Fällen die Diktatoren das Vorgefallene für ihre politischen Zwecke nutzten. Stalin begab sich sofort nach Leningrad, wo er die Ermittler auf ein Verschwörungsszenario einschwor, wonach Urheber des Attentats ein terroristisches illegales „Leningrader Zentrum" gewesen sei, das die Ziele der „zinov'evistisch-trockistischen Plattform" durchsetzen wollte. Auf Stalins Initiative verordnete das Politbüro noch am selben Tag, dass im Falle von Terrorakten ein vereinfachtes Untersuchungsverfahren von nicht länger als zehn Tagen Dauer gelten sollte, dass Todesurteile in solchen Fällen unverzüglich zu vollstrecken, Rechtsmittel nicht zu-

---

66 Vgl. Klaus Westen, Die rechtstheoretischen und rechtspolitischen Ansichten Josef Stalins, Lindau/Konstanz 1959, S. 114.
67 Vgl. Solomon, Criminal Justice, S. 191–194.
68 Vgl. J. Arch Getty/Oleg V. Naumov, The Road to Terror. Stalin and the Self-Destruction of the Bolsheviks, 1932–1939, New Haven 1999, S. 221.
69 Vgl. David R. Shearer, Policing Stalin's Socialism. Repression and Social Order in the Soviet Union, 1924–1953, Yale 2009, S. 180–284; Hagenloh, Stalin's Police, S. 97–226; Boris P. Trenin (Hrsg.), 1933 god. Nazinskaja tragedija. Dokumental'noe naučnoe izdanie, Tomsk 2002; Nicolas Werth, Die Insel der Kannibalen. Stalins vergessener Gulag, München 2006.
70 Vgl. Getty/Naumov, Road to Terror, S. 141–147; Jurij Žukov, Der Mord an Kirov. Aus den Ermittlungsakten. In: Forum für osteuropäische Ideen- und Zeitgeschichte 3 (1999), H. 2, S. 119–151.

lässig seien und Gnadengesuche nicht entgegengenommen würden. Die Anklageschrift sollte den Beschuldigten erst 24 Stunden vor der Verhandlung ausgehändigt werden.[71]

In Leningrad setzte eine Welle von Verhaftungen und Prozessen ein. Noch im Dezember wurden 14 Angeklagte wegen der angeblichen Organisation des Mords verurteilt, dann im Januar 1935 Grigorij Zinov'ev, Lev Kamenev und eine Reihe ihrer Anhänger als Hintermänner der Tat und Verschwörer zu mehrjährigen Gefängnisstrafen verurteilt, ebenso wie Dutzende ihrer Anhänger, die von der OSO abgeurteilt wurden. Gegen weitere, rund tausend von ihnen wurden Verbannungsstrafen ausgesprochen.[72]

Anderthalb Jahre später standen Zinov'ev und Kamenev erneut vor Gericht. Mit ihnen angeklagt waren der inzwischen zum Verschwörer abgestempelte Evdokimov und weitere Angehörige der ehemaligen linken Opposition der 1920er Jahre sowie mehrere aus Deutschland in die Sowjetunion übergesiedelte junge Kommunisten. Die Verhandlung des Militärkollegiums des Obersten Gerichts fand im einschlägig bekannten Säulensaal des Gewerkschaftshauses statt. In den zurückliegenden anderthalb Jahren habe sich herausgestellt, dass die Anhänger Zinov'evs und Trockijs nicht nur Inspiratoren des Mordes an Kirov gewesen seien, sondern selbst unmittelbar Attentate gegen Stalin und andere Mitglieder des Politbüros geplant hätten und dass Zinov'ev und Trockij die unmittelbare Anweisung zum Mord an Kirov gegeben hätten.[73] Die Deutschland-Emigranten fungierten in diesem Szenario als Agenten und Kuriere. Es rollte das bekannte Schauspiel mit den unglaublichen Selbstbezichtigungen ab, die vielen Beobachtern Rätsel aufgaben, für die der später möglich gewordene Blick hinter die Kulissen recht einfache Erklärungen offenbarte, nämlich einen Mix aus Folter, Erpressungen, Drohungen und Dressur.[74] Der Forderung des Anklägers Vyšinskij, „Die tollgewordenen Hunde" – gemeint waren die Angeklagten – „müssen allesamt erschossen werden",[75] wurde schließlich Rechnung getragen. Das Militärkollegium sprach 16 Todesurteile aus.[76]

Das jedoch war erst der Auftakt. Stalin forderte am 25. September 1936 in einem gemeinsam mit Andrej Ždanov unterzeichneten Telegramm aus seinem Erholungsort Soči, das an die in Moskau die Geschäfte führenden Politbüromitglieder Kaganovič und Molotov gerichtet war, es sei unabdingbar, Genrich Jagoda als NKVD-Chef ab- und durch Nikolaj Ežov zu ersetzen, weil die – hier noch als OGPU bezeichnete – Geheimpolizei bei der Aufdeckung des „trockistisch-zinov'evistischen Blocks" vier

---

71 Der Beschluss ist abgedruckt bei Kokurin/Petrov (Hrsg.), GULAG, S. 95.
72 Vgl. Schauprozesse unter Stalin, S. 45–86.
73 Vgl. Prozessbericht über die Strafsache des Trotzkistisch-sinowjewistischen terroristischen Zentrums. Herausgegeben vom Volkskommissariat für Justizwesen der UdSSR, Moskau 1936, S. 6 f.
74 Ein klassisches Zeugnis für diese Methoden ist der Bericht von Alexander Weißberg-Cybulski, Im Verhör. Ein Überlebender der stalinistischen Säuberungen berichtet, Wien u. a. 1993.
75 Prozessbericht des Trotzkistisch-sinowjewistischen Zentrums, S. 103.
76 Ebenda, S. 114 f.

Jahre im Rückstand sei.[77] Das bezog sich offenbar auf die Rjutin-Affäre, in die Stalins bereits entmachtete Gegner Zinov'ev und Kamenev hineingezogen worden waren, mit der Folge von Parteiausschluss und Verbannung, was beides aber schnell wieder rückgängig gemacht wurde.[78]

Ežov war schon nach dem Kirov-Mord, als das NKVD Stalins Anweisung, in Richtung Zinov'evs und Kamenevs zu ermitteln, nur zögerlich befolgt hatte, vom Diktator als Vertreter bei der politischen Polizei eingesetzt worden und hatte sich als dessen „loyaler Exekutor" bewährt.[79] Ežov hat bei allen Schauprozessen eine wichtige Rolle gespielt, auch bei den beiden folgenden gegen Radek, Pjatakov und andere im Januar 1937 („Sowjetfeindliches Trockistisches Zentrum") und gegen Bucharin, Rykov und andere im März 1938 („Block der Rechten und Trockisten"),[80] in denen sich die Angeklagten wie schon die im ersten Prozess der unwahrscheinlichsten Verbrechen gegen die UdSSR selbst bezichtigten. Er hat erheblichen Anteil an dem Skript einer umfassenden Verschwörung, das von Stalin gebilligt und mit dem ZK-Plenum vom Juni 1937 zur Basis der weiteren Ereignisse wurde.[81] Es setzte eine umfassende Welle von Verhaftungen ein, die sich nur zu einem Teil gegen Angehörige der sowjetischen Elite richteten, vor allem aber ganz normale Sowjetbürger, Arbeiter, Bauern und Angestellte betrafen. In den Jahren 1937/38 sind so viele Menschen in der UdSSR auf verschiedenen Wegen abgeurteilt worden, wie nie zuvor und nie mehr danach. Es ist schwer nachzuvollziehen, mit welcher Intensität sich Stalin in dieser Zeit der Organisation der weiteren Schauprozesse, der nichtöffentlichen Prozesse gegen die Militärelite und der Massenverfolgungen des Großen Terrors gewidmet hat. Nicht zufällig nehmen die Jahre 1937/38 in der vierbändigen Edition „Lubjanka", die den Beziehungen Stalins zur politischen Polizei in den drei Jahrzehnten zwischen 1922 und 1953 gewidmet ist, einen ganzen eigenen Band ein.[82] Während die Willkür dabei allerorten herrschte, waren die mit der Aburteilung befassten Instanzen doch hierarchisch gestuft und die „Urteilsfindung" den verfolgten Zwecken entsprechend organisiert.

Am aufwendigsten war die Verfolgung von (zum Teil ehemaligen) Angehörigen der politischen Elite. Die drei großen Schauprozesse warfen aber großen legitimatorischen Gewinn für das Stalinregime ab; wenn alle anderen früheren führenden Kampfgenossen Lenins Verräter seit der ersten Stunde waren, verkörperte der *Vožd*

---

77 Abgedruckt in Oleg V. Chlevnjuk u. a. (Hrsg.), Stalin i Kaganovič. Perepiska. 1931–1936 gg, Moskau 2001, S. 682 f.
78 Vgl. Jürg Ulrich, Kamenev: Der gemäßigte Bolschewik. Das kollektive Denken im Umfeld Lenins, Hamburg 2006, S. 225 f.
79 Vgl. Marc Jansen/Nikita Petrov, Stalin's Loyal Executioner. People's Commissar Nikolai Ezhov, 1895–1940, Stanford 2002, S. 23.
80 Ebenda, S. 58 f. und S. 75–78.
81 Ebenda, S. 77 f.
82 Vgl. Vladimir N. Chaustov/Vladimir P. Naumov/N. S. Plotnikova (Hrsg.), Lubjanka. Stalin i Glavnoe upravlenie gosbezopasnosti NKVD 1937–1938, Moskau 2004.

(Führer) als Einziger den sozialistischen Aufbau und zugleich den Schützer des Vaterlands vor den internationalen Machinationen. Von der Verfolgung betroffen war in hohem Maße auch die militärische Elite. Mit Michail Tuchačevskij, Vasilij Bljucher und Aleksandr Egorov fielen drei in nichtöffentlichen Prozessen zum Tode verurteilte Marschälle der Sowjetunion dem Terror zum Opfer. Aber die Opferbilanz war weit umfassender. Mindestens 800 Angehörige des Kommandostabs bis zur Brigadeebene wurden zum Tode verurteilt oder starben in der Haft.[83] Während die hohen Offiziere in der Regel vom Militärkollegium des Obersten Gerichts abgeurteilt wurden, geschah dies bei niedrigeren Rängen in Schnellprozessen durch Militärtribunale oder gar ganz ohne Verhandlung aufgrund von Entscheidungen der OSO.[84]

In den Regionen fanden zahlreiche Filialprozesse der großen Schauprozesse statt, wobei hier nicht selten das alte Schädlingsparadigma bemüht und in die neuen politischen Szenarien eingeordnet wurde. Entgegen der von Sheila Fitzpatrick unter Rückgriff auf alte revisionistische Denkmuster entwickelten These, solche Prozesse seien Ausdruck der Instrumentalisierung von Verfolgungsmechanismen durch Untertanen, die sich durch Denunziation unbeliebter Funktionäre hätten entledigen können, haben jüngere Forschungen gezeigt, dass auch diese Prozesse eindeutig den Vorgaben der politischen Führung folgten – auch hier schnappte sich die Katze die Mäuse, und nicht umgekehrt.[85]

Die Sanktionierung der Aburteilung von Angehörigen der sowjetischen Elite behielt Stalin sich und seiner engsten Entourage vor. Die von diesem Kreis vor allem 1937/38 abgezeichneten Erschießungslisten umfassen die Namen von circa 40 000 Personen, die anschließend vom Militärkollegium des Obersten Gerichts zum Tode „verurteilt" wurden.[86] Die Verurteilung durch dieses oder durch Militärtribunale als „Landesverräter" zog seit dem 15. August 1937 Maßnahmen der Sippenhaft nach sich. Gemäß dem Operativbefehl Nr. 00485 sollten die Ehefrauen der Verurteilten und ihre Kinder, sofern sie älter als 15 Jahre waren, von der OSO zu Lagerhaft verurteilt werden. Die Mindeststrafe für die Frauen betrug fünf bis acht Jahre, für kleinere

---

83 Vgl. Oleg F. Suvenirov, Tragedija RKKA 1937–1938, Moskau 1998, S. 305.
84 Ebenda, S. 228 f.
85 Vgl. Sheila Fitzpatrick, How the Mice Buried the Cat. Scenes from the Great Purges of 1937 in the Russian Provinces, in: The Russian Review 52 (1993), S. 299–320; Irina V. Pavlova, Pokazatel'nye processy v rossijskoj glubinke v 1937 godu. Institut Istorii SO RAN, 1998. Online unter: http://www.philosophy.nsc.ru/journals/humscience/2_98/18_PAVLO.HTM (letzter Zugriff 16.1.2020). Michael Ellman, The Soviet 1937 Provincial Show Trials. Carnival or Terror?, in: Europe-Asia Studies 53 (2001), S. 1221–1233; ders., The Soviet 1937–1938 Provincial Show Trials Revisited, in: Europe-Asia Studies 55 (2003), S. 1305–1321; Nicolas Werth, Les „petits procès exemplaires" en URSS durant la Grande Terreur (1937–1938), in: Vingtième Siècle. Revue d'Histoire 86 (2005), S. 5–23; Roberta T. Manning, Political Terror or Political Theater. The Raion Show Trials of 1937 and the Mass Operations, in: Russian History 36 (2009), S. 219–253.
86 Die Erschießungslisten sind von Memorial in Zusammenarbeit mit dem russischen Präsidentenarchiv in einer Online-Datenbank publiziert, erschlossen und mit einer instruktiven Einleitung versehen worden: http://stalin.memo.ru/index.htm (letzter Zugriff 16.1.2020).

Kinder war die Verbringung in Kinderheime mit „Sonderregime" vorgesehen. Die Bestimmungen galten rückwirkend ab 1936.[87]

Im Juli 1937 hatte das Politbüro die sogenannten Massenaktionen[88] eingeleitet, zunächst die „Kulakenaktion", die sich gegen aus der Verbannung geflohene „Kulaken", aber auch Geistliche sowie einstige Angehörige aller möglichen antibolschewistischen Bewegungen richtete.[89] Auf der Grundlage von Meldungen über die Zahl der entsprechenden „Elemente" in den einzelnen Regionen bestimmte das Politbüro Quoten von zu Verfolgenden. In allen Regionen waren Trojki aus den jeweiligen Spitzenfunktionären des NKVD, der Partei und der Prokuratur zu bilden, die darüber zu befinden hatten, welche der Beschuldigten in die erste Kategorie (Erschießung) und welche in die zweite (acht bis zehn Jahre Lagerhaft) einzuordnen waren. Dabei erfuhren die zum Tode Verurteilten nie, was über sie verfügt worden war, sondern wurden umstandslos erschossen. Auch die Angehörigen ließ man im Unklaren. Ihre Nachfragen wurden mit der zynisch-verlogenen Formel beantwortet, der Betreffende sei zu „zehn Jahren ohne das Recht auf Schriftwechsel" verurteilt worden. Sehr bald erreichten das Politbüro die ersten Anträge auf Erhöhung der vorgegebenen Verurteilungsquoten, da noch viele „Volksfeinde" entlarvt worden seien; der politischen Führung bereitete die Genehmigung keine größeren Umstände.

In schneller Folge wurde zusätzlich eine Reihe weiterer Massenaktionen beschlossen, die sich vor allem gegen die Angehörigen nationaler Minderheiten und Emigrantengruppen richteten, so etwa die polnische[90] und die deutsche,[91] aber auch gegen Russen, die aus der mandschurischen Hauptstadt und einst von Russland als Eisenbahnknotenpunkt gegründeten Stadt Charbin nach dem 1935 erfolgten Verkauf der Ostchinesischen Eisenbahn an Japan repatriiert worden waren.[92] Die Verfolgung der Charbiner, die organisatorisch demselben Muster folgte, wie die nationalen Aktionen, belegt, dass den nationalen Aktionen nicht, wie eine Forschungsmeinung

---

87 Der Befehl ist abgedruckt in Kokurin/Petrov (Hrsg.), GULAG, S. 106–110, und in Vert/Mironenko (Hrsg.), Massovye repressii, S. 277–281.

88 Grundlegende Überblicke: Barry McLoughlin, Die Massenoperationen des NKWD. Dynamik des Terrors 1937/38, in: Wladislaw Hedeler (Hrsg.), Stalinscher Terror 1934–1941, Berlin 2002, S. 33–50; Nicolas Werth, Der Stellenwert des „Großen Terrors" innerhalb der stalinistischen Repressionen: Versuch einer Bilanz, in: Jahrbuch für Historische Kommunismusforschung 2006, S. 245–257.

89 Die zentrale Aktion 00447 ist in einem deutsch-russisch-ukrainischen Gemeinschaftsprojekt unter Federführung des Deutschen Historischen Instituts in Moskau eingehend untersucht worden; vgl. Binner/ Bonwetsch/ Junge (Hrsg.), Massenmord und Lagerhaft.; dies. (Hrsg.), Stalinismus in der sowjetischen Provinz 1937–1938. Die Massenaktion aufgrund des operativen Befehls Nr. 00447, Berlin 2010.

90 Vgl. Nikita Petrov/Arsenij Roginskij, „Pol'skaja operacija" NKVD 1937–1938 gg, in: Aleksander È. Gur'janov, (Hrsg.), Repressii protiv poljakov i pol'skich graždan, Moskau 1997, S. 22–43.

91 Vgl. Nikita Ochotin/Arsenij Roginskij, Zur Geschichte der „Deutschen Operation" des NKWD 1937–1938, in: Jahrbuch für Historische Kommunismusforschung 2000/01, S. 89–125.

92 Vgl. den Operativbefehl 00593 vom 20.9.1937, abgedruckt in Vert/Mironenko (Hrsg.), Massovye repressii, S. 281–283.

lautet,[93] primär ethnische Diskriminierung zugrunde lag. Wenn die von den nationalen Aktionen Erfassten, wie Barry McLoughlin nachgewiesen hat, zu einem erheblich höheren Prozentsatz zum Tode „verurteilt" („Erste Kategorie") wurden als die Opfer der „Kulakenaktion",[94] ist dies wohl eher darauf zurückzuführen, dass sie öfter als Spione eingestuft wurden. Es mag auch eine Rolle gespielt haben, dass hier nicht Trojki urteilten, sondern Dvojki (Zweimännerkollegien), in denen der Parteivertreter fehlte und deren Entscheidungen nicht sofort Geltung erlangten, sondern der Bestätigung durch die „große", aus Ežov und Vyšinskij bestehende, Dvjoka bedurften.

Nicht unerwähnt bleiben darf, dass auch Angehörige der Verfolgungsorgane selbst in erheblicher Zahl in die Mühlen des Terrors gerieten, und zwar sowohl Mitarbeiter der Polizei als auch der Justiz. Um nur die prominentesten Beispiele anzuführen, sei auf das Todesurteil gegen den vormaligen OGPU-Chef Jagoda im Dritten Schauprozess verwiesen. Seinen Nachfolger Ežov ereilte ein ähnliches Schicksal, allerdings erst nach getaner Arbeit: Am 2. Februar 1940 wurde er unter anderem wegen angeblicher Spionagetätigkeit für Polen, Deutschland, England und Japan vom Militärkollegium des Obersten Gerichts zum Tode verurteilt und erschossen.[95] So wie er zahlreiche der Leute Jagodas verfolgt hatte – nach eigenen Angaben hatte er 14 000 NKVD-Leute „gesäubert" –, wurden nun auch Hunderte von Ežov-Anhängern verfolgt.[96]

Im Bereich der Justiz gehörten zu den prominentesten Terroropfern Evgenij Pašukanis, der dem bolschewistischen Rechtsnihilismus das theoretische Fundament gegeben hatte, in der Mitte der 1930er Jahre angebrochenen Epoche des „proletarischen Rechts" aber nicht mehr gebraucht wurde. Sein Name findet sich auf Stalins Erschießungsliste vom 31. August 1937.[97] Wie sein vormaliger Stellvertreter Pašukanis wurde ein Jahr später, am 29. Juli 1938, auch Nikolaj Krylenko, Volkskommissar für Justiz der UdSSR und Veteran der politischen Justiz, vom Militärkollegium des Obersten Gerichts zum Tode verurteilt. Die wenig mehr als eine Seite umfassende Anklageschrift warf ihm Zugehörigkeit zum rechtstrotzkistischen Block vor, der eine Intervention der faschistischen Mächte gegen die UdSSR vorbereitet habe.[98]

Der Terror endete schließlich so, wie er begonnen hatte – durch einen Beschluss des Politbüros. Mitte November wurde durch Beschlüsse des Politbüros und des Rats der Volkskommissare die Tätigkeit der außerjustitiellen Urteilsorgane eingestellt, mit Ausnahme der weiterhin bestehenden OSO.[99] Während Abläufe und Strukturen

---

93 Vgl. z. B. Jörg Baberowski, Der Rote Terror. Die Geschichte des Stalinismus, München 2003, S. 195–201.
94 Vgl. McLoughlin, Massenoperationen, in: Hedeler (Hrsg.), Stalinscher Terror, S. 50.
95 Vgl. Jansen/Petrov, Loyal Executioner, S. 187 f.
96 Ebenda, S. 188–192.
97 Vgl. http://stalin.memo.ru/spiski/pg02309.htm (letzter Zugriff 16.1.2020).
98 Abgedruckt in Aleksandr G. Zvjagincev/Jurij G. Orlov, Raspjatye revoljuciej. Rossiskie i sovetskie prokurory XX vek. 1922–1936 gg., Moskau 1998, S. 493 f.
99 Vgl. 100(0) Schlüsseldokumente zur russischen & sowjetischen Geschichte, http://www.1000dokumente.de/index.html?c=dokument_ru&dokument=0010_trj&object=context&st=&l=de (letzter Zugriff 16.1.2020).

dieses auch in der blutigen Geschichte der Sowjetunion einmaligen Massenverbrechens einigermaßen bekannt sind, werfen die konkreten Motive immer noch Fragen auf. Nikolaj Bucharin, der im Moskauer Prozess vom März 1938 zum Tode verurteilt wurde und den vollen Umfang der Verfolgungen gewiss nicht kannte, mutmaßte in seinem letzten Brief an Stalin, es gebe eine „große und kühne politische Idee einer generellen Säuberung", die durch die Kriegsgefahr und den „Übergang zur Demokratie" motiviert sei, wobei er unter Letzterem wohl die von der Stalin'schen Verfassung des Jahres 1936 errichtete demokratische Fassade verstand. Betroffen von dieser generellen Säuberung seien „a) Schuldige, b) Verdächtige und c) potentielle Verdächtige [...] Auf diese Weise verschafft sich die Führung eine umfassende Garantie."[100] Den Preis für diese Garantie bezahlten einer Bilanz von „Memorial" zufolge mehr als 1,7 Millionen Menschen, die zwischen 1936 und November 1938 verhaftet wurden. Mindestens 1,44 Millionen von ihnen wurden durch außergerichtliche oder gerichtliche Instanzen verurteilt, mindestens 724 000 Urteile lauteten auf Erschießung. Der Anteil der Gerichte ist dabei mit 41 000 relativ gering.[101]

Mit seinem Hinweis auf die Idee einer allgemeinen Säuberung lag Bucharin sicherlich richtig. Ob die immer bedrohlicher werdende außenpolitische Lage[102] oder die Verfassung und das geplante, aber dann abgesagte Experiment von Wahlen mit mehreren Kandidaten[103] ausschlaggebend für den Großen Terror waren oder andere Motive, ist eines der zentralen Diskussionsthemen der aktuellen Stalinismusforschung. Dass Stalin die Zügel stets in der Hand hatte und die Dynamik bestimmte, bis zum abrupten Stopp des Terrors im November 1938 ist ein klares und wesentliches Resultat der Forschungen seit der Archivöffnung Anfang der 1990er Jahre.

5 Fazit

Stalins Revolution von oben, die die Industrialisierung der UdSSR – wenn auch nicht in dem von der Propaganda verkündeten Maße – zweifellos bedeutend voranbrachte, während sie die bäuerlichen Produktions- und Lebensweisen völlig umwälzte und das Land schließlich in die Hungerkatastrophe der Jahre 1932/33 stürzte, ist von massenhafter Repression und der ersten Welle der Schauprozesse nicht zu

---

100 Der Brief Bucharins an Stalin vom 10.12.1937 ist abgedruckt in: Istočnik 2/1993, S. 23–25, und bei Nikolja Vert [Nicolas Werth], Terror i besporjadok. Stalinizm kak sistema, Moskau 2010, S. 303–307.
101 Vgl. http://www.memo.ru/history/y1937/hronika1936_1939/xronika.html (letzter Zugriff 16.1.2020).
102 Vgl. Nicolas Werth/Alain Blum, La Grande Terreur de 1937–1938, in: Vingtième Siècle 110 (2010), S. 3–19, hier S. 11.
103 Vgl. Rittersporn, Police politique, in: Vingtième Siècle 107 (2010), S. 22; ein interessantes regionales Beispiel wird geschildert bei Michail V. Zelev, Al'ternativnyj kandidat: „Pridetsja ego arestovat'", in: Voprosy istorii 11/2003, S. 171 f.

trennen. Während für diese Periode die Motive Stalins und seiner Gefolgsleute recht klar sind, geben die Jahre 1936 bis 1938 der Forschung immer noch viele Rätsel auf. Das betrifft insbesondere die Gründe für den Großen Terror von 1937/38. Auch in dieser Phase fallen jedenfalls die groß angelegte Inszenierung von Schauprozessen und die Installierung von zeitweiligen außerjustitiellen Urteilsorganen (trojki, dvojki) zusammen. Nicht nur diese formell-technische Seite der Repression deutet darauf hin, dass es, nicht zuletzt auch für das Verständnis des Großen Terrors, aussichtsreich erscheint, das Jahrzehnt von den späten 1920er bis zu den späten 1930er Jahren als eine Einheit zu begreifen. Diese Perspektive eröffnet auch den Blick auf verschiedene, nur scheinbar gegenläufige Tendenzen beim politischen Gebrauch von Recht und Justiz, wie vor allem die Versuche einer Verstärkung der Rolle des Rechts einerseits und den Terror in den 1930er Jahren andererseits. Dass der Name Vyšinskij für beides steht, mag die Komplexität der Vorgänge illustrieren. Zu keinem Zeitpunkt wurde aber unter der Herrschaft Stalins die unmittelbare politische Kontrolle der politischen Justiz in Frage gestellt, die schon Mitte der 1920er systematisiert worden war. Politbüromitglieder wie Bucharin, Kamenev oder Rykov, die später Opfer Stalins wurden und als Angeklagte in den großen Schauprozessen figurierten, hatten daran mitgewirkt und geholfen, die Voraussetzungen auch ihrer eigenen Vernichtung zu schaffen.

Die Diktaturen und das Recht

Politische Justiz und *Transitional Justice* in der Mitte des 20. Jahrhunderts

1 Begriffe

Der Titel dieses Beitrags führt – ebenso wie die Bezeichnung unserer Konferenz[1] – zwei Begriffe zusammen, die in dieser Kombination nicht sehr häufig auftreten: Politische Justiz und *Transitional Justice*. Es könnte scheinen, als passe da manches nicht wirklich zusammen. Das beginnt schon bei der Reichweite der Begriffe: Politische Justiz bezieht sich auf Gerichtsverfahren, die einem politischen Zweck dienen sollen oder jedenfalls in irgendeiner Weise politisiert sind, *Transitional Justice* hat eine weitere Bedeutung und umfasst „Prozesse, Praktiken und Organisationsformen im Umgang mit Verbrechen, die vor einer politischen Transition vom Vorgängerregime oder während eines Bürgerkriegs begangen worden" sind – so die Definition der Soziologin Anne K. Krüger. Dazu zählt sie neben Strafprozessen unter anderem sogenannte Wahrheitskommissionen, Amnestien, Lustration und Restitution von Eigentum.[2] Auch die Geschichts- und Erinnerungspolitik fällt nach ihrer Definition unter die *Transitional Justice*. Das Institut für Nationales Gedenken, das Institut für Zeitgeschichte und Memorial wären demnach ebenfalls Erscheinungsformen der *Transitional Justice*. So weit, uns selbst zum Gegenstand dieser Konferenz zu machen, wollen wir aber nicht gehen. Wir begrenzen uns vielmehr auf die engere Definition, die *Transitional Justice* als das „Problem gerechter strafrechtlicher Vergangenheitsbewältigung" beschreibt.[3] Die Strafjustiz in den politischen Kontexten der Diktaturen – das ist also der gemeinsame Nenner. Dennoch bleibt ein Gegensatz: Denn der Begriff politische Justiz hat einen negativen Beigeschmack, ganz anders als *Transitional Justice*.

---

[1] Bei diesem Beitrag handelt es sich um den Eröffnungsvortrag für die internationale Konferenz „Politische Justiz und Transitional Justice in Deutschland, Polen und Sowjetunion von den 1930er bis 1950er Jahren", die vom 12. bis 14.3.2015 im Janusz-Kurtyka-Bildungszentrum in Warschau stattfand und vom Institut für Zeitgeschichte München–Berlin, dem polnischen Institut für Nationales Gedenken, der russischen Gesellschaft Memorial und den Deutschen Historischen Instituten Warschau und Moskau organisiert wurde. Vgl. den daraus entstandenen Sammelband: Magnus Brechtken/Władysław Bułhak/Jürgen Zarusky (Hrsg.), Political and Transitional Justice in Germany, Poland and the Soviet Union from the 1930s to the 1950s, Göttingen 2019.
[2] Anne K. Krüger, Transitional Justice, Version 1.0, in: Docupedia-Zeitgeschichte, 25.1.2013, https://docupedia.de/zg/Transitional_Justice (letzter Zugriff 12.05.2020).
[3] Ulfrid Neumann u. a. (Hrsg), Transitional Justice. Das Problem gerechter strafrechtlicher Vergangenheitsbewältigung, Frankfurt a. M. u. a. 2013.

Politische Justiz ist die „Verwendung juristischer Verfahrensmöglichkeiten zu politischen Zwecken", so formulierte es 1961 Otto Kirchheimer in seinem Standardwerk.[4] Der deutsch-jüdische Jurist und Sozialdemokrat, der vor Hitler in die USA flüchtete, analysierte in seinem Buch eine Fülle von Aspekten und Erscheinungsformen politischer Justiz, die er nicht nur in Diktaturen sondern auch in demokratischen Verfassungsstaaten fand. Rechtsstaatlichkeit war seiner Auffassung nach überhaupt die zentrale Voraussetzung für die Entstehung der politischen Justiz im modernen Sinne. Denn erst infolge der Trennung der Sphären von Politik und Recht konnten bestimmte Aspekte des politischen Kampfs auf die Gerichtsbarkeit übertragen werden. Dabei diene, so Kirchheimer, das Gerichtsverfahren „primär der Legitimierung, damit aber auch der Einengung politischen Handelns. [...] Daß sich die Machthaber auf die Festlegung eines Maßstabes einlassen, der, mag er noch so vag oder noch so ausgeklügelt sein, die Gelegenheiten zur Beseitigung wirklicher oder potentieller Feinde einengt, verspricht ihnen ebenso reichen Gewinn wie ihren Untertanen. Die gerichtliche Feststellung dessen, was als politisch legitim zu gelten habe, nimmt unzähligen potentiellen Opfern die Furcht vor Repressalien oder vor dem Liquidiertwerden und fördert bei den Untertanen eine verständnisvolle und freundliche Haltung gegenüber den Sicherheitsbedürfnissen der Machthaber." Die politische Justiz bildet also, kurz gesagt, den Schnittpunkt von Legitimation und Repression.

Während die politische Justiz Repression und Legitimation verbindet, besteht eine der Hauptfunktionen der *Transitional Justice* darin, überwundene repressive Ordnungen zu delegitimieren, indem sie begangene Menschenrechtsverletzungen offenlegt und verurteilt. Die Funktion der strafrechtlichen *Transitional Justice* ist damit hochpolitisch, doch ihre legitimatorische Grundlage besteht in der Wiederherstellung rechtlicher Zustände, ist also rein justitieller Natur. Bezug genommen wird dabei auf die allgemein anerkannten menschenrechtlichen Normen. Den Hintergrund dieses Verständnisses bilden vor allem jüngere Demokratisierungsprozesse etwa in Südafrika oder Lateinamerika. Den Ausgangspunkt der modernen *Transitional Justice* sehen die meisten Autoren aber in der strafrechtlichen Verfolgung der nationalsozialistischen Verbrechen, mit dem Nürnberger Prozess gegen die „Hauptkriegsverbrecher" als dem zentralen, impulsgebenden Ereignis. Doch hier stellt sich der liberalen Teleologie, die dem Begriff *Transitional Justice* häufig unterlegt wird, ein Problem. Denn für die Sowjetunion unter Stalin waren die Menschenrechte nicht der maßgebende Wert, und der Leiter der sowjetischen Delegation in Nürnberg, Generalmajor Iona Nikitčenko, hatte sich bereits 1936 auf der Richterbank des ersten großen Moskauer Schauprozesses „bewährt".[5] In seiner Person, so könnte man sagen, waren politische Justiz und *Transitional Justice* vereint. Zumindest soweit es um

---

[4] Otto Kirchheimer, Politische Justiz. Verwendung juristischer Verfahrensmöglichkeiten zu politischen Zwecken, Neuwied/Berlin 1965; das folgende Zitat findet sich ebenda, S. 26. Die Originalausgabe erschien 1961 bei Princeton University Press.
[5] Doklad komissija Pospelova, 9.2.1956, in: Andrej N. Artizov u. a. (Hrsg.): Reabilitacija. Kak ėto bylo, 3 Bde., Moskau 2000/2003/2004.

die Sowjetunion oder kommunistische Regime am Kriegsende geht, wird man die eine ohne die andere schwer verstehen können.

2 Erscheinungsformen der politischen Justiz I

Wenden wir uns daher zunächst den Erscheinungsformen der politischen Justiz in den Ländern und der Epoche zu, denen unsere Tagung gewidmet ist. Der Schwerpunkt der folgenden Ausführungen liegt auf Deutschland und der Sowjetunion, wobei auch Polen einen – kleineren – Beitrag zur Geschichte der politischen Justiz in der Diktatur geleistet hat. 1930 zerschlug Józef Piłsudski die gemäßigte linke Opposition gegen sein autoritäres Regime, die sogenannte *Centrolew*. Ihre Aktivisten wurden in der Festung von Brest inhaftiert und zehn von ihnen in einem Gerichtsprozess Ende 1931/Anfang 1932 zu Haftstrafen zwischen eineinhalb und drei Jahren verurteilt. Nach dem tödlichen Attentat auf den polnischen Innenminister Bronisław Pieracki 1934 wurde in Bereza Kartuska ein Internierungslager für Personen eröffnet, die angeblich die öffentliche Sicherheit gefährdeten.[6] In den fünf Jahren bis zum sowjetischen Einmarsch 1939 durchliefen etwa 3000 Menschen das Lager, das man wohl am ehesten mit den sogenannten Anhaltelagern des austrofaschistischen österreichischen Ständestaats vergleichen kann. Neben Kommunisten, die das größte Kontingent stellten, und ukrainischen Nationalisten wurden, freilich in geringerem Umfang, auch Aktivisten der äußersten polnischen Rechten eingeliefert.

Die Verantwortlichen für das Attentat auf Pieracki, unter ihnen Stepan Bandera, wurden gerichtlich abgeurteilt.[7] Auch sonst gab es politische Prozesse, in denen zum Teil drastische Strafen verhängt wurden. So erhielt etwa der spätere ukrainische Dissident Danilo Šumuk wegen seiner Tätigkeit als junger Funktionär der Kommunistischen Partei der Westukraine im Mai 1935 eine achtjährige Haftstrafe, die er zur Hälfte absitzen musste – die Untersuchungshaft nicht eingerechnet.[8]

Das Nebeneinander von justitieller und administrativer Verfolgung politischer Gegner ist ein typisches Merkmal der Diktaturen jener Zeit. Allerdings muss zwischen der autoritären Diktatur unter Piłsudski und seinen Nachfolgern einerseits und den totalitären Diktaturen Hitlers und Stalins andererseits klar unterschieden werden. Dabei sind nicht nur generelle Systemkriterien wie das Zusammenwirken von Einheitspartei, geschlossener Ideologie und charismatischer Führerfigur ausschlaggebend, sondern vor allem Ausmaß und Charakter der politischen Verfol-

---

6 Vgl. Wojciech Śleszyński, Obóz odosobnienia w Berezie Kartuskiej 1934–1939, Białystok 2003; Ireneusz Polit, Miejsce odosobnienia w Berezie Kartuskiej w latach 1934–1939, Toruń 2003.
7 Vgl. Grzegorz Rossoliński-Liebe, Stepan Bandera. The Life and Afterlife of a Ukrainian Nationalist – Fascism, Genocide, and Cult, Stuttgart 2014.
8 Vgl. Danylo Shumuk, Life Sentence. Memoirs of a Ukrainian Political Prisoner, hrsg. von Ivan Jaworsky, Edmonton 1984, S. 17–23.

gung. Wenn man von den totalitären Diktaturen spricht, geht es um andere Dimensionen.

Schon mit der Ernennung Hitlers zum Reichskanzler, vor allem aber nach dem Brand des Reichstags in der Nacht vom 27. auf den 28. Februar 1933, setzte eine massive Verfolgung der Linken in Deutschland ein, besonders der Kommunisten. Sie wurden für die Brandstiftung verantwortlich gemacht, die nach nationalsozialistischer Darstellung ein Fanal für die Revolution sein sollte. Zwischen 600 und 700 linke Gegner des sich etablierenden NS-Regimes wurden allein 1933 ermordet, viele davon in sogenannten wilden Konzentrationslagern oder in improvisierten Folterkellern der SA. In Dachau bei München wurde ein Konzentrationslager errichtet, das Modellcharakter gewinnen und bis 1945 Bestand haben sollte. Die unbeschränkte Verhaftung ohne gerichtliche Prüfung war möglich geworden, weil Reichspräsident Paul von Hindenburg mit der sogenannten Reichstagsbrandverordnung die wesentlichen Grundrechte aufgehoben hatte. Bis Ende 1933 wurde ein Großteil der KZ-Gefangenen im Reich – mit der Ausnahme des Heinrich Himmler unterstehenden Lagers Dachau – wieder entlassen, und die Gerichte übernahmen wieder die Hauptrolle bei der Verfolgung politischer Gegner.

Dabei ist die hohe Kontinuität im Justizsystem beim Übergang zur NS-Diktatur bemerkenswert. Die Sondergerichte, die vor allem zur Verfolgung von sogenannter Heimtücke eingerichtet wurden, also von vor- oder unpolitischer Regimekritik in Form von Gerüchten, Schmähungen, Witzen und so weiter, waren zwar eine neue Institution, aber es hatte Vorläufer in der Zeit der Weimarer Republik gegeben, und die Richter waren meist erfahrene Juristen. Die politische Systemopposition wurde zunächst von den Gerichten verfolgt, denen zuvor der Schutz der Verfassung der Republik oblegen hatte – dem Reichsgericht und einer Reihe von Oberlandesgerichten. Der Tatbestand der Vorbereitung zum Hochverrat wurde von der Rechtsprechung sehr geschmeidig an die Bedürfnisse der Diktatur angepasst und zugleich in einer Serie von Novellierungen so verändert, dass alle Taktiken des Widerstands damit erfasst werden konnten. Erst im Sommer 1934 gab das Reichsgericht die Rechtsprechung in Hoch- und Landesverratsangelegenheiten an den neu geschaffenen sogenannten Volksgerichtshof ab. Dessen Senaten gehörten neben zwei Juristen drei Laienbeisitzer an, zumeist Vertreter von NS-Organisationen oder staatlichen Machtorganen, die angeblich das Volk repräsentierten. Die Rechte der Verteidigung waren deutlich eingeschränkt.

Den Impuls zur Neuschaffung dieses politischen Gerichtshofs hatte der für die Nationalsozialisten unbefriedigende Ausgang des Reichstagsbrand-Prozesses gegeben. Alle kommunistischen Angeklagten, darunter der spätere Komintern-Chef Georgi Dimitroff, waren freigesprochen worden, nur den holländischen Linksradikalen Marinus van der Lubbe hatte man wegen Brandstiftung zum Tode verurteilt. Das widersprach der nationalsozialistischen Propaganda von einem gerade noch abgewehrten kommunistischen Umsturzversuch. Es sollte sich aber bald zeigen, dass auch das neue Gericht nur beschränkt propagandatauglich war, und zwar im Fall des Vorsitzenden der Kommunistischen Partei Deutschlands, Ernst Thälmann, der am 3. März 1933 verhaftet worden war. Mit einem Prozess gegen Thälmann sollte Hitler doch noch wirkungsvoll als Retter vor der kommunistischen Gefahr präsentiert werden. Als sich nach Verfertigung der Anklageschrift aber zeigte, dass das Belastungsmaterial gegen Thälmann auf keinen Fall ein Todesurteil rechtfertigen würde, kam eine Runde hoher Ministerialbeamter am 5. Februar 1935 zu dem Schluss, es sei besser, den Prozess heimlich abzublasen. Andernfalls, so befürchtete man, würden Hitlers international anerkannte Verdienste im Kampf gegen den Kommunismus geschmälert werden. Thälmann wurde bis zu seiner auf Befehl Hitlers erfolgten Ermordung im August 1944 in sogenannter Schutzhaft festgehalten, ohne jemals einen Richter gesehen zu haben.

Der Fall Thälmann zeigt, dass auch dem nationalsozialistischen Volksgerichtshof Grenzen gesetzt waren, die von der vorherrschenden Rechtskultur bestimmt wurden. Man scheut sich, diesen wohlklingenden Begriff auf die Verhältnisse unter der nationalsozialistischen Diktatur anzuwenden, aber Tatsache ist doch, dass die deutsche Gesellschaft in hohem Maße verrechtlicht war und sowohl die juristische Professionalität als auch die Ansprüche der Öffentlichkeit an das Rechtswesen einen relativ hohen Grad erreicht hatten. Ein Schauprozess nach stalinistischem Muster mit erpressten Selbstbezichtigungen et cetera als Ersatz für die fehlenden Beweise kommunistischer Umsturzabsichten war daher von vorneherein ausgeschlossen. Die traditionell geprägten Juristen wären dazu nicht in der Lage gewesen, und das Publikum hätte eine solche Veranstaltung wohl auch nicht überzeugend gefunden. Der Fall Thälmann verdeutlicht aber auch den Ausweg, der sich dem Regime bot, nämlich den der administrativ-polizeilichen Verfolgung, der in den kommenden Jahren immer häufiger beschritten werden sollte.

Die Entwicklungsdynamik der politischen Justiz im NS-Staat ist durch zwei Grundtendenzen gekennzeichnet: Die erste bestand in der stufenweisen Radikalisierung der Rechtsprechung und ihrer gesetzlichen Grundlagen insbesondere mit Kriegsbeginn 1939 und nach der Niederlage in Stalingrad drei Jahre später. Die Gerichte verhängten immer härtere Strafen, die Zahl der Todesurteile stieg, und individuelle Regimekritik, die seit 1933 als „Heimtücke" mit bis zu fünf Jahren Haft geahndet werden konnte, wurde im Krieg meist als „Wehrkraftzersetzung" eingestuft, die mit dem Tode bestraft werden konnte. Insbesondere nach Stalingrad konnten selbst Äußerungen, die aus spontanem Ärger oder Unbedachtheit gemacht wurden, tödliche Folgen haben. Hatte die politische Justiz vor dem Krieg vor allem der Absicherung der Diktatur gegen jeglichen Widerstand gedient, so kam nun die Bekämpfung des Defätismus in allen Erscheinungsformen hinzu. Dabei stand den Nationalsozialisten und ihren Richtern stets das Schreckbild der Novemberrevolution von 1918 vor Augen. Loyalitätserzwingung durch Aburteilung und Abschreckung war die Funktion der politischen Justiz. Dazu gehörte die öffentliche Bekanntmachung der Vollstreckung von Todesstrafen auf leuchtend roten Plakaten, während über die Prozesse –

vielleicht mit Ausnahme derjenigen gegen die Verschwörer vom 20. Juli 1944 – nicht viel berichtet wurde.

Die zweite Grundtendenz der Entwicklung der politischen und der Justiz überhaupt bestand in ihrer immer stärkeren Durchdringung mit Antisemitismus und Rassismus, was für große Personengruppen unter nationalsozialistischer Herrschaft bedeutete, im Rechtssystem schlechter gestellt oder völlig davon ausgeschlossen zu sein. Schon 1933 begann die politische und antisemitische Säuberung des Justizapparats. Zudem wurden Erbgesundheitsgerichtshöfe geschaffen, denen Mediziner und Juristen angehörten, die die Entscheidungen über Hunderttausende von Zwangssterilisierungen trafen, mittels derer der sogenannte Volkskörper gereinigt und gestärkt werden sollte. Die Nürnberger Gesetze schufen dann einen neuen Straftatbestand – die „Rassenschande". Fast 2000 Männer wurden bis 1940 auf dieser Grundlage verurteilt. Handelte es sich bei den Angeklagten um Juden, fiel die Strafe härter aus, und oft folgte ihrer Verbüßung die Einweisung in ein KZ. Im Krieg verstärkte sich auch die rassistische Tendenz: Die Verordnung über die Strafrechtspflege gegen Polen und Juden in den eingegliederten Ostgebieten vom 4. Dezember 1941, die entgegen ihres Titels auch im Reich, vor allem gegen polnische Zwangsarbeiter, angewendet wurde, beraubte die Betroffenen weitgehend des Rechtsschutzes. Selbst geringfügige Vergehen konnten mit der Todesstrafe geahndet werden, Verteidigungsoptionen vor Gericht wurden eingeschränkt, die Möglichkeit, als Privat- oder Nebenkläger aufzutreten, wurde abgeschafft und die Staatsanwaltschaften von der Pflicht entbunden, Straftaten gegen Polen und Juden zu verfolgen. Noch weiter ging der Kriegsgerichtsbarkeitserlass vom Mai 1941, der die Zuständigkeit der Kriegs- und Standgerichte für die Bevölkerung der sowjetischen Territorien aufhob und sie zugleich jeglichen strafrechtlichen Schutzes gegen Verbrechen der deutschen Truppen beraubte.

Diese Tendenzen wirkten zurück auf die Justiz im Reich. Der frisch zum Justizminister berufene Otto Georg Thierack, zuvor Präsident des Volksgerichtshofs, einigte sich im September 1942 mit Himmler darauf, bestimmte Gruppen von Justizgefangenen aus den Gefängnissen in die Konzentrationslager zu überstellen zur „Vernichtung durch Arbeit", wie es hieß. Dazu gehörten alle „Juden, Zigeuner, Russen und Ukrainer, Polen über 3 Jahre Strafe, Tschechen oder Deutsche über 8 Jahre Strafe nach Entscheidung des Reichsjustizministers". „Strafsachen" von „Juden, Polen, Zigeuner[n], Russen und Ukrainer[n]" sollten künftig nicht mehr durch die Gerichte, „sondern durch den Reichsführer SS erledigt werden"[9]. Diese Bestimmung bestätigte allerdings nur eine vielfach schon geübte Praxis. Thierack folgte hierbei seiner Ein-

---

9 Zit. nach Vermerk von Reichsjustizminister Thierack über eine Besprechung mit Heinrich Himmler, 18.9.1942, in: Die Verfolgung und Ermordung der europäischen Juden durch das nationalsozialistische Deutschland 1933–1945, Bd. 6: Deutsches Reich und Protektorat Böhmen und Mähren Oktober 1941 – März 1943, bearb. von Susanne Heim unter Mitarbeit von Maria Wilke, Berlin/Boston 2019, Dok. 169, S. 474–476.

sicht, „daß die Justiz nur in kleinem Umfange dazu beitragen kann, Angehörige dieses Volkstums auszurotten".[10]

Die politische Justiz des NS-Staats fügte sich elastisch in das Konzept eines rassistischen Eroberungskriegs um Lebensraum ein. Ihre Hauptfunktion bestand in der Unterdrückung von Opposition und der Erzwingung von Loyalität bei den Angehörigen der in den Urteilen unaufhörlich beschworenen „Volksgemeinschaft". Diese Aufgabe setzte die Beibehaltung einer gewissen Rechtsförmigkeit voraus. Bezeichnend ist dafür etwa die Kritik Thieracks am Verhalten des Präsidenten des „Volksgerichtshofs", Roland Freisler, in den Prozessen gegen die Verschwörer des 20. Juli 1944, der die Angeklagten immer wieder beleidigte. Der Ausrottungs-Assistent Thierack sah dadurch den „Ernst und die Würde des Gerichts" beeinträchtigt.[11] Aber er hatte keine unmittelbare Handhabe zur Steuerung von Freislers Verhalten. Eine direkte Justizlenkung hätte ebenfalls den tradierten Rechtsstrukturen widersprochen. Auch wenn Hitler sich im April 1942 vom nationalsozialistischen Reichstag ermächtigen ließ, Richter abzusetzen, die seinen Ansprüchen nicht genügten – und damit sein Versprechen brach, das er 1933 dem Deutschen Richterbund gegeben hatte –, war das letztlich nur eine Einschüchterungsmaßnahme. Sie entfaltete keine praktische Bedeutung, erhöhte allerdings die Anpassungsbereitschaft der ohnehin sehr loyalen Richterschaft.

Auch nach der Zerschlagung des Nationalsozialismus war eine hohe Kontinuität für die Justiz in der Bundesrepublik charakteristisch. Zwar wurden Unrechtsgesetze abgeschafft, und selbstverständlich verschwanden auch die Sondergerichte und der Volksgerichtshof, aber ein großer Teil des Justizpersonals blieb im Dienst. Die Rolle der Oberlandesgerichte, die an der politischen Verfolgung mitgewirkt hatten, wird erst in jüngerer Zeit kritisch reflektiert.

3 Erscheinungsformen der politischen Justiz II

Während also für die politische Justiz des NS-Staats eine hohe Kontinuität charakteristisch ist, gilt für das bolschewistische Russland das genaue Gegenteil. Mit Lenins Gerichtsdekret vom Dezember 1917 wurde das überkommene Justizwesen praktisch mit einem Federstrich beseitigt. Damit waren auch die Bemühungen von Generationen liberal denkender Juristen hinfällig, unter dem Dach der russischen Autokratie und in ständigem Kampf mit deren fundamentalistischen Anhängern, rechtsstaatliche Strukturen zu etablieren. Von Anfang an war auch die politische Justiz der Sowjetunion durch das Zusammenspiel von gerichtlicher und administrativer Ver-

---

10 IfZ-Archiv, MA 1563/7, Bl. 1338 f., Otto Georg Thierack an Martin Bormann, 13.10.1942.
11 Zit. nach Fritz Bauer, Die „ungesühnte Nazijustiz", in: ders., Die Humanität der Rechtsordnung. Ausgewählte Schriften, hrsg. von Joachim Perels/Irmtraud Wojak, Frankfurt a. M./New York 1998, S. 119–142, hier S. 120.

folgung geprägt, wobei die Außerordentliche Allrussische Kommission zur Bekämpfung von Konterrevolution, Spekulation und Sabotage, die als Tscheka in die Geschichte der politischen Polizei eingegangen ist, in der Zeit von Revolution und Bürgerkrieg zweifellos eine erheblich wichtigere Rolle spielte als die Revolutionären Tribunale. Mit der Reorganisation der sowjetischen Justiz zwischen 1922 und 1926 wurde der Einfluss der politischen Polizei zwar zurückgedrängt, der aber dennoch beträchtlich blieb. Insbesondere behielt sie erhebliche administrative Urteilsbefugnisse. Ein bemerkenswerter Teil der polizeilichen Repressionen trug tatsächlich Urteilsform, das heißt, es wurden Urteilssprüche gefällt, und Strafen waren in ihrer Dauer befristet – ein deutlicher Unterschied zur deutschen „Schutzhaft", die zeitlich unbeschränkt war. Die zentrale gesetzliche Bestimmung über politische Verbrechen war der berüchtigte Artikel 58 des Strafgesetzbuchs, der mit seinen 14 Unterartikeln so ziemlich jede denkbare politische Abweichung unter drakonische Strafandrohungen stellte.

Vor allem aber steuerte der Kreml die politische Justiz in der Sowjetunion bis in die letzten Einzelheiten. Im September 1926 wurde eine Kommission für politische Fälle aus drei Mitgliedern des Politbüros gebildet. Die Sowjet- und Parteiorgane vor Ort mussten der Kommission die Anklagen zu allen Fällen zusenden, denen sie gesellschaftlich-politische Bedeutung beimaßen oder von denen sie glaubten, sie müssten in Schauprozessen verhandelt werden. Die Kommission berichtete wiederum dem Politbüro, um entsprechende Direktiven zu erhalten. Diese betrafen die Form der Verhandlung, etwa die Frage, ob eine Sache außergerichtlich durch ein administratives Urteil der politischen Polizei oder im Gegenteil als Schauprozess (*pokazetel'nyj process*) durchgeführt werden sollte, wobei in solchen Fällen oft auch gleich Hinweise für die gewünschte Presseberichterstattung gegeben wurden. Außerdem erteilte das Politbüro Anweisungen über zu verhängende Strafen. Im Großen Terror von 1937/38 wurde das Verfahren dahingehend vereinfacht, dass Stalin und seine engsten Mitstreiter in den sogenannten Erschießungslisten Anweisungen für das Militärkollegium des Obersten Gerichts und die Militärtribunale gaben, die in der Regel auf Todesurteile gegen die Personen hinausliefen, die auf Listen aufgeführt wurden, die Nikolaj Ežov, der Leiter des Volkskommissariats für innere Angelegenheiten, vorbereitet hatte.[12] Memorial hat diese Listen vor einigen Jahren veröffentlicht und als Datenbank im Internet zugänglich gemacht. Sie enthalten über 40 000 Namen – eine enorme Zahl, die aber von den fast 700 000 im Listenverfahren zum Tode Verurteilten weit übertroffen wird.

Das hervorstechendste Phänomen der politischen Justiz in der stalinistischen Sowjetunion sind die Schauprozesse. Weltweites Aufsehen erregten die Moskauer Prozesse gegen die alten Bolschewiki zwischen 1936 und 1938, doch die erste Serie setzte schon früher ein, nämlich 1928 mit dem Šachty-Prozess. Die sogenannten Spezialisten-Prozesse, bei denen Ingenieure, Ökonomen und andere „bürgerliche Spe-

---

12 Vgl. den Überblick bei Helmut Altrichter, Stalin. Der Herr des Terrors, München 2018, S. 191–235.

zialisten" angeklagt waren, trugen bereits alle Kennzeichen des klassischen stalinistischen Schauprozesses.

Es ging um fiktive Anklagen, mit denen eine mobilisierende politische Botschaft transportiert werden sollte. Die Mehrheit der Angeklagten – in späteren Verfahren betrug dieser Anteil 100 Prozent – bekannte sich schuldig und schilderte freimütig ihre angeblichen Untaten: Sabotage, Verschwörungen, Bündnisse mit ausländischen Kreisen, um eine Invasion der Sowjetunion und die Wiederherstellung der kapitalistischen Ordnung zu ermöglichen, und häufig auch Attentatspläne gegen sowjetische Führer waren die beliebtesten Zutaten der Anklageschriften. Die Prozesse wurden mit hoher Publikumsbeteiligung – der oft benutzte Säulensaal im Moskauer Gewerkschaftshaus etwa fasste 1500 Zuschauer –, intensiver Presseberichterstattung und Aktivierung von Betriebs- und anderen Kollektiven begleitet. Hier ging es nicht so sehr um Abschreckung als vielmehr um Mobilisierung, die durch bedrohliche, gerichtlich scheinbar erwiesene und propagandistisch in die Gesellschaft hineinprojizierte politische Erzählungen erreicht werden sollte. Zugleich kam den Schauprozessen die Funktion zu, Sündenböcke zu präsentieren, die für die zahlreichen Unzulänglichkeiten und Unglücksfälle der stalinistischen Revolution von oben mit ihrer forcierten Industrialisierung und der Zwangskollektivierung der Landwirtschaft verantwortlich gemacht werden konnten.

In den sogenannten Spezialisten-Prozessen wurden innersowjetische Kritiker dieser Politik ausgeschaltet und diskreditiert. Die Schauprozesse beschränkten sich nicht auf die in Moskau durchgeführten „Spezialisten-Prozesse" oder diejenigen der Jahre 1936 bis 1938. Es fand auch eine große Zahl von Prozessen in der Provinz statt, die ebenfalls vom Politbüro aus gesteuert wurden. Dabei wirkten etwa die Inszenierungen keineswegs nur auf viele Bürger der Sowjetunion überzeugend, die dem kommunistischen Propaganda-Universum alternativlos ausgeliefert waren, sondern auch auf sonst höchst kritische linke Intellektuelle aus dem westlichen Ausland wie beispielsweise den deutschen Exil-Schriftsteller Lion Feuchtwanger. Die Beseitigung politisch Unliebsamer aufgrund fiktiver Anklagen blieb ein Kennzeichen der Herrschaft Stalins bis zu ihrem Ende. Allerdings gab es Variationen bei der Mobilisierung der Öffentlichkeit. Der Prozess gegen das Jüdische Antifaschistische Komitee vom Mai bis Juli 1952 etwa fand unter Ausschluss der Öffentlichkeit statt. Die Technik der öffentlichen Großinszenierung von Schauprozessen wurde in der Nachkriegszeit vor allem in den neuen Satellitenstaaten angewendet, so etwa im November 1952 im Prager Slansky-Prozess.

Nach Stalins Tod war in einer Übergangszeit das Paradox einer Entstalinisierung nach stalinistischem Muster zu beobachten, vor allem bei der Ausschaltung von Lavrentij Berija. Der langjährige NKVD-Chef wurde am 23. Dezember 1953 zusammen mit einer Reihe von Mitarbeitern von der Sonderversammlung des Obersten Gerichts der UdSSR wegen konstruierter Vorwürfe – so sollte er während des Zweiten Weltkriegs die deutsche Besetzung des Kaukasus ermöglicht haben – zum Tode verurteilt. Schon im Juli war ihm in einer Resolution des Zentralkomitees der Kommunistischen Partei der Sowjetunion vorgeworfen worden, er habe versucht, die Macht in der UdSSR an sich zu reißen. Die Untersuchung gegen Berija leitete der kurz zuvor zum Generalstaatsanwalt der UdSSR ernannte Roman Rudenko, der im Nürnberger Prozess als sowjetischer Anklagevertreter fungiert hatte. Nach Stalins Tod spielte Rudenko eine bedeutende Rolle bei der teilweisen Rehabilitierung von Opfern politischer Verfolgung. Die Rückkehr zur „sozialistischen Gesetzlichkeit", wie das im sowjetischen politischen Vokabular hieß, brachte eine wichtige Veränderung in der natürlich weiterhin repressiven sowjetischen politischen Justiz, nämlich die weitestgehende Abkehr von fiktiven Anklagen. Das Fehlen starker Rechtstraditionen, die vollständige Umwälzung der Institutionen, der gravierende Mangel an juristischer Bildung beim sowjetischen Justizpersonal – bis weit in die 1930er Jahre überwogen juristische Laien – und die völlige Abhängigkeit der Justiz von der politischen Führung machten die stalinistische Rechtsprechung zu einem höchst elastischen Instrument für die politische Führung, die damit vor allem zwei Ziele verfolgte: abschreckende Repression und mobilisierende Propaganda. Von der vollständigen Kartographierung und Analyse des in Jahrzehnten entstandenen Labyrinths der Täuschungen ist die Forschung heute noch weit entfernt.

4 Die gewundenen Pfade der *Transitional Justice*

Funktion und Funktionsweise der politischen Justiz der Diktaturen Hitlers und Stalins weisen trotz vieler Ähnlichkeiten der totalitären Führerdiktaturen gravierende Unterschiede auf. Das Erbe beider Justizsysteme beeinträchtigte auf je eigene Weise die Anfänge einer *Transitional Justice* zur Bewältigung der Verbrechen des NS-Regimes. Die Sowjetunion hatte nicht nur den größten Anteil an der militärischen Zerschlagung des NS-Regimes, sie hatte auch die bei Weitem größte Anzahl an Opfern der nationalsozialistischen Vernichtungspolitik zu beklagen. Nach Stalingrad, als die Frage der juristischen Verfolgung der Verantwortlichen aktuell wurde, stand die sowjetische Justiz, die so oft erfundene Feinde abgeurteilt hatte, einem kaum überschaubaren Komplex realer Verbrechen gegenüber. Würde sie sich fähig zeigen, darauf angemessen zu reagieren? Diese Frage muss man mit der Einschränkung versehen, dass eine vollständige justitielle Aufarbeitung angesichts des Ausmaßes der Verbrechen von vorneherein zum Scheitern verurteilt war. Bemerkenswerterweise hatte aber gerade die Sowjetunion schon seit Ende 1942 darauf bestanden, den NS-Verbrechen juristisch zu begegnen und ein internationales Tribunal zur Verurteilung der „Hauptkriegsverbrecher" zu erreichen.

Sie hat damit einen zentralen Beitrag zur Organisation eines der wichtigsten Gerichtsprozesse überhaupt geleistet, aber zugleich seine Legitimität mit einem Versuch der politischen Instrumentalisierung massiv gefährdet. Der Punkt, um den es dabei vor allem geht, ist die Massenerschießung polnischer Offiziere durch das

NKVD im Frühjahr 1940 in Katyn. Als im Februar 1943, kurz nach dem Ende der 6. Armee in Stalingrad, eines der Massengräber mit den Toten dieser Mordaktion von deutschen Einheiten gefunden wurde, startete Joseph Goebbels eine Propaganda-Offensive mit dem Ziel, die Anti-Hitler-Koalition zu spalten. Die Sowjetunion wiederum schrieb das Verbrechen der deutschen Seite zu. Um dieser Schutzbehauptung Nachdruck zu verleihen, wurde sie systematisch in die Ermittlungen und gerichtlichen Ahndungen der NS-Verbrechen eingeschrieben. Die für deren Aufklärung Ende 1942 gegründete Außerordentliche Staatskommission, die umfangreiches, bedeutsames und noch keineswegs vollständig ausgewertetes Material über Besatzungsverbrechen auf sowjetischem Boden gesammelt hat, veröffentlichte am 24. Januar 1944 ein Kommunique unter dem Titel „Die Wahrheit über Katyn", das die sowjetische Version bekräftigte.[13]

Als im Umfeld des Nürnberger Prozesses gegen die „Hauptkriegsverbrecher" in der Sowjetunion zwischen Dezember 1945 und Februar 1946 eine Reihe von Kriegsverbrecherprozessen durchgeführt wurden, kam im Leningrader Prozess vom 28. Dezember 1945 bis 4. Januar 1946 auch das Thema Katyn aufs Tapet. Einer der Angeklagten, Arno Düre, bestätigte die sowjetische Version und bekannte sich der Mittäterschaft schuldig. Wahrscheinlich erkaufte sich Düre mit dieser Lüge sein Leben; er wurde zu 15 Jahren Arbeitslager verurteilt. Nach seiner Heimkehr widerrief er seine Aussage und erklärte, er sei dazu gezwungen worden. Dieses Manöver beschädigte die Glaubwürdigkeit der sowjetischen Kriegsverbrecherprozesse dauerhaft, leitete es doch Wasser auf die Mühlen derer, die bis heute die sowjetische Jurisdiktion über NS-Verbrechen in Bausch und Bogen als „Schauprozesse" abqualifizieren und im selben Atemzug deutsche Kriegs- und Besatzungsverbrechen generell in Abrede stellen.

Dabei ist es ein Charakteristikum der sowjetischen Kriegsverbrecherprozesse, dass sich die meisten Angeklagten schuldig bekannten. Da die Angeklagten ansonsten ihre Schuld zumeist leugneten oder kleinzureden versuchten, muss man im sowjetischen Fall von einer entsprechenden Zurichtung der Angeklagten im Vorfeld ausgehen. Dennoch ging es in der Regel nicht um gefälschte Anklagen. Einen beispielhaften Beleg dafür gibt der sowjetische Prozess gegen Angehörige der Wachmannschaft des Konzentrationslagers Sachsenhausen. Auch hier gab es Schuldbekenntnisse der Angeklagten, versetzt mit antikapitalistischer Rhetorik. Von 16 Verurteilten starben sieben in Vorkuta, aber von den anderen, die 1956 in die Bundesrepublik zurückkehrten, wurden einige erneut vor Gericht gestellt und wegen ihrer in Sachsenhausen begangenen Verbrechen zu hohen Strafen verurteilt.

Die Vermengung des Katyn-Komplexes mit der justitiellen Ahndung der NS-Verbrechen fand seinen Höhepunkt im Nürnberger Prozess gegen die „Hauptkriegsverbrecher". Iona Nikitčenko, der Leiter der sowjetischen Delegation, hatte durchge-

---

13 In englischer Sprache unter dem Titel „The Truth about Katyn" abgedruckt als Supplement der „Soviet War News Weekly".

setzt, die angebliche Ermordung von 11 000 kriegsgefangenen polnischen Offizieren im Wald von Katyn im September 1941 in die Nürnberger Anklageschrift aufzunehmen. Da zunächst nur von 925 Getöteten die Rede gewesen war und Nikitčenko für Korrekturen Informationen aus London und Moskau für nötig erachtete, hatte man die Eröffnungssitzung des Tribunals sogar um drei Tage verschoben.[14] Mit seiner Forderung, den Bericht der Außerordentlichen Staatskommission als definitiven Beweis anzuerkennen und auf die Anhörung von Zeugen zu verzichten, konnte sich Nikitčenko allerdings nicht durchsetzen. Die Anhörung von je drei Zeugen der sowjetischen und der Verteidigerseite endete für die Sowjets mit einem Desaster; die Sache wurde stillschweigend fallengelassen.

Mit ihren diplomatischen Manövern retteten die westlichen Delegationen die internationale Kooperation und die Legitimität des Prozesses gleichermaßen. Dass die Sowjetunion selbst zahlreiche politische Verbrechen begangen hatte, an denen auch Nikitčenko unmittelbar beteiligt war, beschädigt die grundsätzliche Legitimität des Prozesses nicht. Man mag mit dem amerikanischen Chefankläger Telford Taylor der Meinung sein, dass „die – gewiß unvermeidliche – Anwesenheit der sowjetischen Richter auf der Richterbank" der größte „‚politische Schönheitsfehler' des Internationalen Militärgerichtshofs von Nürnberg" gewesen sei.[15] Doch gleichermaßen gilt es festzuhalten, dass es weniger um Personen geht als um die Korrektheit und Integrität des Verfahrens.

Die Fortführung der Nürnberger Prozesse nach dem Verfahren gegen die „Hauptkriegsverbrecher" lag bekanntlich allein in amerikanischer Hand. Vom 17. Februar bis 17. Dezember 1947 wurde gegen führende Vertreter der NS-Justiz verhandelt, die, so die berühmte Formel des Urteils, den „Dolch des Mörders [...] unter der Robe des Juristen verborgen" hatten.[16] So populär der Hollywood-Spielfilm „Das Urteil von Nürnberg" von 1961 mit Spencer Tracy in der Hauptrolle auch war, in der Bundesrepublik blieben die Folgewirkungen des Juristenprozesses gering. Die Tatsache, dass die politische Justiz des NS-Staats überwiegend von traditionell ausgebildeten und geprägten Juristen getragen wurde und die juristischen Strukturen und Verfahrensweisen in erheblichen Maße erhalten blieben, war die Voraussetzung für die hohe institutionelle, vor allem aber personelle Kontinuität in der Justiz der Bundesrepublik und das weitgehende Scheitern einer justiziellen Aufarbeitung der NS-Justiz. So wurde kein einziger Staatsanwalt oder Richter des Volksgerichtshofs von einem Gericht der Bundesrepublik verurteilt, wenn auch beim letzten Versuch das Verfahren am Suizid des Betroffenen scheiterte. „Was damals Rechtens war, [...] das kann heute nicht Unrecht sein", lautet das berühmt-berüchtigte Diktum von Hans

---

[14] Diese Sitzung fand am 18.10.1945 in Berlin statt, der eigentliche Prozess wurde dann im November in Nürnberg eröffnet.

[15] Telford Taylor, Die Nürnberger Prozesse. Hintergründe, Analysen und Erkenntnisse aus heutiger Sicht, München 1994, S. 738.

[16] Klaus Kastner, „Der Dolch des Mörders war unter der Robe des Juristen verborgen". Der Nürnberger Juristenprozess des Jahres 1947, in: Recht und Politik 54 (2018), S. 53–69.

Filbinger, mit dem der baden-württembergische Ministerpräsident auf Kritik an einem Todesurteil reagierte, das er als Marinerichter bei Kriegsende gefällt hatte.[17] Dieser Satz drückt das Gefühl einer ungebrochenen Rechtskontinuität aus, das einer entschiedenen Aufarbeitung jahrzehntelang im Wege stand. Dazu passt auch, dass der Bundestag erst am 8. September 2009 die wegen „Kriegsverrats" – einem typisch nationalsozialistischen Gesetz – Verurteilten rehabilitierte, obwohl unter dieser Rechtsnorm auch Judenretter verurteilt worden waren.

Manchen Beobachter verführt die ungenügende Aufarbeitung des Erbes der NS-Justiz in der Bundesrepublik dazu, in der DDR ein positives Gegenbild zu sehen. Dort war die Justiz personell und justitiell völlig umgestaltet worden; auch die Verfolgung von NS-Verbrechen wurde mit größerem Nachdruck betrieben. Doch gab es auch hier gravierende Ambivalenzen, von denen drei genannt seien: die summarische, rechtsstaatlichen Maßstäben spottende Aburteilung mehrerer Tausend angeblicher NS-Täter in den sogenannten Waldheimer Prozessen zwischen 1950 und 1952; dauerhafte rechtsstaatliche Mängel der DDR-Justiz; problematische personelle Kontinuitäten – so hatte Kurt Schumann, zwischen 1949 und 1960 Präsident des Obersten Gerichts der DDR, seit 1937 der NSDAP angehört und fungierte bis zu seiner Gefangennahme in Stalingrad als Kriegsgerichtsrat.

Es ist nicht besonders schwer, Diskrepanzen in der Geschichte der *Transitional Justice* nach 1945 aufzuspüren. Besonders augenfällig ist dabei, dass eine juristische Qualifizierung der Verbrechen des Stalinismus praktisch völlig fehlt. Nicht selten werden die verschiedenen Defizite als Delegitimations-Munition in geschichtspolitische Diskussionen eingebracht. Produktiver erscheint aber eine andere Herangehensweise, die den Blick auf die oft qualvoll langsamen, widersprüchlichen und immer von Rückschlägen bedrohten Initiativen der Einhegung der Macht durch das Recht lenkt. Selbst die schamlose Instrumentalisierung der Justiz zeugt noch davon, dass den totalitären Diktaturen Ideologie, Propaganda und Polizeistaatlichkeit nicht genügten, um ihre Herrschaft zu sichern und zu legitimieren. Auf ihre Weise waren auch diese Regime auf das Recht angewiesen. Nicht zuletzt deshalb können und müssen Diktaturen auch am Recht gemessen werden, dessen wichtigste Grundlage die Anerkennung des anderen als grundsätzlich gleichberechtigte Rechtspersönlichkeit ist.

---

[17] Zit. nach „Affäre Filbinger: ‚Was Rechtens war...'", in: Der Spiegel, 15.5.1978, S. 26, https://magazin.spiegel.de/EpubDelivery/spiegel/pdf/40615419 (letzter Zugriff 12.5.2020).

Vom Totalitarismus zu den *Bloodlands*

Herausforderungen, Probleme und Chancen des historischen Vergleichs von Stalinismus und Nationalsozialismus

1 Facetten und Konjunkturen

Um die Virulenz einer Problematik zu verstehen, ist es zuweilen hilfreich, sich die Karriere bestimmter Bücher vor Augen zu führen. Als Eckpunkte bieten sich an Hannah Arendts 1951 auf Englisch und 1955 auf Deutsch erschienenes Werk „Elemente und Ursprünge totaler Herrschaft", das den ersten großen systematischen Vergleich der Regime Hitlers und Stalins bot, sowie Timothy Snyders 2010 auf Englisch erschienenes Buch „Bloodlands. Europe between Hitler and Stalin", das ab 2011 ins Deutsche und in viele weitere Sprachen übersetzt wurde.[1] Beide Bücher standen auf zahlreichen Bestseller- beziehungsweise Klassikerlisten und wurden mit Preisen ausgezeichnet.[2] Wie immer man im Einzelnen zu diesen Büchern stehen mag, das große Interesse, das sie bis heute hervorrufen, zeigt: Wir sind bei Weitem nicht fertig mit der Frage nach dem Stellenwert und der Bedeutung der Regime Hitlers und Stalins in der europäischen Geschichte. Zwar war die Diskussion im Lauf der Jahrzehnte von starken intellektuellen und politischen Konjunkturschwankungen geprägt, aber erloschen ist sie nie. Und gerade gegenwärtig ist sie wieder von äußerster Aktualität. Ich möchte hier den Versuch einer – notwendigerweise kursorischen – Bestandsaufnahme und einer aktuellen Standortbestimmung unternehmen. Dabei ist zu beachten, dass der Totalitarismus-Diskurs äußerst facettenreich ist; die Unterschiede zwischen den Positionen verschiedener Vertreter des Totalitarismus-Konzepts sind beträchtlich. Zudem haben inzwischen auch einige seiner ausgesprochenen Kritiker

---

[1] Vgl. Hannah Arendt, The Origins of Totalitarianism, New York 1951; dies., Elemente und Ursprünge totaler Herrschaft, Frankfurt a. M. 1955; Timothy Snyder, Bloodlands. Europe between Hitler and Stalin, New York 2010; ders., Bloodlands. Europa zwischen Hitler und Stalin, München 2011.

[2] Die „Zeit" nahm Hannah Arendts Werk in den 1980er Jahren in die „Bibliothek der 100 Sachbücher" auf, „Le Monde" zählte es 1999 nach einer breit angelegten Befragung zu den „100 Büchern des Jahrhunderts", auch auf ähnlichen Listen aus den USA findet es sich. Snyders Buch rangiert bei Amazon auf diversen thematischen Bestseller-Listen unter den ersten 100. Zu den vielen Preisen, die Snyders Werk erhalten hat, zählt auch der von der Heinrich-Böll-Stiftung und der Hansestadt Bremen verliehene Hannah-Arendt-Preis für politisches Denken 2013; vgl. https://de.wikipedia.org/wiki/ZEIT-Bibliothek_der_100_B%C3%BCcher#ZEIT-Bibliothek_der_100_Sachb.C3.BCcher (letzter Zugriff 30.4.2020); https://de.wikipedia.org/wiki/Die_100_B%C3%BCcher_des_Jahrhunderts_von_Le_Monde (letzter Zugriff 30.4.2020); https://en.wikipedia.org/wiki/Bloodlands#Reception (letzter Zugriff 30.4.2020); https://en.wikipedia.org/wiki/The_Origins_of_Totalitarianism#cite_ref-1 (letzter Zugriff 30.4.2020).

den Vergleich für sich entdeckt.³ Ich fasse im Folgenden alle Ansätze einer vergleichenden Betrachtung und Analyse von Nationalsozialismus und Stalinismus unter der Bezeichnung Totalitarismus-Diskurs zusammen. Dieser Diskurs zeichnet sich nicht nur durch eine Meinungsvielfalt aus, die größer ist, als gemeinhin unterstellt, er ist auch in anderer Hinsicht vielschichtig, denn es ging hier nie allein um einen wissenschaftlichen Disput. Mir scheint es sinnvoll, drei Dimensionen zu unterscheiden, die das Koordinatensystem konstituieren, in dem der Totalitarismus-Diskurs zu verorten und seine Entwicklung nachzuzeichnen ist. Es handelt sich erstens um die existentielle Erfahrungsdimension, zweitens um die Dimension der internationalen Politik und Geschichtspolitik und drittens um die wissenschaftliche Dimension.

2 Totalitarismus als existentielle Erfahrung

„Auch wenn gewisse Modifikationen für das faschistische Italien anzubringen sind, trifft die Verallgemeinerung zu, daß die ‚Erfinder' dieser Theorie in ihrer Mehrzahl exilierte Intellektuelle waren, also prädestinierte Opfer entweder des Hitler- oder des Stalin-Regimes, die der Todesdrohung oft nur mit knapper Not entrinnen konnten – bisweilen waren sie sogar von beiden Regimen gleichzeitig verfolgt, sie gerieten von der einen Verfolgung in die andere, und wie die zynischen Überlagerungen und Variationen des totalitären Terrors zwischen den Fronten ansonsten gegnerischer Regime sich auch gestalten mochten."⁴ An dieser Feststellung des Politikwissenschaftlers und Intellektuellen-Historikers Alfons Söllner ist viel Wahres, und der Befund verdient mehr Aufmerksamkeit, als ihm bisher zuteil geworden ist. Der Blick auf die biographischen Hintergründe der Urheber des Totalitarismus-Konzepts ist bedeutsam, weil er zu verstehen hilft, dass es sich hierbei nicht, oder jedenfalls nicht schon immer, um eine volkspädagogisch inspirierte Standarderzählung zur Selbstvergewisserung westlicher Demokratien handelt, sondern um eine intellektuell-politische Antwort auf existentielle Herausforderungen, ja nicht selten gar auf Fragen von Leben und Tod.

Einige Beispiele sollen genügen, um dies zu verdeutlichen: Hannah Arendt emigrierte 1933 aus Deutschland, da sie als Jüdin bedroht war. In den Jahren ihres französischen Exils war sie in einer Hilfsorganisation für jüdische Flüchtlinge aktiv und wurde daher mit vielen anderen Verfolgungsschicksalen konfrontiert. Sie konnte aus dem Internierungslager Gurs fliehen, in dem sie nach der französischen Nieder-

---

3 Vgl. Ian Kershaw/Moshe Lewin (Hrsg.), Stalinism and Nazism. Dictatorships in Comparison, Cambridge 1997; Michael Geyer/Sheila Fitzpatrick (Hrsg.), Beyond Totalitarianism. Stalinism and Nazism Compared, Cambridge 2009.
4 Alfons Söllner, Das Totalitarismuskonzept in der Ideengeschichte des 20. Jahrhunderts, in: ders./ Ralf Walkenhaus/Karin Wieland (Hrsg.), Totalitarismus. Eine Ideengeschichte des 20. Jahrhunderts, Berlin 1997, S. 10–21, hier S. 18.

lage festgehalten worden war, und gelangte über Portugal in die USA. Ihr Freund Walter Benjamin hatte weniger Glück; er nahm sich 1940 im spanischen Grenzort Portbou das Leben, weil er keine Chance auf Fortsetzung der Flucht sah. Hannah Arendts Ehemann Heinrich Blücher war ein deutscher Kommunist antistalinistischer Couleur, der im französischen Exil 1936 aus der Kommunistischen Partei Deutschlands ausgeschlossen worden war. Er hatte seit 1919 alle Metamorphosen des deutschen Kommunismus mitgemacht und entwickelte sich zu einem existentialistisch inspirierten Kritiker des marxistischen Essentialismus und seiner mit dem Faschismus verwandten Freiheitsfeindlichkeit.

Ein wegen seiner klaren Strukturprinzipien möglicherweise noch einflussreicheres Werk als Arendts Totalitarismus-Buch war Carl Joachim Friedrichs gemeinsam mit Zbigniev Brzeziński verfasste Studie „Totalitarian Dictatorship and Autocracy". Sie erschien 1956 im Harvard-Verlag, ein Jahr später, 1957, auf Deutsch.[5] Friedrich war als junger Mann Mitte der 1920er Jahre in die USA gekommen, um für den deutsch-amerikanischen Jugendaustausch zu arbeiten. Er blieb in den USA, wurde Politikwissenschaftler in Harvard und nahm 1938 die amerikanische Staatsbürgerschaft an. In den 1930er Jahren engagierte er sich für jüdische Wissenschaftler, die aus Deutschland geflohen waren, kritisierte amerikanische Neutralisten, die Ende 1941 durch den japanischen Angriff auf Pearl Harbour und Hitlers Kriegserklärung zumeist bekehrt wurden, und war von 1946 bis 1948 bei der amerikanischen Militärregierung in Deutschland als Berater für Entnazifizierungsfragen tätig. Außerdem war er an der Ausarbeitung deutscher Landesverfassungen und des Grundgesetzentwurfs von Herrenchiemsee beteiligt. Neben seiner Professur in Harvard lehrte er ab 1956 auch in Heidelberg. Sein Schüler und Co-Autor Zbigniew Brzeziński, der es später bis zum Sicherheitsberater von Präsident Jimmy Carter brachte, war der 1928 geborene Sohn des polnischen Diplomaten Tadeusz Brzeziński.[6] Dieser half als polnischer Konsul in Leipzig von 1931 bis 1935 bedrängten Juden. Auf dem Posten in Charkow in der ukrainischen Sowjetrepublik erlebte er zwischen 1936 und 1938 die Atmosphäre des Großen Terrors, von dem polnische Bürger der UdSSR in besonderem Maße betroffen waren. Von 1938 bis 1945 war Tadeusz Brzesiński Generalkonsul in Montreal. Wegen der Stalinisierung Polens kehrte er nicht mehr zurück. So war Zbigniew Brzezińskis Kindheit von Heimatverlust und dem Schatten der totalitären Diktaturen geprägt.

Das Emigrationsschicksal (in Friedrichs Fall allerdings freiwillig gewählt), das Leben in den USA und die nicht nur theoretische Konfrontation mit Nationalsozialismus und Kommunismus sind gemeinsame Merkmale der Pioniere der Totalitarismus-Theorie. Dem Totalitarismus-Diskurs liegt also eine vielfältige Erfahrungsge-

---

[5] Vgl. Carl J. Friedrich/Zbigniew Brzeziński, Totalitarian Dictatorship and Autocracy, Cambridge 1956; dies., Totalitäre Diktatur, Stuttgart 1957.
[6] Vgl. den Nachruf in der New York Times, 9.1.1990: „Tadeusz Brzezinski, Ex-Polish Diplomat, Dies at 93 in Canada".

schichte von Verfolgung, Flucht und zum Teil auch Desillusionierung zugrunde. Alle hier Genannten, die nur eine, allerdings prominente Auswahl bilden, hatten – zumeist gezwungenermaßen – zahlreiche Grenzen überschritten – territoriale wie intellektuelle.

3 Internationale Politik und Geschichtspolitik

Dabei gibt es zwischen ihren Ansätzen deutliche Unterschiede. Julia Schulze Wessel hat den wichtigsten in einem 2015 erschienenen Aufsatz folgendermaßen beschrieben:

> „Der Unterschied zwischen Arendt und Friedrich besteht in der Funktionsbestimmung des Terrors. Während Arendt ihn über die irreale Einstimmigkeit und die Vernichtung von Pluralität im Hinblick auf die Zerstörung des Menschen zu verstehen versucht, interessiert sich Friedrich auch hier für die Funktion der Einstimmigkeit im Herrschaftsgefüge. Der Terror stabilisiert die totalitäre Herrschaft, denn er organisiert die Unterstützung in einer totalitären Diktatur. Der fundamentale Unterschied in den beiden Theorien wird jedoch vor allem in der späteren Abkehr Friedrichs von seinem Terrorbegriff deutlich. In den 60er Jahren führen ihn die Entwicklungen der kommunistischen Regime zur Revision seiner Thesen zur Funktion des Terrors. Terror gilt ihm nun lediglich als ein zeitlich begrenztes Mittel, das zu Beginn dieser Regime notwendig für die umfassende Umwälzung der Gesellschaft eingesetzt werde. Ist diese umfassende Umwälzung gelungen, kann der Terror sich zurückziehen."[7]

Hannah Arendt hingegen hat die Abmilderung des Terrors und andere Erscheinungen des „Tauwetters" nach Stalins Tod als „einen echten, wenn auch nie unzweideutigen, Abbau totaler Herrschaft" eingestuft.[8] Auch der Politologe Juan J. Linz, dessen Anfang der 1970er Jahre entstandenes Buch „Totalitäre und autoritäre Regime" ein später Klassiker der Totalitarismus-Theorie geworden ist, hält es für fraglich, ob das „klassische Modell totalitärer Systeme" auf die kommunistischen Regime nach Stalins Tod anwendbar ist, und spricht von „posttotalitäre[n] Regime[n]".[9] Den verallgemeinernden Vorwurf, ein statisches, unflexibles Modell zu propagieren, das die Wandlungsprozesse des Kommunismus nicht zu erfassen in der Lage sei, hat dem Totalitarismus-Konzept vor allem der Ansatz von Friedrich/Brzeziński eingetragen, der überdies wegen seiner zwar leicht zu handhabenden, aber nicht in jeder Hinsicht überzeugenden Merkmalliste in die Kritik geriet. Sie umfasst folgende Punkte: Ideo-

---

[7] Julia Schulze Wessel, Totale Herrschaft und Totalitarismus. Hannah Arendt und Carl Joachim Friedrich, in: Frank Schale/Ellen Thümmler (Hrsg.), Den totalitären Staat denken, Baden-Baden 2015, S. 51–73, hier S. 63.
[8] Hannah Arendt, Elemente und Ursprünge totaler Herrschaft. Antisemitismus, Imperialismus, Totalitarismus, München [8]2001, S. 632 (Vorwort zur Neuausgabe 1966).
[9] Juan J. Linz, Totalitäre und autoritäre Regime, 3., überarbeitete und ergänzte Aufl., Potsdam 2009, S. 227.

logie mit Allgemeingültigkeitsanspruch, Monopolpartei, Terrorsystem, staatliches Monopol der Massenkommunikation, staatliches Waffenmonopol, zentrale, bürokratisch koordinierte Überwachung und Lenkung der Wirtschaft.

Während hier geradezu eine totalitäre Musterverfassung definiert wird, ist Hannah Arendts Ansatz flexibler und dynamischer. Er hebt die Strukturlosigkeit totaler Herrschaft hervor.[10] Dreh- und Angelpunkt ihres Totalitarismus-Verständnisses ist die Ideologie mit ihrem umfassenden Wahrheitsanspruch. Der Nationalsozialismus nimmt Arendt zufolge für sich in Anspruch, die Gesetze der Natur objektiv erkannt zu haben, der Marxismus-Leninismus wiederum, diejenigen der Geschichte. In beiden Fällen geht es um Bewegungsgesetze, die zur Negierung jeder herkömmlichen Rechtsordnung führen. Um die angestrebte Utopie zu verwirklichen, müssen die einhegenden Zäune der Gesetze geschleift werden, aus biologistisch-rassistischen und dogmatisierten klassenkämpferischen Kriterien ergeben sich die „objective enemies",[11] die es zu eliminieren gilt, selbst wenn sie sich loyal verhalten – Ideologie als massenmörderischer Wirklichkeitsverlust.

Der Ansatz von Friedrich/Brzeziński war zweifellos für die politische Pädagogik wie für die propagandistische Verwendung im Kalten Krieg geeigneter. Für seine Nachhaltigkeit spielte vermutlich auch die Tatsache eine wichtige Rolle, dass die Außenpolitik der UdSSR eine deutlichere Kontinuitätslinie aufzuweisen schien als die innenpolitische Entwicklung: Immerhin trug Nikita Chruščev, der die innere Entstalinisierung in Gang setzte, in der Kuba-Krise entscheidend dazu bei, die Welt an den Rand eines Atomkriegs zu bringen. Das Konzept von Friedrich und Brzeziński war auch deshalb einflussreicher, weil die Autoren eine viel größere Nähe zur aktiven Politik hatten, als die in *academia* beheimatete und auf ihre geistige Unabhängigkeit stets bedachte Hannah Arendt, die sich jenseits der gängigen politischen Lagereinteilungen positionierte.[12]

Die formative Phase des Totalitarismus-Diskurses fiel mit dem Zerfall der Anti-Hitler-Koalition und damit mit den ersten Jahren des Kalten Kriegs zusammen. Mit dem Hitler-Stalin-Pakt wurde bereits damals ein historisches Ereignis als einer der zentralen Topoi der bipolaren Auseinandersetzung etabliert. Im Zuge des Nürnberger Kriegsverbrecherprozesses wurde das geheime Zusatzprotokoll zum deutsch-sowjetischen Nichtangriffspakt vom 23. August 1939 bekannt, in dem Deutschland und die Sowjetunion Osteuropa unter sich in Einflusszonen aufgeteilt hatten. Diese Ab-

---

[10] Auf die Unterschiede der beiden Totalitarismus-Konzepte verwies u. a. schon Martin Broszat; vgl. Totalitarismus und Faschismus. Eine wissenschaftliche und politische Begriffskontroverse. Kolloquium im Institut für Zeitgeschichte am 24. November 1978, München/Wien 1980, S. 32–38, hier S. 35.
[11] Arendt, Origins, S. 423.
[12] Zu Hannah Arendts politischer (Nicht-)Selbstverortung vgl. Barry Gewen, Hans Morgenthau and Hannah Arendt. An Intellectual Passion, in: The National Interest, 25.8.2015; https://nationalinterest.org/feature/hans-morgenthau-hannah-arendt-intellectual-passion-13682?page=0%2C1 (letzter Zugriff 30.4.2020).

sprache war für den ersten Abschnitt des Zweiten Weltkriegs bestimmend. Die UdSSR sprach 1946 von einer Fälschung und blieb bis zum Dezember 1989 bei dieser Version. Dagegen brachte das amerikanische Außenministerium 1948 die Dokumentensammlung „Nazi-Soviet Relations, 1939–1941" heraus.[13] Ihre Stoßrichtung ging schon aus dem Titel hervor, da eben nicht von „German-Soviet Relations" die Rede war. Hier war neben anderen Dokumenten auch das geheime Zusatzprotokoll abgedruckt. Die Sowjetunion antwortete noch 1948 mit der „historischen Auskunft" „Geschichtsfälscher", die von Stalin persönlich redigiert worden war.[14] Hier wurden Sprachregelungen verordnet, die fast bis zum Ende der Sowjetunion Gültigkeit behielten.

Aber auch die Auseinandersetzung mit der Repressionspolitik des Stalinismus im Inneren, die während der großen Schauprozesse 1936 bis 1938 zu heftigen Auseinandersetzungen innerhalb der Linken geführt hatte, doch mit dem Zweiten Weltkrieg und vor allem seit dem deutschen Angriff auf die Sowjetunion abgeflaut war, flammte jetzt wieder auf und wurde zu einem Streitthema des Ost-West-Konflikts. 1946 war in den USA Viktor Kravčenkos Buch „I Chose Freedom" erschienen. Deutschsprachige Ausgaben erschienen bald darauf in Hamburg und Zürich.[15] Kravčenko war 1943 als sowjetischer Handelsdiplomat in die USA gekommen, wo er politisches Asyl beantragte und erhielt. Sein Buch schildert unter anderem die von der Zwangskollektivierung erzeugte Hungersnot in der Ukraine sowie die Verfolgungen in der UdSSR, denen er selbst nur um Haaresbreite entgangen war. Zudem kritisierte er aber Stalins unverantwortliche Vertrauensseligkeit gegenüber Hitler infolge des Pakts. Als sein Buch in Frankreich veröffentlicht wurde, bezichtigte ihn die kommunistische Zeitschrift „Les Lettres Françaises" der Desinformation. Seine Klage dagegen vor einem Pariser Gericht war erfolgreich.[16] Der Prozess erregte international großes Interesse. Eine wichtige Rolle spielte hierbei die Zeugin Margarete Buber-Neumann. Sie war die Witwe des deutschen Kommunisten Heinz Neumann, der im Großen Terror ermordet worden war. Sie selbst war seit 1937 im Gulag inhaftiert gewesen. 1940 lieferte die UdSSR sie an Deutschland aus, wo sie bis zur Zerschlagung des NS-Regimes im Frauenkonzentrationslager Ravensbrück gefangen war. Im Jahr des Prozesses, 1949, erschien ihr autobiographischer Bericht „Als Gefangene bei Stalin und Hitler", der nicht nur ein Klassiker antitotalitärer Memoirenliteratur wurde, sondern einen der seltenen Einblicke in das sowjetische Lagersystem ermöglichte.[17]

---

13 Vgl. Raymond James Sontag/James Stuart Beddie (Hrsg.), Nazi-Soviet Relations, 1939–1941. Documents from the Archives of The German Foreign Office, Washington 1948.
14 Fal'sifikatory istorii. Istoričeskaja spravka, Moskau 1948. In englischer Sprache gleichfalls 1948 in Moskau publiziert als Falsifers of History. Historical Survey.
15 Vgl. Viktor Kravchenko, I Chose Freedom. The Personal and Political Life of a Soviet Official, New York 1946; ders., Ich wählte die Freiheit. Das private und politische Leben eines Sowjetbeamten, Hamburg 1946 und Zürich 1947.
16 Vgl. Viktor Kravchenko, Schwert und Schlange, Zürich 1950.
17 Vgl. Margarete Buber-Neumann, Als Gefangene bei Stalin und Hitler, München 1949.

Denn während das NS-Regime besiegt war und seine Verbrechen in den Nürnberger Prozessen vor aller Öffentlichkeit dargelegt wurden, war die Sowjetunion als Siegermacht des Zweiten Weltkriegs verschlossen wie zuvor und propagandistisch hoch aktiv.

Indes hatte der Krieg auch dazu geführt, dass Hunderttausende ehemaliger Sowjetbürger, die als Kriegsgefangene, Zwangsarbeiter oder auch als Kollaborateure in den Westen gelangt waren, nicht mehr zurückkehren wollten – das galt für rund zehn Prozent der sowjetischen DPs.[18] Unter ihnen befanden sich etliche, die Auskunft über die Verhältnisse im Stalinismus gaben. Solche Zeugnisse bildeten eine wichtige Grundlage für das 1947 von David Dallin und Boris Nicolaevsky publizierte Buch „Forced Labor in Soviet Russia".[19] Die beiden Autoren gehörten der kleinen, aber sehr agilen Gruppe der Auslands-Menschewiki an. Es handelte sich hier um russische Sozialdemokraten, die Anfang der 1920er Jahre Sowjetrussland hatten verlassen müssen und sich zumeist in Deutschland niedergelassen hatten. Von hier hatten sie 1933 zumeist nach Frankreich und zu Beginn des Zweiten Weltkriegs schließlich in die USA weiterflüchten müssen.[20] Auf das genannte Buch reagierte die UdSSR mit denunziatorischen Angriffen, die seine Wirkung indes nicht unterbinden konnten.[21] So fußen die Ausführungen über sowjetische Lager in Hannah Arendts Totalitarismus-Buch im Wesentlichen auf diesem Werk. Es trug zugleich entscheidend dazu bei, dass das System der Zwangsarbeit in der Sowjetunion in den späten 1940er und frühen 1950er Jahren immer wieder auf der Tagesordnung des Wirtschafts- und Sozialrats der Vereinten Nationen stand. Die American Federation of Labor (AFL) nutzte die Anklagen gegen die massiven sowjetischen Verletzungen der Menschen- und Arbeiterrechte in ihrem Kampf gegen den kommunistisch gelenkten Weltgewerkschaftsbund und gab damit den Opfern des Gulag eine Stimme.[22] Die AFL wurde beim Wirtschafts- und Sozialrat von der deutschen Sozialdemokratin Tony Sender vertreten, die vor Hitler geflohen war. Dies hielt den sowjetischen Vertreter Zarapkin auf der ersten Sitzung des Gremiums im Februar 1949 nicht davon ab, sie in eine Reihe mit Joseph Goebbels zu stellen.[23]

---

18 Zu statistischen und Definitionsproblemen vgl. Sheila Fitzpatrick, The Motherland Calls. „Soft" Repatriation of Soviet Citizens from Europe, 1945–1953, in: The Journal of Modern History 90 (2018), S. 323–350.
19 Vgl. David Dallin/Boris Nicolaevsky, Forced Labor in Soviet Russia, New Haven 1947; dies., Zwangsarbeit in Sowjetrussland, Wien 1948.
20 Vgl. André Liebich, From the Other Shore. Russian Social Democracy after 1921, Cambridge/London 1997.
21 Vgl. ebenda, S. 304.
22 Vgl. Sklavenarbeit in Russland. Der Amerikanische Gewerkschaftsbund (American Federation of Labor) legt den Vereinten Nationen das Ergebnis seiner Ermittlungen zu dieser Frage vor, o. O. o. J. (ca. 1950). Sowohl in dieser Broschüre wie bei Dallin/Nikolaevsky, Forced Labor, sind u. a. Berichte von Julius Margolin und Margarete Buber-Neumann enthalten.
23 Vgl. Liebich, Other Shore, S. 115.

Die Tatsache, dass nach der Befreiung vom Nationalsozialismus in der Sowjetunion Menschen massenhaft aus politischen Gründen in Lager eingewiesen wurden, ließ auch den französischen Trotzkisten David Rousset nicht ruhen. Er war 1943 wegen seines Widerstands gegen die deutsche Besatzung ins KZ Buchenwald deportiert worden. Der Kravčenko-Prozess veranlasste ihn zur Gründung der *Commission internationale contre le régime concentrationnaire*, die sich mit Lagern in Spanien, Jugoslawien, Griechenland und der Sowjetunion befasste. Rousset wurde von den französischen Kommunisten ebenfalls als Fälscher diffamiert und gewann einen von ihm angestrengten Verleumdungsprozess im Jahr 1951.[24]

Sein wichtigster Zeuge hatte ein noch dramatischeres Schicksal doppelter Verfolgung erlitten als Margarete Buber-Neumann. Der polnisch-österreichische Physiker Alexander Weißberg-Cybulski war 1933 als Kommunist in die Sowjetunion gegangen, um am Aufbau des Sozialismus mitzuarbeiten. 1936 wurde er vom NKVD verhaftet und sollte für einen Schauprozess zugerichtet werden. Er widerstand aber allen brutalen Versuchen, ihn zu einem falschen Geständnis zu zwingen. 1940 wurde er – wie Buber-Neumann – an die Gestapo übergeben und überlebte unter schwierigsten Umständen als Jude im besetzten Polen. Über seine Erfahrungen in der Sowjetunion veröffentlichte er 1951 das Buch „Hexensabbat. Rußland im Schmelztiegel der Säuberungen", das in den USA im selben Jahr erschien.[25]

Im Ganzen wogen so in der formativen Phase des Totalitarismus-Diskurses die Dimensionen von Erfahrung und aktueller Politik schwerer als die Dimension der Wissenschaft. Dies war auch dadurch bedingt, dass weiterhin eine reale totalitäre Herausforderung in Gestalt der stalinistischen Sowjetunion bestand. Deren akutes Bedrohungspotenzial wurde nicht zuletzt infolge der Sowjetisierung Ost- und Ostmitteleuropas, des Siegs der Kommunisten unter Mao Zedong im chinesischen Bürgerkrieg 1949 sowie des Koreakriegs 1950/53 als massiv wahrgenommen.

Da der Totalitarismus-Diskurs sich nicht in historischer Distanz von seinem Gegenstand entwickelte und neben der überwundenen und delegitimierten Diktatur des Nationalsozialismus auch auf das höchst aktive und feindselige sowjetische Regime reagierte, war es fast unvermeidlich, dass die antikommunistische Stoßrichtung ein gewisses Übergewicht erhielt. Daraus ergab sich auch die Tendenz zur Amalgamierung mit anderen antikommunistischen Diskursen, selbst wenn etwa Hannah Arendt oder Viktor Kravčenko Gegner der von Senator Joseph McCarthy initiierten Hexenjagd auf Kommunisten und sonstige Linke waren.

Biographische Prägungen und zeitgenössische Einbindungen spielten zweifellos eine erhebliche Rolle bei der Unfähigkeit des „liberale[n] Antikommunismus", die „‚grauen Zonen' der amerikanischen Außenpolitik während des Kalten Kriegs – sei

---

24 Vgl. David Rousset/Gérard Rosenthal/Théo Bernard, Pour la vérité sur les camps concentrationnaires. Un procès antistalinien à Paris, Paris 1990.
25 Vgl. Alexander Weißberg-Cybulski, Hexensabbat. Rußland im Schmelztiegel der Säuberungen, Frankfurt a. M. 1951; ders., The Accused, New York 1951.

es die Tolerierung und Unterstützung autoritärer Regime in Griechenland, Argentinien, den Philippinen, Indonesien und Chile, sei es die *Containment*-Politik gegenüber den kommunistischen Bewegungen in Afrika und Asien oder der McCarthyismus – adäquat zu adressieren".[26] Die Folge dieser Entwicklung war das Ende der Karriere des Totalitarismus-Begriffs in der öffentlichen Debatte: „In den sechziger Jahren schließlich hatte der Vietnamkrieg die vermeintliche moralische Klarheit des Antitotalitarismus in einem solchen Maße ausgehöhlt, dass selbst Befürworter des Kriegs das Wort nicht mehr zu verwenden wagten. Der Totalitarismus-Begriff wurde von den meisten schnell aufgegeben, als der Terror nicht mehr das bestimmende Moment der sowjetischen Herrschaft war und die amerikanische *Containment*-Politik durch *Détente* ersetzt wurde."

4 Das Totalitarismus-Konzept in der Wissenschaft

Ein weiterer Faktor trat hinzu: Auch in der Wissenschaft verlor das Totalitarismus-Konzept an Überzeugungskraft, und zwar sowohl in der Stalinismus- als auch in der NS-Forschung. Entscheidend war dabei das Vordringen sozialgeschichtlicher Ansätze, die den Akzent auf gesellschaftliche Dynamiken legten, Entscheidungsspielräume mittlerer und unterer Instanzen aufdeckten und die starre Vorstellung von allein auf Befehl und Gehorsam beruhenden Diktaturen in Frage stellten. Es ist bemerkenswert, wie sehr sich die Argumentationsfiguren amerikanischer Revisionisten der Sowjetunionforschung wie Sheila Fitzpatrick oder J. Arch Getty und die deutscher Funktionalisten in der NS-Forschung wie Martin Broszat oder Hans Mommsen ähneln. Sheila Fitzpatrick etwa haben nach eigener Aussage Zweifel an dem Top-down-Modell der Kontrolle der Gesellschaft, das im Totalitarismus-Diskurs vorherrschte, die Aufladung mit Wertungen des Kalten Kriegs und die schmale Quellenbasis, auf die sich die totalitarismusorientierte Sowjetologie stützte, zur Revisionistin gemacht.[27] Zwar war die Quellenbasis für die NS-Forschung (vor der Öffnung der post-sowjetischen Archive) unvergleichlich größer als die der Stalinismus-Forschung und Konnotationen des Kalten Kriegs waren nicht so naheliegend. Allerdings stellten auch die Funktionalisten das Top-down-Modell in Frage, indem sie – wie Hans Mommsen – insbesondere die stufenweise Entwicklung zum Holocaust als kumulative Radikalisierung erklärten.

Die Historisierung war hier indes schon weiter fortgeschritten. Anders als die NS-Forschung war die Sowjetologie eine Anwendungswissenschaft, die vielfach nur

---

[26] Anson Rabinbach, Begriffe aus dem Kalten Krieg. Totalitarismus, Antifaschismus, Genozid, Göttingen 2009, S. 22; das folgende Zitat findet sich ebenda.
[27] Vgl. Sheila Fitzpatrick, Revisionism in Retrospect. A Personal View, in: Slavic Review 67 (2008), S. 682–704, hier S. 683; dies., Revisionism in Soviet History, in: History and Theory 46 (2007), S. 77–91, S. 83, Anm. 5.

mit veröffentlichten Quellen und Publikationen arbeiten konnte. Trotz aller Findigkeit und ungeachtet des Zugangs zum Smolensker Parteiarchiv, das als Nazi-Beutegut in die USA gelangt war, blieb auch die Quellenbasis der Revisionisten überschaubar. Die Öffnung der sowjetischen Archive sollte einige Überraschungen für sie bereithalten.

In den 1970er und 1980er Jahren jedenfalls, so viel ist festzuhalten, kam der Totalitarismus-Begriff auf beiden Seiten des Atlantiks aus der Mode. Nur einzelne Wissenschaftler benutzten ihn weiterhin: In Deutschland Karl Dietrich Bracher, in Frankreich Raymond Aron sowie, seit der zweiten Hälfte der 1970er Jahre, die *Nouveaux Philosophes* und André Glucksmann, die ihre linksradikale Vergangenheit unter dem Einfluss von Aleksandr Solženicyns Werk „Archipel Gulag" kritisch verarbeiteten.[28]

In Deutschland wurde der Vergleich von Kommunismus und Nationalsozialismus in einem ganz anderen Kontext erneut virulent, nämlich im Historikerstreit. Dessen Hauptprotagonist Ernst Nolte hatte, als rhetorische Frage verbrämt, 1986 im Feuilleton der „Frankfurter Allgemeinen Zeitung" folgende These aufgestellt: „Vollbrachten die Nationalsozialisten, vollbrachte Hitler eine ‚asiatische' Tat vielleicht nur deshalb, weil sie sich und ihresgleichen als potentielle oder wirkliche Opfer einer ‚asiatischen' Tat betrachteten? War nicht der ‚Archipel GULag' ursprünglicher als Auschwitz? War nicht der ‚Klassenmord' der Bolschewiki das logische und faktische Prius des ‚Rassenmords' der Nationalsozialisten?"[29] Mit deutlichen Anklängen an das antisemitische Stereotyp des „jüdischen Bolschewismus" versuchte Nolte hier, den Holocaust als eine Art Notwehrexzess zu interpretieren. Der Historikerstreit, vielleicht die letzte große Orientierungsdebatte der alten Bundesrepublik, ist ein eigenes großes Thema, das hier nicht zur eingehenden Behandlung ansteht. In unserem Zusammenhang scheinen mir aber drei Faktoren von Bedeutung: Nirgends wurde, erstens, so deutlich wie im Historikerstreit, dass der Vergleich zwischen Kommunismus und Nationalsozialismus, wenn er nicht wissenschaftlich fundiert ist, dem Versuch der Schuldentlastung und der Rehabilitierung überwunden geglaubter Denkmuster dienen kann. Sowohl Nolte als auch seine Gegner argumentierten, zweitens, was die Sowjetunion betraf, auf Basis eines extrem schmalen Quellen- und Kenntnisstands. Osteuropahistoriker beteiligten sich kaum an der Diskussion. Hans-Ulrich Wehler, einer der vehementesten Kritiker Noltes, hat – drittens – damals die Sinnhaftigkeit des Vergleichs des Nationalsozialismus mit anderen Gewaltregimen grundsätzlich in Frage gestellt. Für einen „stimmigen" Vergleich müsse Deutschland in erster Linie mit westlichen Ländern verglichen werden und an dem

---

28 Vgl. Aleksandr I. Solženicyn, Archipelag Gulag. Opyt chudožestvennogo issledovanija, 3 Bde., Paris 1973–1975.
29 Ernst Nolte, Vergangenheit, die nicht vergehen will. Eine Rede, die geschrieben, aber nicht gehalten werden konnte, in: Frankfurter Allgemeine Zeitung, 6.6.1986; u. a. hier als Faksimile: https://www.1000dokumente.de/index.html?c=suche_de&object=facsimile&trefferanzeige=1&suchmodus=sucheEinzeldokument&l=de (letzter Zugriff 30.4.2020).

„mühsam erreichten zivilisatorischen Evolutionsniveau des okzidentalen Kulturkreises, dem es angehört, gemessen werden".[30]

5 Diktaturvergleich und Totalitarismus-Debatte nach dem Ende des Kommunismus

Mit dem Ende kommunistischer Herrschaft in Osteuropa haben aber auch zahlreiche Länder des ehemaligen Ostblocks die Zugehörigkeit zum okzidentalen Kulturkreis für sich reklamiert. Nicht zuletzt propagierte Michail Gorbačev das gemeinsame Haus Europa. Allen enttäuschten Hoffnungen und gegenläufigen Tendenzen der jüngeren Zeit zum Trotz sind uns die Länder der ehemaligen Sowjetunion näher denn je. Und das gilt nicht nur für die einstmals von der UdSSR annektierten und heute zur Europäischen Union gehörenden baltischen Staaten, deren Bürger am 23. August 1989, dem 50. Jahrestag des Hitler-Stalin-Pakts mit der längsten bekannten Menschenkette der Geschichte auf über fast 600 Kilometern für die historische Wahrheit und ihre Unabhängigkeit demonstrierten.

Das Wissen über die Geschichte der UdSSR und insbesondere den Stalinismus ist seit Anfang der 1990er Jahre, als die Archive – wenn auch nicht immer vollständig – geöffnet wurden, immens gewachsen. Wie wenig man bis dahin über den Stalinismus wusste, zeigten die Enthüllungen über den Großen Terror der Jahre 1937/38, über dessen Ablauf, Initiatoren und Opfer die unterschiedlichsten Versionen kursierten. Wir wissen heute, dass es sich hierbei um die massivste Verfolgungskampagne in der Geschichte der UdSSR nach dem Ende des Bürgerkriegs handelte: Circa 1,5 Millionen Menschen wurden verhaftet, fast 700 000 von ihnen erschossen, zumeist ohne jegliche gerichtliche Verhandlung – wenn es eine solche gab, handelte es sich um Scheinverfahren, deren Ausgang vorab entschieden war. Entgegen dem Modell der Revisionisten, die die stalinistischen Verfolgungen bis dato in Analogie zum Modell der funktionalistischen kumulativen Radikalisierung interpretiert hatten, zeigte sich, dass Stalin im Großen Terror alle Fäden in der Hand gehalten hatte. Instanzenkonkurrenz oder von unten und von mittleren Entscheidungsebenen in Gang gesetzte Dynamiken spielten in der UdSSR keine entscheidende Rolle. Umfangreiche neue Erkenntnisse gab es auch über die brutale Zwangskollektivierung und die von ihr ausgelöste Hungersnot, die vor allem in der Ukraine und unter den Nomaden Kasachstans Millionen von Opfern forderte.

Über die Hungersnot in der Ukraine wird bis heute ein wissenschaftlicher und erinnerungspolitischer Disput geführt. Eine Reihe von Wissenschaftlern und nationalorientierten Kräften der ukrainischen Politik sehen darin einen gezielten Genozid

---

30 Hans-Ulrich Wehler, Entsorgung der deutschen Vergangenheit. Ein polemischer Essay zum „Historikerstreit", München 1988, S. 168.

Stalins und seiner Entourage am ukrainischen Volk – andere Interpretationen gelten als strafrechtlich relevante Leugnung des „Holodomor". Kritiker dieser Version, die keineswegs die politische Verantwortung der sowjetischen Führung für den großen Hunger leugnen, weisen darauf hin, dass es im Gegensatz etwa zu den Massenmorden des Großen Terrors an Quellen fehlt, die eine genozidale Intention Stalins belegen. Außerdem verweisen sie auf die Tatsache, dass nicht nur Ukrainer vom Hunger betroffen waren. Der Diskurs um den „Holodomor" findet sowohl auf wissenschaftlicher als auch auf einer geschichtspolitischen Ebene statt. Es bedarf wohl keiner eingehenden Erläuterung, dass die Wissenschaft gegenwärtig in der Defensive ist. Insgesamt wird die Stalinismus(Kommunismus)-Nationalsozialismus-Diskussion heute sehr stark von identitätspolitischen Gesichtspunkten dominiert.

Die Staaten, die aus dem Zerfall des sowjetischen Imperiums und der Sowjetunion selbst hervorgegangen sind, waren und sind auf der Suche nach sich selbst und damit nach historischen Identitätsangeboten. Für viele Regionen und Länder gehört die zeitweilige Herrschaft von Nationalsozialismus und Stalinismus zum historischen Erbe. Die ostmittel- und osteuropäischen Gebiete müssen sich seit 1989/91, als der Bleideckel sowjetischer Geschichtsinterpretation entfernt wurde, diesem Erbe stellen. Vielfach wird hierbei mit dem Topos der doppelten Besatzung gearbeitet, gegen die man hilflos gewesen sei. Zugleich kommt in der Erinnerungskultur etwa der baltischen Staaten oder Ungarns Widerstandserzählungen gegen die kommunistische Herrschaft ein hoher Stellenwert zu, während die prodeutsche und pronazistische Kollaboration bagatellisiert wird. Etwas anders liegt der Fall in Polen. Hier ist der Warschauer Aufstand, der sich gegen die NS-Besatzung richtete, der aber auch eine gegen die UdSSR gerichtete Komponente aufwies, zu einem identitätspolitischen Zentralthema geworden.

Vor diesem allgemeinen Hintergrund hat der Totalitarismus-Begriff im Osten Europas seit den späten 1980er Jahren eine neue Konjunktur erlebt. Diese ging allerdings ohne Rezeption der kritischen Diskussion des Konzepts im Westen vonstatten. Obwohl es die selbst erfahrene Geschichte der Entstalinisierung, die den diktatorischen Druck auf die Gesellschaften im Osten deutlich minderte, eigentlich nahegelegt hätte, ist die Unterscheidung zwischen einem totalitären und einem posttotalitären Stadium des Kommunismus kaum anzutreffen. Das komplizierte Verhältnis von Kontinuität und Abbau totalitärer Strukturen, das für die wissenschaftliche Debatte des Totalitarismus-Begriffs im Westen von großer Bedeutung war, wird im östlichen Totalitarismus-Revival weitgehend ignoriert. Der Kommunismus wird als eine Einheit betrachtet. Beispielhaft hat diese Herangehensweise ihren Niederschlag in einer folgenreichen Initiative gefunden, der „Prager Erklärung zum Gewissen Europas und zum Kommunismus" vom 3. Juni 2008.[31] Sie wurde von einer Reihe prominenter Politiker und ehemaliger Dissidenten unterzeichnet, unter ihnen der

---

[31] Vgl. Prague Declaration on European Conscience and Communism, 3.6.2008; https://www.praguedeclaration.eu/ (letzter Zugriff 30.4.2020); das folgende Zitat findet sich ebenda.

ehemalige tschechische Staatspräsident Václav Havel, Deutschlands ehemaliger Bundespräsident Joachim Gauck und Vytautas Landsbergis, der ehemalige Staatspräsident Litauens. Die von moralischem Pathos durchdrungene „Prager Erklärung" geht davon aus, dass die Verbrechen des Kommunismus nicht im gleichen Maße als solche anerkannt und verurteilt worden seien wie die des Nazi-Regimes. Sie postuliert eine sehr abstrakte Gleichheit beider Regimetypen, da beide freiheitsfeindlich seien, Angriffskriege unternommen hätten und infolge ihrer Ideologien „whole nations and groups of population" ausgelöscht oder deportiert hätten.

So ehrenwert die Unterzeichner der Erklärung auch sein mögen: Man kommt um die Feststellung nicht umhin, dass es ihr an intellektueller Redlichkeit mangelt. Allein das nonchalante Zusammenspannen von auslöschen und deportieren in der zuletzt angeführten Passage spricht Bände – als ob der Unterschied zwischen Leben und Tod nicht zählen würde. In den baltischen Ländern etwa wurden im Frühjahr/Sommer 1941 und dann nach der Rückeroberung durch die Rote Armee 1946 Zehntausende Bürger deportiert. Auch wenn der größte Teil die Deportation überlebte und ein großer Teil von ihnen später zurückkehren konnte, blieben sie diskriminiert. Das stellte ohne Zweifel ein politisches Massenverbrechen eines totalitären Regimes sowie eine repressive Praxis seiner posttotalitären Nachfolger dar.

Unter den Litauern und Letten, die 1941 deportiert wurden, war der Anteil der Juden überdurchschnittlich groß (in Estland war die Zahl der jüdischen Bevölkerung von Haus aus gering). 1946 war das anders, denn in der Zwischenzeit war der Großteil der baltischen Juden unter deutscher Besatzung ermordet worden – circa eine Viertelmillion Menschen. Als das Europaparlament am 2. April 2009 die Forderung der „Prager Erklärung" diskutierte, den 23. August in Analogie zum Holocaust-Gedenktag am 27. Januar zum Gedenktag für die Opfer von Nationalsozialismus und Kommunismus zu erheben, wollte man – auch angesichts jüdischer Proteste gegen die Nivellierungstendenzen der „Prager Erklärung" – nicht ohne Weiteres über die Spezifik des Holocaust hinweggehen. Das Parlament fügte der eigenen Entschließung „zum Gewissen Europas und zum Totalitarismus" die Einschränkung bei, „dass der einzigartige Charakter des Holocaust nichtsdestoweniger anerkannt werden muss". Auch wurde versichert, dass „offizielle politische Auslegungen historischer Fakten nicht durch Mehrheitsbeschlüsse von Parlamenten aufgezwungen werden sollten".[32]

Der 23. August wurde zum Totalitarismus-Gedenktag erhoben, ohne dass er allerdings bisher eine Breitenwirkung entwickelt hätte. Auffallend ist allerdings, dass der Hitler-Stalin-Pakt immer häufiger als das Zentralereignis des Zweiten Weltkriegs figuriert. Die Gedenkfunktion des 23. August ist gerade aus einer diktaturvergleichenden Sicht höchst fragwürdig. So folgenreich und verwerflich dieses Abkommen

---

32 Entschließung des Europäischen Parlaments vom 2.4.2009 zum Gewissen Europas und zum Totalitarismus; http://www.europarl.europa.eu/sides/getDoc.do?pubRef=-//EP//TEXT+TA+P6-TA-2009-0213+0+DOC+XML+V0//DE (letzter Zugriff 30.4.2020).

auch war, ist es aus historischer Sicht doch bedenklich, wenn die historische Analyse durch eine symbolische Indienstnahme verdrängt wird. Sie droht die Tatsache zu vernebeln, dass der Pakt für Hitler ein Durchgangsstadium für sein Zentralprojekt, die Eroberung von „Lebensraum im Osten" in einem geschichtlich beispiellosen Vernichtungskrieg, war. Stalins Regime erreichte den Höhepunkt seiner terroristischen Machtausübung mit der Zwangskollektivierung, dem Hunger und dem Großen Terror in den Jahren 1929 bis 1938. Von einem Hitler-Stalin-Pakt war da noch keine Rede. Das Nazi-Regime dagegen erfuhr mit dem Angriff auf die Sowjetunion den höchsten Radikalisierungsgrad. Hier waren Massenmord und millionenfacher Hungertod geplant, und die Invasion der UdSSR bildete zugleich den unmittelbaren Auftakt zum Holocaust. Grundlage dieser neuen Stufe war nicht der Hitler-Stalin-Pakt, sondern sein Bruch. Zudem haben die Verbrechen beider Regime ihre größten Opferzahlen in der Sowjetunion gefordert. Die Überhöhung des 23. August rückt paradoxerweise gerade diese Opfer aus dem Blick, weil hier ein auf den ganzen eurasischen Raum bezogenes Geschehen auf das Format der geschichts- und identitätspolitischen Bedürfnisse der Europäischen Union heruntergebrochen wird. In der sogenannten russischen Welt entspricht dieser europäischen Geschichtspolitik eine traditionalistische Gegenerzählung, die immer lautstärker auftritt. Sie will in ebenso einseitiger Verklärung die Sowjetunion ausschließlich als Befreier und Sieger über das NS-Regime sehen. Beide Motive verstärken sich wechselseitig.

Die Wissenschaft bleibt von solchen Tendenzen nicht unberührt. Das Leitwerk ist Timothy Snyders eingangs erwähntes, äußerst einflussreiches Buch „Bloodlands". Der Untertitel – „Europa zwischen Hitler und Stalin" – suggeriert allerdings etwas anderes, als das Buch bietet. Die *Bloodlands* sind keine reale historische Landschaft. Sie entstanden auch nicht allein aus der Überblendung verschiedener mörderischer Ereigniskomplexe, die in ein und derselben Großregion stattfanden. Vielmehr handelt es sich in der Darstellung um eine Montage von bestimmten Interpretationen dieser Geschehnisse, die allerdings vom Autor als solche nicht offengelegt werden.[33] Die Montage zerschneidet große Ereigniskomplexe und erschwert damit zum Teil ihr Verständnis. Denn um etwa den absoluten Vernichtungswillen zu verstehen, der hinter dem Holocaust stand, ist es erhellend, nicht nur auf die osteuropäischen Territorien mit großer jüdischer Bevölkerung und die dortigen Massenmordaktionen zu blicken, sondern auch auf andere Schauplätze. So wurden im norwegischen Oslo die wenigen Juden einzeln mit dem Taxi zum Hafen gebracht, um von dort über Stettin nach Auschwitz deportiert zu werden.

Um wiederum den Charakter der von Stalin zu verantwortenden Hungersnot in der UdSSR 1932/33 zu verstehen, ist es sinnvoll, nicht allein auf die Ukraine zu schauen, sondern auch auf Kasachstan. Durchgängig versucht Snyder, die beiden Regime und ihre Verbrechenskomplexe möglichst nah aneinander zu rücken, ohne

---

33 Vgl. Jürgen Zarusky, Timothy Snyders „Bloodlands". Kritische Anmerkungen zur Konstruktion einer Geschichtslandschaft, in: Vierteljahrshefte für Zeitgeschichte 60 (2012), S. 1–31, hier S. 3 f.

die konkreten ideologischen Motive und die Funktionsweise der politischen Systeme zu analysieren. Bemerkenswert ist überdies die Bagatellisierung des Angriffskriegs. Getötete sowjetische Soldaten zählten für Snyder nicht als Opfer Hitlers, unter anderem auch nicht die bei Stalingrad gefallenen fast 500 000 Rotarmisten. Snyder fasste sich bezüglich dieser Tatsache kurz: „Die Heeresgruppe Süd sollte die Wolga und die Ölquellen des Kaukasus kontrollieren. Einige ihrer Truppen erreichten im August die Wolga, konnten aber Stalingrad nicht erobern."[34] Das war's.

Ein ähnlich eigentümliches Bild des deutsch-sowjetischen Kriegs zeichnete Jörg Baberowski in seinem Buch „Verbrannte Erde. Stalins Herrschaft der Gewalt" mit dem Versuch, den geplanten nationalsozialistischen Vernichtungskrieg als das Ergebnis einer wechselseitigen Gewaltdynamik darzustellen.[35] Schließlich bemühte sich Norman M. Naimark mit seinem 2010 erschienenen Buch „Stalin und der Genozid", Hitler und Stalin näher zusammenzubringen und in ein und dieselbe Kategorie einzuordnen, nämlich die der Völkermörder.[36] Wie Snyder folgte Naimark dem nationalukrainischen Narrativ vom „Holodomor", wie jener behandelte er die sogenannten nationalen Aktionen des Großen Terrors als eine Form ethnischer Verfolgung. Tatsächlich litten etwa Angehörige der polnischen oder deutschen Minderheit in besonderem Maße unter Verfolgungen, weil ihnen als Gruppe eine hohe Spionagebereitschaft unterstellt wurde; das legten die leitenden Befehle ausführlich dar, und weil es um – unterstelltes – politisches Handeln, nicht um Ethnizität ging, fielen den nationalen Aktionen in beträchtlichem Maße auch Angehörige anderer Ethnien als der Hauptzielgruppe zum Opfer. Naimark hat hier einen Ausweg anzubieten. Er sah es nämlich als ein Defizit der UN-Völkermord-Konvention an, dass sie Terror gegen politische Gruppen nicht erfasst haben, und plädierte für eine Neudefinition, mittels derer Hitler und Stalin gleichermaßen als Völkermörder qualifiziert werden könnten. Die Kriterien zu ändern, um zu einem gewünschten Resultat zu kommen, ist allerdings ein zweifelhaftes Verfahren.[37]

6 Perspektiven

Gegenwärtig zeigt sich also neuerlich eine Tendenz zur Schematisierung und erinnerungspolitischen Instrumentalisierung der Auseinandersetzung mit der *entangled*

---

34 Synder, Bloodlands, S. 250 (deutsche Ausgabe).
35 Vgl. Jörg Baberowski, Verbrannte Erde. Stalins Herrschaft der Gewalt, München ³2012; hierzu Jürgen Zarusky, Schematische Übertragungen. Stalinismus und Nationalsozialismus bei Jörg Baberowski, in: Osteuropa 4/2012, S. 121–126.
36 Vgl. Norman M. Naimark, Stalin und der Genozid, Frankfurt a. M. 2010; ders., Stalin's Genocides, Princeton 2010.
37 Vgl. Jürgen Zarusky, Rezension von: Norman M. Naimark. Stalin und der Genozid, in: sehepunkte 11 (2011), Nr. 5, http://www.sehepunkte.de/2011/05/19029.html (letzter Zugriff 30.4.2020).

history von Kommunismus und Nationalsozialismus.[38] Der fundamentale Unterschied zu früheren Phasen des Totalitarismus-Diskurses besteht darin, dass nun keine der beiden in Rede stehenden Formationen mehr besteht und beide historisch gescheitert sind. Die Dimension der aktuellen politischen Auseinandersetzung, die den Totalitarismus-Diskurs im Kalten Krieg entscheidend prägte, entfällt damit. Stattdessen gewinnt die Erinnerungskultur stark an Bedeutung, die von der Politik zunehmend als Legitimationsressource entdeckt wird. Damit erlangen historische Konflikte neue politische Virulenz, und zugleich entstehen politische Verfügungsansprüche über die Geschichte. Das natürliche Spannungsverhältnis zwischen Geschichtswissenschaft und öffentlich inszenierter Erinnerung, das in der jüngsten Vergangenheit etwa bei der Erschließung historischer Gedenkorte durchaus fruchtbar gemacht werden konnte, wird sich angesichts dessen möglicherweise zu einer stärker adversativen Konstellation entwickeln. Denn wo zum Beispiel eine EU-kompatible Geschichtserzählung von Europa proklamiert wird, wird die Geschichtswissenschaft darauf bestehen müssen, dass das Terrain der welthistorischen Prozesse, aus denen die europäische Einigungsbewegung hervorging, weit über die EU-Außengrenzen hinausging. Die Konstruktion von Ereignisräumen muss sich durch das Kriterium der Historizität legitimieren. Auch unter der Annahme, dass Nationalsozialismus und Stalinismus den neuen Herrschaftstyp des Totalitarismus repräsentieren, können sie nicht als parallele Erscheinungen betrachtet werden. Parallelen schneiden sich im Unendlichen, das nationalsozialistische Deutschland und die stalinistische Sowjetunion sind sich – um nur die wichtigsten Konfrontationen zu nennen – auf verschiedenen Seiten der Front im Spanischen Bürgerkrieg begegnet, sie haben 1939 gegen Ost- und Ostmitteleuropa paktiert, und 1941 hat Deutschland den weltgeschichtlich unerhörten Vernichtungskrieg gegen die UdSSR begonnen. Diese und andere *entanglements* müssen ebenso berücksichtigt werden wie die bedeutenden Unterschiede in den Ideologien und den daraus resultierenden Feindbildkonstruktionen. Ein theoretisches Modell, das Nationalsozialismus, Vernichtungskrieg, Holocaust, Stalinismus, Hungerkollektivierung, Gulag und Terror in Beziehung setzt, ist, soweit ich sehe, noch nicht entwickelt. Nur in der Belletristik gibt es dafür ein Beispiel, nämlich Vasilij Grossmans monumentalen Roman „Leben und Schicksal".[39] Dieser ist genauso literarische Prosa wie alternative Geschichtsschreibung. Er gründet auf der erzählenden sowie analytisch-philosophischen Verarbeitung der persönlichen Konfrontation mit totalitärer Macht und Gewalt. Wenn man etwas davon in die Geschichtsschreibung übersetzen kann – und man sollte es versuchen –, dann ist es wohl Grossmans Beginn beim elementar Menschlichen. Was dem Einzel-

---

38 Vgl. Klas-Göran Karlsson/Johan Stenfeldt/Ulf Zander, Perspectives on the Entangled History of Communism and Nazism. A Comnaz Analysis, Lanham/New York 2015.
39 Vgl. dazu Jürgen Zarusky, Vasilij Grossmans „Leben und Schicksal" – zur Entstehung und historischen Konzeption eines Jahrhundertromans, in: Florian Anton/Leonid Luks (Hrsg.), Deutschland, Rußland und das Baltikum. Beiträge zu einer Geschichte wechselvoller Beziehungen. Festschrift zum 85. Geburtstag von Peter Krupnikow, Köln u. a. 2005, S. 245–276.

nen widerfährt, zählt, und die historischen Kräfte, denen er ausgeliefert ist, sich ausliefert oder widersetzt, müssen sichtbar gemacht und erklärt werden. Allzu starre Modelle und allzu pauschale Kriterien können diesem Anspruch nicht genügen. Sie bergen zudem stets die Gefahr der Verdinglichung menschlicher Verhältnisse, deren extremste Ausformung die totalitären Ideologien selbst sind.[40]

Die Herausforderung der Auseinandersetzung mit den *entangled histories* von Stalinismus und Nationalsozialismus ist gewaltig. Die konträren Interpretationen des Zweiten Weltkriegs und die damit einhergehenden Identifikationsangebote spielen etwa unmittelbar in den russisch-ukrainischen Konflikt hinein – um nur ein Beispiel von sehr vielen zu nennen. Es geht um einen schwierigen Prozess der Historisierung, der bei dem genannten Fall durch neue Konfliktlinien nicht einfacher geworden ist. Was in der anderen Waagschale liegt, ist auch nicht zu verachten: Ein breiter Zugang zu den Quellen der sowjetischen Ära und die Entstehung pluralistischer und – zumindest in Teilen – international anschlussfähiger Historiographien. Die Historiker sind wie vielleicht nie zuvor gefordert, den Totalitarismus in seiner Epoche zu untersuchen. Strukturmodelle à la Friedrich/Brzeziński scheinen mir dabei weniger hilfreich als die Denkansätze des sperrigen Totalitarismus-Buchs von Hannah Arendt und des klarsichtigen Menschenkenners und Menschenfreunds Vasilij Grossman. Es geht darum, die sozialen und politischen Entwicklungen begreifen zu lernen, die zu totalitären Formationen, ihren spezifischen Ausformungen und Dynamiken und zu den sehr verschiedenen Formen ihrer Überwindung geführt haben. Dazu muss man Vieles erzählen und nicht weniger analysieren, also Geschichtsschreibung betreiben.

---

40 Zur Kritik an verdinglichenden Gesellschaftsbegriffen vgl. Norbert Elias, Was ist Soziologie?, München 1970, S. 9–20.

Teil II: **Widerstand und Verfolgung**

Russische und deutsche Sozialdemokraten in Widerstand und Exil – Wege zum Antitotalitarismus[1]

1 Prekäre Zuflucht

Bei meiner kurzen Betrachtung des russischen und deutschen sozialdemokratischen Untergrunds und Exils geht es mir um einen spezifischen Aspekt, nämlich um die Wege, die Vertreter beider Parteien zu entschieden antitotalitären Positionen geführt haben. Ich möchte versuchen, diese Entwicklung und den dabei nicht ganz unbedeutenden Faktor der wechselseitigen Beeinflussung von russischer und deutscher Sozialdemokratie anhand einer Reihe von Schlüsselsituationen und am Beispiel einiger wichtiger Politiker zu schildern.

Im Herbst 1920 war mit dem schwerkranken Julij Martov die Führungsfigur der Menschewiki ins deutsche Exil gegangen. Der eigentliche Grund war die Teilnahme an dem Kongress der USPD in Halle, auf dem über den Beitritt zur Kommunistischen Internationale entschieden werden sollte. Martov kreuzte hier mit Grigorij Zinov'ev die Klingen und klagte die bolschewistische Unterdrückungspolitik an. Nach Russland kehrte er nie mehr zurück. Ende Januar 1922 kam nach Verhaftung, drohender Verbannung, Hungerstreik und einer internationalen Solidaritätskampagne die Führungsgruppe der russischen Sozialdemokratie mit Fedor Dan an der Spitze nach Deutschland, wo Rafail Abramovič, neben Dan die zweite Führungsfigur, bereits als Gastdelegierter auf dem USPD-Parteitag Anfang Januar die Verabschiedung einer Solidaritätserklärung initiiert hatte, die nicht ohne Eindruck auf die sowjetischen Behörden blieb. Die Ausreise der verbliebenen Führer markierte den endgültigen Übergang der bis dahin halblegalen Menschewiki in den Untergrund. Die Partei, die in der russischen Revolution und der Rätebewegung eine wichtige Rolle gespielt hatte, war so gut wie von der Bildfläche verschwunden. In einem GPU-Bericht vom Dezember 1922 hieß es, sie gäben, ebenso wie die Sozialrevolutionäre, praktisch kein

---

[1] Dem Andenken von Boris Sapir (1902–1989) gewidmet. Boris Sapir, geb. 1902 in Lodz, Menschewik seit 1919, diente 1919/20, der Parteilinie entsprechend, im Bürgerkrieg in der Roten Armee. Erste Verhaftung 1921, 1922/23 konspirative Arbeit als Sekretär des Charkover Parteikomitees der Menschewiki, 1923–1925 Gefangener in dem berüchtigten Lager auf den Solowezkij-Inseln, 1926 Flucht aus der Verbannung ins Ausland, Jurastudium in Heidelberg und politisches Engagement in der menschewistischen Auslandsdelegation und der Sozialistischen Jugendinternationale. 1932 Promotion zum Dr. jur. utr. mit der Dissertation „Dostojewsky und Tolstoi über Probleme des Rechts". 1933 Flucht aus Deutschland, 1935 Niederlassung in den Niederlanden als Mitarbeiter des Internationalen Instituts für Sozialgeschichte (IISG). Nach Beginn des Zweiten Weltkriegs und Besetzung der Niederlande erneute Flucht; 1942 Kuba, 1944 USA. Arbeit im American Jewish Joint Distribution Committee, nach der Pensionierung 1967 Rückkehr in die Niederlande, bis zu seinem Tode Fortsetzung der Arbeit am IISG.

Lebenszeichen von sich und hätten auf die Arbeiter, von wenigen unbedeutenden Ausnahmen abgesehen, keinerlei Einfluss.[2] Der Zulauf, den eine sozialdemokratische Jugendorganisation unter Leitung von Andrej Kranichfel'd kurz darauf zu verzeichnen hatte, konnte das deplorable Bild nur kurzfristig aufhellen, denn bis Mitte der 1920er Jahre landeten die meisten Aktivisten in Gefängnissen und Lagern.[3] Die Auslandsdelegation der Menschewiki in Berlin wurde so zum eigentlichen Zentrum der Partei.

Die menschewistische Emigration bildete eine relativ stark geschlossene Gruppe von etwa 70 Personen, von denen einige auch miteinander verwandt oder verschwägert waren. Dies und die Tatsache, dass nur in Russland bewährte Genossen als Mitglieder fungieren konnten und die Mehrheits- und Minderheitsverhältnisse der Zeit vor der Emigration gleichsam eingefroren wurden, sicherte lange Zeit die Homogenität und Konsistenz der Gruppe. Auch wenn die Sozialdemokratie in der Sowjetunion nicht mehr offen in Erscheinung trat, existierte sie in Form konspirativer Zellen weiter, die den Zusammenhalt pflegten und die Auslandsdelegation mit Nachrichten versorgten. Gestützt auf die Auswertung auch aller weiteren zugänglichen Informationsquellen wurde das Parteiorgan *Socialističeskij Vestnik* (Sozialistischer Bote) eine der bestinformierten Exilpublikationen, die selbst in sowjetischen Führungszirkeln gelesen wurde. Der stete Fluss von Nachrichten aus der Heimat bezeugte, dass die Exilmenschewiki nicht völlig den politischen Boden unter den Füßen verloren hatten, und legitimierte sie nicht nur als Sowjet-Experten, sondern auch als eine aktive sozialistische Partei, die Anspruch darauf erheben konnte, in der Sozialistischen Arbeiterinternationale gehört zu werden, insbesondere wenn es um russische Dinge ging. Der menschewistische Repräsentant Rafail Abramovič spielte hier eine hochaktive Rolle.

Die deutsche Sozialdemokratie bot den Menschewiki recht gute Möglichkeiten von Arbeit und Engagement. Einige Menschewiki lieferten eine Fülle von Artikeln für die sozialdemokratische Tagespresse und bestritten praktisch deren ganze Russland-Berichterstattung; Jurij Denike alias Georg Decker wurde von Rudolf Hilferding in die Redaktion der theoretischen Zeitschrift „Die Gesellschaft" geholt, zu deren produktivsten Mitarbeitern ein anderer Menschewik, Aleksandr Šifrin gehörte. Vladimir Vojtinskij brachte es sogar bis zum Leiter der Statistikabteilung des Allgemeinen Deutschen Gewerkschaftsbunds und als Mitautor des „Woytinsky-Tarnow-Baade"-Planes, eines präkeynsianischen Arbeitsbeschaffungsprogramms der deutschen Gewerkschaften von 1932, zu einer gewissen Prominenz. Für die SPD waren die Menschewiki nicht nur ein intellektueller Zugewinn, sondern angesichts ihrer perma-

---

[2] „Soveršenno sekretno": Lubjanka – Stalinu o položenie v strane (1922–1934 gg.), T. 1: 1922–1923 g., č. 1, Moskau 2001, S. 490.
[3] André Liebich, From the Other Shore. Russian Social Democracy after 1921, Cambridge u. a. 1997, S. 127. Boris Sapir, einer der jugendlichen Aktivisten, schilderte seine Lagererfahrung in: David Dallin/Boris Nicolaevsky, Forced Labour in Soviet Russia, New Haven 1947, S. 170–188.

nenten Auseinandersetzung mit einer starken kommunistischen Partei wichtige Zeugen für die Realität der bolschewistischen Diktatur.

Bemerkenswert war in diesem Zusammenhang eine Großveranstaltung vom März 1931, als die SPD gegen die erstarkenden extremen Flügelparteien kämpfte. Im Berliner Sportpalast, dort also, wo Goebbels zwölf Jahre später den totalen Krieg proklamieren sollte, traten der italienische Sozialist Pietro Nenni und Rafail Abramovič unter dem Motto „Gegen Gewalt und Justizmord" vor 20 000 Zuhörern auf. Abramovič brandmarkte den in Moskau laufenden sogenannten Menschewiki-Prozess, der sich gegen eine Reihe längst aus der Sozialdemokratie ausgeschiedener Personen und einen einzigen aktiven Menschewiken richtete, als absurdes Justiztheater.[4] Tatsächlich waren die Vorwürfe der Anklage, die auf dem Szenario einer menschewistischen Verschwörung zum Umsturz der Sowjetmacht mittels einer ausländischen Intervention basierten, reine Erfindungen. Die Geständnisfreudigkeit der Angeklagten war durch Folter zustande gekommen.[5] Die Berliner Kundgebung war vielleicht eine der ersten antitotalitären Großveranstaltungen der Geschichte, allerdings hätte eine solche Bezeichnung weder dem Selbstverständnis Nennis noch dem von Abramovič entsprochen. Keiner von beiden hätte wohl, wie im Vorjahr der sozialdemokratische Theoretiker und Bolschewismuskritiker Karl Kautsky, Mussolini als den Affen Lenins bezeichnet. Denn obwohl die Menschewiki nicht müde wurden, auf Ungerechtigkeiten und Widersprüche in Sowjetrussland hinzuweisen, sahen sie, jedenfalls ihr Mainstream, die bolschewistische Diktatur als Entartung der Revolution, nicht als Gegenrevolution. Die revolutionären Errungenschaften galt es zu bewahren, die Diktatur, so hoffte man, könnte von einer aktivierten Arbeiterklasse schrittweise demokratisiert werden. Jeden Versuch der gewaltsamen Änderung der Verhältnisse lehnten die Menschewiki ab, weil dies ihrer Meinung nach eine konterrevolutionäre bonapartistische Diktatur zur Folge haben müsste. Der Feind stand für sie rechts, links gab es einen Gegner, der den Kampf gegen den immer bedrohlicher werdenden rechten Feind erschwerte. Genau das war es, was Abramovič der Sowjetunion vorwarf.

2 Wider die Diktatur

Die Frage, ob die Sowjetunion und die Kommunisten als Partner im Kampf gegen den europäischen Faschismus taugten, war nach der Machtübernahme des Nationalsozialismus in Deutschland und vor allem nach der Wendung der Komintern

---

[4] Jürgen Zarusky, Die deutschen Sozialdemokraten und das sowjetische Modell. Ideologische Auseinandersetzung und außenpolitische Konzepte 1917–1933, München 1992, S. 268 ff.
[5] Zum Menschewiki-Prozess vgl. die zweibändige russische Edition der Untersuchungsakten von Al'ter L. Litvin mit der Einleitung unter dem treffenden Titel „Der Gerichtsprozess gegen eine nichtexistierende Partei": Al'ter L. Litvin (Hrsg.), Men'ševistskij process 1931 goda. Sbornik dokumentov v 2-ch knigach, Moskau 1999, Einleitung S. 3–36; Liebich, Other Shore, S. 199–214.

vom Sozialfaschismus- zum Volksfrontkurs hochaktuell. Die einst so stolze deutsche Sozialdemokratie war nun eine geschlagene Partei, ihre Führung teilte mit den Menschewiki das Los von Verfolgung und Exil. Allerdings war die innere Kohärenz bei der SPD nicht so hoch wie bei den Menschewiki. Strömungsgegensätze spitzten sich im Exil zu; alte Konflikte gewannen beim Versuch, die Lage historisch zu reflektieren, neue Brisanz; aktivistische Splittergruppen entfalteten hohe Attraktivität. Dazu kam die Zerstreutheit auf mehrere Exilländer. Die Widerstandsformen der deutschen Sozialdemokraten und Sozialisten waren denen der Menschewiki aber recht verwandt: kein demonstrativer Aktivismus, Wahrung des Zusammenhalts von politisch Gleichgesinnten und eine „Offensive der Wahrheit", die ein realistisches Bild des Dritten Reichs zeichnen sollte. Mit den „Grünen Berichten", die auf Mitteilungen von Vertrauensleuten basierten, versuchte man die internationale Selbstdarstellung des NS-Regimes durch detaillierte Informationen aus einer kritischen Perspektive zu konterkarieren, ähnlich wie das die Menschewiki mit ihren publizistischen Aktivitäten hinsichtlich der Sowjetunion taten. Die Haltung zu den jeweiligen heimischen Regimen unterschied sich indes fundamental: Drängten die Menschewiki auf eine Demokratisierung der Sowjetunion, weil sonst die Gefahr einer bonapartistischen Entartung der bolschewistischen Herrschaft drohe, so hatten die deutschen Sozialdemokraten die Alternativen Sturz des Hitlerregimes oder Krieg vor Augen. Im sogenannten Prager Manifest vom 28. Januar 1934 wurden sie ebenso eindeutig benannt wie die Folgen eines Siegs der faschistischen Diktaturen in einem kommenden Krieg: „Verewigung der Sklaverei und Bestialität im Innern und ihre Ausbreitung über die übrige Welt."[6] Das Manifest stammte im Wesentlichen aus der Feder Rudolf Hilferdings, beteiligt war auch sein menschewistischer Weggefährte Georg Decker.[7] Der Fehler von 1918 sollte kein zweites Mal gemacht werden, so das „Prager Manifest". Ein freies Staatswesen mit freien Wahlen sollte erst nach einer revolutionären Übergangsdiktatur der „Massenpartei der Arbeiterschaft" geschaffen werden, nachdem die Machtmittel des Nationalsozialismus zerschlagen, die Staatsverbrecher abgeurteilt und die sozialen Trägerschichten des NS-Regimes entmachtet worden seien. Der nationalsozialistische Volksgerichtshof sah in diesen Thesen eine Übereinstimmung mit den Kommunisten – eine ideologisch verblendete Einschätzung. Denn wie Hilferding Ende Januar 1935 gegenüber Paul Hertz äußerte, war gerade die Frage der Freiheit für ihn die eigentlich zentrale:

„Seitdem der Bolschewismus einen Sozialismus produziert hat, der auf Zwang und Unterdrückung und Terror beruht, ist für mich nur die eine Frage richtig. Frei-

---

[6] Erich Matthias (Hrsg.), Mit dem Gesicht nach Deutschland. Eine Dokumentation über die sozialdemokratische Emigration. Aus dem Nachlaß von Friedrich Stampfer ergänzt durch andere Überlieferungen. Bearbeitet von Werner Link, Bonn 1968, S. 215–225, Zitat S. 223.
[7] Vgl. William Smaldone, Rudolf Hilferding. Tragödie eines deutschen Sozialdemokraten, Bonn 2000; Michael Scholing, Georg Decker (1887–1964). Für eine marxistische Realpolitik, in: Peter Lösche/Michael Scholing/Franz Walter (Hrsg.), Vor dem Vergessen bewahren. Lebenswege Weimarer Sozialdemokraten, Berlin 1988, S. 57–80, hier S. 79.

heit oder Knechtschaft. Der Sozialismus kann jedenfalls beides bedeuten und die wirkliche Tragik besteht darin, daß Freiheit und Sozialismus nicht mehr wie bis 1917 identisch sind."[8]

Ein halbes Jahr vor dieser Äußerung hatte sich in Frankreich eine bedeutsame Wende in den Beziehungen zwischen Sozialisten und Kommunisten abgezeichnet. Zur Abwehr der auch in Frankreich bedrohlich erstarkenden und putschbereiten extremen Rechten schlossen sie Ende Juli 1934 einen „Aktionspakt gegen den Faschismus". Die in Frankreich ohnehin nie so laut aufgedrehte Sozialfaschismus-Platte wurde aus der kommunistischen Musikbox entfernt.[9] Der fundamentale Gegensatz zwischen Kommunisten und demokratischen Sozialisten blieb nichtsdestoweniger bestehen, und er wurde auch auf der nationalen Konferenz der S. F. I. O. im Juli 1934 thematisiert, an der Dan und Abramovič als Gastdelegierte teilnahmen. Als Jean Zyromski, einer der glühendsten Befürworter der Allianz mit den Kommunisten, erklärte, die „noblen russischen Sozialisten" würden den Anspruch aufgeben, dass in den Verhandlungen mit den Kommunisten die Frage ihrer in der UdSSR inhaftierten Genossen angesprochen werden sollte, und die beiden Russen dazu nickten, spendete der Parteitag Applaus.[10] Während Vertreter der sogenannten außerparteilichen rechten Opposition scharfe Kritik übten, kam ein unerwartetes Zeichen der Bestätigung aus der Sowjetunion selbst. Drei nach Kazan' verbannte Vertreter des äußersten linken Flügels der Menschewiki, darunter Martovs Bruder Sergej Ežov, begrüßten in einem Telegramm den kommunistisch-sozialistischen Pakt. Wenn das auch den Überzeugungen der Unterzeichner entsprochen haben mag, so handelte es sich letztlich doch um ein sowjetisches Manöver, denn seit 1921 hatte der kommunistische Staat keine menschewistische politische Willenserklärung mehr ins Ausland dringen lassen.[11]

Unter den deutschen Emigranten in Frankreich sahen viele die entstehende Volksfront als eine Chance, den Kampf gegen Hitler durch Vereinigung der antinazistischen Kräfte zu stärken, zumal nachdem die Komintern den Kurs auf ihrem VII. Kongress 1935 offiziell bestätigt und übernommen hatte. Unter der Leitung Heinrich Manns entstand in Paris 1936 das Volksfrontkomitee, an dem sich zwar der SPD-Vorstand in Prag nicht beteiligte, wohl aber eine ganze Reihe einzelner Sozialdemokraten, unter ihnen die ehemaligen Reichstagsabgeordneten Rudolf Breitscheid und Tony Sender sowie als Vertreter der linkssozialistischen Sozialistischen Arbeiterpartei auch Willy Brandt. Als im Sommer in Spanien rechtsgerichtete Militärs mit dem Putsch gegen die Volksfrontregierung den Bürgerkrieg auslösten, geriet das Land weltweit in den Fokus der Linken, die hier die Chance gekommen sah, dem voranschreitenden Faschismus eine Niederlage zu bereiten und eine Wende der europäi-

---

8 Zit. nach Smaldone, Hilferding, S. 243.
9 Andreas Wirsching, Vom Weltkrieg zum Bürgerkrieg? Politischer Extremismus in Deutschland und Frankreich 1918–1933/39. Berlin und Paris im Vergleich, München 1999, S. 555–561.
10 Liebich, Other Shore, S. 252 ff.
11 Ebenda, S. 253.

schen Entwicklung einzuleiten. „Hier in Spanien liegt der Brennpunkt aller antifaschistischen Kämpfe, auch des unsern", schrieb Erich Kuttner von den SOPADE-kritischen Revolutionären Sozialisten Deutschlands am 4. Juni 1937 aus Valencia an Friedrich Stampfer in Prag und kritisierte die mangelnde Präsenz der offiziellen deutschen Sozialdemokratie, die auf deren Vorbehalte gegen die Einheitsfront mit den Kommunisten zurückzuführen sei.[12]

Doch die Jahre 1936/37 brachten die Widersprüche der Volksfrontpolitik überdeutlich an den Tag. Der erste große Schauprozess in Moskau gegen Grigorij Zinov'ev, Lev Kamenev und andere fand einen zwiespältigen Widerhall. Während die Kommunisten in aller Welt, die gerade ihre Sozialfaschismus-Theorie ad acta gelegt hatten, nun begannen, hinter jedem unabhängigen Kommunisten oder Linkssozialisten einen sogenannten trotzkistischen Gestapo-Agenten zu wittern, stießen die Moskauer Schauprozesse beim nichtstalinistischen Teil der Linken auf massive Kritik. „Der Moskauer Prozeß hat katastrophal gewirkt und die Volksfrontpolitik schrecklich kompromittiert", schrieb Rudolf Hilferding am 28. August 1936 an Friedrich Stampfer.[13] Für die Menschewiki, aber auch für die internationale Sozialdemokratie insgesamt, stellte sich das Problem der Bewertung der Sowjetunion neu. Schon die Etablierung der Alleinherrschaft Stalins und seine „Revolution von oben", die Industrialisierung und die gewaltsame Zwangskollektivierung hatten die alte menschewistische Linie in Frage gestellt; Vertreter des rechten Flügels hatten, erfolglos, eine entschiedene Verurteilung der bolschewistischen Diktatur verlangt.[14] Doch noch im November 1936 hieß es in einem offenen Brief der Auslandsdelegation an den Rätekongress der Sowjetunion, der die Stalinverfassung verabschieden sollte: „An Euren Kongress heften sich die Hoffnungen der gesamten arbeitenden Menschheit". Der Brief listete detailliert die grundrechtlichen Mängel der Verfassung auf, blieb dabei aber – angesichts der Tatsache, dass Unterdrückung und Terror in der UdSSR zugleich deutlich angesprochen wurden – einem eigenartigen, geradezu naiv anmutenden Rechtspositivismus verhaftet.[15] Es war vor allem Fedor Dan, der die Hoffnung auf eine Demokratisierung der UdSSR von innen heraus nicht aufgeben wollte und nach jeder noch so fadenscheinigen Hoffnung griff.[16] Dabei assistierte ihm sein österreichischer Freund Otto Bauer. Der Austromarxist kam auf orthodoxen Denkwegen zu dem Schluss, die Sowjetunion werde sich nach vollendeter Industrialisierung demokratisieren, da das Proletariat dann die Mehrheit in der Gesellschaft bilden werde und die proletarische Diktatur nicht mehr nötig sei.[17] In der Auslandsdelegation der Menschewiki aber gärte es bereits seit geraumer Zeit, und

---

12 Matthias (Hrsg.), Gesicht nach Deutschland, S. 294.
13 Ebenda, S. 285.
14 Zarusky, Sozialdemokraten, S. 264 ff.
15 Der Brief ist abgedruckt in: Hartmut Rüdiger Peter (Hrsg.), Fedor I. Dan und Otto Bauer. Briefwechsel (1934–1938), Frankfurt a. M./New York 1999, S. 170–177, Zitat S. 177.
16 Vgl. ebenda, S. 118 f. (Dan an Bauer, 17.8.1936).
17 Raimund Löw, Otto Bauer und die russische Revolution, Wien 1980, S. 163–173.

auch Abramovič begann von den alten Positionen abzurücken. Dazu mag eine tragische persönliche Erfahrung beigetragen haben – der Verlust seines Sohnes Mark Rein. Dieser war als Mitglied der linkssozialistischen Gruppe Neu Beginnen Anfang März 1937 nach Barcelona gereist, um für die spanische Republik als Radiotechniker in einer Rüstungsfabrik zu arbeiten. Schon kurze Zeit nach seiner Ankunft verschwand er spurlos. Obwohl Abramovič Himmel und Hölle in Bewegung setzte, zweimal selbst nach Spanien reiste und von der Sozialistischen Arbeiterinternationale bis hin zu den spanischen Anarchisten bei der Suche nach seinem Sohn unterstützt wurde – allerdings nicht von den Kommunisten vor Ort, die sich in verdächtigen Ausflüchten ergingen, und auch nicht von der der Sowjetunion gegenüber stets überaus friedliebenden *Labour Party* – blieb Mark Rein verschwunden, und sein Schicksal ist bis heute unaufgeklärt. Es besteht allerdings der begründete Verdacht, dass er wie eine ganze Reihe anderer nichtkommunistischer Linker den Aktivitäten des NKVD in Spanien zum Opfer gefallen ist.[18]

Der Hitler-Stalin-Pakt und insbesondere die darauffolgende sowjetische Expansion in Osteuropa ließen Dans Beharren auf der objektiv progressiven Qualität der Sowjetunion immer obskurer erscheinen. Im Februar 1940 kam es zu einer offenen Revolte gegen ihn, angeführt von Abramovič, dem Parteirechten Peter Garvi und Boris Nikolaevskij. Dan trat als Parteivorsitzender und Mitherausgeber des „Socialističeskij Vestnik" zurück. Der Pakt bildete zweifelsohne, wie Hartmut Mehringer herausgearbeitet hat, eine grundlegende Weichenstellung für den Sozialismus, indem er insbesondere den Linkssozialisten die letzten Illusionen über die Sowjetunion raubte.[19] Eine solche katalytische Wirkung übte er auch auf die Menschewiki aus. Bezeichnend für die intellektuellen Umorientierungen im deutschen wie im russischen Sozialismus ist der Aufsatz „Staatskapitalismus oder totalitäre Staatswirtschaft" von Rudolf Hilferding, der im April 1940 im „Socialističeskij Vestnik" erschien.[20] In Auseinandersetzung mit der These des britischen Trotzkisten Ryan Worrall, in der Sowjetunion bestehe ein Staatskapitalismus, kam Hilferding darin zu dem Schluss, dass sich in der Sowjetunion, ähnlich wie in Deutschland und Italien, der Staat von der Wirtschaft gelöst habe, und sprach explizit vom „totalitären Staat", in dem nicht die Politik durch die Wirtschaft, sondern die Wirtschaft durch die Politik bestimmt sei.[21] Das war nicht weniger als die von einem der berühmtesten Marxisten des ersten Drittels des 20. Jahrhunderts vollzogene Wende vom marxistischen

---
18 Vgl. Patrik von zur Mühlen, Spanien war ihre Hoffnung. Die deutsche Linke im Spanischen Bürgerkrieg 1936 bis 1939, Berlin u. a. 1985, S. 192–199; Liebich, Other Shore, S. 261 ff.
19 Vgl. Hartmut Mehringer, Der Pakt als grundlegende Weichenstellung für den Sozialismus, in: Gerhard Bisovsky/Hans Schafranek/Robert Streibel (Hrsg.), Der Hitler-Stalin-Pakt. Voraussetzungen, Hintergründe, Auswirkungen, Wien 1990, S. 119–123, hier S. 122.
20 Deutsche Übersetzung in Cora Stephan (Hrsg.), Zwischen den Stühlen oder über die Unvereinbarkeit von Theorie und Praxis. Schriften Rudolf Hilferdings 1904 bis 1940, Berlin u. a. 1982, S. 297–328.
21 Ebenda, S. 293 und S. 295.

zu einem totalitarismustheoretischen Denkansatz. Diese Entwicklung fand bereits im Schatten des Zweiten Weltkriegs statt. Hilferding, der nach dem deutschen Einmarsch in Frankreich gezögert hatte Fluchtchancen zu nutzen, wurde vom Vichy-Regime ausgeliefert und starb unter ungeklärten Umständen am 11. Februar 1941 in Gestapohaft in Paris. Den Menschewiki war es hingegen gelungen, in ihr drittes und letztes Exil, die USA, zu gelangen. Sie kamen vollständig, aber tief gespalten dort an. Dans Anhänger sammelten sich um die neue Zeitschrift „Novyj put'" (Neuer Weg)[22] – und entwickelten eine immer apologetischere Haltung zur Sowjetunion. Der Abramovič-Flügel hingegen bewahrte auch nach dem deutschen Angriff auf die Sowjetunion Reserve, wenngleich er keinen Zweifel daran ließ, wen es nun als Hauptfeind zu bekämpfen galt: „Tatsächlich und ganz unabhängig vom Willen Stalins ist Russland in diesem Ringen ein Mitkämpfer auf Seiten der Demokratie geworden. – Für jeden ehrlichen Gegner Hitlers wird eine jede Macht, die gegen Hitlers Divisionen die Waffen erhebt, zum Verbündeten der Demokratie und der Arbeiter der ganzen Welt. Als solche muss sie das Maximum jeder möglichen materiellen und moralischen Hilfe erhalten ... Ohne unsere Stellung zu ändern, stellen wir den Kampf um die Liquidierung des Stalin-Despotismus zurück hinter das erste Gebot der Zeit: den Krieg gegen den Weltfaschismus als den bösartigsten Feind der Menschheit ..."[23]

3 Die Entdeckung des Totalitarismus

François Furet stufte das erste Nachkriegsjahrzehnt als jene Periode ein, „während der die Anziehungskraft des sowjetischen Kommunismus auf die politischen Vorstellungen der Menschen im 20. Jahrhundert ihr Höchstmaß erreicht".[24] Für die Menschewiki traf das nicht zu. Mit dem Ende des Zweiten Weltkriegs wurde für sie angesichts der sowjetischen Expansion die Bekämpfung des stalinistischen Totalitarismus wichtiger denn je. Einen bedeutsamen Beitrag leistete David Dallin, der 1947 in Kooperation mit Boris Nicolaevskij ein grundlegendes und aufsehenerregendes Werk über die sowjetischen Lager herausbrachte: „Forced Labor in Soviet Russia". Der Menschewik Boris Sapir hatte einen Beitrag über seine Erfahrungen im Lager auf den Soloveckij-Inseln beigesteuert.[25] Das in der angelsächsischen Linken kontrovers debattierte Buch löste denunziatorische Angriffe von sowjetischer Seite

---

22 Liebich, Other Shore, S. 269 ff. Das Vorläuferorgan „Novyj mir" (Neue Welt) war schon mit wenigen Nummern in Frankreich erschienen.
23 Zit. nach Sozialistische Mitteilungen. News for German Socialists in England, Nr. 28, 1941, Ende Juli, S. 19, online verfügbar unter http://library.fes.de/fulltext/sozmit/som-b-index.htm (letzter Zugriff 2.3.2020).
24 François Furet, Das Ende der Illusion. Der Kommunismus im 20. Jahrhundert, München 1996, S. 457.
25 Dallin/Nikolaevsky, Forced Labor, Sapirs Beitrag S. 170–188.

aus,[26] die seine weiterreichenden Wirkungen indes nicht unterbinden konnten. So fußen die Ausführungen über sowjetische Lager in Hannah Arendts Totalitarismus-Buch im Wesentlichen auf diesem Werk, das auch dazu beigetragen hat, dass das System der Zwangsarbeit in der Sowjetunion in den späten 1940er und frühen 1950er Jahren immer wieder auf der Tagesordnung des Wirtschafts- und Sozialrats der Vereinten Nationen stand. Der amerikanische Gewerkschaftsbund *American Federation of Labor* (AFL) nutzte die Anklagen gegen die massiven sowjetischen Verletzungen der Menschen- und Arbeiterrechte im Kampf mit dem kommunistisch gelenkten Weltgewerkschaftsbund und gab zugleich den Opfern des Gulag eine Stimme. Überschneidungen mit dem von Dallin und Nicolaevskij vorgelegten Material sind nicht zufällig.[27] Die AFL wurde beim Wirtschafts- und Sozialrat von der emigrierten deutschen Sozialdemokratin Tony Sender vertreten. Der sowjetische Vertreter Siemion Carapkin konterte ihre Ausführungen auf der ersten Sitzung des Gremiums im Februar 1949 mit dem Hinweis auf Goebbels, der gesagt habe, man müsse eine Lüge nur oft genug wiederholen, dann werde sie auch geglaubt werden.[28] Im Hinblick auf eine politische Emigrantin, die den Volksfrontaufruf von 1936 unterzeichnet hatte und von der Gestapo in einem Bericht von 1938 als „Hetzrednerin gegen Deutschland" bezeichnet worden war,[29] war das nicht nur wenig überzeugend, sondern schlichtweg infam. Dass es bei der sowjetischen Politik nicht um eine Diktatur *des* Proletariats, sondern um eine Diktatur *über das* Proletariat ging, hatte Tony Sender allerdings schon 1920 im Streit um den Beitritt der USPD zur Komintern verfochten.[30] Wie erwähnt, trat damals Julij Martov als Mitstreiter der Kominterngegner in der USPD auf. Dieser letzte Hinweis mag noch einmal illustrieren, dass ein wenig versteckt im Dickicht der Geschichte ein nicht ganz widerspruchsfreier, aber doch kontinuierlicher gemeinsamer antitotalitärer Entwicklungsstrang der russischen und deutschen Sozialdemokratie verlief, der nicht zuletzt aus der konkreten politischen Erfahrung von Verfolgung, Emigration und Widerstand erwachsen war.

---

26 Liebich, Other Shore, S. 304
27 Sklavenarbeit in Russland. Der Amerikanische Gewerkschaftsbund (American Federation of Labor) legt den Vereinten Nationen das Ergebnis seiner Ermittlungen zu dieser Frage vor, o. J. (ca. 1950). Sowohl in dieser Broschüre wie bei Dallin/Nicolaevsky, Forced Labor sind u. a. Berichte von Julius Margolin und Margarete Buber-Neumann enthalten.
28 Vgl. ebenda, S. 115.
29 Martin Schumacher (Hrsg.), M. d. R. Die Reichstagsabgeordneten der Weimarer Republik in der Zeit des Nationalsozialismus. Politische Verfolgung, Emigration und Ausbürgerung 1933–1945, 3. erheblich erweiterte Auflage, Bonn 1994, S. 462.
30 Vgl. Tony Sender, Diktatur über das Proletariat oder: Diktatur des Proletariats. Das Ergebnis von Moskau, Frankfurt a. M. o. J. (1920).

Widerstand als „Hochverrat" 1933–1945

Politische Justiz, Gegnerspektrum und Widerstandsbegriff

1 Einleitung und Fragestellung

Die Anführungszeichen, in die der Begriff „Hochverrat" im Titel des vorliegenden Beitrags eingeschlossen ist, finden sich auch im Titel der Mikrofiche-Edition „Widerstand als ‚Hochverrat' 1933–1945". Die Edition der „Verfahren gegen deutsche Reichsangehörige vor dem Reichsgericht, dem Volksgerichtshof und dem Reichskriegsgericht", die in den Jahren 1994 bis 1998 im K. G. Saur Verlag erschienen und heute auch als Bestandteil einer großen, vom Nachfolgeverlag DeGruyter angebotenen Datenbank verfügbar ist,[1] umfasst circa 70 000 Blatt von Urteilen und Anklageschriften aus 1891 Verfahren gegen 6030 Angeklagte aus Deutschland und Österreich. Das ist viel, aber nur ein Teil der gesamten Hochverratsjudikatur des Dritten Reichs. Die Anführungszeichen sollen verdeutlichen, dass das Institut für Zeitgeschichte als Herausgeber und die Bearbeiter sich ausdrücklich nicht mit der Gleichsetzung von Widerstand und Hochverrat identifizieren. Schon 1952, im Braunschweiger Prozess gegen Otto Ernst Remer, der eine Schlüsselrolle bei der Niederschlagung des Umsturzversuchs vom 20. Juli 1944 gespielt hatte, sich in der Nachkriegszeit bis an sein Lebensende 1997 als rechtsextremer Aktivist betätigte und wenige Jahre nach dem Krieg die Widerstandskämpfer um Stauffenberg als Verräter an Volk und Staat diffamierte, schon damals, vor mehr als sechs Jahrzehnten, erklärte Fritz Bauer, Generalstaatsanwalt und Ankläger im Remer-Prozess: „Ein Unrechtsstaat – im Gegensatz zum heutigen Rechtsstaat – [...] wie das Dritte Reich ist überhaupt *nicht hochverratsfähig.*"[2]

Bemerkenswert ist vor diesem Hintergrund allerdings die Langsamkeit und Unentschiedenheit bei der Bereinigung der unter Hitler gesprochenen Hochverratsurteile. Erst 1998 wurden sie mit dem „Gesetz zur Aufhebung nationalsozialistischer Unrechtsurteile in der Strafrechtspflege" pauschal aufgehoben.[3] Zwar hatte der Bun-

---

[1] Jürgen Zarusky/Hartmut Mehringer (Bearb.), Widerstand als „Hochverrat" 1933–1945. Die Verfahren gegen deutsche Reichsangehörige vor dem Reichsgericht, dem Volksgerichtshof und dem Reichskriegsgericht. Mikrofiche-Edition und Erschließungsband, München 1994–1998. Online-Datenbank De Gruyter: Deutsche Geschichte im 20. Jh.: Nationalsozialismus, Holocaust, Widerstand und Exil 1933–1945 Online, https://www.degruyter.com/view/db/dghfo (letzter Zugriff 25.6.2020).
[2] Plädoyer Fritz Bauers im Remer-Prozess, zit. nach Fritz Bauer: Kleine Schriften (1921–1961 Band 1, 1962–1969 Band 2), hrsg. von Lena Foljanty/David Johst im Auftrag des Fritz Bauer Instituts, Frankfurt a. M./New York 2018.
[3] Bundesgesetzblatt (BGBl.) I, S. 2501: Gesetz zur Aufhebung nationalsozialistischer Unrechtsurteile in der Strafrechtspflege vom 25.8.1998, zuletzt geändert durch Artikel 1 des Gesetzes vom 24.9.2009 (BGBl. I S. 3150: Rehabilitierung der wegen „Kriegsverrats" Verurteilten).

destag im Januar 1985 einstimmig erklärt, dass der Volksgerichtshof „kein Gericht im rechtsstaatlichen Sinne, sondern ein Terrorinstrument zur Durchsetzung der nationalsozialistischen Willkürherrschaft war", weshalb seinen Entscheidungen keine Rechtswirkung zukomme,[4] aber das blieb rein deklaratorisch und ohne konkrete Rechtsfolgen. Kritiker wiesen überdies darauf hin, dass der Volksgerichtshof als reines Terrorinstrument dysfunktional gewesen sei. Gerade die Rechtsförmigkeit der Verfahren habe die Wirksamkeit der politischen Justiz begründet.[5] Man hätte auch die Frage stellen können, ob denn jene Oberlandesgerichte, die in die Hochverratsjudikatur quasi als Filialen des obersten politischen Strafgerichts eingebunden waren, ebenfalls als Terrorinstrumente zu betrachten seien. Das hätte dann so altehrwürdige Institutionen wie das Berliner Kammergericht oder das Oberlandesgericht München betroffen, die bekanntlich bis heute bestehen.[6]

Bei der Verfolgung von Widerstand als „Hochverrat" war viel mehr justitielle Normalität im Spiel, als die überlieferten Filmaufnahmen des brüllenden und die ihm ausgelieferten Angeklagten beschimpfenden Roland Freisler nahelegen, die unser Bild deshalb so stark bestimmen, weil Freisler der einzige Nazirichter war, der sich bei der Arbeit – genauer gesagt: bei den Prozessen gegen die Verschwörer des 20. Juli – hat filmen lassen.[7] Gerade weil die politische Justiz den Anschein vermittelte, es gehe alles mit rechten Dingen zu, und weil sich hier die politische Repression mit der juristischen Legitimation überschnitt, war ihre Wirkung so nachhaltig und überzeugend, dass sich der bundesdeutsche Rechtsstaat noch Jahrzehnte später schwertat, sich davon freizumachen. Das hat natürlich auch mit personellen und mentalen Kontinuitäten zu tun, die vor, während und nach der Herrschaft Hitlers bestanden.

Die Verfolgung der meisten aktiven politischen Gegner des NS-Regimes in Deutschland mündete jedenfalls in Gerichtsverfahren, in deren Zentrum der Vorwurf der Vorbereitung zum Hochverrat stand. Gesetzgebung und Rechtsprechung hatten

---

4 „Im Namen des Deutschen Volkes". Justiz und Nationalsozialismus. Katalog zur Ausstellung des Bundesministers der Justiz, Köln 1989, S. 454.
5 Vgl. Otmar Jung, Die Urteile des Volksgerichtshofes und der Deutsche Bundestag, in: Zeitschrift für Parlamentsfragen 17 (1986), S. 119–136, hier S. 125 f.
6 Vgl. Rudolf Wassermann, Das Kammergericht unter dem NS-Regime, in: Recht und Politik 40 (2004), S. 47–57; Hannes Ludyga, Das Oberlandesgericht München zwischen 1933 und 1945, Berlin 2012.
7 Vgl. Transkripte in: Bengt von zur Mühlen (Hrsg.), Die Angeklagten des 20. Juli vor dem Volksgerichtshof, Berlin 2001, S. 195–317; vgl. ferner Hans-Gunter Voigt, „Verräter vor dem Volksgericht" – Zur Geschichte eines Films, in: ebenda, S. 398–401; Johannes Tuchel: „Vor dem Volksgerichtshof". Schauprozesse vor laufender Kamera, in: Gerhard Paul (Hrsg.), Das Jahrhundert der Bilder 1900–1945, Göttingen 2009, S. 648–657, hier zur Überlieferungs- und Aufführungsgeschichte insbesondere S. 653 f.; Bernd Sösemann, Verräter vor dem Volksgericht – Die denkwürdige Geschichte eines Filmprojekts, in: Manuel Becker/Christoph Studt (Hrsg.), Der Umgang des Dritten Reiches mit den Feinden des Regimes. XXII. Königswinterer Tagung (Februar 2009), Berlin 2010, S. 147–163.

diesen Straftatbestand bereits in den ersten Monaten des Hitler-Regimes so modifiziert, dass er zum entscheidenden justitiellen Instrument der Widerstandsbekämpfung wurde.

Im Folgenden sollten drei Fragen im Zentrum stehen, nämlich: Wie wurde im Bereich der Gesetzgebung, Rechtsprechung und des Gerichtswesens eine den Interessen des NS-Regimes entsprechende Hochverratsjudikatur geschaffen? Wer wurde von ihr erfasst? Welche Überlegungen für das Verständnis des Widerstandsbegriffs ergeben sich daraus? Der Schwerpunkt liegt dabei auf dem ersten Punkt, nämlich der Konstituierung der Hochverratsjudikatur des Dritten Reichs.

2 Rahmenbedingungen

Das System der Hochverratsjudikatur wurde in der kurzen Zeitspanne von etwas mehr als einem Jahr zu Beginn der Herrschaft der Nationalsozialisten geschaffen. Dabei ergänzten sich Gesetzgebung und Selbstgleichschaltung der Justiz.[8] Von der gesetzgeberischen Seite her geht es um insgesamt sieben Präsidialverordnungen beziehungsweise Gesetze (wobei es sich um Regierungsgesetze handelt, die das Ermächtigungsgesetz vom 24. März 1933 ermöglichte), von der Seite der Rechtsprechung ging es um einen lautlosen Anpassungsprozess, für den bereits günstige Voraussetzungen vorhanden waren.

Werfen wir zunächst einen Blick auf die Ausgangssituation: In der Weimarer Republik blieb der aus dem Kaiserreich übernommene Hochverratsparagraph im Strafgesetzbuch unverändert. Damit trat der paradoxe Zustand ein, dass in der Republik Strafbestimmungen galten, die die monarchische Ordnung schützten. Das mag schizophren erscheinen, es entsprach aber durchaus der Bewusstseinslage zahlreicher Angehöriger der Weimarer Eliten, nicht zuletzt der Juristen, die die Gründung der Republik als einen Akt des Hochverrats betrachteten. In dem verbreiteten Strafrechtskommentar des Münchener Juraprofessors Reinhard Frank hieß es zu den Hochverrats-Bestimmungen lapidar: „Die Stelle ist unpraktisch geworden." Das bedeutete nun aber keineswegs, dass Frank sich damit auf den Boden der Weimarer Verfassung gestellt hätte. Seine Erläuterung des Begriffs der Verfassung im Zusammenhang mit dem Hochverratsparagraphen lautete wie folgt: „Unter den Begriff der Verfassung fallen alle fundamentalen Staatseinrichtungen oder [...] die Grundlagen des politischen Lebens, auch wenn sie in den Verfassungsgesetzen nicht genannt sind. Zur Verfassung gehören hiernach auch das Wahlrecht zum Reichstag und zu den Landtagen, deren Zusammensetzung und staatsrechtliche Stellung, desgl. die Wehrverfassung [...]. Andererseits gehören Preßfreiheit, freie Religionsausübung,

---

[8] Das Folgende nach Jürgen Zarusky, Einleitung zu Widerstand als „Hochverrat" 1933–1945. Erschließungsband zur Mikrofiche-Edition, München 1998, S. 11–44 und S. 14–39.

allgemeine Schulpflicht nicht zur Verfassung, obwohl sie in der RV genannt sind."⁹ Ganz beiläufig definierte also einer führenden Juristen Deutschlands jener Zeit in einer Fußnote wesentliche Grundrechte, die die Weimarer Nationalversammlung dort verankert hatte, aus der Verfassung hinaus. Dieser mangelnde Respekt vor der konkreten Verfassung, an deren Stelle ein abstrakt-autoritärer Staatsbegriff gesetzt wurde, ist typisch für einen Großteil der juristischen Elite und bildet eine wichtige Voraussetzung für die ziemlich reibungslose Anpassung der Justiz an die NS-Diktatur.[10]

Mit der Machtübernahme der Nationalsozialisten kam dann ein schneller und intensiver Reformprozess bei den Verratstatbeständen in Gang. Hier sollen nur die wichtigsten Änderungen beim Hochverratstatbestand skizziert werden, durch die dieser in kurzer Zeit zum wichtigsten justitiellen Instrument der Widerstandsbekämpfung wurde.

Die Änderungen begannen schon in der ersten Woche der NS-Herrschaft. Bereits am 4. Februar 1933 erging die Verordnung (VO) des Reichspräsidenten zum Schutze des deutschen Volkes. Sie enthielt Strafandrohungen gegen Aufrufe zur Gewalt, Verstöße gegen Versammlungsverbote, Verstöße gegen das Verbot der Herausgabe von Druckschriften, für die Herstellung von Ersatzpublikationen verbotener Druckschriften sowie für die Herstellung oder Verbreitung von Druckschriften ohne presserechtliche Genehmigung.

Die amtliche Begründung ließ an der Zielrichtung der Verordnung keinen Zweifel. Sie diene dazu die „Arbeit des Wiederaufbaus gegen Störungen durch staatsfeindliche Kräfte zu sichern",[11] das heißt gegen die Linke, die sich gegen die Etablierung der NS-Diktatur zur Wehr zu setzen versuchte. Nur drei Wochen später erfolgte mit der Verordnung des Reichspräsidenten gegen Verrat am Deutschen Volke und hochverräterische Umtriebe vom 28. Februar 1933 eine weitere Verschärfung. Insbesondere wurde der sogenannte Zersetzungshochverrat mit obligatorischer Zuchthausstrafe belegt.[12] (Man erinnere sich, dass Hitler aus seinem eigenen Hochverratsprozess 1924 mit einer als ehrenvoll geltenden Festungshaft herausging.) Das war eine Reaktion auf die Strategie der Kommunisten, die nicht erst seit Hitlers Machtübernahme mit gezielter Propaganda versuchten, die Loyalität von Polizei und Militär zu unterminieren, um sie von einem Eingreifen bei revolutionären Unruhen abzubringen. Die mit dieser Verordnung ebenfalls eingeführte Bestrafung der fahrlässigen Herstellung, Verbreitung oder Bereithaltung hochverräterischer Druckschriften[13] richtete sich gegen die Praxis linker Regierungsgegner, bei der Produktion ihrer Druckerzeugnisse von parteinahen auf politisch neutrale und unverdächti-

---

9 Das Strafgesetzbuch für das Deutsche Reich nebst Einführungsgesetz, herausgegeben und erläutert von Reinhard Frank, 18., neu bearbeitete Aufl., Tübingen 1931, S. 251 f.
10 Vgl. Justiz und Nationalsozialismus, S. 24–27.
11 Gerhard Werle, Justiz-Strafrecht und polizeiliche Verbrechensbekämpfung im Dritten Reich, Berlin/New York 1989, S. 64.
12 Ebenda, S. 70.
13 Ebenda.

ge Druckereien und Auslieferer auszuweichen, um dem immer stärker werdenden Verfolgungsdruck zu entgehen.

Die eilends als Reaktion auf den Brand des Reichstags erlassene Verordnung des Reichspräsidenten zum Schutz von Volk und Staat vom 28. Februar 1933 ist von Ernst Fraenkel treffend als die „Verfassungsurkunde des Dritten Reiches" bezeichnet worden.[14] Sie hob die wichtigsten Freiheitsrechte der Weimarer Verfassung „bis auf Weiteres" auf, konkret also bis zum Ende der NS-Diktatur. Insbesondere wurden die persönliche Freiheit, die Meinungsfreiheit inklusive der Pressefreiheit und die Versammlungs- und Vereinigungsfreiheit suspendiert. Außerdem wurden Hochverratstatbestände, die bisher mit lebenslangem Zuchthaus bedroht waren, nun obligatorisch mit der Todesstrafe bedroht.

Die Aufhebung der persönlichen Freiheit öffnete juristisch das Tor für die Massenverhaftungen von Kommunisten, aber auch von anderen Linken, was die Gründung der Konzentrationslager zur Folge hatte. Die Verordnung gab insbesondere den politischen Polizeibehörden „zur Abwehr kommunistischer staatsgefährdender Gewaltakte" – ein Begriff, der im Folgenden extrem überdehnt und auf alle möglichen Gruppen und Sachverhalte ausgedehnt wurde – die Möglichkeit, Personen unbefristet festzuhalten. Tatsächlich entschied de facto die Gestapo darüber, ob ein politisch Verdächtiger überhaupt vor Gericht angeklagt wurde. Es pendelte sich dabei nach einigem Gerangel die Praxis ein, dass die Polizei Gefangene in der Regel an die Justiz überstellte, wenn genügend Material vorlag, das einen Schuldspruch wahrscheinlich machte. Nichtsdestoweniger wurden insbesondere in den 1930er Jahren politische Häftlinge nach Verbüßung ihrer Haftstrafe von der Gestapo erneut verhaftet und für weitere längere Fristen in KZs verbracht.

Doch zurück zur Rechtsentwicklung: Neben die Verschärfung des materiellen Strafrechts trat der Abbau von Verfahrensgarantien. So wurde durch die VO des Reichspräsidenten zur Beschleunigung des Verfahrens in Hochverrats- und Landesverratssachen vom 18. März 1933[15] der Eröffnungsbeschluss über die Hauptverhandlung in solchen Sachen abgeschafft. Es reichte der Antrag der Staatsanwaltschaft. Außerdem wurde die schon bestehende Praxis der Abgabe vorwiegend minder schwerer Fälle vom Oberreichsanwalt an bestimmte Generalstaatsanwaltschaften verstetigt. Neben dem Reichsgericht urteilte also regelmäßig auch eine Reihe von Oberlandesgerichten in Hochverratssachen.

Nach dem Verbot der SPD am 22. Juni 1933 und der unter Druck erfolgten Selbstauflösung der bürgerlichen Parteien fixierte die Reichsregierung das Resultat mit dem Gesetz gegen die Neubildung von Parteien vom 14. Juli 1933. Dieses von der Regierung erlassene Strafgesetz schrieb das politische Monopol der NSDAP fest und

---

[14] Ernst Fraenkel, Der Doppelstaat, in: Alexander von Brünneck/Hubertus Buchstein/Gerhard Göhler (Hrsg.), Ernst Fraenkel. Gesammelte Schriften, Bd. 2: Nationalsozialismus und Widerstand, Baden-Baden 1999, S. 33–266, hier S. 55.
[15] Vgl. Reichsgesetzblatt (RGBl.), S. 131.

war eigentlich das dritte Diktaturgrundgesetz neben der Reichstagsbrandverordnung und dem Ermächtigungsgesetz. Es war aber in der Praxis von wesentlich geringerer Bedeutung, weil seine Strafbestimmungen nur dort Anwendung finden sollten, wo nicht andere Gesetze schon höhere Strafen androhten, was insbesondere beim Hochverrat der Fall war.[16]

Die massive Verfolgung hatte die politischen Hitler-Gegner dazu gezwungen, auf Stützpunkte im Ausland auszuweichen. Insbesondere die benachbarte tschechoslowakische Demokratie bot mit ihrer großen deutschsprachigen Bevölkerung und einer langen grünen Grenze, über die Schriften geschmuggelt werden konnten, eine wichtige Basis. Das NS-Regime reagierte auf diese Entwicklung mit dem Gesetz zur Gewährleistung des Rechtsfriedens vom 13. Oktober 1933, das die Herstellung und Aufbewahrung hochverräterischer Druckschriften auch im Ausland unter Strafe stellte, ebenso wie deren Einführung. Das Strafmaß konnte bis zur Todesstrafe reichen. Bei der ein halbes Jahr später vollzogenen Zusammenführung und Systematisierung der unübersichtlich gewordenen Reformvorschriften wurde die Bestimmung über die Auslandstaten nicht mehr explizit aufgeführt, jedoch wurde aufgrund anderer Bestimmungen[17] und von der Rechtsprechung jede exilpolitische Tätigkeit gegen das Dritte Reich als strafbar betrachtet. Das hatte für viele politische Emigranten, die durch den Krieg erneut in den Machtbereich der Hitlerdiktatur gerieten, schwerste Folgen.

Der Schlussstein und zugleich der Grundstein für das neue Gebäude der politischen Justiz des NS-Staats wurde mit dem Gesetz zur Änderung von Vorschriften des Strafrechts und des Strafverfahrens vom 24. April 1934 gelegt. Es systematisierte die reformierten Vorschriften der Verratsdelikte und begründete zugleich ein neues, für diese zentral zuständiges Gericht, den Volksgerichtshof.[18]

Es wurden insbesondere alle seit Anfang 1933 eingeführten Strafverschärfungen übernommen, die Möglichkeit der Festungshaft entfiel vollständig. Damit wurde, wie es in der amtlichen Begründung hieß, „für alle, auch entfernteren Vorbereitungshandlungen ein erheblich höherer Strafrahmen als bisher vorgesehen". Er reichte in vielen Fällen bis zur Todesstrafe, die insbesondere während des Kriegs und vor allem in den letzten drei Kriegsjahren häufig verhängt wurde. Neben dem Strafrahmen wurde auch der Tatbestand extensiv ausgedehnt: „Gerade die im Gesetz nicht ausdrücklich aufgeführten Vorbereitungshandlungen umfassen, wie die letzten Jahre gezeigt haben, die große Masse der dem Umsturz dienenden Betätigungen. Sie stehen in ihrer Gefährlichkeit der Aufforderung zum Hochverrat nicht nach."[19] Konkret war hier in erster Linie von den Organisationsversuchen von Kommunisten, Linkssozialisten und Sozialdemokraten und deren illegalen Schriftenvertrieb die

---

16 Vgl. Werle, Justiz-Strafrecht, S. 83 f.
17 Walter Wagner, Der Volksgerichtshof im nationalsozialistischen Staat. Erweiterte Neuausgabe mit einem Forschungsbericht für die Jahre 1974 bis 2010 von Jürgen Zarusky, München 2011, S. 102.
18 Vgl. ebenda, S. 55–57, und Werle, Justiz-Strafrecht, S. 108–134.
19 Zit. nach Zarusky, Einleitung, in: Widerstand als „Hochverrat", S. 18.

Rede, die zu keinem Zeitpunkt eine reale Gefahr für die NS-Diktatur darstellten. Man hat es hier also mit einem totalitären Unterdrückungs- und Strafanspruch im rechtlichen Gewande zu tun.

Mit dem Gesetz von 1934 wurde auch der Volksgerichtshof gegründet, der seine Arbeit im Juli desselben Jahrs aufnahm. Er war ohne Zweifel die zentrale Institution der politischen Justiz des NS-Staats.[20] Obwohl er sich von der Vorgängerinstitution, dem Reichsgericht, das die Kompetenz für Hochverratsverfahren seit seiner Begründung 1879 bis 1934 innegehabt hatte, formal durch ein starkes Laienelement unterschied – die fünfköpfigen Senate urteilten in der Besetzung von zwei Berufs- und drei Laienrichtern, zumeist Angehörige von Polizei, Wehrmacht oder NS-Organisationen –, war er kein Revolutionstribunal, sondern knüpfte zunächst relativ bruchlos an die Judikatur des Reichsgerichts an.

Dieses hatte zwar im Ulmer Reichswehrprozess vom Herbst 1930 drei nationalsozialistische Offiziere wegen Hochverrats zu je 18 Monaten Festungshaft verurteilt, doch weit überwiegend hatte sich seine in der Endphase der Weimarer Republik stark anwachsende Hochverratsjudikatur gegen kommunistische Aktivisten gerichtet, die nach dem Radikalisierungsschub des IV. Weltkongresses der Komintern von 1928 und unter dem Eindruck der Weltwirtschaftskrise besonders offensiv auftraten, während die Nationalsozialisten ihre Diktaturpolitik mit verlogenen Legalitätsbekundungen abschirmten. Das war aber keineswegs die ausschlaggebende Ursache für die Einseitigkeit der politischen Rechtsprechung des Reichsgerichts, das den Begriff des Hochverrats gegenüber den Kommunisten so weit ausdehnte, dass praktisch jede Betätigung für die KPD kriminalisiert werden konnte, was Kritiker als Gesinnungsjustiz bezeichneten.

Es ist schon delikat, dass dieses Gericht noch nachdem die Hitler-Diktatur schon etabliert war, Prozesse gegen Angeklagte durchführte, denen Umsturzversuche gegen die Weimarer Republik vorgeworfen wurden. Nach dem 30. Januar 1933 ging das Reichsgericht bruchlos zur Verurteilung von kommunistischen Gegnern der NS-Herrschaft als „Hochverräter" über und dehnte diese Praxis auch auf andere Gruppen des linken Widerstands aus. Da der allen legalistischen Bindungen grundsätzlich abgeneigte Nationalsozialismus nie eine eigene Verfassung schuf, aber auch die Weimarer Verfassung nie formell außer Kraft setzte, stellt sich die Frage, welchen Verfassungsbegriff die beiden einschlägigen Senate des Reichsgerichts hierbei zugrunde legten. Das Studium der 80 Hochverratsurteile des Reichsgerichts gegen Angehörige des antinazistischen Widerstands zeigt, dass die Richter entweder auf die in ständiger Rechtsprechung getroffene Feststellung vom hochverräterischen Charakter der KPD zurückgriffen oder – mit Hinweis auf die stattgefundene „nationale Revolution" – die Diktatur ohne weiteres akzeptierten. Das Resultat war in der Regel das gleiche. Als etwa der kommunistische Reichstagsabgeordnete Christian Heuck

---

20 Zur Forschungslage vgl. Jürgen Zarusky, Walter Wagners Volksgerichtshofs-Studie von 1974 im Kontext der Forschungsentwicklung, in: Wagner, Volksgerichtshof, S. 993–1023.

zu seiner Verteidigung vortrug, er habe zu einem politischen Streik aufgerufen, nicht um eine kommunistische Diktatur zu errichten, sondern die Rückkehr zu den demokratischen Verhältnissen der Weimarer Republik zu erreichen, wurde ihm vom Reichsgericht auch das als Hochverrat ausgelegt. Wenn der Angeklagte tatsächlich aus diesen Motiven gehandelt haben sollte, wird in dem Urteil vom 27. Juni 1933 ausgeführt, so habe er damit nur günstigere Bedingungen für einen kommunistischen Umsturz schaffen wollen. Da aber schon ganz entfernte Vorbereitungshandlungen den Tatbestand des Hochverrats erfüllten, sei dieser auch angesichts von Heucks Erklärung gegeben.[21] Ein Kommunist, der für die Wiederherstellung der demokratischen Ordnung der Weimarer Verfassung kämpfte – wie glaubwürdig dieses Vorbringen auch immer gewesen sein mag –, machte sich nach Meinung des Reichsgerichts also des Hochverrats schuldig, wörtlich genommen also des Versuchs, die Weimarer Verfassung umzustürzen.

Das Reichsgericht beließ es nicht bei der pauschalen und zuweilen, wie im Falle Heuck, paradoxen Kriminalisierung der Kommunisten, sondern dehnte seine Hochverratsrechtsprechung auch auf die linkssozialistische Sozialistische Arbeiterpartei und bereits im November 1933 auf die SPD, die eigentliche Verfassungspartei der Weimarer Republik, aus, weil deren Exilvertretung erklärt hatte, unter den Bedingungen der Diktatur könne sozialdemokratische Politik nur eine revolutionäre sein. Das oberste deutsche Gericht stellte sich spätestens mit dieser Entscheidung eindeutig auf den Boden der Diktatur.[22]

Die Nationalsozialisten waren mit dem Reichsgericht dennoch nicht zufrieden, was nicht zuletzt an Verlauf und Ausgang des vom 21. September bis 23. Dezember 1933 aufwändig geführten Reichstagsbrandprozesses lag. Der Freispruch der kommunistischen Angeklagten Georgi Dimitroff, Blagoi Popoff, Wassil Taneff – drei bulgarische Kominternfunktionäre – und des KPD-Reichstagsabgeordneten Ernst Torgler konterkarierte die nationalsozialistische Propaganda, die den Brandanschlag als Fanal eines kommunistischen Umsturzversuchs gedeutet hatte. Dass das Reichsgericht den Brandstifter Marinus van der Lubbe zum Tode verurteilte, obwohl dieses Strafmaß für Brandstiftung erst nach der Tat eingeführt worden war, konnte die Nationalsozialisten nicht besänftigen, die unmittelbar nach dem Urteil auf die Schaffung eines politischen Sondergerichts mit Beteiligung von Vertretern der NSDAP und der SA drängten.[23]

---

[21] Reichsgerichts-Urteil 8J 200/33 – XII H 22/33 vom 27.6.1933, in: Widerstand als „Hochverrat" 1933–1945, MF 0619 f. Heuck wurde am 23.2.1934 von einer Gruppe SS-Leute in seiner Zelle im Gefängnis Neumünster ermordet. Vgl. Reimer Möller, Die Morde der SS an den KPD-Funktionären Rudolf Timm und Christian Heuck 1934 in Neumünster, in: Informationen zur Schleswig-Holsteinischen Zeitgeschichte 41/42 (2003) S. 154–165.
[22] Vgl. Zarusky, Einleitung, in: Widerstand als „Hochverrat", S. 19–23.
[23] Ebenda, S. 29 f.

3 Die Hochverräter

Die Frage, wer von der Hochverrats-Judikatur betroffen war, lässt sich knapp beantworten: Die mit Abstand größte Gruppe bildeten die Kommunisten. In der Edition „Widerstand als ‚Hochverrat' 1933 bis 1945" machen Kommunisten aus Deutschland und Österreich mehr als zwei Drittel aller Angeklagten aus. Wenn man die zum Teil monströsen Massenprozesse, die in den 1930er Jahren oft vor Oberlandesgerichten gegen die Gefolgsleute vom Volksgerichtshof verurteilter kommunistischer Anführer stattfanden, dazu nimmt,[24] neigt sich die Waagschale noch weiter auf die Seite der Kommunisten. In der Tatsache, dass sie die zahlenmäßig weitaus größte Gruppe des deutschen Widerstands ausmachen, liegt eine Herausforderung, die die bundesdeutsche Erinnerungskultur bis heute nicht angenommen hat. Zwar wird nicht zu Unrecht argumentiert, hier habe es sich um Anhänger eines stalinistischen Sozialismus-Konzepts gehandelt, das nicht traditionswürdig sei. Allerdings hatten die meisten deutschen Kommunisten eine völlig unrealistische Vorstellung vom Stalinismus. Viele derjenigen, die vor der Gestapo in die Sowjetunion geflohen waren, machten dort nicht nur desillusionierende Erfahrungen, sondern wurden in ihrem Asylland Opfer stalinistischer Verfolgung. Man wird den Kommunisten im Widerstand nicht gerecht, wenn man sie pauschal auf eine Stufe mit den Unterstützern des NS-Regimes stellt, indem man ihnen vorwirft, sie hätten nur für eine andere Diktatur, nämlich diejenige Stalins gekämpft. Zwischen dem Traum von einer idealisierten Sowjetunion und der realen Unterstützung des Hitlerregimes besteht ein erheblicher Unterschied. Als Identifikationsfiguren, wie sie in der Geschichte des Widerstands oft gesucht werden, sind die kommunistischen Hitlergegner indes sicher nicht durchweg geeignet. Man denke dabei etwa an Erich Honecker. Auch der spätere Staats- und Parteichef der DDR, der nach dem Ende der SED-Diktatur wegen der Tötungsverbrechen an deren Grenze strafrechtlich verfolgt wurde, gehört zu den vom Volksgerichtshof verurteilten „Hochverrätern".[25]

Die zweitgrößte Gruppe von Angeklagten bildeten die Angehörigen sozialdemokratischer, gewerkschaftlicher und derjenigen linkssozialistischen Widerstandsgruppen, die später eine Affinität zur SPD entwickelten, wie die ursprünglich von ihr abgespaltenen Sozialistische Arbeiterpartei, in der seinerzeit Willy Brandt eine wichtige Rolle als Exilpolitiker spielte. Diese Fälle treten vor allem in den 1930er Jahren auf. Schon vor Kriegsbeginn hatten die Verfolger die meisten Gruppen des sozialistischen Untergrunds aufgerollt. Die Kommunisten allerdings waren in der Lage, vor allem nach dem Angriff auf die Sowjetunion erneut eine Reihe relativ großer Wi-

---

24 Vgl. z. B. Stephan Stracke, Die Wuppertaler Gewerkschaftsprozesse. Gewerkschaftlicher Widerstand und internationale Solidarität, Bremen 2012.
25 Urteil des Volksgerichtshofs 2H 24/37 – 17J 28/36 vom 8.6.1937 gegen Bruno Baum und Erich Honecker; in: Widerstand als „Hochverrat" 1933–1945, MF 0097 f.; vgl. auch Online-Datenbank De Gruyter: Deutsche Geschichte im 20. Jh.: Nationalsozialismus, Holocaust, Widerstand und Exil 1933–1945 Online, https://www.degruyter.com/view/db/dghfo (letzter Zugriff 25.6.2020).

derstandsnetze aufzubauen. Deren Führungsfiguren wie Robert Uhrig, Bernhard Bästlein, Theodor Neubauer und andere hatten zumeist bereits Justiz- und KZ-Haft hinter sich. Sozialdemokraten finden sich dagegen vor allem im Rahmen eines weiteren großen Komplexes, den rund drei Dutzend Verfahren gegen die Verschwörer des 20. Juli. Männer wie Julius Leber oder Adolf Reichwein bildeten in diesem weit verzweigten Widerstandsnetz allerdings eine Minderheit. Mehrheitlich gehörten dazu Angehörige von Milieus, die das NS-Regime zunächst unterstützt hatten, insbesondere des Militärs und der höheren Beamtenschaft. Dies war einer der Gründe dafür, dass die Prozesse so spektakulär inszeniert wurden.[26]

In diesem Zusammenhang ist oft von Schauprozessen die Rede, doch gibt es trotz des Inszenierungscharakters im Vergleich mit den stalinistischen Schauprozessen einige wesentliche Unterschiede: Erstens handelte es sich nicht um künstliche Inszenierungen; die Taten über die verhandelt wurde, waren real, nicht erfunden. Zweitens war der Ablauf der Prozesse nicht in dem Sinne durchgeplant, dass die Angeklagten auf bestimmte Rollen verpflichtet und zur Selbstbezichtigung gezwungen waren. Manche von ihnen nutzten die Gerichtsverhöre zu Anklagen gegen die Hitler-Tyrannei, wie etwa Ulrich Wilhelm Schwerin von Schwanenfeld, der offen deren „viele Morde" als sein Motiv für den Widerstand benannte und damit einen Wutausbruch Freislers auslöste. Bezeichnend ist, dass die zweiteilige, insgesamt rund dreistündige Filmdokumentation der Prozesse gegen die Verschwörer des 20. Juli als geheime Reichssache behandelt und nicht öffentlich gezeigt wurde – auch das ist nicht typisch für einen Schauprozess. Andererseits wurden zu den Prozessen des 20. Juli Zuschauer abgeordnet, denen die Abrechnung mit den Abtrünnigen vorgeführt wurde. Der spätere Bundeskanzler Helmut Schmidt gehörte zu ihnen.[27]

Eine große öffentliche Inszenierung der Verhandlungen war eher die Ausnahme. Der Prozess gegen die Geschwister Scholl und Christoph Probst trug einige solche Züge. Untypisch war die Eile, mit der der Prozess durchgeführt wurde, flankiert von einer großen Kundgebung, bei der die Studentenschaft ihre Regimeloyalität demonstrierte. Ausschlaggebend hierfür war die Vertrauenskrise, in die das Regime durch die Niederlage in Stalingrad geraten war und deren Reichweite die Münchner Studenten überschätzt hatten.[28]

Eine regelmäßig praktizierte Form der „Öffentlichkeitsarbeit" der politischen Justiz des NS-Staats waren öffentliche Bekanntmachungen über Hinrichtungen in Form leuchtend roter Plakate. Dabei schreckte die NS-Justiz nicht nur nicht vor Todesurteilen gegen Minderjährige zurück, sondern machte sie auch öffentlich bekannt – so etwa im Fall des zum Zeitpunkt seiner Hinrichtung gerade erst 17-jähri-

---

26 Vgl. Arnim Ramm, Der 20. Juli vor dem Volksgerichtshof, Berlin 2007.
27 Transkripte in: von zur Mühlen, Angeklagte des 20. Juli, S. 195–317; vgl. ferner Voigt, „Verräter vor dem Volksgericht", in: ebenda, S. 398–401; Helmut Schmidt, Politischer Rückblick auf eine unpolitische Jugend, in: ders. u. a., Kindheit und Jugend unter Hitler, Berlin 1992, S. 229.
28 Ulrich Chaussy/Gerd R. Ueberschär, „Es lebe die Freiheit!" Die Geschichte der Weißen Rose und ihrer Mitglieder in Dokumenten und Berichten, Frankfurt a. M. 2013.

gen Helmuth Hübener.[29] Er war der Anführer einer kleinen Widerstandsgruppe von Hamburger Jugendlichen gewesen. Ganz ähnliche Gruppen waren etwa zur selben Zeit auch in München und Wien entstanden.[30] Sie alle hatten einen christlichen Hintergrund, hörten sogenannte Feindsender und protestierten gegen Hitlers Krieg. Die meisten ihrer Mitglieder wurden vom Volksgerichthof zu Haftstrafen verurteilt, der Münchner Walter Klingenbeck starb 19-jährig wie Hübener auf dem Schafott.[31]

Die Sichtung der Aktenhinterlassenschaft der politischen Justiz des NS-Regimes eröffnet den Blick auf ein weites Spektrum von Widerstandsgruppen, zu denen auch wenig beachtete oder vergessene zählen wie etwa die Schwarze Front des dissidenten Nationalsozialisten Otto Strasser, der das Netzwerk seiner vorwiegend bürgerlichen Kreisen angehörenden Anhänger aus dem tschechoslowakischen Exil steuerte. Neben dem Verfolgungsdruck führten auch Strassers unklare politische Vorstellungen dazu, dass die Schwarze Front Ende der 1930er Jahre praktisch nicht mehr existierte. Auch Angehörige anderer Nationen, neben den als Reichsangehörigen behandelten Österreichern vor allem Tschechen aus dem sogenannten Reichsprotektorat Böhmen und Mähren, wurden in die Hochverratsjudikatur einbezogen. Juden unterlagen ihr bis zum Sommer 1943, dann wurden sie aus der justitiellen Strafverfolgung ausgegliedert, die noch Reste von Rechtlichkeit hätte gewähren können. Die Strafgewalt gegen Juden lag künftig bei der Polizei.

4 Macht und Widerstand

„Widerstand als ‚Hochverrat'" bezeichnet auch einen Definitionsansatz. Tatsächlich haben die Gesetzesmacher des Dritten Reichs schon frühzeitig einen relativ präzisen Katalog politisch abweichenden Verhaltens entwickelt. Der Tatbestand des „Hochverrats" erfasst darin praktisch jeglichen, und sei es noch so bescheidenen Versuch des Sturzes der Diktatur.[32] Generell bedeutete „Vorbereitung zum Hochverrat" in den meisten Fällen die Bildung größerer oder kleinerer illegaler Gruppen, nicht selten mit Stützpunkten im Ausland, sowie die Verbreitung regimegegnerischen Schrifttums. Über den Zugang zu Machtmitteln, die einen Staatsstreich erlaubt hätten, verfügte nur die vergleichsweise kleine Gruppe von Hitler-Gegnern, die sich seit dem Sommer 1938 herausbildete und die schließlich den Umsturzversuch vom 20. Juli 1944 trug.

---

29 Vgl. das Umschlagbild des Buchs von Ulrich Sander, Jugendwiderstand im Krieg. Die Helmuth-Hübener-Gruppe 1941/42, Bonn 2002.
30 Jürgen Zarusky, Jugendliche Vierergruppen, in: Wolfgang Benz/Walter H. Pehle (Hrsg.), Lexikon des deutschen Widerstandes, Frankfurt a. M. 1994, S. 236–239.
31 Zur Klingenbeck-Gruppe vgl. Jürgen Zarusky, „… nur eine Wachstumskrankheit"? Jugendwiderstand in Hamburg und München, in: Dachauer Hefte 7 (1991), S. 210–229, hier S. 218–229.
32 Vgl. Zarusky, Einleitung, in: Widerstand als „Hochverrat", S. 14–28.

Kritische oder schmähende Äußerungen über das Regime allein erfüllten den Hochverratstatbestand nicht. Sie wurden ab 1933 als „Heimtücke" verfolgt,[33] mit Kriegsbeginn konnte auch der damals neu eingeführte Tatbestand der „Wehrkraftzersetzung"[34] erfüllt sein. Obwohl die Sachverhalte oft kaum auseinanderzuhalten waren, unterschieden sich die Folgen gravierend: „Heimtücke" konnte mit Freiheitsstrafe bis zu fünf Jahren, „Wehrkraftzersetzung" mit dem Tode bestraft werden. Andere benachbarte, aber klar abgegrenzte politische Delikte waren vor allem Landesverrat und „Rundfunkverbrechen". Um der Forderung nach einem relationalen Widerstandsbegriff, der die Interaktion zwischen Regime und Widerstand berücksichtigt, zu entsprechen, bieten Gesetzgebung und Rechtsprechung des NS-Staates einen sehr guten Ansatzpunkt. Der französische Germanist und Historiker Gilbert Merlio hat in Abgrenzung zu anderen Formen politisch abweichenden Verhaltens, die mit Begriffen wie Dissidenz oder Resistenz beschrieben werden, die Machtfrage als Definitionskriterium für Widerstand herausgearbeitet.[35] Genau sie macht auch den Kern des Hochverratstatbestandes aus. Das NS-Regime hat mit großer Konsequenz seine inneren Gegner als Hochverräter behandelt. Es wäre allerdings eine Blickverengung, wollte man behaupten, dass Widerstand und Hochverrat völlig deckungsgleich seien. Es gibt auch Landesverrat als Widerstand, man denke etwa an Hans Oster, der die deutschen Angriffspläne auf die Niederlande verriet,[36] Ilse Stöbe, deren Regimegegnerschaft sie zur Zusammenarbeit mit dem sowjetischen Militärgeheimdienst führte,[37] oder Fritz Kolbe, ebenfalls aus dem Auswärtigen Amt, der mit dem amerikanischen *Office of Strategic Services* kooperierte.[38] Erst in jüngerer Zeit hat auch der Rettungswiderstand, die Hilfe für verfolgte Juden, größere Aufmerksamkeit erhalten.[39] Der rettende Horizont war indes auch hier die Zerschlagung des NS-Regimes.

Die aus verschiedensten Quellen gespeiste Erkenntnis, dass es darauf ankam, dem Nationalsozialismus die Macht zu entreißen, ist das Band, das den politischen

---

33 Bernward Dörner, „Heimtücke": das Gesetz als Waffe. Kontrolle, Abschreckung und Verfolgung in Deutschland 1933–1945, Paderborn 1998.
34 Vgl. Werle: Justiz-Strafrecht, S. 210–214.
35 Gilbert Merlio, Widerstand, Opposition und Resistenz im Nationalsozialismus und in der DDR – Überlegungen zur Begrifflichkeit in vergleichender Absicht, in: Totalitarismus und Demokratie 2 (2005), S. 61–70, hier S. 66 f.
36 Vgl. Romedio Galeazzo von Thun-Hohenstein, Der Verschwörer. General Oster und die Militäropposition, München 1984.
37 Hans Coppi/Sabine Kebir, Ilse Stöbe – Wieder im Amt. Eine Widerstandskämpferin in der Wilhelmstraße, Hamburg 2013; Elke Scherstjanoi, Ilse Stöbe: Verräterin oder Patriotin? Ein Gutachten des Instituts für Zeitgeschichte, in: Vierteljahrshefte für Zeitgeschichte 62 (2014), S. 139–156.
38 Lucas Delattre, Fritz Kolbe. Der wichtigste Spion des Zweiten Weltkriegs, München 2004.
39 Vgl. vor allem das siebenbändige Werk: Wolfgang Benz/Klaus Voigt/Beate Kosmala (Hrsg.), Solidarität und Hilfe für Juden in der NS-Zeit, Berlin 1996–2004; ferner: Wolfgang Benz (Hrsg.), Überleben im Dritten Reich. Juden im Untergrund und ihre Helfer, München 2003; Samson Madievskij, Die anderen Deutschen. Rettungswiderstand im Dritten Reich, Aachen 2008.

Widerstand einigt. Dieser spezifischen Einstellung, die vom NS-Regime als „Vorbereitung zum Hochverrat" kriminalisiert wurde, und für die Zehntausende mit Freiheit, Gesundheit oder gar dem Leben bezahlt haben, sollte in keinem Fall der grundsätzliche Respekt versagt bleiben.

Auf Leben und Tod

Der verlustreiche Kampf der KPD gegen das Dritte Reich

1 Ein problemorientierter Überblick

„Der kommunistische Widerstand gegen das Naziregime spielt in der Erinnerungskultur der heutigen Bundesrepublik nur eine marginale Rolle."[1] Dieser Befund, den Martin Sabrow 2014 verzeichnete, ist ohne Zweifel zutreffend, mit Ausnahme vielleicht des Milieus der Linkspartei. In den üblichen Medien der Memorialisierung – Presse, Rundfunk, Fernsehen, in der Denkmals- und Gedenkstättenlandschaft und bei den Gedenktagen – kommt der Widerstand der deutschen Kommunisten allenfalls am Rande vor.

Das allerdings entspricht keineswegs seinem Stellenwert im Gesamttableau des deutschen Widerstands. Tatsache ist nämlich: Mit großem Abstand waren die meisten Deutschen, die überhaupt politischen Widerstand gegen das NS-Regime geleistet haben, Kommunisten. So stellte etwa Hans-Jochen Vogel in seiner Rede zur Präsentation der Mikrofiche-Edition „Widerstand als ,Hochverrat' 1933–1945" am 6. Juli 1998 im Institut für Zeitgeschichte München–Berlin aufgrund einer Auswertung der Indizes fest: „Bei dem, was landläufig organisierter Widerstand genannt wird, steht der kommunistische Widerstand mit rund 65 Prozent der dokumentierten Fälle mit weitem Abstand an der Spitze. Es folgen der sozialdemokratische Widerstand mit – unter Einbeziehung aus der Sozialdemokratie hervorgegangener oder ihr nahestehender kleiner Gruppen – beinahe zehn Prozent und der bürgerlich-christliche Widerstand mit drei bis fünf Prozent, wobei die Zuordnung zu der zuletzt genannten Gruppe im Einzelfall schwierige Fragen aufwirft."[2] Wenn man die Massenprozesse vor den Oberlandesgerichten in den ersten Jahren der NS-Diktatur mit berücksichtigen würde, würde der Anteil der Kommunisten noch weiter steigen. Sie stellten nicht nur den höchsten Anteil unter den politisch Verfolgten, sie wurden von den Nationalsozialisten auch mit besonderer Brutalität unterdrückt. Schließlich weist der

---

[1] Martin Sabrow, Die vergessene Erinnerung. Kommunistischer Widerstand und kulturelles Gedächtnis, in: Merkur 68 (2014), S. 953–964, hier S. 953.
[2] Hans-Jochen Vogel, „6000 mal Widerstand". Versuch einer historisch-politischen Würdigung der Edition „Widerstand als ,Hochverrat' 1933–1945" im Rahmen der Präsentation dieser Edition am 6.7.1998 in München (unveröffentlichtes Manuskript im Nachlass von Jürgen Zarusky); Jürgen Zarusky/Hartmut Mehringer (Bearb.), Widerstand als „Hochverrat" 1933–1945. Die Verfahren gegen deutsche Reichsangehörige vor dem Reichsgericht, dem Volksgerichtshof und dem Reichskriegsgericht. Mikrofiche-Edition und Erschließungsband, München 1994–1998. Auch Michael Schneider (In der Kriegsgesellschaft. Arbeiter und Arbeiterbewegung 1939 bis 1945, Bonn 2014, S. 1136) stellte fest, die Kommunisten seien „mit Abstand am stärksten im politischen Widerstand gegen das ,Dritte Reich' aktiv" gewesen und hätten die meisten Opfer zu beklagen gehabt.

kommunistische Widerstand die höchste Kontinuität auf. Trotz aller Verfolgungen und historischer Verwerfungen gab es kommunistischen Widerstand in den verschiedensten Formen vom ersten bis zum letzten Tag der NS-Diktatur.

Generell war die Linke insgesamt der „geborene Gegner" der Nationalsozialisten, aber während viele andere kleinere Gruppen zerschlagen wurden und größere sozialdemokratische Organisationsversuche spätestens seit Kriegsbeginn kaum noch zu verzeichnen waren – allerdings gab es durchaus eine nennenswerte sozialdemokratische Beteiligung an der Verschwörung des 20. Juli[3] –, finden wir auf der kommunistischen Seite im Krieg neue Gruppenbildungen. Kommunisten leisteten Widerstand im KZ, in Résistance und Partisanenbewegungen in ganz Europa und wirkten auch noch an Aufständen zur Verhinderung sinnloser Abwehrkämpfe mit.

Dass der kommunistische Widerstand im gesellschaftlichen Gedächtnis heute dennoch weitgehend marginalisiert ist, ist vor allem eine Folge des Zusammenbruchs des SED-Regimes. Zum einen ist damit ein mächtiger Erinnerungs-Agent weitestgehend entfallen, für den die Tradition des kommunistischen Widerstands ein zentrales Element seiner Identitätspolitik war, zum anderen rückte nun – nicht nur in Deutschland – die kommunistische Diktatur und deren Aufarbeitung in den Vordergrund. Dadurch wurden auch westdeutsche historiographische Ansätze der 1970er und 1980er in den Hintergrund gedrängt, die den Widerstand von unten und damit auch den kommunistischen Untergrund in den Blick genommen hatten.[4] Beides zusammenzudenken, fällt unter anderem wegen des vorherrschenden allzu simplen Opfer-Täter-Schemas schwer, und so interessiert etwa, um ein besonders prominentes Beispiel anzuführen, an Erich Honecker seine Rolle als Generalsekretär der SED und als Staatsratsvorsitzender der DDR, nicht aber die als kommunistischer Jugendfunktionär im Widerstand.[5]

Die Frage, ob und gegebenenfalls wie der Widerspruch zwischen der Bedeutung der Kommunisten in der Geschichte des Widerstands und deren Marginalisierung in der Erinnerungskultur auflösbar ist, soll erst am Ende dieses Beitrags wieder aufgegriffen werden. Eine Antwort erfordert zunächst eine Auseinandersetzung mit der Geschichte des kommunistischen Widerstands selbst, die im vorgegebenen Rahmen nur die Form einer problemorientierten Überblicksskizze annehmen kann. Leitende Fragestellungen sind dabei: Wo sind die Wurzeln der außerordentlichen Widerstandsbereitschaft der Kommunisten zu suchen? Wie hat sie sich manifestiert? Welche politischen Situationseinschätzungen und Zielvorstellungen stehen hinter der

---

3 Vgl. beispielhaft Dorothea Beck, Julius Leber. Sozialdemokrat zwischen Reform und Widerstand, Berlin 1983.
4 Zur Forschungsentwicklung vgl. Johannes Tuchel, Möglichkeiten und Grenzen der Widerstandsforschung heute. Einige Überlegungen zur Mikrofiche-Edition Widerstand als „Hochverrat" 1933–1945, in: Horst Möller/Udo Wengst (Hrsg.), 50 Jahre Institut für Zeitgeschichte. Eine Bilanz, München 1999, S. 331–344; Jürgen Zarusky, Tra monumentalità e pluralità. Per una storiografia della resistenza tedesca, in: Contemporanea 9 (2006), S. 116–122.
5 Vgl. Martin Sabrow, Erich Honecker. Das Leben davor 1912–1945, München 2016

kommunistischen Widerstandsstrategie, und wie haben sie sich im Verlauf der zwölf Jahre der NS-Katastrophe gewandelt?

2 Eine zentrale Voraussetzung: Die Sinnwelt des deutschen Kommunismus

Der deutsche Kommunismus ist aus der Spaltung der deutschen sozialistischen Arbeiterbewegung im Zuge der Revolution am Ende des Ersten Weltkriegs hervorgegangen. An der Jahreswende 1918/19 wurde die Kommunistische Partei Deutschlands gegründet, deren Führungsfiguren Karl Liebknecht und Rosa Luxemburg im sogenannten Spartakusaufstand in Berlin am 15. Januar 1919 von rechtsextremen Freikorpsangehörigen ermordet wurden. Die Geschichte der Kommunistischen Partei Deutschlands beginnt, so könnte man sagen, mit ihren Märtyrern. „Die Sache aber, der sie mit unvergleichlicher Eingabe [sic!] dienten, lebt weiter, und auch der Tod der gemeuchelten Kämpfer wird ihr zum Leben", schrieb Clara Zetkin in einer Erinnerungsschrift an Luxemburg, Liebknecht und andere kommunistische Opfer der Revolution.[6] Dass die Verantwortung für die Morde der SPD-Führung angelastet wurde, vertiefte den Graben zwischen den Flügeln der sozialistischen Arbeiterbewegung.

Zu einer Massenpartei wurde die KPD erst im Herbst 1920 infolge der Spaltung der 1917 als kriegsgegnerische Abspaltung von der SPD entstandenen Unabhängigen Sozialdemokratischen Partei über der Frage eines Beitritts zur Komintern. Dabei spielten die Enttäuschung vieler USPD-Mitglieder über die Entwicklung der deutschen Revolution und die proportional dazu wachsende Attraktivität der Sowjetunion eine zentrale Rolle. Symbolisch dafür war, dass auf dem Parteitag in Halle im Oktober von den konkurrierenden Flügeln der USPD der Vorsitzende der Komintern, Grigorij Zinov'ev, und der ins Exil vertriebene Führer der als Menschewiki bezeichneten russischen Sozialdemokraten, Julius Martov, als Redner aufgeboten wurden. Bezeichnend war das vor allem deshalb, weil sich die USPD letztlich an der Frage von Diktatur oder Demokratie spaltete, die aufs engste mit der Bewertung der Sowjetunion sowie der von Lenin formulierten 21 Bedingungen für den Beitritt zur Komintern verknüpft war. Letztere wurden in der USPD von den Gegnern eines solchen Schritts als Mittel einer „Diktatur über das Proletariat" gesehen.[7]

---

[6] Clara Zetkin, Revolutionäre Kämpfe und revolutionäre Kämpfer 1919. Rosa Luxemburg, Karl Liebknecht, Leo Jogiches, E. Leviné, Franz Mehring und all den treuen, kühnen revolutionären Kämpfern und Kämpferinnen des Jahres 1919 zum Gedächtnis, Stuttgart 1920, S. 4.
[7] Vgl. Robert F. Wheeler, USPD und Internationale. Sozialistischer Internationalismus in der Zeit der Revolution, Frankfurt a. M. u. a. 1975; zur Bedeutung der Wahrnehmung der Sowjetunion: Jürgen Zarusky, Die deutsche Sozialdemokratie und das sowjetische Modell. Ideologische Auseinandersetzungen und außenpolitische Konzeptionen 1917–1933, München 1992, S. 104–128.

Durch den Anschluss des linken USPD-Flügels konnte die KPD ihre Mitgliederzahl von circa 78 000 auf 448 500 steigern und damit beinahe versechsfachen.[8] Die damit verbundene Hoffnung der radikalen Linken, die politische Hegemonie innerhalb der Arbeiterschaft zu erringen, sollte sich indes niemals verwirklichen.

Die Orientierung am Modell Sowjetrusslands, wo die sozialistische Revolution angeblich gelungen war, und der Kampf gegen die als Verräter der deutschen Revolution betrachteten Sozialdemokraten waren konstitutive Elemente der KPD. Das ist von zentraler Bedeutung im Hinblick auf die Frage, warum es zu keiner gemeinsamen linken Abwehrfront gegen den Nationalsozialismus kam. Was Kommunisten und Sozialdemokraten trennte, war keineswegs nur die beleidigende und törichte kommunistische Diffamierung der Sozialdemokraten als „Sozialfaschisten" am Ende der Weimarer Republik,[9] sondern der Grundsatzkonflikt um Demokratie und Diktatur sowie die Abhängigkeit der Kommunisten von der sowjetischen, seit Ende der 1920er Jahre stalinistischen Diktatur. Dieser Konflikt war nicht nur theoretisch, sondern mehrfach auch gewaltsam ausgetragen worden, was regelmäßig mit blutigen Niederlagen der radikalen Linken endete – vom Berliner „Spartakusaufstand" im Januar 1919, über die Münchner Räterepublik, den blutigen Ruhrkampf 1920 bis hin zum sogenannten Blutmai 1929. Für die Erfahrung der Gewaltanwendung bei der Unterdrückung kommunistischer Unruhen standen als sozialdemokratische Hassfiguren Reichswehrminister Gustav Noske und Polizeipräsident Karl Zörgiebel, die in der Tat massive Gewaltexzesse politisch zu verantworten hatten.[10]

Mitglieder der KPD empfanden sich als Angehörige einer weltumspannenden, straff organisierten Kampfgemeinschaft mit dem Ziel der Aufhebung der kapitalistischen Klassenherrschaft und damit von Ausbeutung und Not, was ihrer Auffassung nach in der Sowjetunion, ungeachtet vorläufig noch bestehender Widersprüche, schon Wirklichkeit war.[11] Neben dem Kampf für die sozialistische Revolution im eigenen Land war daher der Schutz der UdSSR von zentraler Bedeutung.[12] Angesichts der bereits für die Zeitgenossen verfügbaren Informationen über die sowjetische Realität war dies ein recht naiver und hochideologischer Glaube, aber er ging viel-

---

8 Vgl. Wheeler, USPD, S. 262–264.
9 Vgl. Bernd Faulenbach, Zur Rolle von Totalitarismus- und Sozialfaschismus-„Theorien" im Verhältnis von Sozialdemokraten und Kommunisten in der Weimarer Republik, in: Jahrbuch für Historische Kommunismusforschung 2004, S. 98–110.
10 Vgl. Wolfram Wette, Gustav Noske. Eine politische Biographie, Düsseldorf 1987; Thomas Kurz, „Blutmai". Sozialdemokraten und Kommunisten im Brennpunkt der Berliner Ereignisse von 1929, Berlin/Bonn 1988.
11 Vgl. Bert Hoppe, In Stalins Gefolgschaft. Moskau und die KPD 1928–1933, München 2007, S. 21–29.
12 „Jede Partei, die der Kommunistischen Internationale anzugehören wünscht, ist verpflichtet, jede Sowjetrepublik in ihrem Kampfe gegen die konterrevolutionären Kräfte rückhaltlos zu unterstützen", lautete die 14. der 21 Bedingungen für den Beitritt zur Komintern; vgl. https://www.1000dokumente.de/index.html?c=dokument_ru&dokument=0010_int&object=translation (letzter Zugriff 17.3.2020).

fach mit einer besonderen Sensibilität für soziale Ungerechtigkeit einher. Sowjetromantik und revolutionäre Eschatologie sind zumindest teilweise als Reaktion auf vielfältige soziale Deprivationserfahrungen zu interpretieren, welche die konkrete Utopie zu transzendieren versprach. Daraus erwuchs auch eine spezifische Kraft der Empörung, in der sich Arbeiterradikalismus und Linksintellektualismus vielfach trafen. Allerdings waren dieselben Faktoren auch für gravierende politische Fehleinschätzungen verantwortlich.

3 Die erste Phase: 1933 bis 1935

Besonders schwerwiegend war natürlich die Zuspitzung des kommunistischen Kampfs gegen die Sozialdemokratie im Zeichen der sogenannten Sozialfaschismus-Theorie, die die SPD zum Hauptfeind erklärte und die Kommunisten jeglicher Bündnismöglichkeiten beraubte.[13] Selbst Kontakte des SPD-Vorstandsmitglieds Friedrich Stampfer zur sowjetischen Botschaft an der Jahreswende 1932/33 halfen bei dem Bemühen um eine Art Waffenstillstand mit der KPD angesichts der Gefahr des Nationalsozialismus nichts.[14] Die KPD blieb bei ihrer Taktik der „Einheitsfront von unten", die nichts anderes war, als durch politische Angriffe auf die SPD-Führung einfache Sozialdemokraten zum Parteiwechsel zu bewegen. Die UdSSR stellte sich auf eine baldige Machtübernahme Hitlers ein, die als Durchgangsstadium zum Sieg des Kommunismus in Deutschland betrachtet wurde. Auch mit der Ernennung Hitlers zum Reichskanzler änderte sich daran nichts. Die KPD machte vielmehr die SPD für den Sieg des Faschismus verantwortlich, unter anderem wegen ihres Eintretens für Paul von Hindenburg bei den Präsidentschaftswahlen 1932.[15]

Aufgrund des verstärkten Zustroms von Mitgliedern und Wählern in der Zeit der Weltwirtschaftskrise konnte sich die KPD im Aufschwung fühlen. Doch dieses Gefühl war trügerisch: Erstens war der Aufschwung der NSDAP erheblich stärker, zweitens hatte diese im Unterschied zur KPD politische Bündnispartner, drittens war die soziale Lage der KPD-Mitglieder ausgesprochen prekär. Es waren vor allem Arbeitslose, die ihr zuströmten. Ihre permanente radikale Streikpropaganda hatte daher kaum eine soziale Basis.[16]

Schon in den letzten Jahren der Weimarer Republik war es häufig zu gewaltsamen Zusammenstößen zwischen Kommunisten und Nationalsozialisten gekommen. Mit dem 30. Januar 1933 begann sofort eine massive Verfolgung der Linken, deren volle Wucht sich vor allem nach dem zu Unrecht den Kommunisten angelasteten

---

13 Vgl. Heinrich August Winkler, Der Weg in die Katastrophe. Arbeiter und Arbeiterbewegung in der Weimarer Republik 1930 bis 1933, Berlin/Bonn 1987, S. 874 f.
14 Vgl. Zarusky, Deutsche Sozialdemokratie, S. 284 f.
15 Vgl. Winkler, Katastrophe.
16 Vgl. ebenda, S. 595–604.

Reichstagsbrand vom 27./28. Februar 1933 entfaltete. Die von Präsident Hindenburg erlassene „Verordnung zum Schutz von Volk und Staat" vom 28. Februar 1933 setzte die wesentlichen Grundrechte außer Kraft und schuf damit auch die Basis für unbefristete Inhaftierung ohne gerichtliche Mitwirkung in Form der sogenannten Schutzhaft.[17] Zugleich wurden auch schwerste gewaltsame Übergriffe von Anhängern des NS-Regimes gegen dessen Gegner allenfalls noch in Ausnahmefällen geahndet, und selbst dann konnten die Verurteilten auf schnelle Amnestierung hoffen. In dieser Phase etablierten die Nationalsozialisten das Konzentrationslager als zentrales Herrschaftselement. Etwa 100 000 Menschen wurden im Laufe des Jahres 1933 inhaftiert,[18] wobei man davon ausgehen kann, dass es sich in der Mehrheit um Kommunisten handelte. Circa 600 bis 700 Todesopfer hat der Terror auf der Straße, in den wilden Lagern der SA oder den Konzentrationslagern – hier sind vor allem Oranienburg und Dachau zu nennen – gefordert.[19] Angesichts dieser Erfahrung und des schnellen, gezielten Ausbaus des Repressionsapparats erforderte es eine hohe Überzeugungsstärke und großen Mut, politischen Widerstand gegen die NS-Diktatur zu leisten.

Solche Qualitäten legten bemerkenswert viele Kommunisten an den Tag. Die von der KPD vertretene politische Perspektive hat dazu gewiss beigetragen. Einerseits hatte man schon 1932 mit Vorbereitungen auf die Illegalität begonnen – die allerdings nicht verhindern konnten, dass der Parteivorsitzende Ernst Thälmann schon am 3. März 1933 verhaftet wurde[20] –, andererseits war die Grundhaltung optimistisch. Die KPD erwartete, dass sich die Regierung Hitler nicht lange würde halten können und dass dann ihre Stunde gekommen sei. Allerdings sei dafür ein entschlossener politischer Kampf nötig. Der verbreiteten Auffassung, man könne abwarten, bis Hitler abgewirtschaftet habe, trat die kommunistische Führung entschieden entgegen. In einem Kampfaufruf an alle Mitglieder der KPD und alle revolutionären Arbeiter vom 3. April 1933 begründete sie ihre letztlich zuversichtliche Haltung mit Vergleichen mit der russischen Revolution und mit der Situation bei Ausbruch des Ersten Weltkriegs. Im Juli 1917 habe ebenfalls der Terror gegen die Bolschewiki gewütet, Lenin sei zur Flucht nach Finnland gezwungen worden. Der „Terror der Bourgeoisie" wurde als quasi natürliche Voraussetzung der Revolution gesehen und optimistisch gedeutet:

---

[17] Vgl. Thomas Raithel/Irene Strenge, Die Reichstagsbrandverordnung. Grundlegung der Diktatur mit den Instrumenten des Weimarer Ausnahmezustands, in: Vierteljahrshefte für Zeitgeschichte 48 (2000), S. 413–460, hier S. 417 f.
[18] Vgl. „Im Namen des Deutschen Volkes". Justiz und Nationalsozialismus. Katalog zur Ausstellung des Bundesministers der Justiz, Köln 1989, S. 68.
[19] Vgl. Braunbuch II: Dimitroff contra Göring – Enthüllungen über die wahren Brandstifter, Paris 1934, S. 405–433. Hier werden über 700 von Nationalsozialisten, insbesondere von der SA Ermordete namentlich und unter Hinweis auf Quellen – häufig Zeitungsnachrichten – genannt.
[20] Vgl. http://www.bundesstiftung-aufarbeitung.de/wer-war-wer-in-der-ddr-%2363%3B-1424.html?ID=5281 (letzter Zugriff 17.3.2020).

„Erst unter diesen harten Schlägen des entfesselten faschistischen Terrors werden unsere bolschewistischen Kader zu einem eisernen Sturmtrupp geschmiedet, der die Massen zur siegreichen Revolution führen wird." Pessimismus wurde als verfehlt eingestuft:

> „Mag die Lage in Deutschland gegenwärtig auch düster aussehen, sie läßt sich mit den Augusttagen 1914 nicht vergleichen. Damals war die gewaltige Mehrheit des Volkes und der Arbeiterschaft vom chauvinistischen Rausch erfaßt. Diesmal ist es nur die Hälfte des Volkes, und die Arbeiterschaft ist in ihrer überwältigenden Mehrheit von diesem Gifte nicht angesteckt. Damals war die proletarische Internationale zerfallen, jetzt besteht die mächtige Kommunistische Internationale, geführt von der siegreichen bolschewistischen Partei, eine feste revolutionäre Organisation des internationalen proletarischen Klassenkampfes. Wir werden als deutsche Kommunisten unsere Pflicht tun, wir werden, gestützt auf die Massenkraft des deutschen Proletariats, alle Feinde der Arbeiterklasse schlagen und in nicht ferner Zukunft wird in unseren Straßen Feiertag sein."

Das so hoffnungsfroh ausklingende Manifest wurde als Tarnschrift unter dem Titel „Kunst und Wissenschaft im neuen Deutschland" eines fiktiven Professors Lamberg-Schmidt verbreitet, eine konspirative Technik, die im Dritten Reich nicht nur bei den Kommunisten eine Hochblüte erlebte.[21]

Um für den baldigen Umsturz gerüstet zu sein, versuchten die Kommunisten, ihren ganzen, vielfältig verzweigten Organisationsapparat in den Untergrund zu überführen. Auch wenn man sich dabei um die Umstellung auf konspirative Dreiergruppen bemühte, machte das weitgespannte Netz den kommunistischen Widerstand auch sehr verletzlich. Trotz Umstellung auf ein Zellensystem boten die zentralisierten Untergrundstrukturen der Kommunisten infolge ihres offensiven Aktionismus den Verfolgern zahlreiche Angriffspunkte, nicht zuletzt durch den Einsatz von V-Leuten.[22] Dennoch konnte sich die KPD zunächst in einem erstaunlichen Maße behaupten. Trotz der Massenverhaftungen und der Festnahme wichtiger Führungsmitglieder – so Ernst Thälmann im März und sein Stellvertreter John Schehr im November 1933[23] – ging das preußische Geheime Staatspolizeiamt im Oktober 1934 von

---

21 Professor Lamberg-Schmidt, Kunst und Wissenschaft im neuen Deutschland (Tarnschrift 0001); Online-Datenbank De Gruyter: Deutsche Geschichte im 20. Jh.: Nationalsozialismus, Holocaust, Widerstand und Exil 1933–1945 Online, https://www.degruyter.com/view/db/dghfo (letzter Zugriff 26.6.2020). Dokument-ID: BTS-0002. Ursprünglich veröffentlicht in: Tarnschriften 1933 bis 1945. Mikrofiche-Ausgabe unter Verwendung von Heinz Gittig, Bibliographie der Tarnschriften 1933 bis 1945, München u. a. 1996.
22 Vgl. Hartmut Mehringers paradigmatische Analyse des Spitzels „Theo" im Münchner Untergrund: Hartmut Mehringer, Die KPD in Bayern 1919–1945. Vorgeschichte, Verfolgung und Widerstand, in: Martin Broszat/Hartmut Mehringer (Hrsg.), Bayern in der NS-Zeit, Bd. 5: Die Parteien KPD, SPD, BVP in Verfolgung und Widerstand, München 1983, S. 1–286, hier S. 148–159. Allgemein vgl. Walter O. Weyrauch, Gestapo-V-Leute. Tatsachen und Theorien des Geheimdienstes. Untersuchungen zur Geheimen Staatspolizei während der nationalsozialistischen Herrschaft, Frankfurt a. M. 1989.
23 Zu Schehr vgl. https://www.bundesstiftung-aufarbeitung.de/de/recherche/kataloge-datenbanken/biographische-datenbanken/john-schehr (letzter Zugriff 17.3.2020). Er wurde gemeinsam mit drei weiteren Kommunisten in der Nacht vom 1. auf den 2.2.1934 erschossen.

„schätzungsweise 50 000 kassentechnisch erfassten Mitgliedern der KPD" aus und verzeichnete „ein ständig fortschreitendes Anwachsen der kommunistischen Bewegung fast in allen Teilen des Reiches".[24]

Letztlich aber war das nur ein Sich-Aufbäumen ohne Durchschlagskraft. Die andauernden Aufdeckungen konspirativer Organisationen und Verhaftungen von Untergrundfunktionären zogen das illegale KPD-Netzwerk immer mehr in Mitleidenschaft. Die ausdifferenzierte Organisation schmolz zusammen, weil Aktivisten etwa der Revolutionären Gewerkschaftsopposition oder des Kommunistischen Jugendverbands als Untergrundfunktionäre für den eigentlichen Parteiapparat benötigt wurden. „Ein Menschenleben galt in diesen Tagen als gut verbracht, wenn es in einem Vierteljahr illegaler Arbeit gipfelte und allzu oft auch abschloß", erklärte in der Rückschau ein Mitarbeiter der Parteiführung.[25]

Diese spaltete sich im Frühjahr 1933 in eine Inlands- und eine Auslandsleitung auf. Wilhelm Pieck, Franz Dahlem und Wilhelm Florin bildeten einen Stützpunkt in Paris; Walter Ulbricht und die übrigen Politbüromitglieder kamen im Herbst nach, bis auf John Schehr, der im Lande blieb, aber, wie erwähnt, bald verhaftet und ermordet wurde.[26]

Die brutalen Verfolgungen dezimierten einerseits den kommunistischen Widerstand, sie waren aber auch ein Ansporn für die illegale Arbeit. Berichte darüber waren regelmäßiger Bestandteil der Untergrundpublikationen. Besondere Bedeutung kommt dabei einer frühen Aufklärungsschrift über die Konzentrationslager in Deutschland zu, der Broschüre „Im Mörderlager Dachau" des Reichstagsabgeordneten und südbayerischen KPD-Vorsitzenden Hans Beimler. Er war am 11. April 1933 verhaftet und am 25. April ins KZ Dachau verbracht worden, wo er Opfer und zugleich Zeuge schrecklicher Folterungen wurde. Sein Genosse, der Landtagsabgeordnete Fritz Dressel, wurde dadurch in den Suizid getrieben. Mehrere andere Kommunisten, wie Sepp Götz, ebenfalls Mitglied des Landtags, wurden erschossen. Beimler gelang es, in der Nacht vom 8. auf den 9. Mai zu fliehen und nach München zu kommen, von von dort gelangte er mit Hilfe des sogenannten Militärapparats der KPD nach Moskau, wo sein Bericht in mehreren Sprachen publiziert wurde.[27]

Andere Publikationen wurden mit sehr beschränkten Mitteln hergestellt, etwa die „Neue Zeitung" der Münchner KPD. Die Septemberausgabe 1933 dieses hektogra-

---

[24] Bericht des Geheimen Staatspolizeiamtes: Die kommunistische Bewegung in Deutschland, Stand November 1934, S. 7; Online-Datenbank De Gruyter: Deutsche Geschichte im 20. Jh.: Nationalsozialismus, Holocaust, Widerstand und Exil 1933–1945 Online, https://www.degruyter.com/view/db/dghfo (letzter Zugriff 25.6.2020), Dokument-ID: rk126.
[25] Rudolf Schlesinger, zit. nach Beatrix Herlemann, Der deutsche kommunistische Widerstand während des Krieges, Berlin 1989, S. 4.
[26] Vgl. Michael Schneider, Unterm Hakenkreuz. Arbeiter und Arbeiterbewegung 1933 bis 1939, Bonn 1999, S. 795.
[27] Vgl. Hans Beimler, Im Mörderlager Dachau. Um eine biographische Skizze ergänzt von Friedbert Mühldorfer, Köln 2012.

phierten illegalen Organs enthielt einen Bericht über die Inszenierung der Erschießung „auf der Flucht" und über den körperlichen Zustand des Reichstagsabgeordneten Franz Stenzer nach einigen Monaten Lagerhaft: „Genosse Franz Stenzer war ungefähr 33 Jahre alt. Als er nach Dachau kam, hatte er das Gewicht von 174 Pfund, und mit 85 Pfund wurde er zu Grabe getragen. Die faschistischen Mörder haben unseren Genossen buchstäblich zu Tode gemartert."[28]

Mitteilungen über Verfolgungen und Verhaftungen nahmen einen bedeutsamen Platz in der kommunistischen Untergrundpublizistik ein, die allerdings kaum über das traditionelle linksradikale Milieu hinaus wahrgenommen wurde. Die engmaschige Kommunikationskontrolle des NS-Regimes, aber auch der doktrinär-pathetische Sprachduktus der kommunistischen Publikationen, der zuweilen selbst von Anhängern der KPD als ungeeignet empfunden wurde, mögen dazu beigetragen haben.[29]

Die politischen Anforderungen, die die KPD an sich selbst und die breitere Arbeiterschaft richtete, zeichneten sich häufig durch einen schweren Mangel an Realismus aus. So enthielt die Resolution des Präsidiums des Exekutivkomitees der Kommunistischen Internationale (EKKI) vom 1. April 1933 teilweise recht fragwürdige Weisungen für den Kampf gegen die NS-Herrschaft, etwa, wenn es hieß: „Es gilt vor allem solche Kampfformen zu wählen, die der heutigen Situation am meisten entsprechen (Massenversammlungen, Wahl von Massendelegationen, kurze Demonstrationen, Proteststreiks, politische und kurzfristige Streiks usw.)". Außerdem sollten die kommunistischen Reichstagsabgeordneten verpflichtet werden, die Tribüne des Reichstags soweit irgend möglich zu nutzen und „ihren Abgeordnetentitel zur Festigung der Verbindungen mit den Arbeitermassen auszunützen"[30] – all das eine Woche nach der Abstimmung über das Ermächtigungsgesetz, an dem wegen des massiven Verfolgungsdrucks schon kein einziger der 81 KPD-Abgeordneten mehr hatte teilnehmen können, so dass die SPD-Fraktion als einzige gegen die Übertragung der parlamentarischen Gesetzgebungskompetenz auf die Regierung Hitler stimmte! In einem als Tarnschrift verbreiteten Offenen Brief des Zentralkomitees der KPD vom Juni 1933 an alle sozialdemokratischen Arbeiter Deutschlands wurden ähnlich realitätsblind als Kampfaufgaben unter anderem die Durchführung von „Betriebsversammlungen während der Arbeitszeit" und „befristete politische Massenstreiks" sowie Massendemonstrationen in den Städten vorgeschlagen[31] – als ob

---

28 IfZ-Archiv Fa 316, Neue Zeitung, September 1933, S. 4.
29 Vgl. z. B. das Interview von Hannes Otter mit Hans Gasparitsch in der Reihe „Zeitzeugen. Gespräche mit ehemaligen Häftlingen des Konzentrationslagers Dachau", das sich im Archiv der KZ-Gedenkstätte Dachau findet.
30 Hermann Weber/Bernhard H. Bayerlein/Jakov Drabkin (Hrsg.), Deutschland, Russland, Komintern – Dokumente (1918–1943), München 2015, Bd. 2, S. 984.
31 Die Deutsche Arbeitsfront. Führer durch den Aufbau der Arbeiter- und Angestelltensäule der Deutschen Arbeitsfront (Tarnschrift 0002), S. 12; Online-Datenbank De Gruyter: Deutsche Geschichte im 20. Jh.: Nationalsozialismus, Holocaust, Widerstand und Exil 1933–1945 Online, https://www.degruyter.com/view/db/dghfo (letzter Zugriff 25.6.2020).

nicht längst ein flächendeckendes System der brutalen Unterdrückung in Deutschland geherrscht hätte! Es ist wenig überraschend, dass dieser wirklichkeitsfremde Offensivkurs keine Resonanz fand. Auch wenn in den Lageberichten der Gestapo aus jener Zeit die Befürchtung zum Ausdruck gebracht wurde, politische Streiks könnten aufflackern,[32] so war diese Gefahr doch eher hypothetischer Natur. Es kam zwar durchaus zu Streiks im Dritten Reich, aber sie gingen kaum je über die betriebliche Ebene hinaus und hatten ausschließlich Arbeitsbedingungen, nicht die politischen Verhältnisse zum Gegenstand.[33] In den Textilbetrieben von Wuppertal und Umgebung gelang es der KPD allerdings im Sommer 1934 vor dem Hintergrund sich verschlechternder Lebensverhältnisse, ein Netzwerk illegaler Gewerkschaftsgruppen auf den Weg zu bringen. Es brachte eigene Zeitungen heraus und organisierte sogar zwei Kurzstreiks. Ihm gehörten nicht nur Kommunisten, sondern auch Sozialdemokraten, Gewerkschafter und Nichtorganisierte an. Es wurde jedoch schon Anfang 1935 aufgerollt; mehr als 1200 Personen wurden verhaftet und über 600 vom Volksgerichtshof beziehungsweise vom Oberlandesgericht Hamm wegen Vorbereitung zum Hochverrat zu oft mehrjährigen Haftstrafen verurteilt.[34]

Der Hochverratsparagraph war in einer Serie eiliger Novellierungen nach Hitlers Machtantritt zum zentralen justitiellen Instrument der Widerstandsbekämpfung ausgestaltet worden. Zuständig war das Reichsgericht, ab Juli 1934 der Volksgerichtshof. Minder schwere Fälle konnten an bestimmte Oberlandesgerichte abgegeben werden.[35] Häufig wurden Hauptverantwortliche vor dem Volksgerichtshof angeklagt, Gefolgsleute aber vor dem regional zuständigen Oberlandesgericht, was nicht selten in Massenprozesse mit Dutzenden von Angeklagten mündete. In vielen Fällen endete die Verfolgung nicht mit der Haftstrafe, denn häufig verbrachte die Gestapo die Betreffenden dann in Konzentrationslager. Für einige Verurteilte konnte eine solche Gefangenschaft sogar bis Kriegsende dauern, falls sie bis dahin überhaupt überlebten.

4 Die zweite Phase: 1935 bis 1939

Etwa Mitte 1934 setzte ein gradueller Umorientierungsprozess der KPD ein. Der Revolutionsoptimismus hatte sich nicht bewahrheitet. In Frankreich hingegen war es zu einer spontanen Kooperation von Sozialisten und Kommunisten bei der Abwehr eines rechtsextremen Umsturzversuchs im Februar 1934 gekommen, und im Juli

---

32 Vgl. Kommunistische Bewegung in Deutschland, S. 7.
33 Vgl. Günter Morsch, Streik im „Dritten Reich", in: Vierteljahrshefte für Zeitgeschichte 36 (1988), S. 649–689.
34 Vgl. http://www.gewerkschaftsprozesse.de/index.php (letzter Zugriff 17.3.2020)
35 Vgl. Jürgen Zarusky, Einleitung zu Widerstand als „Hochverrat" 1933–1945. Erschließungsband zur Mikrofiche-Edition, München 1998, S. 14–38.

schlossen die beiden Parteien ein formales Bündnis. Es wurde zu einer zentralen Voraussetzung für die Bildung der Volksfront bei einer Massenkundgebung am 14. Juli 1935. Auf ihrer Basis übernahm ein knappes Jahr später die Regierung Léon Blum die Macht.[36] Im Juli 1934 kam es an der Saar zu einem Einheitsfrontabkommen zwischen Sozialdemokratie und KPD im Hinblick auf die bevorstehende Abstimmung über die Rückkehr des seit 1920 unter Völkerbundsverwaltung stehenden Saarlands zum Deutschen Reich. Etwa seit 1933 hatte die KPD die wenig realistische Parole von einem „Roten Saargebiet in einem sozialistischen Rätedeutschland" vertreten, bis Mitte 1934 solche Illusionen der Einsicht gewichen waren, dass es darum ging, die Auslieferung der Saar an Hitler zu verhindern. Die Sozialfaschismusthese, die jeglicher Zusammenarbeit mit der SPD im Wege stand, wurde nun ad acta gelegt. Allerdings war die Rückkehrbereitschaft der Saarländer groß, und die Etablierung der NS-Diktatur wirkte auf viele keineswegs abschreckend, im Gegenteil. Außer den beiden Arbeiterparteien trat nur ein kleiner katholischer Zirkel um den späteren Ministerpräsidenten Johannes Hoffmann für die Aufrechterhaltung des Status quo ein. Die bürgerlichen Parteien hatten sich mit der NSDAP zu der schnell von dieser dominierten „Deutschen Front" verbunden. Auch die Kirchen traten für die Rückkehr ins Reich ein. Am 13. Januar 1935 entschieden sich 90,8 Prozent für die „Heimkehr ins Reich". Sozialdemokraten und Kommunisten konnten noch nicht einmal ihre Stammwählerschaft für den Status quo gewinnen.[37] Damit war eine letzte legale Position in Deutschland verloren, und ein Exodus von Aktivisten und Führungsfiguren der Linken setzte ein.

Der VII. und letzte Weltkongress der Komintern im August 1935 markierte die definitive Wende vom Sozialfaschismus- zum Volksfrontkurs. Nachdem die Kommunisten jahrelang versucht hatten, einfache Sozialdemokraten zur Abkehr von ihren angeblich „rechten Führern" zu bewegen, erklärte der Komintern-Vorsitzende Georgi Dimitroff,[38] der durch sein mutiges Auftreten im Reichstagsbrandprozess zu einer weltbekannten Führungsfigur geworden war, nun: „Ist es nicht klar, daß gemeinsame Aktionen der Anhänger der Parteien und Organisationen der zwei Internationalen – der Kommunistischen Internationale und der II. Internationale – den Massen die Abwehr des faschistischen Ansturms erleichtern und das politische Gewicht der Arbeiterklasse erhöhen würden?"[39] Die aus konspirativen Gründen sogenannte Brüsseler Konferenz, die tatsächlich vom 3. bis 15. Oktober in Kunzewo bei Moskau stattfand, vollzog die Wende der Komintern nach. Der Sozialfaschismus-Kurs wurde nun selbstkritisch bewertet. Zugleich wurde eine organisatorische Umstellung be-

---

36 Vgl. Julius Braunthal, Geschichte der Internationale, Bd. 2, Berlin/Bonn 1978, S. 437–460.
37 Vgl. Patrik von zur Mühlen, Schlagt Hitler an der Saar! Abstimmungskampf, Emigration und Widerstand im Saargebiet, 1933–1935, Bonn 1979; Gerhard Paul, „Deutsche Mutter, heim zu Dir!" Warum es mißlang, Hitler an der Saar zu schlagen. Der Saarkampf 1933–1935, Köln 1984.
38 Vgl. Georgi Dimitroff. Tagebücher 1933–1943, hrsg. von Bernhard Bayerlein, 2 Bde., Berlin 2000.
39 So https://www.marxists.org/deutsch/referenz/dimitroff/1935/bericht/ch2a.htm#s1 (letzter Zugriff 6.4.2020).

schlossen, denn der enorme Verfolgungsdruck hatte die Reihen des kommunistischen Untergrunds bereits stark gelichtet. Die illegale Arbeit im Land wurde dezentralisiert und sollte von den Abschnittsleitungen geführt werden, die in den Anrainerstaaten des Reichs stationiert waren. Die kommunistische Politik löste sich allerdings mit diesem Kurswechsel keineswegs aus ihren inneren Widersprüchen: „Es erschien geradezu paradox, daß die KPD nun für den Kampf um ‚alle demokratischen Rechte und Freiheiten' und um jeden ‚Fetzen der bürgerlichen Demokratie' eintrat, während sie immer noch darauf bestand, dass der sozialdemokratische Weg des friedlichen Kampfes um demokratische Rechte in der Vergangenheit falsch gewesen sei.", schrieb Horst Duhnke in seiner Pionierstudie.[40]

Das Geflecht des kommunistischen Widerstands samt seiner inneren Widersprüche wird am Schicksal Otto Kropps deutlich, eines jungen, 1907 geborenen Kommunisten, der von Anfang an in der illegalen Arbeit tätig gewesen war.[41] Im Mai 1933 hatte er aus Wuppertal ins Amsterdamer Exil flüchten müssen. Dort wurde er im August 1934 vom Leiter des Grenzabschnitts August Creutzburg beauftragt, als Instrukteur die Untergrundorganisation in Essen neu aufzubauen, was er mit einem gewissen Erfolg tat. Seinen Unterhalt finanzierte er durch Parteibeiträge. Als das schwierig wurde und er sich gefährdet fühlte, weil er zwischenzeitlich im Untergrund eine gewisse Bekanntheit erworben hatte, kehrte er im Februar 1935 nach Amsterdam zurück. Sein dortiger neuer Ansprechpartner, Philipp Daub, schickte ihn indes im März nach Essen zurück. Im Mai wurde die Essener Bezirksleitung verhaftet, Kropp floh nach Amsterdam und wurde bald in Köln anstelle eines gefährdeten Gebietsinstrukteurs eingesetzt. Bis Januar 1936 hatte Kropp nicht unerhebliche Erfolge beim Neuaufbau des kommunistischen Untergrunds, der Herausgabe von insgesamt drei illegalen Schriften und der Kontaktaufnahme mit dem nichtkommunistischen Untergrund zu verzeichnen. Kropp folgte also der neuen Volksfrontstrategie. Die Vorlagen für die Untergrundpublikationen erhielt er zumindest teilweise aus Amsterdam. Im März 1936 wurde Kropp verhaftet und am 15. Januar 1937 vom Volksgerichtshof zum Tode verurteilt. Am 25. Mai 1937 wurde er in Plötzensee hingerichtet. Kurz zuvor war er 30 Jahre alt geworden.

Kropps Mitangeklagter Ulrich Osche wurde zu 15 Jahren Zuchthaus verurteilt. 1943 wurde er aus der Strafhaft ins KZ Buchenwald verbracht, wo er die Befreiung erlebte. Osche machte in der DDR Karriere im Anzeigenwesen. Von 1959 bis 1974 war er Leiter der Deutschen Werbe- und Anzeigengesellschaft.[42] Auch Philipp Daub, Kropps zweiter Abschnittsleiter, brachte es in der DDR zu Amt und Würden. Ihm war

---

40 Horst Duhnke, Die KPD von 1933 bis 1945, Köln 1972, S. 167.
41 Das Folgende stützt sich auf: Urteil des Volksgerichtshofs 2 H 48/36, in: Widerstand als „Hochverrat", MF 0071 f.; Luise Kraushaar, Deutsche Widerstandskämpfer 1933–1945. Biographien und Briefe, Berlin 1970, Bd. 1, S. 531 ff.; http://www.dkp-koeln.de/index.php/geschichte-dkpkoeln/58-otto-kropp (letzter Zugriff 6.4.2020).
42 Zu Osche vgl. http://www.bundesstiftung-aufarbeitung.de/wer-war-wer-in-der-ddr-%2363%3B-1424.html?ID=2575 (letzter Zugriff 6.4.2020).

nach zweijähriger Internierung in Frankreich die Emigration in die USA geglückt. Von 1950 bis 1961 war er Oberbürgermeister von Magdeburg. Seine Stellung als Leiter der Kaderabteilung beim Zentralkomitee der SED, der er von 1948 bis 1950 vorstand, hatte er wegen seiner verdächtigen Vergangenheit als Westemigrant verloren.[43]

August Creutzburg, Kropps erster Abschnittsleiter, war Anfang 1935 in den Niederlanden verhaftet und abgeschoben worden und gelangte danach in die Sowjetunion. Dort geriet er unter den Verdacht der Verletzung konspirativer Regeln und parteifeindlicher Äußerungen und musste sich einer Prüfung durch eine Kommission unterziehen, der unter anderem Herbert Wehner angehörte. Diese kam zu dem Ergebnis, er habe in Holland die Konspiration nicht genügend gewahrt und unverantwortliche Gespräche geführt. Sie empfahl einen Parteiverweis und die Entfernung Creutzburgs von seiner Stelle bei der Revolutionären Gewerkschaftsinternationale, die im April 1936 auch erfolgte.[44] Anschließend arbeitete er als Redakteur beim Deutschen Staatsverlag in Engels (Saratov) in der Autonomen Republik der Wolgadeutschen. Ende 1937 hatte er sich massiver öffentlicher politischer Beschuldigungen zu erwehren.[45] Seine Rechtfertigungsversuche blieben erfolglos. Am 8. Februar 1938 wurde er vom NKVD verhaftet und am 28. Oktober 1938 vom Militärkollegium des Obersten Gerichts wegen „Beteiligung an Spionage und terroristischer Tätigkeit" zum Tode verurteilt.[46] Dem lag eine fantastische Geschichte zugrunde, der zufolge Creutzburg schon in der Weimarer Republik Trotzkist gewesen sei und sich 1933 von der Gestapo habe anwerben lassen, als deren Handlanger den Stalinisten die Trotzkisten galten.[47] Seine Strafe wurde in 25 Jahre Lagerhaft umgewandelt, jedoch fiel er im September 1941 an seinem Haftort Orjol einem der Gefängnismassaker zum Opfer, bei dem der NKVD angesichts des Angriffs der deutschen Wehrmacht Tausende von politischen Gefangenen ermordete.[48] Eine offizielle Stellungnahme Walter Ulbrichts als Vertreter der KPD beim EKKI vom 14. April 1941, in dem er die Vorwürfe gegen Creutzburg als haltlos einstufte,[49] war wirkungslos geblieben.

---

43 Zu Daub vgl. http://www.bundesstiftung-aufarbeitung.de/wer-war-wer-in-der-ddr-%2363%3B-1424.html?ID=538 (letzter Zugriff 6.4.2020).
44 Zu Creutzburg vgl. Martin Creutzburg, August Otto Creutzburg (1892–1941). Der Lebensweg eines deutschen Kommunisten, in: Jahrbuch für Forschungen zur Geschichte der Arbeiterbewegung 2004, S. 78–98; Russisches Staatsarchiv für Sozial-Politische Geschichte, f. 405, op. 205 (Kaderakten KPD), d. 6399, Kaderakte Creutzburg, S. 65 f.
45 Vgl. ebenda, S. 97–103.
46 So http://www.bundesstiftung-aufarbeitung.de/wer-war-wer-in-der-ddr-%2363%3b-1424.html?ID=4158 (letzter Zugriff 6.4.2020).
47 Vgl. http://stalin.memo.ru/names/index.htm; Spravka Kriger-Krejcburg (letzter Zugriff 6.4.2020).
48 Russisches Staatsarchiv für Sozial-Politische Geschichte, f. 405, op. 205 (Kaderakten KPD), d. 6399, Kaderakte Creutzburg, S. 97–103.
49 Ebenda, S. 105.

Der Schatten des Stalinismus lag stets über dem kommunistischen Widerstand. Die 1936 begonnene Serie der Moskauer Schauprozesse und die damit verbundene Propaganda spaltete die Linke einmal mehr. Sie waren ein wichtiger Grund für das Scheitern der Ende 1935 im Pariser Exil begonnenen Bemühungen um die Schaffung einer deutschen Volksfront. Im April 1937 stellte der sogenannte Lutetia-Kreis seine Tätigkeit ein. Bis dahin war der Ausschuss zur Vorbereitung einer deutschen Volksfront – so die offizielle Bezeichnung – mit einer Reihe von Aufrufen, insbesondere zum Schutz der politisch Verfolgten in Deutschland hervorgetreten, ohne sich aber auf eine gemeinsame politische Konzeption einigen zu können.[50] Die Diffamierung von Linkssozialisten als trotzkistische Gestapo-Agenten, eine Folge des ersten großen Moskauer Schauprozesses vom August 1936, tat das Ihre zur Vergiftung des Klimas.

Während der Prozess mit großem Getöse inszeniert worden war, blieben die Massenverfolgungen des Großen Terrors der Öffentlichkeit weitestgehend verborgen. Zu den Opfern gehörten auch jene annähernd 4000 deutschen Kommunisten, die 1937/38 zum Tode oder zu Haftstrafen verurteilt oder nach Deutschland ausgewiesen wurden.[51] Der erfolgreiche, im Pariser Exil tätige KPD-Propagandist Willi Münzenberg, war kundig genug, nach seiner leisen Kritik am ersten Schauprozess nicht mehr nach Moskau zu reisen, und brach schließlich im März 1939 mit der KPD.[52] Doch die meisten deutschen Kommunisten, ob im Exil oder im Reich, hielten an ihrem Glauben an Stalin fest und übernahmen die sowjetoffizielle Deutung der Schauprozesse. So hieß es etwa in einem im August 1938 in Hamburg verbreiteten kommunistischen Flugblatt: „Mit großer Beruhigung nimmt die rev[olutionäre] Hamburger Arbeiterschaft von der Verkündung der Todesurteile gegen die Trotzkistischen Meuchelmörder Kenntnis. [...] Jedes andere Urteil, als die Todesstrafe durch Erschießen, hätte die Hamburger Arbeiterschaft nicht verstanden und der Gegner als Schwäche ausgelegt. Es lebe die Sowjetunion und sein [sic!] glorreicher Führer Stalin."[53]

Die ideologische Geschlossenheit und die Organisationsdisziplin der Kommunisten, die solche Ungeheuerlichkeiten hervorbrachten, bildeten zugleich eine Quelle ihrer Widerstandskraft. Noch in den Konzentrationslagern bewährte sie sich. In vielen KZ führten Kommunisten einen Kampf um Funktionsstellen der inneren Lagerverwaltung und konnten so einen gewissen Einfluss auf die Verhältnisse in den Lagern ausüben.[54] Über diese Vorgänge herrschen zum Teil recht klischeehafte Vor-

---

50 Zur Volksfront vgl. die umfassende Dokumentation von Ursula Langkau-Alex, Deutsche Volksfront 1932–1939. Zwischen Berlin, Paris, Prag und Moskau, 3 Bde., Berlin 2004/2005.
51 Vgl. Alexander Vatlin, „Was für ein Teufelspack" Die Deutsche Operation des NKWD in Moskau und im Moskauer Gebiet 1936 bis 1941, Berlin 2013, S. 22 f., eine tabellarische Übersicht über die Opfer im Moskauer Gebiet auf S. 299–327.
52 Vgl. Babette Gross, Willi Münzenberg. Eine politische Biographie, Stuttgart 1967, S. 246–332.
53 Das Flugblatt ist wiedergegeben im Urteil 2 H 86/38 – 14J 629/37g des Volksgerichtshofs vom 14.2.1939 gegen Richard Bähre u. a., in: Widerstand als „Hochverrat", MF 0467 ff., S. 24 f.
54 Zu damit verbundenen Auseinandersetzungen im KZ Buchenwald, wo besonders viele prominente deutsche Kommunisten gefangen waren, vgl. David A. Hackett (Hrsg.), Der Buchenwald-Report. Bericht über das Konzentrationslager Buchenwald bei Weimar, München 2002, S. 293 f.

stellungen. „Rote Kapos nutzten ihre privilegierte Stellung zur Rettung eigener Kader, vor allem aber zur Liquidierung angeblicher Abweichler und Verräter", heißt es etwa in der Ankündigung einer Fernsehdokumentation.[55] Auch wenn die Kommunisten tatsächlich – wie jede andere Gruppe – vorrangig die eigenen Mitglieder schützten und Abweichler bekämpften, was unter KZ-Bedingungen für diese lebensgefährlich sein konnte, galt die Hauptstoßrichtung des Lagerwiderstands doch dem Überleben. Der Buchenwald-Häftling Eugen Kogon hat dabei die Rolle der Kommunisten in den Lagern insgesamt recht positiv bewertet: „Das Verdienst der Kommunisten um die KL-Gefangenen kann kaum hoch genug eingeschätzt werden. In manchen Fällen verdanken ihnen die Lagerinsassen buchstäblich die Gesamtrettung, wenn auch die Beweggründe selten reiner Uneigennützigkeit entsprangen, sondern meist dem Gruppen-Selbsterhaltungstrieb, an dessen positiven Folgen dann manchmal eben ein ganzes Lager teilnahm."[56]

Disziplin und Kampfbereitschaft der deutschen Kommunisten zeigte sich auch, als im Sommer 1936 ein Putschversuch rechtsextremer Offiziere den Spanischen Bürgerkrieg auslöste. Hier schien sich ein Kampfplatz zu eröffnen, auf dem man dem Faschismus eine bewaffnete Niederlage beibringen konnte. Etwa 5000 deutsche Freiwillige – weit überwiegend Kommunisten – schlossen sich den Internationalen Brigaden an; etwa 2000 fielen im Kampf auf der Seite der Republik. Viele waren bereits aus dem Exil gekommen, aber auch im deutschen Untergrund liefen Anwerbeaktionen.[57]

Doch zeigten sich hier mit der Zeit – und der unaufhörlichen Verfolgung – auch Anzeichen einer Zermürbung, wie ein Rundschreiben des ZK-Sekretariats der KPD

---

55 „Streit um Erinnerungskultur"; Informationen zur Sendung waren ursprünglich abrufbar unter www.3sat.de/kulturzeit/themen/67137/ (letzter Zugriff 15.2.2015).
56 Eugen Kogon, Der SS-Staat. Das System der deutschen Konzentrationslager München [10]1979, S. 330. Kogons Urteil ist dabei alles andere als unkritisch gegenüber der kommunistischen Lagerpolitik, die bis hin zur Ausschaltung politischer Gegner ging. Es wird insofern durch die jüngeren kritischen Untersuchungen der Rolle der Kommunisten in Buchenwald nicht in Frage gestellt; vgl. Lutz Niethammer (Hrsg.), Der „gesäuberte" Antifaschismus. Die SED und die roten Kapos von Buchenwald, Berlin 1994; Karin Hartewig, Wolf unter Wölfen? Die prekäre Macht der kommunistischen Kapos im Konzentrationslager Buchenwald, in: Ulrich Herbert u. a. (Hrsg.), Die nationalsozialistischen Konzentrationslager. Entwicklung und Struktur, Bd. 2, Göttingen 1998, S. 939–958. „Im Kampf um Machtpositionen haben sich die Kommunisten in Dachau nicht durch ähnlichen Terror wie die Kommunisten in Buchenwald schuldig gemacht", betonte Stanislav Zámečník, Das war Dachau, Luxemburg 2002, S. 342; Hermann Langbein, ... nicht wie die Schafe zur Schlachtbank. Widerstand in den nationalsozialistischen Konzentrationslagern, Frankfurt a. M. 1980, S. 112–137. Kogon, ein Nichtkommunist, und Langbein, der 1956 mit dem Kommunismus brach, waren selbst KZ-Überlebende (ebenso wie Zámečník) und attestierten den Kommunisten, in den Lagern eine überwiegend positive Rolle gespielt zu haben. Für den Zusammenhang von Widerstand, KZ-Haft und Erinnerungsarbeit vgl. Barbara Distel, Münchner Kommunisten im Konzentrationslager Dachau, in: Dachauer Hefte 25 (2009), S. 119–134.
57 Vgl. Patrik von zur Mühlen: Spanien war ihre Hoffnung. Die deutsche Linke im Spanischen Bürgerkrieg 1936 bis 1939, Berlin/Bonn 1985, S. 262–265.

an die Abschnittsleitungen vom 29. Juli 1938 belegt. Die KPD-Führung, die wiederum unter dem politischen Druck des Exekutivkomitees der Kommunistischen Internationale stand,[58] bewertete die Einstellung unter den Kommunisten sehr kritisch:

> „In der Frage des Kampfes um den Frieden – das zeigen alle Berichte – herrscht unter den Antifaschisten, bis in die Reihen aktiver Parteikader hinein, noch immer stark die fatalistische Meinung vor, daß der Krieg unvermeidlich sei, daß es sich deshalb jetzt nicht lohne, im Kleinkampf in den Betrieben und Massenorganisationen Opfer zu bringen. Wir müssen erkennen, daß sich in dieser Hauptfrage die Linie der Partei noch nicht durchgesetzt hat. Diese gefährliche Einstellung, die zur Grundlage das fehlende Vertrauen zur Kraft der Arbeiterklasse und zur Rolle unserer Partei hat, die deshalb auf das Eingreifen äußerer Mächte spekuliert, lähmt die Initiative im aktuellen Tageskampf."[59]

Tatsächlich bewegte sich das NS-Regime immer schneller auf die Entfesselung des Zweiten Weltkriegs zu. Ohne das Münchner Abkommen hätte es schon im Herbst 1938 so weit sein können. Kommunisten und Sozialdemokraten lehnten die Appeasementpolitik der Westmächte gleichermaßen als illusionär ab, ohne dass das allerdings zu einer Annäherung geführt hätte. Der Abschluss des Hitler-Stalin-Pakts am 23. August 1939 spaltete dann die Linke zutiefst und stürzte auch nicht wenige Kommunisten in Zweifel. In einem an Stalin gerichteten Kassiber aus seiner Hannoveraner Haftzelle, in dem er sich dafür rechtfertigte, das deutsch-sowjetische Übereinkommen nicht vorhergesehen zu haben, griff Ernst Thälmann auf grundlegende Orientierungsmuster zurück und hielt fest: „Aber international betrachtet, muß für jeden aufrichtigen Revolutionär höchster Grundsatz sein, die Rolle und Bedeutung Sowjetrußlands über alles zu stellen und das Tun und Wirken der bolschewistischen Staatsmänner mit dem größten Vertrauen aufzunehmen".[60] Das sah der junge Linkssozialist Willy Brandt im norwegischen Exil ganz anders. „Es sind die Russen, die sich aus der sozialistischen Bewegung abgemeldet haben", schrieb er am 9. September 1939 im „Arbeiderbladet".[61]

---

58 Vgl. Hermann Wichers, Zur Anleitung des Widerstands der KPD. Ein Rundschreiben des ZK-Sekretariats an die Abschnittsleitungen vom 29. Juli 1938, in: Internationale wissenschaftliche Korrespondenz zur Geschichte der deutschen Arbeiterbewegung 26 (1990), S. 526–539, hier S. 526–530.
59 Ebenda, S. 533.
60 Ernst Thälmann, An Stalin. Briefe aus dem Zuchthaus 1939 bis 1941, hrsg. von Wolfram Adolphi und Jörn Schütrumpf, Berlin 1996, S. 25.
61 Arbeiderbladet vom 9.9.1939: „Die Arbeiterbewegung und der deutsch-russische Pakt", deutsche Übersetzung in: Willy Brandt, Hitler ist nicht Deutschland. Jugend in Lübeck – Exil in Norwegen. 1928–1940, hrsg. von Helga Grebing, Gregor Schöllgen und Heinrich August Winkler, Bonn 2002, S. 422–425, S. 422.

5 Kommunistischer Widerstand im Krieg

Für die KPD brachten der Pakt und der Kriegsbeginn bald darauf allerhand Glaubwürdigkeitsprobleme mit sich. Eine Erklärung des ZK vom 25. August legte den Pakt als eine sowjetische Tat zur Rettung des Friedens aus. Zugleich beschwor sie den weiteren Kampf gegen die Kriegstreiberei des NS-Regimes insbesondere gegen Polen und wertete den Nichtangriffspakt als Beweis für die Möglichkeit einer friedlichen Verständigung. Begleitet wurde die Erklärung von wüster Polemik gegen die SPD und die, wie es hieß, „trotzkistischen Verbrecher", die den Pakt als sowjetischen Verrat am Antifaschismus brandmarkten.[62]

Wenige Tage später begann der Zweite Weltkrieg mit dem deutschen Einmarsch in Polen und den daraus resultierenden Kriegserklärungen Frankreichs und Großbritanniens. Die Mitglieder des Pariser ZK-Sekretariats der KPD begaben sich mit Kriegsbeginn freiwillig in französische Internierung, die Abschnittsleitungen wurden aufgelöst, die operative Leitung der Untergrundarbeit ging damit unmittelbar auf die Moskauer Parteiführung über.[63] Obwohl die politische Ambivalenz, in die die deutschen Kommunisten nun gerieten, da ihre offiziellen Gremien die britischen und französischen „Imperialisten" mit mindestens der gleichen Vehemenz geißelten wie die Hitler-Diktatur, nicht zu einem völligen Erliegen des Widerstands führte, erlahmte er doch deutlich. „Die Kommunisten hatten zwar nicht aufgegeben, aber sich doch in Wartestellung zurückgezogen", so Detlev Peukert.[64]

Eine Ausnahme bildete die Berliner Gruppe um Hanno Günther, der als Schüler bereits den kommunistischen Jungpionieren angehört hatte. Der Zirkel um den jungen Hanno Günther und Elisabeth Pungs verfasste und verbreitete zwischen Ende 1939 und Anfang 1941 eine Reihe von Flugblättern, mit denen sie die Kriegs- und Sozialpolitik des NS-Regimes kritisierten. Argumentativ und stilistisch wichen diese Untergrundpublikationen deutlich von den üblichen Schablonen kommunistischer Propaganda ab. Sie konzentrierten sich auf Hitlers Kriegskurs und erhoben Forderungen nach politischer Freiheit und sozialer Gerechtigkeit. Die Sowjetunion wurde dabei gar nicht erwähnt.[65]

---

62 Vgl. Jan Foitzik, Die Kommunistische Partei Deutschlands und der Hitler-Stalin-Pakt. Die Erklärung des Zentralkomitees vom 25. August 1939 im Wortlaut, in: Vierteljahrshefte für Zeitgeschichte 37 (1989), S. 499–514, hier S. 508.
63 Vgl. ebenda, S. 502.
64 Detlev Peukert, Die KPD im Widerstand. Verfolgung und Untergrundarbeit an Rhein und Ruhr 1933 bis 1945, Wuppertal 1980, S. 333.
65 Vgl. http://www.was-konnten-sie-tun.de/themen/th/fuer-den-frieden-eintreten/ (letzter Zugriff 6.4.2020); Urteil 2 H 130/42 – 10 J 215/41: Online-Datenbank De Gruyter: Deutsche Geschichte im 20. Jh.: Nationalsozialismus, Holocaust, Widerstand und Exil 1933–1945 Online, https://www.degruyter.com/view/db/dghfo (letzter Zugriff 25.6.2020); Volker Hoffmann, Hanno Günther, ein Hitler-Gegner. 1921–1942. Geschichte eines unvollendeten Kampfes, Berlin 1992.

Es handelte sich hier um eine Art unabhängigen kommunistischen Widerstands, der keine Einzelerscheinung blieb. Auch im antinazistischen Netzwerk um Harro Schulze-Boysen und Arvid Harnack, für das sich die Bezeichnung Rote Kapelle eingebürgert hat, fanden sich zahlreiche Kommunisten, aber auch unabhängige linke und nationalrevolutionär orientierte Intellektuelle sowie einzelne Christen und Sozialdemokraten. Ab 1938 entwickelten sie eine vielschichtige Widerstandstätigkeit,[66] zu der die Herstellung von Flugblättern und später die Hilfe für Verfolgte ebenso gehörten wie die am 17. Juni 1941 ergangene Warnung des Luftwaffenoffiziers Schulze-Boysen an die sowjetische Botschaft vor dem unmittelbar bevorstehenden Angriff, dem der misstrauische Stalin nicht recht glauben wollte. Das Ergebnis der angeordneten Überprüfung lag jedoch vor dem 22. Juni 1941 noch nicht vor.[67]

Der deutsche Überfall auf die Sowjetunion führte in ganz Europa zur Aktivierung des kommunistischen Untergrunds, auch in Deutschland, aber zugleich auch zur Verschärfung der Verfolgung. Die Gestapo nahm im Sommer 1941 an die 300 Kommunisten fest, und der Volksgerichtshof ahndete die kommunistische Vorbereitung zum Hochverrat nun automatisch zugleich als landesverräterische Feindbegünstigung, was die Quote der Todesstrafen nach oben trieb.[68] Dennoch war der deutsch-sowjetische Krieg für viele Kommunisten ein Ansporn, nicht nur weil es um das Überleben der UdSSR ging, sondern auch weil man sich nun im Widerstand gegen das NS-Regime im Bunde mit der Roten Armee wissen konnte. Ein weiteres Motiv sollten bald auch die nationalsozialistischen Verbrechen im besetzten Gebiet bilden.

Gut eine Woche nach Beginn des Kriegs tagte das Exekutivkomitee der Komintern und traf Maßnahmen zur Mobilisierung von Kommunisten „zur militärischen und politischen Arbeit im Hinterland des Feindes".[69] In einer Anweisung von Kominternchef Georgi Dimitroff an den in Amsterdam residierenden führenden KPD-Funktionär Wilhelm Knöchel hieß es am 1. Juli 1941: „Alle geprüften deutschen Genossen und Genossinnen sofort ins Land für Organisierung unmittelbarer Aktionen zur Unterstützung Rote Armee und Kampf für Sturz Hitlers. Vor allem leitende Genossen ins Land."[70]

Knöchel, der sich schon länger auf die Arbeit in Deutschland vorbereitet hatte, traf am 8. Februar 1942 als Illegaler in Berlin ein und versuchte, eine operative Lei-

---

66 Vgl. Hans Coppi/Jürgen Danyel/Johannes Tuchel (Hrsg.), Die Rote Kapelle im Widerstand gegen Hitler, Berlin 1992; Regina Griebel/Marlies Coburger/Heinrich Scheel (Hrsg.), Erfasst? Das Gestapo-Album zur Roten Kapelle. Eine Fotodokumentation, Halle 1992.
67 Vgl. V. K. Vinogradov (Hrsg.), Sekrety Gitlera na stole u Stalina. Razvedka i kontrrazvedka o podgotovke germanskoj agressii protiv SSSR. Mart – ijun' 1941 g. Dokumenty iz Central'nogo archiva FSB Rossii, Moskau 1995, S. 161–163 und S. 232 f.
68 Vgl. Walter Wagner, Der Volksgerichtshof im nationalsozialistischen Staat. Erweiterte Neuausgabe mit einem Forschungsbericht für die Jahre 1974 bis 2010 von Jürgen Zarusky, München 2011, S. 117.
69 Dimitroff-Tagebücher, Bd. 1, S. 397.
70 Deutschland, Russland, Komintern, Bd. 2., S. 1645.

tung der KPD aufzubauen. Seine Arbeit konzentrierte sich vor allem auf das westdeutsche Industriegebiet und die Herausgabe der Untergrundzeitschrift „Der Friedenskämpfer".[71] In diesem Organ wurden unter anderem sehr plastisch in Form von auf Soldatenfotos basierenden Zeichnungen die Massenverbrechen in der Sowjetunion thematisiert. Aber der „Friedenskämpfer" beschränkte sich nicht allein darauf und ging über die Weisung der Komintern vom 6. Januar 1942 hinaus, die forderte, im Anschluss an eine Zirkularnote von Außenminister Molotov über deutsche Gräueltaten[72] eine entsprechende Kampagne im Ausland zu starten. Man wollte insbesondere „an das deutsche Volk appellieren, dem Regime des Hitlerbanditismus, das es in Verruf bringt, ein Ende zu bereiten und den Sturz Hitlers zu erreichen, der das deutsche Volk zum Mittäter und Verantwortlichen für diese Verbrechen macht".[73] In einer Sonderausgabe vom Juni wurden nationalsozialistische Morde in ganz Europa, etwa auch in Frankreich, thematisiert. Sie enthielt auch die oben erwähnten Bilder, die heute vor dem Hintergrund einer entwickelten Ikonographie des Holocaust unschwer einzuordnen sind, auch wenn im „Friedenskämpfer" nur ganz allgemein von „russischen Zivilisten" die Rede ist. Ein zugehöriger Artikel unter dem Titel „Wenn wir das alles einmal bezahlen müssen" griff nicht nur in der Bevölkerung verbreitete Befürchtungen auf,[74] er hob auch die immense Dimension der Verbrechen in den besetzten Gebieten der Sowjetunion hervor:

> „Wir erinnern uns immer wieder aufs Neue der Tausenden, die in den zurückliegenden Jahren der Hitlerdiktatur ‚auf der Flucht' erschossen und hingerichtet wurden. Wir wissen von dem bestialischen Terror in den besetzten Westgebieten. Niemals machten wir uns Illusionen über die braune ‚Menschlichkeit' [...]. Und doch drohte uns das Blut zu erstarren bei der Durchsicht der uns übergebenen Bilder. Kinder, Frauen und Greise werden ohne Prozess unschuldig auf das bestialischste hingeschlachtet. Dörfer und Städte werden verbrannt und verwüstet. Die Zivilbevölkerung wird all ihrer Lebensmittel und Kleidungsstücke beraubt. Eine tiefe Schamröte stieg uns ins Gesicht und voll banger Sorge fragten wir uns: ‚Was soll aus Deutschland werden, wenn unser Volk einmal für all die Grausamkeiten und Bestialitäten, die in seinem Namen von den Nazihenkern begangen wurden, büßen müsste.'"[75]

---

71 Vgl. Beatrix Herlemann, Auf verlorenem Posten. Kommunistischer Widerstand im Zweiten Weltkrieg. Die Knöchel-Organisation, Bonn 1986.
72 Vgl. Die UdSSR und die deutsche Frage 1941–1948. Dokumente aus dem Archiv für Außenpolitik der Russischen Föderation, herausgegeben und bearbeitet von Jochen Laufer und Georgij P. Kynin. Bd. 1: 22. Juni 1941 bis 8. Mai 1945, Berlin 2004, S. 38 f.
73 Deutschland, Russland, Komintern, Bd. 2., S. 1662.
74 Vgl. Frank Bajohr, Vom antijüdischen Konsens zum schlechten Gewissen. Die deutsche Gesellschaft und die Judenverfolgung 1933–1945, in: ders./Dieter Pohl, Der Holocaust als offenes Geheimnis. Die Deutschen, die NS-Führung und die Alliierten, München 2006, S. 15–79, hier S. 55–76.
75 Ein Faksimile von „Der Friedenskämpfer. Sonderausgabe Juni 1942" findet sich in: Detlev Peukert, Der deutsche Arbeiterwiderstand gegen das Dritte Reich, Berlin 1990, S. 48–54, hier S. 51 f. Ein weiteres Beispiel der Aufklärung über NS-Verbrechen in den besetzten Gebieten der Sowjetunion ist das vom zum Kreis der Roten Kapelle gehörigen Kommunisten John Sieg verfasste Flugblatt „Offene Briefe an die Ostfront, Folge 8: An einen Polizeihauptmann", abgedruckt in: Peter Steinbach/Johan-

Vor allem seit Sommer 1941 wurden in verschiedenen Städten und Regionen des Deutschen Reichs, insbesondere in Hamburg, Berlin, Sachsen, Thüringen und Bayern, große kommunistische Widerstandsgruppen aktiv. Bemerkenswert ist, dass ihre Führungsfiguren fast alle bereits schwere Verfolgungen erlitten hatten. Die folgende knappe Übersicht soll das verdeutlichen:[76]

- Wilhelm Knöchel, geb. 1899, Dreher, seit 1939 Mitglied des ZK der KPD, 1942 illegale Einreise nach Deutschland, am 30. Januar 1943 verhaftet, Volksgerichtshof, Hinrichtung am 24. Juli 1944 in Brandenburg-Görden.
- Robert Uhrig, geb. 1903, Werkzeugmacher aus Berlin, 1934 zu 21 Monaten Zuchthaus verurteilt, danach Fortsetzung der Widerstandsarbeit, 1940 Führungsfigur des kommunistischen Widerstands in Berlin, 1942 Zerschlagung der Uhrig-Gruppe mit über 200 Verhaftungen, Volksgerichtshof, Hinrichtung am 21. August 1944 in Brandenburg-Görden.
- Anton Saefkow, geb. 1903, Maschinenbauer, vor 1933 politischer Leiter des KPD-Bezirks Wasserkante, 1933 bis 1939 KZ und Zuchthaus, 1941 Kontakt zur Uhrig-Gruppe, nach dem Überfall auf die Sowjetunion Aufbau der größten Widerstandsgruppe der KPD im Krieg, über Adolf Reichwein (SPD) Kontakte zur Verschwörung des 20. Juli 1944, 4. Juli 1944 Verhaftung, Volksgerichtshof, Hinrichtung am 18. September 1944 in Brandenburg-Görden.
- Bernhard Bästlein, geb. 1894, Feinmechaniker, 1932 Landtagsabgeordneter in Preußen, 1933 Reichstagsabgeordneter, 1933 bis 1940 Zuchthaus und KZ, Aufbau der Bästlein-Jacob-Abshagen-Gruppe in Hamburg und Umgebung, Oktober 1942 Verhaftung, Überstellung nach Berlin zur Verhandlung vor dem Volksgerichtshof, 30. Januar 1944 Flucht aus dem Untersuchungsgefängnis Plötzensee nach einem Luftangriff, Anschluss an die Organisation von Saefkow und ab Mai Mitglied der Leitung, 30. Mai Verhaftung, Volksgerichtshof, Hinrichtung am 18. September 1944 in Brandenburg-Görden.
- Dr. Theodor Neubauer, geb. 1890, Lehrer in Jena, 1924 bis 1933 Reichstagsabgeordneter, 1933 bis 1939 Zuchthaus und KZ, ab 1942 zusammen mit Magnus Poser Aufbau einer Widerstandsorganisation, Juli 1944 Festnahme, Volksgerichtshof, Hinrichtung am 5. Februar 1945 in Brandenburg-Görden.
- Georg Schumann, geb. 1886, Werkzeugmacher aus Dresden, 1928 bis 1933 Reichstagsabgeordneter, 1933 bis 1939 Zuchthaus und KZ, ab 1941 Aufbau der Schumann-Engert-Kresse-Gruppe, die 1944 zerschlagen wurde. Volksgerichtshof, Hinrichtung am 11. Februar 1945 in Dresden.

---

nes Tuchel (Hrsg.), Widerstand in Deutschland 1933–1945. Ein historisches Lesebuch, München 1994, S. 171–174.

76 Zu den folgenden Kurzbiografien vgl. https://www.gdw-berlin.de/vertiefung/biografien/personenverzeichnis/ (letzter Zugriff 8.8.2020); die Urteile finden sich in: Widerstand als „Hochverrat". Einen guten Überblick über den kommunistischen Widerstand im Krieg gibt Schneider, Kriegsgesellschaft, S. 1088–1136.

- Josef (Beppo) Römer, geb. 1892, Offizier, Freikorpskämpfer, Jurist, seit Ende der 1920er Jahre KPD-Aufbruchkreis, 1934 bis 1939 KZ, Frühjahr 1940 Kontakt zu Uhrig, etwa gleichzeitig Initiierung der Hartwimmer-Olschewski-Gruppe in München, Festnahme Anfang 1942, Volksgerichtshof, Hinrichtung am 25. September 1944 in Brandenburg-Görden.

Eine Besonderheit bildete die jüdisch-kommunistische Gruppe um Herbert Baum. Sie verband Widerstandsarbeit mit der Vorbereitung auf das Abtauchen, um der Deportation zu entgehen. Die Gruppe flog wegen eines Brandanschlags auf die antisowjetische Propagandaausstellung „Das Sowjetparadies" am 18. Mai 1942 auf. 28 Mitglieder wurden 1942/43 zum Tode verurteilt oder im KZ ermordet. Herbert Baum starb unter ungeklärten Umständen in der Haft. Zusätzlich alarmiert durch das Attentat auf Reinhard Heydrich am 27. Mai 1942 in Prag, dem dieser eine Woche später erlag, ließ Joseph Goebbels als Berliner Gauleiter zur Abschreckung im Juni 250 Juden im KZ Sachsenhausen erschießen.[77]

Die Hilfe für verfolgte Juden spielte in den Aktivitäten der Gruppe Europäische Union eine große Rolle, die schon seit 1939 bestand. Ihre Führungsmitglieder waren Akademiker. Robert Havemann, der einzige Überlebende der Gruppe und spätere DDR-Dissident, war Chemiker, Georg Groscurth Arzt. Es handelte sich nicht um eine parteikommunistische Gruppe; Havemann etwa hatte in den 1930er Jahren der linkssozialistischen Gruppe Neu Beginnen angehört. Es gab aber Verbindungen zum Uhrig-Netzwerk sowie zur Roten Kapelle. Der Name der Gruppe, den sie sich erst 1943 gab, brachte einen Anspruch zum Ausdruck, den man mit der Solidarität mit Zwangsarbeitern einlöste.[78]

Ein sehr spezifisches Profil wies die Antinazistische Deutsche Volksfront (ADV) in München auf. Hier kamen linkskatholische Arbeiter, die bereits am Ende der Weimarer Republik teilweise in kommunistisches Fahrwasser geraten waren,[79] mit Aktivisten aus den Reihen der KPD zusammen. Mit dem Krieg gegen die Sowjetunion intensivierte die Gruppe ihre Arbeit und kooperierte mit der 1943 gegründeten Organisation sowjetischer Kriegsgefangener und Zwangsarbeiter „Brüderliche Zusammenarbeit der Kriegsgefangenen" (BSW). Ende des Jahres wurde das weit verzweigte Netz des BSW aufgedeckt und mit ihm auch die ADV. Sechs Mitglieder der ADV wurden am 8. Dezember 1944 vom Volksgerichtshof verurteilt, davon drei zum

---

77 Vgl. Regina Scheer, Im Schatten der Sterne. Eine jüdische Widerstandsgruppe, Berlin 2004.
78 Vgl. Bernd Florath, Die Europäische Union, in: Johannes Tuchel (Hrsg.), Der vergessene Widerstand. Zu Realgeschichte und Wahrnehmung des Kampfes gegen die NS-Diktatur, Göttingen 2005, S. 114–139; Faksimiles von Flugschriften der Europäischen Union finden sich unter http://www.gegen-diktatur.de/beispiel.php?beisp_id=478&tafel_id=12&thema=0 (letzter Zugriff 6.4.2020).
79 Vgl. Rudolf Morsey, Christlich-Soziale Reichspartei (CSRP), 1920–1933, in: Historisches Lexikon Bayerns, http://www.historisches-lexikon-bayerns.de/artikel/artikel_44460 (letzter Zugriff 6.4.2020).

Tode.[80] 92 Leitungsmitglieder der BSW wurden – zum Teil nach grausamer Folter – am 4. September 1944 im KZ Dachau ermordet, weitere 38 kurz darauf im KZ Mauthausen.[81]

6 Der Kommunismus in der deutschen Widerstandsgeschichte

Die letztgenannten Bespiele belegen nicht nur die ruchlose Brutalität der Verfolgungsbehörden des NS-Staats, sondern auch die Pluralität der Erscheinungsformen des kommunistischen Widerstands. Er war weitaus vielfältiger, als die Geschichtsschreibung ihn später erscheinen ließ. Auch die menschliche Dramatik ging in vielen allzu linearen Heldengeschichten der DDR-Historiographie verloren. Die bundesdeutsche Geschichtsschreibung bot hier wenig Alternativen, weil sie sich nur sehr begrenzt für den kommunistischen Widerstand interessierte. Lange war der Blick auf den kommunistischen Widerstand von den Legitimationskämpfen des Kalten Kriegs geprägt. Die kommunistische Historiographie sah ihn als Vorgeschichte eines bevorstehenden Triumphs des eigenen politischen Ordnungsmodells. Angesichts des historischen Scheiterns des sogenannten Realsozialismus verändert sich die Perspektive sowohl für jene, die sich in seiner Tradition sehen, als auch für jene, die ihr kritisch oder gar ablehnend gegenüberstehen. In ein umfassenderes Verständnis müssen die prägenden Einflüsse des Stalinismus einbezogen werden. Gerade dieses Verständnis erlaubt es auch, die Schematismen eines allzu simplen Antikommunismus zu überwinden, wie sie sich etwa in der abwertenden Formel niederschlagen, die Kommunisten hätten ja nur für eine andere Diktatur gekämpft.[82] Denn nicht zuletzt das schreckliche Schicksal Tausender deutscher Kommunisten, die Opfer von Stalins Terror wurden, ist ein Beleg dafür, dass zwischen den idealisierten Vorstellungen der KPD-Mitglieder vom sogenannten Vaterland der Werktätigen und der Wirklichkeit Abgründe lagen. Es ist daher verfehlt, den „grundsätzlichen Wert des Einsatzes" widerständiger Kommunisten zu verwerfen, weil „das Ziel des Kampfes

---

80 Urteil 2 H 189/44 – 10 J 112/44 gegen Hutzelmann u. a., in: Widerstand als „Hochverrat", MF 0195/0460.
81 Vgl. Efim Brodskij, Die Lebenden kämpfen. Die illegale Organisation Brüderliche Zusammenarbeit der Kriegsgefangenen (BSW), Berlin 1968.
82 Vgl. z. B. Gerhard Ritter, Carl Goerdeler und die deutsche Widerstandsbewegung, München 1964, S. 106: „Diktatur des Proletariats stand hier gegen die Diktatur des ‚unbekannten Gefreiten', ein Fanatismus gegen den anderen. Und nicht die Freiheit Deutschlands, sondern seine Einordnung in das östliche Weltsystem war das letzte Ziel." Der Einfluss der Konstellation des Kalten Kriegs zeigt sich hier im Verweis auf ein „östliches Weltsystem", von dem bis 1945 noch keine Rede sein konnte.

[...] die Aufrichtung des stalinistischen Systems in Deutschland war, also gleich inhumanen Zwecken diente".[83]

Die Entschlossenheit zum Widerstand entzündete sich überdies nicht zuletzt an der präzisen Wahrnehmung eines Unrechts, das die Mehrheit der Deutschen passiv hinnahm oder aktiv mittrug. „Meine illegale Arbeit während des letzten Jahres wurde vorwiegend von zwei Faktoren bestimmt, die meiner Bereitschaft, gegen die bestehenden Gesetze zu handeln, den entscheidenden Anstoß gaben. Der erste Faktor war meine siebenjährige Haft von 1933–1940 – davon 4 Jahre in Konzentrationslägern [sic!] –, während der ich entsetzliche Dinge erlebt, gesehen und gehört habe. Diese Zeit hat mir jede Möglichkeit des Zweifelns in Bezug auf meine weltanschauliche Grundeinstellung genommen, denn meine Überzeugung, daß eine Gesellschaftsordnung, in der solche Dinge möglich sind, wie ich sie erlebte, beseitigt werden muß, wurde dadurch grundfest gemacht, soweit das bisher noch nicht der Fall war", erklärte Bernhard Bästlein, eine Schlüsselfigur des kommunistischen Widerstands, bei einer Vernehmung durch die Gestapo am 30. November 1942. Als zweiten Faktor nannte er den Zweiten Weltkrieg, der in ihm alle Erinnerungen an seine zweijährige Fronterfahrung im Ersten Weltkrieg, bei Ypern, an der Somme und vor Verdun, wachgerufen habe. „Ich dachte an jene Millionen von Menschen, die wie damals ihr Leben auf den Schlachtfeldern erleben [sic!] würden. [...] So war meine Arbeit dazu bestimmt, so schnell wie möglich den Frieden und die Beendigung des meiner Meinung nach sinnlosen Blutvergießens herbeizuführen." Dazu kam das für Kommunisten typische, idealisierte Bild der UdSSR: „Ich betrachte die Sowjetunion als den in Wirtschafts- und Gesellschaftsform gegenüber den kapitalistischen Staaten höchstentwickelten Staat, der [...] den ersten Versuch in der Geschichte der Menschheit unternahm, eine wahre sozialistische Gemeinschaft zu schaffen."[84] Wahrscheinlich wäre Bästlein, hätte er das Kriegsende erlebt, Staatssekretär oder Minister in der DDR geworden, antwortete seine Witwe 1982 auf eine entsprechende Frage (wobei sie Zweifel anmeldete, ob er sich mit Ulbricht verstanden hätte).[85] Dazu ist es im Falle Bästleins nicht gekommen, er wurde am 18. September 1944 zusammen mit seinen Genossen Franz Jacob und Anton Saefkow in Brandenburg an der Havel guillotiniert. Andere kommunistische Widerstandsaktivisten machten nach dem Krieg tat-

---

83 So Walter Ziegler, Bayern im NS-Staat 1933 bis 1945, in: Alois Schmid u. a. (Hrsg.), Handbuch der bayerischen Geschichte, Bd. 4: Das Neue Bayern. Von 1800 bis zur Gegenwart, Teil 1: Staat und Politik. 2., völlig neu bearbeitete Aufl., München 2003, S. 500–634, hier S. 578.
84 Erklärung Bernhard Bästleins vor der Hamburger Gestapo vom 30.11.1942, abgedruckt bei Klaus Bästlein, „Hitlers Niederlage ist nicht unsere Niederlage, sondern unser Sieg!" Die Bästlein-Organisation. Zum Widerstand aus der Arbeiterbewegung in Hamburg und Nordwestdeutschland während des Krieges (1939–1945), in: Beate Meyer/Joachim Szodrzynski (Hrsg.), Vom Zweifeln und Weitermachen. Fragmente der Hamburger KPD-Geschichte. Für Helmuth Warnke zum 80. Geburtstag, Hamburg 1988, S. 44–89, hier S. 84 f.
85 Vgl. ebenda, S. 84.

sächlich in der DDR Karriere, manche aber brachen auch mit dem orthodoxen Kommunismus. Das ist jedoch bereits ein anderes Kapitel.

Die Geschichte des kommunistischen Widerstands muss ernst genommen werden – als die eines Widerstands von der ersten bis zur letzten Stunde der NS-Diktatur, als eine vielfache Leidensgeschichte unter brutaler Verfolgung, als heroischer Abschnitt in der Geschichte einer gescheiterten und in der Realisierung oft menschenfeindlichen Utopie, aber auch als die offene Frage danach, warum keine andere politische Strömung der deutschen Gesellschaft eine vergleichbare Kraft zum Widerstand aufgebracht hat.

Sowjetische Häftlinge im KZ Dachau

1 Die Vergessenen

Über 25 000 Bürger der UdSSR sind zwischen 1941 und 1945 als Häftlinge ins KZ Dachau eingeliefert worden, und circa 4500 sowjetische Kriegsgefangene wurden 1941/42 von Angehörigen der Dachauer Wachmannschaft erschossen. Als „slawische Untermenschen", als die sie in der rassistischen Nomenklatur des Nationalsozialismus galten, wurden die sowjetischen Gefangenen, unter denen viele Jugendliche, ja sogar Kinder waren, besonders schlecht behandelt. Nach der Befreiung widmete man dieser Opfergruppe, die so schwer gelitten hatte, keineswegs besondere Aufmerksamkeit – im Gegenteil. Ihr Schicksal unterlag einer doppelten Verdrängung, die erst mit den demokratischen Umbrüchen in der Sowjetunion unter Gorbačev und in Deutschland ansatzweise überwunden wurde.

Stalins Sowjetunion verhielt sich den Opfern des nationalsozialistischen Vernichtungskriegs gegenüber im besten Fall gleichgültig, meist misstrauisch und manchmal auch feindselig. „Für die Deutschen gearbeitet" zu haben, war ein unauslöschlicher Makel, auch wenn es um Zwangsarbeit oder Arbeit im KZ ging. Wer sich in der Kriegszeit in der Gewalt des nationalsozialistischen Deutschland befunden hatte, musste in aller Regel mit Nachteilen rechnen.[1] Die meisten Betroffenen, darunter auch die KZ-Häftlinge, zogen es daher vor, über ihre Vergangenheit zu schweigen, manchmal selbst gegenüber den engsten Familienmitgliedern. Auch wenn die verbreitete Ansicht, die KZ-Häftlinge seien unmittelbar in den Gulag überführt worden, nicht den Tatsachen entspricht, wurden doch viele sofort zu einem mehrjährigen Militärdienst eingezogen oder in Arbeitsbataillone eingegliedert.[2] Erst im Zuge der Perestrojka wurde das Opferschicksal wenigstens der minderjährigen KZ-Häftlinge offiziell anerkannt.[3]

In der Bundesrepublik Deutschland interessierte man sich in den Zeiten der Ost-West-Spaltung kaum für sowjetische Opfer des NS-Regimes, die ihre unauffällige

---

[1] Vgl. Pavel Polian, Stalin und die Opfer des nationalsozialistischen Vernichtungskriegs, in: Jürgen Zarusky (Hrsg.), Stalin und die Deutschen. Neue Beiträge der Forschung, München 2006, S. 89–109, hier S. 90; ders., Deportiert nach Hause. Sowjetische Kriegsgefangene im „Dritten Reich" und ihre Repatriierung, München/Wien 2001, S. 180–187; Ulrike Goeken-Haidl, Der Weg zurück. Die Repatriierung sowjetischer Zwangsarbeiter und Kriegsgefangener während und nach dem Zweiten Weltkrieg, Essen 2006, S. 533–543.
[2] Von allen sowjetischen Repatrianten wurden der Geheimpolizei NKVD insgesamt 6,5 Prozent der Heimkehrer überstellt, unter denen viele Angehörige militärischer Formationen waren, die auf deutscher Seite gekämpft hatten. Ein beachtlicher Prozentsatz von 19,1 Prozent wurde in die Armee und noch einmal 14,5 Prozent wurden in Arbeitsbataillone des Verteidigungsministeriums eingezogen. 57,8 Prozent wurden nach Hause entlassen; vgl. Pavel Poljan, Žertvy dvuch diktatur. Žizn', trud, uniženie i smert' sovetskich voennoplennych i ostarbejterov na čužbine i na rodine, Moskau ²2002.
[3] Vgl. Polian, Deportiert, S. 202, Anm. 681.

Existenz hinter dem Eisernen Vorhang führten. „Wir leben ja in der Bundesrepublik Deutschland in einer merkwürdigen Vergeßlichkeit. Manchmal habe ich den Eindruck, als hätte 1941 die Sowjetunion das Deutsche Reich überfallen, und nicht umgekehrt."[4] Mit diesen Worten beschrieb der ehemalige Regierende Bürgermeister von Berlin, Heinrich Albertz, im September 1980 in einer Gedenkrede auf dem Soldatenfriedhof von Stukenbrock, wo Tausende in der Gefangenschaft zugrunde gegangene Sowjetsoldaten bestattet sind, die jahrzehntelang vorherrschende gesellschaftliche Stimmung.

Als sich Angehörige der Aktion Sühnezeichen Friedensdienste mit der Geschichte des SS-Schießplatzes bei Hebertshausen zu befassen begannen, wo Mitglieder der Dachauer Wachmannschaft 1941/42 weit über 4000 Rotarmisten erschossen hatten, bestand ihre erste Aufgabe bezeichnenderweise darin, den dort herumliegenden Müll zu entfernen.[5]

Erst ab der zweiten Hälfte der 1990er Jahre wurde der Ort von Staats wegen gepflegt und mit Informationstafeln versehen. Seit Anfang der 1990er Jahre trafen zahlreiche Briefe aus Russland, der Ukraine und Weißrussland in Dachau ein. Oft enthielten sie die Bitte um eine Haftbestätigung, darüber hinaus aber drückten viele Briefschreiber den Wunsch aus, noch einmal an den Ort ihrer Leiden zurückzukehren und dort ihrer verstorbenen Kameraden zu gedenken.[6] Eine Initiativgruppe des Fördervereins für Internationale Jugendbegegnung und Mitarbeiter der Gedenkstätte organisierten die erste Einladung ehemaliger sowjetischer Häftlinge zur Befreiungsfreier 1992, womit eine Tradition begründet wurde.[7]

Solange die Sowjetunion existiert hatte, hatten nur ganz vereinzelt Dachau-Überlebende aus diesem Staat den einstigen Ort ihres Leidens besuchen können. Die Organisatoren der Begegnungen, unter ihnen die Leiterin der KZ-Gedenkstätte, Barbara Distel, wurden mit einer Fülle oft ganz ungefilterter und unverarbeiteter Erinnerungen konfrontiert, aber auch mit der erschreckenden materiellen Not vieler der Eingeladenen, der man mit humanitären Hilfeleistungen zu begegnen versuchte.[8]

---

4 Heinrich Albertz, Blumen für Stukenbrock. Biographisches, Stuttgart ³1981, S. 11.
5 Mündliche Auskunft von Frank Striegler, dem Initiator des Jugendbegegnungszeltlagers, 30.5.2007.
6 Vgl. die Briefzitate bei Barbara Distel/Jürgen Zarusky, Dreifach geschlagen – Begegnung mit sowjetischen Überlebenden, in: Dachauer Hefte 8 (1992), S. 88–102, hier S. 88.
7 Vgl. Stefanie Hajak, „Ich möchte mich noch einmal in meinem Leben vor meinen toten Kameraden verbeugen", in: Förderverein für Internationale Jugendbegegnung in Dachau, Jahresbericht 1992, S. 8–11.
8 Vgl. dazu Stefanie Hajak, Hilfsbereitschaft reicht nicht aus, in: Förderverein für Internationale Jugendbegegnung in Dachau, Jahresbericht 1993, S. 12 f.; Sabine Gerhardus, Der Wettlauf mit der Zeit. Ein Bericht über die Situation von ehemaligen ZwangsarbeiterInnen und KZ-Häftlingen in Osteuropa, in: Gegen Vergessen – Für Demokratie e. V./Förderverein für Memorial St. Petersburg e. V. (Hrsg.), „Es ist schwer, Worte zu finden." Lebenswege ehemaliger Zwangsarbeiterinnen, o. O. 1999, S. 61–68. Als im November 1992 die Dachauer Hefte mit dem Geschwister-Scholl-Preis ausgezeichnet wurden, spendeten die Herausgeber, Wolfgang Benz und Barbara Distel, das Preisgeld von

Das nach der Befreiung in 36 Nummern erschienene „Sowjetische Bulletin" von Dachau enthält kaum Berichte über die Situation im Lager.⁹ Das einzige Erinnerungsbuch an das KZ Dachau, das in russischer Sprache erschienen ist, ist das des baschkirischen Schriftstellers Vali Biktašev „Wir sind älter als unser Tod", das erstmals 1966 in Ufa erschienen ist und mehrere Auflagen erlebte.¹⁰

In der Gesamtbilanz der millionenfachen Verbrechen, die im Krieg gegen die Sowjetunion, an Kriegsgefangenen und der Zivilbevölkerung begangen worden sind, darf das KZ Dachau nicht fehlen. Es ist zugleich kennzeichnend für die Dimension des „ungeheuerlichste[n] Eroberungs-, Versklavungs- und Vernichtungskrieg[s], den die moderne Geschichte kennt",¹¹ dass Tausende von Morden und zehntausendfaches Leiden von Sowjetbürgern im KZ Dachau in dieser Bilanz statistisch nur wenig zu Buche schlagen.

2 Die Massenerschießungen sowjetischer Kriegsgefangener im KZ Dachau

„Auch im Deutschen Reich setzte die nationalsozialistische Führung ihre Vorstellung vom Weltanschauungs- und Vernichtungskrieg gegen die Sowjetunion konsequent in die Tat um, indem sie bis zum Sommer 1942 sämtliche des Bolschewismus ‚verdächtigen' sowjetischen Kriegsgefangenen aus der Masse der übrigen heraussuchen und ermorden ließ", konstatiert Reinhard Otto in seiner Studie „Wehrmacht, Gestapo und sowjetische Kriegsgefangene".¹²

---

20 000 DM für die Finanzierung weiterer Einladungen und humanitärer Hilfe und verbanden dies mit einem Aufruf zu weiteren Spenden, der eine sehr gute Resonanz fand.
9 Ein vollständiger Kopiensatz des Bulletins befindet sich im Archiv der KZ-Gedenkstätte Dachau (DaA); Pavel Polian, der die Komplettierung durch Kopien aus russischen Archiven im Auftrag der Gedenkstätte besorgt hat, hat ihn auch ausgewertet; vgl. Pavel Polian, „Bereits Menschen, keine Häftlinge mehr". Die Dachauer Lagergesellschaft nach der Befreiung im Spiegel des „Sowjetischen Bulletins", in: Dachauer Hefte 21 (2005), S. 82–93.
10 Vali Biktašev, My starše svoej smerti. Zapiski uznika Dachau, Ufa 1978 und Ufa 1990. Im Weiteren wird die zuletzt genannte, jüngste Auflage herangezogen. Die erste erschien 1966; vgl. Stanislav Zámečník, Das war Dachau, Frankfurt a. M. 2007, S. 339, Anm. 380. In der baschkirischen Hauptstadt Ufa wurde Anfang Mai 2005 ein zwanzigminütiger Dokumentarfilm über das Schicksal Vali Biktaševs und sein Überleben im KZ Dachau uraufgeführt, „Starše smerti. V kinoteatre ‚Rodina' sostojalsja prem'era dokumental'nogo filma Iskanděra Sakaeva ‚… Dožit' do pobedy'", in: Respublika Baškortostan, Nr. 89 vom 11.5.2005, http://www.agidel.ru/?param1=2083&tab=7 (Seite nicht mehr erreichbar).
11 Ernst Nolte, Der Faschismus in seiner Epoche. Action française. Italienischer Faschismus. Nationalsozialismus, München 1963, S. 436.
12 Reinhard Otto, Wehrmacht, Gestapo und sowjetische Kriegsgefangene im deutschen Reichsgebiet 1941/42, München 1998, S. 269.

Diese Maßnahme sollte zugleich sicherstellen, dass sich unter den zum Arbeitseinsatz herangezogenen Kriegsgefangenen keine „rassisch" oder politisch „gefährlichen Elemente" befanden. In enger Abstimmung mit dem Oberkommando der Wehrmacht hatte das Reichssicherheitshauptamt am 17. und 21. Juli 1941 die Einsatzbefehle Nr. 8 und Nr. 9 erlassen, die die „Aussonderung" als gefährlich betrachteter Gruppen unter den sowjetischen Kriegsgefangenen regelten.[13] Ausfindig gemacht werden sollten demnach hohe Funktionäre von Staat und Partei, „Aufwiegler" und „fanatische Kommunisten" sowie „alle Juden".[14] Einsatzkommandos der Staatspolizei(leit)stellen reisten zu den Kriegsgefangenenlagern der Wehrmacht, in denen Rotarmisten festgehalten wurden, und nahmen dort die Aussonderungen vor. Grundlage dafür waren in der Regel sehr oberflächliche Verhöre und Denunziationen von Mitgefangenen. Die Juden versuchte man zuweilen durch Feststellung der Beschneidung zu identifizieren, wodurch auch Moslems dem Mordprogramm zum Opfer fielen.[15] Die Selektierten wurden zur Ermordung in das jeweils nächstgelegene Konzentrationslager gebracht.

Paul Ohler, Kriminalinspektor bei der Nürnberger Gestapo, der 1941 beauftragt wurde, die Transporte ausgesonderter sowjetischer Kriegsgefangener aus den Lagern Nürnberg und Hammelburg nach Dachau zu begleiten, schilderte die Umstände, unter denen diese verliefen, wie folgt: „Die Russischen [sic!] Kriegsgefangenen waren waehrend des Transportes mit Metall-Fesselketten, je 2 Mann zusammengeschlossen um evtl. Fluchten zu vermeiden. Die Gueterwagen waren ausserdem abgesperrt. Die Transporte fanden meistens nachts im Winter des Jahres 1941/42 statt und dauerten durchschnittlich 12–18 Stunden, die Waegen waren nicht geheizt."[16] Die Todgeweihten, die wie alle sowjetischen Kriegsgefangenen der Jahre 1941/42 bereits entsetzliche Strapazen hinter sich hatten, erlitten auf den Transporten weitere Qualen. In einem Rundschreiben des Chefs der Sicherheitspolizei und des SD vom 9. November 1941 betreffs „Transport der zur Exekution bestimmten sowjetrussischen Kriegsgefangenen in die Konzentrationslager" heißt es: „Die Kommandanturen der Konzentrationslager führen Klage darüber, daß etwa 5 bis 10 % der zur Exekution bestimmten Sowjetrussen tot oder halbtot in den Lagern ankommen. Es erweckt daher den Eindruck, als würden sich die Stalags auf diese Weise solcher Gefangener entledigen. Insbesondere ist festgestellt worden, daß bei Fußmärschen, z. B. vom Bahnhof zum Lager eine nicht unerhebliche Zahl von Kriegsgefangenen wegen Erschöpfung unterwegs tot oder halbtot zusammenbricht und von einem nachfolgenden Wagen aufgelesen werden muß." Die größte Sorge war dabei für die Funktionä-

---

13 Ebenda, S. 48–57.
14 Ebenda, S. 52 f.
15 Zum Ablauf der Aussonderungen vgl. ebenda, S. 63–69.
16 Konzentrationslager Dachau 1933 bis 1945. Text- und Bilddokumente zur Ausstellung, mit CD, hrsg. vom Comité International de Dachau/Barbara Distel, Gedenkstätte Dachau, Dachau 2005, Ausstellungs-CD, 7.23, 2337.

re des Reichssicherheitshauptamts, dass die Bevölkerung solche Vorgänge beobachtete und das Image der SS Schaden nehmen könnte.[17]

„In *Dachau*", konstatierte Otto, „wurden die Gefangenen aus den Wehrkreisen (WK) V Stuttgart, VII München und aus Teilen des Wehrkreises XIII Nürnberg liquidiert. Aus dem Oflag 62 (XIII D) Hammelburg gelangten circa 1100 Offiziere dorthin, aus Nürnberg-Langwasser und dem Stalag XIII C Hammelburg bis zum Januar 1942 1357 Mannschaften, deren Zahl sich wegen neu angekommener Transporte bis Mai 1942 auf 2000 erhöht haben mag. Hinzuzuzählen sind 455 in Moosburg Ausgesonderte, von denen jedoch nur 267 in Dachau exekutiert wurden, während 188 Mann zur nochmaligen Überprüfung nach Buchenwald kamen; 120 von ihnen überlebten wenigstens vorläufig. Aus dem WK V schließlich erreichten einige hundert Mann das KZ Dachau, so daß man von etwa 4000 Ermordeten ausgehen muß."[18] Der Kapo der Bekleidungskammer, Alfred Carl, der die Kleidungsstücke der Erschossenen registrierte, kam auf eine Zahl von 4400 bis 4500.[19] Die Differenz erklärt sich möglicherweise daraus, dass Otto 420 im Herbst 1941 in das „Kriegsgefangenenlager" im KZ eingelieferte „Arbeitsrussen" nicht einberechnet hat, die jedoch Häftlingszeugnissen zufolge ebenfalls ermordet wurden. Der größte Teil der in Dachau ermordeten Rotarmisten kam aus dem Wehrkreis XIII Nürnberg. Die Gestapo bezeichnete die Zusammenarbeit mit dem dortigen Kommandeur der Kriegsgefangenen, Generalmajor Schemmel, als ausgezeichnet.[20]

Die ersten Exekutionen im KZ Dachau hatten im August 1941 im Bunkerhof stattgefunden. Die Häftlinge auf dem Kommando der Plantage und aus den Kommandos im Wirtschaftsgebäude, dem heutigen Museum, wurden von ihren Arbeitsplätzen wegbeordert, damit sie nicht Zeugen des Geschehens wurden.[21] Später führte man die Exekutionen auf dem SS-Schießplatz bei Hebertshausen durch. Trotz der Tarnmaßnahmen der SS waren die Häftlinge im Lager recht gut im Bilde darüber, was mit den sowjetischen Kriegsgefangenen geschah. Bei den Exekutionen im Bunkerhof habe man die Blockführer – also die für die einzelnen Baracken zuständigen SS-Leute – mit Karabinern hinmarschieren sehen können, sagte der deutsche Häftling Willi Grimm im amerikanischen Prozess gegen den ehemaligen Lagerkommandanten Alexander Piorkowski aus. Auch sei das Krematorium Tag und Nacht in Betrieb gewesen.[22] Die Gefangenen in Wäscherei und Kleiderkammer hatten die Kleidungsstü-

---

[17] Der Prozess gegen die Hauptkriegsverbrecher vor dem Internationalen Militärgerichtshof. Nürnberg 14. November 1945 – 1. Oktober 1946, Bd. 3, Nürnberg, 1947, S. 562f.
[18] Otto, Wehrmacht, S. 266 f.
[19] Vgl. Zámečník, Dachau, S. 204.
[20] Vgl. Otto, Wehrmacht, S. 207, für eine Analyse von Schemmels Verhalten im Prozess der Aussonderungen, S. 202–208.
[21] Die Aufzeichnungen von Kavel Kašák, zusammengestellt, kommentiert und mit Anmerkungen versehen von Stanislav Zámečník, in: Dachauer Hefte 11 (1995), S. 167–251, hier S. 183.
[22] DaA, Ordner „Zeugenaussagen im Prozeß gegen Piorkowski und Demters", Aussage Grimm, S. 286 f.

cke der Exekutierten zu reinigen und aufzubewahren.²³ Gustav Eberle, der beobachtet hatte, wie Blockführer und anderes SS-Personal auf Lastwagen zum Krematorium fuhren, sagte aus, die SS-Leute hätten anders ausgesehen als sonst. Sie hätten Felduniformen getragen und Fausthandschuhe, die voller Blut gewesen seien.²⁴ Manche SS-Leute, die nach den von ihnen zynisch als „Schützenfest" bezeichneten Massenexekutionen betrunken ins Lager zurückkehrten, brüsteten sich gegenüber einzelnen Häftlingen mit ihren Taten.²⁵ Karel Kašák erfuhr im Oktober 1941, dass die Gefangenen jeweils in Fünfergruppen und an den Händen gefesselt zur Exekution geführt wurden.²⁶

In einer Nachkriegsaussage des Kriminalkommissars Ohler, der den Erschießungen unmittelbar beiwohnte, wird der Vorgang so beschrieben: „Nach meiner Ankunft in Dachau uebergab ich die Listen des Transportes dem SS-Kommandanten. Die Kriegsgefangenen wurden dann zum Executionsplatz ueberfuehrt. Dort wurden ihnen die Kleider abgenommen, dann wurden jeweils 5 Mann an Pfähle angehängt und durch SS Leute mit Karabinern erschossen. Der Rest des Transportes wartete hinter einem Erdwall etwa 30 mtr. entfernt vom Executionsplatz bis sie an die Reihe kamen. Sie waren sich selbstverstaendlich bewusst, dass sie auch erschossen werden sollten."²⁷

„Die Leute schrien fürchterlich, als sie merkten, was mit ihnen geschehen wird", berichteten Soldaten der Wachmannschaft des Stalag VII a Moosburg, die eine Gruppe „Ausgesonderter" nach Dachau gebracht hatte. In Moosburg hatte ein Einsatzkommando der Münchner Gestapo unter Leitung von Kriminalkommissar SS-Obersturmführer Martin Schermer zwischen dem 29. September und dem 15. November 1941 insgesamt 3088 Rotarmisten überprüft und 410 ausgesondert, davon drei als Funktionäre und Offiziere, 25 Juden, 69 „Intelligenzler", 146 „fanatische Kommunisten", 85 „Hetzer, Aufwiegler und Diebe", 35 Flüchtlinge und 47 unheilbar Kranke. Weitere 28 wurden aus 210 in Arbeitskommandos eingesetzten Rotarmisten ausgesondert. Kurz nach den ersten Aussonderungen legte Schermer Listen von Gefangenen vor und verlangte deren Übergabe, um sie nach Dachau transportieren zu lassen. Als die Wachsoldaten nach dem ersten Transport entsetzt zurückkehrten, ließen die Moosburger Offiziere den Dolmetscher Josef Thora ihre Angaben überprüfen, die dieser in vollem Umfang bestätigte.

Auch die SS wollte vom Arbeitskräftepotenzial der sowjetischen Kriegsgefangenen profitieren. Am 2. Oktober 1941 hatte das Oberkommando der Wehrmacht die Wehrkreiskommandos angewiesen, insgesamt 25 000 sowjetische Kriegsgefangene an die SS „zum Arbeitseinsatz in SS-Betrieben" zu überstellen. Sie sollten aber nicht

---

23 Ebenda, Aussage Heussermann, S. 240; Zámečník, Dachau, S. 204.
24 DaA, Ordner „Zeugenaussagen im Prozeß gegen Piorkowski und Demters", Aussage Eberle, S. 249 f.
25 Vgl. ebenda, Aussage Heussermann, S. 247.
26 Kašák-Aufzeichnungen, S. 190.
27 Konzentrationslager Dachau 1933–1945, Ausstellungs-CD, 7.23, 2337.

als KZ-Häftlinge, sondern weiterhin in den Wehrmachtskarteien geführt werden.[28] Wie in den meisten anderen großen Konzentrationslagern des Reichsgebiets wurde daraufhin in Dachau im Herbst 1941 ein Bereich abgetrennt, der durch ein Schild als „Kriegsgefangenenlager" ausgewiesen war. Er umfasste die Blocks 17 bis 29 und bot bei der vorgesehenen gedrängten Belegung Platz für mindestens 7000 Insassen. Als Blockpersonal wurden ehemalige NSDAP-Mitglieder unter den Häftlingen sowie kriminelle Gefangene bestimmt.[29] Die vorgesehene Belegung ist indes nie auch nur annähernd erreicht worden.

Der tschechische Häftling Karel Kašák dokumentierte in seinen heimlichen Aufzeichnungen die Ankunft des einzigen belegten Transports von „Arbeitsrussen": „Gestern, am 24. Oktober 1941, brachten sie einige Waggons Russen ins Lager, immer zu zweit an der linken und rechten Hand mit Eisen gefesselt. Sie hatten ausgemergelte und gequälte Gesichter, waren eher in Fetzen als in Kleider gehüllt, die meisten in hölzernen Schuhen, kurz gesagt, wie sie in Deutschland innerhalb weniger Wochen hübsch zugerichtet worden sind."[30] Der Transport umfasste circa 400 Mann, die aber nur für wenige Stunden in den abgetrennten Bereich gebracht und dann zur Erschießung abtransportiert wurden. Die von Kašák überlieferte Aussage eines SS-Manns, die aus Nürnberg herantransportierten Opfer seien als „Heckenschützen" allesamt zum Tode verurteilt worden,[31] ist wenig glaubwürdig und verweist eher auf das Bedürfnis, den nackten Massenmord in ein legitimatorisches Mäntelchen zu kleiden, als auf die Tatsachen. Wahrscheinlicher ist, dass die Gefangenen ermordet wurden, weil sie zum Arbeitseinsatz nicht brauchbar waren.

In unmittelbarem Zusammenhang mit der Ermordung der sowjetischen Kriegsgefangenen steht der Bau der sogenannten Baracke X im KZ Dachau mit einem zweiten, größeren Krematorium und einer Gaskammer, deren Pläne Anfang 1942 fertig vorlagen.[32] Die Kapazität des ersten, erst 1940 errichteten Krematoriums reichte schon für die Einäscherung der im Lager Verstorbenen – allein im Jahr 1941 2576 – nicht aus. Dazu kamen die Leichen der ermordeten sowjetischen Kriegsgefangenen.[33] Der Bau der Gaskammer ist mit hoher Wahrscheinlichkeit im Kontext der Suche nach möglichst effizienten Tötungsmethoden zu sehen, die im Zuge des Massenmords an sowjetischen Kriegsgefangenen in den Führungen der beteiligten Konzentrationslager einsetzte. In Sachsenhausen und Buchenwald hatte man „Genickschussanlagen" entwickelt,[34] während in Auschwitz Anfang September 1941

---

28 Otto, Wehrmacht, S. 188.
29 Zum Gesamtzusammenhang vgl. ebenda, S. 186 f.; zu Dachau Zámečník, Dachau, S. 205.
30 Kašák-Aufzeichnungen, S. 190.
31 Ebenda und Zámečník, Dachau, S. 205.
32 Vgl. ebenda, S. 297 f.
33 Vgl. ebenda, S. 296.
34 Vgl. Karin Orth, Das System der nationalsozialistischen Konzentrationslager. Eine politische Organisationsgeschichte, Hamburg 1999, S. 124–130; Harry Stein, Konzentrationslager Buchenwald 1937–1945. Begleitband zur ständigen historischen Ausstellung, Göttingen ²2000, S. 121 ff.

erstmals rund 900 sowjetische Kriegsgefangene sowie kranke KZ-Häftlinge in einer Gaskammer ermordet wurden.[35] Kaum einer der Mordgehilfen der SS wurde für die Massaker auf dem SS-Schießplatz zur Verantwortung gezogen. Die Täter haben darauf geachtet, ihre Menschenschlächterei ohne Zeugen durchzuführen. Auch der berüchtigte Dachauer Schutzhaftlagerführer Egon Zill, der bis zu seiner Berufung zum Kommandeur des KZ Hinzert Ende Dezember 1941 die meisten Exekutionen geleitet hatte, konnte nur wegen der Selektion im Lager, die von mehreren Häftlingen beobachtet wurde, dingfest gemacht werden. Zill, der sich lange genug hatte verbergen können, um dem Zugriff der amerikanischen Militärjustiz zu entgehen, hatte im Prozess versucht, sich damit herauszureden, zu seiner Zeit seien gar keine sowjetischen Kriegsgefangenen in das Lager eingeliefert worden.[36] Doch die Beweislast gegen ihn war nicht nur in dieser Frage erdrückend und brachte ihm eine Verurteilung zu lebenslanger Haft wegen Beihilfe zum Mord ein. Es gelang ihm aber, die Wiederaufnahme seines Verfahrens zu erwirken, in deren Folge seine Strafe 1961 auf 15 Jahre reduziert wurde.[37] Im April 1963 wurde er, nachdem er, die Untersuchungshaft eingerechnet, zehn Jahre in Haft gewesen war, freigelassen. Er kehrte zu seiner Familie zurück und lebte „bis zu seinem Tode am 23. Oktober 1974 an dem Ort, der ihm eine Heimat geworden war – in Dachau".[38] Piorkowski, der zur Zeit der Ermordungsaktion Lagerkommandant gewesen war, hatte weniger Glück. Er wurde am 17. Januar 1947 im Rahmen der amerikanischen Dachau-Prozesse zum Tode verurteilt und am 22. Oktober 1948 in Landsberg gehenkt.[39]

Die Alliierten waren über die Massenverbrechen an sowjetischen Kriegsgefangenen schon vor Kriegsende informiert. Das bezeugte wiederum Karel Kašák, der als „botanischer Maler" auf der Plantage des KZ Dachau im August 1943 den Status eines – allerdings zwangsweisen – „Zivilangestellten" erhalten hatte und sich in der Umgebung des Lagers frei bewegen konnte. In der Nacht vom 24. auf den 25. September 1944 hatte er, wohl bei der befreundeten Hebertshausener Familie Seidenberger, eine Meldung von Radio Moskau gehört, wonach in den Lagern Dachau, Buchenwald und Sachsenhausen russischen Schätzungen zufolge 80 000 Rotarmisten getötet worden seien. Das war eine zwar überhöhte, aber in Anbetracht der Kriegsverhältnisse doch erstaunlich realistische Schätzung.

---

35 Vgl. Orth, System, S. 139; Sybille Steinbacher, Auschwitz. Geschichte und Nachgeschichte, München 2004, S. 70.
36 Vgl Justiz und NS-Verbrechen, Sammlung deutscher Strafurteile wegen nationalsozialistischer Tötungsverbrechen, Bd. XVIII, bearb. von Irene Sagel-Grande/H. H. Fuchs/C. F. Rüter, Amsterdam 1978, S. 42.
37 Vgl. ebenda, S. 31–35.
38 Karin Orth, Egon Zill – Ein typischer Vertreter der Konzentrationslager-SS, in: Klaus-Michael Mallmann (Hrsg.), Karrieren der Gewalt, Darmstadt 2004, S. 264–273, hier S. 273.
39 Vgl. den Beitrag von Johannes Tuchel, Die Kommandanten des Konzentrationslagers Dachau, in: Wolfgang Benz/Angelika Königseder (Hrsg.), Das Konzentrationslager Dachau. Geschichte und Wirkung nationalsozialistischer Repression, Berlin 2008, S. 329–349.

3 „... an unterster Stelle"

Während Tausende ermordet wurden, waren 1941 lediglich 58 Personen aus der Sowjetunion als Häftlinge im KZ Dachau registriert.[40] Das änderte sich in den folgenden Jahren dramatisch. 1942 kamen insgesamt rund 5500 Sowjetbürger ins Lager Dachau, 1943 und 1944 waren es jeweils rund 7000 und noch 1945 waren es 4142, wobei hier der Großteil auf Zugänge aus anderen Konzentrationslagern zurückzuführen sein dürfte. Insgesamt 25 112 Russen sind in der Datenbank der Gedenkstätte verzeichnet.[41] „,Da keine Juden im Lager waren, standen an unterster Stelle die Russen. Sie durften in kein gutes Kommando.' Diese Aussage von *Julius Schätzle* bezieht sich auf diejenige Zeit in Dachau, in der alle jüdischen Häftlinge bereits in KZs im Osten verlegt worden sind. Seine Feststellung hat auch für alle anderen Lager innerhalb des ‚Reiches' Gültigkeit; die SS zwang die Russen auf die unterste Stufe der von ihr gebildeten Hierarchie – Juden ausgenommen."[42]

Die Russen bildeten in der zweiten Kriegshälfte eine der größten, am Ende die zweitgrößte Häftlingsgruppe im KZ Dachau. Von den insgesamt mehr als 25 000 waren 1035, also nur ein kleiner Teil, Kriegsgefangene, die zur Bestrafung von Fluchtversuchen oder als „gefährliche Elemente" ins KZ kamen. Besonders bemerkenswert ist, dass die Russen im Schnitt sehr jung waren. 24 Prozent von ihnen waren jünger als 19 Jahre. Und bezogen auf die Gesamtzahl der Häftlinge stellen sie ein Drittel aller Jugendlichen, nicht wenige waren sogar erst im Kindesalter.

Das namenlose Elend der russischen Kinder im KZ Dachau spiegelt sich auch in den Beobachtungen anderer erwachsener Häftlinge wider. Für den 6. August 1942 hielt Karel Kašák in seinen Notizen fest: „Am selben Tag kam ein [...] Transport mit 120 russischen Jungen und in der Nacht auf heute ein weiterer russischer Transport, wieder 100. Es sind fast vorwiegend junge Burschen, eigentlich Kinder, die hauptsächlich im Gebiet von Kiew mitten bei der landwirtschaftlichen Arbeit festgenommen und ohne Kommentar direkt in deutsche KZs abtransportiert wurden."[43] Und im März 1945 notierte er über eine Gruppe Jugendlicher aus der Sowjetunion, die auf der Plantage arbeitete: „Es sind genau 19, Jungen zwischen 10 und 14, zwei sind fast 15 Jahre alt. Fast alle leben schon zwei Jahre lang in verschiedenen deutschen Kon-

---

40 Die Zahl der „Arbeitsrussen" im Kriegsgefangenenlager ist, wie ausgeführt, unbekannt, dürfte aber eher gering gewesen sein. Die zur Exekution nach Dachau verbrachten Rotarmisten wurden nicht registriert und oft direkt an den Schießplatz verbracht.
41 Der Verfasser dankt Albert Knoll, dem Archivar der KZ-Gedenkstätte Dachau, für die Unterstützung bei der Ermittlung der statistischen Daten. – Begriffe wie Russe oder Russen sind dabei problematisch, da es nicht nur um eine ethnisch-nationale Zuschreibung, sondern auch um eine nationalsozialistische Verfolgungskategorie handelt. Aus Gründen der besseren Lesbarkeit wurde dennoch auf Anführungszeichen verzichtet.
42 Hermann Langbein, ... nicht wie die Schafe zur Schlachtbank. Widerstand in den nationalsozialistischen Konzentrationslagern, Frankfurt a. M. 1980, S. 166.
43 Kašák-Aufzeichnungen, S. 201.

zentrationslagern. [...] Nicht einer der Jungen hat eine Ahnung, wo Vater und Mutter sind. Fast alle antworten sie, daß der Vater an der Front und die Mutter an unbekanntem Ort sei. Gott selbst weiß, wie und wann diese Kinder, durch das Lagerleben abgestumpft und aller kindlichen Freuden beraubt, überhaupt wieder mit den Eltern zusammentreffen."[44] Und Edgar Kupfer-Koberwitz schrieb am 11. April 1943 in sein Lagertagebuch: „Es sind viele kleine Russen im Lager, von 11 bis 14 Jahren und darüber. – Eine Schmach. – Sie balgen sich, wie junge Hunde, wenn sie einen Augenblick frei sind, oder sind ganz elend vor Hunger."[45] V. Chramcov, der als 14-Jähriger aus der Gegend von Brjansk zur Zwangsarbeit nach Deutschland verschleppt und nach wiederholten Fluchtversuchen schließlich im April 1944 in einer Gruppe von 20 Schicksalsgenossen ins KZ Dachau verbracht worden war, berichtete, er sei in den Strafblock Nr. 17 eingewiesen worden. „In dieser Baracke in der vierten Stube [Abteilung] befanden sich über 200 Kinder im Alter von sechs bis sieben Jahren, die vom Lager isoliert waren. Man ließ uns nicht auf die Lagerstraße, und wir hatten keinen Kontakt mit den übrigen Häftlingen des Lagers. Manchmal holte man aus dieser Baracke eine Gruppe von Kindern ab, die, man weiß nicht warum, nicht zurückkamen."[46]

Zur Häftlingsgesellschaft gehörte auch eine andere Gruppe von Sowjetbürgern, die als Zwangsarbeiter rekrutiert waren und als Ostarbeiter bezeichnet wurden. Auf Ostarbeiter machte die SS regelrecht Jagd. Der Hintergrund war Himmlers Konkurrenz zum Bevollmächtigten für den Arbeitseinsatz Sauckel, der ab März 1942 mit den rüdesten Methoden das Millionenheer der Fremd- und Zwangsarbeiter rekrutierte und die SS dabei auf den zweiten Platz verwiesen hatte. Die Strafgewalt gegen die wegen Fluchtversuchen oder anderer Delikte eingewiesenen Ostarbeiter hatte der SS- und Polizeiapparat aber schon durch einen Geheimerlass Himmlers vom 20. Februar 1942, also recht frühzeitig, usurpiert,[47] und sie wurde genutzt, um die Konzentrationslager mit Arbeitskräften aufzufüllen. Am 14. Dezember 1942 befahl Himmler, dass bis Ende Januar 1943 mindestens 35 000 arbeitsfähige Häftlinge in die Konzentrationslager eingewiesen werden sollten. Ein Erlass des Reichssicherheitshauptamts vom 17. Dezember 1942 verfügte, dass zu diesem Zweck Ostarbeiter und andere Fremdarbeiter, sofern sie nicht den verbündeten, befreundeten oder neutralen Staaten angehörten, „auf dem schnellsten Wege" in die nächstgelegenen Konzentrationslager eingeliefert werden sollten. „Dritten Dienststellen gegenüber muss gegebenenfalls jede einzelne dieser Maßnahmen als unerlässliche sicherheitspolizeiliche

---

44 Ebenda, S. 245.
45 Edgar Kupfer-Koberwitz, Dachauer Tagebücher. Die Aufzeichnungen des Häftlings 24814. Mit einem Vorwort von Barbara Distel, München 1997, S. 101.
46 V. Chramcov, Dachau glazami podrostka. Vospominanija uznika Nr. 67674, in: Sovetskaja Litva, 4.5.1989, Kopie im DaA.
47 Vgl. Diemut Majer, „Fremdvölkische" im Dritten Reich. Ein Beitrag zur nationalsozialistischen Rechtssetzung und Rechtspraxis in Verwaltung und Justiz unter besonderer Berücksichtigung der eingegliederten Ostgebiete und des Generalgouvernements, Boppard am Rhein 1981, S. 676.

Maßnahme unter entsprechender sachlicher Begründung aus dem Einzelfall heraus dargestellt werden, sodass Beschwerden vermieden, jedenfalls aber ausgeräumt werden können." Sicherheits- und Staatspolizei wurden angewiesen, Hafträume und Arbeitserziehungslager zu überprüfen und alle arbeitseinsatzfähigen Häftlinge „wenn es sachlich und menschlich irgendwie zu vertreten ist" in die nächstgelegenen KZ zu überstellen. „Es kommt auf jede einzelne Arbeitskraft an!", stellte der Erlass klar.[48] Schon am 30. Dezember sandte die Münchner Gestapo eine unbekannte Zahl von Fremdarbeitern nach Dachau.[49]

Und im Februar 1943 verfügte das Reichssicherheitshauptamt aufgrund einer Initiative des Wirtschafts- und Verwaltungshauptamts (WVHA), „dass sowjetrussische Zivilarbeiter (Ostarbeiter) – von ganz besonderen Ausnahmefällen abgesehen – aus den Konzentrationslagern nicht mehr zu entlassen sind". Auf die bisherige Praxis, Ostarbeiter nach einer bestimmten Zeit wieder an ihre ursprünglichen Arbeitsplätze zu entsenden, werde, so hieß es in einem Rundschreiben des WVHA, „mit Rücksicht auf die Sicherung der in den Konzentrationslagern laufenden Rüstungsprogramme verzichtet".[50] In dürrem Amtsdeutsch wurde so ein Sachverhalt umschrieben, der den neu ankommenden sowjetischen Häftlingen sehr viel plastischer vor Augen geführt wurde: „Man betritt Dachau durch das Tor, man verläßt es durch den Schornstein des Krematoriums."[51]

Die Sterblichkeit unter den im KZ Dachau registrierten Russen war trotz der schlechten Behandlung, die ihnen widerfuhr, sogar niedriger als im Durchschnitt. Das ist unter anderem darauf zurückzuführen, dass es sich zu einem hohen Anteil um Ostarbeiter handelte, also in der Regel junge, kräftige und gesunde Männer, an deren Arbeitskraft die SS ein Interesse hatte. Die Dachauer Lagerstatistik verzeichnet 2327 Todesfälle von Russen, das entspricht einer Sterblichkeit von etwa neun Prozent. Doch muss diese Zahl kritisch betrachtet werden: Die ermordeten Kriegsgefangenen sind in ihr nicht enthalten. Zu berücksichtigen ist auch, dass in der genannten Sterberate die Todesfälle nicht inbegriffen sind, die bei Transporten ins Lager auftraten, insbesondere bei solchen, die direkt aus der besetzten Sowjetunion kamen. Über einen solchen hat Karel Kašák notiert: „Heute, am Dienstag, den 14. September [1943], wurden auf dem Dachauer Bahnhof 1500 Häftlinge ukrainischer Nationalität ausgeladen. Ihr schreckliches Aussehen ist für uns nichts Neues. Die Bewohner von Dachau jedoch ergriff ein Grauen. Schon auf dem Bahnhof wurde eine Reihe von Leichen auf einen bereitstehenden Lastwagen geworfen. Auf dem Weg vom Bahnhof starben aber wieder einige Häftlinge, und so schleiften einige Gefangene [...] ihre toten Kameraden mit, deren rückwärts verdrehte Köpfe und gläser-

---

48 Wiedergegeben im Urteil des Bayerischen Verwaltungsgerichts in der Verwaltungsstreitsache Nr. 5116/63, Alfred Trenkner gegen den Freistaat Bayern, 9.12.1964, IfZ-Archiv, Gm 07.46, S. 2f.; vgl. auch IMT, XXVI, Dok. 1063 (d) PS, S. 701–705, und Zámečník, Dachau, S. 247.
49 IfZ-Archiv, Gm 07.46, Urteil, 9.12.1964, S. 2.
50 DaA, Sowjetische Zivilarbeiter – Runderlasse – A 2147.
51 Biktašev, Starše, S. 73. Die Wendung findet sich auch bei Chramcov, Dachau glazami podrostka.

ne Augen allen Angst einjagten, die diesen Totenzug erblickten."[52] Für den folgenden Tag verzeichnete Kašák einen zweiten großen Transport von Gefangenen, die aus der Gegend von Kiew deportiert worden waren: „In dem Isolationsblock Nr. 19 sind am heutigen Tag 1130, in Worten eintausendeinhundertdreißig Russen untergebracht, und weitere sollen noch dorthin kommen. Wie bekannt, ist jeder Block im Dachauer Konzentrationslager für 200 Personen gebaut."[53]

Die Russen wurden nicht nur von der SS mit ausgesuchter Brutalität behandelt und mussten die schlechtesten Arbeiten übernehmen, sie waren auch vom Bezug von Lebensmittelpaketen, der Gefangenen anderer Nationalitäten ab Herbst 1942 gestattet war, ausgeschlossen.[54]

4 Widerständigkeit und Repression

Allen Einschüchterungen zum Trotz waren die Russen in Dachau, wie auch in anderen Konzentrationslagern, am wenigsten bereit, sich zu fügen, sie unternahmen die meisten Fluchtversuche, bei denen es sich allerdings nicht selten um völlig aussichtslose Unternehmen handelte.[55] Gezwungen, für den Feind zu arbeiten, versuchten manche, Sabotageakte zu verüben, aber auch gewöhnliche Fehler bei der Arbeit konnten von der SS als Sabotage eingestuft werden. Die Russen wurden im Lager relativ häufig Opfer der brutalen Strafmaßnahmen der SS, nicht selten der Todesstrafe. So beziehen sich die Beispiele von Exekutionen, die von den Häftlingschronisten Kupfer-Koberwitz und Kašák verzeichnet worden sind, ausschließlich auf Polen und Russen, wobei die Letzteren zahlenmäßig überwiegen.[56] 1944 erfolgten zwei Massenhinrichtungen sowjetischer Kriegsgefangener im KZ Dachau. Im Februar wurde eine Gruppe von mehr als 30 Fliegeroffizieren eingeliefert, die am Tag darauf, dem 22. oder 23. Februar erschossen wurden, offenbar wegen eines gemeinsamen Fluchtversuchs.[57]

Am 4. und 5. September 1944 wurden insgesamt 92 Mitglieder der Widerstandsorganisation Brüderliche Zusammenarbeit der Kriegsgefangenen (*Bratskoje sotrudni-*

---

52 Kašák-Aufzeichnungen, S. 226.
53 Ebenda, S. 227.
54 Zámečník, Dachau, S. 241, Anm. 36; P. M. Kravčenko (Hrsg.), Kazematy smerti, Moskau 1996, S. 172.
55 Ein anschauliches kollektives Psychogramm der Russen im KZ Buchenwald findet sich in Jorge Sempruns autobiographischem Werk „Was für ein schöner Sonntag!", Frankfurt a. M. 1984, S. 90 ff. „Sie waren vor allem Anarchisten", stellte er dabei fest (S. 90).
56 Vgl. Zámečník, Dachau, S. 262.
57 Vgl. Kašák-Aufzeichnungen, S. 232; Rachimžan Amantaev, Nepobeždennyj. Vzletevšij nad Dachau, Večernij Biškek, http://www.centrasia.ru/newsA.php4?st=1115533620 (Seite nicht mehr erreichbar).

čestvo vojennoplennych), besser unter ihrer Abkürzung BSW bekannt, im KZ Dachau exekutiert. Die BSW war in München entstanden und hatte unter Ostarbeitern und sowjetischen Kriegsgefangenen ein über ganz Süddeutschland ausgedehntes Netz aufgebaut. Es bestand auch Kontakt zu einer kleinen deutschen Widerstandsgruppe, der Münchner Antinazistischen Deutschen Volksfront (ADV). Die BSW war die größte Widerstandsgruppe von Ausländern im deutschen Reichsgebiet.[58] Die organisatorische Leistung war umso bemerkenswerter, als die Organisation nur von Anfang 1943 bis zum Herbst bestand. Dann konnte die Gestapo durch einen Spitzel eindringen und die Gruppierung aufrollen. Bis zum Frühjahr 1944 wurden 383 Personen festgenommen. Die Verhöre führte die Gestapo in ihrer Münchner Zentrale im Wittelsbacher Palais und im KZ Dachau durch und wandte dabei brutalste Foltermethoden an. Im KZ Dachau starb im März 1944 auch Josef Feldmann. „Der Jude Josef Feldmann ist am 8.3.1944 im Revier des Konzentrationslagers Dachau an Blutkreislaufstörung verstorben", hieß es dazu im Abschlussbericht der Münchner Gestapo über die Untersuchungen gegen die BSW.[59] Das war eine Lüge, Nachkriegermittlungen haben eindeutig ergeben, dass Feldmann an den Folgen der grausamen Folterungen durch Beamte der Gestapo starb.

Stanislav Zámečník berichtete über die Einlieferung zweier BSW-Mitglieder in das Krankenrevier, wo er als Pfleger arbeitete: „Es handelt sich um Major Michail Zinger und den Oberleutnant Vladimir Mojsejev (Grojsman), beide jüdischer Abstammung. Sie wurden im Mai oder Juni 1944 nachts bewusstlos und mit hohem Fieber auf meine Stube gebracht. An beiden Hüften hatten sie vereiterte, handflächengroße, tiefe und ausgefranste Wunden von Schlägen mit dem Ochsenziemer, auf dem Rücken blutige Striemen, und überdies waren alle ihre Fingerspitzen zerschmettert."[60] Als sich ihr Zustand etwas gebessert hatte, erhielten sie den Befehl, sich am folgenden Tag am Jourhaus einzufinden, was nichts anderes bedeuten konnte als die Fortsetzung der Verhöre und Foltern oder die Hinrichtung. Oberpfleger Heini Stöhr, ein deutscher Sozialdemokrat, Zámečník und andere Mitarbeiter des Reviers konnten jedoch infektiöse Wundrose-Erkrankungen der beiden Gefährdeten vortäuschen und sie so zunächst vor der Entlassung aus dem Revier schützen.[61]

Ende August 1944 waren die Untersuchungen der Gestapo im „Fall BSW" beendet. 90 Offiziere wurden von den übrigen Häftlingen in der Isolierbaracke abgetrennt, und allen war klar, was das bedeutete. Einer von ihnen war Alexej Kirilenko, im Zivilberuf Trompeter. Als am Sonntag, dem 3. September 1944, das Lagerorchester zwei Konzerte geben sollte, eines für die SS und eines für die Gefangenen, erklär-

---

[58] Grundlegend zur Geschichte der BSW: Joseph A. Brodskij, Die Lebenden kämpfen. Die Organisation Brüderliche Zusammenarbeit der Kriegsgefangenen (BSW). Berlin 1968; zusammenfassend: Jürgen Zarusky, Kriegsgefangenenlager Schwanseestraße, in: Winfried Nerdinger (Hrsg.), Ort und Erinnerung. Nationalsozialismus in München, Salzburg 2006, S. 177.
[59] Kopie im IfZ-Archiv, Gm 07.94-2-40.
[60] Zámečník, Dachau, S. 329 f.
[61] Ebenda.

te der italienische Dirigent, dafür brauche man den Trompetensolisten. Kirilenko durfte noch einmal spielen, und rührte damit, wie aus einer Reihe von Berichten Überlebender hervorgeht, das Herz seiner Mitgefangenen. Vasilij Šachov, ebenfalls BSW-Mitglied, berichtete, nachdem die SS signalisiert hatte, das Konzert zu beenden, habe Kirilenko noch ganz allein mit seiner Trompete die Melodie des Lieds „Heiliger Krieg" gespielt, sei dann aber von einem SS-Mann unterbrochen worden.[62] Es ist nicht anzunehmen, dass die SS wusste, welche Melodie da gespielt wurde und was sie für die sowjetischen Häftlinge bedeutete. Das Lied, dessen Melodie von Aleksandr Alexandrov und dessen Text von dem Dichter Vasilij Lebedev-Kumač stammen, entstand unmittelbar nach dem deutschen Überfall auf die Sowjetunion und war eines der populärsten und wirkungsvollsten sowjetischen Kriegslieder. Die erste Strophe und der Refrain lauten in einer anonymen deutschen Nachdichtung:

> Steh auf, steh auf du Riesenland!
> Heraus zur größten Schlacht!
> Den Nazihorden Widerstand!
> Tod der Faschistenmacht!
>
> Es breche über sie der Zorn
> wie finstre Flut herein.
> Das soll der Krieg des Volkes,
> der Krieg der Menschheit sein.

Am folgenden Tag, dem 4. September 1944 vormittags, wurden unter Leitung des Schutzhaftlagerführers Friedrich Wilhelm Ruppert die 90 russischen Offiziere im Krematorium durch Kopfschüsse ermordet, wobei nach Aussagen eines deutschen Häftlings aus dem Krematoriumskommando über 30 Männer noch stundenlang mit dem Tod rangen. Die Offiziere Zinger und Mojsejev, die im Krankenrevier lagen, wurden am folgenden Tag auf Tragen zum Krematorium gebracht und erschossen.[63]

5 Das Ende

Als im Sommer 1944 die deutsche Ostfront zusammenbrach und die alliierte Invasion in der Normandie glückte, kollabierte auch das weitverzweigte KZ-System. Es be-

---

[62] Bericht Šachov im DaA; vgl. auch den Brief von Vladimir P. Demidenko an die KZ-Gedenkstätte vom 21.11.1993, der ebenfalls über Kirilenkos letzten Auftritt und das von ihm gespielte Stück berichtete.
[63] Vgl. Zámečník, Dachau, S. 347f. Auch die ADV war aufgeflogen. Ihre Mitglieder wurden im Dezember 1944 vom Volksgerichtshof abgeurteilt (mit zwei anderen wurde Hans Hutzelmann zum Tode verurteilt, Karl Zimmet simulierte eine Geisteskrankheit und kam mit dem Leben davon). Zur ADV vgl. Klaus Drobisch, Antinazistische Deutsche Volksfront (ADV), in: Wolfgang Benz/Walter H. Pehle (Hrsg.), Lexikon des deutschen Widerstandes, Frankfurt a. M. 1994, S. 163f.

gann die grausame Epoche der Transporte und Todesmärsche. In den letzten Tagen des KZ Dachau wurden besonders viele sowjetische Gefangene hierhin verlegt.

Die Nationalitätenstatistik weist für die Zeit vom 16. bis 26. April 1945 zwischen 9945 und 14 102 Russen aus.[64] Dieser schnelle Anstieg kann nur auf Zugänge aus anderen Lagern zurückgeführt werden. Es hat den Anschein, dass die Russen dabei zu den Gruppen gehörten, bei denen die SS besonders darauf achtete, sie nicht „in die Hände des Feindes" fallen zu lassen. Dafür spricht auch, dass mehr als die Hälfte der Häftlinge, die am Abend des 26. April 1945 vom Stammlager in Dachau aus auf den Todesmarsch Richtung Süden geschickt wurden, sowjetische Gefangene waren – 4150 von knapp 7000. Keineswegs alle Russen waren mit auf den Marsch gegangen. Nicht alle waren mobilisiert worden, andere wie V. Chramcov hatten sich aus Furcht davor, was auf dem Marsch geschehen würde, im Lager versteckt.[65]

Im „Sovetskij bjulletin", das von auf ihre Repatriierung wartenden Überlebenden herausgegeben wurde, machte sich ein ungenannter Autor am 4. Juni 1945 unter dem Titel „Die letzten Tage von Dachau" Gedanken darüber, was mit dem ehemaligen Lager geschehen würde. Es sei noch nicht klar, ob es abgebrannt oder als Lager für deutsche Kriegsgefangene genutzt werden würde. „Aber, was immer auch geschehen mag, das traurige Andenken an Dachau wird niemals aus dem Gedächtnis gelöscht werden."[66]

---

[64] Abbildung in: Konzentrationslager Dachau 1933–1945, Brüssel ⁹1978, S. 207.
[65] Vgl. Chramcov, Dachau glazami podrostka.
[66] Poslednie dni Dachau, in: Sovetskij bjulletin Nr. 26, 4.6.1945 (Kopie im DaA).

Teil III: **Erinnerungspolitik**

„Freiheitliche Erinnerung"

Vasilij Grossman und die europäische Erinnerung an Totalitarismus und Zweiten Weltkrieg

1 Zerklüftetes Gedächtnis

Der Teil Europas, der die Erfahrung von nationalsozialistischer und stalinistischer Herrschaft gemacht hat, also Mittel- und Osteuropa, ist heute durch eine tief zerklüftete Erinnerungslandschaft geprägt. Im Prozess des Wiederfindens der Erinnerung, der „Rückkehr der Geschichte"[1] und der Rekonstruktion nationaler Identitäten sind überall in Ost- und Mitteleuropa geschichtspolitische Fronten entstanden, die ihren Ursprung vor allem im Zweiten Weltkrieg und seinen Deutungen haben. Nicht selten prallen die „Mythen der Nationen" hart aufeinander,[2] am härtesten derzeit wohl zwischen den Ländern des Baltikums und Russland. Im Jahr 2005, als man sich in Moskau anschickte, den 60. Jahrestag des Kriegsendes und den Sieg der Roten Armee im Großen Vaterländischen Krieg mit hochrangiger internationaler Beteiligung festlich zu begehen und erstmals sogar der deutsche Bundeskanzler dazu eingeladen war, konterkarierten die Präsidenten der baltischen Staaten die staatliche russische Geschichtspolitik: Der litauische und der estnische Präsident lehnten die Einladung zu den Feierlichkeiten am 9. Mai ab, die lettische Präsidentin Vaira Vike-Freiberga sagte zu, nutzte aber jede Gelegenheit, darauf hinzuweisen, dass man im Baltikum den Sieg der Roten Armee, der dort neuerliche Besetzung und Massendeportationen bedeutet habe, nicht als Befreiung verstehen könne. In diesem Zusammenhang forderten die baltischen Staaten von Russland eine entschiedene Verurteilung des Hitler-Stalin-Pakts und knüpften damit geschichtspolitisch an die Ereignisse von 1989/90 an, als die Erinnerung an den 50 Jahre zuvor abgeschlossenen Hitler-Stalin-Pakt und das offizielle sowjetische Eingeständnis der jahrzehntelang bestrittenen Existenz des Geheimen Zusatzprotokolls zum deutsch-sowjetischen Nichtangriffspakt den baltischen Unabhängigkeitsbestrebungen von der UdSSR starken legitimatorischen Auftrieb gab und zu deren schließlichem Erfolg erheblich beigetragen hat.[3] Im

---

[1] Annette Leo (Hrsg.), Die wiedergefundene Erinnerung. Verdrängte Geschichte in Osteuropa, Berlin 1992; Leonid Luks/Donal O'Sullivan, Die Rückkehr der Geschichte. Osteuropa auf der Suche nach Kontinuität, Köln u. a. 1999.
[2] Monika Flacke (Hrsg.), Mythen der Nationen. 1945 – Arena der Erinnerungen, Mainz 2004. Einen instruktiven Überblick über die europäische Erinnerungslandschaft bietet der Epilog „Erinnerungen aus dem Totenhaus. Ein Versuch über das moderne europäische Gedächtnis", in: Tony Judt, Die Geschichte Europas seit dem Zweiten Weltkrieg, Bonn 2006, S. 931–966.
[3] Vgl. Jan Lipinsky, Das Geheime Zusatzprotokoll zum deutsch-sowjetischen Nichtangriffsvertrag vom 23. August 1939 und seine Entstehungs- und Rezeptionsgeschichte von 1939 bis 1999, Frankfurt a. M. u. a. 2004, S. 391 ff.

Westen stieß Vike-Freibergas unerschrockenes Auftreten nicht nur bei Konservativen auf Sympathie. Im Dezember 2005 erhielt sie den Hannah-Arendt-Preis für politisches Denken, der von der Hansestadt Bremen und der Grüne-nahen Heinrich-Böll-Stiftung getragen und von einer unabhängigen, eher linksliberal orientierten Jury vergeben wird.[4] Über einige zweifelhafte Äußerungen der Präsidentin, wie ihre verächtlichen Bemerkungen über sowjetische Kriegsveteranen und die historisch mehr als fragwürdige Aussage, für die baltischen Staaten habe der Zweite Weltkrieg erst 1990, mit der wiedergewonnenen Unabhängigkeit, geendet, sah man dabei hinweg.[5] In Russland indes rief das lettische Auftreten blanken Zorn hervor, bis hin zu Übergriffen linksextremer und nationalistischer Jugendgruppen gegen die lettische Botschaft. Die baltischen Staaten sahen sich mit dem Vorwurf der Geschichtsklitterung und der Verharmlosung nationalsozialistischer Verbrechen konfrontiert. Von russischer Seite wurde die verbreitete Kollaboration mit den NS-Besatzern, insbesondere in den baltischen Einheiten der Waffen-SS hervorgehoben.[6]

Die geschichtspolitische Auseinandersetzung hat sich auch in Buchpublikationen niedergeschlagen. Bei der internationalen Feier zur Befreiung des Konzentrations- und Vernichtungslagers Auschwitz wurde Präsident Putin eine offiziöse Geschichte Lettlands im 20. Jahrhundert in russischer Sprache überreicht.[7] Die in Russland erschienenen Dokumentationen über die nationalsozialistische Herrschaft in Litauen und Lettland[8] darf man wohl als Antwort auf die von offiziöser russischer Seite stark, wenn auch nicht stets mit überzeugenden Argumenten kritisierte Geschichte Lettlands betrachten. Bemerkenswert ist in diesem Kontext auch, dass ein

---

4 Vgl. Festschrift zur Verleihung des Hannah-Arendt-Preises für politisches Denken 2005 an Vaira Vike-Freiberga, als Beilage in: Kommune 2 (2006).
5 In der oben genannten Dokumentation der Preisverleihung findet sich kein Hinweis darauf.
6 Vgl. zu dieser Auseinandersetzung Igor J. Polianski, Die kleineren Übel im großen Krieg. Der 60. Jahrestag des Sieges: Das Fest des historischen Friedens und der Krieg der Geschichtsbilder zwischen Baltikum und Russland, in: zeitgeschichte|online, Mai 2005, https://zeitgeschichte-online.de/themen/die-kleineren-uebel-im-grossen-krieg (letzter Zugriff 22.10.2019); Melanie Arndt/Veronika Gerber, Befreiung? Unerhört! Der 60. Jahrestag des Endes des Zweiten Weltkrieges – Baltische Wahrnehmungen und Reaktionen, in: zeitgeschichte|online, Mai 2005, https://zeitgeschichte-online.de/themen/befreiung-unerhoert (letzter Zugriff 22.10.2019); Jürgen Zarusky, Debatten um den Hitler-Stalin-Pakt: Eine Moskauer Konferenz und ihr Umfeld, in: Vierteljahrshefte für Zeitgeschichte 53 (2005), S. 331–342. Zusammen mit Weißrussland erwirkte Russland sogar in der UNO-Menschenrechtskommission einen Beschluss, der sich u. a. gegen die Verherrlichung der Waffen-SS durch Denkmäler und Versammlungen richtet: http://www.belarus-botschaft.de/de/presse11_2004_de.htm (Seite nicht mehr erreichbar); am 16.12.2005 wurde ein entsprechender Beschluss von der UNO-Vollversammlung angenommen; http://www.ln.mid.ru/brp4.nsf/sps/702F5005E2204357C32570DD005702 26 (Seite nicht mehr erreichbar).
7 Daina Blejere u. a., Istorija Latvii. XX vek, Riga 2005.
8 Latvija pod igom nacizma. Sbornik archivnych dokumentov, Moskau 2006; Tragedija Litvy: 1941–1944 gody. Sbornik achivnych dokumentov o prestuplenijach litovskich kollaboracionistov v gody Vtoroj mirovoj vojny, Moskau 2006.

geschichtspolitischer Grundsatzartikel, der nach den Feiern vom Mai 2005 in der Zeitschrift des russischen Außenministeriums erschien, den deutsch-sowjetischen Nichtangriffspakt als Chance des Aufschubs eines deutschen Angriffs auf die Sowjetunion, jedoch mit keiner Silbe das Geheime Zusatzprotokoll erwähnt, und damit traditionelle sowjetische Deutungsmuster reproduziert.[9] Dass diese in den letzten Jahren immer stärker die Wahrnehmung des Kriegsgeschehens bestimmen, hat die italienische, in Russland arbeitende Historikerin Maria Ferretti unlängst beklagt und darauf verwiesen, dass diese Stereotypen das starke freiheitliche Element ignorierten und verdeckten, durch das der Kriegseinsatz vieler Frontsoldaten und Partisanen geprägt gewesen sei. Diese nationalistisch geprägte, „unversöhnliche Erinnerung" schaffe überdies neuerlich eine Kluft zwischen Russland und dem Westen.[10]

Der baltisch-russische Erinnerungskonflikt ist Teil einer gesamteuropäischen Konfliktlage und kein osteuropäisches Spezialproblem. Das zeigte sich schon im Vorhinein, als Salomon Korn, Vizepräsident des Zentralrats der Juden in Deutschland, während der Eröffnungsrede der ehemaligen lettischen Außenministerin Sandra Kalniete zur Leipziger Buchmesse 2004 empört den Saal verließ, weil die Rednerin erklärt hatte, „dass beide totalitäre Regime, der Nationalsozialismus und der Kommunismus, gleichermaßen verbrecherisch waren". Korn kritisierte, man könne der Sowjetunion, allen von ihr verübten Verbrechen zum Trotz, nicht den gleichen rassistischen Ausrottungswillen gegenüber „Untermenschen" und „lebensunwertem Leben" zuschreiben, wie ihn der deutsche Nationalsozialismus auf einzigartige Weise gezeigt habe. „Es hat nichts Analoges zu dem staatlich organisierten Massenmord, zum eliminatorischen Antisemitismus, zur fabrikmäßigen Ermordung von Millionen Menschen, zum Vernichtungs- und ‚Lebensraumkrieg' und zum Willen der Versklavung und Ausbeutung ganzer Völker gegeben wie unter dem Nationalsozialismus." Überdies habe Kalniete die Verbrechen lettischer Kollaborateure beim Holocaust geflissentlich verschwiegen.[11]

Man könnte die Konfliktlinie und ihre Verzweigungen anhand vieler weiterer Beispiele noch genauer nachzeichnen, etwa anhand des russisch-polnischen Streits um die strafrechtliche Verfolgung der Exekutoren polnischer Offiziere in Katyn und anderen Mordstätten, der ungarischen Aufarbeitung doppelter Diktaturerfahrung, wie sie sich – nicht sehr überzeugend – im Terror-Háza-Museum manifestiert, oder der deutschen Debatten um die Frage, ob der 8. Mai als Niederlage oder Befreiung zu verstehen sei, in der die Gegner des Begriffs Befreiung auf sowjetischen Besat-

---

9 Vgl. Boris Piadyshev, We Defended the Whole World, Now We Will Take Care of Ourselves, in: International Affairs 51 (2005), H. 3, S. 18–21, hier S. 17.
10 Maria Ferretti, Unversöhnliche Erinnerung. Krieg, Stalinismus und die Schatten des Patriotismus, in: Osteuropa 4–6/2005, S. 45–54, hier S. 54.
11 Salomon Korn, NS- und Sowjetverbrechen. Sandra Kalnietes falsche Gleichsetzung, in: Süddeutsche Zeitung, 31.3.2004, S. 13.

zungsterror und die Etablierung der SED-Diktatur verweisen.[12] Im Kern geht es darum, dass das massenmörderische und kriegslüsterne NS-Regime eben nicht nur von den demokratisch verfassten westlichen Nationen, sondern auch und vor allem von den Truppen der stalinistischen Sowjetunion niedergeworfen wurde, die in diesem Kampf nicht nur von ihren totalitären Herrschaftspraktiken keinerlei Abstand nahm, sondern sich im Zuge ihres siegreichen Vormarsches auch fast ganz Ost- und Mittelosteuropa unterwarf. Die widerspruchsvolle Dialektik von Befreiung und Unterdrückung in ihren unterschiedlichen Manifestationen zu verstehen, ist eine der wichtigsten intellektuellen Herausforderungen für das neue, nach 1989/90 entstandene Europa, das, so Tony Judt, „der Vergangenheit immer verpflichtet" bleibt,[13] gegenwärtig aber keineswegs über ein gemeinsames Verständnis dieser Vergangenheit verfügt.

2 Leben und Schicksal Vasilij Grossmans

Geht man daran, das geistige Arsenal Europas nach Beiträgen zu durchsuchen, die bei der Bewältigung dieser Aufgabe hilfreich sein können, sollte man Vasilij Grossmans Roman „Leben und Schicksal" nicht übersehen. Diese Gefahr besteht, weil der Roman in der Sowjetunion, wo er entstanden ist, fast drei Jahrzehnte lang unterdrückt wurde und in Deutschland seit vielen Jahren nicht nur aus den Verlagssortimenten und Buchläden, sondern auch aus der politisch-historischen Debatte verschwunden ist. Grossmans hundertsten Geburtstag am 12. Dezember 2005 haben die Feuilletons hierzulande mit völligem Stillschweigen übergangen, ein höchst eigentümliches Schweigen gegenüber einem international geachteten Schriftsteller,[14] des-

---

12 In diesem Sinne zuletzt: Hubertus Knabe, Tag der Befreiung? Kriegsende in Ostdeutschland, Berlin 2005.
13 Judt, Geschichte Europas, S. 966.
14 Im heutigen Russland findet Grossmans Werk nur begrenzte Aufmerksamkeit, sein 100. Geburtstag am 12.12.2005 wurde vergleichsweise bescheiden mit einer Hommage im Theater Eremitage begangen. Immerhin aber sind seine Werke, insbesondere der Roman „Leben und Schicksal" im Buchhandel erhältlich, vgl. etwa die 2005 in Ekaterinburg erschienene zweibändige Werkauswahl, die neben „Leben und Schicksal" einen Band mit Erzählungen umfasst, darunter auch die kritische Analyse der kommunistischen Herrschaft in der Sowjetunion „Vse tečet"; Vasilij Grossman, „Izbrannoe". V 2-ch tomach, Ekaterinburg 2005. In den USA brachte 2006 die „New York Review of Books" den Roman im Rahmen ihrer Klassiker-Edition heraus (Vasily Grossman, Life and Fate. Translated and with an introduction by Robert Chandler), in Frankreich erschien im selben Jahr eine Werkauswahl, die neben den bereits genannten Werken und weiteren Erzählungen auch Dokumente zur dramatischen Geschichte des Romans sowie eine aufschlussreiche Einleitung des Philosophen Tzvetan Todorov enthält; Vasilij Grossman, Œuvres, Paris 2006. In Italien zeigte das Turiner Museo Diffuso vom Dezember 2005 bis Februar 2006 die Ausstellung „Vita e Destino. Il romanzo della libertà e la battaglia di Stalingrado" und führte ein internationales Symposium durch. In Deutschland erinnerten ein Symposium an der Katholischen Universität Eichstätt-Ingolstadt und eine Hom-

sen Werk und persönliches Schicksal durch den deutschen Angriffs-, Eroberungs- und Vernichtungskrieg gegen die Sowjetunion entscheidend geprägt worden ist und dessen Roman „Leben und Schicksal" dieses Geschehen mit ungewöhnlicher Intensität durchdringt. Der Roman ist ein wichtiger Beitrag zur antitotalitären Literatur, der in einer Reihe mit den Werken von George Orwell, Arthur Koestler oder des am gleichen Tag wie Grossman geborenen Manès Sperber steht, aber darüber hinaus auch ein Dokument stillen antitotalitären Widerstands. Er zeichnet sich überdies durch eine eigenständige historische Konzeption aus, die auch für die historische Forschung anregend ist und einen Beitrag zur Bewältigung der oben skizzierten Erinnerungskonflikte leisten kann.[15]

Der Weg, der den Autor zu diesem Werk führte, war schmerzhaft und endete für ihn persönlich unglücklich. Grossman, am 12. Dezember 1905 im ukrainischen Berdičev in einer Intellektuellenfamilie geboren – die Mutter war Französischlehrerin, der Vater Chemiker –, wurde nach ersten beruflichen Erfahrungen als Industriechemiker Schriftsteller, gefördert durch Maksim Gor'kij, der durch die Erzählung „In der Stadt Berdičev" auf Grossman aufmerksam geworden war. Sie wurde 1966/67 von Aleksandr Askol'dov unter dem Titel „Die Kommissarin" in einer Weise verfilmt, die dem späteren Grossman kongenial war; eben deshalb fiel auch dieser Film der Zensur anheim und kam erst mit über zwanzigjähriger Verspätung zur Zeit der Perestrojka in die Kinos.[16]

Grossman schien zunächst den typischen Weg eines Schriftstellers der Stalinära zu gehen. Sein Roman „Stepan Kol'čugin" schildert die Entwicklung eines revolutionären Arbeiters im Stil des sozialistischen Realismus. Politisch verhielt er sich konform: Im Juni 1937 unterzeichnete er sogar einen Brief prominenter Schriftsteller (unter ihnen auch Boris Pasternak, Michail Šolochov, Konstantin Paustovskij, Konstantin Simonov), in dem die Todesstrafe für die Angehörigen der „trotzkistisch-bucharinistischen Verschwörung" gefordert wurde.[17] Weniger als acht Monate später jedoch, als seine zweite Frau, Ol'ga Guber, in die Mühlen des Terrors geriet, setzte er sich couragiert und letztlich erfolgreich für sie ein. Er beteuerte in Briefen an NKVD-Chef Nikolaj Ežov, sie habe mit ihrem ersten Ehemann, dem verhafteten

---

mage mit Lesung, Diskussion und Filmvorführung, die von der Münchner Volkshochschule und dem Kulturzentrum der Israelitischen Kultusgemeinde in München organisiert wurden, an den Autor.

15 Vgl. Jürgen Zarusky, Vasilij Grossmans „Leben und Schicksal" – zur Entstehung und historischen Konzeption eines Jahrhundertromans, in: Florian Anton/Leonid Luks (Hrsg.), Deutschland, Rußland und das Baltikum. Beiträge zu einer Geschichte wechselvoller Beziehungen. Festschrift zum 85. Geburtstag von Peter Krupnikow. Köln u. a. 2005, S. 245–276.

16 Vgl. Vasilij Grossman, V gorode Berdičeve, in: ders.: Izbrannoe, Bd. 2, Ekaterinburg 2005, S. 7–23; Wassilij Grossman, Die Kommissarin. Erzählung. Aus dem Russischen von Thies Ziemke. Mit zahlreichen Fotos aus dem gleichnamigen Film von Aleksandr Askoldov, Kiel 1989.

17 John Garrard/Carol Garrard, The Bones of Berdichev. The Life and Fate of Vasily Grossman, New York 1996, S. 128; Arkadi Waksberg, Gnadenlos. Andrei Wyschinski – Mörder im Dienste Stalins, Bergisch Gladbach 1991, S. 144 f.

Schriftsteller Fedor Guber, nichts mehr zu tun und sei bereits seit längerem mit ihm, Grossman, verheiratet. Auch um die Kinder der Gubers kümmerte er sich.[18]

Den Beginn des Kriegs mit dem deutschen Aggressor begriff Grossman zunächst auch als Chance einer Befreiung vom stalinistischen Alpdruck, die eine Katharsis des Sowjetsystems mit sich bringen werde. Sein Freund Semen Lipkin erinnert sich: „Grossman zweifelte nicht daran, dass ein Krieg zwischen Internationalismus und Faschismus stattfand. Dieser Krieg würde, seiner Meinung nach, den ganzen stalin'- schen Dreck vom Antlitz Russlands abwaschen. Das heilige Blut dieses Krieges würde uns vom Blut der unschuldigen Opfer der Entkulakisierung und dem 1937 vergossenen Blut reinigen."[19] Doch der schnelle Vormarsch der deutschen Truppen führte zu einer tragischen Wende in Grossmans Leben: In Berdičev, das schon am 7. Juli besetzt worden war, lebte noch immer seine Mutter Ekaterina Savel'evna; Grossman hatte es nicht geschafft, sie rechtzeitig vor Ankunft der Deutschen zu sich nach Moskau zu holen. Bald ahnte er, dass sie dem nazistischen Terror zum Opfer gefallen war, und als er 1944 mit der Roten Armee in die Ukraine vorrückte, verschaffte er sich Gewissheit: Sie gehörte zu den Opfern des ersten großen Massakers an den Berdičever Juden, das am 19. September 1941, auf Befehl des damaligen Höheren SS- und Polizeiführers Russland-Süd, Friedrich Jeckeln, erfolgt war.[20] Grossman hat es, schonungslos gegen sich selbst, im von ihm zusammen mit Il'ja Ėrenburg bearbeiteten „Schwarzbuch" beschrieben.[21]

Grossman meldete sich schon in den ersten Kriegstagen freiwillig. Damit begann seine Karriere als Kriegskorrespondent, denn in dieser Funktion, so glaubten die Armeebehörden – sehr zu Recht, wie sich zeigen sollte –, könne er mehr nützen als mit einer Flinte in der Hand.[22] Grossman, der keine Gefahr scheute und mit der Feder umzugehen verstand, schrieb für die Armeezeitung „Krasnaja Zvezda" (Roter Stern) und wurde einer der populärsten Kriegsberichterstatter der Sowjetunion. Er machte praktisch den ganzen Krieg in dieser Funktion mit, von den düsteren Tagen der überstürzten Rückzüge, dem Aufhalten des deutschen Angriffs vor Moskau, den grausam-heroischen Kämpfen von Stalingrad, wo er kurz vor dem Sieg der Roten Armee von Konstantin Simonov als Berichterstatter abgelöst wurde, über die Vertreibung der Besatzer aus der Ukraine – einer „Ukraine ohne Juden", wie Grossman Ende 1943 in dem Organ des Jüdischen Antifaschistischen Komitees (JAFK) „Einigkeit" berichtete – und die Befreiung der Reste der nationalsozialistischen Vernichtungslager in Polen – Grossman berichtete in „Treblinskij ad" (Die Hölle von Treblin-

---

18 Vgl. Garrard/Garrard, Bones, S. 122–125. Grossmans Brief an Ežov ist wiedergegeben in: ebenda S. 347 f.
19 Semen Lipkin, Žizn' i sud'ba Vasilija Grossmana, Moskau 1990, S. 9.
20 Vgl. Raul Hilberg, Die Vernichtung der europäischen Juden, Bd. 2, Frankfurt a. M. 1990, S. 311.
21 Vgl. Wassili Grossman, Die Ermordung der Juden in Berditschew, in: ders./Ilja Ehrenburg/Arno Lustiger (Hrsg.), Das Schwarzbuch. Der Genozid an den sowjetischen Juden, Reinbek bei Hamburg 1994, S. 59–72.
22 Vgl. dazu Garrard/Garrard, Bones, S. 137 ff.

ka) als einer der ersten über die Mordmaschinen[23] – bis zum siegreichen Einmarsch in Berlin.[24]

Beim Versuch, die Erfahrungen des Kriegs dokumentarisch und literarisch zu verarbeiten, stieß Grossman nach Kriegsende auf vielfältige Widerstände. Das „Schwarzbuch" über den Holocaust in der besetzten Sowjetunion, das er gemeinsam mit Il'ja Ėrenburg im Auftrag des Jüdischen Antifaschistischen Komitees redigiert hatte, durfte nicht erscheinen.[25] Das JAFK wurde aufgelöst, sein Leiter Solomon Michoėls 1948 ermordet, zwölf weitere leitende Mitglieder in einem Geheimprozess 1952 zum Tode verurteilt.[26] Neben seiner journalistisch-dokumentarischen Tätigkeit hatte Grossman sich schon frühzeitig mit dem Gedanken getragen, seine Kriegserfahrungen und -beobachtungen in einem großen Roman zu verarbeiten. Er hatte schnell erkannt, dass die Schlacht von Stalingrad ein Ereignis von welthistorischer Bedeutung war und begann mit einer Romandilogie, die um dieses Zentralereignis herum aufgebaut war. Obwohl er im realistischen Genre blieb und politisch delikate Themen wie die Judenverfolgung und die mangelnde Wachsamkeit der sowjetischen Führung gegenüber dem deutschen Aggressor nur in recht versteckten Andeutungen behandelte,[27] war es nicht einfach, die Publikation des ersten Teils dieser Dilogie, „Za pravoe delo" (Für die gerechte Sache), in der literarischen Zeitschrift „Novyj mir" zu erreichen. Und nach anfänglich positiven Kritiken geriet Grossman im Februar 1953 infolge einer denunziatorischen Kritik des stalinistischen Literaten Michail S. Bubennov im Parteiorgan „Pravda" unter starken Druck. Bubennov hatte Grossman unter anderem vorgeworfen, es sei ihm kein einziger wirklich starker, packender Charakter gelungen, der typisch für die Helden der Schlacht von Stalingrad sei. Auch das Heldentum der Arbeiter von Stalingrad habe er nicht gezeigt. Bubennov rügte, dass in Grossmans Roman stattdessen dem Physiker Štrum eine so große Rolle eingeräumt wurde, der doch gar nichts mit dem Krieg zu tun habe. (Štrum ist aus Moskau evakuiert und lebt mit seiner Familie in Kazan'). Das war, wie Simon Markish festgestellt hat, zweifellos eine antisemitische Anspielung Bubennovs,[28] die das schon aus dem Deutschland des Ersten Weltkriegs unrühmlich bekannte, ver-

---

23 Zuerst 1944 in Znamja; in deutscher Übersetzung erschien der Bericht 1946 unter dem Titel „Die Hölle von Treblinka" im Verlag für fremdsprachige Literatur in der sowjetischen Besatzungszone; im Nürnberger Prozess diente er als Beweismaterial.
24 Grossmans Kriegserfahrungen haben sich in zahlreichen Aufzeichnungen niedergeschlagen, die er z. T. später auch literarisch verarbeitete. Sie sind in Auswahl jetzt auch in englischer Sprache zugänglich: Antony Beevor/Luba Vinogradova (Hrsg.), A Writer at War. Vasily Grossman with the Red Army 1941–1945, London 2005.
25 Vgl. Ilja Altman, Das Schicksal des Schwarzbuches, in: Grossman/Ehrenburg/Lustiger (Hrsg.), Schwarzbuch, S. 1063–1084.
26 Vgl. Vladimir P. Naumov, Nepravednyj sud. Poslednij stalinskij rasstrel. Stenogramma sudebnogo processa nad članami Evrejskogo Antifašistskogo Komiteta, Moskau 1994.
27 Vgl. Zarusky, Grossmans „Leben und Schicksal", in: Anton/Luks (Hrsg.), Deutschland, Rußland und das Baltikum, S. 257–263.
28 Simon Markish, Le Cas „Grossman", Paris 1983, S. 91.

leumderische Motiv des „jüdischen Drückebergers" bemühte.[29] Die wahren Helden, die starken russischen, sowjetischen Menschen habe Grossman laut Bubennov im Schatten gelassen. Überdies folge er falschen, idealistischen, reaktionären, überholten, philosophischen Konzeptionen.[30] Vor dem Hintergrund der Pogromstimmung, die mit der TASS-Meldung vom 13. Januar 1953 über die angebliche „Ärzteverschwörung" heraufbeschworen worden war, war die Situation für Grossman durchaus bedrohlich, und er fand sich in dieser Situation bereit, einen von prominenten sowjetischen Juden initiierten Brief zu unterzeichnen, in dem diese sich von den sogenannten jüdischen Mörderärzten im Kreml distanzierten.[31] Der Tod Stalins am 5. März brachte die entscheidende Wende, einige Monate später war Grossman voll rehabilitiert, sein Roman wurde anerkannt und erschien in zahlreichen Ausgaben, darunter 1958 unter dem Titel „Wende an der Wolga" auch in der DDR.

Während der Kampagne gegen ihn hatte Grossman auch seinen politisch motivierten literarischen Kritikern ein verbales Zugeständnis gemacht. In einem Brief an das Präsidium des Schriftstellerverbands vom 28. Februar 1953 erklärte er, die Kritik an „Za pravoe delo" sei teilweise berechtigt, er könne sich aber von seinem Werk nicht lossagen. Indes gelobte er Besserung: Er wolle am zweiten Buch des Romans arbeiten, das unmittelbar der Schlacht bei Stalingrad gewidmet sei und sich dabei sorgfältig um ein marxistisches Verständnis der Ereignisse bemühen.[32] Doch das Werk, das er im Herbst 1960 bei der Literaturzeitschrift „Znamja" einreichte, sprengte selbst die im chruščev'schen Tauwetter erheblich erweiterten Toleranzgrenzen der sowjetischen Literaturpolitik und erschreckte die Redakteure der Zeitschrift so sehr, dass sie eilfertigst die „zuständigen Stellen" informierten. Am 14. Februar um die Mittagszeit tauchten ein Oberstleutnant und zwei Majore des KGB in der Wohnung Grossmans auf und beschlagnahmten sämtliche Manuskripte des Romans. Anschließend begaben sie sich gemeinsam mit Grossman zu den Sekretärinnen, die das Manuskript getippt hatten, und zu verschiedenen anderen Stellen, wo Kopien deponiert waren, die alle eingesammelt wurden.[33]

Grossmans verzweifelte Versuche, seinen „verhafteten" Roman wieder freizubekommen, endeten erfolglos. Zwar wurde er infolge eines an Parteichef Nikita

---

29 Zur Verbreitung dieses antisemitischen Stereotyps in der UdSSR im Zweiten Weltkrieg vgl. Leonid Luks, Zum Stalinschen Antisemitismus – Brüche und Widersprüche, in: Jahrbuch für Historische Kommunismusforschung 1997, S. 9–50, hier: S. 21 f.
30 Markish, Le Cas, S. 91 f.
31 Gennadij Kostyrčenko, V plenu u krasnogo faraona. Političeskie presledovanija evreev v SSSR v poslednee stalinskoe desjatiletie. Dokumental'noe issledovanie, Moskau 1994, S. 346 f. Grossman verarbeitete diesen, ihn seelisch belastenden Schritt später in „Leben und Schicksal"; hier und im Folgenden zitiert nach der deutschen Ausgabe, München 1984; vgl. S. 862–870.
32 Der Brief ist auszugsweise abgedruckt bei Anatolij G. Bočarov, Vasilij Grossman. Žizn', tvorčestvo, sud'ba, Moskau 1990, S. 173 f.
33 Garrard/Garrard, Bones, S. 260 f.

Chruščev gerichteten Appells[34] im Juli 1962 von dem für Kultur zuständigen ZK-Sekretär Michail Suslov empfangen, doch dieser zeigte keinerlei Entgegenkommen. Auf der Grundlage zweier ausführlicher Rezensionen[35] war er zu dem Schluss gekommen, dass die Publikation für das sowjetische Volk und den internationalen Kommunismus schädlich sei. Es sei unmöglich, das Buch zu drucken, Partei und Volk würden das nicht verzeihen. Man werde es aber auch nicht vernichten. „Möge es liegen."[36] Das Manuskript wieder an den Autor auszuhändigen kam für Suslov nicht in Frage. „Vielleicht wird es in zwei- bis dreihundert Jahren publiziert."[37]

„Sie haben mich im Torweg erdrosselt", hatte Grossman zu einem Freund nach der Beschlagnahme seines Romans gesagt,[38] und gewiss hat der schwere Schlag, den er durch die Unterdrückung seines Werks erlitten hatte, das ihm, wie er Chruščev geschrieben hatte, so lieb war „wie einem Vater seine eigenen Kinder", zu seinem frühen Tod beigetragen. Grossman erkrankte an Magenkrebs, dem er am 14. September 1964 in Moskau erlag.

Doch sein Roman existierte keineswegs nur in den Asservatenkammern des KGB. Vorsorglich hatte er zwei Exemplare an Freunde übergeben, und sein kooperatives Verhalten bei der Beschlagnahmeaktion darf wohl als List gedeutet werden, durch die diese Freunde und die bei ihnen befindlichen Abschriften geschützt werden sollten. Zu einem von ihnen, Semen Lipkin, hatte Grossman noch auf dem Totenbett gesagt: „Ich wünsche mir sehr, dass mein Roman publiziert wird – und sei es auch nur im Ausland."[39] Zehn Jahre nach dem Tod des Freundes ging Lipkin daran, diesen Wunsch zu realisieren. Mit Hilfe des Satirikers Vladimir Vojnovič, der über Auslandskontakte verfügte, sowie mit der Unterstützung von Andrej Sacharov und seiner Frau Elena Bonner, die bei der Mikroverfilmung des Manuskripts halfen, sowie mittels einer mutigen österreichischen Slawistin, die half, das Manuskript außer Landes zu bringen, wurde die Voraussetzung dafür geschaffen, dass „Leben und Schicksal" zuerst in russischer Sprache 1980 im Lausanner Verlag L'Age d'Homme und dann in einer Reihe von Übersetzungen erscheinen konnte, darunter auf Deutsch im Verlag Albrecht Knaus im Jahr 1984.

---

34 Grossmans Brief ist vollständig abgedruckt bei Semen Lipkin, Stalingrad Vasilija Grossmana, Moskau 1986, S. 80–84, und in: ders., Žizn' i sud'ba, S. 64–67.
35 Nach Grossmans Eindruck – er sah sie auf Suslovs Schreibtisch liegen – umfassten sie jeweils 15 bis 20 Seiten; vgl. Lipkin, Stalingrad, S. 86.
36 Bočarov, Grossman, S. 189.
37 Lipkin, Stalingrad, S. 86.
38 Efim Etkind, Zwanzig Jahre danach, in: Leben und Schicksal, S. 905–917, hier S. 906.
39 Lipkin, Žizn' i sud'ba, S. 119.

3 „Demokratischer Realismus"

Was fanden die sowjetischen Kulturfunktionäre an Grossmans Roman „Leben und Schicksal" so bedrohlich? Darauf eine kurze und einfache Antwort zu geben, ist schwer. Zwar bemängelte Suslov unter anderem, dass Grossman direkte Vergleiche zwischen dem NS-Regime und dem sowjetischen Stalinismus angestellt habe, was er auf eine Überschätzung der „dunklen Seiten der Periode des Personenkults" zurückführte.[40] Aber das allein, obwohl es in den Augen sowjetischer Amtsträger eine schwere Verfehlung darstellte, war es wohl nicht. Ihnen „passte die ganze Richtung nicht", der Geist der Freiheit, den Grossmans Roman atmete, ebenso wie sein präziser Realismus.

Dieser Realismus ist eine zentrale Voraussetzung für die enge Verbindung von Grossmans literarischer und seiner journalistisch-dokumentarischen Arbeit. Grossman war kein literarisch-stilistischer Neuerer, aber er war auch kein Exponent des sozialistischen Realismus, der unter Stalins Herrschaft zur „Hauptmethode der sowjetischen Schönen Literatur und Literaturkritik" erhoben wurde.[41] Grossman selbst machte das in „Leben und Schicksal" hinreichend klar. In Kazan', wohin der Hauptheld Štrum mit seiner Familie evakuiert worden ist, entwickelt sich in einem von ihm frequentierten Gesprächszirkel eine literarische Debatte. Wortführer ist der regimekritische Historiker Madjarov. Er vertritt die Ansicht, die Anerkennung, die Anton Čechov in der stalinistischen Sowjetunion genieße, beruhe auf einem Missverständnis und redet sich dabei in Eifer:

> „Zwischen ihm und der Gegenwart – da liegt eine riesige Kluft. Denn Tschechow hatte sich der in Rußland nie verwirklichten Demokratie angenommen. Der Weg Tschechows ist der Weg der russischen Freiheit. Wir aber haben einen anderen Weg eingeschlagen. [...] Er sagte, wie keiner vor ihm, nicht einmal Tolstoj: Wir alle sind zuerst einmal Menschen, versteht ihr, Menschen, Menschen, Menschen! Hat es so gesagt, wie keiner vor ihm im russischen Land. Er hat das Wichtigste gesagt: daß Menschen – Menschen sind, und erst danach Erzbischöfe, Russen, Ladenbesitzer, Tataren, Arbeiter. [...] Vom Protopopen Awwakum bis zu Lenin waren unsere Menschlichkeit und unsere Freiheit parteilich, fanatisch – unbarmherzig wird der Mensch einer abstrakten Menschlichkeit geopfert. Selbst Tolstoj mit seiner Predigt des gewaltlosen Widerstands, er ist unduldsam und geht dabei, was noch wesentlicher ist, nicht vom Menschen, sondern von Gott aus. [...] Tschechow sagte: Möge Gott uns ein wenig Platz machen, mögen die sogenannten fortschrittlichen Ideen ein wenig zur Seite treten, beginnen wir mit dem Menschen, [...] beginnen wir damit, daß wir den Menschen achten, bedauern, lieben wollen, anders geht es ganz und gar nicht. Genau das heißt – Demokratie, die bislang nicht verwirklichte Demokratie des russischen Volkes."[42]

---

[40] Die Gesprächsaufzeichnungen Grossmans werden ausführlich zitiert bei Bočarov, Grossman, S. 188 f.
[41] Reinhard Lauer, Kleine Geschichte der russischen Literatur, München 2005, S. 206. Das Zitat entstammt den bei Lauer zitierten Statuten des sowjetischen Schriftstellerverbands.
[42] Leben und Schicksal, S. 295 f.

In diesen Äußerungen seiner Romanfigur Madjarov darf man wohl Grossmans ureigenes literarisch-politisches Programm sehen. Obwohl sich seine Stalingrad-Dilogie unzweifelhaft an Tolstojs „Krieg und Frieden" orientiert, war Čechov sein eigentlicher literarischer Gewährsmann.[43] Zu Maksim Gor'kij aber, der als Galionsfigur des sozialistischen Realismus fungierte und ihn einst gefördert hatte, zog Grossman einen Trennungsstrich, der deutlicher nicht sein könnte: Gor'kij taucht nicht in einer literarischen Debatte, sondern im Zimmer eines stalinistischen Untersuchungsrichters auf, welcher Kriegskommissar Krymov, einen revolutionären Veteranen, dazu bewegen will, sich als Spion und Diversant zu bekennen. Er lässt ihn von zwei Schlägern verprügeln:

> „Sie arbeiteten ohne Zorn, ohne Eifer. Sie schlugen nicht stark, ohne Schwung, aber ihre Schläge waren entsetzlich, wie zuweilen ein ruhig ausgesprochenes Wort entsetzlich sein kann. Krymow lief Blut aus dem Mund, obwohl sie ihm nicht ein einziges Mal in die Zähne geschlagen hatten, das Blut kam nicht aus der Nase, nicht aus dem Kiefer, nicht aus der angebissenen Zunge wie in Achtuba. Das Blut kam aus der Tiefe, aus der Lunge. Er wußte nicht mehr, wo er war, er wußte nicht mehr, was mit ihm geschah ... Über ihm tauchte wieder das Gesicht des Untersuchungsrichters auf, er zeigte mit dem Finger auf ein Bild von Gorkij, das über dem Tisch hing, und er fragte: ‚Was hat der große proletarische Schriftsteller Maxim Gorkij gesagt?' Und wie ein Lehrer gab er die Antwort: ‚Wenn der Feind sich nicht ergibt, wird er vernichtet.'"[44]

4 Jüdische Identität und antitotalitäres Gedächtnis

In „Leben und Schicksal" nahm Grossman keinerlei Rücksicht auf sowjetische Tabus. Aus dem bereits zitierten Brief Grossmans an Chruščev geht hervor, dass er mit der Arbeit an „Leben und Schicksal" bereits zu Lebzeiten Stalins begonnen hatte, und das heißt: inmitten der sich seit Ende der 1940er Jahre im sowjetischen Machtbereich entwickelnden antisemitischen Atmosphäre. Die Entscheidung, diesen Roman zu schreiben, war somit ein Akt stillen antistalinistischen Widerstands, zumal

---

[43] Über die Wirkung von Grossmans Realismus auf die Leser findet sich in Elena Zubkovas Buch über die sowjetische Nachkriegsgesellschaft ein interessantes Zeugnis, ein Brief des Ingenieurs I. Efimov an Aleksandr Tvardovskij, den Chefredakteur der Zeitschrift „Novyj mir". Efimov schrieb, dass er sich bei der Auswahl seiner Lektüre gewöhnlich auf die Rezensionen in der „Pravda" verlasse, so auch im Falle von „Za Pravoe Delo", das er wegen Bubennovs Attacke nicht gelesen habe. Bei einem Sanatoriumsaufenthalt noch im selben Jahr sei ihm das Werk jedoch in die Hände gefallen und mangels anderer Lektüre habe er zu lesen begonnen und sich nicht mehr loslösen können. „Ich kann mir das nur mit der Tatsache erklären, dass ich zum ersten Mal in vielen Jahren auf ein Buch gestoßen bin, in dem Menschen so dargestellt werden, wie sie im richtigen Leben sind und nicht entsprechend einem vorherbestimmten Schema von guten und schlechten Menschen." Elena Zubkova, Russia After the War. Hopes, Illusions, and Disappointments, 1945–1957, Armonk, N.Y./London 1998, S. 160.
[44] Leben und Schicksal, S. 817.

der Tod Stalins keinesfalls absehbar war.⁴⁵ Diese Entscheidung ist aufs engste mit dem Schicksal von Grossmans Mutter und seiner Beziehung zu ihr verbunden.⁴⁶ Ihr hat Grossman den Roman gewidmet. Nach seinem Tod fand seine Schwiegertochter in seiner Schreibtischschublade zwei Briefe, die an die tote Mutter gerichtet waren. Dabei lag ein kleines Foto, das eine Grube voller weiblicher Leichen zeigte⁴⁷ – eine jener makabren Aufnahmen von den Schauplätzen des Judenmords, die die Beteiligten trotz offiziellen Verbots häufig anfertigten und die Grossman offenkundig einem gefallenen deutschen Soldaten oder SS-Mann abgenommen hat. „Liebe Mama, es sind jetzt zwanzig Jahre seit Deinem Tod vergangen. Ich liebe Dich; ich denke jeden Tag meines Lebens an Dich, und der Schmerz darüber, Dich verloren zu haben, hat mich in den vergangenen zwanzig Jahren stets begleitet", beginnt der zweite der Briefe, der am 15. September 1961, dem 20. Todestag von Ekaterina Savel'evna Grossman verfasst wurde. Weiter heißt es darin: „Ich bin Du, liebe Mama, und so lange ich lebe, wirst auch Du leben. Wenn ich sterbe, wirst Du in diesem Buch weiterleben, das ich Dir gewidmet habe und dessen Schicksal eng mit Deinem Schicksal verbunden ist."⁴⁸

Das Schicksal der Mutter war das einer Jüdin, die in der Shoah ermordet wurde. Mit deren terminologischer Einebnung zur Verfolgung „friedlicher sowjetischer Bürger" hätte Grossman sich nicht arrangieren können, ohne seine Mutter zu verraten. Und er arrangierte sich nicht damit, auch weil er sehr genau beobachtet und durch seine Arbeit am „Schwarzbuch" erfahren hatte, wie nicht wenige „friedliche sowjetische Bürger" im besetzten Gebiet sich mit den Judenmördern arrangiert und die rechtlose Stellung ihrer einstigen jüdischen Mitbürger skrupellos ausgenutzt hatten. In dem letzten Brief der Mutter des jüdischen Physikers Štrum – der unschwer als Grossmans Alter Ego im Roman zu erkennen ist –, den sie aus dem Ghetto an ihren Sohn richtet, wird solches Verhalten ebenso klar geschildert, wie die seltener auftretende zwischenmenschliche Solidarität von Ukrainern und Russen mit ihren jüdischen Nachbarn.⁴⁹ (Auch im „Schwarzbuch" ist den Helfern und Rettern ein eigener Abschnitt gewidmet. Er trägt die Überschrift „Die Einheit der sowjetischen Menschen").⁵⁰ Die offizielle Verschleierung der antisemitischen Spezifik des Holocaust

---

45 „Ich habe das Buch vor dem 20. Parteitag zu schreiben begonnen, noch zu Lebzeiten Stalins. Zu dieser Zeit, so schien es, gab es nicht den Schatten einer Hoffnung auf die Veröffentlichung des Buches. Und trotzdem habe ich es geschrieben", heißt es in Grossmans Brief an Chruščev; Lipkin, Žizn' i sud'ba, S. 64.
46 Die Beziehung von Mutter und Sohn ist ein Thema, das im Roman in verschiedenen Variationen aufgenommen wird.
47 Gespräch mit Irina Novikova und Fedor Gouber, 7.10.2006.
48 Die Briefe sind in englischer Übersetzung abgedruckt bei Garrard/Garrard, Bones, S. 352f., hier S. 353.
49 Leben und Schicksal, S. 80–93. Eingehender zum Brief der Mutter und seiner spezifischen Rezeptionsgeschichte vgl. Zarusky, Grossmans „Leben und Schicksal", in: Anton/Luks (Hrsg.), Deutschland, Rußland und das Baltikum, S. 262f.
50 Grossman/Ehrenburg/Lustiger (Hrsg.), Schwarzbuch, S. 743–778.

hing aufs engste mit den antisemitischen Tendenzen zusammen, die sich seit der zweiten Kriegshälfte in der UdSSR immer stärker bemerkbar machten und in der Zerschlagung des Jüdischen Antifaschistischen Komitees und jüdischer Kulturinstitutionen und schließlich in der durch Stalins Tod beendeten „Ärzteaffäre" kulminierten. Auch über diesen heimischen Antisemitismus, dessen Zielscheibe er selbst geworden war, konnte Grossman nicht hinwegsehen. Sein Antifaschismus und sein Festhalten an seiner jüdischen Identität bedingten somit zugleich seinen Antistalinismus. Beides, Antifaschismus und Antistalinismus, blieb aber keineswegs auf die jüdische Frage begrenzt, denn Grossmans Werk folgt der Čechov zugeschriebenen Einsicht, mit dem Menschen zu beginnen. Und Grossman war ein russischer Schriftsteller, der in der russischen Sprache und literarischen Tradition unlösbar verwurzelt war und in seinen Kriegsromanen zuvorderst Kampf und Leiden der russischen oder besser der multinationalen russländischen Bevölkerung beschrieb. Wenn man seinen Lebens- und literarischen Weg in eine Formel fassen kann, dann in die von Simon Markish geprägte: „Das jüdische Schicksal eines russischen Schriftstellers."[51]

Dass Grossman dem Holocaust in seinem Roman einen zentralen Stellenwert gegeben hat, ist mindestens ebenso sehr der Einsicht geschuldet, dass es sich hierbei um ein historisch einmaliges Menschheitsverbrechen handelte, wie seiner persönlichen Betroffenheit. „Die Zeit war gekommen für die Verwirklichung der grausamsten Pläne des Nationalsozialismus, gerichtet gegen den Menschen, gegen das Leben, gegen seine Freiheit. [...] Die Parteiführung und Adolf Hitler persönlich fällten die Entscheidung zur gänzlichen Vernichtung der jüdischen Nation", schrieb Grossman.[52] Der absolute, gegen jede einzelne von ihnen als jüdisch definierte Person gerichtete Vernichtungswille der Nationalsozialisten markiert eine Stufe der Unmenschlichkeit einer politischen Ideologie und der daraus erwachsenden Praxis, die historisch einmalig ist. Nachdem sich dieses Geschehen ereignet hat, kann keine politische Ethik, die nicht den Vorwurf der Geschichtsblindheit auf sich ziehen will, diesen Extremfall der Unmenschlichkeit als Maßstab des Möglichen außer Acht lassen. „Als Kehrseite der Moderne war die Shoah das Zeugnis dafür, wie das Abendland bis zum Äußersten gegangen, ja bei einem Punkt ohne Wiederkehr angelangt war", stellte Maria Ferretti treffend fest.[53]

Die universale Bedeutung des Holocaust scheint auch in „Leben und Schicksal" auf, in der Szene, in der Štrum sich mit seinem tatarischen Bekannten Karimov unterhält, der von einem Gespräch mit einem verwundeten Leutnant auf Heimaturlaub berichtet, welcher auf der Krim aus deutscher Kriegsgefangenschaft entkommen war. Er hat Nachrichten von der Lage hinter der Front. Zur Beruhigung von Karimov teilt er mit, dass die Deutschen den Tataren nichts antun. Karimov kann hoffen, Frau und Tochter wiederzusehen. „Was erzählt denn Ihr Leutnant von den Juden?",

---
51 Simon Markish, A Russian Writer's Jewish Fate, in: Commentary 81 (1986), H. 4, S. 39–47.
52 Leben und Schicksal, S. 199 f.
53 Ferretti, Unversöhnliche Erinnerung, in: Osteuropa 4–6/2005, S. 52.

fragt Štrum. „Er hat gesehen, wie man eine jüdische Familie, eine alte Frau und zwei junge Mädchen zur Erschießung getrieben hat. [...] Ja, und außerdem hat er von Lagern in Polen gehört, wo man die Juden hinbringt, tötet und ihre Leichen zerstückelt wie auf dem Schlachthof. Aber das ist sicher Unsinn. Ich habe ihn speziell über die Juden ausgefragt, weil ich wußte, daß Sie das interessiert." „Nur mich?", fragt Štrum verwundert. „Muß denn das nicht jeden Menschen interessieren?"[54] Ähnlich hat es der russische Historiker Michail Gefter gesehen: „Es gibt keinen Genozid gegen ein einzelnes Volk. Ein Genozid ist immer gegen alle gerichtet."[55]

Für Tony Judt ist „die wiederentdeckte Erinnerung an Europas tote Juden Definition und Garantie für die wiedergefundene Humanität des Kontinents".[56] Grossman hat mit seiner journalistisch-dokumentarischen Pionierarbeit und mit „Leben und Schicksal" zu dieser Erinnerung beigetragen. „Leben und Schicksal" muss allerdings in Deutschland erst wiederentdeckt werden, nicht zuletzt, um auch hierzulande die nicht allzu deutliche Erinnerung an den Holocaust in der besetzten Sowjetunion zu schärfen, wo ein großer Teil der Opfer der Shoah gelebt hat.

Grossmans Werk ist aber auch geeignet, einer Gefahr entgegenzusteuern, die der Beziehung von Holocaust-Erinnerung und Humanitätsgarantie innewohnt, nämlich derjenigen, dass der Holocaust zu einer jeder historischen Konkretheit entkleideten Chiffre und zum Maßstab und *pars pro toto* für jegliche im großen Maßstab begangene Menschenrechtsverletzung wird. Der Holocaust ist von universaler Bedeutung, aber er ist zugleich, auch das macht die zitierte Passage aus „Leben und Schicksal" deutlich, eine spezifische Gruppenerfahrung, auch wenn die betroffene Gruppe, die der europäischen Juden, sehr groß und sehr heterogen war. Die Verkürzung der Millionen von konkreten Verfolgungsschicksalen auf eine politisch-moralische Chiffre würde weder dem gelebten Leben und dem Schicksal der Opfer der Shoah gerecht werden noch den Schicksalen anderer Verfolgtengruppen. Die Erinnerung muss konkret bleiben, weil sie sich sonst in ein maskiertes Vergessen verwandelt, und das Massenverbrechen taugt nur als Mahnung dafür, in welchem Ausmaß das Böse vom Menschen Besitz ergreifen kann, aber nicht als Maßstab für Humanität. Für diese gibt es nur einen Maßstab, nämlich den Menschen.

Das ist, wie wir gesehen haben, Grossmans Ausgangspunkt. Daher beschränkte sich seine Auseinandersetzung mit der Ära von Totalitarismus und Weltkrieg nicht auf eine ausschließliche Betrachtung der Judenverfolgung. In seinem episch weit gespannten Werk gelang es ihm, die Erfahrungen von GULag und nationalsozialistischem Konzentrationslager, den Hunger der frühen 1930er Jahre in der zwangskollektivierten und ausgeplünderten Ukraine und denjenigen in den deutschen Kriegsgefangenenlagern für Rotarmisten, den auch auf dem freien Individuum lastenden ideologischen Druck in den Regimen Hitlers und Stalins und die Manifestationen

---

[54] Leben und Schicksal, S. 381.
[55] Zit. nach Il'ja Al'tman, Žertvy nenavisti. Cholokost v SSSR 1941–1945 gg., Moskau 2002, S. 454.
[56] Judt, Geschichte Europas, S. 934.

des Antisemitismus in beiden anschaulich darzustellen. Grossmans Schilderung der Epoche ist notwendigerweise nicht zuletzt ein Tableau der Unmenschlichkeit, und dabei ist ihm eine überzeugende historische Einordnung der Motive und Erscheinungsformen der politischen Massenverbrechen der Ära von Hitler und Stalin gelungen. Mehr noch, Grossman hat viele Aspekte beschrieben, die von der historischen Forschung erst viel später aufgegriffen wurden, etwa die unbedenkliche Komplizenschaft der Reichsbahn-Lokomotivführer, die jüdische Opfer in die Vernichtungslager brachten, oder die große Bedeutung russisch-nationalistischer Unterströmungen im Stalinismus und das Aufkommen antisemitischer Tendenzen auf Seiten der UdSSR schon im Krieg. Und er hat auf ein Phänomen verwiesen, mit dem sich die historische Forschung noch kaum beschäftigt hat, nämlich die innere Dialektik der sowjetischen Kriegführung.

5 Der Große Vaterländische Krieg und die Freiheit

Kaum ein Krieg in der Geschichte war so sehr der Krieg eines Mannes – auch wenn Millionen dabei mitwirkten – wie der deutsche Angriff auf die Sowjetunion. Es war Hitlers Krieg; das Grundszenario und vor allem die ideologische Begründung für den Angriffs-, Eroberungs- und Vernichtungskrieg findet sich schon in seinem Buch „Mein Kampf" aus den 1920er Jahren, als Hitler bloß ein gescheiterter Aufrührer und Putschist war. Umgekehrt aber war der Kampf der Roten Armee nicht einfach Stalins Krieg, auch wenn Stalin als strahlender Sieger daraus hervorging. Aber die Bezeichnung Großer Vaterländischer Krieg, hat doch, so sehr sie auch für das offiziöse Bild des Geschehens in Anspruch genommen worden ist, ihre Berechtigung. Man kann zwar nicht darüber hinwegsehen, dass aus keinem anderen mit Hitler-Deutschland kriegführenden Staat mehr NS-Kollaborateure kamen als aus der Sowjetunion, und zwar nicht nur aus den baltischen und kaukasischen, sondern auch aus den slawischen Nationen,[57] doch stand die übergroße Mehrheit der Bevölkerung entschieden hinter den Bemühungen, den Angreifer niederzuringen. Grossman zeigte in seinem Roman, dass dabei nicht nur Gefolgschaft zu Stalin und seinem System oder ein unreflektierter Patriotismus, sondern mindestens ebenso sehr ein originäres Freiheitsstreben eine wichtige Rolle spielte, ja für Grossman war die Freiheit die eigentliche Triebkraft des sowjetischen Sieges. Er illustrierte dies an mehreren Beispielen.

Eines ist Major Eršov, Sohn eines verfolgten „Kulaken", der in ein deutsches Konzentrationslager geraten ist und beginnt, eine Widerstandszelle zu organisieren. Die antikommunistische Propaganda der Vlasov-Leute hat auf ihn keine Wirkung. Zwar decken sich ihre Aussagen über die Verhältnisse in der Sowjetunion mit dem, was er von seinem Vater gehört hat, doch, so heißt es im Roman, „er wußte auch,

---

[57] Grossman setzte sich in seinem Roman auch mit der Kollaboration in der Vlasov-Armee differenziert auseinander; vgl. Leben und Schicksal, S. 320 f.

daß diese Wahrheit aus dem Mund der Deutschen und der Vlasov-Leute Lüge war. Er fühlte es, es war ihm klar, daß er im Kampf gegen die Deutschen für ein freies russisches Leben kämpfte, daß der Sieg über Hitler auch ein Sieg über die Lager werden würde, in denen seine Mutter, seine Schwestern und sein Vater umgekommen waren."[58] Eršovs Aktivitäten werden allerdings von der kommunistischen Zelle im Lager unterbunden, die ihn als unliebsame Konkurrenz betrachtet und dafür sorgt, dass er in ein anderes KZ verlegt wird.

Im Mittelpunkt seines Romans, der Schlacht von Stalingrad, hat Grossman das Haus 6/1 verortet, wo eine Pioniertruppe unter dem Kommandanten Grekov auf vorgeschobenem Posten gegen deutsche Angriffe hartnäckigen Widerstand leistet. Dort herrschen nach Meinung eines Politoffiziers Verhältnisse wie in der Pariser Kommune. Grekov verkehrt mit seinen Untergebenen von gleich zu gleich, genießt aber dennoch höchste Autorität. In seinen Gesprächen macht er keinen Hehl aus seiner Gegnerschaft nicht nur gegen das stalinistische System, sondern auch gegen die autoritäre Wendung, die Lenin der russischen Revolution gegeben hat. Der bereits erwähnte Kommissar Krymov wird in das Haus 6/1 geschickt, um nach dem Rechten zu sehen. Sein denunziatorischer Bericht, der, wie er weiß, zur Verhaftung und wahrscheinlichen Erschießung des Parteifeinds Grekov führen wird, kommt jedoch zu spät. Das Haus 6/1 wurde von einer deutschen Bombe vollständig zerstört. Der hartnäckige Widerstand hat indes die deutschen Gegner getäuscht, die im Truppenaufmarsch in der Kalmückensteppe eine Nachschuboperation zur Verteidigung der Stadt zu erkennen glaubten und auf die erfolgreich durchgeführte Einkesselung durch die Rote Armee nicht gefasst waren. „So kam es, daß die Soldaten, die an der Uferböschung der Wolga dem Druck der Paulusschen Divisionen standhielten, der eigentliche Stratege der sowjetischen Stalingrad-Offensive waren. Doch die Ironie des Schicksals ging noch weiter: Durch die Berührung mit den arglistigen Fühlern der Geschichte verwandelte sich die Freiheit, Mutter des Sieges, die Zweck des Krieges war, auch in sein Mittel", kommentierte Grossman.[59]

Das ist indes kein naiv-triumphales Freiheitspathos. Im deutschen Konzentrationslager, in einer erregten Debatte mit dem emigrierten und in Paris verhafteten russischen Sozialdemokraten Černecov lässt Grossman den sowjetischen Kommunisten Mostovskoj ausrufen: „‚An uns aber glauben die Engländer, Franzosen, Polen, Norweger und Holländer hier im Lager! In unseren Händen, in den Händen der Roten Armee, liegt das Schicksal der Welt. Sie ist die Armee der Freiheit'. ‚So, so', unterbrach ihn Tschernezow, ‚schon immer? – Und wie war das mit der Besetzung Polens im Jahr '39 nach Absprache mit Hitler? Und mit Litauen, Estland und Lettland, die von euren Panzern niedergewalzt wurden? Und mit der Invasion Finnlands? [...] All das für Freiheit und Demokratie? Daß ich nicht lache.'"[60] Später jedoch modifiziert er seine Posi-

---

[58] Ebenda, S. 331.
[59] Ebenda, S. 511.
[60] Ebenda, S. 317; das folgende Zitat findet sich ebenda, S. 318.

tion gegenüber Mostovskoj: „Ihre Armee führt tatsächlich einen großen, entscheidenden Kampf. Es ist bitter für einen russischen Sozialisten, dies zu erkennen, sich darüber zu freuen und stolz zu sein, und zugleich zu leiden und Sie zu hassen."

In seinem Bericht über Treblinka betonte Grossman den Zusammenhang zwischen der Schlacht von Stalingrad und den Entwicklungen in den Vernichtungslagern: „Man kann jetzt nachweisen, daß die höchsten von den Deutschen erreichten Mordziffern in das Jahr 1942 fallen. Sicher, daß keine Strafe sie ereilen würde, zeigten die Faschisten, wozu sie fähig waren. Oh, wenn Adolf Hitler gesiegt hätte, würde er schon verstanden haben, sämtliche Spuren der Verbrechen zu verwischen, alle Zeugen zum Schweigen zu zwingen [...] Keiner von ihnen hätte ein Wort gesagt. Und unwillkürlich möchte man sich wieder vor jenen neigen, die im Herbst 1942, unter dem Schweigen der heute so lärmenden und siegestrunkenen Welt, in Stalingrad, an den Steilhängen der Wolga gegen die deutschen Armeen kämpften, hinter deren Rücken Ströme von unschuldigem Blut sprudelten und dampften. Die Rote Armee war es, die Himmler das Geheimnis von Treblinka entriß!"[61] Dieses Motiv verdichtet sich später in der Beschreibung eines sowjetischen Vernehmungsoffiziers, der festgenommene deutsche Schergen verhört und „das hellgrüne Medaillenband der Schlacht um Stalingrad trägt [...] Ist es nicht wahrhaft ein Symbol, daß eine der siegreichen Stalingrader Armeen nach Treblinka, in die Gegend von Warschau, gekommen ist?"[62]

Himmlers Befehl, die Spuren in Treblinka zu verwischen, stellte Grossman in einen unmittelbaren Zusammenhang mit dem sowjetischen Sieg in Stalingrad.[63] Doch in einer eindrucksvollen Szene in „Leben und Schicksal", die Stalin in seinem Kabinett während der entscheidenden Operationen in Stalingrad zeigt, hob Grossman wiederum die Widersprüchlichkeit der Stalingrader Entscheidung hervor: Nicht nur das Todesurteil über die nazistischen Todeslager und Folterhöhlen sei nun gesprochen worden, sondern auch das Urteil über die von Stalin später kollektiv verbannten Kaukasusvölker, die deutschen und auch die sowjetischen Kriegsgefangen, von denen viele bei ihrer Rückkehr nach Sibirien deportiert worden seien, und auch das Schicksal der Mitglieder des Jüdischen Antifaschistischen Komitees und der jüdischen Kremlärzte, die Stalin am Ende seines Lebens als Mörder anklagen ließ, habe sich in diesen Stunden entschieden.[64] Stalin ist „aufgeregt", schrieb Grossman, weil er sich der Bedeutung von Stalingrad für seine eigene Macht und seinen eigenen Ruhm bewusst ist. Er ist in ständigem Telefonkontakt mit den Militärs vor Ort und fordert ungeduldig den Einsatz der Panzertruppe. Dieser wird vom Panzerkorpskommandanten Novikov um einige Minuten verzögert, in denen die Artillerie den Panzern den Weg freischießen und so die Verluste von Menschenleben auf Seiten der

---

[61] Grossman, Hölle von Treblinka, S. 12 (s. Anm. 23).
[62] Ebenda, S. 49.
[63] Ebenda.
[64] Leben und Schicksal, S. 675f.

Roten Armee verringern kann. Auch diese Episode illustriert das Paradox von Stalingrad[65], das Grossman auf den Nenner gebracht hat: „Der Stalingrader Triumph bestimmte den Ausgang des Krieges, aber der stumme Streit zwischen dem siegreichen Volk und dem siegreichen Staat setzte sich fort. Von diesem Streit hing das Schicksal des Menschen, seine Freiheit, ab."[66]

6 Freiheitliche Erinnerung – ein schwieriger Weg

Auf diesen stummen Streit gibt es viele Hinweise, etwa die verbreiteten Freiheits- und Reformhoffnungen in der sowjetischen Nachkriegsgesellschaft[67] oder auch Stalins Furcht vor einer „dekabristischen Infektion" unter den Kriegsheimkehrern, die auf ihrem Weg nach Berlin mehr Kontakt mit der Realität des Auslands gehabt hatten, als der Wirkung der sowjetischen Propaganda zuträglich war. Tatsächlich waren viele der sogenannten Šestidesjatniki, Angehörige der in den 1960er Jahren aktiven liberalen Intelligenz, jüngere Kriegsteilnehmer.[68] Der Patriotismus und Einsatzwille im Kampf gegen den nationalsozialistischen Angreifer bestimmte auch die Haltung nicht weniger späterer Dissidenten grundlegend; das gilt für Andrej Sacharov[69] ebenso wie für viele Frauen unter den Andersdenkenden,[70] und dies schlägt sich noch heute nieder, wenn es in einem von Liberalen und Menschenrechtlern getragenen Aufruf zu einer Manifestation gegen die Moskauer Demonstration russischer Nationalisten und Neofaschisten am neuen russischen Nationalfeiertag, dem 4. November 2005, heißt: „Faschisten, unsere Großväter haben Euch Moskau 1941 nicht überlassen. Wir überlassen Euch Moskau auch 2005 nicht!" Illustriert ist der Aufruf mit einem Foto der Moskauer Siegesparade von 1945.[71]

In der von althergebrachten Stereotypen und deren Aktualisierung durch die offiziöse Geschichtspolitik geprägten russischen Erinnerungslandschaft,[72] ist eine

---

65 Leonid Luks, Paradoxien von Stalingrad. Zum Buch von Vasilij Grossman „Leben und Schicksal" – anlässlich des 100. Geburtstages des Autors, in: Forum für osteuropäische Ideen- und Zeitgeschichte 9 (2005), H. 1, S. 271–279.
66 Leben und Schicksal, S. 686.
67 Vgl. Elena Zubkova, Die sowjetische Gesellschaft nach dem Krieg. Lage und Stimmung der Bevölkerung 1945/46, in: Vierteljahrshefte für Zeitgeschichte 47 (1999), S. 363–383.
68 Zu dieser Gruppe gehörte etwa der Historiker Aleksandr Nekrič; Alexander Nekritsch, Entsage der Angst. Erinnerungen eines Historikers, Frankfurt a. M. 1983. Vgl. auch die Gedächtnisschrift für Nekrič Otrešivšijsja ot straha. Pamjati A. M. Nekriča, Moskau 1996.
69 Vgl. Richard Lourie, Sacharow. Eine Biographie, München 2003, S. 99 ff.
70 Vgl. Anke Stephan, Von der Küche auf den Roten Platz. Lebenswege sowjetischer Dissidentinnen, Zürich 2005, S. 143 ff.
71 So http://www.memo.ru/2005/11/27/miting.htm (Seite nicht mehr erreichbar).
72 Vgl. hierzu generell die instruktiven Beiträge in der 2005 erschienenen Sondernummer der Zeitschrift Osteuropa: Kluften der Erinnerung. Rußland und Deutschland 60 Jahre nach dem Krieg.

Sicht des Kriegs, wie Grossman sie vertrat, eine Minderheitenposition. Allerdings hatte Nikolaj Dostals insgesamt mehr als sechsstündige Fernsehserie „Štrafbat", die am Beispiel der Geschichte eines Strafbataillons die stalinistische Repression im Krieg ebenso thematisiert wie sie ein – indes nicht immer realistisches – Modell eines gesellschaftliche und politische Gräben überbrückenden Patriotismus sowie eine eindringliche Darstellung des Kriegsgeschehens bietet, bei den russischen Fernsehzuschauern unlängst einen großen Erfolg zu verzeichnen.[73] Dennoch ist die Überwindung ideologisierter, stalinistischer oder staatspatriotischer Schemata bei der Wahrnehmung des Kriegsgeschehens in Russland und Weißrussland eine Aufgabe, die noch viel Arbeit verlangen wird. Aber im Westen, der jetzt bis zum Osten der Europäischen Union reicht, sollte man sich nicht frei von Einseitigkeiten und unvollständigen Geschichtsbildern wähnen. Manche Wahrnehmungssperren hinsichtlich des deutsch-sowjetischen Kriegs scheinen sich sogar eher wieder zu verfestigen. So hat der ehemalige Direktor des Deutsch-Russischen Museums Berlin-Karlshorst in einem scharfsinnigen Artikel jüngst darauf hingewiesen, dass die Flucht und Vertreibung von circa 14 Millionen Weißrussen, Ukrainern und Russen ins Landesinnere der Sowjetunion infolge des deutschen Angriffs den Machern der von der Stiftung Zentrum gegen Vertreibungen verantworteten, gesamteuropäisch angelegten Ausstellung „Erzwungene Wege" keine Silbe wert ist.[74] In einer Dauerausstellung über osteuropäische Dissidenten in der Internationalen Jugendbegegnungsstätte in Kreisau (Krzyżowa), dem einstigen Gut der Familie Moltke und Treffpunkt des Kreisauer Kreises stieß ich bei einem Besuch im Sommer 2005 auf die eigenartige Aussage, ab 1944 habe die Sowjetunion ihre Macht immer weiter nach Westen ausgedehnt. Nicht mehr, nicht eine Silbe etwa darüber, dass diese Ausdehnung das Ende für das wenige Kilometer von Kreisau entfernte KZ Groß-Rosen bedeutet hat, und schon gar nichts darüber, dass diese Ausdehnung der Niederringung eines Feindes galt, mit dem Frieden zu schließen angesichts seiner notorischen Vertragsbrüchigkeit und seiner in ganz Europa verübten Massenverbrechen unmöglich war. Und das, obwohl doch gerade gegen dieses Regime der in einer Parallelausstellung gewürdigte Widerstand der Kreisauer gegen den NS-Staat gerichtet war und obwohl Helmuth James Graf von Moltke als Jurist in der Kriegsvölkerrechtsabteilung des Oberkommandos der Wehrmacht für eine humane Behandlung der sowjetischen Kriegsgefangenen eintrat. Moltke, der mit dem Feldzug gegen die Sowjetunion zunächst einverstanden war, änderte seine Position bald, und das nicht nur unter dem Eindruck der großen deutschen Verluste. „Das wäre aber noch erträglich, wenn nicht Hekatomben von Leichen auf unseren Schultern lägen", schrieb er an seine Frau. „Immer wieder hört man Nachrichten, daß von Transporten von Gefangenen oder Juden nur 20 % an-

---

73 Vgl. Isabelle de Keghel, Glaube, Schuld und Erlösung. Religion im neuen russischen Kriegsfilm, in: Osteuropa 1/2009, S. 97–208, hier S. 98–100. Der Erfolg der Serie ist zum Teil sicherlich auch auf die eindrucksvollen darstellerischen Leistungen der Schauspieler zurückzuführen.
74 Peter Jahn, Die vergessenen Russen. Leerstellen der Berliner Ausstellung über Flucht und Vertreibung, in: Süddeutsche Zeitung, 29.8.2006, S. 11.

kommen, daß in Gefangenenlagern Hunger herrscht, daß unsere eigenen Leute vor Erschöpfung zusammenbrächen."[75]

Ein ähnlicher blinder Fleck wie in den erwähnten Ausstellungen begegnet dem Leser auch in einer jüngeren Veröffentlichung der einflussreichen US-amerikanischen Publizistin Anne Applebaum, die für ihre Geschichte des GULag den Pulitzer-Preis erhalten hat. In einer in der „New York Review of Books" erschienenen Doppelrezension von Catherine Merridales Buch „Ivan's War" über die Erfahrungs- und Mentalitätsgeschichte sowjetischer Weltkriegsteilnehmer und der Kriegsaufzeichnungen von Vasilij Grossman,[76] beschrieb sie Letzteren durchaus mit Anerkennung und Sympathie – auch wenn sie fälschlicherweise meinte, er sei erst am Ende seines Lebens ein Anti-Stalinist gewesen –, doch glaubte sie, bei Grossman einen Widerspruch zu erkennen: Obwohl er die sowjetische Propaganda durchschaut habe, sei doch eine gewisse Affinität zu sowjetischen Idealen oder jedenfalls zum Bild des guten und tapferen Sowjetsoldaten bei ihm zu erkennen. Es ist dabei nicht so wichtig, dass Applebaum offenbar Grossmans durchaus eindeutige Aufzeichnungen über die massenhaften Übergriffe von Rotarmisten vor allem gegen Mädchen und Frauen im besetzten Deutschland in dem von ihr besprochenen Werk überlesen zu haben scheint. Bedeutsamer ist ihre Interpretation dessen, was sie für sowjetische Ideale hielt. Sie machte es an einer Aussage von Grossmans Tochter fest, die berichtet hat, Grossman sei stets aufgestanden, wenn man das Kriegslied „Heiliger Krieg" gesungen habe, welches er für ein geniales Werk gehalten habe. Das in den ersten Kriegstagen entstandene Lied[77] ist sowohl vom Text (Vasilij Lebedev-Kumač) als auch von der Musik (Aleksandr Aleksandrov) her zündend und aufrüttelnd und wurde in Moskau von den Soldaten, die an die Front gingen, mit Begeisterung gesungen. Besonders bemerkenswert aber ist, dass man im Text dieses Liedes vergeblich nach sowjetischen Idealen sucht. Es ruft die eigene Stärke und Größe („Riesenland") ins Gedächtnis, um das Selbstvertrauen zu stärken, es kennzeichnet den nationalsozialistischen Angreifer mit wenig schmeichelhaften, aber nichtsdestoweniger realistischen Begriffen („Gewalttäter", „Räuber", „Menschenschinder"), und es ruft zu entschiedener, kampfesmutiger Niederringung des Feindes auf, wobei die Beschreibung der dafür nötigen Gewalt ganz uneuphemistisch und konkret daherkommt („Kugel in den Kopf"). Aufgerufen wird zum Schutz der Heimat. Lenin, Stalin, die Sowjetmacht kommen in dem Lied nicht vor. Vielleicht hat auch das einen Teil seiner Überzeugungskraft ausgemacht.

Applebaum jedenfalls fand Grossmans Geste „nicht überraschend", aber nicht, weil sie sie als Respekt vor den Leistungen und den Opfern versteht, die die Rotar-

---

[75] Ger Van Roon, Graf Moltke als Völkerrechtler im OKW, in: Vierteljahrshefte für Zeitgeschichte 18 (1970), S. 12–61, hier S. 38.
[76] Anne Applebaum, The Real Patriotic War, in: The New York Review of Books 53 (2006), H. 6, S. 17 f.
[77] Im Internet in verschiedenen Versionen zu finden, u. a. mit russischem Text, deutscher Teilübersetzung und mp3-File unter http://ingeb.org/songs/ru01.html (letzter Zugriff 2.7.2020).

misten zum Schutz ihrer Heimat und zum Niederringen des NS-Regimes erbracht haben. Sie meinte vielmehr: „Ohne den Glauben, dass er und seine Landsleute für eine sinnvolle Sache gelitten hatten, wäre Grossman, wie die Kursker Veteranen Merridales mit nichts zurückgeblieben als Bitterkeit und der Erinnerung an den Schrecken."[78] Nach Ansicht Applebaums hat dieser Glaube offenbar keinen Realitätsgehalt, sondern beruht auf sowjetischer Propaganda und dient allein der psychischen Selbststabilisierung. Es ist schwer zu verstehen, was für ein eigentümliches Bild des Zweiten Weltkriegs hinter einer solchen Einstellung steht. Ist es nicht Realität genug, dass es Hitler und seinen Planern nicht gelungen ist, Moskau zu zerstören und seine Bevölkerung dem Untergang preiszugeben, dass der größere Teil der Bevölkerung von Leningrad gerettet werden konnte, dass das planmäßige Verhungern lassen von Millionen Menschen, das die Wirtschaftsplaner des Ostkriegs vorgesehen hatten, so nicht umgesetzt wurde, dass Himmler seine monströsen Pläne für den Ausbau des KZ-Systems nicht umsetzen konnte, sondern im Gegenteil, die Vernichtungslager im Osten, wo Millionen zugrunde gegangen waren, aufgegeben werden mussten, dass Millionen zur Zwangsarbeit nach Deutschland Verschleppter nach Hause zurückkehren konnten, auch wenn sie dort nicht gut behandelt wurden?

In ihrer herablassenden Haltung gegenüber den Veteranen der Roten Armee und ihrer historischen Blickverengung erinnert Applebaums Äußerung an das eingangs bereits erwähnte Statement der lettischen Präsidentin Vaira Vīķe-Freiberga, die im Februar 2005 erklärte: „Natürlich werden wir jene betagten Russen nicht überzeugen, ihr Bewusstsein nicht verändern, die am 9. Mai ihren Dörrfisch auf einem Stück Zeitung bereitlegen, Wodka trinken und ihre Gassenhauer singen und sich auch noch daran erinnern werden, wie heldenhaft sie das Baltikum erobert haben."[79] In der Tat, das Baltikum hat die Rote Armee am Ende des Zweiten Weltkriegs erneut besetzt, es folgten neue Deportationen, ein jahrelanger Untergrundkrieg, viele Balten flüchteten, ein massiver Bevölkerungsverlust war die Folge.[80] In Lettland wurden zwischen 13 und 17 Prozent der Bevölkerung Opfer der stalinistischen Verfolgung.[81] Das sind Tatsachen, die auch das offizielle Russland anerkennen und in Betracht ziehen muss, wenn es zu einer Verständigung mit den baltischen Nachbarn kommen will.[82] Doch auch wenn der offiziöse russische Anspruch, die Sowjetunion

---

[78] „[...] without the belief that he and his countrymen had suffered for a purpose – Grossman, like Merridale's Kursk veterans, would have been left with nothing but bitterness and the memory of horror."

[79] Natal'ja Vinogradskaja, Kak budet po-latyški „vodka", ili sbor kamnej dlja sosednego ogoroda (Wie „Wodka" auf lettisch heißt, oder Steine sammeln für den Nachbargarten), http://www.wps.ru/ru/products/pp/tv-review/2005/02/04.html (letzter Zugriff 2.7.2020).

[80] Vgl. Eva-Clarita Onken, Wahrnehmung und Erinnerung: Der zweite Weltkrieg in Lettland nach 1945, in: Flacke (Hrsg.), Mythen, S. 671–692, hier S. 671.

[81] Vgl. ebenda, S. 690.

[82] Erste Ansätze einer Verständigung auf der Ebene der historischen Wissenschaft gibt es; vgl. Zarusky, Debatten, in: Vierteljahrshefte für Zeitgeschichte 53 (2005), S. 331–342, und den Tagungsband, zu der in diesem Bericht behandelten Konferenz: Meždunarodnyj krizis 1939–1941 gg.: ot

habe die ganze Welt verteidigt,[83] wohl etwas zu hoch gesteckt ist, wird man – abgesehen von der Wahl des Tons – die Rolle der Roten Armee wohl kaum auf die Besetzung des Baltikums beschränken können.

Die zwischen den Reichen Hitlers und Stalins gelegenen Länder haben in sehr unterschiedlicher Form die Erfahrung der doppelten Besatzung gemacht. Die bisherigen Formen der Verarbeitung dieser Erfahrung sind nicht immer überzeugend. Im Budapester Terror Háza etwa werden die deutsche Besatzung und die damit einhergehende Pfeilkreuzler-Ära knapp, die kommunistische Ära unter sowjetischer Oberherrschaft sowie der Aufstand von 1956 breit behandelt. Praktisch völlig außen vor bleiben die Ära von Admiral Miklós Horthy und dessen Paktieren mit Hitler. Eigene nationale Verantwortung wird auf diese Weise minimiert und nach außen, an die Adresse der Okkupanten delegiert.

Ganz ähnlich hat Vaira Vike-Freiberga bei der Entgegennahme des Hannah-Arendt-Preises für politisches Denken argumentiert. Die Bevölkerung Lettlands habe die Okkupationen durch die stalinistische UdSSR und das nationalsozialistische Deutschland nur passiv über sich ergehen lassen können. Man habe sich bemüht, nicht aufzufallen. „Es konnte keine Politik geben unter der Gestapo oder unter dem KGB. [...] Schockiert und ungläubig verfolgten weite Teile der Bevölkerung, wie Zehntausende friedlicher Zivilisten verhaftet, deportiert, gefoltert und ermordet wurden [...]"[84] Vike-Freibergas „friedliche Zivilisten" erinnern an die „friedlichen sowjetischen Bürger", des offiziösen Kriegsbilds der UdSSR, und hier wie da dient diese Verschleierungsformel dem Zweck, den Holocaust nicht beim Namen zu nennen. Obwohl der Oberste Rat der Republik Lettland im September 1990 erklärt hatte, die Republik Lettland übernehme die Verantwortung, „dass die Erinnerung an die jüdischen Opfer unsterblich ist",[85] und obwohl sie einen Preis empfangen hat, der nach einer deutschen Jüdin benannt ist, die auf der Flucht vor den nationalsozialistischen Mördern erst ihr Heimatland und dann den europäischen Kontinent verlassen musste, hat Präsidentin Vike-Freiberga in ihrer Dankrede den Holocaust mit keiner Silbe direkt angesprochen. Sie hätte dann die schmerzliche Tatsachen erwähnen müssen, dass sich Letten an der Judenverfolgung beteiligten und dass von den 66 000 lettischen Juden die zur Zeit der deutschen Besatzung ermordet wurden, 15 000 Opfer des Erschießungskommandos des lettischen Polizeioffiziers Viktor Arājs wurden.[86] „Wir müssen bestimmt mehr daran arbeiten, so etwas wie eine ganz spezifisch euro-

---

sovetsko-germanskich dogovorov 1939 g. do napadenija Germanii na SSSR. Materialy meždunarodnoj konferencii, organizovannoj Institutom vseobščej istorii Rossijskoj akademii nauk, Universitetom Latvii, Institutom sovremennoj istorii (Mjunchen), Moskovskim otdeleniem Fonda im. Konrada Adenauera. Moskva, 3–4 fevralja 2005 g, Moskau 2006.

83 Piadyshev, We Defended the Whole World, in: International Affairs 51 (2005), H. 3, S. 18–21.
84 Vaira Vike-Freiberga, Die Zukunft Europas. Föderation politischer Nationen oder supranationale Gemeinschaft? in: Festschrift, S. III-VI, hier S. III.
85 Onken, Lettland, in: Flacke (Hrsg.), Mythen, S. 678.
86 Vgl. ebenda, S. 690.

päische Geschichte der Freiheit erzählen zu können", erklärte das Arendt-Preis-Jury-Mitglied Willfried Maier bei der Podiumsdiskussion anlässlich der Preisverleihung, denn „Werte *leben* nur, wenn man sich darauf bezieht, in welcher Geschichte Werte geworden sind".[87] Dem kann man nur zustimmen. Das erfordert jedoch, dass man die Geschichte präzise mit all ihrer Widersprüchlichkeit wahrnimmt. Dazu gehört, dass die europäische Geschichte nicht an den Grenzen der EU endet. Europa ist größer als die EU, und Russland, die Ukraine und Weißrussland gehören zweifellos dazu. Ebenso gehört die Zerschlagung des nationalsozialistischen Regimes, das sich einen großen Teil Europas unterworfen hatte, zur europäischen Freiheitsgeschichte. Den entscheidenden Anteil, den die Sowjetunion daran hatte, wird man auch nicht ausklammern können. Zweifellos hat Stalin im Krieg mit Hitler um seine eigene totalitäre Macht gekämpft, die er schließlich auf große Teile Ost- und Mitteleuropas ausdehnen konnte. Doch es hieße, den Charakter des deutsch-sowjetischen Kriegs verkennen, wenn man meinte, alle die Millionen von Bürgern der Sowjetunion, die an diesem Krieg teilgenommen haben, hätten dieselben Ziele und Motive gehabt wie der Diktator Stalin. Wer Stalin und das Volk gleichsetzt, begibt sich im Grunde auf den Boden stalinistischer Propaganda. Die Abwehr der deutschen Aggression, die Verteidigung der Heimat gegen einen menschenverachtenden Besatzer waren ebenso legitim wie die darauffolgende Vernichtung des NS-Regimes, das seine strukturelle Friedensunfähigkeit und seine verbrecherische Natur der Welt mehr als hinreichend bewiesen hat. In Europa endete der Zweite Weltkrieg daher 1945, mit dem Ende des Naziregimes. Die Epoche des Totalitarismus allerdings endete nicht, und zu den tragischen Folgen des Zweiten Weltkriegs gehört die Ausdehnung der sowjetkommunistischen Herrschaft mit all ihren Opfern. Diese Herrschaft aber, und das ist ein wesentlicher Unterschied zum grenzenlos aggressiven Nationalsozialismus, endete nicht in einem Krieg, geschweige denn in einem Weltkrieg. Schließlich waren es nicht die bewaffneten Untergrundkämpfer in den baltischen Wäldern, die das Ende dieser Herrschaft herbeiführten, sondern Menschen wie die von Vīķe-Freiberga erwähnten lettischen Intellektuellen, die in den 1980er Jahren Hannah Arendts Werk über den Totalitarismus unter Missachtung der Zensur in lettischer Sprache in Umlauf brachten.[88] Eine wesentliche Voraussetzung dafür war der auch schon von Hannah Arendt beobachtete Übergang des Sowjetsystems vom totalitären in ein posttotalitäres Stadium,[89] eine Entwicklung, die allerdings ihre Grenzen hatte. Als Vasilij Grossman glaubte, die Veröffentlichung von „Leben und Schicksal" in der Sowjetunion durchsetzen zu können, hat er diese zu seiner Zeit gerade in Fluss geratenen Grenzen falsch eingeschätzt. Sein Versuch, bis an diese Grenzen zu gehen und sie noch auszuweiten, ist ein klares Eintreten für die Freiheit, ein Teil jenes von ihm

---

[87] Podiumsdiskussion: Europa – von der Politik zum Bürger, in: Festschrift, S. VIII.
[88] Festschrift, S. V.
[89] Hannah Arendt, Elemente und Ursprünge totaler Herrschaft. Antisemitismus, Imperialismus, totale Herrschaft, München [8]2001, S. 632.

selbst beschworenen „stummen Streits zwischen dem siegreichen Volk und dem siegreichen Staat". Wer daran arbeiten will, „eine spezifisch europäische Geschichte der Freiheit erzählen zu können", kann diesen Streit nicht ignorieren. Und er tut gut daran, auch die große und tiefgründige Arbeit nicht zu ignorieren, die Vasilij Grossman auf diesem schwierigen Feld schon geleistet hat.

Stalins Verbrechen versus Holocaust

Historische Diskussionen und Erinnerungspolitik in einem teilweise vereinigten Europa[1]

1 Prolog – der Historikerstreit in der Bundesrepublik

Wir beobachten gegenwärtig in Europa eine Zunahme geschichtspolitischer Aktivitäten in identitätsbildender Absicht. Alle postsowjetischen Staaten, auch Russland, ringen um ihre Identität und greifen dabei auf historische Bezugspunkte zurück. Das Verhältnis von Stalins Verbrechen und dem Holocaust spielt dabei eine zentrale Rolle. Wir haben es mit einer Diskussion in der historisch ganz neuen Konfiguration im Europa nach dem Kommunismus zu tun. Doch zentrale, grundlegende Denkfiguren traten geraume Zeit vor dem welthistorischen Umbruch von 1989/91 auf. Insbesondere finden wir manche bereits in dem aufsehenerregenden deutschen Historikerstreit von 1986/87. Hier möchte ich bei meinem Versuch ansetzen, anhand einer Reihe von Beispielen die Entwicklung, den aktuellen Stand und die intellektuelle Grammatik einer Debatte zu erschließen, inmitten derer wir heute stehen.

In den Jahren 1986/87 zog in der damals noch westdeutschen Bundesrepublik der Historikerstreit zahlreiche Schlagzeilen, Feuilletonartikel, Leserbriefe sowie einige Buchpublikationen nach sich. Die Hauptkontrahenten dieses Streits waren der Historiker Ernst Nolte und der Philosoph Jürgen Habermas. Der zentrale, wenn auch keineswegs einzige Streitpunkt war Noltes These, der bolschewistische Terror sei „ursprünglicher" gewesen als Auschwitz. „War nicht der ‚Klassenmord' der Bolschewiki das logische und faktische Prius des ‚Rassenmords' der Nationalsozialisten?", fragte Nolte rhetorisch.[2] „Logisches Prius" – das hieß in Noltes Interpretation, dass die Ursache des Holocaust eine tief sitzende Bolschewismusfurcht der Nationalsozialisten war. Er kleidete diese These in eine weitere rhetorische Frage: „Vollbrachten die Nationalsozialisten, vollbrachte Hitler eine ‚asiatische' Tat vielleicht nur deshalb, weil sie sich und ihresgleichen als potentielle oder wirkliche Opfer einer ‚asiatischen' Tat betrachteten?"[3]

Die Reaktion von Jürgen Habermas in der Wochenzeitung „Die Zeit" auf diese Thesen bezog sich nicht allein auf Nolte, sondern auf insgesamt vier Historiker, de-

---

[1] Vortrag bei der Konferenz „The Holocaust. Shared Memory and Dividing Approaches" am 25./26.9.2013 in Moskau.
[2] Ernst Nolte, Vergangenheit, die nicht vergehen will. Eine Rede, die geschrieben, aber nicht gehalten werden konnte, in: „Historikerstreit". Die Dokumentation der Kontroverse um die Einzigartigkeit der nationalsozialistischen Judenvernichtung, München ³1987, S. 39–47, hier S. 45.
[3] Ebenda.

nen er einen nationalkonservativen Revisionismus vorwarf.⁴ Zu ihnen gehörte Andreas Hillgruber, der in dem Essaybändchen „Zweierlei Untergang" Beiträge zu zwei „nationale[n] Katastrophen", nämlich, so Hillgruber, „den Mord an den Juden im Machtbereich des nationalsozialistischen Deutschlands in den Jahren von 1941 bis 1944 und die unmittelbar folgende Vertreibung der Deutschen aus Ostmitteleuropa und die Zertrümmerung des preußisch-deutschen Reiches 1944/45", veröffentlichte. In dem größeren der beiden Beiträge, dem zum deutschen Zusammenbruch, hatte Hillgruber postuliert, der Historiker müsse sich hier „mit dem konkreten Schicksal der deutschen Bevölkerung im Osten und mit den verzweifelten und opferreichen Anstrengungen des deutschen Ostheeres und der deutschen Marine im Ostseebereich identifizieren, die die Bevölkerung des deutschen Ostens vor den Racheorgien der Roten Armee, den Massenvergewaltigungen, den willkürlichen Morden und den wahllosen Deportationen zu bewahren und [...] den Fluchtweg zu Lande oder über See nach Westen freizuhalten suchten." Eine Identifikation mit Hitler lehnte Hillgruber ab, aber auch eine Identifikation mit der Roten Armee schien ihm „undenkbar". Als Befreiung könne man das Ereignis des Frühjahrs 1945 nicht bezeichnen, diese Bedeutung habe es nur für die Opfer des NS-Regimes in Konzentrationslagern und Gefängnissen.⁵ Das war auch eine deutliche Reaktion auf die Rede von Bundespräsident Richard von Weizsäcker zum 40. Jahrestag des Kriegsendes 1985, der den 8. Mai 1945 als Tag der Befreiung bezeichnet hatte.

Ernst Nolte war der zentrale Protagonist und zugleich der große Verlierer des Historikerstreits. Mit seiner These vom „kausalen Nexus",⁶ die an die alte antisemitische Chimäre vom „jüdischen Bolschewismus" erinnerte und durch die NS-Forschung in keiner Weise bestätigt wurde, und mit seinem Liebäugeln mit rechtsextremen Geschichtsfälschern verspielte er einen Großteil seiner wissenschaftlichen Reputation. Aber es gab Verteidiger Noltes, die sich auf eine weniger problematische Haltelinie zurückzogen. Daraus erwuchs der Streit um die Frage der Singularität des Holocaust. Es ging nicht mehr um einen Ursachenzusammenhang, sondern darum, ob das Verbrechen des Holocaust einzigartig in der Geschichte sei. „Wir kennen die grauenerregenden Bilder der Leichenhaufen, der zu größeren und kleineren Bergen zusammengetragenen Schuhe, Brillen, Koffer und anderen Habseligkeiten der Opfer. Doch was berechtigt uns, zu denken, es habe dergleichen in den Mordfabriken der Stalin-Ära nicht gegeben?", fragte etwa Joachim Fest, einer der Herausgeber der „Frankfurter Allgemeinen Zeitung".⁷

---

4 Vgl. dazu Jürgen Habermas, Eine Art Schadensabwicklung. Die apologetischen Tendenzen in der deutschen Zeitgeschichtsschreibung, in: Historikerstreit, S. 62–76.
5 Andreas Hillgruber, Zweierlei Untergang. Die Zerschlagung des Deutschen Reiches und das Ende des europäischen Judentums, Berlin 1986, S. 9 und S. 24 f.
6 Nolte, Vergangenheit, in: Historikerstreit, S. 46.
7 Joachim Fest, Die geschuldete Erinnerung. Zur Kontroverse über die Unvergleichbarkeit der nationalsozialistischen Massenverbrechen, in: Historikerstreit, S. 100–112, hier S. 103 f.

2 Das „Schwarzbuch des Kommunismus"

Diese Frage war insofern nicht ganz unberechtigt, als der Kenntnisstand über den Stalin'schen Terror vor der Öffnung der sowjetischen Archive äußerst gering und unvollständig war. Das änderte sich mit der sogenannten russischen Archivrevolution von 1991. Seither gibt es eine intensive und florierende Stalinismus-Forschung. Nicht zuletzt darauf basierte das von dem französischen Historiker Stéphane Courtois 1997 initiierte „Schwarzbuch des Kommunismus", das ebenfalls sofort eine Debatte auslöste, und zwar zunächst unter den Autoren. Nicolas Werth und Jean-Louis Margolin, die die Beiträge über die Sowjetunion beziehungsweise China verfasst hatten, kritisierten Courtois wegen seiner Übertreibungen bei den Opferzahlen und vor allem wegen seiner fragwürdigen Vergleiche zwischen Kommunismus und Nationalsozialismus. Courtois hatte in seinem Vorwort unter anderem erklärt, kommunistische Regime hätten viermal so viele Opfer zu verantworten wie die Nationalsozialisten, und diese hätten sich von den kommunistischen Methoden inspirieren lassen.[8] Das war ein fernes Echo vom „kausalem Nexus" Ernst Noltes, dem Courtois in einem Interview attestierte, legitime Fragen aufzuwerfen. „Meiner Meinung nach gibt es keine Spezifizität des Völkermordes der Nazis an den Juden", erklärte er. „Andere haben andere Völkermorde begangen – an den Tschetschenen, den Tataren, den Kosaken, den Kulaken, den Tibetanern."

Interessant ist die Antwort, die Courtois gab, als er gefragt wurde, ob er nicht vergesse, dass der Kommunismus entscheidend dazu beigetragen habe, die Nazis im Zweiten Weltkrieg zu besiegen. Sie lautet: „Vergessen Sie nicht Stalins große Verantwortung am Ausbruch des Zweiten Weltkriegs! Stalin hat mit der Unterzeichnung des deutsch-sowjetischen Vertrags vom 23. August 1939 den Krieg aus Sicht des deutschen Generalstabs erst ermöglicht, weil damit die Gefahr eines Zweifrontenkrieges gebannt schien. Wäre Hitler nicht so verrückt gewesen, 1941 Stalins Sowjetunion anzugreifen, hätten sich die beiden Diktatoren Europa in aller Ruhe untereinander aufgeteilt."[9]

---

8 Stéphane Courtois, Die Verbrechen des Kommunismus., in: ders. u. a., Das Schwarzbuch des Kommunismus. Unterdrückung, Verbrechen und Terror, München 1998, S. 27. Courtois zitierte in diesem Zusammenhang die Erinnerungen des Kommandanten von Auschwitz, Rudolf Höß, in denen es heißt, das Reichssicherheitshauptamt habe den KZ-Kommandanten Material über die sowjetischen Lager als Inspiration bereitgestellt; vgl. ebenda. Abgesehen davon, dass diese Behauptung angesichts der apologetischen Tendenz der Erinnerungen und fehlender Belege in der KZ-Forschung mit Zweifeln behaftet ist, steht sie in dem Abschnitt, in dem Höß über seine Tätigkeit als Amtschef im SS-Wirtschaftsverwaltungshauptamt berichtet, die im November 1943 begann, zu einem Zeitpunkt also, als die SS schwerlich auf sowjetische Vorbilder zur Entwicklung des KZ-Systems angewiesen war.
9 Wolfgang Proissl, „Der rote Holocaust. Interview mit dem französischen Historiker Stéphane Courtois, dem Herausgeber des ‚Schwarzbuches'", in: Die Zeit, 21.11.1997, https://www.zeit.de/1997/48/Der_rote_Holocaust/seite-5 (letzter Zugriff 2.7.2020).

Was Courtois hier verkannte, und damit ist er bis heute leider nicht allein, ist, dass für Hitler der Pakt mit Stalin, den er in seiner Rede am 28. August 1939 einen Pakt „mit Satan, um Teufel auszutreiben" nannte,[10] nur ein taktisches Manöver auf dem Weg zu seinem eigentlichen Ziel war, dem Eroberungs- und Vernichtungskrieg gegen die Sowjetunion. Das Interview mit Courtois erschien übrigens unter dem Titel „Der rote Holocaust", der auch in den Titeln von Diskussionsbänden jener Zeit auftaucht.[11]

3 Umstrittene Deutungsmuster

In der Sowjetunion war der Pakt, beziehungsweise das geheime Zusatzprotokoll, bis 1989 tabu und wurde geleugnet. Der baltische Weg, eine über 600 Kilometer lange Menschenkette durch die baltischen Staaten, zu der sich am 23. August 1989 mehr als eine Million Menschen zusammenschlossen, die an den Pakt erinnerten und die Aufhebung des durch ihn begangenen Unrechts forderten, war eine der beeindruckendsten Freiheitsdemonstrationen der jüngeren Geschichte. Im Dezember 1989 erfolgten die Anerkennung der Existenz des Zusatzprotokolls und seine Nichtigkeitserklärung durch den Volksdeputiertenkongress.

Die zentrale Bedeutung, die dem 23. August 1939 eingeräumt wird, und die Zusammenfassung von Nazi- und stalinistischen Verbrechen in der Kategorie des Völkermords sind zentrale Topoi, die auch die heutige Diskussion bestimmen. In Vilnius wurde schon 1992 ein Museum der Opfer des Genozids in einem historischen Gebäude eröffnet, in dem nach der Sowjetisierung 1940/41 und dann wieder ab 1944 die sowjetische Geheimpolizei residierte. Während der deutschen Besatzung hatte hier die Gestapo ihr litauisches Hauptquartier. Das Museum behandelte jedoch ausschließlich die Geschichte sowjetischer Unterdrückung und Verfolgung in Litauen. Erst aufgrund internationaler Kritik wurde im Oktober 2011 in einer Zelle im ehemaligen Hausgefängnis eine kleine Ausstellung zum Holocaust in Litauen eingerichtet. Bedenkt man, dass die jüdische Bevölkerung in Litauen 1941 unter Einbeziehung der aus Polen dorthin geflohenen Juden mit mehr als 200 000 circa zehn Prozent der Einwohnerschaft ausmachte und dass 95 Prozent unter deutscher Besatzung ermordet wurden, kann man die Ignorierung dieser Tatsache in einem Genozid-Museum, das sich noch dazu in einem ehemaligen Gestapo-Hauptquartier befindet, nur als krasse Einseitigkeit bezeichnen. Unter dem menschenrechtlich grundierten Begriff des Genozids wird hier eine ethnonationalistische Perspektive sichtbar, denn wie

---

[10] Generaloberst Franz Halder – Kriegstagebuch. Tägliche Aufzeichnungen des Chefs des Generalstabes des Heeres 1939–1942, Bd. 1: Vom Polenfeldzug bis zum Ende der Westoffensive, bearb. von Hans-Adolf Jacobsen, Stuttgart 1962, S. 38.
[11] Vgl. etwa Horst Möller (Hrsg.), Der rote Holocaust und die Deutschen. Die Debatte um das „Schwarzbuch des Kommunismus", München u. a. 1999.

könnte das zentrale Genozid-Museum eines Lands, das sich als Bürgernation versteht, die größte Opfergruppe unter seinen Bürgern einfach ignorieren?

So gravierend die Verfolgungsmaßnahmen der UdSSR in den annektierten baltischen Staaten auch waren, den völkerrechtlichen Kriterien eines Genozids entsprechen sie schwerlich.

Sehr viel komplizierter stellt sich die Frage im Fall der Ukraine dar, die die meisten Opfer der Hungersnot von 1932/33 zu verzeichnen hatte. Schon der Schöpfer des Begriffs Genozid, Raphael Lemkin, hatte 1953 von einem sowjetischen Genozid in der Ukraine gesprochen.[12] Unter Präsident Viktor Juščenko wurde mit erheblichem politischen Nachdruck das Narrativ vom „Holodomor" als einem gegen das ukrainische Volk gerichteten Genozid etabliert. Am 28. November 2006 goss das ukrainische Parlament diese Definition in Gesetzesform, und die Ukraine bemühte sich bis zum Präsidentenwechsel 2010 nicht ohne Erfolg um internationale Anerkennung für diese Sicht. Dabei operierte die ukrainische Staatsführung allerdings mit einer weit überhöhten Opferzahl von bis zu zehn Millionen. In einem Interview mit Journalisten mehrerer internationaler Blätter erklärte Juščenko 2008 gestützt auf diese Angabe: „Der Holodomor war vielleicht die größte humanitäre Katastrophe der Welt." Ebenso entschieden äußerte er sich zu den Ursachen: „Die Tragödie war dabei kein Naturereignis. Sie war ein geplanter Mord."[13] Ein geplanter Mord, dem zehn Millionen Menschen – Männer, Frauen und Kinder gleichermaßen – zum Opfer fielen, würde den Holocaust an Schrecklichkeit übertreffen, die Ukrainer zur größten Opfergruppe totalitärer Verfolgung im Europa des 20. Jahrhunderts und Stalin zum Völkermörder Nr. 1 aufrücken lassen, während Hitler und der Holocaust zweitrangig würden.

Tatsächlich betrug jedoch die Zahl der Hungeropfer in der Ukraine – schrecklich genug – circa dreieinhalb Millionen, in der gesamten Sowjetunion knapp das Doppelte. Einen Quellenbeleg für eine Mordabsicht gegen die Ukrainer gibt es nicht, allerdings den Hunger verstärkende Maßnahmen der sowjetischen Führung, die viele nur so verstehen können. Es gibt allerdings neben den zahlreichen ukrainischen Opfern des „Holodomor" auch ukrainische Täter, und die Städte waren viel weniger betroffen als ländliche Regionen.[14] All das stellt die Genozid-These zumindest in Frage. Die Debatte in der internationalen Geschichtswissenschaft hält an.

---

12 Vgl. Raphael Lemkin, Soviet Genocide in the Ukraine, abgedruckt in: Lubomyr Y. Luciuk/Lisa Grekul (Hrsg.), Holodomor. Reflections on the Great Famine of 1932–1933 in Soviet Ukraine, Kingston 2008, Appendix A, S. 235–242.
13 „Viktor Juschtschenko im Gespräch: ‚Vielleicht die größte humanitäre Katastrophe'", in: Frankfurter Allgemeine Zeitung, 20.11.2008, http://www.faz.net/aktuell/politik/ausland/viktor-juschtschenko-im-gespraech-vielleicht-die-groesste-humanitaere-katastrophe-1724600.html (letzter Zugriff 6.4.2020).
14 Vgl. Andrej Savin, Ėtnizacija Stalinizma? „Nacional'nye" und „kulackaja" operacii NKVD. Sravnitel'nyj aspect, in: Rossija 21 (2012), H. 3, S. 40–61.

Einige geschichtspolitisch einflussreiche Autoren im Westen, wie insbesondere Timothy Snyder oder Norman Naimark, kümmern sich um die Details dieser Diskussion herzlich wenig und gehen von einem Hungermord aus. Beide Autoren stellen in ihren Büchern „Bloodlands" beziehungsweise „Stalin und der Genozid" auch die nationalen Aktionen des Großen Terrors von 1937/38 als Formen einer ethnischen Verfolgung dar.[15] Snyder, der sich hier besonders auf die polnische Aktion konzentriert, unterstellt sogar, es sei darum gegangen, die Polen in der UdSSR vollständig zu vernichten, und kommt zu dem Schluss: „Hitler wählte ebenso wie Stalin die Polen als Objekt seiner ersten großen ethnischen Mordkampagne."[16] Dabei übersieht er, dass von der polnischen Aktion auch zahlreiche Angehörige anderer Ethnien betroffen waren, weil ihr ein paranoides Spionageszenario und eben keine rassistische Herrenmenschenideologie zugrunde lag. Beide Autoren ignorieren, ähnlich wie das auch Jörg Baberowski in seinen Stalinismus-Studien tut,[17] praktisch vollkommen die Ideologien der Regime und deren Verschiedenheit, aus der eben auch verschiedene Feindbilder und Verfolgungsstrategien resultieren.

Innerhalb der Europäischen Union spielen diese Tendenzen der Entdifferenzierung bei der Auseinandersetzung mit den Regimen Hitlers und Stalins eine immer wichtigere politische Rolle. Das Schlüsseldokument in diesem Zusammenhang ist die von mittel- und osteuropäischen Politikern und Intellektuellen, darunter eine Reihe ehemaliger Dissidenten, am 3. Juni 2008 verabschiedete „Prager Erklärung zum Gewissen Europas und zum Kommunismus".[18] Bezeichnend ist, dass die Prager Erklärung von einer weitgehend vollständigen Aufarbeitung des Nationalsozialismus ausgeht, der nun eine entsprechende Aufarbeitung des Kommunismus zu folgen habe. Dass die Unterdrückung von Holocausterinnerung und viele andere Einschränkungen der zeitgeschichtlichen Erforschung von Krieg und Besatzung in der Sowjetunion erhebliche weiße Flecken erzeugt haben, war den Unterzeichnern der Prager Erklärung nicht bewusst. Im ersten Absatz der Erklärung wird unter Aufwendung eines Maximums an Abstraktion konstatiert, die beiden totalitären Systeme von Nationalsozialismus und Kommunismus hätten extremen Terror angewandt, die Freiheit unterdrückt, Angriffskriege gestartet und ganze Nationen und Bevölkerungsgruppen vernichtet und deportiert. Die Erklärung fordert die Ausrufung des 23. August, den Tag des Abschlusses des Hitler-Stalin-Pakts 1939, als gemeinsamen Gedenktag für alle Opfer von Nationalsozialismus und Kommunismus in gleicher Weise, wie der 27. Januar als Gedenktag für den Holocaust begangen werde. Diesem Wunsch kam das Europaparlament in seiner „Entschließung vom 2. April 2009 zum Gewissen Europas und zum Totalitarismus" nach. Im Unterschied zur Prager Erklä-

---

15 Vgl. Norman M. Naimark, Stalin und der Genozid, Frankfurt a. M. 2010; Timothy Snyder, Bloodlands. Europa zwischen Hitler und Stalin, München 2011.
16 Snyder, Bloodlands, S. 133.
17 Vgl. Jörg Baberowski, Der rote Terror. Die Geschichte des Stalinismus, München 2003; ders., Verbrannte Erde. Stalins Herrschaft der Gewalt, München 2012.
18 Vgl. https://www.praguedeclaration.eu/ (letzter Zugriff 6.4.2020).

rung betonte es zwar die Einzigartigkeit des Holocaust, ohne allerdings darzulegen, worin diese bestand und was daraus folgt.[19] Mittlerweile beginnen sich auch Forschungszusammenhänge zu formieren, die von dieser Erklärung inspiriert sind. Kritisch ist Folgendes anzumerken: Der Gedenktag und die Parallelisierung der Massenverbrechen verwischen die Spezifik der Geschichte beider Systeme. Die beiden Erklärungen fallen weit hinter den aktuellen historischen Erkenntnisstand zurück. Die wichtigsten Punkte sind:

- Der Hitler-Stalin-Pakt war für Osteuropa von einschneidender Bedeutung, die aber nicht auf Gesamteuropa zu projizieren ist. Die Insinuation, Hitler und Stalin trügen die gleiche Verantwortung für den Zweiten Weltkrieg, ist nicht haltbar.
- Das Hitler-Regime entfaltete sein mörderisches Gewaltpotential vollständig nicht durch den Pakt, sondern als es ihn mit dem Angriff auf die Sowjetunion brach. Damit begann der Vernichtungskrieg mit seinen Abermillionen Opfern und auch der Holocaust.
- Es gibt kein Stalin'sches Massenverbrechen, das in seinem absoluten Vernichtungswillen auf dieselbe Stufe zu stellen ist wie der Holocaust. Die Ursache dafür liegt in den unterschiedlichen Ideologien. Bei aller Amalgamierung von antisemitischen und xenophoben Stimmungen konnte der stalinistische Marxismus-Leninismus nicht zu einem biologistischen Rassismus mutieren.
- Der Gedenktag 23. August verweist auf das Paradigma der doppelten Besatzung, verliert aber den von NS-Deutschland herbeigeführten Krieg selbst und seine Opfer aus dem Blick.
- Die größten Stalin'schen Verbrechen wurden in den 1930er Jahren begangen: Die Zwangskollektivierung, das Menschheitsverbrechen der Hungersnot, das ich allerdings nicht für einen Genozid halte, der Große Terror der Jahre 1937/38. Betroffen waren die Bewohner der Sowjetunion. Den Hitler-Stalin-Pakt brauchte Stalin für diese Handlungen nicht. Der 23. August als Gedenktag, der aus einem regionalen Zusammenhang erwachsen ist, verstellt daher paradoxerweise auch den Blick auf eine große Zahl, vielleicht die Mehrheit der Opfer des Stalin'schen Terrors.

4 Über Grenzen

Ein offener Blick auf die historische Landkarte zeigt, dass ein erheblicher Teil der größten totalitären Massenverbrechen in der Sowjetunion stattgefunden hat, das betrifft sowohl die stalinistischen Verbrechen als auch den nationalsozialistischen Vernichtungskrieg sowie den Holocaust. Die Versuche, Geschichtsbilder zu erzeugen,

---

19 Vgl. Europäisches Parlament: Entschließungsantrag, https://www.europarl.europa.eu/sides/getDoc.do?pubRef=-//EP//TEXT+TA+P6-TA-2009-0213+0+DOC+XML+V0//DE (letzter Zugriff 6.4.2020).

die mit der Europäischen Union kompatibel sind, aber zum Teil aus nationalidentitären Narrativen von Mitglieds- und Nachbarstaaten gespeist werden, werden dem nicht gerecht. Der historische Horizont darf gerade im Osten nicht an der EU-Außengrenze enden, wenn er nicht zum Zerrspiegel werden soll. Geschichtspolitisch bestärken solche Versuche entsprechende, ähnlich schematische Gegenbestrebungen in Russland und in einem Teil des postsowjetischen Raums, wo traditionelle Narrative sowjetischer Prägung vom Großen Vaterländischen Krieg gepflegt werden. Die vorherrschenden Schemata der EU-Geschichtspolitik mit ihrem politisch-didaktischen Impetus sind insofern ahistorisch und auch ungerecht, als sie die Befreiungsleistung der Roten Armee nicht anzuerkennen in der Lage sind. Typisch dafür ist die Rede von Bundespräsident Christian Wulff in Auschwitz, in der er es heißt: „Die Befreier waren gekommen – endlich." Beim Namen nannte er die Rote Armee nicht.[20] Kommen wir zurück zum Historikerstreit und diesmal zu Hillgruber. In einer Hinsicht war sein Beitrag sehr modern, nämlich im Hinblick auf die Opferidentifikation. Allerdings schränkt diese das historische Urteilen, wie gerade Hillgruber es demonstriert hat, erheblich ein. In seiner Parallelisierung von, wie er es sah, deutscher und jüdischer Katastrophe hatte er Unrecht. Der Holocaust war überall dort, wo NS-Deutschland herrschte, präsent. Er folgte dem Krieg, und er folgte auf den Angriff gegen die Sowjetunion. Das ist eindeutig. Die Befreiung und die Rettung der Überlebenden waren komplexer. Gerade im Osten trugen sie vielfach geradezu tragische Züge und waren doch eine Befreiung. In den vorherrschenden politisch-didaktischen Curricula hat das keinen Platz. Aber wir müssen uns darum bemühen, das zu verstehen und zu vermitteln. Das geht nur grenzüberschreitend, international und in der Kooperation von Stalinismus- und NS-Forschung.

---

20 Bundespräsident Christian Wulff bei der offiziellen Gedenkveranstaltung anlässlich des 66. Jahrestags der Befreiung des Konzentrationslagers Auschwitz, https://www.bundespraesident.de/SharedDocs/Reden/DE/Christian-Wulff/Reden/2011/01/20110127_Rede.html (letzter Zugriff 30.7.2020).

Kampfplatz Geschichte

Anmerkungen zur europäischen Erinnerungspolitik nach dem Untergang des Kommunismus

1 In der Arena

Selten dürfte eine geschichtspolitische Prognose so schnell und so gründlich widerlegt worden sein wie Francis Fukuyamas Theorie vom „Ende der Geschichte". Der amerikanische Politologe glaubte, mit dem Ende der Sowjetunion und des Kalten Kriegs seien alle wesentlichen Ursachen für grundlegende politische Konflikte erledigt, künftig werde sich die Welt ruhig in den Bahnen von Demokratie, Rechtsstaat und Marktwirtschaft entwickeln. Die von Fukuyama in seinem Buch von 1992 vertretenen Thesen sind geradezu ein liberales Spiegelbild der marxistisch-leninistischen Dogmatik, mit dem sie die hegelianische Grundlage teilen. Für die Kommunisten war Ziel und Ende der Geschichte die vom Proletariat unter ihrer Führung zu erkämpfende klassenlose Gesellschaft. Daraus erwuchsen in der UdSSR und im übrigen Osteuropa von den Diktaturen verordnete Geschichtsbilder, deren Erosion mit der Liberalisierung beziehungsweise dem Machtverfall der herrschenden kommunistischen Parteien einherging. Die herrschende Politikerschicht musste die Geschichte freigeben und wurde zugleich mit historisch abgeleiteten politischen Argumenten konfrontiert, die ihre Legitimationsgrundlage in Frage stellte.[1] Die „wiedergefundene Erinnerung"[2] spielte beim Ende der kommunistischen Diktaturen eine wichtige Rolle. Doch ein Ende der Geschichte ging damit so wenig einher wie ein Ende der Geschichtspolitik. Im Gegenteil: In Osteuropa setzte mit der „Suche nach Kontinuität" eine „Rückkehr der Geschichte"[3] ein. Die Integration zahlreicher ostmittel- und osteuropäischer Staaten in die Europäische Union hat einen geschichtspolitischen Diskurs um eine gemeinsame historische Identität initiiert, der stark von dem neu gewonnenen Selbstverständnis dieser Länder geprägt wird. Bemühungen zur Herstellung eines gemeinsamen europäischen Gedächtnisses haben Hochkonjunktur. Die entsprechenden Initiativen, Kongresse und Publikationen sind nur noch schwer zu überschauen. Zahlreiche Politiker, Intellektuelle und Wissenschaftler sind mittlerweile in diesen identitätspolitischen Trend integriert. Und auch jenseits der Grenzen der EU, zumal in Russland und in der Ukraine, um nur die wich-

---

1 Vgl. Helmut Altrichter (Hrsg.), GegenErinnerung. Geschichte als politisches Argument im Transformationsprozeß Ost-, Ostmittel- und Südosteuropas, München 2006.
2 Annette Leo (Hrsg.), Die wiedergefundene Erinnerung. Verdrängte Geschichte in Osteuropa, Berlin 1992.
3 Leonid Luks/Donal O'Sullivan (Hrsg.), Die Rückkehr der Geschichte. Osteuropa auf der Suche nach Kontinuität, Köln u. a. 1999.

tigsten Akteure zu nennen, wird das geschichtspolitische Feld eifrig beackert. Ein gesamteuropäisches historisches Gedächtnis haben all diese Aktivitäten bislang nicht zum Ergebnis gehabt. Im Gegenteil: Die Geschichte ist zum Kampfplatz geworden, auf dem identitätspolitisch fundierte Deutungsansprüche zusammenprallen. Die folgenden Anmerkungen erheben nicht den Anspruch einer erschöpfenden Analyse dieses Phänomens.[4] Sie beschränken sich auf die Skizzierung einiger grundlegender Trends und deren innerer Widersprüche.

2 Das Auftauen der eingefrorenen Töne

Jahrzehnte lang hatten sich nur einzelne Abweichler, Dissidenten und Exilanten um eine alternative Geschichtsschreibung der kommunistischen Staaten bemüht. In der Sowjetunion zählten dazu etwa Aleksandr Nekrič, dessen 1965 erschienenes Buch „22. Juni 1941" mit seiner scharfen Kritik an Stalins verfehlter Politik in der ersten Phase des Zweiten Weltkriegs so viel Furore machte, dass er 1976 schließlich emigrieren musste,[5] oder Roj Medvedev, der 1972 sein für damalige Zeiten ebenfalls sehr stalinismuskritisches Buch „Let History Judge. The Origin and Consequences of Stalinism" in den USA publizierte und in der russischen Dissidentenbewegung aktiv war.[6] Aber seit 1987 zeigten sich deutliche Risse im Beton der kommunistischen Geschichtsorthodoxie im kommunistischen Mutterland UdSSR. Kritische Artikel von Jurij Afanas'ev in der reformorientierten Zeitung „Moskovskie novosti", die Entstehung von „Memorial", das erneute Einsetzen von Bestrebungen zur Rehabilitierung der Opfer Stalins und die ersten Demonstrationen zur Erinnerung an den offiziell immer noch geleugneten Hitler-Stalin-Pakt im Baltikum zeugten davon, dass es nun darum ging, über „die Vergangenheit die Zukunft [zu] gewinnen".[7] Das Geschehen in diesem neuen Tauwetter ähnelte einer Episode der Reise des Freiherrn von Münchhausen durch das kalte Russland. Dabei seien, erzählt der Lügenbaron, dem

---

[4] Eine solche ist im Rahmen eines Aufsatzes auch kaum noch möglich. Neben den Erinnerungsinitiativen blüht auch die Erinnerungshistoriographie in einem Maße, dass ihr wissenschaftlicher Ausstoß nur noch schwer zu überblicken ist. So liefert der Online-Katalog der Bayerischen Staatsbibliothek zum Stichwort „Erinnerungskultur" um die 3000 und zum Begriff „Geschichtspolitik" ca. 700 Treffer.

[5] Vgl. Alexander Nekritsch, Entsage der Angst. Erinnerungen eines Historikers, Frankfurt a. M. 1983, sowie die Gedächtnisschrift für Nekrič Otrešivšijsja ot straha. Pamjati A. M. Nekriča, Moskau 1996.

[6] Vgl. Antoon de Baets, The Censcorship of Historical Thought. A World Guide, 1945–2000, Westport, Conn./London 2002, S. 505.

[7] Steffi Engert/Uwe Gartenschläger, Der Aufbruch: Alternative Bewegungen in der Sowjetunion. Perestroika von unten, Reinbek bei Hamburg 1989, S. 51; vgl. auch Juri Afanasjew, Die Vergangenheit kennen, um die Zukunft zu errichten, in: Gert Meyer (Hrsg.), Wir brauchen die Wahrheit. Geschichtsdiskussion in der Sowjetunion, Köln ²1989, S. 82–89; http://ru.wikipedia.org/wiki/Мемориал_(организация) (letzter Zugriff 20.11.2019).

Postillion die Töne seines Warnzeichens in seinem Posthorn eingefroren, mit denen er in einem Hohlweg etwaig Entgegenkommende warnen wollte. Nach der Ankunft in einer Herberge, als der Kutscher sein Instrument an einen Nagel beim Küchenfeuer hängte, begann das Horn indes ganz ohne Zutun seines Inhabers, die eingefrorenen Melodien zum Besten zu geben.[8] Allerdings ging es im östlichen Europa Ende der 1980er Jahre nicht um den puren Musikgenuss, sondern eher um etwas, was Karl Marx in die Devise gefasst hat, man müsse „diese versteinerten Verhältnisse dadurch zum Tanzen zwingen, daß man ihnen ihre eigne Melodie vorsingt!"[9]

Gesungen wurde vor allem im Baltikum, wo die schließlich durch den Erfolg gekrönten Bestrebungen zur Wiedererlangung nationaler Unabhängigkeit oft die Aktionsform von riesigen Sängertreffen annahm, auf denen traditionelle, darunter auch verbotene Lieder gesungen wurden – von daher der Begriff „Singende Revolution". Eigentlich aber habe, so der 2009 verstorbene Historiker Peter Krupnikov, die „Singende Revolution" als „historiographische Revolution" begonnen, und zwar im Juni 1988, als beim erweiterten Plenum des lettischen Schriftstellerverbands, der bis dahin als Folge einer „sozialistischen Revolution" erklärte Anschluss der baltischen Staaten an die Sowjetunion mit dem Terminus „Okkupation" gekennzeichnet worden sei.[10]

Die größte Massenveranstaltung im Baltikum war der „Baltische Weg" vom 23. August 1989, die mit mehr als 600 Kilometern längste Menschenkette der Geschichte, die sich von Tallinn über Riga bis Kaunas und Vilnius zog – und an der auch Krupnikov teilnahm. Es war der 50. Jahrestag des Hitler-Stalin-Pakts, und das Ziel der Demonstration war, an das offiziell in der Sowjetunion immer noch geleugnete Zusatzprotokoll des deutsch-sowjetischen Nichtangriffspakts von 1939 zu erinnern, in dem die Diktatoren Osteuropa unter sich aufgeteilt hatten. Die Demonstranten forderten damit zugleich die Wiederherstellung der infolge dieser imperialistischen Kumpanei verlorengegangenen staatlichen Unabhängigkeit ein. In Moskau führte „Memorial" zeitgleich unter schwierigen Umständen eine Ausstellung über den Pakt durch. Die offizielle Anerkennung der Existenz des geheimen Zusatzprotokolls und die Nichtigkeitserklärung des Hitler-Stalin-Pakts durch den Volksdeputiertenkongress der UdSSR erfolgte dann am 24. Dezember 1989.[11]

Die Menschen in der Sowjetunion wurden in jener Epoche nahezu tagtäglich mit neuen Enthüllungen über die lange beschwiegenen dunklen, oft blutigen Seiten der sowjetischen Geschichte konfrontiert. Aber auch andernorts im zerbröckelnden So-

---

8 Vgl. https://www.projekt-gutenberg.org/buerger/muenchhs/muench05.html (letzter Zugriff 6.8.2020).
9 Karl Marx, Zur Kritik der Hegelschen Rechtsphilosophie. Einleitung, in: ders./Friedrich Engels, Werke, Bd. 1, Berlin (Ost) 1976. S. 378–391, hier S. 381.
10 Peter Krupnikov, Geschichte und Geschichtsbewußtsein in Lettland, in: Luks/O'Sullivan (Hrsg.), Rückkehr der Geschichte, S. 127–139, hier S. 136.
11 Sergej Slučʹ, Vnešnjaja politika SSSR nakanune i v načale Vtoroj mirovoj vojny. Obzor sovetskoj istoriografii (1985–1991), in: ders. (otv. red), SSSR, Vostočnaja Evropa i Vtoraja mirovaja vojna 1939–1941, Moskau 2007, S. 26–187, hier S. 107.

wjetblock wurden Tabus gebrochen und neue Deutungen der Geschichte etabliert. In Polen hatten schon zu Zeiten der *Solidarność* Veteranen des Warschauer Aufstands begonnen, sich zu organisieren, um das Gedenken an das im historischen Kanon der Volksrepublik diskreditierte Ereignis wieder zu beleben. Und 1981 wurde auf einem Militärfriedhof ein Gedenkstein für die in Katyn' und anderen Orten der UdSSR ermordeten polnischen Offiziere aufgestellt. Er verschwand allerdings noch in derselben Nacht, erschien aber 1989 wie von Zauberhand erneut. Als allerdings Ende der 1980er Jahre der *Wind of Change* von Osten her zu wehen begann, mussten auch alte Heroen weichen. Am 17. November 1989 wurde in Warschau das Denkmal Feliks Dzeržinskijs, des Begründers der politischen Polizei der Sowjetunion abgerissen.[12] Am 22. August 1991 wurde in Moskau das dortige Dzeržinskij-Denkmal von Verteidigern des Parlaments während des gescheiterten Augustputsches von 1991 vom Lubjanka-Platz entfernt.[13] Andere historische Figuren kamen wieder zu Ehren, so etwa in Ungarn der 1958 hingerichtete Imre Nagy, Gallionsfigur des Aufstands von 1956. Am 16. Juni 1989 wurden seine sterblichen Überreste, die 31 Jahre lang in einem anonymen Grab gelegen hatten, feierlich beigesetzt; 100 000 Menschen wohnten der Zeremonie bei. Das ehrenvolle rituelle Begräbnis ist ein symbolischer Akt der postumen Anerkennung und der Wiederaufnahme eines Verfemten in eine Gemeinschaft oder Gesellschaft. „Die Geschichte hat hier eine therapeutische Funktion. Wie bei jeder Therapie besteht das Ziel darin, die Identitätskrise zu lösen – in diesem Falle die des Landes. Indem man offen von der Vergangenheit spricht, kann man sich mit sich selbst versöhnen. Dieses Verfahren hilft vielen weiter", schrieb seinerzeit die britische Journalistin Susan Greenberg, die das Geschehen in Budapest vor Ort beobachtet hatte.[14]

3 Wiedergänger treten auf den Plan

Versöhnung mit sich selbst kann allerdings leicht in Formen von Narzissmus umschlagen, die auf andere keineswegs versöhnlich wirken. In Ungarn etwa zeigte sich das vier Jahre nach dem Staatsbegräbnis für Nagy, im September 1993, als dort eine weitere feierliche Umbettung stattfand. Es ging um Admiral Miklós Horthy, der das Land von 1920 bis 1944 als Reichsverweser diktatorisch und auch an die Seite Hitler-Deutschlands geführt hatte. 1957 war er im portugiesischen Exil verstorben. Nun wurden seine sterblichen Überreste an seinem Geburtsort Kenderes beigesetzt. Das

---

12 Vgl. Anne Sianko, Der Streit um die Warschauer Denkmäler, in: Leo (Hrsg.), Wiedergefundene Erinnerung, S. 103–119.
13 Vgl. Eduard Schewardnadse u. a. (Hrsg.), Revolution in Moskau. Der Putsch und das Ende der Sowjetunion, Reinbek bei Hamburg 1991, S. 306.
14 Susan Greenberg, Das Staatsbegräbnis für Imre Nagy, in: Leo (Hrsg.), Wiedergefundene Erinnerung, S. 41–62, hier S. 49.

war wie das Begräbnis Imre Nagys eine geschichtspolitische Demonstration, an der 50 000 Menschen und mehrere Mitglieder der konservativen Regierung Antall teilnahmen. Konservative Historiker und Politiker traten für eine positive Neubewertung Horthys ein und verharmlosten sein Bündnis mit Hitler als einen unausweichlichen Zwängen geschuldeten Schritt. Der Holocaust-Überlebende und vormalige Dissident György Konrád wies hingegen auf einer Veranstaltung der liberalen Demokratischen Charta aus Anlass der Umbettung vor 1550 Teilnehmern darauf hin, „daß der Horthy-Staat eine Million seiner Bürger, darunter 600 000 Juden, in den Tod geschickt hatte".[15] Zwanzig Jahre später, in der Ära der Wahlerfolge des extrem konservativen Viktor Orbán und der rechtsextremen *Jobbik*-Partei, blüht in Ungarn der Horthy-Kult. Auch wenn die Regierung dafür keine offene Verantwortung übernimmt, sind es oft von Orbáns *Fidesz* getragene Gemeindeverwaltungen, die Denkmalserrichtungen oder Straßenbenennungen zumindest genehmigen.[16]

Im benachbarten Rumänien wurde unmittelbar nach dem Sturz des kommunistischen Regimes der 1946 als Kriegsverbrecher hingerichtete *Conducator* Marschall Ion Antonescu außerordentlich populär. Im Juni 1991 ehrte ihn das Parlament in Bukarest mit einer Schweigeminute. Nur die Abgeordneten der ungarischen Volksgruppe verweigerten sich dem.[17] Obwohl der kommunistische Diktator Nicolae Ceaușescu nach einem eiligen und zweifelhaften Verfahren hingerichtet worden war, trug dessen vor allem in der letzten Phase seiner Herrschaft immer nationalistischere Politik hier offenbar Früchte.[18] In einer ganzen Reihe von Orten in Rumänien wurden Straßen nach Antonescu benannt oder gar Denkmäler für ihn errichtet. Dies ging einher mit der ebenfalls schon aus der kommunistischen Ära stammenden propagandistischen Geschichtslüge, in Rumänien habe es keinen Holocaust gegeben. Tatsächlich wurden, wie der von einer internationalen Kommission 2003 vorgelegte Bericht über den Holocaust in Rumänien belegt, in Rumänien und den Gebieten, die im Zweiten Weltkrieg unter rumänischer Kontrolle standen, zwischen 280 000 und 380 000 Juden ermordet. Die Autoren des Berichts führten Raul Hilbergs Befund an, wonach kein Land außer Deutschland in solch hohem Maße in den Holocaust involviert war.[19]

---

15 Süddeutsche Zeitung, 6.9.1993: „Minister bei Beisetzung Horthys. Umbettung des Reichsverwesers reißt in Ungarn tiefe Gräben auf".
16 Vgl. z. B. https://www.spiegel.de/politik/ausland/ungarn-rechtsradikale-aus-orban-regierung-pflegen-horthy-kult-a-835958.html (letzter Zugriff 6.8.2020); https://www.derstandard.at/story/1376534127843/horthy-kult-mit-segen-der-regierung (letzter Zugriff 20.11.2019).
17 Zur Entwicklung des Antonescu-Kults vgl. die detaillierte Dokumentation von William Totok, Der Fall Antonescu – Cazul Antonescu, http://www.halbjahresschrift.homepage.t-online.de/ion.htm (letzter Zugriff 20.11.2019).
18 Vgl. Lawrenc Weinbaum, The Banality of History and Memory. Romanian Society and the Holocaust, http://jcpa.org/article/the-banality-of-history-and-memory-romanian-society-and-the-holocaust/ (letzter Zugriff 20.11.2019).
19 Vgl. das Kapitel „Findings and Recommendations" des Berichts, abrufbar unter: https://www.yadvashem.org/docs/international-commission-on-romania-holocaust.html (letzter Zugriff 6.8.2020).

Die Geschichte des offiziellen rumänischen Umgangs mit dem Holocaust ist bis heute voller Ambiguitäten. 2004 zeichnete Staatspräsident Ion Iliescu am Ende seiner Amtszeit den antisemitischen Führer der rechtsextremen Großrumänien-Partei Corneliu Vadim Tudor und den als Holocaust-Leugner bekannten Geschichtsprofessor Gheorghe Buzatu mit hohen Staatsorden aus. Der aus dem siebenbürgischen Sighet stammende Holocaust-Überlebende und Friedensnobelpreisträger Elie Wiesel gab daraufhin am 16. Dezember 2004 seinen zwei Jahre zuvor erhaltenen rumänischen Verdienstorden aus Protest zurück. Diesem Beispiel folgte auch Randolph L. Braham, Historiker und ebenfalls Holocaust-Überlebender, kurz darauf.[20] Er hatte der rumänischen Holocaust-Kommission angehört, bei der Vorstellung von deren Bericht Iliescu am 12. Oktober 2004 (!) davon gesprochen hatte, dass die Tragödie des Holocaust in Rumänien weder vergessen noch kleingeredet werden dürfe.[21] Im Zusammenhang mit der Arbeit der Kommission wurden ein rumänischer Holocaust-Gedenktag eingeführt und 2009 eine Gedenkstätte für die Opfer der Judenverfolgung eröffnet. Nichtsdestoweniger bestritt noch 2012 der damalige Pressesprecher der rumänischen Sozialdemokratischen Partei, Dan Sova, den Pogrom von Iași 1941. Unter dem Druck internationaler Kritik entschuldigte sich Sova und wurde wenig später als Minister ins Kabinett Victor Pontas berufen.[22] Das allgemeine Niveau der Kenntnisse über den Holocaust ist gering, Verdrängung allgegenwärtig. An Universitäten und Schulen ist das Thema nicht wirklich verankert.[23]

Auch im Norden Osteuropas werden historische Figuren von zweifelhafter Reputation in die nationale Erinnerung zurückgeholt. So wurde im Mai 2012 in Litauen, ungeachtet heftiger Proteste vor allem von jüdischen Organisationen, ein staatliches Ehrenbegräbnis der aus den USA überführten sterblichen Überreste des dort verstorbenen litauischen Politikers Juozas Ambrazevičius (später: Brazaitis) in der Auferstehungskirche in Kaunas durchgeführt. Ambrazevičius hatte von Ende Juni bis Anfang August 1941 an der Spitze der kurzlebigen, von der nationalistisch-antisemitischen Litauischen Aktivistenfront (LAF) getragenen provisorischen Regierung gestanden. Sie war im Zuge eines Aufstands unmittelbar vor dem Eintreffen deutscher Truppen in Kaunas etabliert worden. Die litauischen Nationalisten hofften nach der sowjetischen Annexion ihres Lands im Sommer 1940, im Windschatten des Feldzugs des Dritten Reichs erneut einen litauischen Staat etablieren zu können, was jedoch in Hitlers Plänen nicht vorgesehen war. Die LAF hatte erheblichen Anteil an der Welle äußerst brutaler antijüdischer Pogrome in Litauen im Sommer 1941, die rund 10 000 Opfer forderte und einen Auftakt zur nahezu vollständigen Vernichtung der über

---

20 Vgl. http://www.halbjahresschrift.homepage.t-online.de/ion.htm (letzter Zugriff 20.11.2019).
21 Vgl. https://www.yadvashem.org/yv/pdf-drupal/en/report/english/003_Speech_given_by_Ion_Iliescu_October_12%202004.pdf (letzter Zugriff 6.8.2020).
22 Vgl. http://www.sueddeutsche.de/politik/ponta-beruft-holocaust-leugner-zum-minister-cdu-fordert-ruecktritt-von-vertrautem-des-rumaenischen-premiers-1.1439137 (letzter Zugriff 20.11.2019).
23 Vgl. Simon Geissbühler, Blutiger Juli. Rumäniens Vernichtungskrieg und der vergessene Massenmord an den Juden 1941, Paderborn 2013, S. 134–141.

200 000 litauischen Juden bildete. Die provisorische Regierung tat sich mit antisemitischen Gesetzen hervor; den Juden wurde entsprechend dem alten Vorurteil vom „jüdischen Bolschewismus" Kollaboration mit den sowjetischen Besatzern zur Last gelegt.[24]

Verteidiger der provisorischen Regierung wie der Musikwissenschaftler und Europaabgeordnete Vytautas Landsbergis (EVP), Aktivist der litauischen Unabhängigkeitsbewegung *Sąjūdis*, behaupten indes, diese hätte auf das Vorgehen gegen die Juden keinen Einfluss gehabt, und verweisen auf die Ablehnung einer erneuten Eigenstaatlichkeit durch die deutschen Behörden.[25] Die antisemitischen Deklarationen und Gesetze der provisorischen Regierung bis hin zur geplanten Ghettoisierung der litauischen Juden sprechen indes eine andere Sprache. Ihre Mitglieder kamen mehrheitlich aus dem christdemokratischen Lager, gehörten jedoch überwiegend der radikalisierten jüngeren Generation an und vertraten einen „ethnisch verengten aktivistischen Nationalismus", der für Juden, Polen und Russen keinen Platz in einem erneuerten Staat vorsah.[26]

In dem vom litauischen Außenministerium 2013 im Zusammenhang mit der litauischen EU-Ratspräsidentschaft herausgegebenen und von Mitarbeitern des Instituts für internationale Beziehungen und Politik der Universität Vilnius erarbeiteten Buch „Geschichte Litauens" findet sich dazu die bemerkenswerte Interpretation: „Im Programm und anderen Dokumenten der LAF konnte die nationalistische Rhetorik und Antisemitismus nicht vermieden werden (16. Punkt des LAF-Programms hatte den Juden das Recht entzogen, in Litauen ansässig zu sein)."[27] Auf einer ganzen Seite wird im Weiteren versucht, den mörderischen antisemitischen Hass der litauischen Aufständischen in einer Weise zu erklären, die sich kaum noch von der Reproduktion des antisemitischen Vorurteils vom „jüdischen Bolschewismus" unterscheiden lässt: „Seit dem ersten Tag der nationalsozialistischen Besetzung fühl-

---

24 Vgl. Yitzhak Arad, The Holocaust in the Soviet Union, Lincoln, Nebr. 2009, S. 91–93. Zur Debatte um die Beisetzung vgl. http://www.15min.lt/en/article/culture-society/juozas-ambrazevicius-brazaitis-reburial-reignites-historic-debate-on-lithuania-s-1941-provisional-government-528-219084 und die Dokumente auf der von Dovid Katz betriebenen Internet-Seite „Defending History": http://defendinghistory.com/tag/juozas-ambrazevicius-brazaitis (letzter Zugriff 6.8.2020).
25 Vgl. http://www.15min.lt/en/article/culture-society/mep-vytautas-landsbergis-sets-out-to-ward-off-bias-and-cliches-about-1941-lithuanian-provisional-government-528-248426 (letzter Zugriff 20.11.2019). Landsbergis' Vater hatte der provisorischen Regierung als Minister angehört, seine Mutter wurde von Yad Vashem 1995 als „Gerechte unter den Völkern" ausgezeichnet, weil sie 1944 im Haus der Familie einem jüdischen Jugendlichen Unterschlupf gewährt hatte: https://en.wikipedia.org/wiki/Vytautas_Landsbergis (letzter Zugriff 6.8.2020); http://www.yadvashem.org/yv/en/righteous/statistics/lithuania.pdf (die Seite ließ sich bei der Überarbeitung des Beitrags für den Wiederabdruck nicht mehr öffnen; das gilt auch für alle anderen Links, für die kein letzter Zugriff angegeben ist).
26 Christoph Dieckmann, Deutsche Besatzungspolitik in Litauen 1941–1944, Bd. 1, Göttingen 2011, S. 425–427, zu den antisemitischen Gesetzen vgl. S. 427–429.
27 Alfonsas Eidintas u. a., Geschichte Litauens, hrsg. im Auftrag des Ministeriums für Auswärtige Angelegenheiten der Republik Litauen, Vilnius 2013.

ten die Juden eine gewisse Feindschaft eines Teils der Bürger. Das lag daran, dass im Juni 1940 die kommunistische Judenjugend die Rote Armee mit Blumen und russischen Liedern empfangen hatte: für sie war die Rote Armee die Rettung, weil diese und nicht die Wehrmacht das Land betrat", heißt es da beispielsweise.[28] Ein Teil der Gesellschaft habe „den Eindruck gewonnen, die Juden seien ein unversöhnlicher Feind". So wird ein mörderischer und extrem gewaltbereiter Antisemitismus buchstäblich zum Missverständnis umgedeutet: „Der Sinn des Patriotismus wurde missverstanden."[29] Diesem angeblichen Missverständnis haben dann allerdings die nur wenige Wochen bestehende Regierung und ihr nahestehende Presseorgane Vorschub geleistet, in dem sie unablässig das feindselige Klischee des „jüdischen Bolschewismus" verbreiteten.[30]

In einem früheren Kapitel – es stammt von dem Historiker und hochrangigen litauischen Diplomaten Alfonsas Eidintas – wird hervorgehoben, dass Juden die Mehrheit der Mitglieder der Kommunistischen Partei stellten.[31] Die Information, dass deren Mitgliederzahl zwischen 1930 und 1940 die 2000er-Grenze nicht überschritt[32], muss man aus anderen Quellen schöpfen, und den Schluss, dass die Zahl der gefürchteten und gehassten jüdischen Kommunisten mit maximal 1400 Personen bei einer jüdischen Bevölkerung von rund einer Viertelmillion ungefähr ein halbes Prozent ausmachte, dementsprechend selber ziehen. Der Historiker Christoph Dieckmann zitierte in seiner großen Litauen-Studie seinen litauischen Kollegen Liudas Truska, der die litauischen Juden als „die loyalste Minderheit" im litauischen Staat bezeichnete, und stellte selbst fest: „Außer den wenigen Kommunisten gab es von jüdischer Seite keine aktive Opposition gegen das Smetona-Regime."[33]

Das offiziöse Geschichtswerk fällt mit seiner apologetischen Interpretation deutlich hinter einen bereits erreichten Kenntnisstand zurück, wie er etwa durch die Studie von Vygantas Vareikis von der Universität Klaipeda über Antisemitismus in Litauen vor dem Holocaust markiert wird, die im Auftrag der Internationalen Kommission für die Untersuchung der nationalsozialistischen und der sowjetischen Verbrechen in Litauen entstanden ist. Hier werden klar die verbreiteten antijüdischen und antisemitischen Stereotype benannt, wie das bereits nach der russischen Revolution entstandene vom „jüdischen Bolschewismus".[34]

---

28 Ebenda, S. 225.
29 Ebenda, S. 226.
30 Vgl. Dieckmann, Deutsche Besatzungspolitik, S. 427.
31 Vgl. Eidintas u. a., Geschichte Litauens, S. 190.
32 Vgl. https://en.wikipedia.org/wiki/Communist_Party_of_Lithuania#cite_ref-1 (letzter Zugriff 20.11.2019) mit Berufung auf Romuald J. Misiunas/Rein Taagepera, The Baltic States. Years of Dependence 1940–1990, expanded ed., Berkely/Los Angeles 1993, S. 359–360.
33 Dieckmann, Deutsche Besatzungspolitik, S. 138.
34 Vgl. Liudas Truska/Vygantas Vareikis, Preconditions for the Holocaust. Antisemitism in Lithuania (second half of the 19th century – June 1941), Vilnius 2004, www.komisija.lt/Files/www.komisija.lt/File/ Tyrimu_baze/Naciu%20okupacija/Holokausto%20prielaidos/Eng/Vareikis%20/Research%20by%20V.Vareikis%20%28english%29.pdf, S. 28. Eine entsprechende Buchpublikation

Nur eine Woche nach dem litauischen Staatsgründungsversuch kam es in L'viv/Lemberg zu einem ganz ähnlichen Vorgang. Am 30. Juni 1941, unmittelbar nach dem Einmarsch deutscher Truppen, rief dort Jaroslav Stec'ko, leitender Funktionär der Organisation Ukrainischer Nationalisten (OUN B) und Vertrauter von dessen Führer Stepan Bandera, den ukrainischen Staat aus. Auch in diesem Fall trog die Hoffnung auf ein Arrangement mit Hitler-Deutschland, für das man das Beispiel des kroatischen Ustascha-Staates vor Augen hatte. Die deutschen Behörden verhafteten Stec'ko und Bandera jedoch bereits nach wenigen Tagen und erklärten im September die OUN für illegal. Zeitgleich mit der kurzen „Herrschaft" Stec'kos war ähnlich wie in Litauen und auch Lettland eine Pogromwelle unter maßgeblicher Beteiligung nationalistischer Milizionäre über das Land gegangen, die allein in Lemberg ca. 4000 Juden das Leben kostete. Überall waren die Juden für den stalinistischen Terror verantwortlich gemacht worden. Die kurz vor dem deutschen Einmarsch stattgefundenen Massendeportationen in den baltischen Staaten[35] und die vom NKVD durchgeführten Massenerschießungen politischer Gefangener in den Gefängnissen in den westlichen, zum Teil erst kurz zuvor annektierten Gebieten der UdSSR,[36] wurden in der weit verbreiteten antisemitischen Vorurteilstruktur zu „jüdischen Taten" umgedeutet und „gerächt", mit oft tödlicher Gewalt an Tausenden von Juden.[37] Stec'ko hatte kurz vor seiner Staatsproklamation an Bandera geschrieben, er werde eine Miliz bilden, die es erlaube, „die Juden zu entfernen und die Bevölkerung zu schützen",[38] und in seiner schon im deutschen Gewahrsam verfassten Autobiographie vom Sommer 1941 schrieb er über die angeblich unheilvolle Rolle der Juden für die Ukraine und sprach sich ausdrücklich für die „Zerstörung der Juden" und dafür aus, die „deutschen Methoden der Vernichtung der Juden in die Ukraine zu bringen".[39] Im Sommer 1941, als Stec'ko seine Aufzeichnung verfertigte, war zwar der

---

erschien 2004: www.komisija.lt/en/naujienaphp?id=1174385747. Bemerkenswerterweise hat auch Alfonsas Eidintas in einer früheren Publikation durchaus auf die Ambivalenzen hingewiesen, die aus dem vorherrschenden ethnonationalen Staatsverständnis erwuchsen; vgl. Antanas Smetona, „King of Jews" (II), https://www.15min.lt/en/article/society/antanas-smetona-king-of-jews-ii-528-204355 (letzter Zugriff 20.11.2019); vgl. ferner aus der deutschen Forschung: Michael H. Kohrs, Die Litauische Nationale Union. Porträt einer (Staats-)Partei. Die Litauische Nationale Union (LTS) und ihre Bedeutung für das autoritäre Regime der Zwischenkriegszeit in Litauen 1924 bis 1940, Frankfurt a. M. u. a. 2012, S. 285–290.

35 Vgl. Aldis Purs, Soviet in Form, Local in Content. Elite Repression and Mass Terror in the Baltic States, 1940–1953, in: Kevin McDermott/Matthew Stibbe (Hrsg.), Stalinist Terror in Eastern Europe. Elite Purges and Mass Repression, Manchester 2010, S. 26–28.

36 Die Gesamtzahl der Opfer dieser Gewalttaten belief sich auf ca. 10 000, vgl. Aleksandr Gur'janov/Aleksandr Kokurin, Ėvakuacija tjurem, in: Karta. Rossijskij nezavisimyj istoričeskij i pravozaščitnyj žurnal, Nr. 6, 30.8.1994, S. 16–27, hier S. 20.

37 Vgl. Dieter Pohl, Nationalsozialistische Judenverfolgung in Ostgalizien 1941–1944. Organisation und Durchführung eines staatlichen Massenverbrechens, München 1996, S. 54–67.

38 Zit. nach: Grzegorz Rossoliński-Liebe, The „Ukrainian National Revolution" of 1941. Discourse and Practice of a Fascist Movement, in: Kritika. Explorations in Russian and Eurasian History 12 (2011), S. 83–114, hier S. 103.

Beschluss zur „Endlösung" noch nicht gefallen und die Judenverfolgung hatte auch in den damaligen sowjetischen Gebieten noch nicht die Form eines umfassenden Mordprogramms angenommen. Doch Massenerschießungen und von deutschen Einheiten nicht nur geförderte, sondern auch mit ihrer Beteiligung durchgeführte Pogrome waren von Beginn der Invasion an der Tagesordnung,[40] und Stec'ko hatte das vor Augen gehabt – um das Mindeste zu sagen.

Ohne sich jemals explizit von diesen Positionen distanziert zu haben, führte Stec'ko nach dem Krieg in München bis zu seinem Tode 1986 eine Existenz als nationalistischer und antikommunistischer Exilaktivist, die von seiner Frau Jaroslava geteilt und fortgeführt wurde. Beide führten sukzessive ab 1968 die OUN beziehungsweise den *Antibolshevik Bloc of Nations*. Jaroslava Stec'ko erlebte noch die Unabhängigkeit der Ukraine und zog als Abgeordnete des von ihr 1992 begründeten Kongresses Ukrainischer Nationalisten (KUN) ins Parlament, die Werchowna Rada, ein. Als sie 2003 starb, nahmen 12 000 Menschen an ihrer Beisetzung teil.[41] Der politische Einfluss des KUN ist zwar recht beschränkt, doch ordnete Präsident Viktor Juščenko, dessen Wahlbündnis Unsere Ukraine der KUN angehörte, im Mai 2007 ein ganzes Programm von Maßnahmen zum Gedenken an das Ehepaar Stec'ko an.[42] Zu diesen Bestrebungen gehörte auch die Anbringung einer Gedenktafel an dem Haus in der Münchner Zeppelinstraße 67, in dem sie die meiste Zeit gewohnt und in dem sich auch die Zentralen ihrer politischen Organisationen befunden hatten.[43] Neben Stec'ko erhob Juščenko auch den Führer der OUN Stepan Bandera, der 1959 in München von dem KGB-Agenten Bohdan Stašinskij ermordet worden war, und den ebenfalls vom sowjetischen Geheimdienst getöteten nationalistischen Partisanenkommandeur Roman Šuchevič in den Rang nationaler Helden.[44] Die OUN war eine ultranationalistische Organisation mit faschistischen Zügen, die vor terroristischen Aktionen, Kollaboration mit dem Nationalsozialismus und einer ethnischen Säuberungsaktion in Wolhynien, der zwischen 70 000 und 100 000 Polen zum Opfer fielen, nicht zurückschreckte.[45] Unter bewusster Verschleierung der Involvierung ihrer

---

39 Marko Carynnyk/Karel Berkhoff, The Organization of Ukrainian Nationalists and Its Attitude toward Germans and Jews: Iaroslav Stets'ko's 1941 Zhyttiepys, in: Harvard Ukrainian Studies 23 (1999), H. 3/4, S. 149–184, hier S. 152.
40 Vgl. Arad, Holocaust in the Soviet Union, S. 88–95.
41 Vgl. Vasyl Pawlowsky, More than 10,000 pay last respects to nationalist leader Slava Stetsko, in: The Ukrainian Weekly, March 23, 2003, http://www.ukrweekly.com/old/archive/2003/120306.shtml (letzter Zugriff 20.11.2019).
42 Vgl. www.rbc.ua/rus/news/society/v_yushchenko_podpisal_ukaz_o_pochtenii_pamyati_ya_stetsko_i_ya_stetsko__1179502759.
43 Abbildung bei Per Anders Rudling, Memories of „Holodomor" and National Socialism in Ukrainian political culture, in: Yves Bizeul (Hrsg.), Rekonstruktion des Nationalmythos? Frankreich, Deutschland und die Ukraine im Vergleich, Göttingen 2013, S. 227–258, hier S. 239.
44 Vgl. ebenda, S. 242.
45 Vgl. Franziska Bruder, „Den ukrainischen Staat erkämpfen oder sterben." Die Organisation Ukrainischer Nationalisten (OUN) 1929–1948, Berlin 2007.

Mitglieder in den Holocaust,⁴⁶ die schon mit der Kriegswende 1943 einsetzte, strebte sie in der Nachkriegszeit nach politischen Positionsgewinnen im Lager westlicher Antikommunisten. Als Schirm-Organisation dafür diente der Antibolschewistische Block der Nationen, dem ebenfalls die Stec'kos vorstanden. 1983 wurde Jaroslav Stec'ko sogar von Ronald Reagan im Weißen Haus empfangen.⁴⁷ Die Liste problematischer historischer Bezugsfiguren, die nach dem Abtritt der kommunistischen Regime von der politischen Bühne Europas einen zweiten Auftritt bekommen haben, ist damit keineswegs vollständig. So scheidet etwa in der Slowakei Jozef Tiso die Geister, der katholische Priester, der von 1939 bis 1945 Staatspräsident der mit NS-Deutschland im Bunde stehenden ersten Slowakischen Republik gewesen war und Mitverantwortung für die Deportation von circa 60 000 slowakischen Juden unter anderem nach Auschwitz trug. Nach dem Krieg wurde Tiso durch ein tschechoslowakisches Gericht zum Tode verurteilt und hingerichtet. Katholisch-konservative, nationalistische Kreise sehen in ihm hingegen den Begründer und zugleich Retter der slowakischen Unabhängigkeit, der es zuwege gebracht habe, der Slowakei das Schicksal des tschechischen Landesteils der einstigen ČSR zu ersparen. Zur Verteidigung seiner Rolle bei der Judendeportation wird angeführt, er habe über das weitere Schicksal der Juden nicht Bescheid gewusst – was wenig glaubhaft ist – und sei mitverantwortlich für die Einstellung der Deportationen im Herbst 1942, die allerdings nach dem niedergeschlagenen slowakischen Nationalaufstand vom Herbst 1944 wieder aufgenommen worden waren.⁴⁸

Parallelen zum slowakischen Fall weist, so die Historikerin Ljiljana Radonic, der kroatische Fall auf.⁴⁹ In beiden Fällen war die sogenannte erste Unabhängigkeit unter dem Schirm NS-Deutschlands beziehungsweise der Achsenmächte entstanden. In Kroatien wurde allerdings unter dem rechtskonservativen Präsidenten Franjo Tuđman, der die ersten demokratischen Wahlen 1990 gewann, ein entschieden revisionistischer geschichtspolitischer Kurs eingeschlagen, für den der Präsident mit eigenen, den Ustascha-Staat unter Ante Pavelić rechtfertigenden und dessen Verbrechen verharmlosenden Werken die Grundlagen gelegt hatte.⁵⁰ In Slowenien ist parallel dazu eine positive Neubewertung der *Domobranci* zu verzeichnen, der von einer konservativ-katholischen Ideologie geprägten Slowenischen Landwehr, die

---

46 Vgl. Marko Carynnyk, Foes of our Rebirth. Ukrainian Nationalist Discussions about Jews, 1929–1947, in: Nationalities Papers 39 (2011), S. 315–352, hier S. 345.
47 Vgl. http://www.salon.com/2014/02/25/is_the_us_backing_neo_nazis_in_ukraine_partner/ (letzter Zugriff 20.11.2019).
48 Vgl. James Mace Ward, Priest, Politician, Collaborator. Jozef Tiso and the Making of Fascist Slovakia, Ithaca 2013; als knapper Überblick: Eva Gruberova, Hitlers Hirte, in: Die Zeit, 26.9.2007, http://www.zeit.de/2007/40/A-Tiso (letzter Zugriff 20.11.2019).
49 Vgl. Ljiljana Radonic, Erinnerungskultur und -politik in Kroatien, in: Aus Politik und Zeitgeschichte 17/2013, S. 29–34, hier S. 30.
50 Vgl. auch Ružica Grgić, Der Zweite Weltkrieg im kroatischen Geschichtsbewusstsein, in: Zeitgeschichte 35 (2008), S. 268–281.

Wehrmacht und Waffen-SS im Kampf gegen die Tito-Partisanen unterstützte.[51] In Bulgarien, um ein weiteres, aber keineswegs das letzte mögliche Beispiel zu nennen, gewann der autoritär regierende Zar Boris das Image eines fürsorglichen Landesvaters, der es geschafft habe sein Land aus dem Krieg mit der Sowjetunion herauszuhalten und die bulgarischen Juden vor dem Holocaust zu bewahren, wobei jene 11 000 Juden, die aus den von Bulgarien besetzten Gebieten Makedoniens und Thrakiens in die Vernichtungslager deportiert wurden, vergessen wurden.[52]

4 Tauwetter für Stalin?

In Russland und seiner näheren politisch-kulturellen Einflusssphäre geht der erinnerungspolitische Trend in die entgegengesetzte Richtung. Der große Wiedergänger, der für fast vier Jahrzehnte in die hinteren Reihen verbannt worden war, heißt hier: Stalin. Er macht sich an allen Ecken und Enden bemerkbar. An der Wende vom Ende der 1990er zu den 2000er Jahren zeigte sich in demoskopischen Umfragen eine deutliche Wende zu positiven Einschätzungen der Figur Stalins. Bei mehr als einem Drittel aller Befragten in zwischen 2001 und 2003 durchgeführten demoskopischen Umfragen des renommierten Levada-Zentrums genoss er ausdrückliche Verehrung und Sympathie. Zusammen mit dem großen Block der Gleichgültigen bilden sie gegenüber jenen, die negative Gefühle gegenüber Stalin hegen eine deutliche Mehrheit.[53] Die Kommunistische Partei der Russischen Föderation (KPRF) betreibt unter ihrem Führer Gennadij Zjuganov einen intensiven Stalin-Kult und hat mit der Kritik oder zumindest Zurückhaltung gegenüber dem „Vater der Völker", die in der KPdSU seit Nikita Chruščev herrschten, komplett gebrochen. Im aktuellen Programm der KPRF wird Stalins Politik der Kollektivierung der Landwirtschaft, der forcierten Industrialisierung und der Kulturrevolution im Abschnitt „Lehren der Geschichte und Wege zur Rettung des Vaterlandes" ausdrücklich positiv hervorgehoben.[54] Zjuganov legt regelmäßig zu passenden Anlässen wie Geburts- oder Todestagen Blumen an Stalins Grab an der Kreml-Mauer nieder und bekennt sich zu dessen Erbe.[55] Die der KP nahe-

---

[51] Vgl. Joachim Hösler, Sloweniens historische Bürde, in: Aus Politik und Zeitgeschichte 46/2006, S. 31–38, hier S. 36 ff.
[52] Vgl. Markus Wien, Die bulgarische Monarchie: Politisch motivierte Revision eines Geschichtsbildes in der Transformationsgesellschaft, in: Altrichter (Hrsg.), GegenErinnerung, S. 219–236, hier S. 226.
[53] Vgl. Lev Gudkov, Istoričeskaja impotencija. Počemu ten' Stalina brodit i brodit sredi graždan Rossii, in: Novaja gazeta Nr. 13 (1331) 21.02.–27.02.2008.
[54] So http://kprf.ru/party/program (letzter Zugriff 20.11.2019).
[55] Vgl. z. B. sein Statement „Wir können nicht vorankommen, wenn wir uns Stalins Lehren nicht zu eigen machen" anlässlich des 134. Geburtstags von Stalin (das tatsächliche Geburtsjahr ist umstritten) am 21.12.2013; http://moskprf.ru/index.php/nashe-video/5404-g-a-zyuganov-my-ne-mozhem-dvigatsya-vpered-esli-ne-usvoim-stalinskie-uroki.

stehende Initiative I. B. Chlebnikov-Arbeiteruniversität gibt unter Leitung des Alt-Stalinisten Ričard Kosolapov eine vervollständigte Neuausgabe der Werke Stalins heraus. Mit 19,2 Prozent bei den Dumawahlen von 2011 kommt der KP durchaus politisches Gewicht zu. Die von ihr betriebene Stalin-Verehrung ist keineswegs ausschließlich Ausdruck eines orthodoxen Marxismus-Leninismus, sondern ebenso in linksnationalistischen Tendenzen beheimatet.

Die zumindest teilweise positive Bewertung Stalins ist aber auch jenseits des kommunistischen Lagers durchaus verbreitet. Die forcierte Industrialisierung der Sowjetunion, der Sieg über Nazi-Deutschland und die Erringung des Weltmacht-Status sind für viele Russen Positiva, die die ohnehin keineswegs umfassend bekannten Verbrechen des Stalinismus überwiegen. Dazu kommt ein traditioneller Autoritarismus, die verbreitete Ansicht, Russland könne nur mit starker Hand regiert werden. Das bedeutet aber nicht, dass die Verbrechen Stalins durchweg geleugnet oder gar gerechtfertigt würden. Dafür ist der Prozess der Vergangenheitsbewältigung, der ja, wenn auch sehr begrenzt, bereits mit Chruščevs Stalin-Kritik seit 1956 eingesetzt hat, zu weit fortgeschritten. Die Art und Weise, wie der Mainstream der Putin-Ära mit dem Phänomen Stalin zurechtzukommen versucht, ist durch ein komplexes Mischungsverhältnis von Kontinuität und Distanzierung gekennzeichnet. Auf der Ebene der Staatssymbolik etwa wurde im Jahr 2000 die von Stalin 1944 eingeführte Hymne von Aleksandr Aleksandrov wieder eingeführt, allerdings mit einem neuen Text, der aber wiederum von demselben Dichter stammte, der bereits die Strophen von Stalins Hymne verfasst hatte, Sergej Michalkov. Hier scheint die Kontinuität zu überwiegen.

Als Distanzierung von der kommunistischen Vergangenheit kann man hingegen die Einführung des „Tags der Einheit des Volkes" im Jahr 2005 verstehen, der jährlich am 4. November begangen wird. Er ersetzt den am 7. November begangenen „Tag der Versöhnung und Eintracht" und damit eine abstrakte Umbenennung des über Dezennien gefeierten Jahrestags der Oktoberrevolution. Die kleine zeitliche Verschiebung auf den 4. November ist eine deutliche inhaltliche Umakzentuierung: Dieses Datum verweist auf die Befreiung Moskaus von der polnischen Besatzung im Jahr 1612, am Ende der Zeit der Wirren.[56] Stabilität, konsolidierte Souveränität und Abwehr äußerer Einmischung sind Wertvorstellungen, die mit der Wahl dieses Datums transportiert werden. Die Perspektive ist nicht mehr die einer revolutionären Zeitenwende, sondern die einer jahrhundertelangen Kontinuität russischer Staatlichkeit. Allerdings hat der Gedenktag auch einen nationalistischen Subtext, der von russischen Rechtsextremen sofort aufgegriffen wurde. Schon als der Tag zum ersten Mal begangen wurde, führte ein Bündnis einschlägiger Organisationen den sogenannten Russischen Marsch unter rassistisch-nationalistischen Losungen als ge-

---

56 Vgl. http://www.russlandjournal.de/russland/reiseinformationen/feiertage/tag-der-einheit-des-volkes/ (letzter Zugriff 20.11.2019).

meinsame Demonstration durch. Mittlerweile hat sich daraus ein festes Ritual und eine Bündnisplattform entwickelt.[57] Als empörte Demokraten und Menschenrechtsaktivisten in Moskau am 27. November 2005 einen Marsch unter der Losung „Moskau ohne Faschisten" organisierten, konnten sie zwar immerhin um die 1500 Teilnehmer mobilisieren, was aber nur in etwa der Hälfte derjenigen des „Russischen Marsches" entsprach. Außerdem waren sie mit Behinderungen durch die Polizei konfrontiert. 38 Teilnehmer einer Mahnwache gegenüber dem Moskauer Rathaus wurden kurzfristig festgenommen.[58] Der Aufruf mit der Parole „Faschisten! Unsere Großväter haben Euch Moskau 1941 nicht überlassen, wir überlassen es Euch 2005 auch nicht" und einem Foto der großen Siegesfeier von 1945[59] ist ein eindrucksvolles Zeugnis dessen, dass der Sieg im Großen Vaterländischen Krieg als Erinnerungsort keineswegs im Monopolbesitz von Sowjettraditionalisten ist. Dass sich hier ausgesprochene Antistalinisten auf ihn berufen, ist zugleich ein Beleg für die zentrale und lagerübergreifende Position, die der Sieg über Nazi-Deutschland in der russischen Erinnerungskultur einnimmt.

Die Erinnerung an die Opfer des Stalinismus ist demgegenüber trotz bedeutender zivilgesellschaftlicher und wissenschaftlicher Anstrengungen eher marginalisiert. Allerdings sollte nicht übersehen werden, dass Vladimir Putin als Präsident im Jahr 2007 zum Gedenken an die Opfer des 70 Jahre zuvor begonnenen Großen Terrors den ehemaligen NKVD-Schießplatz von Butovo im Süden Moskaus aufsuchte, der zu einer Gedenkstätte für die über 20 000 dort Erschossenen umgestaltet worden ist.[60] 2010 hat er als Ministerpräsident bekanntlich seinen polnischen Kollegen Donald Tusk zum gemeinsamen Gedenken in Katyn' bei Smolensk eingeladen, einer der Orte, wo 1940 rund 20 000 polnische Offiziere und Beamte auf Weisung Stalins erschossen worden waren. Eine pauschale Rehabilitierung des Stalinismus ist Putins Sache nicht. Auch die von ihm in Gang gesetzten Arbeiten an einem einheitlichen Schulgeschichtsbuch bestätigen entsprechende Befürchtungen nicht.[61] Es geht eher um einen im Hinblick auf Identitätsbedürfnisse wohl dosierten Umgang mit der Geschichte des Stalinismus.

Was das konkret bedeutet, illustriert ein Blick in ein aktuelles Geschichtsbuch für die Oberstufe.[62] Der Stalinismus wird hier vor allem als Mobilisierungssystem be-

---

57 Vgl. die Webseite der Organisatoren: http://rmarsh.info/ (letzter Zugriff 20.11.2019).
58 Vgl. Kevin O'Flynn, 1,500 Anti-Fascists March in Moscow, in: The Moscow Times, 19.12.2005, S. 1.
59 So http://www.memo.ru/2005/11/27/miting.htm.
60 Vgl. Aleksandr Latyšev/Bogdan Stepovoj, Vladimir Putin – o žertvach stalinskich repressij: My do sich por oščuščaem ėtu tragediju na sebe, in: Izvestija, 31.10.2007.
61 Vgl. Wolfram von Scheliha, Staatliche Geschichtsschreibung im Post-Imperium. Putins Einheitslehrbuch für den Geschichtsunterricht, in: Russland-Analysen Nr. 271, 14.2.2014, S. 2–6.
62 Vgl. Aleksandr A. Danilov/Aleksandr V. Filippov (red.), Istorija Rossii 1900–1945. 11 klass. Učebnik dlja obščeobrazovatelʼnych učreždenij, 2-e izdanie, Moskau 2012. Aus der Feder von Aleksandr Filippov stammt ein wegen seiner überwiegend positiven Einschätzung Stalins skandalumwittertes Lehrerhandbuch: Novejšaja istorija Rossii, 1945–2006 gg.: Kniga dlja učitelja, Moskau 2007.

handelt, wobei die Rolle des Diktators recht schwach beleuchtet wird. Vom Gulag ist im Zusammenhang mit der Mobilisierung der Arbeitskraft die Rede, das Schicksal der Häftlinge bleibt unbeleuchtet. Schauprozesse und Massenrepressionen werden kursorisch auf drei Seiten behandelt. Vom Standpunkt der allgemeinmenschlichen Moral könnten sie nicht gerechtfertigt werden, es wird aber auch Molotovs Rechtfertigung zitiert, der Terror der 1930er Jahre habe das Entstehen einer Fünften Kolonne im Krieg gegen NS-Deutschland verhindert, sowie die gegenteilige Meinung von Marschall Ivan Konev. Für die Stalin-Verehrer bleibt also doch ein Hintertürchen offen. Die Kollektivierung wird auf drei Seiten behandelt, von denen der durch sie hervorgerufenen großen Hungersnot gerade einmal sechs Zeilen gewidmet sind.[63] Sehr eindeutig ist das Lehrbuch bei der Beurteilung des Hitler-Stalin-Pakts: Die sowjetische Regierung, so heißt es, habe in der Situation des Jahrs 1939 gar keine andere Möglichkeit gehabt, als den Hitler-Stalin-Pakt zu unterzeichnen.[64] Bemerkenswert ist in diesem Zusammenhang, dass das geheime Zusatzprotokoll über die Aufteilung Osteuropas in Interessensphären, das im Lehrbuch von Danilov und Filippov durchaus erwähnt wird, aus der Konzeption des neuen einheitlichen Geschichtsbuchs herausgefallen ist, obwohl es in einer früheren Version noch erwähnt war.[65] Insgesamt bleibt ein ambivalenter Eindruck: Die „Suche nach Kontinuität" ist deutlich zu erkennen, jeglicher Bruch mit alten Interpretamenten, wie ihn die Ergebnisse der modernen Stalinismusforschung nahelegen würden, wird tunlichst vermieden.

5 Historische Identitätsressourcen im Postkommunismus

Aus dem Reservoir historischer Identitätsressourcen Russlands ist die kommunistische Geschichte nicht wegzudenken. Nicht nur herrschten die Kommunisten hier rund sieben Jahrzehnte, hier lag die Wiege des Kommunismus, der einstmals eine ideologische Weltmacht war. Anders verhält es sich bei den Staaten Ost- und Ostmitteleuropas, die infolge des Vormarsches der Roten Armee im Zweiten Weltkrieg sowjetisiert wurden. Ohne den Rückhalt der sowjetischen Streitkräfte hätten die Kommunisten in keinem der osteuropäischen Länder die Chance zur Etablierung einer Diktatur gehabt. Die Geschichte der kommunistischen Ära wird daher hier häufig vor allem als Unterdrückungs- oder gar Besatzungsgeschichte gesehen. Dementsprechend hoch stieg vielfach der Kurs von Kämpfern gegen den Kommunismus. Manche

---

[63] Vgl. Danilov/Filippov, Istorija Rossii, S. 250 f. (Gulag), S. 254–257 (Massenrepressionen), S. 264 (Hunger).
[64] Vgl. ebenda, S. 318.
[65] Vgl. von Scheliha, Staatliche Geschichtsschreibung, in: Russland-Analysen Nr. 271, 14.2.2014, S. 3.

Dissidenten aus der spätkommunistischen Ära wie etwa Václav Havel, Lech Wałęsa, Tadeusz Mazowiecki oder Mart Laar brachten es in höchste Staatsämter, doch auch die ältere Geschichte des antikommunistischen Widerstands kam zu neuen Ehren. Dabei traten jedoch Ambiguitäten ans Licht, die bis heute Gegenstand geschichtspolitischer Debatten sind.

Ein besonders heiß umstrittenes Thema in diesem Zusammenhang sind die beiden 1943 formierten lettischen Waffen-SS-Divisionen (15. und 19.), die oft auch als „Lettische Legion" bezeichnet werden. „Eine Mehrheit verehrt diese Männer heute als ‚letzte nationale antibolschewistische Armee'", stellte die Politikwissenschaftlerin und Baltikumspezialistin Eva-Clarita Onken 2004 fest.[66] Bis 1998 nahmen an den Gedenkfeierlichkeiten für die Legionäre offizielle Staatsvertreter teil, eine Praxis, die erst aufgrund internationaler Proteste eingestellt wurde. Im selben Jahr hatte das lettische Parlament noch beschlossen, den 16. März zum offiziellen Gedenktag zu erheben, was ebenfalls aufgrund internationalen Drucks im Jahr 2000 rückgängig gemacht wurde.[67] Die Verherrlichung einer militärischen Formation, die die SS-Runen an den Uniformen hatte, war mit dem Beitritt zur westlichen Wertegemeinschaft in Gestalt von EU und NATO nicht kompatibel.

Die offizielle Sprachregelung heute lautet, dass es sich bei den Märschen am 16. März (dem Tag des ersten und weitgehend selbständigen Kampfeinsatzes 1943 beider Divisionen) um ein rein privates Gefallenengedenken handele. Es wird betont, bei der Mehrheit der Legionäre habe es sich nicht um Freiwillige, sondern um Rekruten gehandelt.[68] Allerdings gehören zumindest Teile der Nationalen Allianz, der rechten Flügelpartei der seit 2011 regierenden Dreiparteienkoalition, zu den Unterstützern des Gedenkmarsches.[69] In offiziösen Darstellungen wird die doppelte Besetzung Lettlands durch NS-Deutschland und Stalins Sowjetunion hervorgehoben, doch die insinuierte Äquidistanz zu den Okkupationsregimen ist zweifelhaft. So erklärten die Historiker Inesis Feldmanis und Karlis Kangeris in einem Dossier des lettischen Außenministeriums die Motivation für den Eintritt in die Legion unter anderem mit folgendem Argument:

"It is difficult to imagine that the Latvian Legion would ever have been created had there not been the terrible year of Soviet occupation, a process which ensured bitter hatred against the

---

[66] Eva-Clarita Onken, Wahrnehmung und Erinnerung: Der Zweite Weltkrieg in Lettland nach 1945, in: Monika Flacke (Hrsg.), Mythen der Nationen. 1945 – Arena der Erinnerungen, Mainz 2004, S. 671–692, hier S. 682.
[67] Vgl. http://rigaslatvija.com/latvia-military-cemeteries/Appendix-I-Latvian-Legion-After-World-War-II.php.
[68] Vgl. Ministry of Foreign Affairs of the republic of Latvia: Basic facts about citizenship and language policy of Latvia and some sensitive history-related issues, 28 Mar 2014, http://www.am.gov.lv/en/news/press-releases/2014/march/facts/?print=on.
[69] Vgl. z. B. http://www.demotix.com/news/1876558/latvian-legion-memorial-day#media-1876613. Das Bild zeigt Raivis Dzintars, einen der beiden Vorsitzenden der Nationalen Allianz als Teilnehmer am Legionärsmarsch 2013.

USSR among many Latvians. The commander of the 15th Division, Oberführer Adolf Ax, noted this in one of his reports. On January 27, 1945, he wrote: 'They are first and foremost Latvians. They want a sustainable Latvian nation state. Forced to choose between Germany and Russia, they have chosen Germany, because they seek co-operation with western civilization. The rule of the Germans seems to them to be the lesser two evils. Latvia's occupation deepened hatred of Russia. They consider the fight against Russia to be their national duty' (from Neulen, H. W. An deutscher Seite. Internationale Freiwillige von Wehrmacht und Waffen-SS. Munich, 1985, p. 294)."[70]

Bemerkenswert ist, dass die Zuordnung NS-Deutschlands zur westlichen Zivilisation in dem Zitat des Waffen-SS-Offiziers von Feldmanis und Kangeris nicht weiter hinterfragt wurde. Die Autoren versuchten, die Legionäre als eine eigentlich mit den Westmächten sympathisierende Strömung darzustellen, die nicht gegen die Anti-Hitler-Koalition als gesamte, sondern nur gegen die Sowjetunion gekämpft hätten. Die Kollaboration mit dem NS-Regime habe sich nur daraus ergeben, dass eine freie Wahl einer Koalition im Zweiten Weltkrieg nicht möglich gewesen sei.

Vor allem die Massendeportation vom 14. Juni 1941, die mehr als 15 000 lettische Bürger erfasste (darunter überproportional viele Juden) prägte das „schreckliche Jahr". „Für die gesamte sowjetische Besatzungszeit 1940–41 sind [...] allein die Fälle von 20 000 Personen dokumentiert, die verhaftet, verschleppt oder erschossen wurden", bilanzierte der Historiker Björn Felder.[71] Mit dem Einmarsch von Wehrmacht und SS-Einheiten Ende Juni 1941 wurde die Gewalt nicht weniger, im Gegenteil. Bis Ende 1941 wurden die meisten der im Land lebenden 70 000 bis 80 000 Juden unter starker Beteiligung der lettischen Hilfspolizei und des Kommandos Arājs ermordet, ferner auch einige Tausend lettische Kommunisten sowie etwa 20 000 Juden aus dem Deutschen Reich, die seit dem Herbst zur Ermordung nach Riga deportiert wurden.[72] Auch wenn nach diesen Massenmorden das Ausmaß der Gewalt erheblich zurückging, kann die Frage, warum die deutsche Besatzung von vielen Letten als „gutartiger" empfunden wurde,[73] mit dem Hinweis auf das „Jahr des Schreckens" unter sowjetischer Besatzung nicht zufriedenstellend beantwortet werden.

Die Haltung und die persönlichen Entscheidungen der Mitglieder bewaffneter antikommunistischer Formationen, die zu Beginn und am Ende sowie im Nachhall des deutsch-sowjetischen Kriegs gegen die Sowjetunion kämpften und zwischenzeit-

---

70 Insesis Feldmanis/Karlis Kangeris, The Volunteer SS Legion in Latvia, https://www.mfa.gov.lv/en/prague/information-about-latvia/the-volunteer-ss-legion-in-latvia-by-inesis-feldmanis-and-karlis-kangeris (letzter Zugriff 20.11.2019).
71 Björn Felder, Lettland im Zweiten Weltkrieg. Zwischen sowjetischen und deutschen Besatzern 1940–1946, Paderborn u. a. 2009, S. 158.
72 Vgl. ebenda, S. 206.
73 „Even though to many Latvians the Nazi occupation seemed more benign than the Soviet one, it was no less cruel and exploitative, affecting various population groups", heißt es in der vom Rigaer Okkupationsmuseum 2005 herausgegebenen Broschüre The Three Occupations of Latvia 1940–1991. Soviet and Nazi Take-Overs and their Consequences, S. 30.

lich als Einzelne oder im Verbund mit NS-Deutschland kollaborierten,[74] lassen sich nicht allein aus situativen Gegebenheiten und ohne Rückgriff auf ideologische und Mentalitätsvoraussetzungen erklären. Dabei spielten ideologische Schnittmengen zwischen dem Nationalsozialismus und den rechtsautoritären und rechtsextremen Tendenzen, die das politische Leben keineswegs nur in Lettland, sondern in fast ganz Ostmittel- und Osteuropa in den Jahren vor dem Zweiten Weltkrieg stark bestimmten, eine zentrale Rolle. Von den Königsdiktaturen in Südosteuropa bis zu den Präsidialregimen des Baltikums wurde autoritär regiert, Mitte der 1930er Jahre gab es in dieser Region nur noch einen demokratischen Staat, nämlich die Tschechoslowakei.[75] Ihre stärksten innenpolitischen Herausforderer fanden diese traditionalistisch und militaristisch, teils auch monarchistisch orientierten Regime nicht selten auf der äußersten Rechten in der Gestalt nationalradikaler oder faschistischer Parteien und Bewegungen. Im Königreich Jugoslawien agierte die kroatische Ustascha als terroristische Untergrundbewegung. In Rumänien wurde der Konflikt zwischen der Königsdiktatur und der Eisernen Garde ebenfalls gewaltsam ausgetragen. In Ungarn standen sich das Horthy-Regime und die Pfeilkreuzler gegenüber. In Polen, wo die Verhältnisse allerdings um einiges komplizierter waren, bildeten die Hauptopposition des seit 1926 autoritär regierenden Józef Piłsudski und seiner Anhänger die nationalistischen und antisemitischen Nationaldemokraten, aus deren Jugendbewegung das faschistische Nationalradikale Lager (Obóz Narodowo-Radykalny, ONR) hervorging; zugleich griffen hier auch die ukrainischen Nationalisten zu terroristischen Mitteln. In Litauen bestand zwischen dem seit 1926 herrschenden Smetona-Regime und der faschistischen Bewegung Eiserner Wolf ein ähnlich ambivalentes Verhältnis, wie es in Rumänien zwischen Regierung und Eiserner Garde zu beobachten war. Und in Lettland unterdrückte der autoritär regierende Präsident Kārlis Ulmanis die faschistische Donnerkreuz-Bewegung, ähnlich wie sein Kollege Konstantin Päts im benachbarten Estland den rechtsextremen Estnischen Bund der Freiheitskämpfer. Ungeachtet aller Variationen und des Gegensatzes zwischen alter und neuer Rechter gehörten in diesem gespaltenen Lager Antiparlamentarismus, Autoritarismus, Militarismus und auch Antisemitismus zur gemeinsamen ideologischen Grundausstattung. Das Verhältnis zum Antisemitismus war ambivalent. Einige autoritäre Herrscher, wie Piłsudski, Antanas Smetona oder Päts hegten wenig Sympathien für dieses Ideologem, obwohl es im Lager ihrer Anhänger durchaus verbreitet war. Die Kritik von rechts machte sich nicht selten an mangelnder Bereitschaft zur Bekämpfung der Juden fest.

Obwohl mit dem Zusammenbruch des Kommunismus der Weg für eine kritische Auseinandersetzung mit den autoritären Diktaturen Ost- und Mittelosteuropas offen ist, ist auf diesem Feld bislang nicht sehr viel geschehen, und es ist vor allem nicht

---

74 Vgl. dazu den inspirierenden analytischen Überblick von Alfred J. Rieber, Civil Wars in the Soviet Union, in: Kritika. Explorations in Russian and Eurasian History 4 (2003), H. 1, S. 129–162.
75 Vgl. Erwin Oberländer (Hrsg.), Autoritäre Regime in Ostmittel- und Südosteuropa 1919–1944, Paderborn 2001.

erkennbar, dass die rechtsautoritären Regime überhaupt als historische Erblast erkannt werden. Das ist vor dem Hintergrund der katastrophalen Auswirkungen des Zweiten Weltkriegs und der langjährigen Sowjetherrschaft verständlich. Aber wenn sich, wie Erwin Oberländer 2001 konstatierte, „die Repräsentanten der autoritären Regime Ostmitteleuropas in ihren Ländern auch heute noch eines beachtlichen Ansehens" erfreuen[76] und sich an diesem Zustand auch 2014 nichts Grundsätzliches geändert hat, muss man doch die Frage stellen, welche Rolle hegemoniale Haltungen und Werte der vorkommunistischen Epoche für die nach dem Fall des Kommunismus entstehenden Geschichtsbilder haben. Eine eingehende Untersuchung müsste dazu auch die in den überseeischen Exil-Communities gepflegten Narrative mit einbeziehen.[77] Das kann hier nicht geleistet werden. Einige Hinweise auf die Fortwirkung ethnonationalistischer Narrative bei der Auseinandersetzung mit der Geschichte des Kommunismus müssen genügen. Bezeichnend ist etwa die Gründung eines Museums der Opfer des Genozids in Vilnius im Jahr 1992, in einem Gebäude, das sukzessive sowohl sowjetische Geheimpolizei als auch während der deutschen Besatzung den SD beherbergte. Das Museum tritt mit dem Anspruch auf, künftige Generationen über die Geschehnisse von 1940 bis 1991 zu informieren, ist aber ausschließlich der Geschichte der kommunistischen Unterdrückung gewidmet. Erst seit 2011 ist in einem Raum eine Zelle eingerichtet, die dem Holocaust gewidmet ist.[78] Nicht nur deshalb ist die Bezeichnung Museum der Genozid-Opfer geradezu absurd. Bei aller Brutalität des stalinistischen Terrors – einen Genozid am litauischen Volk hatte er weder im Sinn noch durchgeführt.[79] Hier geht es um nichts anderes als eine nationalistische Selbstviktimisierung. Man duldet keine Opfergruppe mit gleichem oder schlimmerem Schicksal neben sich. Zugleich ist das Opfer unschuldig und kann für den Verlauf der Geschichte in keinerlei Weise verantwortlich gemacht werden. „Es konnte keine Politik geben unter der Gestapo oder unter dem KGB", erklärte die lettische Präsidentin Vaira Vike-Freiberga in ihrer Dankrede für den ihr 2005 von der Hansestadt Bremen und der Heinrich-Böll-Stiftung verliehenen Hannah-Arendt-Preises für Politisches Denken.[80] Nach ihrer Darstellung war die Bevölkerung zu völ-

---

76 Ders., Die Präsidialdiktaturen in Ostmitteleuropa, in: ders., Autoritäre Regime, S. 3–17, hier S. 4.
77 Vgl. dazu z. B. Valdis O. Lumans' anschauliche Schilderung der Geschichtsbilder im lettischen Exilantenmilieu, dem er selbst entstammt, im Vorwort zu seinem Buch Latvia in World War II, New York 2006, oder Anton Weiss-Wendts aufschlussreiche Analyse der problematischen Rezeption des Genozid-Begriffs im baltischen Emigrantenmilieu in den USA: Anton Weiss-Wendt, Hostage of Politics. Raphael Lemkin on „Soviet Genocide" in: Journal of Genocide Research 7 (2005), S. 551–559.
78 Vgl. http://genocid.lt/muziejus/en/695/c/, http://genocid.lt/muziejus/en/1896/a/ (letzter Zugriff 6.8.2020).
79 So auch Tomas Venclova, Schriftsteller und einer der Mitbegründer der litauischen Helsinki-Gruppe, der 1977 seine Heimat verlassen musste, in seinem alarmierenden Essay: Ich ersticke. Litauen auf nationalistischen Irrwegen, in: Osteuropa 1/2011, S. 97–109, hier S. 107.
80 Vaira Vike-Freiberga, Die Zukunft Europas. Föderation politischer Nationen oder supranationale Gemeinschaft?, in: Festschrift zur Verleihung des Hannah-Arendt-Preises für politisches Denken 2005 an Vaira Vike-Freiberga, als Beilage in: Kommune 2/2006, S. III-VI, hier S. III.

liger Passivität verurteilt: „Schockiert und ungläubig verfolgten weite Teile der Bevölkerung, wie Zehntausende friedlicher Zivilisten verhaftet, deportiert, gefoltert oder ermordet wurden, wie mehr als einhundertzwanzigtausend Männer und Jungen von beiden Okkupationsmächten an die Front geschickt wurden, um ihnen als Kanonenfutter zu dienen."[81]

Bemerkenswert ist hier nicht nur der Widerspruch zu dem Narrativ regierungsnaher Historiker, wonach die Angehörigen der Waffen-SS-Legionen eigentlich ihren Kampf gegen den Kommunismus virtuell an der Seite der Westmächte geführt hätten, was eine komplexe politische Überlegung voraussetzt, bemerkenswert ist auch, dass die Preisträgerin vor und nach dieser Rede Žanis Lipke, den Rigaer Hafenarbeiter, der zusammen mit seiner Frau Johanna in der Zeit der deutschen Besatzung über 50 lettische Juden versteckt hielt und rettete, bei Gedenkfeiern gewürdigt hat, ihn in ihrer Hannah-Arendt-Rede aber offenkundig ebenso wenig für erwähnenswert hielt wie die Begriffe Jude oder Holocaust.[82] Das hätte allerdings Risse im Bild des gesamtlettischen Opferkollektivs erzeugen können.

Deutlich spektakulärer treten ähnliche Tendenzen in Ungarn auf, wo mit dem „Terror Háza", in dem Budapester Gebäude, in dem nacheinander die faschistischen Pfeilkreuzler und die kommunistische Geheimpolizei ihr Hauptquartier hatten, ein scheinbar der doppelten Diktaturvergangenheit gewidmetes Museum entstanden ist. Doch wird hier die Aufmerksamkeit sehr ungleich verteilt. Kommunistische Verbrechen stehen eindeutig im Vordergrund, und vor allem unterbleibt so gut wie jede kritische Auseinandersetzung mit der Regierung von Admiral Horthy.[83] Auch hier, und stärker noch in einem umstrittenen Denkmalsprojekt des Jahrs 2014 zum 70. Jahrestag der Besetzung Ungarns durch das nationalsozialistische Deutschland, wird das unschuldige Kollektiv der Ungarn heraufbeschworen, dessen Unglück prinzipiell von außen kam. Nun ist es überhaupt nicht zu bestreiten, dass die deutsche Besetzung Ungarns im März 1944 für das Land ein Unglück und von Seiten Deutschlands ein weiteres Verbrechen war, das in erster Linie für die ungarischen Juden tödliche Folgen hatte. Ein Denkmal, das Ungarn als Erzengel Gabriel zeigt, der von einem deutschen Reichsadler angegriffen wird, empfinden indes gerade Überlebende des Holocaust, die sich an die willige Mithilfe der ungarischen Gendarmerie bei den Deportationen und die antisemitische Mordgier der einheimischen Pfeilkreuzler erinnern, umso mehr als deplatziert, als es an alle ungarischen Opfer vom März 1944 bis zum Kriegsende 1945 erinnern soll. Eine Gruppe bekannter ungarischer Histori-

---

81 Ebenda. Mit der oben skizzierten offiziösen Interpretation der Legionen von Feldmanis und Kangeris ist diese Deutung schwerlich vereinbar.
82 Vgl. http://www.lipke.lv/index.php?m=biedriba&s=start&l=en; http://www.am.gov.lv/en/ukraine/news/news/template/?pg=9604&print=on.
83 Vgl. Brigitte Mihok, Wenn sich Geschichte dem politischen Erinnerungsinteresse beugen muss. Das „Haus des Terrors" in Budapest, in: Wolfgang Benz/Andrew H. Beattie (Hrsg.), Ein Kampf um die Deutungshoheit. Politik, Opferinteressen und historische Forschung: die Auseinandersetzungen um die Gedenk- und Begegnungsstätte Leistikowstraße Potsdam, Berlin 2013, S. 264–277.

ker hat in einer gemeinsamen Erklärung am 22. Januar 2014 gegen das geplante Monument Protest erhoben und eingewendet: „Indem es die Opfer des Holocaust und dessen Mittäter in gleicher Weise als Opfer darstellt, schändet das Denkmal das Gedenken an die Opfer."[84] Eine Reihe jüdischer Organisationen, darunter der wichtigste Dachverband, sahen angesichts der offiziellen Geschichtspolitik, deren geschichtsklitternde Peinlichkeiten mit dem Entlastungsdenkmal nicht erschöpft sind, keine Basis mehr für eine Teilnahme an den staatlichen Maßnahmen zum Holocaust-Gedenkjahr 2014, weil sie sich nicht instrumentalisieren lassen wollten.[85]

Der litauische Intellektuelle und Dissident Tomas Venclova hat 2011 in seinem Essay „Ich ersticke" darauf hingewiesen, dass in der Zeit der Oppositionsbewegung *Sajūdis* in den späten 1980er Jahren nationalistische Parolen wegen ihrer Mobilisierungswirkung populär waren,[86] deren Kehrseite er in seinem Aufsatz beklagte: „Seit mindestens 50 Jahren, ja vielleicht länger (bezieht man die autoritäre Smetona-Periode mit ein) fehlt es Litauen an einer normalen, ‚sokratischen' intellektuellen Kultur. Die Menschen sind daran gewöhnt, ausschließlich in ethnischen Kategorien zu denken, und haben das Verlangen und die Fähigkeit verloren zu erkennen, dass es noch andere Kategorien und andere Arten von Werten gibt, die manchmal sogar wichtiger sein können."[87] Venclova hatte dabei durchaus im Blick, dass ähnliche Problemlagen auch in anderen Ländern auftreten. Er nannte Ungarn, die Slowakei sowie die anderen baltischen Staaten und attestierte Polen, dass es dort eine starke intellektuelle Opposition gegen dort ebenfalls virulente nationalistische Blickverengungen gibt.[88]

6 Gemeinsame Erinnerung?

Mit der EU-Integration zahlreicher ostmitteleuropäischer Staaten erwuchs von Seiten derjenigen Angehörigen ihrer politischen und intellektuellen Eliten, deren Leben durch die Auseinandersetzung mit der kommunistischen Herrschaft geprägt war, der Anspruch, dass dieser spezifischen Erfahrung ihrer Länder ein größerer Stellen-

---

84 Historiker protestieren gegen das Denkmal „Die deutsche Besatzung Ungarns am 19. März 1944", http://pusztaranger.wordpress.com/2014/01/22/ungarische-historiker-protestieren-gegen-denkmal-der-deutschen-besatzung/ (letzter Zugriff 20.11.2019). Vgl. zur historischen Kritik an dem Denkmal auch das Interview des Pester Lloyd mit Adam Kerpel-Fronius: http://www.pesterlloyd.net/html/1405interviewdenkmal.html (letzter Zugriff 20.11.2019).
85 Vgl. http://www.pesterlloyd.net/html/1407gedenkjahrfarce.html (deutsche Fassung; letzter Zugriff 20.11.2019).
86 Die geschichtspolitische Tendenz der Umbruchszeit charakterisierte Ekaterina Makhotina, Archäologie der Erinnerung: Der Gedenkfriedhof und das sowjetische Ehrenmal Antakalnis in Vilnius, in: Jahrbuch für Historische Kommunismusforschung 2013, S. 247–262, hier S. 256–258.
87 Venclova, Ich ersticke, in: Osteuropa 1/2011), S. 101.
88 Vgl. ebenda, S. 102.

wert im öffentlichen Bewusstsein Europas zukommen müsse. Ihren Ausdruck fand diese Tendenz in der „Prager Erklärung zum Gewissen Europas und zum Kommunismus" von 2008, einem von ehemaligen Regimekritikern, Politikern und vereinzelten Historikern verfassten Manifest; prominenteste Unterzeichner sind der einstige Dissident und spätere tschechische Staatspräsident Václav Havel, der ehemalige Leiter der Stasi-Unterlagenbehörde und nachmalige deutsche Bundespräsident Joachim Gauck und der prominente litauische Politiker und EU-Parlamentarier Vytautas Landsbergis. Die Erklärung betonte in sehr allgemeinen Begriffen das Bestehen von „substantial similarities between Nazism and Communism in terms of their horrific and appalling character and their crimes against humanity" und beklagte eine mangelnde Kenntnis und Anerkennung der kommunistischen Verbrechen in Europa. Eine Kernforderung des Manifests war „the establishment of 23rd August, the day of signing of the Hitler-Stalin Pact, known as the Molotov-Ribbentrop Pact, as a day of remembrance of the victims of both Nazi and Communist totalitarian regimes, in the same way Europe remembers the victims of the Holocaust on January 27th".[89] Die Forderung nach dem neuen Gedenktag wurde sehr schnell erfüllt: Am 2. April 2009 führte ihn das Europaparlament mit seiner Entschließung zum Gewissen Europas und zum Totalitarismus ein. Dieser Text[90] folgt der „Prager Erklärung" auf weiten Strecken, hebt aber den einzigartigen Charakter des Holocaust hervor.

Der Gedenktag 23. August ist allerdings in vieler Hinsicht problematisch. Er insinuiert, und die Art und Weise, wie er propagiert wird, unterstreicht das,[91] dass die Diktaturen Hitlers und Stalins in gleichem Maße Verantwortung für den Zweiten Weltkrieg getragen hätten. Er verharmlost damit die kriegerische Aggressivität des Naziregimes. Die Tatsache, dass der Pakt für Hitler nur ein taktisches Durchgangsstadium auf dem Weg zu seinem eigentlichen Ziel, dem Eroberungs- und Vernichtungskrieg gegen die Sowjetunion war,[92] wird ebenso ausgeklammert, wie überhaupt dieses blutigste Kapitel des Zweiten Weltkriegs. Die sowjetischen Opfer finden in diesem Gedenkschema, das die Sowjetunion ausschließlich als Aggressor zeigt, keinen Platz. Damit wird letztlich auch die systematische Ermordung der europäischen Juden marginalisiert, für welche der Angriff auf die UdSSR die entscheidende Voraussetzung bildete. Das Schicksal des Hitler-Regimes wurde an der Ostfront entschieden. Dass es nicht in erster Linie die demokratischen Mächte waren, die dem

---

[89] So http://www.praguedeclaration.eu/ (letzter Zugriff 20.11.2019).
[90] Vgl. http://www.europarl.europa.eu/sides/getDoc.do?pubRef=-//EP//TEXT+TA+P6-TA-2009-0213+0+DOC+XML+V0//DE (letzter Zugriff 6.8.2020). Zur Genese des neuen Gedenktags vgl. Stephan Troebst, 23 August. Genesis of euroatlantic Day of Remebrance, in: Remembrance and Solidarity. Studies in 20th Century European History 1/2012, S. 15–51.
[91] Vgl. den vom Europäischen Netzwerk Erinnerung und Solidarität vertriebenen Gedenkbutton und die zugehörige Pressemitteilung: http://www.enrs.eu/de/august23/873-download-special-badge.
[92] Vgl. Jürgen Zarusky, „Hitler bedeutet Krieg". Der deutsche Weg zum Hitler-Stalin-Pakt, in: Osteuropa 7–8/2009, S. 97–114.

Holocaust ein Ende setzten, sondern die Rote Armee, deren Vormarsch überall zur Beseitigung der vom NS-Regime und seinen Kollaborateuren installierten rassistisch-antisemitischen Herrschaftsverhältnisse führte, dann zumeist aber auch zur (Re-)Etablierung kommunistischer Herrschaftssysteme, ist ein historischer Sachverhalt, der sich nicht bruchlos in eine einlinige Demokratieerzählung einfügen lässt, umso weniger, wenn diese ethnonationale Beimengungen enthält.

Der Hitler-Stalin-Pakt ist ein bezeichnendes Produkt der Amoralität beider Diktatoren und ihrer Regime, aber er liefert keinen adäquaten Maßstab zu ihrer Bewertung. Das gilt für die Verbrechen Hitlers ebenso wie für die des Stalin-Regimes. Die größte Opferzahl forderten ja die Zwangskollektivierung, mit der auch der Ausbau des Gulags einherging und die durch die gewaltsame Umgestaltung des gesamten Agrarsektors erzeugten Hungersnöte, die in den Jahren zwischen 1929 und 1933 vor allem in Kasachstan und der Ukraine Millionen von Menschenleben kosteten, sowie der Große Terror von 1937/38 mit rund 700 000 Todesopfern und fast ebenso vielen zu langjährigen Gulag-Strafen Verurteilten. Mit dem Hitler-Stalin-Pakt hatte all das nichts zu tun. Die Mehrzahl der Opfer des Kommunismus gerät so durch das symbolische Gedenkdatum der Prager Erklärung paradoxerweise eher aus dem Blick. Eine gewisse Einschränkung muss man im Hinblick auf die ukrainischen Opfer der Hungersnot machen. Unter Präsident Juščenko wurden intensive Aktivitäten zur Anerkennung des „Holodomor" als „Genozid gegen das ukrainische Volk" unternommen, die eine erhebliche Resonanz gefunden haben. Dass dabei mit um das Dreifache überhöhten Opferzahlen operiert wurde, kann man gewiss als Indiz dafür werten, dass die Wirkungsstärke der geschichtspolitischen Selbstviktimisierung einen höheren Stellenwert hatte als die Aufklärung über ein unfassbares und zu wenig beachtetes Massenschicksal, für das ohne jeden Zweifel Stalin und seine Helfershelfer die Verantwortung trugen. Doch an der These, dass sie aus antiukrainischen Motiven diese Katastrophe absichtsvoll herbeigeführt haben, bestehen erhebliche wissenschaftliche Zweifel, nicht zuletzt weil auch Russen und – proportional zur Bevölkerung in noch höherem Maße – kasachische Nomaden dem Hunger zum Opfer fielen.[93] Ungeachtet dessen hat das Stichwort „Holodomor" in den europäischen Gedenkkanon inzwischen Eingang gefunden.

Die Prager Erklärung ist eine politische Initiative, die nicht auf wissenschaftlichen Vorarbeiten basiert, doch ihre Folgewirkungen erstrecken sich durchaus auf den Bereich der Erforschung und Vermittlung von historischem Wissen. In Punkt 13 der Erklärung des EU-Parlaments wird nämlich die Forderung nach der „Errichtung einer Plattform für das Gedächtnis und das Gewissen Europas" aufgestellt, um „Unterstützung für die Vernetzung und die Zusammenarbeit unter nationalen Forschungsinstituten zu bieten, deren Fachgebiet die Geschichte des Totalitarismus ist, sowie die Errichtung eines gesamteuropäischen Dokumentationszentrums bezie-

---

[93] Vgl. Jürgen Zarusky, Timothy Snyders „Bloodlands". Kritische Anmerkungen zur Konstruktion einer Geschichtslandschaft, in: Vierteljahrshefte für Zeitgeschichte 60 (2012), S. 1–31, hier S. 6–9.

hungsweise einer gesamteuropäischen Gedenkstätte für die Opfer aller totalitären Regime". Die geforderte Plattform wurde 2011 ins Leben gerufen, ihre Gründungsurkunde am 14. Oktober bei einer feierlichen Zeremonie im Prager Liechtensteinpalais im Beisein der Ministerpräsidenten von Tschechien, Petr Nečas, Ungarn, Viktor Orbán und Polen, Donald Tusk, unterzeichnet.[94] Bei den Mitgliedern der Plattform, als deren Präsident der schwedische Zahnmediziner und konservative Politiker Göran Lindblad fungiert, handelt es sich weit überwiegend um Einrichtungen, die sich der Aufarbeitung der kommunistischen Diktaturgeschichte widmen, darunter durchaus namhafte. Es ist keine der großen NS-Gedenkstätten vertreten, aber aus Deutschland etwa eine „Hannah Arendt Gesellschaft", deren Tätigkeit völlig im Dunkeln liegt. Auf ihrer Website findet sich außer einigen allgemein-deklarativen Zeilen nur der Link zu einer Unternehmensberaterin.[95]

Zu den Projekten des Netzwerks gehört die Wanderausstellung „Totalitarianism in Europe. Fascism – Nazism – Communism",[96] deren im Internet einsehbare Version einiges Befremden auslöst. Die Konzeption ist denkbar schlicht: Nach einer äußerst knappen historischen Einführung von wenigen Zeilen werden in einer Art Steckbrief mit einigen „Täterfotos" und Kurzbiogrammen am Rande jeweils die Zahlen der Opfer von Verbrechen kommunistischer und rechtsextremer Regime (hierbei geht es fast ausschließlich um den Nationalsozialismus) in Ländern aufgelistet, die beide Diktaturformen erdulden mussten. Dazu kommen Tabellen mit Zahlenangaben zur justitiellen Aufarbeitung der Diktaturverbrechen.

Die Auswahl der behandelten Länder ist teilweise eigenwillig. Als einziges westeuropäisches Land, das von NS-Deutschland besetzt war, werden die Niederlande aufgeführt, die im Unterschied zu den anderen keine doppelte Diktaturvergangenheit haben. Die Ukraine, die als einziger Nicht-EU-Staat behandelt wird, wird als eigenständiger Staat behandelt, der von 1918 bis 1921 unabhängig gewesen sei, bis er dann der Okkupation durch das bolschewistische Russland zum Opfer gefallen sei – eine sehr verkürzte Darstellung der Weltkriegs-, Revolutions- und Bürgerkriegsepoche, bei der nicht nur die Zeiten deutscher und polnischer Besatzung unter den Tisch fallen.[97]

Die scheinobjektive Auflistung von Opferzahlen, die im Zentrum der Ausstellung steht, ist tatsächlich vielfach höchst tendenziös. So wird bei den Ukraine-Tafeln die Zahl der Holocaust-Opfer mit „bis zu einer Million" um ein Drittel niedriger angegeben, als es Stand der aktuellen Forschung ist, die 1,5 Millionen ukrainische Holocaust-Opfer zählt.[98] Die Zahl der Opfer der sowjetischen Hungersnot in der Ukraine,

---

[94] Vgl. https://www.europarl.europa.eu/sides/getDoc.do?pubRef=-//EP//TEXT+TA+P6-TA-2009-0213+0+DOC+XML+V0//DE (letzter Zugriff 6.8.2020).
[95] Vgl. http://www.hannah-arendt-gesellschaft.de/ (letzter Zugriff 20.11.2019).
[96] Pdf-Version der Ausstellung unter: http://www.memoryandconscience.eu/wp-content/uploads/2014/01/Totalitarianism_in_Europe_update_20141.pdf (letzter Zugriff 6.8.2020).
[97] Für einen Überblick vgl. Felix Schnell, Räume des Schreckens. Gewalt und Gruppenmilitanz in der Ukraine 1905–1933, Hamburg 2012, S. 164–190.

die, ohne jeglichen Hinweis auf die laufende Forschungskontroverse als „Genozid" eingestuft wird, wird mit circa 4,5 Millionen angegeben. Diese Zahl, die 2008 vom Ukrainischen Institut des Nationalen Gedächtnisses errechnet wurde, hat aber zwei Komponenten: Sie setzt sich aus 3,4 Millionen Hungeropfern und 1,1 Millionen Geburtenausfällen zusammen.[99] Schon das Verfahren, tatsächliche und virtuelle Opfer zusammenzuzählen ist in vieler Hinsicht höchst zweifelhaft, nicht zuletzt weil es dabei offenbar weniger um konkrete Menschen als um Verluste am „Volkskörper" geht. Vollends unseriös ist die Kontrastierung einer auf diese Weise komponierten Zahl mit realen oder gar verminderten Opferzahlen anderer Gruppen. Mit dem Hinweis auf einen unzureichenden Forschungsstand, mit dem in der Einleitung zur Ausstellung offenbar vorwegnehmend Kritik an dubiosen Angaben abgewehrt werden soll, kann man solche Verzerrungen nicht rechtfertigen.

Die gleiche Stoßrichtung im Viktimisierungswettkampf wird mit der Verwendung zweifelhafter Opferkategorien verfolgt. So werden auf der Ukraine-Tafel zum Nationalsozialismus 4,5 Millionen kriegsgefangene Sowjetsoldaten aufgeführt und von ihnen 3,7 Millionen als in Gefangenschaft verstorben. Auch diese Zahlen sind unpräzise: Die Gesamtzahl sowjetischer Kriegsgefangener wird in der aktuellen Forschung mit Werten zwischen 5,2 und 5,7 Millionen angegeben, für die Zahl der Verstorbenen werden Angaben zwischen 2,5 und 3,3 Millionen gemacht.[100] Vor allem aber werden hier sämtliche sowjetischen Kriegsgefangenen der Ukraine zugeordnet, die in der Darstellung der Ausstellungsmacher als eigenständiger Staat figuriert, ein Verfahren, das mit der Bezeichnung zweifelhaft äußerst zurückhaltend bewertet ist.

Auch die Opferkategorien und -zahlen auf der Tafel zu NS-Deutschland sind äußerst fragwürdig. Die Ausgangsgröße ist hier die Zahl von 1 170 000 ziviler Opfer von militärischen Aktionen und nationalsozialistischen Menschheitsverbrechen, von denen 165 000 auf den Holocaust, 200 000 auf die Euthanasie und 380 000 bis 400 000 Opfer auf alliierte Bombenangriffe entfallen. Als Todesopfer von Flucht und Vertreibung werden zwei Millionen Opfer angegeben, die Gesamtzahl der Flüchtlinge und Vertriebenen mit fast 12,5 Millionen. Die größte Gruppe der Opfer Hitlers bilden nach dieser Zusammenstellung die ganz normalen Deutschen, das Muster der Selbstviktimisierung ist deutlich erkennbar. Dazu gehört auch hier der Umgang mit den konkreten Zahlen. Die Zahl der Holocaust-Opfer bezieht sich auf die in Deutschland Verbliebenen. Die erhebliche Zahl von deutschen Juden, die ausgewandert waren, aber im Zuge der deutschen Eroberungen erneut unter deutsche Herrschaft fielen, etwa in dem in der Ausstellung nicht behandelten Frankreich, wird nicht

---

98 Vgl. Arad, Holocaust in the Soviet Union, S. 525.
99 Vgl. Stanislav Kul'čickij, Ukrainskij Golodomor kak genocid, in: Viktor Kondrašin (Hrsg.), Sovremennaja rossijsko-ukrainskaja istoriografija goloda 1932–1933 gg. v SSSR, Moskau 2011, S. 107–194, hier S. 194.
100 Vgl. Rüdiger Overmans/Andreas Hilger/Pavel Polian (Hrsg.), Rotarmisten in deutscher Hand. Dokumente zu Gefangenschaft, Repatriierung und Rehabilitierung sowjetischer Soldaten des Zweiten Weltkrieges, Paderborn 2012, S. 38.

berücksichtigt. Die Zahl von zwei Millionen Todesopfern von Flucht und Vertreibung ist von der Forschung längst in Frage gestellt worden. Seriöse Berechnungen gehen von maximal der Hälfte aus.[101] Die Zusammenfassung der Opfer ganz unterschiedlicher Vorgänge, wie solcher gezielter nationalsozialistischer Massenmorde und solcher des Luftkriegs in einer Kategorie, verschleiert Verantwortlichkeiten und politische Motive – und verzerrt willkürlich historische Zusammenhänge. Der schematische Gebrauch des Totalitarismus-Begriffs, der alle Formen kommunistischer Diktaturen umfasst, fällt hinter den differenzierten Erkenntnisstand etwa von Hannah Arendt oder Juan Linz zurück, die zwischen totalitären und posttotalitären Stadien des Kommunismus unterscheiden.[102] Die Ignoranz gegenüber solchen Forschungsentwicklungen ermöglicht es, etwa Personen wie Hermann Göring und Egon Krenz gleichermaßen als Verantwortliche für totalitäre Verbrechen zu präsentieren. Ob damit dem Verständnis der europäischen Diktaturgeschichte gedient ist, ist eine andere Frage.

7 Ausblick

Der notgedrungen kursorische Überblick über die Trends der Geschichtspolitik in Europa erlaubt es, einige Konfliktlinien zu identifizieren: Immer deutlicher, und das schon längst vor dem Ukraine-Konflikt, tritt eine Trennlinie zwischen Russland und dem Rest Europas hervor, was anders, als man gemeinhin gerne anzunehmen geneigt ist, nicht allein an Putins Geschichtspolitik liegt. Sie hat trotz eines vorsichtigen Vortastens beim Katyn'-Gedenken 2010 bisher keinen international akzeptablen Umgang mit dem Erbe des stalinistischen Imperialismus gefunden. Daraus folgt unter anderem der heftige baltisch-russische Geschichtsstreit um die Frage von Beitritt zur oder Okkupation durch die Sowjetunion. Wenn von russischer Seite, insbesondere von der Stiftung Historisches Gedächtnis[103] unter dem jungen Historiker Aleksandr Djukov, geradezu ein Trommelfeuer von Quellenpublikationen über die baltische – und auch die ukrainische – Kollaboration im Zweiten Weltkrieg kommt, so ändert das an der Verwerflichkeit der sowjetischen Politik des Jahres 1940 gar nichts. Der Ertrag besteht allerdings in allerhand Quellen, die einmal mehr belegen, dass viele Osteuropäer beim Streben nach Unabhängigkeit von Moskau mit der Anlehnung an den NS-Staat eine nicht nur strategisch, sondern auch moralisch falsche Wahl getroffen haben. An dieser doppelten Konfliktlinie wird so bald keine Ruhe

---

101 Vgl. Mathias Beer, Flucht und Vertreibung der Deutschen. Voraussetzungen, Verlauf, Folgen, München 2011, S. 127–134.
102 Vgl. Hannah Arendt, Elemente und Ursprünge totaler Herrschaft. Antisemitismus, Imperialismus, totale Herrschaft, München ^{8}2001, S. 647 (Einleitung zur Neuausgabe von 1966); Juan Linz, Totalitäre und autoritäre Regime, hrsg. von Raimund Krämer, Potsdam ^{3}2009.
103 Vgl. http://historyfoundation.ru/ (letzter Zugriff 20.11.2019).

einkehren, zumal sie durch den Gedenktag 23. August auf der Ebene der EU zusätzlich verstärkt worden ist. So wenig akzeptabel russische Tendenzen sind, den Hitler-Stalin-Pakt zu bagatellisieren oder gar zu rechtfertigen, der das Schicksal der Staaten der Einfluss-Sphären so nachhaltig und unheilvoll bestimmt hat, so ist doch auch der russische Unwille nachvollziehbar, die eigene, tiefgreifende Kriegserfahrung auf die Phase der Kooperation mit Hitler-Deutschland reduziert zu sehen. Die geschichtspolitischen Kurseinstellungen auf beiden Seiten lassen eine baldige Überbrückung dieser Gegensätze nicht erwarten. Verständigungsinitiativen auf wissenschaftlicher Ebene wie zum Beispiel die polnisch-russische Kommission für schwierige Fragen,[104] die deutsch-russische Historikerkommission,[105] russisch-ukrainische Bemühungen um das Verständnis der Hungersnot der 1930er Jahre[106] haben bislang deutlich geringeren gesellschaftlichen Einfluss als geschichtspolitische Programme.

Dass der russisch-ukrainische Konflikt auch die geschichtspolitischen Konfrontationen verschärft, liegt auf der Hand. In Russland sinkt die ohnehin nicht allzu große Popularität der historischen Figur Chruščevs wegen seines Manövers, die Krim 1954 der Ukrainischen Sowjetrepublik zuzuschreiben, weiter. Dass das auch die Bewertung seiner Entstalinisierungspolitik betrifft, ist an der erneut aufgeflammten Debatte um die Rückbenennung Volgograds in Stalingrad abzulesen. Der Schauplatz der historischen Schlacht war 1925 in einer frühen Phase des bolschewistischen Personenkults von Caricyn in Stalingrad umbenannt worden, in Erinnerung an Stalins Rolle in der Region als Heerführer im Bürgerkrieg. 1961 erhielt sie den Namen Volgograd. Schon im Januar 2013 war der Volgograder Stadtrat den lauter werdenden Forderungen nach Rückkehr zum vorigen Stadtnamen mit einem eigenartigen Kompromiss ein Stück weit nachgekommen: An den sechs wichtigsten Gedenktagen des Großen Vaterländischen Kriegs heißt die Stadt nun „Heldenstadt Stalingrad", den Rest des Jahres aber Volgograd.[107] Auf die Bitte eines Veteranen, dem er bei dem Erinnerungsgipfel zum 70. Jahrestag der alliierten Landung in der Normandie begegnete, hatte Putin erklärt, die Namensgebung sei eine lokale Angelegenheit, die die Bürger der Stadt zu entscheiden hätten. Befürworter, wie der Vorsitzende des Volgograder Rats der Veteranen Aleksandr Maklakov sehen in der Rückkehr zum Namen Stalingrad eine „Wiederherstellung der historischen Wahrheit",[108] während Kritiker wie der Vorsitzende von „Memorial", Arsenij Roginskij, erklären, in Wirklichkeit gehe es um eine Rehabilitierung des Diktators.[109] Für die Um-

---

104 Vgl. Anatoly Torkunov/Adam Rothfeld (Hrsg.), Belye pjatna, černye pjatna. Složnye voprosy v rossijsko-pol'skich otnošenijach, Moskau 2010.
105 Vgl. http://www.deutsch-russische-geschichtskommission.de/ (letzter Zugriff 20.11.2019).
106 Vgl. Kondrašin (Hrsg.), Sovremennaja rossijsko-ukrainskaja istoriografija goloda 1932–1933 gg. v SSSR.
107 Irina Scherbakowa, Spirale der Erinnerung. Stalins triumphale Rückkehr in die Geschichtsbücher, in: Russland. In Putins Reich, Edition Le Monde diplomatique 13 (2013), S. 87–91, hier S. 87.
108 So http://volg.rbc.ru/volg_topnews/09/06/2014/929355.shtml
109 Vgl. http://www.hro.org/node/19620 (letzter Zugriff 20.11.2019).

benennung ist natürlich die KPRF, deren Petersburger Organisation angekündigt hat, ein Referendum über die Rückkehr zum Stadtnamen Leningrad vorzuschlagen.[110] Nach Angaben des Levada-Zentrums ist zwar weniger als ein Viertel der Russen dafür, aus Volgograd wieder Stalingrad zu machen, und über die Hälfte deutlich dagegen.[111] Dennoch ist die Mobilisierung traditioneller historischer Identitätsressourcen als Folge des von Putin mit Understatement vorgetragenen, positiven Signals in Richtung der sogenannten Rückbenenner beachtlich und die Rückgängigmachung einer zentralen Maßnahme von Chruščevs antistalinistischer Geschichtspolitik keinesfalls ausgeschlossen. Auf einer tieferen Ebene geht es hier um die Auseinandersetzung zwischen einem Geschichtsverständnis, das eindeutige Identifikationsangebote fordert, und einem, das Ambivalenzen anerkennt, ohne sich dabei in Relativismus zu flüchten, denn die Gegner der Rückbenennung zweifeln ja keineswegs die positive Bedeutung des sowjetischen Sieges in Stalingrad an.

Die Sehnsucht nach Eindeutigkeit wird durch den Konflikt zwischen Russland und der Ukraine auch dort befeuert. Wie es scheint, knüpft die ukrainische Übergangsregierung an Juščenkos Geschichtspolitik an. Dafür spricht die im März 2014 erfolgte Berufung von Volodymyr V'jatrovyč zum Leiter des Instituts der nationalen Erinnerung. V'jatrovyč ist ein Historikeraktivist, der sich vor allem der Geschichte des ukrainischen Nationalismus oder in seiner Terminologie der „ukrainischen Freiheitsbewegung" widmet. Seine jüngeren Publikationen, in denen er zu beweisen versuchte, dass die Organisation Ukrainischer Nationalisten nicht antisemitisch und auch nicht in den Holocaust involviert gewesen sei und auch keine systematische ethnische Säuberung unter den Polen in Wolhynien und Ostgalizien durchgeführt habe (die Opfer dieser Aktion werden auf 70 000 bis 100 000 geschätzt), sind bei Experten auf scharfe Kritik gestoßen. Bekannte Ukraine-Spezialisten wie der kanadisch-ukrainische Historiker John Paul Himka[112] und sein polnischer Kollege Grzegorz Motyka[113] haben sie rezensiert und sind zum Schluss gekommen, dass es sich um apologetische Werke handelt, die fundamentale akademische Standards verletzen.[114] Die „Plattform für das Gedächtnis und das Gewissen Europas" hat die Berufung von V'jatrovyč hingegen als Zeichen für eine „neue, offene Geschichtspolitik in der Ukraine" begrüßt.[115] Es ist kaum zu übersehen, dass sich auch zwischen Erinnerungspolitik und Geschichtswissenschaft immer deutlicher eine Konfliktlinie abzeichnet.

---

110 Vgl. http://itar-tass.com/obschestvo/1244320; http://itar-tass.com/spb-news/1247029.
111 Vgl. http://www.kommersant.ru/doc/2489804 (letzter Zugriff 20.11.2019).
112 Vgl. John-Paul Himka, Collaboration and or Resistance: The OUN and UPA during the War Paper prepared for the Ukrainian Jewish Encounter Shared Narrative Series: Conference on Issues Relating to World War II. Potsdam, 27–30 June 2011.
113 Vgl. http://www.volhyniamassacre.eu/spory-o-wolyn/a-failed-book.
114 Bibliographische Hinweise auf eine ganze Reihe weiterer kritischer Besprechungen finden sich im englischsprachigen Wikipedia-Eintrag zu Viatrovych: https://en.wikipedia.org/wiki/Volodymyr_Viatrovych (letzter Zugriff 6.8.2020).
115 So http://www.memoryandconscience.eu/2014/03/31/platform-welcomes-new-open-history-policy-in-ukraine/ (letzter Zugriff 6.8.2020).

Nachweise und Fundorte der Aufsätze und Manuskripte

Vergleichende Untersuchungen zur politischen Justiz in der Sowjetunion und im NS-Staat. Vorstudien; unveröffentlichtes Manuskript.

Die stalinistische und die nationalsozialistische „Justiz". Eine Problemskizze unter diktaturvergleichender Perspektive; erstmals veröffentlicht in: Leonid Luks/Donal O'Sullivan (Hrsg.), Rußland und Deutschland im 19. und im 20. Jahrhundert. Zwei „Sonderwege" im Vergleich, Köln/Weimar/Wien 2001, S. 163–191.

Politische Justiz unter Stalin im Umbruchjahrzehnt 1928–1938; erstmals veröffentlicht in: Totalitarismus und Demokratie 8 (2011), H. 1, S. 53–75.

Die Diktaturen und das Recht. Politische Justiz und *Transitional Justice* in der Mitte des 20. Jahrhunderts; überarbeitetes Manuskript eines Vortrags für die Konferenz „Politische Justiz und *Transitional Justice* in Deutschland, Polen und Sowjetunion von den 1930er bis 1950er Jahren" vom 12. bis 14. März 2015 im Janusz-Kurtyka-Bildungszentrum in Warschau.

Vom Totalitarismus zu den „Bloodlands". Herausforderungen, Probleme und Chancen des historischen Vergleichs von Stalinismus und Nationalsozialismus; überarbeitetes Manuskript eines Vortrags am Institut für Zeitgeschichte der Universität Wien, 10. Mai 2016.

Russische und deutsche Sozialdemokraten in Widerstand und Exil – Wege zum Antitotalitarismus; erstmals veröffentlicht in: Horst Möller/Alexandr Čubar'jan (Hrsg.), Mitteilungen der Gemeinsamen Kommission für die Erforschung der jüngeren Geschichte der deutsch-russischen Beziehungen, Bd. 3, München 2008, S. 198–205.

Widerstand als „Hochverrat" 1933–1945. Politische Justiz, Gegnerspektrum und Widerstandsbegriff; erstmals veröffentlicht in: Klaus G. Saur (Hrsg.), Widerstand im „Dritten Reich". Kolloquium an der Staatsbibliothek zu Berlin im Mai 2014, Frankfurt a. M. 2015, S. 45–60.

Auf Leben und Tod. Der verlustreiche Kampf der KPD gegen das Dritte Reich; unveröffentlichtes Manuskript.

Sowjetische Häftlinge im KZ Dachau; erstmals veröffentlicht in: Wolfgang Benz/Angelika Königseder (Hrsg.), Das Konzentrationslager Dachau. Geschichte und Wirkung nationalsozialistischer Repression. Festschrift für Barbara Distel, Berlin 2008, S. 311–325.

„Freiheitliche Erinnerung". Vasilij Grossman und die europäische Erinnerung an Totalitarismus und Zweiten Weltkrieg; erstmals veröffentlicht in: Forum für osteuropäische Ideen- und Zeitgeschichte 10 (2006), H. 2, S. 81–110.

Stalins Verbrechen versus Holocaust. Historische Diskussionen und Erinnerungspolitik in einem teilweise vereinigten Europa; überarbeitetes Manuskript eines Vortrags bei der Konferenz „The Holocaust: Shared Memory and Dividing Approaches" am 25./26. September 2013 in Moskau.

Kampfplatz Geschichte. Anmerkungen zur europäischen Erinnerungspolitik nach dem Untergang des Kommunismus; erstmals veröffentlicht in: Forum für osteuropäische Ideen- und Zeitgeschichte 18 (2014), H. 1, S. 141–173.

Schriftenverzeichnis

1988
„Völlige Ausschaltung verwirklicht ..." November-Pogrom 1938: Vorstufe zur „Endlösung der Judenfrage", in: Tribüne. Zeitschrift zum Verständnis des Judentums 27 (1988), S. 94–110.

1991
„... nur eine Wachstumskrankheit"? Jugendwiderstand in Hamburg und München, in: Dachauer Hefte 7 (1991), S. 210–229.

1992
Dreifach geschlagen – Begegnung mit sowjetischen Überlebenden, in: Dachauer Hefte 8 (1992), S. 88–102 (zusammen mit Barbara Distel).
Die deutschen Sozialdemokraten und das sowjetische Modell. Ideologische Auseinandersetzung und außenpolitische Konzeptionen 1917–1933, München 1992.

1993
Bemerkungen zur russischen Archivsituation, in: Vierteljahrshefte für Zeitgeschichte 41 (1993), S. 139–147.

1994
Lexikon des deutschen Widerstandes, hrsg. von Wolfgang Benz/Walter H. Pehle, Frankfurt a. M. 1994: Jugendopposition, S. 98–112, Brüderliche Zusammenarbeit der Kriegsgefangenen (BSW), S. 183 f., und Jugendliche „Vierergruppen" (Hübener, Klingenbeck, Landgraf), S. 236–239 – in englischer Sprache: Encyclopedia of German Resistance to the Nazi Movement, hrsg. von Wolfgang Benz/Walter H. Pehle, New York 1997: Youth opposition, S. 68–79, Fraternal Cooperation of Prisoners of War, S. 161 f. und Juvenile „Gangs of Four", S. 189–192.
Hrsg. von (zusammen mit Hartmut Mehringer): Widerstand als „Hochverrat" 1933–1945. Die Verfahren gegen deutsche Reichsangehörige vor dem Reichsgericht, dem Volksgerichtshof und dem Reichskriegsgericht. Mikrofiche-Edition und Erschließungsband, München 1994–1998.

1995
Die KZ-Gedenkstätte Dachau. Anmerkungen zur Geschichte eines umstrittenen historischen Ortes, in: Jürgen Danyel (Hrsg.), Die geteilte Vergangenheit. Zum Umgang mit Nationalsozialismus und Widerstand in beiden deutschen Staaten, Berlin 1995, S. 187–196.

1997
„That is not the American Way of Fighting". Die Erschießungen gefangener SS-Leute bei der Befreiung des KZ Dachau, in: Dachauer Hefte 13 (1997), S. 27–55 – englische Übersetzung in: „That is not the American Way of Fighting". The Shooting of Captured SS-Men During the Liberation of Dachau, in: Wolfgang Benz/Barbara Distel (Hrsg.), Dachau and the Nazi Terror 1933–1945, Dachau 2002, S. 133–160.
Widerstand als Hochverrat. Zur politischen Justiz im „Dritten Reich", in: Gerhard Ringshausen/ Rüdiger von Voss (Hrsg.), Widerstand und Verteidigung des Rechts, Bonn 1997, S. 189–210.

1998

Politische Strafjustiz im nationalsozialistischen Doppelstaat, in: Jürgen Weber/Michael Piazolo (Hrsg.), Justiz im Zwielicht. Ihre Rolle in Diktaturen und die Antwort des Rechtsstaates, München 1998, S. 25–38.

Vom Zarismus zum Bolschewismus. Die deutsche Sozialdemokratie und der „asiatische Despotismus", in: Gerd Koenen/Lew Kopelew (Hrsg.), Deutschland und die russische Revolution 1917–1924, München 1998, S. 99–133 – russische Übersetzung in: Ot Carisma k Bol'ševizmu. Nemeckaja Social-Demokratija i ‚asiatičeskij despotizm', in: Gerd Koenen/Lew Kopelew (Hrsg.), Germanija i Russkaja Revolucija 1917–1924, Moskau 2004, S. 100–123.

1999

Leugnung des Holocaust – die antisemitische Strategie nach Auschwitz, in: BPJS-Aktuell. Sonderausgabe zur Jahrestagung der Bundesprüfstelle für jugendgefährdende Schriften und Medieninhalte am 9. und 10. November 1999, S. 5–15.

Politischer Widerstand und Justiz im Dritten Reich, in: Jahrbuch der Juristischen Zeitgeschichte 1 (1999/2000), S. 36–87.

2000

Von Dachau nach nirgendwo. Der Todesmarsch der KZ-Häftlinge im April 1945, in: Spuren des Nationalsozialismus. Gedenkstättenarbeit in Bayern, hrsg. von der Bayerischen Landeszentrale für politische Bildungsarbeit, München 2000, S. 42–63.

Stalins „Fackelmänner-Befehl" vom November 1941. Ein verfälschtes Dokument, in: Vierteljahrshefte für Zeitgeschichte 48 (2000), S. 667–674 (zusammen mit Christian Hartmann), Nachdruck in: Christian Hartmann u. a. (Hrsg.), Der deutsche Krieg im Osten 1941–1944. Facetten einer Grenzüberschreitung, München 2009, S. 393–400.

Gerichte des Unrechtsstaates. Neuere Untersuchungen zur Rechtsprechung im Dritten Reich, in: Zeitschrift für Neuere Rechtsgeschichte 22 (2000), S. 503–518.

2001

Die stalinistische und die nationalsozialistische „Justiz". Eine Problemskizze unter diktaturvergleichender Perspektive, in: Leonid Luks/Donal O'Sullivan (Hrsg.), Rußland und Deutschland im 19. und im 20. Jahrhundert. Zwei „Sonderwege" im Vergleich, Köln/Weimar/Wien 2001, S. 163–191.

Die Leugnung des Völkermords. „Revisionismus" als ideologische Strategie, in: Wolfgang Benz (Hrsg.), Auf dem Weg zum Bürgerkrieg? Rechtsextremismus und Gewalt gegen Fremde in Deutschland, Frankfurt a. M. 2001, S. 63–86.

2002

Hrsg. von: Die Stalin-Note vom 10. März 1952. Neue Quellen und Analysen, München 2002, darin: Einführung, S. 7–17, und Auswahlbibliographie S. 201–208.

2003

Doppelstaat und Rasserecht. Neue Studien zu Recht und Justiz im Dritten Reich, in: Zeitschrift für Neuere Rechtsgeschichte 25 (2003), S. 95–111.

Die Schriftenreihe der Vierteljahrshefte für Zeitgeschichte, in: Vierteljahrshefte für Zeitgeschichte 51 (2003), S. 89–106.

2004

NS-Justiz und Widerstand, in: Irene Stuiber (Hrsg.), Hingerichtet in München-Stadelheim. Opfer nationalsozialistischer Verfolgung auf dem Friedhof am Perlacher Forst, München 2004, S. 8–19.

2005

Die juristische Aufarbeitung der KZ-Verbrechen, in: Wolfgang Benz/Barbara Distel (Hrsg.), Der Ort des Terrors. Geschichte der nationalsozialistischen Konzentrationslager, Bd. 1: Die Organisation des Terrors, München 2005, S. 345–362.

Von der Autokratie zum Totalitarismus und wieder zurück? Staatsentwicklung und (fehlende) Rechtsstaatlichkeit in Rußland vom Reformzaren Alexander II. bis zu Putins „gelenkter Demokratie", in: Rolf Kappel/Hans Werner Tobler/Peter Waldmann (Hrsg.), Rechtsstaatlichkeit im Zeitalter der Globalisierung, Freiburg im Breisgau 2005, S. 97–132.

Debatten um den Hitler-Stalin-Pakt: Eine Moskauer Konferenz und ihr Umfeld, in: Vierteljahrshefte für Zeitgeschichte 53 (2005), S. 331–342.

„... gegen die Tötung der Menschen und die Abtötung alles Menschlichen". Zum Widerstand von Häftlingen im Konzentrationslager Dachau, in: Johannes Tuchel (Hrsg.), Der vergessene Widerstand. Zu Realgeschichte und Wahrnehmung des Kampfes gegen die NS-Diktatur, Göttingen 2005, S. 63–96.

Vasilij Grossmans „Leben und Schicksal" – zur Entstehung und historischen Konzeption eines Jahrhundertromans, in: Florian Anton/Leonid Luks (Hrsg.), Deutschland, Rußland und das Baltikum. Beiträge zu einer Geschichte wechselvoller Beziehungen. Festschrift zum 85. Geburtstag von Peter Krupnikow, Köln 2005, S. 245–276 – in russischer Sprache: Žizn' i sud'ba Vasilija Grossmana: o vozniknovenii i koncepcii romana veka, in: Paralleli 8–9 (2007), S. 100–128.

Das „Recht" des Unrechtsstaats am Beispiel des Dritten Reichs, in: Rolf Kappel/Hans Werner Tobler/Peter Waldmann (Hrsg.), Rechtsstaatlichkeit im Zeitalter der Globalisierung, Freiburg im Breisgau 2005, S. 77–95.

Von Weimar nach Dachau: Die Zerstörung der Demokratie und ihre Folgen, in: Konzentrationslager Dachau 1933 bis 1945. Text- und Bilddokumente zur Ausstellung, hrsg. vom Comité International de Dachau/KZ-Gedenkstätte Dachau, Dachau 2005, S. 10–16.

2006

Dachau, 1 camp du système concentrationionnaire nazi, in: Anne Bernou-Fieseler et Fabien Théofilakis (Hrsg.), Dachau. Mémoires et Histoire de la déportation. Regards franco-allemands, Paris 2006, S. 123–125.

Einleitung zur Sektion „Dachau: Erstes Lager des nationalsozialistischen KZ-Systems", in: Anne Bernou-Fieseler/Fabien Théofilakis (Hrsg.), Das Konzentrationslager Dachau: Erinnerung, Erlebnis, Geschichte. Deutsch-Französisches Kolloquium zum 60. Jahrestag der Befreiung des Konzentrationslagers Dachau, München 2006, S. 135 f.

Forschungseinrichtungen – Russland, in: Andreas Wirsching (Hrsg.), Oldenbourg Geschichte – Lehrbuch, Bd. 4: Neueste Zeit, München 2006, S. 460–464.

„Freiheitliche Erinnerung". Vasilij Grossman und die europäische Erinnerung an Totalitarismus und Zweiten Weltkrieg, in: Forum für osteuropäische Ideen- und Zeitgeschichte 10 (2006), H. 2, S. 81–110.

Tra monumentalità e pluralità. Per una storiografia della resistenza tedesca, in: Contemporanea 9 (2006), S. 116–122.

Neuerscheinungen zu Stalin in: sehepunkte 10 (2006); www.sehepunkte.de/2006/10/ (zusammen mit Jan Foitzik – letzter Zugriff 22.7.2020).

Recht und Justiz in der NS-Diktatur. Neue Literatur, in: Zeitschrift für Neuere Rechtsgeschichte 28 (2006), S. 409–432.

Shoah und Konzentrationslager in Vasilij Grossmans Roman „Leben und Schicksal", in: Dachauer Hefte 22 (2006): Realität – Metapher – Symbol. Auseinandersetzung mit dem Konzentrationslager, S. 175–198.

Von der Sondergerichtsbarkeit zum Endphasenterror. Loyalitätserzwingung und Rache am Widerstand im Zusammenbruch des NS-Regimes, in: Cord Arens/Edgar Wolfrum/Jörg Zedler (Hrsg.), Terror nach Innen. Verbrechen am Ende des Zweiten Weltkrieges, Göttingen 2006, S. 103–121.

Hrsg. von: Stalin und die Deutschen. Neue Beiträge der Forschung, München 2006, darin eigene Beiträge: Einleitung, S. 7–17, und Herrschaftsstellung und Herrschaftsstil der Diktatoren, S. 237–251.

Widerstand, in: Winfried Nerdinger (Hrsg.), Ort und Erinnerung. Nationalsozialismus in München, Salzburg 2006, S. 163–179.

2007

Demokratie oder Diktatur: Karl Kautskys Bolschewismuskritik und der Totalitarismus, in: Mike Schmeitzner (Hrsg.), Totalitarismuskritik von links. Deutsche Diskurse im 20. Jahrhundert, Göttingen 2007, S. 49–68.

Überlagerte Erinnerung – Erinnerung an die NS-Zeit in Mittel- und Osteuropa, in: Bericht zur Tagung „Zukunft der Erinnerung. Die zweite und dritte Generation der Überlebenden des Konzentrationslagers Dachau", hrsg. vom Comité International de Dachau/KZ-Gedenkstätte Dachau, Dachau 2007, S. 18–20.

Sudebnoe presledovanie prestuplenij v nacistskich konclagerjach 1945–1990 [Die justitielle Verfolgung der Verbrechen in nationalsozialistischen Konzentrationslagern 1945–1990], in: N. S. Lebedevoj/V. V. Iščenko. Sostavitel'/Ju. M. Koršunov (Hrsg.), Njurnbergskij process: uroki istorii. Materialy meždunarodnoj konferencii Moskva, 20–21 nojabrja 2006 g. [Der Nürnberger Prozess: Lektionen der Geschichte. Materialien der internationalen Konferenz Moskau, 20.–21. November 2006], Moskau 2007, S. 233–240.

Die „Russen" im KZ Dachau. Bürger der Sowjetunion als Opfer des NS-Regimes, in: Dachauer Hefte 23 (2007), S. 105–139.

2008

Hrsg. von (zusammen mit Johannes Hürter): Besatzung, Kollaboration, Holocaust. Neue Studien zur Verfolgung und Ermordung der europäischen Juden, München 2008, darin eigene Beiträge: Einleitung, S. VII-X (zusammen mit Johannes Hürter), sowie Übertragung aus dem Russischen und Einleitung von Wassili Grossman, Ukraine ohne Juden, S. 189–200.

Das Deutschlandbild Vasilij Grossmans, in: Forum für osteuropäische Ideen- und Zeitgeschichte 12 (2008), H. 2, S. 41–54.

Die Erschießungen gefangener SS-Leute bei der Befreiung des KZ Dachau, sowie Sowjetische Häftlinge im KZ Dachau, beide Beiträge in: Wolfgang Benz/Angelika Königseder (Hrsg.), Das Konzentrationslager Dachau. Geschichte und Wirkung nationalsozialistischer Repression. Festschrift für Barbara Distel, Berlin 2008, S. 103–124 und S. 311–325.

Sowjetische Häftlinge im KZ Dachau, in: Forum für osteuropäische Ideen- und Zeitgeschichte 12 (2008), H. 2, S. 95–100.

Hindernislauf für Holocaust-Überlebende. Das „Ghettorentengesetz" und seine Anwendung, in: Tribüne 47 (2008), S. 155–161.

Der deutsche Krieg gegen die Sowjetunion – von Dachau aus gesehen, in: Jahresbericht 2006/07 des Fördervereins für Internationale Jugendbegegnung und Gedenkstättenarbeit, Dachau 2008, S. 17–25.

Hrsg. von (zusammen mit Stefanie Hajak): München und der Nationalsozialismus. Menschen, Orte, Strukturen, Berlin 2008, darin eigene Beiträge: Einleitung, S. 15–19 (zusammen mit Stefanie

Hajak), Widerstand in der „Hauptstadt der Bewegung". Versuch einer politischen Topografie in zwölf Fragen, S. 153–184, sowie Verfolgung, Zerstörung, Neuanfang. Ein Gespräch mit Charlotte Knobloch, S. 381–398 (zusammen mit Stefanie Hajak).

Russische und deutsche Sozialdemokraten in Widerstand und Exil – Wege des Antitotalitarismus, in: Horst Möller/Aleksandr Čubar'jan (Hrsg.), Mitteilungen der Gemeinsamen Kommission für die Erforschung der jüngeren Geschichte der deutsch-russischen Beziehungen, Bd. 3, München 2008, S. 198–205.

Der Widerstand in München und die Erinnerung an das KZ Dachau, in: Dachauer Hefte 24 (2008), S. 265–271.

2009

Gedenkkultur und Widerstandstradition. München und das Konzentrationslager Dachau, in: Stimmen der Zeit, 1/2009, S. 29–39.

„Hitler bedeutet Krieg". Der deutsche Weg zum Hitler-Stalin-Pakt, in: Osteuropa 7–8/2009, S. 97–114.

Das Leben könnte gut sein. Die Tagebücher der Ruth Maier, in: Stimmen der Zeit 5/2009, S. 350–354.

Nachwort zu Hermann Klibanski, Die Gesetzgebung der Bolschewiki. Nachdruck der Erstausgabe 1920, Berlin 2009, S. 325–333.

Hrsg. von: Stalin i nemcy. Novye issledovanija, Moskau 2009.

Der Zweite Weltkrieg im kollektiven Bewusstsein Russlands, in: zur debatte 2/2009, S. 9–11.

2010

Die historische Debatte über die Stalin-Note im Lichte sowjetischer Quellen, in: Forum für osteuropäische Ideen- und Zeitgeschichte 14 (2010), H. 1, S. 13–29.

Hrsg. von (zusammen mit Johannes Hürter): Epos Zeitgeschichte. Romane des 20. Jahrhunderts in zeithistorischer Sicht. 10 Essays für den 100. Band, München 2010, darin eigene Beiträge: Betäubung einer Vergangenheit. Bernhard Schlinks Roman „Der Vorleser" (1995), S. 133–152, und 100 Bände, 50 Jahre: Die Schriftenreihe der Vierteljahrshefte für Zeitgeschichte, S. 171–188.

Hrsg. von: Ghettorenten. Entschädigungspolitik, Rechtsprechung und historische Forschung, München 2010, darin eigene Beiträge: Einleitung, S. 7–12, und Arbeit und Zwang unter der NS-Herrschaft. Eine Typologie, S. 51–63.

Jenseits der Schablonen. Krieg, Holocaust und Stalinismus in Vasilij Grossmans Stalingrad-Dilogie, in: Beate Fieseler/Jörg Ganzenmüller (Hrsg.), Kriegsbilder. Mediale Repräsentationen des „Großen Vaterländischen Krieges", Essen 2010, S. 47–62.

Političeskaja justicija v sovetskom sojuze v 1917–1953 ff. i v Germanii v 1933–1945 gg.: Repressii i legitimnost' v sravnenii [Politische Justiz in der Sowjetunion 1917–1953 und in Deutschland 1933–1945: Repression und Legitimation im Vergleich], in: Lidija Korneva/V. P. Rjumancev (Hrsg.), Razrušenie i vozroždenie v istorii Gemanii i Rossii, Tomsk 2010, S. 380–389.

Kommentar zu den Beiträgen von Delaney, Arnaud und Kizima, in: Andreas Heusler/Mark Spoerer/Helmuth Trischler (Hrsg.), Rüstung, Kriegswirtschaft und Zwangsarbeit im „Dritten Reich", München 2010, S. 263–267.

Russkie zaključennye v Dachau „na samoj nižnej stupen'ke suščesvovanija" [Russische Häftlinge in Dachau „auf dem niedrigsten Existenzniveau"], in: E. G. Blosfeld (Hrsg.), Vtoraja mirovaja vojna v kontekste vsemirnoj istorii, Volgograd 2010, S. 207–216.

2011

Die Dokumentenmonographien des DHI Moskau zum Großen Terror aus der Sicht vergleichender Nationalsozialismus- und Stalinismusforschung, in: Zeitschrift für Weltgeschichte 12 (2011), S. 181–186.

Hrsg. von (zusammen mit Helmut Altrichter und Horst Möller): Michail Gorbatschow und die deutsche Frage. Sowjetische Dokumente 1986–1991, München 2011.

Politische Justiz unter Stalin im Umbruchjahrzehnt 1928–1938, in: Totalitarismus und Demokratie 8 (2011), S. 53–75.

Walter Wagners Volksgerichtshofs-Studie von 1974 im Kontext der Forschungsentwicklung, in: Walter Wagner, Der Volksgerichtshof im nationalsozialistischen Staat. Erweiterte Neuausgabe, München 2011, S. 993–1023.

2012

Timothy Snyders „Bloodlands". Kritische Anmerkungen zur Konstruktion einer Geschichtslandschaft, in: Vierteljahrshefte für Zeitgeschichte 60 (2012), S. 1–31 – in polnischer Sprache: „Skrwawione ziemie" Timothy Snydera. Krytyczne uwagi na temat konstrukcji. Krajobrazu historycznego, in: Studia Litteraria et Historica 1/2012, S. 1–32 – in englischer Sprache: Timothy Snyder's „Bloodlands". A Critical Response tot he Construction of a Historical Landscape, in: Thomas Schlemmer/Alan E. Steinweis (Hrsg.), Holocaust and Memory in Europe, Berlin/Boston 2016, S. 145–178 (German Yearbook of Contemporary History Bd. 1).

Hrsg. von (zusammen mit John Andreas Fuchs und Andreas Umland): Brücken bauen. Analysen und Betrachtungen zwischen Ost und West. Festschrift für Leonid Luks zum 65. Geburtstag, Stuttgart 2012, darin eigener Beitrag: Russland und die Freiheit in Vasilij Grossmans Roman-Essay „Alles fließt", S. 95–109.

Europäische Erinnerungskonflikte um den deutsch-sowjetischen Krieg – geschichtspolitische Spannungsfelder nach 70 Jahren, in: Forum für osteuropäische Ideen- und Zeitgeschichte 16 (2012), H. 1, S. 45–73.

Schematische Übertragungen. Stalinismus und Nationalsozialismus bei Jörg Baberowski, in: Osteuropa 62 (2012), S. 121–126.

Wo Heinrich Himmlers Macht begann. Die Münchener Gestapo-Zentrale im Wittelsbacher Palais, in: Stimmen der Zeit 11/2012, S. 747–754.

2013

Der „Fall Theodor Eschenburg" und das Institut für Zeitgeschichte. Offene Fragen und neue Perspektiven, in: Vierteljahrshefte für Zeitgeschichte 61 (2013), S. 551–565 (zusammen mit Hans Woller), Nachdruck in: Rainer Eisfeld (Hrsg.), Mitgemacht. Theodor Eschenburgs Beteiligung an „Arisierungen" im Nationalsozialismus, Wiesbaden 2015, S. 334–350.

Die Gaskammer im KZ Dachau. Eine Anmerkung, in: Stimmen der Zeit, 4/2013, S. 277–279.

Das Ghettorentengesetz und die Zeitgeschichtsforschung. Einige bilanzierende Überlegungen, in: Jürgen Hensel/Stephan Lehnstaedt (Hrsg.), Arbeit in den nationalsozialistischen Ghettos, Osnabrück 2013, S. 407–420.

La justice politique sous le régime nazi, in: Jean-Paul Cahn/Stefan Martens/Bernd Wegner (Hrsg.), Le Troisième Reich dans l'historiographie allemande. Lieux de pouvoirs – Rivalités de pouvoirs, Lille 2013, S. 79–97.

Hrsg. von (zusammen mit Martin Zückert): Das Münchener Abkommen von 1938 in europäischer Perspektive, München 2013, darin eigene Beiträge: Das Münchener Abkommen von 1938 in europäischer Perspektive, S. 1–15 (zusammen mit Martin Zückert), und Der deutsche Widerstand gegen den Nationalsozialismus und das Münchener Abkommen, S. 217–247.

Poraženie nemcev v Stalingrade: reakcija nemeckogo obščestva i nacistskogo gosudarstva [Die deutsche Niederlage in Stalingrad: Reaktionen der deutschen Gesellschaft und des nationalsozialistischen Staates], in: Rossija 21 (2013), S. 118–127.

Der Streit um die DP-Renten. Holocaust-Überlebende im Labyrinth von Aktenvernichtung und Geschichtskonstruktionen, in: Sybille Steinbacher (Hrsg.), Transit US-Zone. Überlebende des Holocaust im Bayern der Nachkriegszeit, Göttingen 2013, S. 184–206.

2014

Hrsg. von (zusammen mit Il'ja Al'tman und Kirl Feferman): V otbleske „Chrustal'noj noči": evrejskaja obščina Këningsberga, presledovanie i spasenie evreev Evropy. Materialy 8-j Meždunarodnoj konferencii „Uroki Cholokosta i sovremennaja Rossija" [Im Widerschein der „Kristallnacht": Die jüdische Gemeinde von Königsberg, die Verfolgung und Rettung von Juden in Europa. Beiträge der 8. Internationalen Konferenz „Lehren des Holocaust und das heutige Russland"], Moskau/Kaliningrad 2014, darin eigener Beitrag: Massovye aresty evrejskich mužčin i ich sud'by v nacistskich konclagerjach v ramkach „Chrustal'noj noči" [Die Massenverhaftungen jüdischer Männer und ihr Schicksal in den nationalsozialistischen Konzentrationslagern im Rahmen der „Kristallnacht"], S. 95–103.

Die Entschädigung von Opfern nationalsozialistischer Verfolgung aus dem ehemaligen „Ostblock" durch die Bundesrepublik Deutschland, in: Istorija 26 (2014); history.jes.su/ s207987840000745-8-1/ (Internetdokument – letzter Zugriff 9.9.2020).

Kampfplatz Geschichte. Anmerkungen zur europäischen Erinnerungspolitik nach dem Untergang des Kommunismus, in: Forum für osteuropäische Ideen- und Zeitgeschichte 18 (2014), H. 1, S. 141–173.

2015

Die Beziehungen der deutschen Sozialdemokratie zu Russland bzw. der UdSSR während der Weimarer Republik, in: Rudolf Traub-Merz (Hrsg.), Sozialreformismus und radikale gesellschaftliche Transformation. Historische Debatten in der Sozialdemokratie in Deutschland und Russland, Moskau 2015, S. 110–115.

Hrsg. von (zusammen mit Ilya Altman und Igor Kotler): Cholokost: 70 let spustja. Materialy Meždunaronogo Foruma i 9-j Meždunarodnoj konferencii „Uroki Cholokosta i sovremennaja Rossija" [Der Holocaust – vor 70 Jahren. Materialien des internationalen Forums und der 9. Internationalen Konferenz „Die Lehren des Holocaust und das heutige Russland"], Moskau 2015, darin eigener Beitrag: Dauchau kak mesto raznych pamjatei. Memorializacija Cholokosta i drugich nacistkich prestuplenij v odnom konclagere [Dachau als Ort verschiedener Gedächtnisse. Die Erinnerung an den Holocaust und andere nationalsozialistische Verbrechen in einem Konzentrationslager], S. 146–155.

Hrsg. von (zusammen mit Andreas Wirsching, Alexander Tschubarjan und Viktor Ichtschenko): Erinnerung an Diktatur und Krieg. Brennpunkte des kulturellen Gedächtnisses zwischen Russland und Deutschland seit 1945, München 2015, darin eigener Beitrag: Sowjetische Opfer von Krieg und nationalsozialistischer Verfolgung in der bundesdeutschen Erinnerungskultur, S. 227–245.

Germanskaja revoljucija 1918–1919 gg. v novejšich issledovanijach i obščestvennom soznanii [Die Deutsche Revolution 1918–1919 in der neueren Forschung und im gesellschaftlichen Bewusstsein], in: Istoričeskij žurnal 3/2015, S. 280–287.

Widerstand als „Hochverrat". Politische Justiz, Gegnerspektrum und Widerstandsbegriff, in: Klaus G. Saur (Hrsg.), Widerstand im „Dritten Reich". Kolloquium an der Staatsbibliothek zu Berlin im Mai 2014, Frankfurt a. M. 2015, S. 45–60.

Widerstand und Regimeloyalität, in: Wilfried Nerdinger (Hrsg.), München und der Nationalsozialismus. Katalog des NS-Dokumentationszentrums München, München 2015, S. 508–517.

2016
Thierack, Otto Georg, in: Neue Deutsche Biographie, hrsg. von der Historischen Kommission der Bayerischen Akademie der Wissenschaften, Bd. 26, Berlin 2016, S. 131 f.

2017
Cultural Turn und NS-Geschichte. Einführung (zusammen mit Johannes Hürter und Thomas Raithel, in: Vierteljahrshefte für Zeitgeschichte 65 (2017), S. 219–221.

Hrsg. von (zusammen mit Martin Zückert und Volker Zimmermann): Partisanen im Zweiten Weltkrieg. Der Slowakische Nationalaufstand im Kontext der europäischen Widerstandsbewegungen, Göttingen 2017.

Vystavka „Vojna na uničtoženie" – razmyšlenija ob izmenenijach v obščestvennoj pamjati o vojne protiv SSSR v Germanii, 20 let spustja, in: Preodolenie prošlogo v Germanii i Rossii: opyt i uroki na buduščee (pamjati professora A. I. Boroznjaka): materialy Meždunarodnoq naučnoj konferencii (16–17 fefralja 2017 g. v Lipeck), hrsg. von Nina Vaškau, Arkadij Dolgich und Lidija Korneva, Lipeck: LGPU imeni P. P.Semenova-Tjan-Šanskogo, 2017, S. 105–110.

2018
Walter Klingenbeck (1924 bis 1943), in: zur debatte. Themen der Katholischen Akademie in Bayern 1/2018, S. 28–30.

Die russische Revolution aus der Sicht der deutschen Sozialdemokraten (1917–1922), in: Forum für osteuropäische Ideen- und Zeitgeschichte 22 (2018), H. 1, S. 41–54.

Rossijskaja revoljucija v sovremennoj istoriografii i obščestvennoe mnenie, in: Moskovskij gosudarstvennyj universitet imeni M. V. Lomonosova, Istoričeskij fakul'tet, fakul'tet politologii (Hrsg.): Stoletie Revoljucii 1917 goda v Rossii. Čast' 1 [Die russische Revolution in der gegenwärtigen Historiografie und die gesellschaftliche Meinung, in: Moskauer Staatliche Lomonosov-Universität, Historische Fakultät, Fakultät für Politologie (Hrsg.), Hundert Jahre Revolution von 1917 in Russland. Teil 1.], Moskau 2018, S. 529–538.

2019
Diktatur und Gewalt. Kommentar, in: Johannes Hürter, Hermann Wentker (Hrsg.), Diktaturen. Perspektiven der zeithistorischen Forschung, München 2019, S. 167–174.

Hrsg. von (zusammen mit Magnus Brechtken und Władysław Bułhak): Political and Transitional Justice in Germany, Poland and the Soviet Union from the 1930s to the 1950s, Göttingen 2019.

Rechtspopulismus in westlichen Demokratien – zeithistorische Perspektiven, in: Vierteljahrshefte für Zeitgeschichte 67 (2019), S. 439–442.

ohne Erscheinungsjahr
Beschluß des Politbüros des CK der VKP(b) über die Einstellung der Verfahren vor Trojkas, Militärtribunalen und dem Militärkollegium des Obersten Gerichtshofes der UdSSR, 15. November 1938, und Beschluß des Rates der Volkskommissare der UdSSR und des CK der VKP(b) „Über Verhaftungen, staatsanwaltschaftliche Aufsicht und Untersuchungsführung", 17. November 1938, in: 100(0) Schlüsseldokumente zur russischen und sowjetischen Geschichte (1917–1991); www.1000dokumente.de/pdf/dok_0010_trj_de.pdf (letzter Zugriff 22.7.2020).

Einführung zu Dok. 0047: Note der Sowjetregierung an die Regierungen der USA, Großbritanniens und Frankreichs über den Friedensvertrag mit Deutschland, 10. März 1952, in: 100(0) Schlüsseldokumente zur russischen und sowjetischen Geschichte (1917–1991); www.1000dokumente.de/index.html?c=dokument_ru&dokument=0031_not&object=context&l=de (letzter Zugriff 22.7.2020).

Abkürzungen

ADV	Antinazistische Deutsche Volksfront
AEG	Allgemeine Elektricitäts-Gesellschaft
AFL	American Federation of Labor
BGBl.	Bundesgesetzblatt
BSW	Bratskoje sotrudničestvo vojennoplennych (Brüderliche Zusammenarbeit der Kriegsgefangenen)
CK	Central'nyj komitet (Zentralkomitee)
CK VKP(b)	Central'nyj komitet Vsesojuznoj Kommunističeskoj partii (bol'ševikov) (Zentralkomitee der Allsowjetischen Kommunistischen Partei [der Bolschewiki])
ČSR	Čechoslovackaja Socialističeskaja Respublika (Tschechoslowakische Sozialistische Republik)
DaA	Archiv der KZ-Gedenkstätte Dachau
DDR	Deutsche Demokratische Republik
DM	Deutsche Mark
DP	Displaced Person
DVP	Deutsche Volkspartei
EKKI	Exekutivkomitee der Kommunistischen Internationale
EU	Europäische Union
EVP	Europäische Volkspartei
GARF	Gosudarstvennyj archiv Rossijskoj Federacii (Staatsarchiv der Russischen Föderation)
Gestapo	Geheime Staatspolizei
Gosplan	Gosudarstvennyj planovyj komitet (Staatliches Plankomitee)
GPU/OGPU	Ob''edinennoe gosudarstvennoe političeskoe upravlenie SNK SSSR (Vereinigte staatliche politische Verwaltung des Rats der Volkskommissare der UdSSR)
Gulag	Glavnoe upravlenie lagerej (Lagerhauptverwaltung)
IISG	Internationales Institut für Sozialgeschichte
IMT	International Military Tribunal
JAFK	Jüdisches Antifaschistisches Komitee
KGB	Komitet gosudarstvennoj bezopasnosti (Komitee für Staatssicherheit)
KP	Kommunistische Partei
KPD	Kommunistische Partei Deutschlands
KPdSU	Kommunističeskaja partija Sovetskogo Sojuza (Kommunistische Partei der Sowjetunion)
KPRF	Kommunističeskaja partija Rossijskoj Federacii (Kommunistische Partei der Russischen Föderation)
KUN	Kongress Ukrainischer Nationalisten
KZ	Konzentrationslager

LAF	Litauische Aktivistenfront
NATO	North Atlantic Treaty Organization
NEP	Neue Ökonomische Politik
NKVD	Narodnyj komissariat vnutrennich del (Volkskommissariat für Innere Angelegenheiten)
NS	Nationalsozialismus/nationalsozialistisch
NSDAP	Nationalsozialistische Deutsche Arbeiterpartei
ONR	Obóz Narodowo-Radykalny (Nationalradikales Lager)
OSO	Osoboe soveščanie (Sonderversammlung)
OUN	Organisation Ukrainischer Nationalisten
OUN B	Organisation Ukrainischer Nationalisten – Bandera
RGASPI	Rossijskij gosudarstvennyj archiv social'no-političeskoj istorii (Russisches Staatsarchiv für Sozialpolitische Geschichte)
RGBl.	Reichsgesetzblatt
RSFSR	Russische Sozialistische Föderative Sowjetrepublik
RStGB	Reichsstrafgesetzbuch
RV	Reichsverfassung
S.F.I.O.	Section française de l'Internationale ouvrière
SA	Sturmabteilung
SAI	Sozialistische Arbeiterinternationale
SAPD	Sozialistische Arbeiterpartei Deutschlands
SD	Sicherheitsdienst (des Reichsführers SS)
SDAP	Sozialdemokratische Arbeiterpartei Deutschlands
SED	Sozialistische Einheitspartei Deutschlands
SOPADE	Sozialdemokratische Partei Deutschlands im Exil
SPD	Sozialdemokratische Partei Deutschlands
SR	Sozialrevolutionäre
SS	Schutzstaffel
Stalag	Stammlager
StGB	Strafgesetzbuch
TASS	Telegrafnoe Agenstvo Sovetskogo Sojuza (Sowjetische Nachrichtenagentur)
UdSSR	Union der Sozialistischen Sowjetrepubliken
UN	United Nations
UNO	United Nations Organization
US	United States
USA	United States of America
USPD	Unabhängige Sozialdemokratische Partei Deutschlands
USSR	Union of Soviet Socialist Republics
VČK	Vserossijskaja črezvyčajnaja komissija po bor'be s kontrrevoljuciej, sabotažem i prestuplenijami po dolžnosti (Allrussische außerordentliche Kommission für die Bekämpfung von Konterrevolution, Sabotage und Dienstverbrechen)
VGH	Volksgerichtshof
VO	Verordnung

WK	Wehrkreise
WVHA	Wirtschafts- und Verwaltungshauptamt
ZK	Zentralkomitee
ZKK	Zentrale Kontrollkommission

Personenregister

Kursiv gesetzte Zahlen verweisen auf Namen in den Anmerkungen.

Abramovič, Rafail 110, 129, 173–175, 177, 179 f.
Afanas'ev, Jurij 270
Albertz, Heinrich 220
Aleksandr I. (Zar) 83, 93
Aleksandr II. (Zar) 37, 39, 66, 83, 91 f.
Aleksandrov, Aleksandr 134, 232, 256, 281
Altrichter, Helmut 100
Ambrazevičius, Juozas 274
Antonescu, Ion 273
Applebaum, Anne 256 f.
Arājs, Viktor 258, 285
Arendt, Hannah 15, 32, 154–158, 160 f., 170, 181, 238, 258, 259, 287 f., 292, 294
Aron, Raymond 163
Askol'dov, Aleksandr 241
Auer, Ignaz 56, 60 f., 64
Awwakum 246

Baberowski, Jörg 22, 95, 96, 168, 266
Bandera, Stepan 143, 277 f.
Bästlein, Bernhard 191, 214, 217
Bauer, Fritz 182
Bauer, Otto 178
Baum, Herbert 215
Bebel, August 42, 44–46, 48–50, 59, 61, 65, 70, 75
Beimler, Hans 202
Benjamin, Walter 156
Bennigsen, Rudolf von 58
Benz, Wolfgang 220
Berija, Lavrentij 97, 120, 149
Bernstein, Eduard 66
Bessonov, Sergej 25, 27
Biedermann, Karl 51
Biktašev, Vali 221
Bismarck, Otto von 49 f., 54 f., 57–59, 63 f., 68–70, 73
Bljucher, Vasilij 136
Blücher, Heinrich 156
Blum, Léon 205
Bogrov, Dmitrij 83
Bonner, Elena 245
Boris III. (Zar) 280
Bracher, Karl Dietrich 163

Bracke, Wilhelm 45, 47
Braham, Randolph L. 274
Brandt, Willy 177, 190, 210
Braun, Otto 74, 78
Breitscheid, Rudolf 177
Brockdorff-Rantzau, Ulrich 109
Broszat, Martin 162
Brzeziński, Tadeusz 156
Brzeziński, Zbigniew 156–158, 170
Bubennov, Michail 243 f., 247
Buber-Neumann, Margarete 159, 160, 161, 181
Bucharin, Nikolaj 24, 27, 125, 135, 139 f.
Buchholz 77
Buzatu, Gheorghe 274

Carapkin, Siemion 160, 181
Carl, Alfred 223
Carter, Jimmy 156
Caspar 78
Ceaușescu, Nicolae 273
Čechov, Anton 246 f., 249
Chramcov, V. 228, 233
Chruščev, Nikita 118–120, 158, 245, 247, 248, 280 f., 295 f.
Collin, Peter 49
Comte, Auguste 18
Courtois, Stéphane 263 f.
Creutzburg, August 206 f.
Crispien, Artur 1

Dahlem, Franz 202
Dallin, David 160, 180 f.
Dan, Fedor 173, 177–180
Danilov, Aleksandr 283
Daub, Philipp 206
Decker, Georg 174, 176
Denike, Jurij 174
Dewey, John 119
Diderot, Denis 38
Dieckmann, Christoph 276
Dietz, Johann Heinrich 61
Dimitroff, Georgi 106, 108, 144, 189, 205, 212
Distel, Barbara 220
Dittmann, Wilhelm 1
Dittmar, Maxim Napolinowitsch von 33

Djukov, Aleksandr 294
Dostal', Nikolaj 255
Dostoevskij, Fedor 85, 88
Dressel, Fritz 202
Dreyfus, Alfred 36
Duhnke, Horst 206
Duncker, Franz 42
Düre, Arno 151
Dzeržinskij, Feliks 272
Dzintars, Rajvis *284*

Eberle, Gustav 224
Efimov, I. 247
Egorov, Aleksandr 136
Eidintas, Alfonsas 276, *277*
Eisner, Kurt *76*, 78
Elisabeth (Zarin) 84
Ėrenburg, Il'ja 242 f.
Eulenburg, Botho Graf zu 55, 69, 71
Evdokimov, Grigorij 134
Ežov, Nikolaj 115, 134 f., 138, 148, 241
Ežov, Sergej 177

Felder, Björn 285
Feldmanis, Inesis 284 f., *288*
Feldmann, Josef 231
Ferretti, Maria 239, 249
Fest, Joachim 262
Feuchtwanger, Lion 23, 111, 149
Filbinger, Hans 153
Filippov, Aleksandr *282*, 283
Fitzpatrick, Sheila 15, 136, 162
Florin, Wilhelm 202
Flug, Noach 9
Foucault, Michel 88
Fraenkel, Ernst 6 f., 30 f., 98 f., 105, 118, 186
Frank, Reinhard 184
Freisler, Roland 14, *15*, 27–29, 36, 97, 113, 117, 147, 183, 191
Freytag, Bernhard 46
Freytag, Otto 46
Friedrich, Carl Joachim 156–158, 170
Fritzsche, Friedrich Wilhelm 69
Fukuyama, Francis 269
Furet, François 180

Galilei, Galileo 36
Garvi, Peter 179
Gauck, Joachim 166, 290
Gefter, Michail 250

Getty, J. Arch 162
Gisevius, Hans Bernd 108
Glucksmann, André 163
Goc, Abram 102 f.
Goebbels, Joseph 151, 160, 175, 181, 215
Gorbačev, Michail 120, 164, 219
Gor'kij, Maksim 241, 247
Götz, Sepp 202
Greenberg, Susan 272
Grimm, Dieter 95
Grimm, Willi 223
Grin'ko, Grigorij 25
Groman, Vladimir 109, 128 f.
Groscurth, Georg 215
Grossman, Ekaterina Savel'evna 242, 248
Grossman, Vasilij 5, 169 f., 237–260
Gruchmann, Lothar 5
Guber, Fedor 242
Guber, Ol'ga 241
Günther, Hanno 211
Gürtner, Franz 33, 104 f., 118

Haase, Hugo 74 f., 78, 80 f.
Habermas, Jürgen 18, 261
Haeften, Hans-Bernd von 98
Häfner, Lutz 37
Hansen, Georg Alexander 28
Harnack, Arvid 212
Hart, Herbert L. A. 32
Hasselmann, Wilhelm 65, 69
Havel, Václav 166, 284, 290
Havemann, Robert 215
Heinrich der Löwe 36
Heller, Hermann 18 f., 43
Hellfaier, Karl-Albrecht 69
Hepner, Adolf 44, 48
Hertz, Paul 176
Heuck, Christian 188 f.
Heydrich, Reinhard 215
Hilberg, Raul 273
Hildermeier, Manfred 37 f., 116
Hilferding, Rudolf 1, 174, 176, 178–180
Hillgruber, Andreas 262, 268
Himka, John Paul 296
Himmler, Heinrich 97, 113, 144, 146, 228, 253, 257
Hindenburg, Paul von 35, 105, 144, 199 f.
Hitler, Adolf 16, 20, 27–29, 33–36, 97 f., 104 f., 106–108, 117, 118, 142–145, 147, 150 f., 154–

156, 158–160, 163 f., 166–168, 176 f., 179 f., 182–185, 187, 188, 190–192, 199 f., 203–205, 210–213, 237, 249–253, 257–259, 261–267, 271–274, 277, 283, 285, 290 f., 293, 295
Hödel, Max 55, 65
Hoffmann, Johannes 45, 47, 205
Honecker, Erich 190, 196
Horthy, Miklós 258, 272 f., 286, 288
Höß, Rudolf *263*
Hübener, Helmuth 192
Huber, Ernst Rudolf 41
Hüsgen, Eduard 53
Hutzelmann, Hans *216, 232*

Ikov, Vladimir 110, 128 f.
Iliescu, Ion 274

Jacob, Franz 217
Jagoda, Genrich 24, 111, 134, 138
Jansen, Marc 103
Jastrżembskij, Ivan 88
Jeanne d'Arc 36
Jeckeln, Friedrich 242
Jesus 36
Judt, Tony 240, 250
Juščenko, Viktor 265, 278, 291, 296

Kaganovič, Lazar' 132, 134
Kalniete, Sandra 239
Kamenev, Lev 111, 125, 134 f., 140, 178
Kangeris, Karlis 284 f., *288*
Karakozov, Dmitrij 83
Kašák, Karel *223*, 224–227, *229* f.
Katenev, Vasilij 87
Katharina II. (Zarin) 38, 84
Kautsky, Karl 1, 175
Kindermann, Karl 33
Kirchheimer, Otto 16, 22, 29, 36, 83, 99, 107, 142
Kirilenko, Aleksej 231 f.
Kirov, Sergej 110 f., 133–135
Klingenbeck, Walter 192
Knaus, Albrecht 245
Knöchel, Wilhelm 212, 214
Koestler, Arthur 241
Kogon, Eugen 209
Kögst, Martin 78
Kolbe, Fritz 193
Kondrat'ev, Nikolaj 109, 128
Konev, Ivan 283

Konrád, György 273
Korn, Salomon 239
Kosolapov, Ričard 281
Kovalev, Valentin *26*
Kranichfel'd, Andrej 174
Kravčenko, Viktor 159, 161
Krestinskij, Nikolaj 24–27, 29, 33, 98
Kropotkin, Petr 90 f.
Kropp, Otto 206 f.
Krüger, Anne K. 141
Krupnikov, Peter 271
Krupp, Friedrich *57*
Krylenko, Nikolaj 33, 101, 103, 109, 115, 133, 138
Kucherov, Samuel 90, 94, *96*
Kujbyšev, Valerian 126
Kupfer-Koberwitz, Edgar 228, 230
Kuttner, Erich 178

Laar, Mart 284
Landsbergis, Vytautas 166, 275, 290
Langbein, Hermann *209*
Lasker, Eduard 43 f., 51, 58 f., 66
Lebedev-Kumač, Vasilij 232, 256
Leber, Julius 191
Ledóchowski, Mieczysław Halka 52
Lehnstaedt, Stephan 8
Lemkin, Raphael 265
Lenin, Vladimir 1 f., 16, 19, 24, 32, 34, 100, 102, 103, 123, 135, 147, 175, 197, 200, 246, 252, 256
Liebknecht, Karl 74, 76–78, 81 f., 197
Liebknecht, Theodor 103
Liebknecht, Wilhelm 44–46, 48–50, 71
Linz, Juan J. 157, 294
Lipke, Žanis 288
Lipkin, Semen 242, 245
Lubbe, Marinus van der 106 f., 144, 189
Ludwig XVI. (König) 36
Luhmann, Niklas 17
Lumans, Valdis *287*
Luxemburg, Rosa 71, 197

Maclean, Fitzroy 24–26
Maier, Wilfried 259
Makar 90 f.
Maklakov, Aleksandr 295
Mann, Heinrich 177
Mao Zedong 161

Margolin, Jean-Louis *160, 181,* 263
Markish, Simon 243, 249
Martin, Konrad 53
Martov, Julij 101, 173, 177, 181, 197
Marx, Karl 271
Mazowiecki, Tadeusz 284
McCarthy, Joseph 161
McLoughlin, Barry 138
Medvedev, Roj 270
Mehring, Franz 60, 62
Mehringer, Hartmut 3, 179, *201*
Merlio, Gilbert 193
Merridale, Catherine 256 f.
Michailovič, Aleksej 91
Michalkov, Sergej 281
Michoėls, Solomon 243
Mojsejev (Grojsman), Vladimir 231 f.
Molotov, Vjačeslav 109, 126, 128, 134, 213, 283, 290
Moltke, Helmuth James Graf von 255
Mommsen, Hans 162
Mordvinov, Nikolaj 84
Morus, Thomas 36
Motyka, Grzegorz 296
Mücke, Hellmuth von 46, 48
Münzenberg, Willi 208
Murav'ev, Nikita *83*
Muser, Oskar 67
Mussolini, Benito 175

Nabokov, Vladimir 87
Nagy, Imre 272 f.
Naimark, Norman M. 168, 266
Napoléon Bonaparte 39
Nečas, Petr 292
Nekrič, Aleksandr *254*, 270
Nenni, Pietro 175
Neubauer, Theodor 191, 214
Neumann, Heinz 159
Nicolaevskij, Boris 160, 179–181
Nikitčenko, Iona 142, 151 f.
Nikolaev, Leonid 133
Nikolaevič, Konstantin 92
Nikolaj I. (Zar) 83, 85, 91
Nipperdey, Thomas 40 f., 65
Nobiling, Karl 55, 65
Nolte, Ernst 163, 261–263
Noske, Gustav 198
Nowagrotzki, Max 76, 80

Oberländer, Erwin 287
Ohler, Paul 222, 224
Onken, Eva-Clarita 284
Orbán, Viktor 273, 292
Ordžonikidze, Sergo 126
Orwell, George 241
Osche, Ulrich 206
Oster, Hans 193
Otto, Reinhard 221, 223

Pack, Wolfgang 57
Papen, Franz von 104
Pasternak, Boris 241
Pašukanis, Evgenij 103 f., 115, 132, 138
Päts, Konstantin 286
Paustovskij, Konstantin 241
Pavelić, Ante 279
Perovskij, Vasilij 87
Pestel', Pavel *83*
Peter der Große (Zar) 19, 37, 93
Petraševskij, Michail 85–89
Petrov, Nikita *17*
Peukert, Detlev 211
Pieck, Wilhelm 202
Pieracki, Bronisław 143
Piłsudski, Józef 143, 286
Piorkowski, Alexander 223, 226
Pius IX. (Papst) 50, 54
Pjatakov, Georgij 23, 25, 119, 135
Pletnev, Dmitrij *26*
Poincaré, Raymond 110
Polian, Pavel *221*
Ponta, Victor 274
Popoff, Blagoi 106, 189
Poser, Magnus 214
Probst, Christoph 112, 191
Pungs, Elisabeth 211
Putin, Vladimir 238, 281 f., 294–296

Radek, Karl 23, 102, 119, 135
Radiščev, Aleksandr 38
Radonic, Ljiljana 279
Rakovskij, Christian 26
Reagan, Ronald 279
Reichensperger, Heinrich 42
Reichwein, Adolf 191, 214
Rein, Mark 179
Remer, Otto Ernst 182
Renesse, Jan-Robert von 8

Reußner, Michael von 77 f., 81 f.
Richthofen, Oswald Freiherr von 75 f.
Ritter, Gerhard A. 1
Rjutin, Martem'jan 129, 135
Roginskij, Arsenij 295
Römer, Josef (Beppo) 215
Rosenfeld, Kurt 103
Rousset, David 161
Roxin, Claus 22
Rozengol'c, Arkadij 25
Rudenko, Roman 150
Rudzutak, Jan 125
Rüping, Heinrich 39
Ruppert, Friedrich Wilhelm 232
Rykov, Aleksej 24, 125 f., 135, 140

Sabrow, Martin 195
Sacharov, Andrej 245, 254
Šachov, Vasilij 232
Saefkow, Anton 214, 217
Sapir, Boris 173, *174*, 180
Sauckel, Fritz 228
Ščastnyj, Aleksej 101
Scharrer, Manfred 65
Schehr, John 201 f.
Schemmel, Nikolaus 223
Schermer, Martin 224
Schleicher, Kurt von 104
Schmidt, Helmut 191
Schneider, Michael *196*
Scholl, Hans 112, 191
Scholl, Sophie 112, 191
Schröder, Gerhard 237
Schröter, Otto 52
Schulze Wessel, Julia 157
Schulze-Boysen, Harro 212
Schumann, Georg 214
Schumann, Kurt 153
Schwerin von Schwanenfeld, Ulrich Wilhelm Graf 28 f., 33, 98, 191
Seeckt, Hans von 24
Seidenberger 226
Sellert, Wolfgang 39
Sender, Tony 160, 177, 181
Serdjuk, Elena 31
Sharlet, Robert 31, 98, 104, 116 f.
Šifrin, Aleksandr 174
Simonov, Konstantin 241 f.
Smetona, Antanas 276, 286, 289

Snyder, Timothy 13, 154, 167 f., 266
Sokrates 36, 118
Söllner, Alfons 155
Šolochov, Michail 241
Solženicyn, Aleksandr 16, 104, 123, 163
Sonnemann, Leopold 43, 68
Sova, Dan 274
Speranskij, Michail 38, 84 f., 91
Sperber, Manès 241
Stalin, Iosif 2, 16, *19*, *21*, 23 f., 27, 29, 31–36, 97, 100 f., 109–111, 114–117, 119–123, 125 f., 128–130, 132–136, 138–140, 142 f., 148–150, 154 f., 157–159, 164–168, 178–180, 190, 208, 210, 212, 216, 219, 237, 244, 246–251, 253 f., 256, 258 f., 261, 263–267, 270 f., 280–284, 290 f., 295
Stampfer, Friedrich 178, 199
Stašinskij, Bohdan 278
Stauffenberg, Claus Schenk Graf von 28, 182
Stec'ko, Jaroslav 277–279
Štejnberg, Isaac 100
Stenzer, Franz 203
Stern, Fritz 5
Stern, Leo 67
Stöbe, Ilse 193
Stoecker, Adolf 55
Stöhr, Heini 231
Strasser, Otto 192
Šuchevič, Roman 278
Šumuk, Danilo 143
Suslov, Michail 245 f.

Taneff, Wassil 106, 189
Taylor, Telford 152
Tessendorf, Hermann 56
Thälmann, Ernst 6, 108, 145, 200 f., 210
Thierack, Otto Georg *27*, 113, 117, 146 f.
Thora, Josef 224
Tietz 49
Tiso, Jozef 279
Tocqueville, Alexis de 94
Todorov, Tzvetan *240*
Tolstoj, Lev 246 f.
Torgler, Ernst 106, 189
Tracy, Spencer 152
Treitschke, Heinrich von 42–44, 56–58
Trockij, Lev 24–26, 33, 101, 119, 125, 134
Trubeckoj, Sergej *83*
Truska, Liudas 276
Tuchačevskij, Michail 25, 136

Tucker, Robert C. 122
Tuđman, Franjo 279
Tudor, Corneliu Vadim 274
Tusk, Donald 282, 292
Tvardovskij, Aleksandr *247*

Uborevič, Ieronimas 25
Uhrig, Robert 191, 214 f.
Ulbricht, Walter 202, 207, 217
Ulmanis, Kārlis 286
Ul'rich, Vasilj 24 f., 27

Vandervelde, Emile 103
Vareikis, Vygantas 276
Venclova, Tomas *287*, 289
Vike-Freiberga, Vaira 237 f., 257–259, 287
V'jatrovyč, Volodymyr 296
Vogel, Hans-Jochen 195
Vojnovič, Vladimir 245
Vollmar, Georg von 61
Voltaire 38
Vyšinskij, Andrej 14, *15*, 25–27, 29, 97, 109, 115, 117, 119, 127, 131 f., 134, 138, 140
Vyvodcev, Artemj 76

Wałęsa, Lech 284
Weber, Max 19
Wehler, Hans-Ulrich 50, 95, 163
Wehner, Herbert 207

Weißberg-Cybulski, Alexander *134*, 161
Weizsäcker, Richard von 262
Werkentin, Falco 98
Werth, Nicolas 263
Wiesel, Elie 274
Wilhelm I. (Kaiser) 55, 68
Wilhelm II. (Kaiser) 64, 71
Wilhelm, Uwe 62, 71
Windthorst, Ludwig 66
Wippermann, Wolfgang 34
Wolscht, Theodor 33
Worrall, Ryan 179
Wulff, Christian 268

Yang Jisheng 130

Zámečník, Stanislav 5, *209*, 231
Zarudnyj, Sergej 92
Ždanov, Andrej 134
Zetkin, Clara 197
Zill, Egon 226
Zimmet, Karl *232*
Zinger, Michail 231 f.
Zinov'ev, Grigorij *25*, 111, 134 f., 173, 178, 197
Zjuganov, Gennadij 280
Zörgiebel, Karl 198
Zubatov, Sergej 82
Zubkova, Elena *247*
Zyromski, Jean 177

www.ingramcontent.com/pod-product-compliance
Lightning Source LLC
Chambersburg PA
CBHW082035230426
43670CB00016B/2661